AU FIL DU TEMPS
Une vie

Arthur Miller est né à New York en 1915. Il a fait ses études à l'université du Michigan, où il écrivit ses deux premières pièces en 1934. Il en sort en 1938 et rencontre un succès immédiat avec Mort d'un commis voyageur *(1949), prix Pulitzer,* Les Sorcières de Salem *(1953), d'après Ibsen,* Vu du pont *(1955),* Après la chute *(1964),* The American Clock *(1980),* Danger, memory *(1987). Toutes ces pièces ont été jouées à Broadway. Il est aussi l'auteur d'un roman,* Focus *(1945). Quant à sa nouvelle* Les Misfits, *elle fut adaptée au cinéma et transformée en roman en 1961.*

Qui est vraiment Arthur Miller ? Qui est, par-delà son propre mythe, cet homme dont le destin résume à lui seul plus d'un demi-siècle de légende américaine ? C'est la question que chacun se pose depuis que la gloire s'est penchée sur ce jeune homme, né en 1915, et qui est devenu l'un des principaux dramaturges de l'époque. Pour la première fois, l'illustre écrivain raconte sa vie, simplement, sans rien omettre. De l'Amérique du grand krach à la guerre d'Espagne, des théâtres à la littérature, du maccarthysme à Marilyn Monroe, Miller parle ici, *au fil du temps,* comme un enchanteur lucide. Une autobiographie ? A coup sûr, et qui comptera parmi les plus tumultueuses puisque l'on y croise Lucky Luciano et Elia Kazan, Clark Gable et John Huston, Steinbeck, Mailer, Malraux, Kennedy, Tennessee Williams et Reagan. Quant à Marilyn, elle est là, bouleversante de vérité sous le regard de celui qu'elle a aimé. Aujourd'hui, on joue *Les Sorcières de Salem* ou *Mort d'un commis voyageur* de New York à Berlin, de Londres à Tokyo, mais cela n'a pas entamé la tenace candeur d'Arthur Miller; en compagnie de Inge Morath, son épouse depuis vingt-cinq ans, il voyage, il se souvient, il écrit. Ce livre est sa plus tendre confidence.

ARTHUR MILLER

Au fil du temps

Une vie

GRASSET

L'édition originale de cet ouvrage a été publiée en 1987
par Grove Press, Inc., à New York, sous le titre :

TIMEBENDS

Traduit de l'américain
par DOMINIQUE RUEFF *(chapitres 1 à 4)*
et
MARIE-CAROLINE AUBERT *(chapitres 5 à 8)*

A Inge.

I

De la position que j'occupe, au ras du sol, je ne vois qu'une paire de bottines pointues en box-calf noir dont l'une s'agite constamment, posée de guingois sur le sol; juste au-dessus, une jupe longue, prune, qui remonte des chevilles au corsage; plus haut encore, un visage jeune et rond dont la bouche laisse échapper un flot de sons variés dans le récepteur d'un téléphone mural tandis qu'elle jacasse à perdre haleine avec l'une de ses sœurs, exercice auquel elle se livrera toute sa vie jusqu'à ce que, l'une après l'autre, ses interlocutrices désertent les fils téléphoniques et s'évanouissent dans les cieux. Elle baisse maintenant le regard vers moi qui l'observe d'en bas, se penche, essaie de dégager son pied. Mais je m'accroche à son soulier et, de là-haut, à travers les plis de sa jupe et l'ombre qu'elle projette, je l'entends rire gentiment de mon obstination.

Quelque temps après, je la vois d'un peu plus haut, à environ soixante centimètres au-dessus du sol. Elle est assise à la fenêtre du sixième étage d'un bâtiment qui donne sur Central Park. Son profil se détache comme un camée sur le soleil de l'après-midi, cheveux toujours longs mais relevés en chignon, bras bien ronds croisés sur la légère cotonnade de son chemisier à manches, au-dessus d'une jupe maintenant plus courte et de pieds chaussés de ballerines de velours. Les mains posées à plat sur un livre ouvert sur ses genoux, elle écoute intensément un jeune homme à grosses lunettes et à barbe courte qui fume la pipe, un étudiant de Columbia qu'elle paie chaque semaine deux dollars l'après-midi simplement pour venir parler avec elle de romans. Elle ne connaît presque personne de sa famille ou de ses amis qui ait jamais lu un livre. Elle, en revanche, est capable de commencer un roman l'après-midi, de le reprendre après dîner, de le terminer vers minuit et de s'en rappeler les moindres détails sa vie durant. Elle se souvient aussi des noms de tous les membres de la famille royale britannique et de leurs cousins allemands. Mais elle envie secrètement – et cela se manifeste par le mépris qu'elle affiche – Madame Lupescu, l'égérie juive du roi Carol de Roumanie et aussi – du moins en est-elle persuadée – le cerveau du monarque.

Plus tard encore, quand je suis à environ un mètre cinquante au-dessus du sol, je la vois en chaussures à talons hauts ornées de boucles de strass, vêtue d'une robe noire brodée de perles, longue jusqu'aux genoux, et coiffée d'un chapeau cloche noir et argent posé de biais sur ses cheveux coupés à la Jeanne d'Arc. Ses lèvres sont maquillées de rouge. Le buste haut, les bras ronds, elle a déjà pris l'habitude, quand elle se met sur son trente et un pour sortir, de tirer sa lèvre supérieure vers le bas d'un trait de rouge, pour amincir son nez épaté. Ses doigts sont couverts de diamants et elle laisse nonchalamment traîner sur le sol un renard argenté en promettant de rapporter la partition musicale du spectacle auquel ils se rendent ce soir – Kern, Gershwin ou Herbert – et qu'elle jouera dès le lendemain matin sur le Knabe demi-queue et chantera de sa voix de soprano légèrement sifflante mais si correcte, si romantique et de si bon ton. Elle tient la tête haute pour effacer son double menton mais aussi par fierté inquiète de marcher au côté de celui qui la domine d'une tête, a des yeux bleus, un teint si pâle qu'il est presque transparent, des cheveux blond-roux bouclés qui rehaussent son allure d'honnête magistrat, un homme que les policiers ont tendance à saluer bien bas, les maîtres d'hôtel à installer aux meilleures tables, les chauffeurs de taxi à recueillir volontiers les jours de pluie, un homme qui ne mangera pas dans un restaurant où les verres sont épais, un homme qui, à l'époque, a bâti l'une des deux ou trois plus grandes entreprises de confection du pays mais qui ne sait ni lire ni écrire en quelque langue que ce soit.

Une vision plus tardive encore : dans la petite maison de Brooklyn où elle traîne en pantoufles, soupire, jure, un petit rire sarcastique aux lèvres, se met tout à coup à pleurer puis reprend son calme, enfourne une pelletée de charbon dans le poêle en hiver pour qu'il continue de chauffer, gagne l'argent de notre nourriture en jouant gros à des parties de bridge professionnel à Midwood et Flatbush où il y a parfois des descentes de police; elle réussit toujours à persuader les agents de la laisser rentrer à la maison préparer le dîner. Cela se passait au plus fort de la Crise, quand se faire arrêter pour avoir essayé de se procurer du fric ne signifiait pas, comme aujourd'hui, perdre sa respectabilité. Ma mère bougeait avec son temps.

Ce désir d'aller toujours de l'avant, de se métamorphoser – ou peut-être n'est-ce que l'art de vivre avec son temps – me fut donné à la naissance comme une exigence licite et inévitable de la vie. Etre en perpétuel devenir, en continuelle transition, était tout ce que mon père et ma mère avaient jamais connu. Ma mère était née à Broome Street, dans la partie basse de l'est de Manhattan. Son père, Louis Barnett, un fabricant de vêtements, faisait partie de la masse mouvante de ceux qui se bousculent pour saisir l'occasion dès qu'elle passe à portée de main. Comme Samuel, le père de mon père, Louis était originaire de Radomizl, un hameau de Pologne; j'ai toujours pensé qu'ils avaient probablement de lointains liens de parenté tant ils se ressemblaient : même teint clair, même carrure solide bien que grand-père Samuel avec sa colonne vertébrale si déformée fût minuscule alors que sa femme et ses fils mesuraient plus d'un mètre quatre-vingts, chose exceptionnelle à l'époque. Tous s'étaient transformés depuis le temps où ils étaient enfants en Europe, avant même que leur émigration en 1880 parût possible; ils vivaient alors dans la pénombre d'une zone culturelle à mi-chemin entre la langue et l'influence austro-allemandes, la paysannerie polonaise et leur identité juive. Pour eux, le summum de la culture était tout ce qui venait d'Allemagne.

Louis Barnett portait une barbe à la Van Dyck et de rares cheveux serrés par une barrette, prenait deux bains par jour en été, faisait repasser ses cravates en même temps que ses chemises, conservait ses chapeaux dans leurs cartons d'origine, pliait ses mouchoirs et ses chaussettes avant de les laisser tomber dans le panier à linge sale, dormait sur trois oreillers : un grand très large sur lequel il en posait un plus étroit et un tout petit par-dessus le tout. Il ne quittait pas sa kippa de soie pour dormir, se couchait sur le dos, les mains croisées sur son gros ventre, et ne bougeait pas jusqu'au lever du jour; ses draps étaient aussi impeccables et bien repassés au réveil qu'ils l'étaient la veille au soir quand il avait défait son lit. Je connais ces détails car, durant la Crise, il n'avait plus de maison et partageait avec moi une petite chambre dans notre minuscule demeure de Brooklyn; je le regardais dormir et j'avais l'impression que son âme quittait son corps pendant son sommeil pour ne regagner son abri de chair qu'au matin, pour le petit déjeuner. Jamais je ne l'entendis prononcer un mot qui traduisît une pensée, ni un son qui n'eût une immédiate raison d'être ou qui ne fût un simple bonjour ou un au revoir. Quand, en 1940, ma mère lui annonça que j'allais épouser une jeune fille chrétienne, il ne dit rien mais, tandis qu'elle attendait sa réponse au fond du salon de notre maison de Brooklyn, large de quatre mètres, il saisit une grosse pendulette oubliée par quelqu'un sur une table voisine et la jeta à la tête de sa fille, la manquant de peu. Pendant les années vingt, il avait dirigé une affaire prospère et était déjà connu à l'époque pour ses manières directes. Il invitait les organisateurs syndicaux de son entreprise à le rejoindre en haut d'un escalier et, tout en leur parlant d'un ton raisonnable, leur entrecognait soudain la tête et les envoyait, assommés, bouler jusqu'en bas de l'escalier. Il estimait qu'on aurait dû refuser à Franklin Roosevelt l'autorisation de se présenter aux élections présidentielles contre Herbert Hoover parce qu'il n'avait jamais dirigé d'entreprise. Il avait inventé tout seul cette idée qui se répandit bientôt très largement parmi les républicains. Mais, cinq ans plus tard, il affirmait que Roosevelt méritait d'être couronné roi et qu'il fallait supprimer toute élection de son vivant. Louis considérait les élections comme une insulte à ceux qui étaient au pouvoir, tant était forte en lui l'empreinte germanique. Avec le temps, il en vint à moins détester mon épouse Mary, mais seulement parce que sa présence permanente dans la famille représentait une espèce d'ordre. C'était contre le désordre qu'il avait jeté la pendulette! Mais tout cela se passait après le Krach de 1929 qui transforma encore une fois la vie si souvent bousculée des membres de ma famille. Au cours des années vingt, dans notre appartement à la lisière de Harlem, six étages au-dessus du merveilleux parc, d'où nous pouvions voir se dérouler à nos pieds le panorama de la ville jusqu'au port, nous ne pensions pas à la politique. Mon père Isidore trouvait étrange que des gens comme Morris Hillquit, le leader socialiste, soient appelés « libres penseurs ». Cela l'amusait et le rendait perplexe en même temps. Il disait : « Il pense pour rien! » c'est-à-dire gratuitement! Tous les dimanches, on étalait sur le tapis d'Orient du salon les pages du *New York Times,* surtout les sympathiques feuilles sépia en rotogravure couvertes de photos rassurantes telles que celles du bel homme qui posait pour Arrow Collar avec son berger allemand assis à ses côtés, les oreilles dressées, ou encore du commandant Byrd bravement revêtu du costume blanc qu'il portait durant ses expéditions polaires auxquelles je rêvais de participer dès qu'on m'accepterait chez les boy-scouts (car il emmenait quelques-uns de ces veinards); et aussi du président Hindenburg d'Allemagne juché sur un gigantesque étalon noir, à la tête d'un défilé, les yeux alourdis de poches comme celles du roi d'Angleterre ou du prince de Galles ou de mon père et de mes deux grands-pères. Seule ma mère lisait ou plutôt parcourait les feuillets consacrés aux nouvelles avant de s'intéresser à la rubrique théâtrale – il y avait soixante à soixante-dix théâtres à Broadway – et au carnet mondain. Elle connaissait comme si elle en avait fait partie les grandes familles et leur descendance, les Rockefeller, les Morgan, les Biddle. A Pâques, le président et Mme Calvin Coolidge avaient posé sur la pelouse devant la Maison Blanche avec leurs aristocratiques colleys, au milieu d'une foule élégante; à l'arrière-plan flottait le drapeau américain au-dessus de leur légendaire maison. Lui, le pâle et inexpressif ex-gouverneur du Massachusetts, et elle, sa très convenable épouse, posaient avec dignité et distinction, exactement comme l'aurait fait ma mère en pareille occasion. Dans des circonstances moins officielles, on avait photographié Coolidge en train de pêcher à la ligne au bord d'une rivière, vêtu d'un costume noir, d'un chapeau mou gris, d'une chemise à col dur et d'une cravate, image même d'une dignité qui se désintégrerait sous peu avec le Krach. Il y avait aussi notre petit maire James J. Walker, avec son beau sourire irlandais et ses vestons impeccablement coupés; on le voyait entrer dans un night-club pour se distraire un peu après une dure journée passée à piller les biens de la ville; devant lui, le maire Hylan qui avait acheté – ou était-ce vendu? – tous les trottoirs de Staten Island, vols que tout le monde semblait trouver hilarants puisque le pillage était le jeu naturel des politiciens. En fait, il se dégageait un vague sentiment de sécurité de ces escroqueries répétées, une espèce de chaleureuse malhonnêteté. Mais en même temps et mystérieusement, un président ou, en l'occurrence, le gouverneur, étaient au-dessus de tout soupçon et prenaient place dans l'esprit des gens aux côtés des évêques et du pape dont personne n'aurait osé rire. Un jour d'été, au début des années vingt, à Far Rockaway où mes parents louèrent plusieurs années de suite un superbe bungalow, le premier de la rue avec vue sur la plage blanche et déserte et sur l'océan limpide, je vis dans une vitrine la photo entourée de crêpe noir du président Warren Gamaliel Harding, ce bel homme à cheveux blancs et à l'allure d'acteur; je passai devant, l'air solennel, car c'était le président et il était mort. Bien des années plus tard, j'appris qu'il avait dirigé un gouvernement fédéral si corrompu qu'il fallait remonter à l'époque du général Grant pour en trouver un du même genre.

La rotogravure semblait se plaire à reproduire fréquemment des photos d'Anglais en Afrique et aux Indes, en Malaisie, parmi des personnages qui ressemblaient à des Chinois, ou encore au milieu de tribus de Pygmées. Pendant des semaines et des semaines on les vit entourés d'Egyptiens car ils venaient de découvrir la tombe chargée d'or du roi Tout Ankh Amon. A l'école, la carte du monde était parsemée de taches roses rassurantes indiquant les possessions de l'Empire britannique : des continents entiers et des centaines de petites îles sous toutes les latitudes. Sur les photos, les Anglais, dont le nez était superbe et toujours bien droit, posaient en casque colonial, sous les palmiers ou bien en manteau de fourrure parmi les Esquimaux, ou encore dans de sombres forêts sauvages ou des déserts brûlants. En fait, ce ne fut pas avant le début des années vingt que les Etats-Unis, de débiteurs qu'ils étaient envers les banques anglaises depuis la Révolution, devinrent créditeurs. Mais bien entendu, je ne songeais pas aux banques, couché sous le Knabe et tournant ces pages réconfortantes; je rêvais plutôt d'aventure parmi les indigènes et d'être le premier à glisser un regard – lampe de poche à la main – à travers l'orifice fraîchement creusé dans le mur de la chambre funèbre du roi Tout. Que c'était effrayant à imaginer! S'il allait se réveiller! L'un des premiers articles de journal que j'aie lus relatait les morts successives et mystérieuses des explorateurs qui avaient pénétré dans la tombe, frappés par une malédiction, disaient les journaux, lancée contre eux de l'intérieur sombre du sanctuaire violé. Aussi terrifiante que fût cette malédiction, elle avait cependant un certain charme pour ma mère, et par conséquent pour moi, car elle confirmait de façon lointaine mais implicite sa croyance en l'existence des esprits. L'air était loin d'être vide et, jusqu'à la fin de sa vie, elle essaierait de lire l'avenir. Dans les années vingt, la pratique de la planche « Ouija » faisait fureur. Trois ou quatre personnes s'asseyaient, les genoux appuyés contre une planche magique au-dessus de laquelle l'un des participants étendait la main pour la faire léviter. La réussite de l'expérience dépendait en grande partie du temps – l'air humide étant meilleur conducteur d'esprits – et de la tranquille concentration des personnes présentes. Si ma mère ne parvenait jamais à détacher l'objet de ses genoux, c'était simplement qu'elle ne savait pas s'y prendre; reconnaître qu'il s'agissait d'une imposture n'aurait pas effleuré son esprit. Elle savait pourtant que tout cela n'était qu'imagination mais il était dans sa nature de se montrer à la fois lucide et aveugle, de « sauter de la falaise et de se regarder voler dans les airs jusqu'au sol ». J'appris cette crédulité et ce détachement dès mon époque à ras du sol. Ma mère se conduisait en vérité en artiste mais sa méthode pouvait créer de sérieux ravages dans l'esprit d'un enfant avide d'authenticité.

Beaucoup plus tard, je me rendrais compte qu'à cette époque de sublime confiance nous nous laissions entraîner inconsciemment dans une direction déterminée par le flux des événements. Mon père, que je regardais du sol où je traînais, et dont le visage calme pendant sa sieste du dimanche ressemblait à celui d'un bison ou d'un buffle albinos qui se contentait de battre des paupières ou de s'agiter légèrement au plus fort de mes cris alors que tous les autres se déplaçaient avec des gestes hystériques, était arrivé tout seul à New York du fin fond de sa Pologne natale avant son septième anniversaire. Il avait aujourd'hui une National et un chauffeur qui l'attendaient au coin de la rue pour l'emmener tous les matins en ville, à la Septième Avenue, dans le quartier de la confection. Pareille transformation n'avait rien de surprenant à l'époque ni durant les années suivantes. On acceptait la vie comme une sorte de parchemin qui se déroulait interminablement, dont le message contenait des surprises et, la plupart du temps, de bonnes nouvelles.

Logiquement, je suppose que le long voyage que fit Isidore en solitaire à travers l'Europe et les océans aurait dû éveiller en nous toutes sortes de sentiments négatifs : la rancœur devant l'abandon de ses parents par exemple ou le ressentiment à l'égard de ses trois frères et sœurs qui, eux, avaient eu la chance d'être emmenés lors du grand exode vers le Nouveau Monde. Mais ce n'était là qu'une partie de la saga familiale que personne ne mettait en doute. Selon l'explication officielle, grand-père n'avait pas eu les moyens d'acheter le billet de papa et avait pensé pouvoir envoyer l'argent nécessaire par la suite, dès qu'il aurait fait quelques économies en Amérique; ce serait l'affaire de quelques mois. Dans l'intervalle, on avait confié le garçonnet à un vieil oncle qui mourut bientôt. L'enfant fut alors ballotté de l'un à l'autre, dormant avec les vieilles grand-mères et les faibles d'esprit qui souillaient leurs lits et hurlaient une partie de la nuit sans se soucier de leurs voisins. Après plusieurs mois de cette existence, le petit Izzie avait dû se sentir bien orphelin! Je ne l'ai compris que très récemment, alors que je connais cette histoire depuis soixante ans. C'est peut-être cet état d'orphelin qui a contribué plus tard à l'exceptionnelle chaleur des relations qui s'établirent entre mon grand-père et ma deuxième épouse, Marilyn Monroe. Elle était capable de déceler d'instinct, dans une pièce bondée, ceux qui avaient été privés de parents dans leur enfance ou avaient vécu dans un orphelinat. C'est grâce à elle que j'acquis ce même instinct, moins infaillible cependant que le sien. Il y a dans le regard de l'orphelin un appel surgi du fond de la solitude qu'aucun être élevé par des parents ne peut réellement connaître et qui se résume en une seule question : « M'aimez-vous ? »

Le billet tant attendu par mon père arriva enfin. On le mit dans le train de Hambourg, une étiquette autour du cou demandant aux voyageurs d'avoir l'obligeance de livrer le colis au commandant d'un certain bateau en partance pour New York. L'Europe était encore apparemment assez civilisée pour permettre ce genre de transaction. Après trois semaines passées dans l'entrepont du bateau près de la timonerie, où ne pénétrait jamais le moindre rayon de soleil, où deux fois par jour on ouvrait des barils de harengs saurs pour nourrir les familles et dont, bien entendu, un enfant voyageant seul n'avait que les restes, il arriva à New York, les dents branlantes et avec sur le crâne une croûte grosse « comme une pièce d'un dollar en argent » racontait-on. Ses parents étant trop occupés pour venir le cueillir au port dépêchèrent à Castle Garden son frère aîné, Abe, âgé d'environ dix ans, qui l'aida à passer les formalités d'immigration et le ramena à Stanton Street. Là, dans deux chambres exiguës, vivaient les huit membres de la famille qui travaillaient à la fabrication de longs manteaux boutonnés, en vogue à l'époque. Abe, un vrai chenapan, chaperonna mon père à travers la ville et lui indiqua en cours de route tous les grands bâtiments que – disait-il – leur père possédait déjà. On mit Izzie à l'école pendant quelques mois puis il prit sa place devant une des machines à coudre de l'appartement et ne remit plus jamais les pieds dans une salle de classe. A douze ans, il supervisait lui-même le travail de deux autres garçonnets qui, à ses côtés, cousaient les manches des vêtements dans un atelier situé en sous-sol. A seize ans, son père, Samuel, voulut l'envoyer comme représentant à travers le pays, muni de deux grosses malles-cabines remplies de manteaux destinés aux grands magasins du Middle West. Mais, comme il me l'expliqua sous le porche de notre maison un quart de siècle plus tard environ : « Je suis allé jusqu'à la gare et je suis revenu parce que je m'ennuyais déjà de ma mère. L'année suivante, j'ai essayé à nouveau de partir et, cette fois-là, je réussis à ne pas revenir. » Il était âgé de soixante-dix ans lorsqu'il me fit cette confidence et se sentait encore gêné d'avoir été si dépendant de sa mère. Jusqu'à son mariage, à l'âge de trente-deux ans, il lui versa intégralement son important salaire en échange d'un peu d'argent de poche, tout comme l'avaient fait ses trois frères. Cette femme formidable refuserait, au plus fort de la Crise, de prêter de l'argent à mon père. Mais cela se passait bien avant l'époque où je me traînais par terre et c'était déjà loin derrière nous lorsque j'eus avec mon père cette conversation sous le porche de ma maison.

Mon frère Kermit vécut très en dehors de ma vie jusqu'à ce que j'atteigne mes cinq ans et que se présente à moi la perspective excitante d'aller à mon tour à l'école. Jusque-là, il avait joué les empêcheurs de danser en rond chaque fois que me prenait l'envie de découper une image dans un journal, de gribouiller sur un papier quelconque ou de planter un clou dans le haut-parleur du phonographe. Mais maintenant que j'allais le rejoindre à l'école, il devint mon idéal; je devais donc l'aimer. En tant que mon aîné, toutes les responsabilités lui revenaient tandis qu'à moi étaient dévolus tous les plaisirs, mais lui il était beau alors que j'avais une drôle de binette, avec mes oreilles décollées, objets d'éternelles plaisanteries de la part du frère de ma mère, Moe. Chaque fois qu'il arrivait chez nous, il me disait : « Rentre tes oreilles, petit, on va passer sous un tunnel ! » Quant aux membres de la famille paternelle, dès que j'apparaissais, ils me dévisageaient de leurs grands yeux bleus de vaches satisfaites et bien nourries, avec des sourires pincés, l'air de dire : « D'où sort-il, celui-là? » Car j'étais le seul à être brun et à avoir les yeux noisette comme ma mère. De leur point de vue, c'était une faute de la nature, à moins que ce ne fût une bévue de mon père; ma mère était en effet la seule noiraude à être entrée dans cette famille qui formait un clan anormalement consanguin où l'on ne se mariait qu'entre gens de même espèce. C'est ainsi qu'une de mes plus ravissantes cousines épousa son oncle malgré les mises en garde du rabbin; ils vécurent heureux pendant de nombreuses années, se tenant par la main et se regardant dans le blanc des yeux avec admiration. Je crois pourtant qu'elle finit par se sentir coupable car elle se fana vers la quarantaine et mourut, tordue comme une sorcière, chauve et presque aveugle, victime d'une maladie que personne ne réussit jamais à diagnostiquer. Ma mère, avec son teint de brune, paraissait tout à fait déplacée au milieu de cette universelle blondeur et quelque peu gênante aussi car elle était plus intelligente que les autres. Si chaque famille possédait le même piano demi-queue « Knabe », ma mère était la seule à savoir en jouer, ce dont on faisait semblant de sourire avec condescendance. Par la suite, chaque fois que je téléphonais à la maison pour annoncer la naissance d'un de mes enfants, la première question que me posait mon père était :« Est-il brun? » Les implications racistes que cela comportait m'irritaient mais, devant les réactions du « clan » à l'égard de ma mère et de moi-même, j'avais depuis longtemps compris le sens de ce rejet; il ressemblait fort à celui que l'on éprouve en entrant dans une pièce, avant même d'avoir ouvert la bouche.

Il est possible que, même à demi consciemment, on choisisse sa propre personnalité pour maintenir un équilibre salvateur au sein du petit univers familial. J'ai très vite rangé Kermit, de trois ans mon aîné, dans le camp de mon père dont il possédait la générosité et l'amour de l'ordre. Avec ses grands yeux bleus et son teint clair, il ressemblait terriblement au vieil homme tandis que ma brunette de mère et moi étions liés non seulement par notre physique mais aussi par une sorte de conspiration muette contre les entraves et les interdits de la réalité. Si, par exemple, je rentrais à la maison en claironnant que j'avais vu un agent de police régler la circulation en patins à roulettes, elle en était tout ébahie et me demandait des détails; mon père, au contraire, fronçait les sourcils et étouffait un rire tandis que Kermit levait les yeux au ciel, scandalisé par de telles balivernes.

Quelle importance peuvent avoir toutes ces absurdités dans ma vie et dans celle des autres? Je me suis souvent posé la question. C'est simplement que la vision qu'on a des choses lorsqu'on est encore à quatre pattes par terre, bien que pleine de malentendus, est la plus pure; c'est la matrice dont il est si difficile par la suite de changer le contenu. L'impact de ce qu'on voit et entend quand on se traîne sur le sol est profond comme la marque d'un fer rouge. Quand le souvenir nous en revient, le choc de la vérité est beaucoup plus fort parce que ces visions d'enfance sont devenues notre propre conception – erronée – de la réalité; nous ne la partageons avec personne; elle est source de poésie, la base de notre liberté d'altérer les faits. C'est à partir de ces malentendus, plus que de tout ce qu'on apprend du respect dû à la culture, que se déroulent les fils qui tissent le caractère unique de la vision de chaque artiste, celle qui promet de refaire le monde à neuf. Sans le savoir, presque depuis mes premières années, j'ai cherché à reconstruire ma vie en m'identifiant à mon frère, à mon père ou à ma mère, en imitant leurs attitudes, leurs expressions de façon à tester la réalité d'un point de vue différent du mien. Il me fallut des années pour me débarrasser, parfois péniblement, de ces déguisements et pour me retrouver moi-même. Autrement dit, à l'époque où l'on est le plus vulnérable aux émotions, nous sommes le moins capables d'interpréter ce qu'elles veulent réellement dire. De ce point de vue, au moins, la vie ne perdra jamais son mystère.

Par quel autre mystère ai-je un jour décidé, par exemple, que ma position était celle de deuxième ligne ? Qu'est-ce qui m'a poussé à faire ce choix tout comme un jour je « déciderais » que j'étais un auteur dramatique ? oui, le deuxième ligne, c'était moi, tandis que Kermit était un lanceur de balles, un athlète. Ces identités nous étaient inexorablement imposées par le destin et venaient de très haut. Je m'interroge encore sur les autres éléments de ma personnalité que je choisis et adoptai sans raison pertinente. Et pourquoi Kermit tombait-il toujours à deux pas de la ligne d'arrivée dans les compétitions que nous faisions constamment dans les allées de Central Park ? La foule de jeunes venue des appartements voisins sur la 110ᵉ Rue applaudissait déjà la puissance de ses jambes, son style imbattable et sa suprématie quand, au moment même où il écartait les bras pour crier victoire, il s'effondrait et perdait la course. Quel choix secret présidait à ce phénomène ? Etait-il sans rapport avec un autre événement qui eut lieu pendant la Deuxième Guerre mondiale ? Engagé volontaire, il s'était retrouvé un jour capitaine d'infanterie traînant un blessé sur son dos pendant des heures par une température glaciale et réussissant à le ramener à un poste de secours, tandis que ses propres doigts de pied étaient gelés et déjà gangrenés. D'où viennent ces images fatidiques qui peuvent soit coûter la vie ou ses doigts de pied à un homme, soit lui permettre de sauver la vôtre si le hasard veut bien qu'il se trouve là au moment où vous avez besoin d'aide ?

Il était toujours bon d'avoir Kermit à portée de main en pareilles occasions. Mais son honnêteté pathologique épuisait parfois ma mère. Un jour, son professeur de dessin demanda à toute sa classe de faire un croquis original. Chacun avait le droit de choisir son sujet. Mon frère décida de reproduire une maison, ce qu'il parvint à faire très honorablement, sauf la cheminée. Il effaça celle-ci, la recommença plusieurs fois sans jamais parvenir à lui donner l'air d'être fixée au toit. La veille du jour où il devait remettre son devoir, vers dix heures du soir, ma mère, qui avait un joli talent de portraitiste, prit son courage à deux mains et, avec son plus charmant sourire, proposa de dessiner la cheminée. Kermit, déjà très énervé, se mit à protester si violemment qu'il me réveilla en sursaut. Je me précipitai à la salle à manger où je le trouvai assis, serrant son œuvre contre sa poitrine, hurlant que ce ne serait pas honnête. Ma pauvre mère, au bord de la crise d'hystérie, le suppliait de la laisser dessiner au moins une petite ligne de perspective qui donnerait à cette maudite cheminée un air de vraie cheminée et non d'une boîte collée sur le toit. Mon père, bien entendu, dormait du sommeil du juste car les actions en Bourse montaient et les affaires marchaient mieux que jamais. L'entreprise créée par son père, la S. Miller & Fils, avait été dissoute récemment et une vague de frères et de parents avait déferlé sur Isidore et sa propre société de confection, la Miltex, fondée après la Grande Guerre. Sa loyauté envers la famille l'avait poussé à procurer du travail à tous les membres du clan, ce que ma mère lui reprocherait quelques années plus tard lorsque la société ferait faillite. En réalité, le petit Izzie, abandonné de tous dans son enfance, trouvait un certain plaisir à être le seul recours d'une famille dont les membres s'étaient toujours plus ou moins ouvertement moqués de lui à cause de son analphabétisme. Il devait en porter la cicatrice toute sa vie. Mais pour le moment, il ronflait comme un sonneur.

Je joignis mes supplications à celles de ma mère. « Mais ce n'est pas possible, répétait Kermit, c'est moi seul qui dois faire ce devoir ! » Conspirateurs corrompus, ma mère et moi tentions de discuter, de lui prouver qu'il avait tout dessiné, tout colorié lui-même sauf la cheminée. Il ne voulut rien entendre. La solution naquit de notre fatigue collective : on prend ainsi beaucoup de décisions parce qu'il est tard et qu'on n'en peut plus. On irait donc se coucher et on réfléchirait à la question le lendemain matin, avant le petit déjeuner. Kermit, à peine capable de tenir les yeux ouverts vu le temps qu'il avait passé à dessiner sa maison, à en changer les coloris, la place des fenêtres et des portes, accepta. Il regagna sa chambre et le dessin resta sur la table de la salle à manger. Je pressentis ce qui allait arriver. Le devina-t-il aussi ? En tout cas, lorsque le lendemain matin il roula son dessin pour l'emporter, il était orné d'une élégante cheminée. Le remarqua-t-il ? Ou fallait-il être méchant comme moi pour noter ce détail ?

Quelque quarante-cinq ans plus tard, cette même table de notre vieille salle à manger se trouvait sur scène pour la première production à Broadway de ma pièce : *le Prix*. En 1968, j'avais complètement oublié l'existence de ce meuble et ne me rappelais guère ce à quoi il ressemblait. Mais le décorateur de la pièce, mon vieil ami Boris Aronson, aimait partir de la réalité et me cassait les oreilles avec la description précise de chacun des éléments du mobilier qu'il voulait voir s'empiler dans la chambre du défunt père quand ses deux fils se retrouveraient après bien des années de séparation pour partager l'héritage. Je n'avais pas basé mes personnages sur une ressemblance quelconque avec Kermit ou moi; nous étions très différents d'eux mais le magnétisme de la situation sous-jacente était profondément ancré dans ma chair.

Ma sœur Joan – pas encore née à ce point de mon récit – apprenant un jour que le décor nécessitait un mobilier des années vingt, me rappela que notre ancienne table avait été donnée à la jeune sœur de mon père, Blanche, alors âgée de soixante-dix ans. Ma mère n'avait pas assez de place pour la garder dans l'appartement où elle et mon père finissaient leurs jours. Je me hâtai donc de me rendre à Brooklyn chez ma tante Blanche, la plus jeune de tous les membres de ma famille paternelle. C'était une femme charmante, jolie et douce; elle était âgée maintenant mais toujours aussi généreuse et gaie. Il s'avéra qu'elle avait récemment contacté un brocanteur pour vendre ladite table et huit chaises parce qu'elle et son mari Sam – associé de mon père au moment de la Crise dans une de ses vaines tentatives de remonter une entreprise de confection – allaient emménager dans un appartement moins spacieux.

Je regardai longuement la table massive, encore solide, et amusante, avec ses pieds sculptés en forme de harpe et sa bordure dentelée. Ma mère y était grimpée plus d'une fois pour y danser les soirs de la Saint-Sylvestre (et aussi les jours anniversaires de son mariage); je n'avais bien entendu jamais eu l'autorisation d'assister à ces exhibitions exubérantes qui se tenaient aux heures friponnes de l'aube, bien après que j'étais allé me coucher. Je n'étais pas sûr que le style de ce meuble convînt au décor de Boris et l'appelai donc au téléphone pour le lui décrire.

Boris n'acceptait pas facilement les suggestions venues de l'extérieur. En fait, il prenait instinctivement le contre-pied de tout ce qu'on lui proposait. Des années avant le succès que lui valurent ses décors de *Cabaret, A Little Night Music* et autres comédies musicales, ainsi que ceux des *Sorcières de Salem*, de *Vu du Pont* et *Un souvenir de deux lundis*, nous étions assis tous les deux au bord de la piscine d'un ami commun qui nous avait invités dans sa propriété de Westchester pour fuir la chaleur torride de New York. Etendu dans la fraîcheur de l'ombre, je plaignais le sort des malheureux citadins obligés de rester en ville par cette canicule. Aussitôt Boris trouva des raisons de me contredire.

– Moi, j'aime bien New York quand il fait chaud... même plous qué lorsqu'il y fait bon.

– Comment peux-tu te plaire en ville par une chaleur pareille ?

– Parcé qué c'est très rélaxant. Quand jé mé promène dans les rues dé New York par grosse canicoule dé juillet, jé sais tout dé suite qué quiconque jé rencontre est un raté.

L'accent russo-yiddish de Boris était inénarrable, tout

comme son attitude vis-à-vis du langage en général. Je l'avais pris comme modèle pour le personnage de Gregory Solomon, le vieil antiquaire âgé de quatre-vingt-neuf ans héros de ma pièce, bien qu'en réalité ils fussent très différents de caractère. Il me semblait étrange d'être là, debout devant la table de mon enfance, en train de demander à Boris s'il était d'avis que je l'achète pour le décor où devait se jouer *le Prix*. La pièce avait évidemment pour sujet la vente de vieux meubles à un marchand dont l'accent anglais était aussi rocailleux que celui de mon décorateur. J'avais l'impression de me tenir entre les morceaux d'un miroir qui reflétaient à l'infini mon image, celle de Boris, de ma pièce, de mes parents, de leur table...

– Dé quél style elle est? demanda Boris.

Je n'en avais pas la moindre idée et me tournai vers Blanche, fascinée à l'idée que ce meuble pût se retrouver sur une scène de Broadway.

– Un des marchands que j'ai consultés m'a affirmé qu'elle était de style rustique espagnol, répondit-elle.

– Tu rigoles!

Elle rit de la stupidité de la définition mais m'assura que c'était exactement ce qu'on lui avait dit.

– Boris? Un des marchands que ma tante a vus affirme que c'est du rustique espagnol!

– Forrrmidable! Prrrends-la tout dé souite.

Ce fut donc cette table que David Burns, un génie comique, frappa tous les soirs de la paume de sa petite main en rabattant les bords de son feutre noir et poussiéreux et en époussetant les revers de son grand manteau noir couvert de cendres de cigarette. Il expliquait :

– Vous voyez bien qu'on ne peut la bouger. Quand un homme s'assied devant cette table, il sait qu'il est marié et qu'il doit le rester. Impossible de faire autrement... Cela vous fait rire! Mais je vous décris la situation telle qu'elle est. Quel est le mot clef des temps modernes? Jetable. Plus on peut se débarrasser facilement d'un objet, plus il est beau. La voiture, les meubles, la femme, les enfants, tout doit être jetable. Car voyez-vous, l'important de nos jours c'est le *shopping*...

Une fois la table sur scène, je cessai de faire du sentiment à son propos. Néanmoins elle avait un jour été au centre de notre vie : c'était là que s'asseyait mon frère pour faire ses devoirs, là que j'appris à lire pendant que maman faisait notre portrait dans un silence feutré et plus chaleureux que n'importe quel feu de bois dans n'importe quelle cheminée. On n'entendait que le crissement de son crayon sur le papier et le sifflement des radiateurs. Et si par hasard un coup de feu claquait du haut des toits de Harlem, personne ne levait la tête.

Bien entendu, la télévision n'existait pas encore et notre super-radio à modulation de fréquence pouvait capter aussi bien la KDKA de Pittsburgh que la WJZ de New York mais personne ne songeait à tourner le bouton; un fond sonore musical nous aurait paru incongru. Ou bien on l'écoutait, ou bien elle restait fermée, probablement parce que le son était si faible qu'il fallait tendre l'oreille pour capter un semblant de musique. La plupart du temps, d'ailleurs, elle était en panne, résultat des interventions intempestives de Kermit qui prétendait la réparer. Tout ce que touchait mon frère – montre ou appareil quelconque – mourait irrémédiablement sous ses doigts, comme pris de panique. On retrouvait des pièces détachées partout, sous les vases, les assiettes et même à l'intérieur du piano. Il les découvrait après des mois de vaines recherches et s'empressait alors de s'attaquer à nouveau à l'objet détraqué, l'anéantissant définitivement s'il avait survécu à ses premiers soins. Je m'aperçus bientôt que j'étais plus doué que lui pour ce genre de travail; il avait trop tendance à se lancer à l'assaut des problèmes mécaniques, persuadé que pour en triompher il suffisait de les faire plier à sa volonté. Par contre je l'enviais – et j'enviais aussi ma mère – pour sa mémoire; il lui suffisait de lire un texte deux ou trois fois pour l'enregistrer intégralement alors que moi, je me perdais en associations inutiles.

Le jour de mon entrée à l'école, mon professeur, une certaine Mlle Summer, nous montra une pendule en carton pour nous apprendre à lire l'heure. Elle en maniait mystérieusement les aiguilles pour nous entraîner à énoncer les heures et les minutes. Je n'étais intéressé que par la manière dont elle les faisait bouger sur le cadran et réussis à me glisser derrière elle pour voir comment elle s'y prenait. Elle tournait simplement une manette placée derrière le cadran qu'elle me permit d'ailleurs d'actionner après la classe. Mais je dus finalement demander à ma mère de m'apprendre à lire l'heure. Mlle Summer portait aussi des lunettes cerclées d'écaille très distrayantes. Personne autour de moi ne portait de lunettes. Je pris l'habitude de me promener en louchant comme si je devenais aveugle. Ma mère, exaspérée par ce manège et au bord de la dépression nerveuse, m'emmena chez l'oculiste qui me dota d'une paire de lunettes non correctives que je portai fièrement pendant une semaine avant de la perdre dans les allées du parc. Rien ne m'enchantait davantage que d'imiter les grandes personnes. A peine eus-je atteint la hauteur de la poche revolver de mon père, d'où pendait toujours la pointe d'un mouchoir, que je disposai le mien exactement de la même façon et continuai à le faire pendant des années. De la position avantageuse que j'occupais sur le sol, j'avais remarqué très tôt que les hommes – rarement les femmes – s'inclinaient souvent de côté pour lâcher un vent. Je tentai d'en faire autant mais ne réussis qu'à imiter la position sans jamais obtenir le résultat. Mais c'était excitant de grandir. Tant de choses m'attendaient une fois évanouie l'impuissance de l'enfance!

L'émotion toute nouvelle que suscita l'arrivée de l'âge du jazz n'échappa pas au petit bonhomme haut comme trois pommes que j'étais à l'époque. Elle me parvenait surtout par l'intermédiaire des femmes, ma mère et ses amies. Quand maman coupa ses longs cheveux à la

Jeanne d'Arc, Kermit en fut choqué, pleura dans sa chambre, lui reprocha son geste et surtout lui en voulut de ne pas l'avoir prévenu. Malgré l'innocence de mes cinq ou six ans, j'étais conscient que les femmes avaient une vie secrète et passionnante. Voilà pourquoi je me retrouvai, un beau soir d'été, coiffé d'un canotier de mon père, assis sur une caisse devant notre immeuble, espérant attirer l'attention de quelque femelle. Mais ce genre de sexualité était moins un état physique qu'une sorte de nuage coloré sur lequel je vivais la plupart du temps, peut-être parce que j'étais incapable de renoncer à quoi que ce soit ou d'attendre de voir se réaliser mes désirs. Il me fallait posséder tout, tout de suite. Voir quelque chose d'intéressant, c'était éprouver le besoin de me l'approprier; ma vie était une explosion continuelle de désirs qu'il fallait assouvir immédiatement, au contraire de mon frère, toujours très maître de lui et conscient de ses responsabilités. J'allais bientôt être la proie de fantasmes naïfs mais terriblement réels, issus sans doute d'un sentiment de culpabilité : les fenêtres de notre appartement, situé au dernier étage, me semblaient soudain n'offrir plus aucun obstacle aux vents et aux pluies; les lumières clignotantes des appartements voisins projetaient l'ombre terrifiante d'un singe furieux, montrant les dents et tendant devant lui ses pattes dégoulinantes de pluie tandis qu'il tentait d'entrer dans ma chambre. (Le singe d'un joueur d'orgue de Barbarie, que j'avais caressé dans une des rues de Rockaway l'été précédent, m'avait cruellement mordu au doigt et l'avait retenu prisonnier entre ses dents jusqu'à ce que son maître lui fasse lâcher prise d'une chiquenaude.) Petit à petit je devenais somnambule et glissais, profondément endormi, le long des couloirs, le regard vide fixé sur la chambre de mes parents. Une fois, je me réveillai dangereusement penché à ma fenêtre, au sixième étage; la terreur que je ressentis en reprenant mes esprits au-dessus du précipice qui se perdait dans les profondeurs de la cour intérieure de l'immeuble fut telle que le sang battit dans mes veines. Jamais je ne l'oublierai.

Lorsque j'entendis parler pour la première fois – sans doute après mon départ pour le collège – des Juifs comme du « Peuple du Livre », je me mépris sur le sens de cette définition et crus qu'il s'agissait des livres en général et non de la Bible. Cette formule flatteuse était nouvelle pour moi. Elevé parmi les Juifs jusqu'à l'âge de vingt ans, je n'avais jamais vu quiconque lire autour de moi, sauf ma mère. Dans les appartements de mes amis de la 110e Rue, les étagères n'étaient pas chargées de livres mais de bibelots divers : des figurines de porcelaine, chevaux ou dames en crinolines, un petit Hollandais en sabots tenant un seau au-dessus d'un puits ou encore un buste de Lincoln. Même ma mère achetait rarement des livres, préférant les emprunter à la bibliothèque municipale de la Cinquième Avenue ou bien, quand on s'installa à Brooklyn, à la bibliothèque du drugstore de Womrath qui prêtait ce qu'on voulait pour deux *cents* par jour.

Néanmoins nous avions appris très jeunes à respecter les livres; ils étaient tous des bibles en puissance, donc plus ou moins sacrés. Quand je posais un livre à l'envers sur une table, mon frère me réprimandait : comme une personne, un livre a une colonne vertébrale qui peut se casser. *Le Livre de la connaissance* trouva très tôt sa place chez nous et c'est en le feuilletant que je me trouvai pour la première fois confronté au concept d'écrivain : une pleine page illustrée montrait Charles Dickens de profil, la tête entourée de vignettes ovales représentant Mr. Pickwick, David Copperfield, et d'autres héros de ses livres. Ma mère était justement en train de nous lire *Oliver Twist* et l'idée que des personnages réels, capables de parler, de marcher, de sentir, puissent sortir de la tête de quelqu'un me remplit d'étonnement; la fiction et la réalité se fondaient pour moi en un mirage magnifique. Il ne me serait pas venu à l'idée de mettre en doute l'existence réelle d'Oliver quelque part dans le monde.

Trente ans plus tard, au début des années cinquante, je rendis visite aux dockers du secteur de Red Hook à Brooklyn au moment où je préparais un film – jamais réalisé d'ailleurs – sur le gangstérisme. L'absence presque totale de livres dans la plupart de leurs foyers avait quelque chose de non seulement paralysant mais de presque fantomatique.

Malgré sa loyauté envers mon père, dont elle parlait avec respect et éloge – sauf quand elle se déchaînait contre une de ses maladresses –, ma mère n'en sapait pas moins son moral et je ne pouvais m'empêcher de le savoir. C'était une femme hantée par l'image d'un monde qu'elle ne pouvait atteindre, par l'envie de lire des livres qu'elle ne parvenait pas à finir, par la perspective de concerts auxquels elle ne réussirait pas à assister et surtout par le désir de connaître des gens intéressants qu'elle ne rencontrerait jamais. En fait, son mariage avait été arrangé quelques mois après qu'elle eut obtenu *cum laude* son diplôme de fin d'études secondaires. Mais même un troc humain de ce genre peut avoir un certain charme. Elle riait en racontant comment « grand-papa et grand-père Miller s'étaient enfermés dans le living pour comparer leurs livres de comptes. Ils y étaient restés enfermés pendant des heures et en étaient sortis – elle riait de plus belle – pour annoncer que j'allais me marier! ». Les deux fabricants de vêtements s'étaient assurés que les biens des deux familles s'équilibraient, tout comme l'auraient fait, des siècles auparavant, de nobles propriétaires terriens. Alors, tout à coup, le regard de ma mère s'assombrissait; elle serrait les mâchoires de colère et murmurait entre ses dents : « Comme une vache! » Cela se passait souvent en présence de mon père qui l'écoutait, tout comme mon frère et moi, hochait parfois la tête pour confirmer l'exactitude des faits, tant il était respectueux des traditions familiales. Mon cœur bondissait vers lui que je sentais humilié sous ses airs imperturbables. Ma tâche était en quelque sorte de les détourner de leurs conflits, un rôle qui tenait déjà du jeu théâtral.

Mais ma mère avait des compensations. Elle pouvait, par exemple, faire monter ses fils dans la National et les emmener en ville, assis sagement derrière le chauffeur, pour rendre visite à la Miltex Coat & Suit Company où papa, en bras de chemise, grand, compétent et visiblement très conscient de ses responsabilités, les présentait à l'admiration des ouvriers assis devant leurs machines, des employés de bureau et des vendeurs dont plusieurs étaient des parents auxquels il payait des salaires excessifs.

Vers le milieu des années vingt, tout respirait la sécurité et l'espoir dans cette gigantesque usine mal éclairée, envahie de rouleaux de tissu empilés les uns sur les autres le long des murs jusqu'au plafond et où circulaient de merveilleux chariots de fer que j'adorais emprunter pour faire un tour; sans parler du monte-charge ténébreux et des employés du bureau d'accueil avec leurs manches retenues par des bracelets de velours et leurs visières vertes sur le front. Tous les regards se posaient sur nous, pleins de respect, et semblaient nous féliciter d'être les fils du patron et de notre ravissante et intelligente mère. Ici régnaient la concorde, le bonheur vers lesquels j'ai toujours essayé d'entraîner mes parents – mon père était en pleine possession de ses forces et ma mère satisfaite, fière et pleine d'admiration pour son mari, ce qui flattait l'amour-propre de ce dernier et lui donnait une aura de puissance qui la sécurisait. D'ailleurs, tout un monde – celui des ouvriers et du personnel – était là pour témoigner de cet ennoblissement et du rôle que mon frère et moi jouions dans ce qui devint, dans mon esprit, une reconstitution historique de la plus haute importance. Un jour, il serait utile de comprendre les satisfactions – et pas seulement les contraintes – que procure la hiérarchie; et ses paradoxes également! Car même lorsque ma mère recevait, avec son charme naturel et sa dignité presque royale, ces marques de respect, je savais en quel mépris elle tenait tous ces « fripards » juifs, avides et méchants, pour qui seules les affaires comptaient. Si mon père échappait à cette définition peu flatteuse, c'est qu'elle lui reconnaissait une certaine hauteur de vues; mais il s'en rapprochait dangereusement à mes yeux par son ignorance de ce que ma mère appelait la culture. Il me faudrait des années pour me rendre compte que son goût, bien que plus naïf que celui de ma mère, était plus raffiné, plus personnel, plus authentique. Son manque de culture était une bénédiction pour lui : il lui évitait d'avoir à se soucier de ce qui était ou n'était pas à la mode et lui permettait de réagir simplement et humainement à ce qu'il voyait et entendait sans se préoccuper de ce que dictaient les médias. Une chanson, un spectacle devaient satisfaire son esthétique sensuelle et utilitaire tout comme son chapeau et ses chaussures. A son avis l'art était fait pour émouvoir. Mais bien entendu, comme dans beaucoup de foyers américains, la « culture » était l'affaire de l'épouse, l'homme fournissant les fonds. Jamais il ne vint à l'esprit de mon père que son opinion sur un sujet artistique valût la peine d'être exprimée, aussi pénétrantes et justes que fussent certaines de ses perceptions instinctives. Son analphabétisme créa en moi, pendant des années, un conflit dans mes études, tant je désirais lui ressembler. Bien avant de connaître quoi que ce soit à la psychanalyse, je dus reconnaître, en toute honnêteté, qu'après tout je n'étais pas lui et que j'étais parfaitement capable d'apprendre par cœur mes leçons et de passer des examens. Me mettre à lire était le dépasser; réclamer le statut d'écrivain était une redoutable victoire; et c'était aussi m'identifier dangereusement à ma mère et à ses secrètes rancœurs – pour ne pas dire à son mépris – devant l'impuissance obstinée de mon père à se servir des mots.

Les raisons de s'étonner des caprices du destin ne manquent jamais. L'une d'elles m'apparut clairement au cours des années vingt, lorsque ma mère fit remarquer pour la cinquantième fois combien nous avions été stupides de rejeter la proposition d'emprunt faite par Bill Fox en 1915. D'après elle, j'avais failli devenir le fils d'un richissime producteur de Hollywood – un sort qui n'était peut-être pas pire que la mort mais très proche! Fox, un ancien « décatisseur », avait eu du mal à trouver les capitaux qui lui permettraient de fonder ses studios de cinéma en Californie; il avait écumé toute l'industrie de la confection pour réunir les sommes nécessaires. D'après mon père, la raison de ses difficultés n'était pas difficile à comprendre : les décatisseurs avaient la réputation de ne pas être très honnêtes, l'essence même de leur métier les poussant à adopter des pratiques peu recommandables. On doit en effet décatir les lainages avant de les utiliser pour faire des vêtements. Les fabricants envoient donc leurs rouleaux de tissu à un décatisseur qui les déroule au-dessus d'immenses bacs à vapeur. Le tissu rétrécit mais qui peut dire de combien? Deux mètres? Dix mètres? Quinze? Pour un décatisseur qui disait la vérité, combien d'autres chipaient en douce une pièce de tissu et rendaient au fabricant un rouleau diminué de moitié en invoquant la mauvaise qualité du tissu qui avait mal résisté à l'opération? Croire en la parole d'un décatisseur exigeait beaucoup de confiance. Et voilà que l'un d'eux demandait à mon père d'investir quelque cinquante mille dollars dans un projet de cinéma, dans une contrée lointaine... la Cafifornie, rien que ça! Quand Fox vint frapper à la porte de mon père, il avait déjà fait le tour de tous ceux qui pouvaient l'aider dans le monde de la confection et offrait, en échange de cette dernière tranche d'argent liquide dont il avait besoin, une participation importante dans sa future société.

Mon père adorait le spectacle. Rencontrer un acteur

en chair et en os l'aurait ravi. La tentation était grande. Mais son bon sens fut le plus fort. Comment se fier à ce Fox? Il refusa donc. Le jour où il lui annonça la mauvaise nouvelle, il était bien loin de penser que, quelques années plus tard, il lui faudrait racler ses fonds de tiroir pour trouver de quoi s'offrir une entrée au cinéma où l'on projetait un des films de la Twentieth Century Fox. S'il avait pris le risque, j'aurais été élevé à Los Angeles et n'aurais jamais appris tout ce que j'ai découvert dans les allées de Central Park, les rues de Harlem et de Brooklyn; la Crise nous aurait épargnés et ma personnalité aurait été toute différente. Lors d'un voyage en Pologne, des années plus tard, je fis le même genre de constatation : si mes grands-parents ne s'étaient pas rendu compte qu'aucun avenir ne les attendait dans ce pays, je n'aurais probablement pas survécu plus de trente ans, car une fois délenchée par les nazis, dans cette région désolée du monde, la machine à exterminer les Juifs, bien peu d'entre eux réussirent à sauver leur peau.

Mais en 1918 et au cours des années suivantes, notre famille refusait d'admettre l'idée que la guerre fût la défaite spirituelle qu'elle était en réalité. Bien entendu, je parle de ma propre perception des choses telles qu'elles me parvenaient goutte à goutte jusqu'au ras du sol, ma patrie d'alors. J'avais trois ans lorsque prit fin la Grande Guerre et ne me rendais pas compte du souci que se faisait ma mère pour ses deux frères – Hymie, qui était dans la marine mais ne prit jamais la mer, et Moe, qui fut gazé en France. Par contre je me rappelle parfaitement la joie et l'enthousiasme qu'apporta à la maison l'annonce de la signature de l'armistice. Je suis sûr d'avoir entendu ma mère téléphoner à toutes ses sœurs et à toutes ses amies qui, apparemment, n'étaient pas censées avoir lu les journaux, pour leur annoncer la bonne nouvelle. Elle détestait le Kaiser, un peu comme elle haïssait Mikush, le concierge de notre immeuble, un Polonais dont le dédain était démoralisant. Il fallait le supplier de venir ouvrir une fenêtre coincée par la peinture et nous savions qu'il furetait chez nous chaque fois que nous partions en vacances. Pourtant, on ne pouvait se passer de ses services : il était le seul à savoir manier un outil, à pouvoir ouvrir une malle dont on avait perdu les clefs, déplacer le piano, éteindre le gaz quand les brûleurs se coinçaient en position de marche. Contrairement au Kaiser, Mikush n'avait jamais essuyé de défaite, de sorte que ma mère pouvait haïr le Kaiser en y ajoutant la satisfaction d'imaginer Mikush dans la même situation que lui : obligé de couper lui-même son bois à Doorn, en Hollande, exilé là pour le reste de ses jours. Quand paraissait la photo du Kaiser dans les pages hebdomadaires sépia du *Times*, elle savait qu'une année s'était écoulée car, pour quelque obscure raison, à chaque anniversaire de l'armistice, on le montrait toujours occupé à couper du bois à Doorn, robuste, la moustache en pointe, vêtu de culottes de golf et d'une veste courte, chaussé de souliers montants, l'air aussi morne qu'un doberman.

Vue du sol, la défaite de l'armée impériale allemande signifiait qu'oncle Moe était revenu nous voir avec une valise pleine de marks sans valeur mais que ma mère tenait à garder « au cas où »! Il avait également rapporté un casque allemand enveloppé dans du papier brun que perçait la pointe métallique fichée en son sommet. Le toucher ou en respirer l'odeur faisaient naître en moi des images semblables à celles que j'avais vues dans les journaux : des champs de bataille encombrés de morts, des explosions effrayantes. Un vivant avait porté cette chose sur sa tête et était maintenant mort! Naturellement je rêvais de devenir soldat et, avec un peu de chance, de faire la guerre. J'imaginais l'odeur de terre mêlée de sueur imprégnée dans la doublure de ce casque; sa surface externe, qu'envahissait la rouille, avait sûrement été recouverte de boue jaillie sous l'effet de l'explosion d'un obus allié. (Les « Alliés » – quels flots de chaleur et de confiance renfermait ce seul mot!

Bientôt paraîtraient en librairie des livres d'enfants, *The Boy Allies,* qui mobiliseraient tous les gosses en culottes courtes contre le sale boche!) Mais le casque était beaucoup trop grand pour ma tête et s'enfonçait jusqu'à mes yeux; alors je le prenais fièrement à deux mains et me promenais victorieusement avec mon trophée, jusqu'au jour où je m'aperçus que j'étais en train de devenir fier d'être allemand. L'horrible idée! La dernière fois que je vis ce casque, des années plus tard, en ouvrant une armoire, il tomba d'une étagère et me heurta à l'épaule, comme si la tête du mort était revenue me réprimander. C'était aussi, en quelque sorte, la tête de Moe qui se manifestait car le malheureux était mort d'une tuberculose contractée en France, aggravée par les gaz qu'il avait respirés. J'avais compris depuis longtemps, au ton que prenait ma mère pour parler de lui, qu'il était condamné à mourir jeune. Elle garda toujours les lettres de style victorien qu'il lui avait envoyées de France, calligraphiées plutôt qu'écrites, toutes pleines de formules d'usage plutôt que de récits circonstanciés : il y « notait » des choses « de grande importance » et disait avoir été témoin de scènes « qu'il ne serait pas séant de décrire ». Ecrire comme on parle était considéré comme un signe de piètre éducation et de vulgarité. Tout style littéraire se devait d'être plus élevé et plus correct.

Voilà ce qu'on enseignait aux élèves des écoles publiques. Même dans le petit établissement de la 111e Rue, on nous apprenait à devenir des dames et des messieurs. Nous n'avions pas le droit de lire Whitman, Dreiser ou Sinclair Lewis mais Keats, Shelley et Wordsworth – des auteurs qui écrivaient dans un anglais bien anglais. Ce qu'il fallait acquérir, c'était l'élégance, la finesse; sinon, pourquoi aller en classe? Nous apprenions à écrire avec la méthode Palmer : chaque lettre devait être soigneusement formée, avec ses pleins et ses déliés, selon un modèle donné. Comme dans la Chine ancienne, la vertu morale était liée à une belle écriture, un rapport qui ouvrait de nouvelles perspectives sur les problèmes de culpabilité, de mal et même de désordre civil : une écriture illisible, en pattes de mouche, était le signe extérieur d'une certaine dépravation ou de dispositions criminelles. La bonne conduite, appelée « maintien », faisait partie du curriculum vitae et nous valait une note au même titre que l'arithmétique. Le matin, on procédait à une inspection rigoureuse de nos mains, de nos ongles et du lustrage de nos chaussures. Chaque élève (il y en avait deux par banc) devait se tourner vers l'allée centrale tandis que la maîtresse, une vieille fille irlandaise, vêtue le plus souvent d'une longue robe noire et de souliers assortis, les cheveux relevés en chignon serré au sommet de sa tête, sentant – quand on avait de la chance – le savon au patchouli et – quand on n'en avait pas – le linge mal lavé, vérifiait les paumes de tous les enfants et donnait un coup de règle sur les jointures de ceux qui les avaient sales. Quant aux bavards, ils étaient sérieusement réprimandés : ma maîtresse avait l'habitude de cogner l'une contre l'autre les têtes des deux coupables avec une telle force qu'on en voyait encore trente-six chandelles plusieurs minutes après la punition.

Quand on était appelé au tableau noir, il fallait rassembler toutes ses affaires – plumes, essuie-plumes, buvards, cahiers, galoches, chandails – et les déposer par terre devant soi pendant l'interrogation puis ramasser le tout avant de regagner sa place. Rien n'était en sécurité de ce qu'on perdait de vue, d'où ma stupéfaction lorsque j'assistai pour la première fois à la projection d'un des films de Charlie Chaplin : il chapardait des pommes à un étalage, puis un portefeuille dans la poche d'un monsieur et cela faisait rire les spectateurs ! Je ne trouvai pas cela drôle du tout mais joignis tout de même nerveusement mon rire à celui des autres. Quand j'eus treize ans, nous nous installâmes à Brooklyn; à l'école James Madison où ma mère avait réussi à persuader le directeur de me prendre durant le trimestre qui précédait mon entrée au lycée, « pour qu'il soit avec ses cousins », disait-elle, la première fois que je vis les gosses aller au tableau en laissant leurs affaires à leur place, je fus ébahi. Je me rappelai comment les élèves de notre équipe sportive de l'école communale s'étaient fait voler tous leurs vêtements dans les vestiaires pendant qu'ils s'entraînaient dans Central Park en shorts et chemisettes et comment, un jour que je faisais étourdiment du patin à roulettes seul dans les allées, à l'âge de sept ou huit ans, j'avais été attaqué par une bande de petits Italiens qui m'avaient assené un coup de poing sur le nez et cloué au sol avant de s'enfuir avec mes patins. Quand j'étais rentré à la maison, ma mère avait poussé de gros soupirs et secoué la tête. Les Noirs et les Portoricains n'étaient pas dangereux à l'époque; première génération d'émigrés, issus pour la plupart de cités rurales; ils étaient timides et terrifiés par l'atmosphère de la grande ville et par la police qui tabassait d'abord et interrogeait ensuite. Il était interdit de faire du patin à roulettes dans le parc; si l'un des agents en patrouille vous surprenait, vous aviez toutes les chances de recevoir dans le dos sa matraque lancée à toute volée, une technique qui amusait beaucoup certains d'entre eux.

Mais un flic pouvait aussi être un héros. Il y en avait un qui réglait le trafic au carrefour de la 110ᵉ Rue et de Lenox Avenue; il nous renvoyait de la main gauche les balles lancées avec nos battes de cricket qui s'égaraient dans la rue. Parfois, l'un de nous en envoyait une à la volée dans sa direction et « Gaucheux » – comme nous l'appelions – courait après, occasionnant d'effroyables grincements de freins et de merveilleux crissements de pneus sur toute la largeur de la 110ᵉ Rue. Parfois brutal, le flic de New York peut aussi être un ami en cas de besoin; on nous avait appris à lui demander une pièce de monnaie quand par hasard on avait perdu son ticket pour un trajet quelconque. Les nobles bataillons de police montée, qui se déplaçaient par groupes de vingt chevaux ou plus, sillonnaient les rues, laissant de petits tas de crottin que nous devions repousser contre les trottoirs, l'après-midi, pour avoir la place de jouer aux billes. Quand nous rentrions à la maison, les joues rouges de froid, nos mains dégageaient une bonne odeur de fumier! En ce temps-là, les chevaux tiraient encore les charrettes du laitier et du marchand de glace et nous contemplions, ébahis, leurs longues érections tandis qu'ils attendaient leurs maîtres devant la porte des maisons, leurs cils se soulevant et s'abaissant comme les membranes de coraux sous-marins.

La plupart du temps, nous dissipions nos angoisses dans des jeux qui changeaient selon les saisons. Cependant il arrivait de temps à autre des choses qui vous rongeaient intérieurement. Ainsi, Kermit avait une carte d'abonnement à la bibliothèque; je voulus en posséder une également. Lorsque je fus inscrit à l'école et par conséquent autorisé à devenir membre de la bibliothèque de la 110e Rue au coin de la Cinquième Avenue, je m'y rendis par un bel après-midi de printemps. Jamais je n'avais vu un endroit où il fît aussi frais et aussi sombre; la dame aux joues roses, assise à l'entrée derrière un bureau d'acajou, parlait d'une voix si sépulcrale que j'eus l'impression d'être entré dans un lieu saint qu'il ne fallait surtout pas violer en s'exprimant d'une voix ordinaire. Je me dressai donc sur la pointe des pieds pour être aussi près que possible de son oreille et répondis tout bas à ses questions; mon nom, mon adresse, mon âge, le nom de mon école, celui de ma mère : Augusta. A ce moment je sentis mon estomac se nouer. Personne n'avait jamais appelé ma mère autrement que Gus ou Gussie; j'étais donc déjà en train de dire une espèce de mensonge, de travestir la vérité. La dame me demanda alors le nom de mon père. Je ne m'attendais pas à toutes ces questions; en venant ici, je ne pensais qu'à obtenir avec bonheur une carte à laquelle j'avais droit, tout comme mon frère. Il fallait donc, à mon tour, montrer que désormais je n'étais plus un bébé. Je fixai les yeux bleus de la dame sans parvenir à prononcer le nom à consonance si juive de mon père : Isidore. J'étais littéralement paralysé et ne réussis qu'à secouer la tête. « Comment votre maman l'appelle-t-elle ? » J'étais pris au piège. Le sourire s'évanouit sur les lèvres de la dame, comme si elle me soupçonnait de quelque chose. J'avais les joues en feu. Je ne pouvais quand même pas lui dire que maman appelait papa Izzie. Je finis par articuler « Iz ». Elle parut étonnée. « Is ? » répéta-t-elle. Je fis un signe de tête affirmatif. « Is quoi ? » Je me précipitai dehors. Je suis sûr que quelques minutes plus tard, j'avais rejoint la bande de mes petits camarades et reprenais avec eux un jeu de gendarmes et de voleurs ou une partie de ballon interrompue.

J'avais six ans quand j'entrai à l'école et n'avais jamais encore entendu prononcer de propos antisémites. Si j'avais réfléchi à la question, j'aurais sans doute pensé que le monde entier était juif, sauf peut-être Gaucheux le flic et Mikush. Pendant les quelques années que j'avais passées, au ras du sol, à contempler les chaussures des gens, les moutons sous les lits et les roulettes de cuivre du piano, ma peau avait, sans le savoir, absorbé deux mille ans d'histoire européenne dont j'étais devenu partie intégrante, personnage parmi tant d'autres d'une épopée dont j'ignorais l'existence, grumeau réfractaire à la surface du creuset mythique américain. Pour employer le jargon moderne, j'avais été programmé de façon à ne pas être imbu de mes origines malgré l'autorité apparemment si tranquille de mon père et l'aisance qu'il affichait aussi bien avec les agents de police qu'avec les chauffeurs de taxi mal embouchés et même avec M. Mikush, capable pourtant d'inspirer la crainte de Dieu à un ours brun. Mon père exerçait sur tous un ascendant indéfinissable, peut-être à cause de sa grande taille, de son teint clair, de ses yeux bleus, de sa tête carrée et de ses cheveux d'un blond qui tirait sur le roux; il avait l'air d'un détective irlandais. Me promenant la main dans la sienne, je l'ai souvent vu s'arrêter au coin d'une avenue et d'un simple regard mettre fin à un jeu de dés clandestin. Pour lui, il allait de soi que dans les restaurants chacun était à son service, et qu'il aurait à peine besoin de lever le petit doigt pour que le garçon accoure à sa table; il n'hésitait jamais à renvoyer – sans faire d'histoires – un plat qui, pour une raison ou une autre, ne lui convenait pas. Connaissant son passé, je ne comprenais pas d'où lui venaient ces manières seigneuriales. Rien que sa façon d'écouter, apparemment sans le moindre scepticisme, empêchait ses interlocuteurs de jouer les fanfarons. Le regard direct, franc et innocent de ses yeux bleus faisait rougir ceux qui manquaient de confiance en eux-mêmes. Il eût été étonné d'apprendre – s'il avait seulement pu comprendre cette notion – qu'on le considérait comme une personne douée d'une force morale indiscutable. Mais la vie était dure et la plupart des gens agissaient égoïstement, lui plus que tout autre. Néanmoins, l'anxiété qu'il ressentait à l'idée d'appartenir à une minorité s'était emparée de moi bien que jamais il ne me l'eût fait sentir explicitement, si ce n'est une fois, au détour d'une phrase : nous nous trouvions sur les lieux où venait de se produire un accident d'auto, dans la 110e Rue; mon père me tenait d'une main et mon frère de l'autre. Nous, les garçons, voulions aller voir ce qui se passait, mais il nous retint et nous entraîna calmement loin du drame en disant : « Ne vous mêlez jamais à la foule. » Ce fut tout. Mais cela suffit peut-être.

Je doute cependant que la frayeur que je ressentis devant la bibliothécaire soit venue de mon père. Toute sa vie, il refusa instinctivement de faire du sentiment à propos des Juifs, contrairement à ma mère qui avait tendance à exiger d'eux une plus grande sensibilité et une moralité plus stricte; d'où ses éternelles déceptions et ses colères qui faisaient rire mon père ou l'agaçaient, selon son humeur. Mais aucune appréhension ne semblait troubler sa tranquille assurance, contrairement au père de ma mère, Louis Barnett, qui me conseilla un jour de ne jamais passer sous la grande croix illuminée de l'église de Lenox Avenue. Si par hasard cela m'arrivait, il fallait aussitôt que je crache pour me purifier. Du coup, cette croix m'inspira une crainte particulière, mais surtout parce que je redoutais de la voir se décrocher et me tomber sur la tête. Il n'y avait évidemment rien de théologique ni d'historique dans ces admonestations; tout restait dans le domaine de la superstition mêlée de symbolisme menaçant.

Autour de nous, chacun éprouvait une certaine réticence à expliquer rationnellement ce qui avait trait au sacré; même notre professeur d'hébreu, un vieil homme barbu qui venait plusieurs fois par semaine nous préparer, Kermit et moi, à notre bar-mitzvah encore lointaine, ne s'y risquait pas. Son enseignement était purement mécanique : il prononçait les mots et nous invitait à les répéter après lui. Dans la Bible que nous avions, la traduction anglaise des passages de la Genèse faisait face au texte hébreu mais il n'y avait pas de traduction anglaise de l'anglais! Que voulait dire, par exemple, le mot « firmament »? Mais le pire était ailleurs! Lorsque je lisais convenablement un passage, le vieil homme m'embrassait; j'avais alors l'impression de tomber dans un buisson d'épines. Un jour, il me pinça douloureusement la joue en riant et en m'appelant « tzadik », c'est-à-dire le Juste, compliment dont je n'ai compris la raison ni alors ni plus tard! Lorsqu'il arrivait chez nous, tout velu et tout noir, je devais prendre sur moi pour lui faire bonne figure. Ses leçons m'ennuyaient mortellement et me paraissaient insipides, peut-être parce que j'étais terriblement indiscipliné. Je détestais aussi les leçons de piano et toutes les règles qui, d'une façon générale, s'opposaient à la réalisation magique et immédiate de mes fantasmes. Quand le violon devint soudain « mon instrument », aussi arbitrairement et irrévocablement que j'avais décidé de ma position de deuxième ligne, ma mère me trouva un professeur qui, le malheureux, me prêta un petit violon sur lequel je fis mes premiers exercices. Mais je découvris bientôt qu'une balle en caoutchouc rebondissait merveilleusement sur le dos de l'instrument tout en faisant vibrer les cordes; je m'en servis donc comme d'une raquette de tennis jusqu'à ce que le manche se brise entre mes mains. Ma mère déposa soigneusement les morceaux dans l'étui et renvoya le tout à son propriétaire; moi, je retournai à mes séances de somnambulisme qui, à mon avis, étaient bien plus intéressantes que n'importe quelle étude. Bref, le fondement de cette peur atroce que je ressentis devant l'aimable bibliothécaire était si profondément ancré en moi que j'en suis venu à en chercher ailleurs la cause; sans doute ai-je persisté à nier l'impact des choses que j'avais enregistrées à l'époque où j'étais encore enfant : certaines histoires, des remarques, des intonations apeurées qui m'avaient peu à peu repoussé dans un domaine cerné par des étrangers au cœur violent.

Mikush était incontestablement l'un d'eux, le seul ennemi mythique à avoir un visage et un nom. Mais la peur qu'il nous inspirait venait moins d'un antagonisme imaginaire que d'une espèce de jeu du chat et de la souris auquel tous les gosses se livraient avec lui sur le toit de notre immeuble. Un sport qu'ils adoraient et dans lequel mon frère était passé maître consistait à se tenir debout sur le parapet et à sauter de l'autre côté de la venelle, à hauteur du sixième étage. Le souvenir de mes expériences de somnambule était si vivace que je ne supportais pas de voir mon frère se livrer à cet exercice périlleux. J'étais terrifié par l'abîme qui s'ouvrait au-dessous de lui. Mikush jaillissait à tout instant d'un vasistas et nous chassait à grands cris, non qu'il craignît pour nos vies – c'était bien le cadet de ses soucis – mais parce que les talons de nos galoches faisaient des trous dans le revêtement du toit. « Pas touche au toit! » hurlait-il tandis que nous dévalions à toute allure l'escalier de fer, poursuivis par ses cris de guerre, lancés en polonais, dont l'écho rebondissait sur le sol des corridors pavé de céramiques.

Parce qu'il était polonais, tous les Juifs de notre

immeuble étaient persuadés que sa haine envers eux égalait celle que leur vouaient ses anciens concitoyens de Radomizl, où les histoires de pogromes étaient tissées jusque dans le ciel au-dessus de leurs têtes et où seul l'empereur François-Joseph et son armée avaient réussi à empêcher les Polonais, poussés par leurs prêtres insatiables, d'assassiner tous les Juifs du pays. Pourtant, j'avais avec Mikush des relations assez ambiguës. Un jour, je lui apportai ma bicyclette toute neuve dont j'avais déjà tordu le guidon au cours d'une séance de pédalage mains en l'air qui s'était terminée dans un lampadaire du parc. De sa poigne solide, il le redressa d'un seul coup; je restai ébahi par tant de force et n'imaginai personne capable d'en faire autant. Sans doute avais-je drôlement confiance en lui pour oser lui demander pareil service. Polonais ou non, ma peur de lui n'était donc pas totale. Cela peut expliquer pourquoi, une dizaine d'années plus tard, les Juifs allemands – même ceux qui en avaient les moyens – refusèrent de quitter leur pays lorsque Hitler prit le pouvoir. Si nous avions vécu en Allemagne à cette époque, Mikush aurait sans doute été le responsable nazi de l'immeuble; et pourtant il nous paraissait difficile de l'imaginer – aussi antisémite qu'il fût – allant de porte en porte avec une liste de noms et nous donnant l'ordre de monter dans des camions en partance pour un camp de concentration et la mort. Après tout, il avait redressé le guidon de ma bicyclette !

Peut-être ma propre terreur dans la bibliothèque me surprit-elle parce que j'étais mal préparé à l'affronter et incapable de croire – alors comme aujourd'hui – que toute réalité fût visible. On nous apprend à supporter les épreuves et ma mère, qui fut en ce domaine mon premier professeur, voyait partout des manifestations secrètes de l'autre monde. Elle recevait des messages d'êtres lointains sans l'intermédiaire du téléphone, et même des morts. Cela lui donnait, je suppose, une conscience accrue de son importance dans l'organisation des choses et rendait sa vie beaucoup plus intéressante. Pour une raison que j'ignore, j'avais repoussé la notion un peu puérile de l'infinie brutalité humaine, et voilà que, tout à coup, la bibliothécaire me sommait en quelque sorte de m'identifier à une éventuelle victime. Ma réaction fut de m'enfuir. On m'avait appris à reconnaître le danger même là où il n'existait pas, mais pas à m'en défendre. Le dilemme se prolongerait encore longtemps. Dans ma pièce *Incident à Vichy*, j'ai utilisé cette situation embarrassante comme toile de fond et base politique de l'action et recherché le moyen de contrer, au sein de l'espèce humaine, le hasard qui fait de tel ou tel innocent une victime. L'histoire nous enseigne que cette force ne peut être que morale. Malheureusement !

Le mysticisme de ma mère me faisait voir la mort partout, d'où ma répulsion pour l'enseignement de la religion aux enfants : trop souvent Dieu représente un concept de mort et c'est la mort que l'on adore et « aime ». J'appris de bonne heure à ne tenir aucun compte des pressentiments pessimistes de ma mère, bien qu'ils se soient parfois révélés prophétiques. Ainsi son frère Moe, qui avait passé la plus grande partie de la guerre en France à transporter jusqu'au front des munitions dans une charrette tirée par un mulet, revint d'un enterrement un jour qu'il pleuvait à torrents. Il s'assit sur une de nos chaises Louis quelque chose, recouverte d'un satin rosâtre; ma mère se mit soudain à crier et à se tordre les mains, le conjurant de sortir tout de suite et d'essuyer le talon d'une de ses chaussures maculée de la boue du cimetière, sinon la mort allait entrer dans cette maison. Mon oncle, je m'en souviens, portait ce jour-là de superbes souliers de daim marron dont l'empeigne était ornée d'un petit picot blanc. Il quitta aussitôt le salon en boitant pour éviter que son talon ne touche le tapis.

Il y avait tout lieu de penser qu'en grandissant je ressemblerais de plus en plus à mon oncle Moe : grand et mince, doux mais brisé par la Grande Guerre, il avait toujours l'air de chercher son souffle, au sens propre comme au figuré. Aucune joie n'irradiait de lui, pas même le jour de son mariage avec la petite Celia, haute comme trois pommes. Quand ils marchaient l'un à côté de l'autre, il se penchait continuellement vers elle et posait une main sur son épaule comme si elle était une enfant. Pour tenter de se conformer à l'esprit qui régnait dans les années vingt, il descendit en Floride spéculer dans l'immobilier, mais sa belle assurance sombra aussi rapidement que ses investissements, engloutis par une flambée des prix du terrain à l'issue de laquelle certains acquirent d'immenses fortunes et d'autres, innocents comme lui, se firent gruger. Moe nous revint les mains vides mais avec un teint joliment bronzé qui poussa ma mère à croire que sa santé s'était rétablie. Hélas! Moe retourna très vite à l'hôpital de Saranac Lake où il mourut. Je ne pus m'empêcher de penser à la boue qui s'était collée à son talon le jour où il était revenu du cimetière et d'accorder une certaine valeur aux superstitions. Que ma mère fût seule à en connaître les lois et les implications me laissait plein d'appréhension et sans aucune des satisfactions que donne à leurs annonciateurs ce genre de prédictions. Car, en apprenant la nouvelle, ma mère gémit : « Je le savais, je le savais. »

Le même genre de phénomène se produisit à l'hôtel d'Atlantic City où nous passions nos vacances. En pleine nuit, ma mère s'éveilla et cria : « Ma mère est en train de mourir », ce qui, à quelques minutes près, se révéla exact. Bien entendu, ses pouvoirs ne s'exerçaient pas seulement dans les situations négatives; très souvent, surtout lorsqu'il s'agissait de moi, ses pressentiments la remplissaient d'optimisme : il suffisait que je tire un trait bien net sur une feuille blanche pour qu'elle voie en moi un futur Léonard de Vinci. Quant à mes échecs, elle les ignorait délibérément; c'était toujours la faute de mes professeurs ou d'un obscurcissement momentané de mon esprit. Ce système de défense opéra victorieusement jusqu'à ce que Mlle Fisher, la directrice de mon école, la convoque un jour pour lui parler de mon indiscipline.

Mlle Fisher dirigeait déjà l'école à l'époque où ma mère y était élève. Assise devant celle qui jadis avait été son idole, ma mère, me tenant par la main, rougit comme une petite fille lorsque Mlle Fisher lui dit d'une voix sévère :

– Vraiment, Augusta, je ne comprends pas comment vous avez pu si mal élever votre fils.

Elle portait un col ivoire fait au crochet et renforcé par des baleines qui l'empêchaient de ployer le cou; j'avais mal pour elle. Ses cheveux blancs, sa jupe longue, son corsage blanc à gros plis empesés lui donnaient un aspect respectable et digne. Ma mère la regardait, les yeux pleins de larmes.

– Votre fils Kermit est un si gentil garçon, si convenable... poursuivit la directrice.

Je me mis à pleurer à mon tour en imaginant la gifle que j'allais recevoir et qui sûrement me ferait voir trente-six chandelles, mais aussi parce que le visage de ma mère était ravagé par la déception. Pourquoi étais-je un si mauvais garnement? Qu'est-ce qui me prenait? Mon Dieu, mon Dieu, faites que je devienne bon comme ma mère, mon père et mon frère! A des moments pareils, la vie me paraissait soudain une galère voguant sur un océan de remords.

Entre la terreur ressentie devant la bibliothécaire et la condamnation de Mlle Fisher, il me semblait avoir rejoint une sorte d'enfer des désapprouvés. Mon père et mon frère vivaient bien au-dessus de l'horizon splendide qui en marquait les limites : ils étaient entièrement bons. Situer ma mère était moins facile. A peine étions-nous sortis de l'école, ce jour-là, qu'elle me saisit par le poignet et m'assena un grand coup sur la tête avec son sac à main en criant :

– Tu te rends compte de ce que tu me fais?

Double condamnation puisque je savais que même à

cet instant elle ne me réprimandait pas en son nom – elle adorait tout ce que je faisais –, mais en celui de Mlle Fisher et, implicitement, de mon père, de mon frère et de tous les Etats-Unis d'Amérique. Elle était d'autant plus malheureuse d'avoir à me blâmer qu'en son for intérieur elle était persuadée que je n'avais rien fait de grave. En rentrant à la maison, nous étions plus proches que jamais : je fis semblant d'être accablé de remords et elle de désespoir et peu après nous bûmes ensemble une bonne tasse de chocolat chaud. C'est alors qu'elle me dit, sur le ton de la conspiration :

– Ecoute, mon petit, je veux que tu te tiennes bien dorénavant.

Levant le nez de ma tasse, je répondis :

– Je te le promets.

Et je tins parole, pendant quelque temps.

Bien sûr, nous avons tous nos modèles, reconnus ou cachés, dont nous faisons souvent des dieux mythologiques. En nous forçant à adopter leurs qualités, nous brouillons plus ou moins leurs véritables traits de caractère. Le frère cadet de ma mère, Hymie, était un très bel homme, pas très intelligent ni très inventif; mais ma mère aimait tellement l'élégance chez les hommes – et la beauté chez les femmes – que Hymie l'agitait plus qu'aucun autre membre de la famille. Il nouait ses cravates à la mode de l'époque, très serré et très haut sur ses cols si ajustés que la peau de son cou retombait dessus, et portait ses chapeaux inclinés sur un œil; quand il riait, la blancheur de sa denture parfaite étincelait. Il avait fondé une petite fabrique de fleurs artificielles et nous en apportait des bouquets à chacune de ses visites. Elles étaient merveilleusement imitées mais je détestais les toucher : cela me donnait des démangeaisons!

Un jour, il arriva chez nous avec une jolie blonde, mince et menue, en manteau blanc à col de fourrure noir, sa bien-aimée Stella, nous dit-il. Je vis tout de suite que ma mère désapprouvait ce choix. Par principe, elle condamnait d'avance toutes les femmes de ses frères. Minnie, l'épouse de Myron, était grosse, petite, stupide, portait des chapeaux garnis de fruits artificiels et était assez sotte pour dormir à côté de son fils sous prétexte qu'il était tuberculeux et avait besoin de réconfort. Ma mère n'avait jamais entendu parler de Freud mais elle sentait quelque chose d'anormal dans ce comportement, d'un peu dégoûtant même. Elle imitait les manières pleurnichardes de Minnie, faisant des grimaces et parlant du nez comme un chat pour mieux reproduire le son de sa voix. Quant à la femme de Harry, elle était loin de ce qu'il méritait! Tous s'étaient sous-estimés dans le choix de leurs épouses respectives. Betty avait été danseuse de cabaret; si son beau corps aux formes plantureuses constituait un attrait irrésistible pour le tendre Harry, il aurait au moins pu épouser quelqu'un de plus respectable. En fait, mon oncle avait été ensorcelé par cette femme au point de se glisser une nuit dans le bureau de son père pour lui dérober de l'argent dans son coffre.

Les aversions de ma mère n'étaient que l'expression de son ressentiment à l'égard du piège que son propre mariage représentait pour elle. Dans la seconde moitié de sa vie, après que la Crise eut fait basculer dans le néant ses espoirs de changer de situation, toutes ses belles-sœurs devinrent soudain les êtres les plus chers à son cœur et ses plus sûres alliées. Minnie put bien continuer à dormir avec son fils jusqu'à ce qu'il se marie, le vaillant soutien qu'elle apporta à son époux lorsqu'il eut perdu sa fortune prouva, selon l'expression consacrée, quelle merveilleuse personne elle était. Et si Betty avait dansé à peu près nue dans des endroits peu convenables, son courage pendant la Crise et après la naissance de son premier enfant – un mongolien dont l'état fut considéré comme un avertissement du ciel et conduisit sa mère à devenir confite en religion – montra qu'elle aussi était une femme sérieuse et de grande qualité.

Stella avait été élevée dans un orphelinat, ce qui était sa faute, semblait-il, d'après ma mère. Celle-ci, un jour, prit Hymie à part et le supplia de ne pas aller gâcher sa vie avec une compagne visiblement si peu digne de lui qui, outre ses cheveux décolorés et son air anguleux, avait de grands pieds, de grosses mains, des dents de cheval, une bouche énorme et un rire de baryton. Elle supposait bien entendu que Stella était enceinte et quand Hymie jura ses grands dieux qu'il n'en était rien, ma mère décréta incompréhensible leur liaison : s'ils ne couchaient pas ensemble, qu'est-ce qui attachait un homme aussi beau à une orpheline moche et qui, de surcroît, devait mener une drôle de vie – pourquoi autrement se teindre les cheveux de façon si vulgaire? Contrairement à Moe, un introverti qui me donnait l'impression d'exister par son seul regard à la recherche du mien, Hymie ne me prêtait guère attention, trop occupé à admirer son reflet dans les fenêtres ou les sous-verres du salon. Son narcissisme ressemblait fort à celui de son père, Louis Barnett, qui, aux pires moments de la Crise, alors que chacun des sous dans sa poche venait directement du porte-monnaie de mon père auquel il ne restait presque plus rien, continuait à se rendre toutes les semaines chez le barbier pour rafraîchir et poudrer sa barbichette et sa petite moustache, et asperger son crâne chauve d'une lotion parfumée. Même le barbier italien trouvait qu'il exagérait.

Louis était un drôle de coco; Hymie aussi. Mais ce dernier avait un talent qu'aucun des autres membres de la famille ne possédait et qui me ravissait : il était capable de projeter entre ses dents de devant du petit plomb de chasse jusqu'à l'autre bout d'une pièce tout en continuant à sourire. Sans doute avait-il appris cet art dans la marine où il avait dû fréquenter des amateurs de chasse dont il n'existait aucun spécimen à Harlem. Il nous faisait la démonstration de son adresse lors des réunions familiales à l'occasion de quelque fête – naissance, bar-mitzvah, mariage ou autre; tout comme un quart de siècle plus tard il ne se passerait pas de mois sans enterrement, ainsi à l'époque de la jeunesse du clan on se réunissait souvent pour célébrer des événements heureux. Les Barnett étaient aussi nombreux que les Miller. Les femmes portaient des robes du soir et dansaient avec grâce. Quand Hymie arrivait dans la salle de bal, sa maigre épouse à son bras hurlant ses salutations de sa voix de stentor ou susurrant à l'oreille des messieurs des choses qui les faisaient éclater de rire tandis que les dames se regardaient, consternées d'être tenues à l'écart, il se tournait à droite et à gauche en souriant à tout le monde. Autour de lui semblait naître tout à coup une épidémie de démangeaisons : les invités se passaient la main dans le cou, le dos, le front, l'air de se gratter. Ma mère se précipitait vers son frère et tambourinait de ses deux poings sur sa poitrine en criant :

– Veux-tu bien cesser ce jeu !

Il faisait alors l'innocent, l'embrassait, l'entraînait dans une valse, ce qu'elle adorait, sans cesser de sourire aux autres danseurs qu'il continuait à bombarder de petits projectiles stockés dans sa bouche, contre ses joues. Ma mère devenait hystérique. Il ne ratait jamais sa cible, attentif à ne pas viser un œil mais faisait pénétrer à volonté sa limaille dans les oreilles de ses victimes qui une fois atteintes avaient tendance à se gratter n'importe où. Il essaya de m'enseigner son art mais je ne m'y montrai guère brillant; alors, en compensation, il m'apprit à siffler avec deux doigts, un des plus beaux cadeaux qu'on m'ait faits et certainement le plus utile.

Hymie ressemblait à George Raft, l'acteur-gangster qui me rappela mon oncle quelque trente ans plus tard quand il arriva sur le plateau de *Certains l'aiment chaud* flanqué de quelques nervis, l'air jovial, les sourcils relevés en triangle au-dessus de son nez, ses protecteurs jetant des regards farouches sur tous ceux qui risquaient de menacer sa vie, sa dignité ou l'éclat de ses souliers vernis. Il était venu simplement échanger quelques mots avec le réalisateur, Billy Wilder, et contempler Marilyn

Monroe une minute ou deux avant de s'en retourner avec le même air conquérant qu'il arborait en entrant, petite visite provocatrice, qui établissait instantanément la frontière entre les maîtres et les esclaves très dans le style affecté plus tard par Sinatra et Mailer à leur entrée dans une pièce bondée. Hymie, lui, n'avait pas été accompagné de bravos, il l'aurait pu, à ceci près que, à l'âge de vingt-sept ans, il entra un jour dans un drugstore pour demander de l'Alka Seltzer et quand le pharmacien se retourna pour le lui donner, il le trouva couché par terre, mort.

Ma mère porta un grand voile noir pour l'enterrement auquel elle ne permit ni à mon frère ni à moi d'assister, tant cette fin tragique lui paraissait prématurée et injuste. Vingt-quatre heures après l'annonce de la terrible nouvelle, elle était encore incapable de reprendre son souffle sans éclater en sanglots. C'était le deuxième de ses jeunes frères à mourir avant trente ans.

– Ce salaud de droguiste, dit-elle en fixant son voile devant le miroir, s'il l'avait servi plus vite, il lui aurait sauvé la vie...

Plus tard, elle finit par reconnaître à contrecœur que le pauvre Hymie avait sans doute succombé à une crise cardiaque et que le malheureux droguiste n'y était pour rien. Mais elle n'était plus à l'aise avec cet homme et ne resta plus jamais dans sa boutique à bavarder avec lui comme auparavant; souvent elle m'envoyait seul chez lui prendre l'huile de ricin qu'il était ravi de me voir avaler comme au supplice. (Elle m'envoya seul aussi, à l'âge de sept ans, chez le dentiste, le docteur Herbert, qui habitait au rez-de-chaussée de notre immeuble, une nuit que je m'étais réveillé avec un brusque et insupportable mal de dents. Je sonnai à sa porte – il devait être environ deux heures du matin. Il m'ouvrit en pyjama et, baissant les yeux vers moi, m'aperçut dans la même tenue. Sans un mot il me poussa dans son cabinet, alluma le plafonnier, me fit asseoir dans le large fauteuil et, saisissant une pince, demanda : « Laquelle? » Je la lui indiquai d'un doigt tremblant et, en moins de temps qu'il n'en faut pour le dire, il me l'arracha sans autre forme de procès, ce qui ne me donna même pas le temps de crier, me reconduisit à la porte d'où je me précipitai vers l'ascenseur pour remonter, la bouche ensanglantée, chez nous, où tout le monde dormait à poings fermés!)

Après la mort de Hymie, Stella devint manucure. Les années passèrent sans qu'aucun signe donnât à penser qu'elle avait envie de se remarier. Ma mère se mit alors à l'aimer passionnément, comme si elle n'attendait que cette marque de loyauté pour découvrir les immenses qualités de sa belle-sœur. En fait, Stella avait des aventures avec les clients de la boutique où elle travaillait mais ne songeait pas au mariage. Un jour que je me faisais raser la nuque, elle me dit tout bas :

– Tu comprends, mon petit, il n'y en a pas deux comme Hymie, voilà tout!

Une sacrée gonzesse, comme on disait, la grande Stella! Elle ne perdit jamais son rire bruyant et un peu cynique, comme si le monde entier lui semblait drôle. Je la perdis de vue pendant des années. Mais par un triste après-midi d'automne de 1961, en descendant Broadway, j'aperçus au coin de la 24ᵉ Rue l'échoppe d'un barbier et décidai de me faire couper les cheveux. Par la vitrine je regardai si l'endroit était accueillant et propre. Quelle ne fut pas ma stupeur de voir ce qui ne pouvait être que le dos de Stella, légèrement penchée vers un client avec lequel elle bavardait. J'entrai. Elle ne se retourna pas et poursuivit son travail, tenant d'une main son plateau de manucure. Sa voix rauque avait toujours les mêmes résonances, excitantes et gênantes à la fois. Quel âge pouvait-elle avoir? Au moins soixante-dix ans. Mon estomac se noua à l'idée qu'elle allait me reconnaître. Je venais tout récemment de me séparer de Marilyn et supportais mal qu'on m'interroge à ce sujet. Or j'étais persuadé que ce genre d'événement la fascinait. Comment ressortir sans rien dire? Le coiffeur m'indiquait déjà un fauteuil où prendre place, juste à côté d'elle. Je m'y assis et murmurai :

– Stella ?

Quarante ans s'étaient écoulés depuis la mort de Hymie. Ma mère et tous les membres de la famille Barnett – la seule que Stella ait jamais eue – étaient morts. Lorsqu'elle se retourna pour me regarder, j'eus conscience d'être le dernier de la lignée Barnett qu'elle verrait avant de mourir à son tour. Elle s'attendait sans doute à un de ses clients habituels et son visage indiquait qu'elle était prête à badiner comme d'ordinaire. Mais en m'apercevant, une espèce de douceur envahit ses traits et décrispa les coins de sa bouche. Son regard s'emplit d'une tendre vulnérabilité, vite dissimulée derrière un large sourire. « Arthur ! » s'exclama-t-elle d'un ton calme et amical. Je portais comme toujours des vêtements fripés et mes cheveux auraient depuis longtemps dû recevoir les soins d'un coiffeur. J'offrais sans doute un contraste singulier avec le style, la classe, la netteté du défunt Hymie qui n'aurait jamais osé se montrer en public dans une tenue aussi défraîchie que la mienne. Je me surpris à partager l'étonnement de Stella devant l'injustice de la vie qui avait permis au mauvais sujet de survivre. Toute la timide fascination que j'avais éprouvée pour elle autrefois me revint en une bouffée. J'étais à sa merci.

Elle le sentit aussitôt et me demanda :

– Qu'est-ce que tu fabriques dans ce quartier ?

« Ce quartier » impliquait que je n'aurais pas dû me trouver dans ces parages que fuyaient les gens « bien » dès cinq heures du soir. Pour elle, il était évidemment hors de question que je puisse habiter dans pareil voisinage. Les appartements y étaient minables et les hôtels miteux.

– Je loge pas loin d'ici, répondis-je.

Aussitôt l'image de ma dégradation sociale passa entre nous.

– A l'hôtel Chelsea, ajoutai-je.

Son expression passa de la surprise à l'incrédulité puis à l'amusement et enfin à la pitié. Mais j'eus au moins la satisfaction de voir qu'elle n'en continuait pas moins à s'intéresser à mon sort. Je voyais clairement les questions se presser dans sa tête. Est-il ruiné ? Se cache-t-il ? Est-il devenu fou ? Elle me fixait d'un regard vidé de tout sentiment.

– J'ai lu toute ton histoire dans les journaux, dit-elle enfin, faisant allusion à mon récent divorce. C'est bien triste.

– Oui et non, répondis-je en fixant ses yeux gris. De toute façon, cela ne pouvait pas durer.

L'étonnement se peignit sur son visage en même temps qu'une certaine désapprobation. Son ton changea, devint plus distant. Elle me demanda comment allaient mes enfants, qu'elle ne connaissait pas, mon frère, ma sœur. Elle avait eu des nouvelles de Joan dont elle me dit qu'elle suivait avec grand intérêt la carrière d'actrice. Quand le coiffeur vint s'occuper de moi, elle regagna le coin du magasin où se trouvait sa petite table et se mit à bavarder avec un monsieur d'âge mûr qui boutonnait avec précaution son veston sur son gros ventre en vérifiant dans la glace son visage rasé de frais. J'entendais le ton professionnel qu'elle employait pour lui parler et me demandais pourquoi son opinion m'importait tellement. C'était une femme stupide pour qui le bonheur absolu aurait été d'obtenir un « bonjour » de George Raft ou d'Al Capone ou encore de Bugsy Siegel, d'être honorée publiquement d'un « salut cocotte, comment ça va ? » souligné d'un regard appuyé.

Le gros monsieur était maintenant parti. Elle se mit à ranger ses affaires et suspendit un écriteau à la porte. J'étais donc le dernier client. Allait-on pouvoir bavarder un peu tous les deux ? J'avais nettement l'impression qu'elle refusait implicitement pareille éventualité. Lui rappelais-je trop son cher Hymie et la vie qu'elle aurait eue s'il avait vécu ? Je la voyais dans les miroirs qui tapissaient les murs de la boutique : elle ôtait sa blouse blanche, se donnait un coup de peigne et vérifiait son maquillage comme une jeune fille de dix-huit ans. Elle me faisait penser à un de ces oiseaux légendaires dont l'œil gardait éternellement l'image du compagnon tué. Comme il me semblait étrange de voir cette femme, avec laquelle je n'avais passé que quelques heures de mon existence, prendre tout à coup une telle importance à mes yeux. Elle paraissait avoir été pétrifiée par l'amour qu'elle avait porté au seul homme qui eût compté dans sa vie, avec lequel elle avait vécu à peine plus d'un an et qu'elle avait l'air d'aller rejoindre maintenant après s'être faite belle pour lui plaire. L'image du pauvre Hymie, si tôt disparu, la soutenait encore aujourd'hui. Je la revoyais, debout à la fenêtre de notre ancien living de la 110e Rue, en manteau blanc à col de fourrure noir, à côté de mon jeune oncle qui, avec sa dextérité habituelle, disposait en éventail devant ma mère une série de cartes postales représentant des stations balnéaires en Floride où il voulait emmener sa jeune femme en voyage de noces. Je me souvins des efforts que je faisais pour éviter que Hymie ne s'aperçoive de la froideur que ma mère témoignait à Stella : je poussais des « oh » et des « ah » enthousiastes à chaque image de place ou de piscine qu'il nous montrait et, ce faisant, réussis à attirer pour la première fois son attention sur moi. Assis dans le fauteuil du coiffeur, je me rappelais nettement l'émoi que je ressentis à voir naître son intérêt pour ma petite personne, intérêt qui était d'ailleurs plutôt de la gratitude. Hymie m'aimait ! Hymie m'admirait ! J'existais enfin aux yeux du frère préféré de ma mère, celui dont elle ne pardonnerait jamais à Dieu la mort. En cet instant, lui et moi avions été éclairés par la même lumière irréelle de son amour.

– Au revoir, mon ami, dit Stella, faisant une pause derrière mon fauteuil avant de sortir.

Je vis dans la glace qu'elle portait un joli imperméable de style anglais, un feutre un peu masculin et un foulard violet foncé. Un moral de fer. Je me retournai pour lui serrer la main; elle me toisa, l'air attendri. J'avais sûrement ravivé en elle le souvenir de tous ses deuils, y compris celui de la mort récente de ma mère qu'elle s'était mise à adorer et à qui elle ressemblait par bien des côtés. Ensemble elles avaient ri, plaisanté, raconté des histoires friponnes et partagé le secret de ce monde parfumé des femmes.

Je lui pris la main et grimaçai un sourire. Elle se pencha et posa un baiser sur ma joue, ce dont je lui fus reconnaissant.

– Je reviendrai, lui dis-je, sachant pourtant que je n'en ferais rien, tout rapport entre nous étant définitivement anéanti.

Elle hocha la tête comme si elle comprenait mes pensées, sortit, s'enfonça dans la nuit. Le coiffeur ôta la serviette posée sur mes épaules, la secoua pour en faire tomber les cheveux, sans rien dire. Il avait remarqué la froideur de Stella et le trouble que ma présence lui avait causé.

Quand je sortis à mon tour du salon de coiffure, la 23e Rue était déserte bien que le soleil fût à peine couché. Les magasins de jouets en gros avec leurs stocks à bon marché importés de Hong Kong et leur argenterie de mauvaise qualité, les bureaux de vente d'objets d'occasion et les magasins d'appareils électriques usagés étaient tous fermés pour la nuit. Encastrées dans le béton devant un parking à quelques mètres de la Septième Avenue, trois grandes lettres de cuivre se détachaient : PRO. Le reste du mot avait disparu dans une fissure du trottoir. Il y avait bien des années que mon père n'avait évoqué le souvenir du théâtre PROCTOR où, dans sa jeunesse, se donnaient les comédies et les spectacles les plus excitants de New York. Le parking était maintenant vide la nuit. La ville ne cessait de se dépouiller de son passé pour voler de façon hystérique vers l'avenir. En attendant le feu vert, je réfléchis à ma rencontre avec Stella et compris soudain l'influence que, tout comme ma mère, elle avait exercée à mon insu sur mon style d'écrivain d'où la règle qu'inconsciemment je m'étais imposé de ne transgresser sous aucun prétexte : jamais une femme aux cheveux décolorés, illettrée, innocemment vuglaire mais tendre et aimante ne devait sortir déçue d'une de mes pièces... Combien sont étranges ces rapports souterrains! Je suis parti d'une bibliothécaire m'effrayant sans le vouloir et j'aboutis à une veuve, à des cimetières et à la mort, un delta s'étalant en éventail dans la mer, le tout suscité de loin, très loin, par le problème de l'antisémitisme.

Mais les souvenirs vraiment juifs que j'ai sont moins empreints de peur que d'une tranquille assurance et d'une force confiante. Assis sur les genoux de mon arrière-grand-père Barnett dans la synagogue de la 114e Rue, j'entendais résonner à mes oreilles sa voix de basse. Il priait avec ferveur, se balançant d'avant en arrière, ce qui me donnait l'impression de chevaucher un cheval de manège; parfois il se penchait vers la porte ouverte et, m'écartant d'un geste autoritaire, crachait un long jet de salive mêlée de tabac dans la rue. Bien entendu, à quatre ou cinq ans, je ne savais pas lire et encore moins l'hébreu mais il ne cessait de ramener mon regard vers le livre de prières et de me montrer du doigt les lettres qui elles-mêmes étaient magiques, comme je l'appris plus tard; elles renfermaient tout l'art et la science des hommes qui avaient vu la lumière de Dieu et pouvaient les conduire jusqu'au seuil des cieux. A l'époque, bien qu'ignorant ces mystères, je trouvais l'atmosphère de ce lieu de prière effrayante parfois mais émouvante aussi par son côté totalement mâle : les femmes étaient reléguées au balcon d'où elles avaient le droit de regarder et d'admirer, captives et sauvées à la fois, mais sûres de reprendre la direction de leur royaume dès qu'elles seraient rentrées à la maison.

Assis sur les genoux de mon arrière-grand-père, je rêvais tout éveillé. Les gens se levaient et s'asseyaient, les voix s'enflaient ou diminuaient, lançant des mots incompréhensibles. De temps à autre, je jetais un coup d'œil vers ma mère, là-haut, dans la galerie. Elle ne nous quittait pas des yeux, moi, Kermit, mon arrière-grand-père, mon grand-père et mon père, tous assis sur le même banc. Je la voyais pleurer parfois et me disais que c'était de fierté. Incapable de comprendre ce qui se passait, je posais des questions à mon aïeul; inévitablement il répondait par un « chut » autoritaire, de crainte sans doute que Dieu ne darde sur moi un regard impatient. Alors je me taisais et inventais ma propre religion faite surtout de gros plans sur des barbes touffues, des sourcils broussailleux, des narines, des mains, des ongles, et de plans d'ensemble sur les rouleaux de la Torah que l'on sortait parfois de leur arche où ils vivaient tous ensemble et bavardaient sans doute dès que les portes étaient closes et les fidèles partis. Parfois aussi on les portait solennellement et avec tendresse autour de la synagogue; chacun pouvait alors les baiser avec ferveur car ils représentaient la Loi de Dieu, le cœur des cœurs, ce que le monde extérieur essayait continuellement d'ébranler et de projeter dans l'espace pour le désintégrer et le faire mourir de ses péchés mais sans jamais pouvoir s'en séparer. Sans la peur il n'y aurait pas de religion. Mais si une petite vie dans la synagogue de la 114e Rue possède la moindre signification, la transaction que l'on appelle « foi » n'est rien d'autre qu'une confrontation entre soi-même et une puissance irrésistible, accompagnée d'un sentiment de soulagement à l'idée que le pire vous a été épargné. J'appris cela, comme la plupart des autres choses, de façon tout à fait inhabituelle.

Mon arrière-grand-père se faisait toujours une joie de m'emmener avec lui à la synagogue. Il m'adorait, aussi distrait que je fusse, et priait en appuyant sa robuste main sur mon épaule. Son odeur musquée, faite d'un mélange de tabac, de sliwitz et d'émanations naturelles, était unique en son genre. Je dois dire que le vendredi soir il n'était guère agréable de l'approcher car il ne s'était pas lavé depuis le samedi précédent. En ces temps-là, on se fiait davantage à l'odorat pour se reconnaître qu'à d'autres signes extérieurs. Pour le gosse que j'étais, chaque individu avait son odeur. Mon aïeul représentait à lui seul tout un orchestre d'effluves divers selon qu'il levait les bras, remuait son châle de prière sur ses épaules, passait les doigts dans sa barbe ou se penchait pour sortir son mouchoir de sa poche.

J'étais entré dans ce qui semblait être une sombre et superbe tapisserie dont les dessins se modifiaient tout en demeurant inchangés les uns par rapport aux autres : au centre se trouvait évidemment ma petite personne sous le haut plafond noir; à côté, mon arrière-grand-père égrenant de sa voix de basse la langue hébraïque sacrée; puis mon frère, beau, propre, au comportement irréprochable, et ressemblant de plus en plus à notre père. Quant à ce dernier, lorsqu'il était à la synagogue, il cherchait toujours dans son livre de prières « l'endroit » où on en était; il connaissait suffisamment l'hébreu pour s'y retrouver; chaque fois que nos regards se croisaient, il me faisait un clin d'œil, l'air de dire : « T'en fais pas, ce sera bientôt fini. » Mon grand-père, Louis Barnett, était solennel et ennuyeux à mourir; il manquait d'humour autant que de générosité, contrairement à son père dont l'esprit était large et libre et qui souriait constamment. Ainsi va l'humanité! Un pas en avant, un en arrière!

Le tournant décisif de ma vie religieuse où, jusque-là, la fascination l'avait emporté sur la compréhension, fut pris un après-midi lorsque mon arrière-grand-père, avec lequel, si mes souvenirs sont exacts, j'étais seul ce jour-là, m'emmena à la synagogue sans raison apparente. En y arrivant, il fit une chose incroyable : il ôta ses chaussures et resta en chaussettes blanches. Puis, se dressant de toute sa hauteur, il s'enveloppa dans son châle de prière et m'ordonna de fermer les yeux et de les cacher derrière mes mains. Il attendit que j'aie obtempéré à ses ordres pour s'éloigner, me laissant seul sur le banc tout près de l'autel, à la place honorable et très recherchée de l'aîné de la famille. Je patientai dans ma nuit, écoutant des voix mâles résonner de plus en plus nombreuses autour de moi, près de l'autel au-dessus duquel je savais que brillait le lourd chandelier à sept branches et dans lequel se trouvait la housse de velours rouge à glands dorés qui recouvrait l'Arche sainte, enfermée dans un petit réceptacle dont les portes étaient sculptées et au sein duquel étaient couchés les rouleaux sacrés, comme dans une minuscule maison de poupée. Bien entendu, ces portes me fascinaient; elles étaient juste assez grandes pour laisser passer un enfant de ma taille, ce que je rêvais de faire. J'adorais voir le rabbin les ouvrir pour en sortir tendrement les rouleaux qui, eux aussi, étaient à peu près de ma taille; il les posait doucement contre l'épaule de celui qui avait été choisi pour les porter, un rituel qui me coupait chaque fois le souffle tant j'avais la certitude de tout laisser tomber et d'être condamné à la nuit éternelle le jour où pareil honneur me reviendrait.

Les mains toujours pressées contre mes yeux avec une soumission religieuse digne de tous les éloges, j'entendais les hommes chanter, non pas à l'unisson comme cela se fait dans les chœurs, mais chacun pour soi, dans une douce cacophonie. Puis des coups furent frappés, assourdis d'abord puis de plus en plus forts. Les voix s'enflèrent, leur gravité inquiète interrompue soudain par l'envol d'un ténor qui semblait s'élever vers les voûtes comme une colombe. Les frappements s'accélérèrent. En proie à une peur soudaine, j'écartai deux doigts devant mon œil droit et, à travers mes cils tremblants, je vis la chose la plus étonnante que l'on puisse imaginer : une quinzaine de vieillards, courbés vers le sol et entièrement cachés par leurs châles de prière, en chaussettes blanches, *dansaient*! L'un d'eux, à n'en pas douter, était mon arrière-grand-père. J'eus un sursaut de terreur en songeant que j'avais vu ce qu'il était interdit de regarder. Mais quoi, exactement? Leurs pieds déchaussés qui les privaient peut-être de leur dignité? Ou la joie qu'ils semblaient éprouver à danser malgré leur âge? Jamais je n'avais entendu de musique aussi sauvage et folle, jamais je n'avais vu danser de la sorte, chacun s'agitant à sa guise sans se préoccuper de son voisin, tandis que l'obscurité envahissait peu à peu ces lieux soudain repoussés bien au-delà du royaume des hommes et de la famille et réservés en principe à la prière.

Des têtes émergèrent petit à petit des châles; vite je me cachai les yeux à nouveau et restai ainsi jusqu'à ce que mon aïeul vienne délivrer le tricheur que j'étais. Longtemps je me reprochai cette fraude car,bien que gosse, je sentais déjà à quel point il m'aimait – la vitalité de mes souvenirs en témoigne. Par la suite, une certaine osmose s'opéra entre lui et moi et j'essayai de l'imiter quand je devins écrivain. Pourtant il était mort bien avant que je n'entre à l'école.

Mais sa solide réputation de conteur m'influença. Alors que je ne comprenais pas un mot de yiddish, je restais cependant des heures assis près de ma mère à l'écouter raconter des histoires, après le dîner. Confortablement installé dans un fauteuil à l'extrémité de la table de la salle à manger, entouré d'une dizaine de membres de la famille qui pour rien au monde ne l'auraient interrompu, il parlait, parlait, ne s'arrêtant que pour cracher ou tirer une bouffée de sa cigarette, visiblement ravi d'être le centre d'intérêt de tout le monde. Parfois je demandais à voix basse à ma mère une explication mais toujours elle me rabrouait avec un « chut » impératif et je restais là, sous le charme de la voix musicale et si expressive du vieil homme. Je me rappelle seulement un bout d'histoire que ma mère prit la peine de me traduire un soir pendant que mon aïeul parlait : c'était celle d'un homme qui, une nuit, coupant à travers un cimetière pour rentrer plus vite chez lui, voyait surgir, derrière une pierre tombale, un « Attends! Attends! » dit ma mère, arrêtant là sa traduction pour suivre le reste du récit, les yeux écarquillés, la bouche ouverte. Une minute s'écoula, deux minutes... le vieil homme parlait toujours. Incapable de contenir mon impatience, je tirai ma mère par la manche. J'eus droit à un « chut » encore plus impérieux. Désespéré, je ne pouvais que contempler le magicien qui tenait tous ces adultes prisonniers sous le charme.

Souvent, au cours des années, le souvenir de ces vieillards dansant a traversé ma mémoire et, chaque fois, j'ai pris la résolution sans jamais la mettre à exécution de rechercher l'origine de cette étrange cérémonie. Récemment pourtant, en écrivant ce livre, j'ai trouvé nécessaire d'éclaircir ce mystère et de savoir s'il s'agissait d'une réalité ou si je n'avais fait que rêver. Un de mes amis, rabbin, auquel je racontai la scène, s'excusa en riant et m'expliqua qu'étant rabbin réformé, il ne connaissait rien à ces vieilles pratiques. Cela se passait à quelle époque de l'année? me demanda-t-il. Je cherchai des indices : quels vêtements portais-je ce jour-là? Impossible de me le rappeler. Mais je revis soudain la porte ouverte par laquelle mon arrière-grand-père crachait ses longs jets de salive; il ne faisait donc pas froid, c'était le printemps ou l'automne car, en été, nous séjournions à Far Rockaway. Mon ami me dit alors qu'il s'agissait sans doute de la fête de Simchat Torah, une des trois grandes fêtes juives célébrées le dernier jour de Succoth où « l'on se réjouit de la Loi » c'est-à-dire que l'on remercie Dieu d'avoir donné la Torah à son peuple. Pendant ces fêtes, la congrégation juive avait coutume de danser de joie, de sortir les rouleaux de l'Arche et de les promener autour du temple afin que chacun pût les baiser. Le seul point qui troublait mon ami était l'ordre que m'avait donné mon arrière-grand-père de fermer les yeux. Jamais il n'avait entendu chose pareille. Devant son étonnement, je me dis que le vieil homme m'avait fait marcher et qu'en fait rien n'interdisait de regarder; à moins que quelque chose m'eût tellement effrayé que ma mémoire n'avait voulu en garder que l'image d'un instant. Toutefois, m'étant mieux renseigné, je suis à peu près sûr qu'il s'agissait de la Bénédiction de Prêtre, cérémonie au cours de laquelle nous les Cohen, la caste des prêtres, demandons au Seigneur de bénir la congrégation, et qui nous met si intimement en contact avec la source de toute vie que l'assistance ne doit pas garder les yeux ouverts pendant son déroulement. En tout cas, il a sûrement été le seul vieillard à m'aimer suffisamment pour que, soixante-cinq ans plus tard, je ne puisse évoquer son souvenir sans me sentir envahi d'une nostalgie affectueuse et d'une chaleureuse tendresse.

Sa mort, quoique loin d'être exemplaire, a toujours éclairé son personnage d'une lueur poétique. A plus de quatre-vingts ans, sentant sa fin prochaine, il pria sa femme d'appeler le rabbin et regarda sa compagne comme jamais il ne l'avait fait pendant leurs soixante-dix ans de vie commune. Elle alla donc quérir le saint homme, un nouveau venu à la synagogue de la 114e Rue. Il s'assit près du vieillard et pria jusqu'à ce qu'il s'endorme. Alors il prit congé. Les heures passèrent. Bouleversée, mon arrière-grand-mère battit le rappel des enfants et des petits-enfants et les réunit dans l'appartement du deuxième étage de l'immeuble en grès qu'elle habitait à Harlem. Mon arrière-grand-père dormait toujours. Le docteur l'examina sans qu'il se réveille et ne put que confirmer ce que chacun savait déjà : le dormeur allait bientôt rejoindre le sein d'Abraham. Le médecin s'en alla, les enfants aussi, qui tous avaient à faire. Au crépuscule, le mourant ouvrit un œil. Son épouse lui demanda comment il se sentait. Il resta muet un moment, essayant sans doute de comprendre pourquoi sa tête lui paraissait reposer si bas. Lentement il tourna sa massive personne, passa la main sous l'oreiller, se redressa, tâta encore, toisa sa femme qui ne comprenait rien à ce qui se passait et demanda : « Qui les a pris ? »

Selon la coutume de l'époque, mon arrière-grand-père gardait la plus grande partie de ses économies sous forme de diamants, moins encombrants et plus faciles à cacher que des espèces sonnantes et trébuchantes. Il faisait partie de cette vaste minorité qui n'avait aucune confiance en l'honnêteté des institutions financières, à l'instar de W.C. Fields, un autre phénomène de ce siècle qui ne se privait pas de dire ce qu'il pensait dans plus d'un bon mot ou d'un sketch; il avait une manière presque paranoïaque de répartir ses biens dans un nombre incroyable de banques à travers tout le pays. C'était, disait-il, en prévision du jour où l'un ou l'autre de ces établissements mettrait la clef sous le paillasson en plaidant une fausse faillite. D'ailleurs, au moment où mon arrière-grand-père fouillait fiévreusement le dessous de son oreiller à la recherche de ses économies, le président-directeur général de la Bourse de New York, Richard Whitney, leader estimé de la communauté financière, était en train de voler suffisamment d'argent pour mériter d'être relégué pendant plusieurs années à Sing Sing – où il aurait certainement retrouvé pas mal de ses collègues –, après que la Crise eut confirmé les soupçons de mon arrière-grand-père et de Fields et fait voler en éclats les illusions d'une majorité trop confiante.

Aussi malade fût-il, mon arrière-grand-père se rappelait parfaitement avoir planqué ses économies sous son oreiller et exigeait maintenant les noms de ceux qui étaient venus lui rendre visite. Sa femme les lui énuméra, sans omettre celui du rabbin. Aussitôt le vieil homme se leva, s'habilla malgré les objurgations de son épouse, prit sa canne et, refusant l'aide de qui que ce soit, trottina le long de Madison Avenue jusqu'à la 114e Rue, entra dans la synagogue, trouva le jeune rabbin assis devant sa table de travail et lui dit qu'il venait récupérer ses bijoux.

– Vos bijoux? rétorqua celui-ci, l'air de ne pas comprendre.

Alors le vieillard leva sa canne et en assena un coup terrible sur la nuque du présumé coupable avant que celui-ci ait pu faire le moindre geste pour l'éviter. Tohu-bohu général, mais animé d'une vitalité toute nouvelle, le vieil homme poursuivit le rabbin autour de la table tandis que le bedeau, attiré par le bruit, tentait de lui arracher son bâton de justicier. Enfin le rabbin, hors d'haleine, fit volte-face, leva les mains en l'air en signe de capitulation et recula jusqu'à sa chaise sur le dossier de laquelle se trouvait son manteau. Il fouilla dans ses poches et en tira un petit paquet enroulé dans un morceau de tissu, le tendit au vieil homme qui l'ouvrit aussitôt de ses doigts déformés pour s'assurer qu'il n'y manquait rien. Vérification faite, il le mit dans sa poche et sortit sans ajouter un mot. Arrivé chez lui, il put à peine remonter l'escalier et regagner son lit. L'histoire se répandit très vite dans la famille. Ma mère, son père et une foule d'héritiers s'assemblèrent autour de l'aïeul et l'observèrent tandis qu'effondré sur ses oreillers, il distribuait le fruit du labeur de toute une existence. Puis, épuisé, il ferma les yeux pour ne plus les rouvrir.

Trente ans plus tard, en 1952, par une froide matinée de printemps, je me trouvais seul visiteur de la Société historique du Witch Museum où sont réunis les documents concernant l'affaire des sorcières de Salem, dans le Massachusetts. Un musée peu connu à l'époque, sauf de quelques érudits ou historiens, mais qui, après la production de ma pièce *les Sorcières de Salem*, devint beaucoup plus fréquenté. Mon regard fut attiré par des eaux-fortes encadrées et des gravures datant de 1692, année des terribles procès autour de la tragédie de Salem. Ces tableaux représentaient ce qui se passait à Salem à cette époque et permettaient aux habitants de Boston et d'ailleurs de se faire une idée de l'incroyable comportement des gens sous l'emprise du pouvoir maléfique des sorcières. On voyait d'innocentes jeunes filles aux mines terrorisées, montrant du doigt quelque épouse de fermier qui les persécutait en secret et traitait par le mépris les accusations portées par ces chrétiennes. Plus loin, devant un vitrail d'église ou de palais de justice, un juge entouré d'une quinzaine de subalternes et de ministres du clergé, en surplis et longues barbes de prophètes, prenait des airs outragés devant l'incroyable et démoniaque insensibilité de l'accusée. La scène était éclairée d'une lumière crue qui contrastait avec les sinistres zones d'ombre qui enveloppaient les autres détails du tableau.

Je faisais à l'époque des recherches pour *les Sorcières de Salem* et ressentis devant ces œuvres une espèce de connivence intérieure avec la sorcellerie et le culte puritain, ses illusions, ses stupidités, son côté sublime aussi. Il y avait là quelque chose de mystérieusement personnel qui allait bien au-delà d'une simple dévotion à la liberté et à la justice et qui remontait très loin dans ma vie. Je n'étais pas encore décidé à écrire la pièce mais me sentis tout à coup étrangement à l'aise dans cet univers, soutenu par l'idée que les habitants de la Nouvelle-Angleterre étaient semblables aux Hébreux anciens, habités par le même idéalisme farouche, la même dévotion à Dieu, la même recherche d'une argumentation pure et intellectuellement élégante. Dieu les avait rendus aussi fous que ces Juifs qui essayaient de maintenir à flot leur foi chancelante. Et voilà que sur ces gravures, eux aussi portaient la barbe et se tenaient devant un bâtiment qui aurait très bien pu être la synagogue de la 114ᵉ Rue! La lumière – et Dieu sait que je l'avais beaucoup regardée là-haut semblait se dissoudre dans une imprécision paradisiaque avant que l'œil ne puisse atteindre le plafond bien réel et fabriqué de main d'homme; les êtres semblaient suspendus dans une luminescence presque irréelle, diffuse – une impression dérivée, je suppose, de ma vision enfantine, à travers le brouillard de mes cils tremblants, de cette danse incantatoire qui m'avait tant impressionné autrefois. Plus d'une fois par la suite, en croisant le chemin de quelque vieillard biblique à l'esprit puéril, un poids inexplicable s'abattait sur moi; j'avais l'impression de me trouver devant la réincarnation d'un aïeul. Peut-être le personnage de Gregory Solomon dans *le Prix* est-il l'une d'elles, ou bien le vieux Juif silencieux dans *Incident à Vichy*.

Il vient inévitablement un moment, dans les grandes familles, où l'on est continuellement confronté à la mort. Il en résulte de fréquentes visites aux cimetières, de multiples réunions où l'on boit du café avec un morceau de gâteau avant d'accompagner à sa dernière demeure une lointaine tante ou un oncle du Bronx ou de Cleveland qu'on oublie vite et pour toujours. Les enfants adorent les enterrements, bien plus que les mariages, trop bruyants et qui souvent se prolongent tard dans la nuit, quand on a du mal à se tenir éveillé. Il est rare qu'un petit garçon se fasse réprimander à un enterrement. On le cajole davantage, au contraire, à cause de la proximité de la mort; toutes ses petites turpitudes s'évanouissent bien vite devant la certitude que, Dieu merci, il est en bonne santé.

A vrai dire, un enfant peut mettre de telles occasions à profit pour réprimer, s'il le veut, ses débordements et son indiscipline. Parmi les délits qui conduisirent Mlle Fisher à convoquer ma mère, il y avait certains accès de fou rire irrépressibles qui me prenaient aux moments les moins opportuns : par exemple le jour où une demi-douzaine de mes camarades de classe noirs, absents de l'école par un bel après-midi de printemps, attirèrent notre attention en nous faisant de grands signes du haut du toit de l'immeuble en face de l'école, sur la 112e Rue. Mlle Daniels, un vieux professeur de soixante ans, nous lisait un passage de *Jules César* dont nous ne comprenions pas un traître mot. Au moment le plus pathétique, elle sentit un flottement chez ses élèves et leva les yeux. Dehors, les mécréants s'agitaient comme des pantins. Furieuse, Mlle Daniels nous interdit de regarder par la fenêtre et nous intima l'ordre de donner toute notre attention à Shakespeare. Je tentai d'obéir, comme mes camarades, peut-être même plus qu'eux parce que ma mère et Kermit tenaient beaucoup à ce que j'aie de bonnes notes de conduite. D'ailleurs, j'avais maintenant une petite sœur à laquelle je devais servir d'exemple; je me sentais responsable d'une autre bouche à nourrir psychologiquement!

Sans doute parce que les six garnements en rupture de ban étaient de redoutables agitateurs, la classe entière réussit à se soumettre à la volonté de Mlle Daniels et même à prendre son parti contre ces chenapans qui faisaient fi des efforts accomplis pour nous éduquer. Je fixai résolument la maîtresse, décidé à ne plus jeter le moindre regard vers la fenêtre. Cette victoire sur moi-même me remplissait d'une indicible satisfaction. J'étais très fier de moi. Mais soudain une légère contraction du plexus m'avertit que j'étais mûr pour une de ces crises de fou rire qui me donnaient l'impression que ma bouche rejoignait mes oreilles pour les avaler. Serrant désespérément les mâchoires et m'agrippant à mon pupitre, j'eus soudain la vision de mon oncle Hymie couché sous terre, tout mouillé par la pluie. Mon bel oncle Hymie que ma mère avait tant aimé! Mon estomac se dénoua aussitôt, l'accès de fou rire s'évanouit. De ce jour, je réussis à contrôler toutes mes envies de rire par la simple évocation de mon cher tonton défunt. Parfois même je m'imaginais le tenant dans mes bras pendant qu'il trépassait ou entrant dans son cercueil pour lui caresser la joue. Il me fut toujours d'un grand secours.

Ainsi passaient les années, rythmées par la répétition des mêmes événements : enterrements, mariages, bar-mitzvahs, naissances et tout un cycle de jeux dont certains – Dieu sait pourquoi – ne se pratiquaient qu'à des saisons bien déterminées : la marelle, dessinée à la craie sur les trottoirs, était réservée au printemps et les billes à l'automne. Un ou deux des gosses de notre bande mettaient de côté leurs billes et leurs calots de l'année précédente et les revendaient à leurs camarades quand venait la saison d'y jouer. Joe Rubin était l'un de ces détestables banquiers; il est aujourd'hui l'un des plus importants avocats de Wall Street. Mon meilleur ami, Sid Franks, dont le père était banquier et qui devint flic à

New York, se livrait également à ce petit trafic. A l'époque, il savait déjà construire des appareils de radio capables de transmettre de vraies émissions. Les jours de pluie, au lieu de faire la course dans les couloirs de l'immeuble, il se penchait sur des problèmes mathématiques trouvés dans la bibliothèque et tentait de leur apporter une solution. C'était la première personne de ma connaissance à parler concrètement de l'avenir; il le décrivait comme une sorte d'escalier dont il fallait gravir chaque marche à son tour : certains cours de sciences étaient propices aux uns, certaines écoles convenaient mieux aux autres et il appartenait à chacun de déterminer le domaine qui deviendrait sa spécialité.

Le père de Sid, président d'une banque située dans le quartier de la finance de Manhattan, surgissait de son appartement tous les matins à la même heure et gagnait avec assurance la rangée de voitures de maître stationnées au coin de la rue où l'attendait son chauffeur. Il avait à la bouche une pipe d'où sortait un demi-cigare et portait en hiver un manteau de fourrure. Sa Locomobile était l'une des plus belles autos de l'époque : une décapotable beige avec de superbes roues à rayons et deux roues de secours recouvertes de housses, placées sur le pare-chocs avant. Son aspect était si aristocratique qu'on n'avait pas jugé nécessaire d'afficher son nom sur les moyeux ou la calandre. En ce temps-là, les voitures les plus luxueuses étaient presque entièrement faites à la main; leurs propriétaires les voulaient différentes de celles des autres. Sid et moi étions très calés en la matière : de la fenêtre de notre appartement du sixième étage, c'était à qui dirait le premier le nom des voitures qui filaient sur la 110e Rue; bien qu'il y eût à l'époque beaucoup plus de marques qu'il n'en resterait après 1929, nous les reconnaissions de loin tant chacune avait ses caractéristiques propres. Voir passer une Minerva, une Hispano-Suiza, une grande Packard, une Pierce-Arrow, une Stearn-Knight ou une Franklin (dont certaines avaient un compartiment spécial sans toit pour le chauffeur) nous électrisait littéralement. Véritables sculptures ambulantes, elles ressemblaient à des totems d'acier polis comme des loupes pour réfléchir la lumière des étoiles. La puissance sociale qu'elles représentaient ne faiblirait jamais; leur grondement sourd rassurait et donnait à entendre que, derrière les vitres rutilantes, étaient assis des richards si fortunés que même leurs chauffeurs étaient à l'abri du besoin. Les nantis n'avaient pas encore ressenti le sentiment de culpabilité qu'ils éprouveraient après le Krach.

Certains de ces véhicules avaient non seulement un chauffeur mais aussi un valet de pied vêtu d'un uniforme aux merveilleuses couleurs de bonbon anglais : lavande, chocolat, blanc, bleu tendre et parfois noir. J'adorais bavarder avec les chauffeurs pendant qu'ils attendaient leurs maîtres et j'espérais toujours obtenir la permission de m'asseoir quelques instants derrière le volant ou de jeter un coup d'œil au moteur. J'essayais de découvrir comment marchaient ces somptueuses machines mais ne trouvais personne pour me l'enseigner, d'où une sorte de frustration à rebours qui me rendit encore plus difficile le travail à l'école : là, on nous expliquait pendant des heures ce que je comprenais en cinq minutes; alors mon esprit vagabondait, je perdais le fil de la leçon et quand je m'en apercevais, il était trop tard pour me remettre en selle. Un jour – j'étais tout jeune encore – je m'assis à côté de mon père sur le siège avant de la Packard que conduisait mon oncle Abe – celui qui était venu chercher mon père à son arrivée à New York; papa lui demanda comment marchait sa voiture. « Elle est divine », répondit-il. A travers le pare-brise, je regardais la surface bleutée du capot, jusqu'au thermomètre argenté fixé sur le radiateur de nickel, et imaginais une femme, attachée sous le moteur, courant tant qu'elle pouvait pour le faire tourner. « Il y a une dame là-dessous ? » demandai-je innocemment. Mon père et mon oncle éclatèrent de rire mais je crois qu'ils ne savaient pas mieux que moi comment fonctionnait un moteur.

Etant donné qu'il n'y avait manifestement aucune femme dans cette affaire mais que la voiture marchait quand même, je restais là, perplexe devant cettte puissance motrice dont mes aînés semblaient admettre la féminité, comme s'il s'agissait de celle d'une personne indépendante. Devant l'ignorance de tous en la matière, les attitudes scientifico-analytiques de Sid Franks me parurent extrêmement utiles sinon indispensables.

Vers le milieu des années vingt, les Blancs ne quittaient pas nécessairement les immeubles où emménageaient les Noirs et les Portoricains. Il était alors hors de question que Harlem devienne un ghetto noir. C'était même inconcevable au moment où quelques-uns des meilleurs restaurants de la ville faisaient de merveilleuses affaires sur la Septième et sur Lenox Avenue et tout au long de la 125e Rue. Le Cotton Club se trouvait au fin fond du quartier noir de Harlem mais n'en était pas moins dirigé par des Blancs. Le Shubert Theatre, au coin de Lenox Avenue et de la 115e Rue, et d'autres théâtres disséminés dans Harlem, affichaient des spectacles – interprétés la plupart du temps par des troupes ambulantes – qui n'étaient autres que les grands succès de Broadway. Ma mère adorait assister aux matinées du Shubert Theatre. C'est là que pour la première fois, à l'âge de huit ans, je vis une pièce de théâtre. Ma mère et moi y étions allés sans mon frère, probablement trop occupé par ses études ou retenu par un rendez-vous chez le dentiste où il se rendait fréquemment pour faire vérifier l'appareil qu'il portait pour redresser ses dents, ce qui, à l'époque, était une pratique très coûteuse et très risquée : on avait neuf chances sur dix d'y laisser toute sa denture. Moi aussi j'avais les dents saillantes, mais comme je n'étais pas l'aîné, à mon grand soulagement, on estima qu'il était inutile de dépenser tant d'argent pour moi. Tout en m'humiliant, cela me libérait aussi des lourdes responsabilités qui incombaient à Kermit et que je n'avais pas la moindre envie de partager.

Celles-ci atteignirent leur zénith le jour de sa bar-mitzvah : le pauvre garçon dut refaire trois fois le même discours, en anglais, en hébreu et en allemand (qui était la deuxième langue à la mode dans les écoles) de façon à manifester – je suppose – le mépris dans lequel ma mère tenait le clan des Miller qui s'imaginait encore, même après que mon père eut engagé plusieurs membres de la famille dans son entreprise, qu'il leur était inférieur. Ces trois discours eurent pour effet de les mettre tous mal à l'aise, ce qui ne les empêcha d'ailleurs pas, une fois la cérémonie terminée, de me regarder avec insistance et de dire à voix suffisamment haute pour être entendue de chacun : « Mais où donc ont-ils été pêcher *celui-là*? » C'était une des raisons qui me faisaient décider, au moins, trois fois par mois, de m'enfuir de la maison.

Mais j'étais maintenant coincé entre ma sœur Joan, qui avait pris ma place de bébé, et mon frère, que j'étais bien obligé d'égaler en taille et en sagesse. Joan avait introduit un nouvel élément de compétition entre Kermit et moi car il était évident que nous ne pouvions tenir ensemble et en même temps un bébé dans nos bras. D'où force cris et crises de jalousie qui se prolongèrent pendant des années. Aussi l'idée de me sauver de la maison – une sorte de suicide en somme – représentait pour moi la vengeance idéale; je l'avais cueillie dans *Oliver Twist* que j'aimais particulièrement, bien que mon héros eût l'épouvantable habitude de tendre continuellement son assiette en suppliant qu'on lui redonne encore à manger, un cri que Cruikshank avait immortalisé dans un dessin. Jamais je ne pourrais partager avec lui cette manie : pour moi, le problème était inverse : je ne savais jamais comment me débarrasser des portions énormes que ma mère m'obligeait à avaler. Un des drames les plus violents que notre famille ait connus à ce sujet éclata un matin, au petit déjeuner : je refusai d'ingurgiter l'assiettée de porridge plein de grumeaux que préparait notre servante polonaise, Sadie, qui s'occupait de nous quand ma mère dormait encore. Enervée par mon obstination, elle me plongea le visage dans le plat bouillant. Je me mis à hurler, Sadie en fit autant, en polonais. Mon frère cria à son tour, ma mère arriva en courant, vêtue d'un déshabillé, me gifla plusieurs fois avant de m'essuyer le visage avec ma serviette. Toute cette cacophonie bouscula sans doute les structures moléculaires de mon cerveau d'enfant et je décidai de partir pour toujours de cette maison où personne ne m'aimait et de priver la famille de ma présence si peu appréciée.

L'idée de cette fugue ne venait pas seulement des romans de Dickens; elle hante souvent l'esprit de certains enfants, tout comme la conviction d'être orphelin. Etant donné que je ne ressemblais à personne de la famille, sauf un peu à ma mère, j'avais une excuse toute trouvée et l'explication des échecs que rencontraient les moindres de mes entreprises; mes efforts seraient toujours vains à cause de ce préjudice prénatal que personne ne voulait reconnaître, en tout cas devant moi. Je n'appartenais pas à cette famille et c'est pour cela que l'on me rejetait. J'avais lu des romans, vu des films où des garçons quittaient leur foyer munis de grandes perches au bout desquelles étaient attachés de minces balluchons renfermant leurs affaires et peut-être aussi un sandwich. Ces fugueurs disparaissaient pendant des années et revenaient un jour sous un nom d'emprunt, riches, beaux, puissants et magnanimes, prêts à pardonner à leurs parents repentants. Dans les histoires de Horatio Alger – qui ne me semblaient pas être des plaisanteries – le garçon solitaire était en général, et dans mon esprit en tout cas, un capitaliste en puissance. Le terrible désir de liberté qu'éprouvait Huckleberry Finn ne m'apparaissait pas du tout comme une fiction mais comme une version réaliste de mon propre état d'esprit.

Je n'avais pas de radeau mais un vélo et, en lieu et place du Mississippi, Central Park au sud et Lenox Avenue ou Harlem au nord. Je choisis Harlem et décidai de ne pas laisser de message, craignant d'être embarrassé au cas où je changerais d'avis en cours de route. D'ailleurs partir sans explications blesserait davantage les coupables. Pour ne pas donner l'alerte, je terminai ma journée à l'école et rentrai à la maison à trois heures de l'après-midi comme d'habitude. Le soleil était encore haut et j'avais largement le temps de m'éloigner de ce lieu abhorré avant que ne tombe la nuit. Sadie, dont les cheveux roux se dressaient sur sa tête comme des ressorts, était en train de faire la lessive dans la cuisine; impossible donc de me confectionner un sandwich en douce. Je pris le parti de lui demander, de l'air le plus naturel du monde, de m'en préparer un, ce qu'elle fit avec joie, rien ne la rendant plus heureuse que de me voir manger. J'enroulai le sandwich dans une serviette propre et sortis, sans perche et sans balluchon de peur de me faire remarquer sur la 110e Rue avec un pareil attirail. J'avais bien songé à aller couper une branche d'un des arbres du parc, mais la peur du gendarme m'en avait empêché. Je me contentai donc de mon sandwich que je suspendis au guidon de ma bicyclette.

Dans les livres, les fugueurs sont en général très vite recueillis et adoptés par des millionnaires qui manquent les écraser avec leur voiture. Mais plus j'avançais vers le nord de Harlem, moins j'avais d'espoir d'avoir cette chance. Jamais je ne m'étais aventuré au-delà de la 116e Rue, sauf lorsque nous allions en famille manger dans quelque restaurant de la 125e Rue ou assister avec mon frère à une réunion d'athlétisme dans un des lycées de banlieue. A part une légère appréhension devant l'incertitude des décisions que je prendrais une fois la nuit tombée, je ne ressentais pas la moindre peur en pédalant le long des rues qui jouxtaient Lenox Avenue. Pourtant je savais qu'entre les Noirs et nous régnait une certaine hostilité. Mais je n'avais jamais eu de conflits avec mes petits camarades noirs qui étaient en général plus doux et plus prompts à réagir et à rire que les

Portoricains, nerveux, et qui ne cessaient de parler entre eux dans leur jargon incompréhensible. L'un d'eux était pourtant mon meilleur ami; il s'appelait Carillo et je l'enviais parce qu'il devait quitter l'école vers douze ou treize ans pour devenir apprenti vitrier. J'aurais aimé couper du verre, tout en sachant que je valais mieux que cela puisque je me destinais à suivre des cours de préparation d'entrée à l'université. Le système d'éducation en vigueur à l'époque obéissait cyniquement à une politique de classes qui paraissait normale et très pratique. Nos esprits étaient déjà encombrés de mythes, nos rôles et nos costumes établis jusque dans un lointain avenir. Je me dirigeais donc vers le haut de la ville en prenant garde cependant à ne pas trop me perdre à l'est de Madison Avenue, où vivaient les Italiens. Contrairement aux autres groupes ethniques, ils étaient féroces et, pour d'obscures raisons, toujours prêts à se battre. A l'est de Harlem j'avais de grandes chances de recevoir un coup de poing qui me ferait tomber de bicyclette alors qu'à l'ouest de Madison, je ne risquais pas grand-chose.

Plus j'avançais vers le haut de la ville, plus j'étais entouré de Noirs. Il y avait foule dans les rues; jamais je n'avais vu autant de monde dans nos quartiers. J'ignorais encore que cette surpopulation serait la cause du déclin de Harlem qui allait devenir sous peu l'un des bas quartiers de New York. Quelques années plus tard, mon père s'irriterait de voir certains propriétaires morceler de beaux appartements pour les louer à deux ou trois familles noires. Lorsque nous déménageâmes à Brooklyn en 1928, notre propre propriétaire songeait déjà à séparer nos six pièces en deux appartements, ce qui lui rapporterait beaucoup mais détériorerait singulièrement l'immeuble.

Aucune menace n'était suspendue au-dessus de ma tête tandis que je poursuivais ma route, ce jour-là. Je dépassai bientôt la 130e Rue. Les gens me regardaient avec bienveillance, ce qui ne signifiait aucunement qu'eux et moi étions semblables. Mais je n'avais jamais eu à me battre contre mes camarades de classe noirs, ils ne m'avaient jamais rien volé ni menacé de quoi que ce soit; je me sentais en sécurité parmi eux, davantage même qu'au milieu des Blancs où, de par ma religion, j'étais l'étranger. Néanmoins, ils me semblaient très mystérieux. Je comprenais mal leur langage et, en imitateur-né, j'avais repris à mon compte leur façon de parler en en exagérant les intonations de manière comique. Dans les films on leur donnait toujours des rôles d'idiots : ils roulaient des yeux terrifiés devant les fantômes mais n'étaient jamais dangereux. Telle était la pernicieuse contribution de Hollywood à l'image que je me faisais du Nègre : il n'avait rien de menaçant mais était un personnage à part, au-dessous du Blanc. Un ami fort riche de mon père en avait un à son service; il lui faisait porter ses chaussures neuves pour les briser et trouvait cela très drôle; moi aussi!

Dans l'une des rues au-delà de la 130e Rue, je m'arrêtai devant un groupe de gens assemblés à un carrefour. Un grand Noir était couché sur le trottoir, la langue pendante et la tête tournée vers une rigole où coulait de l'eau sale. Quelqu'un parla de gaz et je pensai qu'il avait inhalé les émanations d'un réchaud ou d'un poêle et en avait ressenti une telle soif qu'il était sorti laper l'eau du ruisseau; sa langue en était à deux doigts mais personne ne l'aidait à s'en approcher davantage; tous restaient là, les bras ballants, à le regarder lutter pour se procurer une goutte rafraîchissante. Je repartis sur mon vélo, à l'ombre des arbres le long des maisons des Noirs aux vitres proprettes, nullement différentes de celles de notre quartier, excepté qu'ici, il y avait beaucoup plus de monde à l'intérieur.

Le crépuscule tombait. Je pris mon sandwich et, à califourchon sur ma bécane, y mordis à belles dents. Toute ma rancœur s'était évanouie. Les rues étaient maintenant envahies de femmes qui faisaient leurs courses pour le dîner; beaucoup d'entre elles étaient grosses et lourdes et semblaient avoir mal aux pieds. Des gosses se promenaient pieds nus. A mon avis, ce n'était pas une question de pauvreté mais une habitude contractée par leurs ancêtres qui, dans le Sud, où ils étaient nés, ne portaient jamais de souliers. C'est du moins ce que l'on m'avait dit. Calmé par Harlem je fis demi-tour et pédalai tranquillement jusqu'à la maison, heureux de retrouver ma mère. Je garai mon vélo en vitesse, impatient de savoir ce qu'il y avait à dîner. Avant de me mettre à table, je replaçai discrètement dans le tiroir la serviette que j'avais chipée pour envelopper mon sandwich.

Quelque cinquante ans plus tard, au cours des années soixante-dix, je quittai un jour City College où j'avais fait une conférence et me retrouvai seul, vers quatre heures et demie, sur Covent Avenue par un bel après-midi de printemps. Je me rappelai être venu presque jusque-là lors de ma fugue à bicyclette. Après ma conférence, des étudiants en art dramatique m'avaient fait la surprise de jouer quelques extraits de mes pièces et j'avais été ému et troublé par une scène tirée de *Vu du pont*, remarquablement interprétée par un Coréen dans le rôle d'Eddie, une jeune Juive dans celui de Béatrice, un Noir dans celui de Marco et un Chinois dans celui de Rodolpho. J'étais encore impressionné par la puissance fruste de leur jeu et m'éloignais rêveusement des bâtiments de style néo-Tudor de ce campus où, en 1932, j'avais essayé de parfaire mon éducation en prenant des cours du soir; mais je n'avais pas tenu le coup plus de deux semaines tant j'étais fatigué par mes journées de travail dans une entreprise de pièces détachées pour automobiles. Je me souvenais de City College comme d'un endroit où je m'étais endormi pendant un cours de chimie et même dans la bibliothèque où je me tenais pourtant debout, un livre à la main. Tous les sièges de cette vaste salle étaient toujours occupés; les rebords des fenêtres où l'on pouvait poser un bouquin et prendre quelques notes étaient également pris d'assaut. J'étais arrivé parmi les derniers; minuit allait sonner et je n'avais pas arrêté depuis six heures du matin. J'essayai pourtant d'apprendre les détails du traité de Versailles mais, lorsque je rendis le livre à la bibliothécaire ce soir-là, je sus que je n'y arriverais jamais.

Je sortais donc de City College, encore sous le charme de la représentation que m'avaient donnée ces jeunes étudiants et j'admirais à nouveau ce quartier situé en hauteur, où les appartements jouissaient d'une vue extraordinaire sur la ville. La circulation était très réduite et je cherchais vainement un taxi. Mon regard se tourna vers le ciel, sans nuages, et du même coup je remarquai plusieurs Noirs qui m'observaient de leurs fenêtres. Un groupe de quatre ou cinq jeunes gens plongés dans une grande discussion s'avançait vers moi. En m'apercevant ils se turent instantanément et s'écartèrent pour me laisser passer, l'air violemment surpris. Je me retournai et vis qu'ils en faisaient autant. Que se passait-il? Qu'avais-je de tellement curieux? Puis deux femmes noires, d'âge mûr, venant du collège s'approchèrent de moi. Elles étaient bien habillées, nettes et soignées, et me sourirent en arrivant à ma hauteur.

– Vous cherchez le métro?

– J'espérais trouver un taxi

– Un taxi? Ici? Il n'y en a pas.

Elles me racontèrent qu'elles travaillaient dans les services administratifs du collège et qu'elles avaient assisté à ma conférence et aux scènes jouées par les élèves. Auparavant, elles avaient jeté un coup d'œil à mon dossier de 1932 et me dirent en riant que je n'avais vraiment pas été très brillant pendant mes deux semaines de présence effective dans l'établissement. Nous bavardâmes encore un peu mais je notai une certaine crispation dans leurs sourires. Elles ne tenaient pas à rester trop longtemps à plaisanter avec moi au coin de la rue et, après une très brève conversation, l'une d'elles me proposa de m'accompagner jusqu'au métro, à quelques mètres de là. Les grosses dames noires m'ont toujours témoigné beaucoup de gentillesse. Je les remerciai, gêné à l'idée de me voir protégé par des femmes, bien que les soupçonnant d'être plus coriaces que moi malgré leur air ordinaire et leur excès de graisse.

– Je crois que je vais me débrouiller tout seul, dis-je. Mais merci mille fois.

Elles s'éloignèrent sans pour autant cacher leur anxiété. Seul à nouveau, je levai les yeux vers les fenêtres où des visages noirs étaient toujours collés aux vitres, attendant sans doute de voir plumer le poulet. Moi, bien sûr, pris par mes souvenirs du bon vieux temps, je ne me rendais compte de rien. Je me voyais, grimpant à bicyclette la côte qui menait jusqu'au sommet de la pente, suant et soufflant comme un phoque mais heureux à l'idée de redescendre à toute vitesse en roue libre jusqu'au centre de la ville. J'associais encore les façades de maints appartements, les emblèmes sur les corniches et l'encadrement des fenêtres, à un certain style de vie très « haut de gamme », dans le genre de celui qui règne dans le XVIe arrondissement de Paris, quartier élégant quoique ennuyeux. Je n'arrivais pas à affronter les faits dans leur réalité actuelle. J'aurais dû me sauver en vitesse mais j'avais l'impression d'être chez moi dans cette rue de Harlem. Toutes mes racines plongent dans ces ruelles, ces façades qui dégagent encore aujourd'hui pour moi une énergie, une chaleur envoûtantes. Comment fuir ces lieux comme un étranger, un envahisseur? Je réalisai soudain que j'étais là à me baguenauder depuis un bon quart d'heure. Le soleil déclinait à l'horizon. J'hésitai à retourner au collège pour appeler un taxi et réalisai que les deux femmes m'avaient non seulement proposé de m'accompagner jusqu'au métro mais aussi jusqu'en ville où elles se rendaient. C'était une façon de me faire comprendre qu'entrer seul dans le métro était risqué pour un Blanc.

J'aperçus, roulant dans ma direction, ce qui me sembla être un taxi bien qu'il fût peint en marron, couleur inhabituelle pour un taxi new-yorkais. Mais il y avait sur le toit de la voiture une enseigne cassée qui avait sans doute porté la mention « taxi » en des temps meilleurs. Arrivé à ma hauteur, je constatai que les vitres du véhicule étaient cassées, ses pare-chocs retenus par du fil de fer et la calandre manquante. Le chauffeur était noir. Il stoppa à quelques pas de moi et une créature de rêve ouvrit la portière et sortit sur le trottoir après avoir payé son dû. Un cabas sous le bras, elle me jeta un coup d'œil et sourit. Un mannequin, sans doute, me dis-je : une peau chocolat, des dents éclatantes, de grands yeux noirs intelligents et rieurs. Elle portait un bonnet de vison, un manteau de lainage beige et se déplaçait avec une féminité qui me prit à la gorge. Je fus immédiatement conquis.

Un sourcil légèrement levé, un sourire d'étonnement feint aux lèvres, elle me demanda :

– Vous allez entrer *là-dedans*?

– Si l'on veut bien de moi, répondis-je en riant.

– On aura tout vu! fit-elle en s'éloignant, ses jambes ravissantes perchées sur les talons aiguilles les plus pointus que j'aie jamais vus dans les années cinquante.

Je me penchai vers le chauffeur, un petit homme barbu d'une trentaine d'années, qui rangeait son argent et semblait n'avoir pas la moindre envie de me parler.

– Pouvez-vous me conduire en ville?

– Comment voulez-vous que j'aille en ville?

– Pourquoi n'iriez-vous pas?

Ayant rangé son porte-monnaie, il consentit à me regarder.

– Où ça, en ville?

– Eh bien... – je réfléchis en vitesse –... vous pouvez m'emmener jusqu'à la 96e Rue, non?

C'était sûrement un de ces taxis clandestins qui roulaient sans autorisation.

– Oui mais une fois là-bas, je ne trouverai personne pour remonter ici.

Il ne faut pas oublier que la frontière entre les deux civilisations se situe à la hauteur de la 96e Rue. Je le savais depuis longtemps mais avais simplement préféré l'oublier.

– Conduisez-moi jusque-là et je vous paierai le retour. Comme ça, vous n'y perdrez pas.

Il réfléchit quelques instants puis acquiesça. Je montai. Le siège arrière était terriblement bas et inconfortable, criblé de trous d'où s'échappaient des touffes de mousse de caoutchouc comme si une armée de poulets y était venue picorer. Une des portières n'avait plus de poignée. Nous roulions très doucement. J'étais content.

– Quelle voiture ! m'exclamai-je.

– *Ça, ça,* c'est pas une voiture, c'est une antiquité !

Ses intonations avaient quelque chose de distingué qui m'intrigua.

– Qu'est-ce que vous fabriquez par ici ? reprit-il avec un zeste de soupçon dans la voix.

Je remarquai sur sa peau une espèce de poussière grise. Ses doigts étaient longs comme des crayons, ses ongles soignés. Il portait l'un sur l'autre deux pull-overs faits au crochet et conduisait les deux mains agrippées au volant comme s'il s'attendait à le voir se décrocher d'une minute à l'autre.

– Je viens de faire une conférence au collège, expliquai-je.

Il demeura un moment silencieux puis demanda :

– Sur quel sujet ?

– Le théâtre. J'écris des pièces.

– Vous avez déjà donné des conférences à Columbia ?

– Oui, il y a quelques années. Pourquoi ?

Il ne répondit pas tout de suite, parut réfléchir, se décida à parler :

– J'y étais maître-assistant en sociologie, autrefois. Mais le gouvernement a supprimé cette partie du programme, alors... je fais le taxi.

Comme j'avais eu raison de ne pas m'enfuir de ce quartier !

– Et vous vous en tirez?

– Ça permet de sombrer un peu moins vite.

– Quelle était votre spécialité?

– L'assimilation des Ethiopiens en milieu new-yorkais. Vous comprenez, je suis éthiopien.

– Vous êtes né là-bas?

– Oui. Je ne reste ici que parce que je suis un gradé de l'armée et que dès ma descente d'avion là-bas, on aurait vite fait de me mettre la main au collet.

– Mais pendant combien de temps encore comptez-vous conduire un taxi?

– Je n'en sais rien, voilà tout le problème. Je ne gagne pas assez mais je ne veux à aucun prix retourner à l'armée faire une guerre idiote.

– Pourquoi se battent-ils? Je ne suis pas très au courant.

– Les officiers aiment trop la guerre. Elle leur donne de l'importance et les enrichit.

Sa voix avait la douceur d'une brise légère. En arrivant à la 96e Rue, il offrit de m'emmener jusqu'à mon hôtel de la 23e Rue, et puis nous prîmes une bière dans un bar voisin. Je lui demandai s'il estimait que j'avais commis une folie en restant planté seul au coin d'une rue de Harlem. Il avait des yeux gris, un visage mince, un air ascétique. Il baissa le nez dans son verre, haussa les épaules, secoua vaguement la tête et me regarda en silence, aussi décontenancé que je l'étais moi-même, aussi peu enclin que moi à renoncer à une confiance profondément ancrée, aussi incapable de croire à la réalité et aussi moralement paralysé. Le plus grand des mystères humains est peut-être cette revendication qu'exercent sur nous le clan et la race, qui peut anéantir le monde parce qu'elle défie la raison.

Peu de temps après cet épisode, un soir que ma femme Inge et moi sortions du théâtre et avions décidé de rentrer à pied au Chelsea Hotel au lieu de prendre un taxi comme d'habitude, nous marchions tranquillement sur le trottoir. Vers minuit, toute vie semble s'arrêter dans la ville lorsqu'on dépasse la 42ᵉ Rue. Au sud de la 34ᵉ, le trafic s'interrompt complètement à cette heure tardive; à peine quelques voitures circulent sur la 7ᵉ Avenue, le quartier de la fourrure, mais pas un seul piéton. En dehors de quelques camions de livraison de journaux et de quelques taxis en maraude il n'y avait aucun mouvement et l'on aurait pu planter sa tente sur la large avenue sans être dérangé. Nous nous dirigions vers le sud et discutions de la pièce que nous venions de voir lorsque je remarquai, debout au coin de la 27ᵉ Rue, les silhouettes de trois ou quatre hommes. Un grand éclat de rire résonna comme celui d'un ivrogne. Je pris ma femme par les épaules et nous croisâmes le groupe : de jeunes Noirs d'une vingtaine d'années, mais un rapide coup d'œil me rassura vaguement – ils avaient des cheveux bien coupés. Oui mais d'un autre côté, ils s'étaient tus tandis que nous passions. Tout en continuant à avancer rapidement, je cherchai du regard une aide éventuelle. Mais il n'y avait rien qu'un boulevard sombre et désert. Et pourtant ce n'était pas de la peur que je ressentais mais une curieuse sensation de vide, comme si la vie s'était figée au-dedans de moi. Je me disais que pour avoir vraiment peur en cet instant, il eût fallu que j'éprouve de la haine, mais la haine comme tout autre sentiment avait disparu en moi. Soudain, j'entendis courir derrière nous. Plusieurs paires de souliers frappaient le trottoir à toute vitesse. Je tirai Inge jusqu'au milieu de la chaussée, pensant que là au moins on ne pourrait pas nous projeter sous une porte cochère pour nous agresser.

Une voix de baryton cria :

– Monsieur Miller ! Monsieur Miller !

Je me retournai, incrédule : quatre grands Noirs se précipitaient vers nous en m'appelant par mon nom. Voilà ce que c'est que d'être connu ! Hors d'haleine, ils s'arrêtèrent à nos côtés et l'un d'eux demanda :

– Vous êtes bien M. Miller, n'est-ce pas ?

– Oui, certainement !

– J'en étais sûr ! s'écria-t-il triomphalement. Je vous ai tout de suite reconnu.

– Franchement, les gars, vous m'avez fait peur !

Nous éclatâmes tous de rire et mon interlocuteur me serra la main avec chaleur :

– Mon vieux j'ai toujours adoré votre musique ! dit-il.

Que répondre ?

– Vous êtes étudiant ?

– Oui. A l'université de New York.

– Eh bien vous vous trompez de Miller. Je pense que vous parlez de Glenn Miller, le chef d'orchestre mort il y a déjà longtemps. Moi je suis écrivain...

Embarras, excuses... mais tous me dirent avoir étudié mes pièces et prétendirent gentiment être aussi enthousiasmés par mon art que si j'avais été joueur de trombone. Nous nous serrâmes derechef la main comme pour valider ma nouvelle identité et chacun reprit sa route avec de grands signes d'amitié.

Le soulagement que ma femme et moi ressentîmes suscita en nous un bref état d'amour-propre satisfait, comme si mon seul talent et non pas la chance nous avait tirés d'un mauvais pas – une idée ridicule, je le savais bien. Je me reprochai implicitement de n'avoir pas eu peur. Etais-je vraiment incapable d'éprouver la moindre crainte ? Ou bien était-il possible que notre belle vie ne fût pas aussi pervertie qu'on le prétendait ?

Je connaissais la chaleur trompeuse de mes souvenirs de Harlem. Même dans mes rêves, les Noirs apparaissaient plutôt comme des victimes... quelque peu menaçantes parfois, il est vrai. Ainsi, dans les années soixante, je rêvais régulièrement d'un homme assis à une table de café, penché sur un verre de vin; je flottais au-dessus de lui et ne pouvais donc voir son visage dissimulé par un chapeau à large bord percé, de part et d'autre de la calotte, de deux trous par lesquels le regard d'un Noir me fixait, sans haine ni amitié, ouvert à toute interprétation; il avait des yeux de chaque côté de la tête, symbole silencieux de la force d'un jugement qui prenait la mesure de toutes mes folles présomptions.

Lieu ambigu, Harlem était néanmoins surpeuplé de gens qui vivaient d'espoir. Les soirs d'été, quand la chaleur tombait, Sid Franks et moi relâchions les lucioles capturées dans des pots à confiture. Nous les jetions des fenêtres du sixième étage d'où elles s'élançaient, traversaient la 110e Rue et disparaissaient dans le parc. En hiver, nous restions assis des heures à ces mêmes fenêtres à guetter le drapeau rouge qu'on hissait sur le hangar à bateaux pour annoncer que les eaux du bassin étaient gelées et qu'on pouvait y patiner. Alors, avec des hurlements de joie, nous nous précipitions dans le parc, fixions sur nos galoches nos patins à crampons qui ne restaient pas longtemps accrochés à nos semelles et commencions nos glissades. C'était l'époque où Joe Aug tenait une boutique de vélos à Harlem, sur la 111e Rue Est, un endroit qui me parut très érotique le jour où mon cousin Richard, âgé de quatorze ans, se mit à y déambuler, un préservatif d'une taille impressionnante et prometteuse dépassant ouvertement de la poche de son veston. C'était la première fois que je voyais une chose pareille et j'en étais d'autant plus impressionné que Richard était celui qui dormait au côté de sa mère parce qu'il était tuberculeux – je n'ai d'ailleurs jamais réussi à trouver le rapport entre les deux choses. Comme si ces singularités ne lui suffisaient pas, il s'était fait le commis de Joe par amour des vélos. J'avoue qu'à l'âge de sept ans j'adorais, moi aussi, les enfourcher ou en rêver tout simplement. Quelque trente ans plus tard, un songe me révéla la raison de cette fascination : je vis une bicyclette posée à l'envers sur un trottoir et, sous le pignon de la chaîne, trois trous où brillaient les lettres d'un mot, éclairées par intermittence, comme sur les façades des théâtres : « M-E-U-R-T-R-E ». C'était une époque où j'avais beaucoup de problèmes avec les femmes et sans doute le cadre triangulaire du deux-roues était-il pour moi le symbole de la féminité.

Une des missions dont je fus chargé un jour dans la boutique de Joe eut un rapport beaucoup plus dramatique avec l'élément féminin. La mère adorée de ma mère avait subi l'amputation d'une jambe à la suite d'une crise aiguë de diabète : elle souffrait terriblement et il fallait trouver le moyen d'éviter que les draps ne pèsent sur la plaie. J'eus l'idée de prendre le garde-boue arrière de mon vélo pour en faire un demi-cerceau qui soutiendrait la literie. Encouragé par ma mère, je me rendis chez Joe faire démonter ladite pièce. Joe était un ami de la famille et sa sœur Sylvia, encore au lycée, avait été engagée par ma mère comme aide-ménagère, baby-sitter, cousette et que sais-je encore. Elle passait son temps à s'extasier sur mes talents de chanteur, courait chercher les livres que j'avais oubliés dans la salle d'étude et constituait à elle seule un public gagné d'avance à toutes les folles histoires que je rapportais à la maison.

Pendant que Joe, un petit homme aimable qui avait toujours un mégot à la bouche, déjointait le garde-boue avec force grimaces, Richard tenait fermement le vélo des deux mains et, malgré la solennité des circonstances, je ne pus m'empêcher de fixer le préservatif qui pendait de sa poche. Ce garçon, qui devait un jour devenir un grand homme d'affaires, n'était guère respectable à l'époque. Avec un sourire de chat, il lâchait sans cesse des obscénités qui faisaient rire Joe et m'embarrassaient terriblement. Il était « cool » avant qu'on n'inventât le mot. Comme j'enfourchais ma bicyclette, mon garde-boue sous le bras, il m'interpella du seuil du magasin :

– Fais gaffe à ton zizi, mon vieux !

Cette façon de prendre congé me parut particulièrement sacrilège au moment où je me rendais chez ma grand-mère mourante à laquelle j'apportais un objet qui prolongerait peut-être son existence de quelques heures. En arrivant à l'appartement, je frappai doucement à la porte d'entrée en acajou. Ma mère vint m'ouvrir et me jeta un regard distrait. Je compris tout de suite qu'elle avait complètement oublié nos plans concernant le garde-boue. Quand j'entrai dans le living, les regards anxieux d'une demi-douzaine de personnes se fixèrent sur moi et mon étrange invention que je réussis à dissimuler derrière la porte avant de sortir à reculons dans le couloir pour délivrer l'assemblée de mon irrévérencieuse présence. Ma grand-mère Barnett mourut quelques jours plus tard; je faillis alors redemander la pièce de mon vélo mais ne pus m'y résoudre. Je crois qu'on ne s'en servit jamais. La leçon me parut très dure mais fut une salutaire préparation aux futurs rejets que supportèrent tant de mes œuvres.

Le premier film que je vis fut, pour moi, une expérience qui m'obséda longtemps et approfondit mon incompréhension de la réalité. Un soir, pour je ne sais plus quelle raison, la terrasse de notre immeuble fut momentanément transformée en salle de spectacle. On y installa des bancs et des chaises de jardin devant un grand drap blanc suspendu à une tringle. J'étais encore trop petit pour aller à l'école mais assez grand tout de même pour avoir les yeux à la hauteur de la poche revolver de mon père, d'où il tirait des sous pour payer nos entrées. Le temps était très doux et je me trouvais pour la première fois sur le toit la nuit. (Avait-on obtenu de Mikush l'autorisation de piétiner son cher revêtement goudronné?) Soudain,une violente lumière inonda le drap et de grandes silhouettes remuèrent dessus, riant, se poursuivant, se jetant des seaux d'eau à la tête, se tournant vers nous, glissant sur le trottoir et tombant. Une femme semblait même pleurer mais ses larmes se transformèrent en rire quand un bel homme à l'air jovial entra dans sa chambre.

Puis la lumière s'éteignit – l'affaire n'avait duré qu'une dizaine de minutes – et je demandai à mon père qui étaient ces gens. Il n'en avait, bien entendu, pas la moindre idée. Je m'accrochai alors à sa main et l'obligeai à me suivre au milieu des gens qui se levaient pour partir. Nous nous approchâmes du drap. Pourquoi ce silence autour? Sans lâcher la main paternelle, je jetai un coup d'œil derrière le drap, m'attendant toujours à voir un décor étrange et merveilleux, et aussi la chambre où s'étaient déroulés les événements dont je venais d'être témoin. Hélas! il n'y avait rien d'autre sur le toit que les tuyaux de cheminée et, au-dessus, dans le ciel, les étoiles de service.

– Où sont les gens? demandai-je à nouveau à mon père.

Il secoua la tête et rit doucement. La colère m'envahit, non parce qu'il était incapable de m'expliquer ce qui s'était passé mais à cause de sa désinvolture devant mon désir de comprendre. A sa place, ma mère eût certainement inventé une histoire qui aurait au moins partiellement résolu le terrible dilemme où je me trouvais!

Trois ans plus tard, au Shubert Theatre, j'eus un choc d'un autre genre mais tout aussi violent quand le rideau se leva pour la première fois. Cette fois, j'avais devant les yeux des gens bien vivants, discutant sur le pont d'un grand bateau qui tanguait comme sous l'effet de vraies vagues. A l'époque, j'avais déjà pris l'habitude d'aller au cinéma tous les samedis voir les films de Chaplin, Fatty Arbuckle et les feuilletons de Pearl White qui se terminaient toujours tragiquement, soit que la tête du héros fût à deux doigts d'une scie rotative ou qu'un train surgît pour l'écraser ou encore que son canoé s'immobilisât au bord d'un précipice où s'engouffraient les eaux d'une cascade. Je connaissais tous les grands interprètes des personnages de cow-boys de l'époque : William S. Hart, qui ressemblait à son cheval, avec sa longue figure inexpressive et ses joues plates; William Boyd et Tom Mix, toujours joyeux et prêts à aider quiconque avait besoin d'eux, sauf les Indiens évidemment. Mais contrairement au théâtre, une fois que l'on avait compris le mécanisme du cinéma, on savait que l'esprit ne pouvait saisir la réalité du moment puisque les faits ne se passaient pas vraiment dans la salle où on était assis. Quelle merveille, alors, de voir un bateau monter et descendre sur la scène du Shubert, des gens apparaître au sommet d'une échelle ou disparaître par une porte! D'où venaient-ils? Manifestement du monde réel de la 115ᵉ Rue de Harlem où ils retourneraient sans aucun doute. Et cela était inquiétant.

J'appris ainsi qu'il y avait deux sortes de réalités et que celle de la scène était beaucoup plus vraie que la réalité elle-même. Au fur et à mesure que se déroulait le mélodrame, je devins anxieux car il y avait à bord un cannibale qui possédait une bombe et avait l'intention de tout faire sauter. Chacun se mettait à sa poursuite sur scène mais il s'échappait constamment. C'était un petit homme noir vêtu d'une jupette de paille et dont les cheveux étaient retenus par deux os humains; il apparaissait furtivement et silencieusement dès que les Blancs étaient partis. On le cherchait derrière les montants, les caisses et les barrots du pont, alors que tout le monde l'avait clairement vu sauter dans un tonneau et en refermer le couvercle sur lui. Les spectateurs avaient beau crier « il est là, dans le tonneau », il semblait que les passagers fussent sourds comme des pots. Quelle angoisse! La bombe allait sûrement exploser d'une minute à l'autre. Je pétrissais furieusement le bras de ma pauvre mère et regardais avec inquiétude les murs du théâtre pour m'assurer que tout cela n'était que fiction. Finalement on mit la main sur le cannibale et tout rentra dans l'ordre. Je ressortis tout joyeux avec ma mère sur Lenox Avenue où le soleil brillait. Sauvés encore une fois!

Au théâtre, tout autant que les Noirs on représentait les Orientaux comme des êtres sinistres. La presse de Hearst se déchaînait périodiquement contre un imminent « péril jaune » en donnant la guerre des Tongs dans Chinatown comme la preuve que les Chinois étaient de malhonnêtes gens assoiffés de sang et – ainsi que je l'appris en assistant à un spectacle de variétés monté par une société de lutte contre la drogue – remplis d'un désir lubrique pour les femmes blanches. Beaucoup de ces sujets faisaient la une des journaux, avec d'énormes manchettes dénonçant « la guerre des Tongs », illustrées de dessins montrant des Chinois se coupant mutuellement la tête et brandissant victorieusement leur trophée par la natte. Alors, me demandais-je, pourquoi se rendait-on à Chinatown ? J'interrogeai mes parents : qui étaient les Tongs ? Mais ils préféraient ne pas en parler, ignorant sans doute qu'il s'agissait de confréries. En fait on trouvait à Chinatown autant de racketteurs que dans le reste de l'Amérique, ce qui m'aurait sans doute rassuré si seulement j'avais été au courant de leur existence.

A la séance de variétés du samedi, le jour le plus attendu de la semaine, les étonnants numéros des familles d'acrobates chinois faisant tourbillonner des assiettes à l'extrémité de longues perches, ou volant d'un trapèze à l'autre – assez étonnants mais un peu rasoir quand vous les aviez vus vingt fois –, étaient régulièrement suivis par l'équivalent d'une « séance chez le dentiste » : la prestation de la soprano classique et de son pianiste accompagnateur. Dès qu'on poussait en scène l'énorme piano, les gosses commençaient à s'agiter, à se disputer avec leurs copains et à filer sous les fauteuils. « La dernière rose de l'été » précédait d'interminables « interprétations » par des sopranos dotées d'un buste avantageux et de la manie de croiser leurs mains sur leur gros ventre. Je les considérai plus tard comme une punition exigée par nos consciences puritaines et approuvée par le public en compensation du plaisir un peu trouble qu'apportaient les deux autres heures du spectacle.

Le programme comprenait des numéros de fantaisistes et de chanteurs : les Eddie Cantor, George Burns, Al Jolson et George Jessel, les danseurs de claquettes noirs Buck et Bubbles et Bill « Bojangles » Robinson, et d'autres vedettes comme Clayton, Jackson et Durante que mon père n'appréciait guère. C'était un connaisseur.

Il avait si souvent vu les acteurs pendant ses tournées d'autrefois qu'il pouvait me dire en quoi leurs numéros avaient changé. Il aimait siffler; une bonne représentation le rendait heureux pendant des semaines; il sifflotait les airs qu'il avait retenus dans toute la maison. Le plus beau compliment qu'il pouvait faire d'un acteur était : « Il passe la rampe, j' vous le dis! » et la pire condamnation : « Il est assommant! » Son jugement ne manquait pas de justesse dans ses limites, dénuées d'étroitesse. On ne s'attendait guère à le voir assister plus d'une heure à du Shakespeare et pourtant, un jour, après que l'on eut commencé à jouer mes pièces, il me parla d'une production en yiddish à laquelle il avait assisté des années auparavant dans le Midwest. Il ne se rappelait plus le titre de l'œuvre mais n'avait pas oublié le nom de la vedette : Jacob Adler : « Il jouait une sorte de roi. Tu vois, ça se passait dans le vieux temps; le bonhomme a trois ou quatre filles... trois, je crois, peut-être quatre. Il a l'intention de leur donner tout son argent et celle qui l'aime vraiment, il croit qu'elle ne l'aime pas et il finit à moitié fou, cherchant à récupérer ses billes. Mais il a plus rien, il reste planté là sans un sous la pluie, une sacrée histoire! Mais cet Adler, quel acteur! Il passe la rampe, j' te le dis! J'ai vu cette pièce peut-être plus de quarante fois parce qu'il a joué ce rôle pendant des années. A la fin, je passais au théâtre pour leur demander à quelle heure commençait la dernière scène, parce que c'est la meilleure, celle où il est tout seul sous la pluie. Il poussait une telle gueulante qu'on pouvait plus le regarder... »

Il prenait les interprétations parfois très à cœur et s'il adorait Jacob Adler, il ne pouvait littéralement pas souffrir Monty Woolley, un acteur barbu, très sophistiqué, dont le succès dans *Devine qui vient dîner* avait été énorme. Pendant la Crise et jusque dans les années quarante, les films étaient un divertissement peu coûteux. Mes parents trouvaient toujours les quelques sous nécessaires à payer nos entrées au cinéma du quartier.

Quand Woolley paraissait à l'écran, mon père ne tenait plus en place, changeait tout le temps de fauteuil, ce qui irritait ma mère. Il prétendait essayer de trouver un angle sous lequel cet acteur lui parût moins insupportable. Pour lui, le mécanisme du cinéma était et resterait toujours une énigme. Bien avant notre mariage, j'avais rencontré Marilyn Monroe sur un tournage où elle avait un petit rôle et dont la vedette était Woolley, la bête noire de mon père.

Un après-midi, au Regent Theatre situé au coin de Lenox Avenue et de la 116e Rue – les acrobates avaient terminé leurs numéros et la soprano avait fini de nous torturer –, un homme en complet-veston, le directeur du théâtre, parut devant le rideau et, interrompant de façon anormale le déroulement du spectacle, annonça d'une voix brève mais vibrante, comme s'il lançait un ultimatum à tous les spectateurs, jeunes et même vieux, que nous allions maintenant assister à une pièce sur les méfaits de la drogue. Il disparut en coulisses et le rideau se leva sur un bouge de Chinatown où quelques jeunes Blancs stupides des beaux quartiers venaient en cachette fumer de l'opium pour s'envoler « au pays des rêves ». Le mur du fond était garni de couchettes superposées qui ressemblaient fort – à part le désordre de la literie – aux dortoirs des colonies de vacances. Un couple de Chinois avec de longues nattes, et vêtus d'amples chemises à larges manches et de chaussures noires, distribuait des pipes bourrées d'opium aux arrivants qui s'étendaient et fumaient sans pratiquement parler à ces vils pourvoyeurs.

Une superbe jeune femme entra en robe du soir blanche, accompagnée de deux jeunes gens blonds en smoking blanc et canotier. Ils étaient tous trois en goguette. L'un des garçons, le plus effronté en apparence, prit une pipe, l'alluma, s'assit sur le bord d'une des couchettes puis s'y laissa tomber de tout son long en riant comme si une bouffée avait suffi à l'envoyer au pays des rêves. Le second, visiblement plus timide et plus réticent, succomba bien vite aux manigances des Chinois et même moi, je compris alors que la pauvre jeune femme allait se trouver dangereusement exposée aux manœuvres de ces Chinois visqueux, ce qui se produisit précisément. On lui donna une pipe, elle parut un peu inquiète, et j'eus toutes les peines du monde à m'empêcher de courir sur scène pour lui arracher l'horrible chose des mains. C'était monstrueux de chercher à nuire à une aussi belle et touchante créature. Hélas, rien ne vint l'empêcher de tirer elle aussi une bouffée. Aussitôt ses paupières battirent et se fermèrent. Elle vacilla et gagna en titubant les couchettes. Les deux Chinois la poussèrent tout en discutant entre eux dans leur jargon incompréhensible. Le directeur reparut alors au coin de l'avant-scène et annonça d'une voix terrible : « Ils sont en train d'organiser son départ pour une maison de tolérance de Singapour ! » J'étais si désespéré que je crus que le directeur allait faire quelque chose pour éviter pareil drame ! Mais non ! Il sortit tout simplement par où il était entré.

L'un des Chinois se mit alors à grimper sur la couchette à côté d'elle. Les spectateurs eurent un frémissement de dégoût. La scène était éclairée d'une lumière verdâtre, glauque. Mon Dieu ! Pourquoi donc cette jeune femme était-elle venue se perdre à Chinatown ? Elle aurait pu rester bien au chaud, en sécurité, dans son bel appartement de Central Park ! Déjà le Chinois avait enjambé le montant de la couchette. Ah ! Elle ne dormait pas encore tout à fait... elle résistait à ses assauts mais si faiblement, la pauvre. Le complice du Chinois essayait d'immobiliser les bras de la jeune femme. Une lutte. Ahanements de la malheureuse. Et pas le moindre signe de vie de ses stupides compagnons. Oh, comme je les haïssais ! Soudain, en coulisses, on entendit du bruit, des cris. Encadré de deux agents de police, un monsieur d'âge mûr entra, l'air décidé. C'était le père de la victime. Visiblement très riche, élégant et terriblement courroucé, il maîtrisa les deux Chinois avec l'aide des policiers qui leur passèrent les menottes et les traînèrent hors de scène. Alors le vieil homme secoua vigoureusement les deux jeunes gens jusqu'à ce qu'ils se réveillent, les tança sévèrement et leur enjoignit de ne plus jamais, jamais, jamais toucher à l'opium. Il entoura d'un bras protecteur les épaules de sa fille honteuse, mais ô combien reconnaissante, et sortit avec elle. Les lumières vertes virèrent au rose. Dieu merci ! Quant à moi, j'avais certainement appris la leçon. Il me fallut bien des années avant de découvrir que c'étaient les Anglais qui avaient forcé le gouvernement chinois à lever l'interdit sur les transports d'opium en provenance des Indes, provoquant les guerres de l'Opium et la résistance inefficace des Chinois au poison des Blancs. Mais en rentrant à la maison ce jour-là, ma mère et moi n'étions troublés par aucune de ces nouvelles; nous marchions calmement le long de Lenox Avenue, confiants en la supériorité de l'homme blanc.

A cette époque comme aujourd'hui, le miracle de New York était la séparation qui existait entre un groupe ethnique et les expériences des autres. La ville ressemble à une jungle quadrillée de pistes utilisées par différentes espèces, chacune d'elles ayant balisé son terrain et établi ses repères. A l'exception de nos professeurs et de Mikush, notre famille n'avait aucune relation avec ceux que nous appelions « les Gentils », et notre prospérité aidait à nous enfermer dans cette espèce de cercle magique. Les lectures et l'imagination de ma mère, les voyages de mon père nous apportaient des nouvelles de cet autre monde où les Juifs n'étaient pas le principal centre d'intérêt. Le refus qu'opposait mon père à l'idée que tout Juif possédât des qualités supérieures et la résistance qu'il témoignait à ceux qui prétendaient que les Gentils étaient tous plus ou moins antisémites aidèrent à faire surgir en moi, sinon la foi en l'universalité des émotions et des idées, du moins l'espoir de la voir s'épanouir un jour. Il croyait... sans trop y croire, aux caractéristiques ethniques et affirmait que les exigences conflictuelles, la sexualité latente, l'idéalisme et le sentiment de supériorité existaient chez les Juifs autant que chez les Gentils qu'il avait l'occasion d'observer au cours de ses déplacements et dont il pouvait s'approcher sans problème, grâce à son teint clair et à ses yeux bleus.

Durant les années vingt, à l'apogée du Ku Klux Klan, dont le nombre des membres augmentait prodigieusement chaque année, les Juifs étaient la cible principale des membres de cette société. Les Noirs n'étaient pas assez nombreux pour constituer une menace. Le temps était encore loin où le racisme et l'intolérance n'apparaîtraient plus comme des sentiments tout à fait naturels ou comme des idées louables synonymes de patriotisme et de fierté de ses origines. Si jamais Juifs avaient dû se fondre dans le creuset proverbial de l'Amérique, c'étaient bien ceux de notre famille à cette époque. Je songeais déjà à entrer à West Point et, dans mes rêves les plus intimes je me voyais non pas comme un fervent étudiant du Talmud, mais comme un fanatique de Frank Merriwell ou de Tom Smith, modèles héroïques de vigueur athlétique et de courage militaire. Nous construisions en l'occurrence une forteresse de négations qu'il faudrait deux vagues d'assaut pour détruire : la Crise et la guerre d'Adolf Hitler. Il ne s'agissait pas seulement de Juifs qui refusaient de reconnaître la réalité mondiale – comme le démontreraient, hélas, les événements internationaux – mais aussi d'un échec général dans la pratique des exigences les plus sacrées de notre démocratie pour obtenir plus de rectitude morale et de réactions devant l'injustice. Au début des années quarante, le monde apprit que les Juifs étaient massivement pourchassés par les Allemands, et en 1942 qu'ils étaient brûlés dans les fours crématoires des camps de concentration. Mais si forte était l'emprise de l'antisémitisme dans les ministères des Affaires étrangères anglo-américains que même le quota officiel d'immigration – qui, aussi réduit fût-il, aurait pu sauver au moins quelques milliers de Juifs – ne fut jamais atteint, et que les voies ferroviaires menant aux camps de la mort ne furent jamais bombardées alors que tant d'autres installations aussi distantes furent complètement détruites. La communauté juive américaine n'osa jamais demander que soient organisés des secours, tant elle craignait d'exacerber l'hostilité des Américains contre leur communauté et contre les étrangers en général. Si le climat s'était détérioré à ce point en 1942, à une époque où la démocratie était ouvertement engagée dans la lutte contre le nazisme dont le péché le plus apparent était le racisme, que devait être celui des années vingt en plein essor du Ku Klux Klan ? Et pourtant je rêvais de remporter la coupe sportive de Yale ou de rejoindre Tom Swift dans les sous-marins de nos lectures enfantines. Bien sûr, les Juifs ne sont pas les seuls au monde à refuser de voir la réalité telle qu'elle est et à la fuir. Voilà pourquoi l'écrivain en général et l'américain plus particulièrement ressent le besoin de révéler ce qui a été caché et nié, de déchirer le voile.

Je suppose que mes fugues dans Harlem déclenchèrent en moi un processus de retrait quand la compétition devint trop forte. En roulant sur mon vélo à travers les rues de Harlem, j'avais l'impression de tout contrôler entre la 110ᵉ et la 145ᵉ Rue. Quand je prenais un tournant et abordais un nouveau groupe d'immeubles, je ne me préoccupais plus de celui que je venais de quitter; je pédalais vers l'avenir dans une solitude provocante – cette cousine de la révolte –, cherchant à tâtons les prémices d'un voyage de toute une vie centrée sur moi-même. Des années plus tard, je ferais un rêve dans lequel je verrais s'avancer vers moi une longue procession de gens en prière – tous membres de ma famille – implorant Dieu de les aider sur le dur chemin de la vie. A mon grand effroi, je m'apercevais que j'étais leur très jeune leader. Je prenais alors la fuite sans que personne s'en aperçoive. On m'avait enseigné très tôt que Moïse était monté seul au Sinaï pour recevoir les Tables de la

Loi; ni son frère, ni ses femmes, ni ses proches ne l'accompagnaient. En m'étendant sur le tapis avec le *Livre de la connaissance* et le dessin représentant la tête de Dickens entourée des portraits d'Oliver Twist, monsieur Pickwick, la petite Dorrit et de dizaines d'autres, ce qui m'étonnait le plus c'était que ces héros soient tous sortis *de la tête de l'écrivain, sans l'aide de personne.* Des années plus tard, je me révolterais contre cette grandeur solitaire et le culte de l'auteur-héros autonome mais, pour l'instant, j'en étais encore à essayer de le créer.

Quelqu'un m'aurait demandé, avant l'âge de treize ans, si j'étais heureux, j'aurais été étonné de voir mon opinion intéresser qui que ce fût. Bien entendu, c'était le genre de question qu'on ne posait jamais à un enfant s'il avait eu la chance d'échapper à la diphtérie, la scarlatine, la polio, la pneumonie, la tuberculose et tout le reste. Son bonheur allait de soi. Pour moi, la vie était parfois frustrante mais toujours passionnante. Les gens autour de moi ne semblaient jamais s'ennuyer, en partie sans doute parce que le progrès était toujours dans l'air et que la moindre activité exigeait d'énormes efforts. Le samedi, par exemple, notre cuisine était toute la journée envahie de buée s'échappant d'immenses cuves où, chacune à son tour ou toutes ensemble, ma mère, ma grand-mère et Sadie faisaient bouillir le linge et les vêtements de la semaine qu'elles remuaient à l'aide de longues spatules de bois. Ensuite il fallait porter sur le toit les lourds draps de toile mouillés pour les étendre. Une fois secs, on les redescendait à l'appartement pour les repasser avec des fers chauffés sur le poêle. Le vendredi, ma mère faisait des pâtes que j'adorais enrouler autour du dossier des sièges de la cuisine pour les faire sécher. Puis elle débitait en morceaux trois ou quatre espèces de poissons différentes pour confectionner le *gefilte fish.* Avant l'invention de l'aspirateur, l'entretien des tapis exigeait un battage régulier et vigoureux. On voyait souvent les femmes penchées aux fenêtres pour laver les vitres, ou accroupies sous les pianos pour en astiquer les pieds. La conservation des aliments exigeait les bons offices du marchand de glace qui, un grand sac sur l'épaule, descendait de sa carriole tirée par un cheval et, toujours trop tard parce que le beurre avait déjà fondu, ou trop tôt parce qu'il n'y avait plus de place dans la glacière, livrait de gros blocs qui fondaient au passage, laissant une rigole sur le dallage que Sadie se hâtait d'éponger avec une serpillière, en jurant en polonais selon son habitude. Les marchands de glace portaient à l'époque de grosses vestes de cuir dont l'épaule droite était recouverte d'une épaisse pièce de tissu. Après avoir introduit les blocs dans la glacière, ils restaient là, les bras ballants et tout dégoulinants, à attendre leur pourboire.

Les gens ne se contentaient pas d'acheter simplement un poulet. Non! Il fallait qu'ils se rendent chez le boucher voir les bêtes vivantes dans leurs cages étroites et pointent le doigt vers l'infortunée qui leur paraissait correspondre le mieux à leurs besoins; le boucher plongeait alors la main au sein de la gent emplumée, saisissait d'une main une paire de pattes tandis que de l'autre il enfonçait un couteau dans l'artère du cou de la volaille qu'il plumait avec dextérité. Tout cela constituait un véritable spectacle pour le môme que j'étais, mais je trouvais encore plus amusant de repérer une carpe ou un brochet dans la grande mare qui servait de vivier au marchand de poisson. Il fallait descendre patauger dans l'eau pour s'assurer que le poisson choisi était bien celui qui était pris dans le filet. Le coup qu'on lui donnait alors sur la tête avant de l'écailler, de lui couper la queue et les nageoires avec de gros ciseaux et de lui taillader le ventre pour en sortir les entrailles, était accompli avec tant de précision et d'habileté qu'on en retirait une impression d'intense sécurité. Etre envoyé à la dernière minute avant la fermeture du magasin acheter du raifort et regarder l'épicier examiner et rejeter trois ou quatre de ces racines avant de choisir celle qu'il trouvait le plus appropriée, puis de la passer à la moulinette – autorisant parfois le gosse que j'étais à tourner la manivelle – était merveilleux. Ces diverses activités prenaient du temps, impliquaient la vie et la mort, les transformations comme celle de cette racine blanche réduite petit à petit à une pulpe mousseuse dont les effluves étaient extraordinaires et vous piquaient les yeux jusqu'aux larmes. Les cornichons aussi constituaient un divertissement particulier. Il fallait les sélectionner un par un dans le tonneau où ils flottaient dans leur saumure : choisir exactement ceux qu'il fallait pour une circonstance donnée exigeait un esprit de décision rapide. De même, chez le marchand de fruits où personne n'espérait trouver de pommes ou de poires absolument intactes, il fallait supputer à toute vitesse les chances qu'avait un fruit de n'être pas trop gâté à l'intérieur.

Sauf pour ce qui concernait l'électricité, rien ne marchait chez nous par pression sur des boutons. On remontait le phono manuellement et beaucoup de voitures ne démarraient qu'à la manivelle. On moulait le café à la main. Autrement dit, on se servait de ses dix doigts pour autre chose que compter simplement des billets de banque ou désigner son prochain de l'index. Transformer les choses par la seule force des mains tenait toujours un peu du miracle. Je me souviens d'avoir passé des mois à décorer une vieille boîte à cigares de l'aigle américain copié sur l'en-tête des journaux de Hearst. Sur le vernis de notre phono, j'ai longtemps travaillé aussi à graver avec le bout d'un ongle le portrait de Nipper le fox-terrier, emblème de la Victor Company. A l'âge de six ans, je construisis un chariot que je réussis à faire rouler sinon à diriger, en y fixant une paire de roues ôtées à un landau d'enfant. Quelques années plus tard, dans le sous-sol de notre maison de Brooklyn, je dessinai les plans d'un planeur et m'apprêtais à le construire quand mon père, qui comprenait à peine comment s'ouvrait et se fermait une fenêtre tout en étant capable de faire fonctionner avec adresse n'importe quelle machine à coudre, me demanda innocemment comment je m'y prendrais pour faire sortir l'appareil du sous-sol, vu son envergure. Je baissai la tête, mortifié de n'y avoir pas songé moi-même et furieux de m'être fait clouer le bec par un homme qui ne connaissait rien à l'aéronautique.

II

« JE me sens toujours dans un état transitoire », dit Willy Loman à son frère Ben dans *Mort d'un commis voyageur.* J'avais souri en écrivant cette réplique au printemps de 1948; il ne m'était alors pas encore venu à l'esprit que cette formule résumait assez bien ma propre situation dans la vie. L'instant et le lieu se dissolvaient toujours avant que ne se réalise pour moi le début d'un rêve ou n'en disparaisse le mirage. J'aurais vingt ans avant de savoir ce que c'était d'en avoir quinze, trente ans avant d'avoir vécu les expériences d'un adolescent de vingt ans. A soixante-douze ans, il faut toujours que je me retienne de penser comme un homme de cinquante ans qui aurait encore beaucoup d'années à vivre.

Vers vingt ans, je me sentais vieux. C'était l'époque où j'étais comme un écorché vif; le temps me broyait entre ses rouages abrasifs. Je ne craignais pas tant la mort que la médiocrité. En 1940, à peine marié depuis une semaine, je m'embarquai seul sur un cargo en partance pour les ports du golfe. Si ma lune de miel solitaire parut étrange à tous – moi y compris – elle comportait cependant une certaine logique de l'inévitable. Mary Grace Slattery et moi nous tenions debout sur le ponton du *SS Copa Copa*, un cargo de la ligne Waterman prêt à quitter le quai de Hoboken; mes parents, venus également m'accompagner, admiraient l'horizon new-yorkais. Depuis notre sortie de l'université du Michigan, deux ans plus tôt, Mary et moi partagions un appartement qui lui appartenait à Brooklyn Heights, bien que j'eusse gardé ma chambre d'étudiant dans une maison décrépite de la 74e Rue, à l'angle de Madison Avenue. A l'époque, j'avais déjà conçu les grandes lignes d'une pièce de théâtre basée sur les activités d'un groupe d'Allemands qui, dans le Pacifique Sud, sous prétexte de repérer du minerai de fer dans le sous-sol du pays, établissaient secrètement des bases nazies dans toute la région. Je pensais nécessaire de m'instruire un peu sur la vie en mer afin de rendre mes personnages plus vivants; mais c'était également la soif de l'inconnu qui m'envoyait au loin. Trop de mon savoir était le fruit de mes lectures; j'avais hâte de voir la vie en face et de m'y frotter.

Avant la guerre, Brooklyn Heights, ressemblait à un village calme et verdoyant. Les fenêtres du logement de Mary donnaient sur Pierpont Street et permettaient de découvrir dans le lointain les mystérieuses allées et venues des bateaux appareillant pour les quatre coins du monde. Moi aussi, j'avais envie de prendre le large, pour quelque temps du moins, et seul. Ma jeune femme avait d'ailleurs un poste de secrétaire dans une maison d'éditions qui ne lui permettait pas de s'absenter. Plus nous attendions sur ce pont brûlé de soleil, plus étrange il semblait que je m'en allasse à ce moment précis, même si ce n'était que pour une quinzaine de jours. Mais Mary avait plus confiance en moi que moi-même. Elle était douée d'une honnêteté si entière qu'une fois engagée vis-à-vis de quelqu'un, elle ne se permettait plus le moindre doute. Elle me soutenait de son regard bleu clair et j'avais l'impression de l'aimer davantage en la quittant qu'en restant à ses côtés à rêver de liberté et d'horizons inconnus. Cette séparation, aussi précoce que notre mariage et la plupart des mariages de notre époque, était en réalité un refus de renoncer aux options infinies que nous imaginions avoir. Je ne m'étais pas encore aperçu que nos personnalités nous laissent en réalité beaucoup moins de choix que nous ne l'espérons.

Les mariages mixtes entre Juifs et Gentils posaient à l'époque de gros problèmes, aggravés encore quand l'un des partenaires était catholique. Mary avait cessé de se considérer comme telle depuis le temps où elle était étudiante dans l'Ohio. Moi-même, je préférais m'identifier à l'humanité tout entière plutôt qu'à l'une des tribus qui la composaient. Nous estimions devoir rejeter toute querelle de clocher, toute idée de racisme, toute étroitesse d'esprit, tout préjugé, toute convention, bref tout ce qui nous semblait irrationnel et qui triomphait dans les mouvements fascistes et nazis de plus en plus puissants dans ce monde.

Nous ne doutions pas un seul instant que ce que nous – ou quiconque – pensions importât au monde ni que notre façon d'agir fût le reflet exact de nos vies intérieures. Nous jouissions d'une certaine communauté de pensée grâce à la perception plus aiguë des choses que nous conférait l'espoir d'une évolution socialiste de la planète. En se rangeant du côté de l'inévitable victoire du nouveau système, juste et équitable, on s'achetait, en quelque sorte, un certificat de rectitude morale. Cela permettait, entre autres bienfaits, de supprimer toute contradiction tendant à jeter le doute sur le socialisme et, plus important encore, sur ses propres motivations ou son esprit d'entreprise.

En vérité, notre dieu Raison cachait à nos yeux des rouages abscons, aussi hiératiques et matériels que dans toutes les religions. Car nous partagions avec les religions que, bien entendu, nous méprisions comme autant de superstitions, la croyance que nous portions en nous la possibilité de choisir; j'entretenais même le soupçon millénaire qu'avec notre génération, l'histoire de l'humanité pourrait bien toucher à sa fin. Certains jours de grand enthousiasme, la force dominatrice et aveugle des habitudes et de la culture semblait s'envoler comme un nuage devant l'ascension triomphante de notre connaissance. Le judaïsme pour moi, et le catholicisme pour Mary, étaient lettre morte, simples mystifications culturelles inventées pour donner du pouvoir à leurs clergés respectifs en montant les communautés les unes contre les autres. Le socialisme était la raison même. Les eaux nauséabondes de l'instinct s'accumulaient désormais dans le fascisme d'un Hitler, d'un Mussolini et, par la suite, d'un Franco qui cherchaient à atteindre l'homme dans ses plus sombres atavismes et à régner par la déraison et la guerre. C'était l'Union soviétique qui soutenait le flambeau de la raison en agissant pour le bien de la majorité et en réclamant constamment un pacte de défense commune qui permettrait aux Occidentaux de se joindre à la Russie pour combattre le fascisme. Si le système soviétique, avec son parti unique, semblait peu démocratique, il y avait par ailleurs quantité de démentis qui donnaient à réfléchir (comme cela se reproduirait quelques décennies plus tard pour Castro à Cuba, et dans les dictatures de droite au Chili, en Argentine et en Turquie). Les choses étaient en réalité simples : il fallait tout bonnement espérer et nous en trouvions les raisons où nous pouvions, y compris dans nos illusions, à condition qu'elles fussent prometteuses. Car la réalité était intolérable avec ses masses de chômeurs, l'esprit figé et défaitiste de l'Amérique, l'effroyable racisme universellement répandu, le gâchis continuel de toutes les valeurs, en particulier du potentiel des jeunes. Si Roosevelt se plaçait incontestablement du côté des anges, il n'en donnait pas moins l'impression d'improviser au jour le jour afin de repousser la date de l'effondrement général. Nous ne serions sauvés que par la raison et le socialisme, en orientant délibérément notre production vers l'utile au lieu de l'axer sur le profit.

Avec la chaleur montante, le revêtement du pont du bateau devenait collant; l'odeur âcre du métal chauffé était écœurante. J'embrassai Mary une dernière fois et me sentis quelque peu libéré de mon sentiment de culpabilité au souvenir de l'épreuve que nous avions vécue la semaine précédente, lors de notre étrange mariage dans l'Ohio. De plus, je venais de vendre ma première pièce radiophonique au Columbia Workshop, pour la prestigieuse série expérimentale de la CBS dirigée par Norman Corwin. C'était une satire politique intitulée *The pussycat and the expert plumber who was a man*. On la diffuserait pendant mon absence. Je ressentais un étrange sentiment de puissance à l'idée que ma voix parlerait effectivement sans ma présence physique. Mais en dehors de tout cela, j'avais une raison inavouée de fuir, que j'emportais dans ma valise.

Bien que dotés à nos propres yeux et à ceux des autres de sentiments très progressistes, notre mariage avait dramatisé le conflit latent entre nous. Une fois les noces décidées, Mary me demanda bientôt, pour plaire à sa mère idiotement pieuse, d'accepter qu'un prêtre bénisse la cérémonie à l'église, ou plutôt aux portes de l'église puisque je n'aurais pas le droit d'y entrer; ainsi nous serions plutôt sous l'aile de l'église que bien au chaud sous ses plumes! Etant donné la mère que j'avais, je comprenais le désir de ma jeune fiancée d'apaiser la sienne et j'acceptai, sachant que pour nous deux, tout rite, toute démonstration religieuse étaient du domaine du musée.

Comme ma propre mère, Mme Slattery s'épuisait à se conformer à des coutumes auxquelles elle était obligée de se soumettre. Intelligente et sympathique, elle était capable de regarder au-delà du soutien qu'apportait l'Eglise d'Espagne à Franco et de voir les souffrances causées par la rébellion fasciste, au-delà de la vigoureuse condamnation qu'apportait son mari aux bureaux d'aide sociale de Roosevelt, pour ne considérer que le soulagement qu'ils procuraient aux malheureux. Mais, Dieu seul sait pourquoi, elle estimait nécessaire ou judicieux d'adopter une attitude d'éternelle malade. A peine âgée de cinquante ans, elle avait l'habitude de ne parler d'elle qu'au passé comme si les jours qui lui restaient à vivre étaient comptés sur les doigts de Dieu et que son avenir ne fût qu'une pente glissant vers la tombe dont l'obscurité momentanée la recevrait dans un état de gratitude infinie devant la fin de ses épreuves terrestres. Elle était prodigieusement introvertie; son rire n'était qu'un cri perçant qu'elle réprimait en se couvrant la bouche d'une main tandis que de l'autre elle tirait sur sa jupe pour cacher ses jambes. Mais elle était loin d'être sotte et comprenait, entre autres, les problèmes de ceux qui n'étaient pas catholiques. On ne pouvait, hélas, en dire autant de M. Slattery. La stupidité, la recherche de l'emphase et du pouvoir étaient l'apanage de cet ancien inspecteur des raffineries de la ville de Cleveland, désormais à la retraite. Il vivait d'une maigre pension et ne réussissait à s'identifier qu'avec les prédateurs, les nantis et tous ceux qui portaient un uniforme. On chuchotait qu'il avait plus ou moins adhéré à une organisation antisémite germano-américaine de Cleveland, aux réunions de laquelle il aimait assister. J'ai certainement été pour lui une pilule bien amère à avaler et je crois que jamais il ne m'aurait accepté comme gendre s'il n'avait su que de toute façon sa fille était perdue pour lui. Mary avait clairement fait savoir aux siens que si elle amenait son futur à la maison pour le mariage, c'était uniquement pour faire un geste de réconciliation familiale et non par souci de mettre en pratique une foi catholique qu'elle n'avait plus. Mais elle ne me révéla qu'au moment de partir – sans doute parce qu'elle n'y attachait pas d'importance – un détail qui me glaça : il nous faudrait obtenir une dispense spéciale de Rome pour pouvoir bénéficier du minimum de cérémonie prévu.

En arrivant à la gare de Cleveland par une des journées les plus torrides de cet été-là, Mme Julia Slattery était déjà au bord des larmes lorsqu'elle se pencha avec raideur, dans sa robe de cotonnade à fleurs multicolores, pour effleurer des lèvres la joue de sa fille. Rongé de colère parce que la portière de sa Dodge était coincée, M. Matthew Slattery se tourna vers moi et marmonna :

– C'est la faute des syndicats. Ils interdisent à leurs adhérents de faire du bon travail.

Je me sentis plongé dans une atmosphère d'hypocrisie fort civile qui prenait des allures de vaudeville sinon d'hystérie. Pendant tout le trajet de Cleveland à Lakewood, j'entendis pour la première fois de ma vie désigner par des adjectifs possessifs les principaux monuments de la ville : « Voici *notre* usine de pétrole, voici *notre* autoroute, voici *notre* lac Erié. » Et il ajouta : « La dernière fois que nous sommes allés à New York, nous avons traversé *votre* pont George Washington... », ce qui me donna l'impression très nouvelle d'être un étranger dans mon propre pays. Mais telle était la mentalité d'avant-guerre du Middle West dans toute sa prime innocence, au sein d'une Amérique bien réelle, objet de tous les vœux pieux des politiciens. Il s'agissait là de gens qu'il fallait apaiser de peur qu'en se réveillant brusquement de leur torpeur profonde ils ne fassent le vide dans les salles du Congrès.

Dans les pièces de leur vaste demeure sise sur une rue ombragée, il n'y avait pas de tableaux. Seul un crucifix pendait au mur du living. Une impression de dessèchement se dégageait de partout. Même les fruits du compotier semblaient avoir été comptés. Une semaine nous séparait du mariage et, bien qu'il ne manquât pas de lits dans la maison, je n'eus pas le droit de dormir sous le même toit que ma promise. Je dus aller loger dans une pension de famille à quelques mètres – stérilisants – de là! Cette farce ridicule (Mary et moi vivions plus ou moins ensemble depuis deux ans, ce que n'ignoraient pas ses parents) se prolongea jusqu'au jour des noces, avec un sérieux imperturbable, chacun de nous faisant preuve d'une capacité de dissimulation infinie. Mary faisait montre d'une autodiscipline que je respectais, en partie tout au moins.

Tout cela ressemblait fort peu à la façon de vivre

brillante et colorée des Juifs. Pourtant, à ma grande surprise, j'y découvris certaines similitudes. Un matin, au petit déjeuner, Mme Slattery, ayant lu dans le *Plain Dealer* qu'un homme avait été arrêté pour avoir falsifié les livres de comptes de la société pour laquelle il travaillait, s'écria :

– J'espère au moins qu'il n'est pas catholique !

Je crus entendre ma mère qui aurait fait exactement la même réflexion en remplaçant simplement « catholique » par « juif ». Pour la première fois, des catholiques, en dépit de leur vénérable chrétienté, de leurs cathédrales et de leur puissance politique, m'apparaissaient comme une minorité sur la défensive. Je compris que Mary et moi étions plus profondément liés que je ne l'avais supposé et me rendis compte du courage qu'il lui avait fallu pour rompre avec tout cela, sans l'aide de quiconque et dans un climat terriblement conflictuel. L'Amérique me semblait tout à coup n'être qu'un tissu de conformisme, de soumission, où chacun serrait les dents et luttait pour sortir d'un état de léthargie où l'avaient plongée des années de torpeur passive.

Les parents et connaissances de la famille de Mary se réunirent un soir pour faire la connaissance du premier hérétique à entrer dans leur clan. (La cérémonie prévue à l'église était annoncée de la façon suivante : « Pour musulmans, païens et juifs épousant une catholique ! ») Les uns restèrent une heure ou deux, les autres se contentèrent de me serrer la main et de me souhaiter la bienvenue avant de s'éclipser. La contrainte se lisait sur tous les visages. Les femmes s'éventaient sur leurs chaises longues; M. Slattery crachait de longs jets de jus de tabac sur la pelouse, ce qui désespérait son épouse; elle me lançait de temps à autre des coups d'œil inquiets que je faisais semblant de ne pas remarquer. L'arrivée des jeunes cousins de Mary créa une diversion et détendit un peu l'atmosphère. Heureux de faire ma connaissance, ils bavardèrent longuement avec moi comme avec n'importe lequel de leurs compatriotes.

Le prêtre de la paroisse où nous devions être mariés se présenta pour une visite de pure forme à un moment particulièrement intéressant : l'oncle Theodore Metz, récemment retraité de la police – un petit homme musclé et plein d'humour –, était en train de raconter avec force détails cocasses le tour qu'il avait joué à son fils, Barney, nouvelle recrue de la police et cousin préféré de Mary : à l'époque où ils étaient tous deux au lycée, elle avait souvent été sa coéquipière pour les balades qu'il adorait faire en bateau sur le lac Erié. Theodore disait donc qu'il avait donné à Barney, un flic néophyte, l'ordre de se mettre en civil et de faire une enquête sur les clients de la maison close du quartier. A ce mot, tous les regards se tournèrent vers moi : comment un Juif allait-il supporter l'allusion à ce lieu de perdition ? J'entendis naître un gargouillis de rires contenus chez les dames. Puis le silence revint et Theodore développa l'intrigue : il avait expédié à la maison close en question un détachement de gardiens de la paix en leur intimant l'ordre d'investir le bâtiment pendant que son fils y était puis d'entrer brusquement dans les chambres et de ceinturer tout le monde. Les protestations du pauvre Barney ne réussirent pas à convaincre ses collègues qu'il était là en service commandé. « Je l'ai fait mettre au bloc avec les filles », déclara triomphalement Theodore à ses auditeurs qui s'esclaffèrent bruyamment. C'était sûrement très drôle... mais cela ne me faisait pas rire du tout. Des regards anxieux se tournaient vers moi : cette histoire stupide avait-elle modifié mon opinion sur la famille dans laquelle je m'apprêtais à entrer ?

Au moment où les rires battaient leur plein, le prêtre fit son apparition. Sa jeunesse me surprit; il avait l'air moins âgé que moi qui avais vingt-cinq ans à l'époque. Plus surprenant encore fut le silence qui frappa soudain toute l'assemblée dès qu'il entra, pâle et mince dans sa soutane noire. Il salua tout le monde, me serra rapidement la main, prit celle que lui tendait Mary et la retint longuement dans la sienne puis s'assit. Une bienséance frisant l'anxiété sembla s'emparer de chacun : on se penchait pour ne pas perdre la moindre parole du saint homme. Dès qu'il se laissa aller à faire un peu d'esprit, un réel soulagement parcourut l'assemblée et les rires fusèrent. Son « j'ai eu une rude journée » fut accueilli par des « Aaahhh » de sympathie et lorsqu'il avoua avoir été tenté de plonger dans le lac « tant il fait chaud aujourd'hui », un frétillement de plaisir ondula sur les visages étonnés et heureux de pouvoir rendre hommage à sa simple humanité. Après dix minutes de ce babillage, il prit congé, ce qui permit à l'ancien chef de la police de terminer son histoire de maison close.

Un peu plus tard, ce même soir, après le départ de tous les invités, Mary et moi nous sommes échappés pour faire une petite balade dans les environs. Elle était attristée et contrariée par l'attitude idiote de ses parents en matière de bienséance et leur soumission à ce qu'ils estimaient être les exigences de l'Eglise. Pour ma part, je les considérais maintenant comme des victimes avec lesquelles il n'était pas impossible de tisser des liens d'amitié. Elle s'excusa de m'avoir imposé cette pantalonnade en affirmant que sa mère aurait probablement succombé à un sentiment de culpabilité si sa fille n'avait pas reçu de l'Eglise une certaine approbation, si mince fût-elle. Dans la chaleur persistante de la nuit, nous nous sentions tous les deux saisis d'une sorte de dessèchement de l'esprit à la perspective de cette comédie qu'il nous fallait continuer à jouer.

Chaque jour apportait son lot de surprises. On nous apprit un soir que nous devions nous rendre auprès du jeune prêtre pour suivre un cours de formation religieuse et connaître les règles de vie chrétiennes. De plus en plus contrariée, Mary me conduisit le lendemain chez le curé qui nous fit un cours sur l'interdiction complète de tout contrôle des naissances et sur l'obligation où nous serions de faire baptiser nos enfants et de les élever dans la foi catholique, ce que nous n'avions aucunement l'intention de faire. Bien que jeune et très inexpérimenté, le prêtre comprit très vite qu'il prêchait dans le désert et se hâta de nous donner quelques autres consignes aussi inutiles. Puis il nous demanda si nous avions des questions à lui poser. En fait, j'en avais une, très anodine, qui me travaillait depuis des années : Brooks Atkinson, le critique dramatique du *New York Times*, avait un jour rapporté la conversation qu'il avait eue avec un fermier très dévot du Kentucky auquel il avait demandé s'il savait ce qu'était le Saint-Esprit. Après un moment de réflexion, le pieux homme avait répondu : « Je pense que c'est une espèce de tache indistincte et oblongue. » Dieu sait pourquoi l'anecdote d'Atkinson m'avait jeté dans une vaine recherche d'une définition claire de cette mystérieuse entité. Maintenant que j'avais devant moi un expert en la matière, je posai la question tout à trac : qu'entendait-on par « Saint-Esprit »?

Il pinça les lèvres, jeta un coup d'œil par la fenêtre à petits carreaux d'où filtrait une lumière diffuse qui soulignait les méplats de ses joues et le grain serré de sa peau, et se tourna vers moi, une lueur d'agacement dans ses yeux bleus. « Je crois, dit-il, qu'il vaut mieux en rester là pour aujourd'hui. Nous aborderons ce sujet une autre fois. Je me sens pourtant obligé, en toute conscience – et il se tourna vers Mary, assise à côté de moi –, de vous dire que les mariages du genre de celui que vous projetez ne tiennent jamais. »

Nous étions si stupéfaits qu'il nous fut impossible de répondre ou de faire le moindre geste. Le prêtre se leva, prit la main de Mary et lui dit au revoir, me salua d'un air distant et nous laissa gagner la sortie seuls. Dehors, Mary éclata de rire, comme si la vie lui revenait tout à coup et qu'un cordon ombilical eût été tranché. Elle se redressa, secoua une espèce de torpeur qui lui était inhabituelle et s'écria : « Ils sont vraiment incroyables, non? » Elle se retrouvait tout à coup. Une fois de plus, la frontière qu'elle avait franchie à quinze ans et ne chercherait plus jamais à repasser avait été tracée pour elle.

Le défi du prêtre l'avait aidée à voir clairement ses responsabilités et son devoir présent, qui se résumait simplement à faire plaisir à sa mère. Il ne nous restait plus qu'à éviter les conflits pendant les deux jours qui nous séparaient de notre mariage.

Du moins le croyions-nous! Après une journée passée à nous promener sans but en voiture dans une chaleur suffocante, M. Slattery nous annonça, au moment où nous pliions nos serviettes après avoir dîné d'une tranche de jambon, qu'on avait des problèmes pour l'obtention de la dispense; il était possible que le mariage fût repoussé au lundi suivant. La perspective de passer trois journées supplémentaires dans cette atmosphère d'hypocrisie latente créa un déclic dans ma tête : je m'entendis répondre à M. Slattery que je ne pouvais prolonger mon séjour au-delà du vendredi, ayant des affaires importantes à régler à New York au début de la semaine. Cette judicieuse invention me fit monter dans l'estime de chacun. Seule Mme Slattery gardait les yeux obstinément baissés sur ses mains qui trituraient machinalement une serviette de table. J'eus la surprise de voir M. Slattery hocher la tête pendant que je parlais pour me témoigner sa compréhension.

La raison de cette approbation m'apparut bientôt : il avait déposé deux cents dollars à l'hôtel du quartier pour la réception et les perdrait automatiquement si la cérémonie n'avait pas lieu. Or deux cents dollars représentaient à l'époque une somme importante pour un employé à la retraite. Ce petit homme maigre et chauve qui s'était comporté de façon si peu civile avec moi, comme si j'étais un gros oiseau tombé inopinément dans son nid, recherchait maintenant mon appui et même une certaine intimité : il posait à tout instant la main sur mon bras et m'encourageait à voix basse, tel un conspirateur, à prendre patience et à voir venir les choses. Mais je m'énervais. Ne connaissait-il personne qui pût intervenir? Si, justement, il venait de penser à téléphoner à un certain « monsignor » très influent. En fait, il avait inventé cette réponse de toutes pièces à l'instant même, par dépit ou par honte de se révéler aussi inefficace.

Le lendemain, au petit déjeuner, nous étions tous revigorés par la perspective de l'action. Notre bonne humeur dura pendant le trajet qui nous mena en ville, jusqu'au dernier étage d'un grand immeuble du quartier des affaires de Cleveland, où nous patientâmes plus d'une heure dans une sombre salle d'attente lambrissée d'acajou. A l'appel de son nom, l'interpellé sursauta, bondit vers la porte et disparut. Vingt minutes plus tard on le vit revenir tête basse. Il nous expliqua qu'il n'était toujours pas sûr de nous voir obtenir la dispense en temps voulu, le délégué du pape à Washington, parti en vacances jouer au golf, étant impossible à joindre. Il ne s'efforça qu'à moitié de donner un semblant de raison à pareille excuse et, au silence qui régna entre sa fille et lui pendant le voyage de retour à Lakewood, je me rendis compte qu'il était profondément humilié d'avoir échoué devant moi, un étranger. En descendant de voiture devant la maison, j'évitai son regard fuyant et rageur.

Resté seul avec Mary, je la sentis mortifiée, et aussi désemparée que son père. Sa docilité me parut intolérable. Je fonçai vers le téléphone, pris l'annuaire et trouvai le numéro du « monsignor » en question. Slattery qui, à quelques pas, écoutait sans vergogne, écarquilla les yeux en m'entendant demander à parler à « Monsignor » soi-même.

A l'autre bout du fil, une voix imperturbable répondit que « Monsignor » était occupé. Une colère froide me saisit, exacerbée par le souvenir du long trajet que j'avais fait depuis New York par une chaleur étouffante et par celui de la nourriture ignoble qu'il m'avait fallu ingurgiter depuis mon arrivée, sans parler de l'obligation idiote où j'étais de dormir dans une pension de famille où l'atmosphère était celle d'une étuve, le reproche continuel que représentait l'image de mon coreligionnaire cloué à sa croix sur le mur en face de moi, mes doutes sur mon avenir d'écrivain, la défaite des Français par les nazis, survenue quelques semaines plus tôt, et enfin le remords de me marier hors la présence de ma famille. Personne n'avait manifesté la moindre intention de venir à Lakewood pour la circonstance, et, de toute façon, la dépense était au-dessus de mes moyens. Cette colère me plaça devant une nouvelle réalité : celle de Mary que je me sentis aimer autrement, en jeune femme hésitante et vulnérable, que lorsqu'elle m'était apparue une fille forte et résolue. Cela me rendit heureux.

– Je vous téléphone, fis-je d'une voix aussi calme que possible, pour vous informer que nous nous marierons demain, avec ou sans dispense.

– Un instant, répondit la voix monocorde qui m'annonçait tout à l'heure l'impossibilité de joindre « Monsignor ».

Pendant l'attente qui suivit, je pensai soudain à la séparation de l'Eglise et de l'Etat. L'idée qu'on pouvait se marier sans passer par l'Eglise et que seuls ses adeptes étaient concernés par ses lois m'apparut clairement. Un vrai miracle !

Une autre voix retentit au bout du fil, celle de « Monsignor » lui-même.

– Quel est votre problème ?

J'expliquai la situation.

– Malheureusement, reprit la voix avec obstination, le délégué du pape est absent pour une semaine et nous ne pouvons le joindre.

– Qu'à cela ne tienne, nous nous marierons civilement, voilà tout.

– *Elle* ne peut pas faire une chose pareille.

– Alors, envoyez un télégramme à Washington. Tout cela est très important pour la famille, vous savez.

– Cher monsieur, voilà près de deux mille ans que l'Eglise catholique traite ce genre d'affaires et ce n'est pas vous qui y changerez quoi que ce soit.

– Je n'essaie pas !

– Il faudra que vous attendiez la semaine prochaine.

– Je regrette, monsieur, mais nous nous marierons

demain quoi qu'il arrive. Si vous souhaitez que la cérémonie ait lieu avec votre dispense, faites le nécessaire, sinon nous nous en passerons.

Il y eut un silence.

– Je vais me renseigner à nouveau mais je suis sûr qu'il n'y a rien à faire.

– Merci quand même.

Slattery était tellement excité qu'il cracha un véritable flot de jus de tabac. Son épouse, pleine d'une nouvelle énergie, se dirigea d'un pas décidé vers la cuisine pour nous préparer du thé glacé. Chacun voulait savoir exactement ce qu'avait dit Monsignor et je dus répéter en détail notre conversation. Moins d'une heure plus tard, le téléphone sonna. Slattery décrocha et ses petits yeux bleus s'agrandirent. Couvrant d'une main l'écouteur, il nous chuchota le nom de l'interlocuteur : le jeune prêtre de la paroisse dont il écouta le message en répétant à plusieurs reprises : « Oui, mon père, merci mon père, entendu, mon père... » La dispense était accordée et arriverait à temps pour le mariage. Curieusement cette victoire chassa mes derniers doutes sur une possible incompatibilité entre Mary et moi.

L'anxiété de Mme Slattery ne se calma pas pour autant. Le lendemain matin, tandis que le prêtre au teint pâle célébrait le « service spécial », elle cassa son rosaire dont les perles se répandirent sur le parquet ciré. Chacun se mit à quatre pattes pour les ramasser tandis que l'officiant poursuivait, comme à contrecœur, la lecture des textes saints. Ma belle-mère me jeta un regard si pathétiquement coupable que j'en fus ému. J'ignorais pourtant que l'incident qu'elle avait involontairement provoqué était pour elle le symbole prophétique d'un désastre.

Heureusement, l'atmosphère se détendit à l'heure du déjeuner. Une fois terminée la réception du matin, avec son buffet chichement garni de canapés et de quelques bouteilles de whisky, on prit la route de Berea et de la ferme familiale où était née et avait grandi Mme Slattery. La grande demeure de style victorien était entourée d'ormes et d'érables centenaires dont les branches recouvraient une cour immense cernée de champs de foin, de betteraves et de blé. Quantité de gosses couraient partout au milieu d'une cinquantaine de personnes, y compris une douzaine de jeunes cousins de Mary, certains très détendus, accompagnant leurs rires de grandes claques sur les cuisses, d'autres tirant des figures longues d'une aune. Gros fermiers rubiconds et petits provinciaux, tous se bourraient de rôti, de dinde et de gâteaux au chocolat de quinze centimètres d'épaisseur.

Trônant sur la véranda, assise dans un fauteuil à bascule, la vieille mère de Mme Slattery, âgée de quatre-vingts ans, prénommée Nan, passait en revue d'un œil vif les visages, changeant d'expression chaque fois qu'elle reconnaissait un parent éloigné perdu de vue depuis longtemps. Elle portait une robe de coton bleu à fleurs, visiblement flambant neuve et raide d'amidon, et un bonnet à l'ancienne mode fait du même tissu froncé avec une visière de vingt-cinq centimètres de long. Maigre comme un clou, elle s'agrippait aux bras du fauteuil de ses mains déformées par les rhumatismes tout en se balançant avec agitation. En arrivant, Mary l'avait embrassée affectueusement et la vieille dame l'avait regardée droit dans les yeux en disant : « Tu as toujours été intelligente. » Un peu plus tard, me trouvant seul sur la pelouse, je l'entendis hurler : « Arthur ! » Je me retournai; elle me fit furtivement signe de venir la rejoindre. Je m'assis à ses côtés et elle se mit en devoir de me raconter sa vie. Non loin de là, ma belle-mère nous observait avec un sourire nerveux. Quant à son époux, il n'était plus le même et me faisait de temps à autre de grands gestes d'amitié avec des airs de conspirateur. A ses yeux, j'étais devenu un gagneur, un genre d'homme qu'il admirait, du fond des brancards auxquels il avait été attelé toute sa vie.

Je confiais à Nan que la ferme me paraissait superbe; cela faisait des années qu'elle la louait, me dit-elle; toutes ses filles, mariées, en étaient parties – elle avait eu six filles et pas un seul garçon, une calamité pour des fermiers – et son mari n'était pas mort très vieux.

– On est arrivés ici en carriole, me dit-elle. On venait de l'Etat de New York, vous savez, et quand j'ai aperçu le lac, j'ai trouvé ça formidable et j'ai voulu y rester. Mais mon mari voulait de la terre plus lourde, et alors on est venus ici. La glaise! C'est ça qui l'a tué! L'endroit où je voulais m'installer, ça se trouve maintenant en plein dans Cleveland.

Elle poussa quelques gloussements, regarda la foule et soudain héla d'une voix de stentor un homme qui passait :

– Bertiiiiie!

La mère de Mary se précipita vers nous et fort embarrassée pria Nan de ne pas hurler de la sorte. La vieille dame écouta sagement les remontrances de sa fille qui repartit s'asseoir, le regard mentalement fixé sur sa mère.

– Mon mari aimait cette terre lourde, poursuivit la vieille dame, la même que celle de son Alsace natale, mais c'est la glaise qui l'a tué...

Elle aperçut alors, semble-t-il, quelque chose dans un coin de la véranda et elle se leva. Je la suivis jusqu'à un poulailler cerné de grillage. J'entendis caqueter à l'intérieur. Nan tira de dessous un hamac posé contre le mur, une grosse cognée et revint observer le poulailler.

– Il y a des rats là-dedans, dit-elle.

– A quoi vous sert cette cognée?

– Quelle question! Je la jette dedans, voyons! fit-elle comme si j'étais absolument stupide.

La mère de Mary surgit derrière nous. Rougissante, elle arracha l'instrument des mains de la vieille dame.

– Enfin maman, aujourd'hui tu devrais quand même...

Elle la ramena jusqu'à son fauteuil et je repris ma place à ses côtés. Mortifiée, Mme Slattery regagna sa table, repoussa d'un geste las les cheveux qui lui cachaient le front et soupira, écartelée et martyrisée à petit feu entre son mari qui crachait à jet continu et sa mère qui jetait des cognées sur les rats.

– Pour qui allez-vous voter? me demanda soudain Nan.

– Pour Roosevelt.

– Vous avez raison. C'est de loin le meilleur candidat. Moi, j'ai toujours voté pour les travaillistes et pour Bob La Follette chaque fois que c'était possible, bien qu'il n'ait jamais eu une chance de devenir président. Mais j'étais membre de son parti et c'était mon candidat.

– Vous êtes socialiste?

– Et comment! Mais eux – elle fit un geste vers la foule des invités – ce sont tous des conservateurs ou des républicains maintenant.

A ce moment elle se redressa et se mit à crier le nom de quelqu'un, puis s'arrêta net et attendit impatiemment que la personne se tournât vers elle. Elle lui lança alors un « Salut » d'une voix mesurée et reprit son balancement, les yeux fixés sur l'horizon. Sautant alors du coq à l'âne elle murmura :

– Je suis contente que vous soyez si grand. Mon mari l'était aussi. Je vous aime bien.

– Moi de même, grand-mère.

Elle me caressa le genou et se remit à observer les gens en silence. Mary vint s'asseoir avec nous et prit la main de Nan qui la regarda avec tendresse et, se penchant vers moi, marmonna :

– Elle, c'est la plus intelligente, vous savez.

Et tandis que nous restions là, assis tous les trois, en plein milieu de l'Amérique un immense sentiment de sécurité m'envahit.

Quand j'y regarde de plus près, après un demi-siècle, cette scène perd beaucoup de sa sérénité. En fait, je me sentais beaucoup moins en sûreté que je ne voulais bien le croire, pour des raisons politiques surtout. En 1940, l'Ohio était plongé dans un isolationnisme profond, et je savais que la majorité des gens sur la pelouse était persuadée qu'après seulement vingt ans de paix l'Amérique ne devait en aucun cas participer à une autre guerre en Europe. J'étais également de cet avis mais mon raisonnement, au contraire du leur, était radical : je voyais dans le conflit qui opposait la France et l'Angleterre à l'Allemagne une nouvelle version de l'antagonisme impérialiste de la Première Guerre mondiale, un dernier sursaut du capitalisme autodestructeur. Les invités de notre mariage croyaient tous à la suprématie du capitalisme; certains d'entre eux avaient même adopté l'idée que s'opposer à l'entrée de l'Amérique dans la guerre était mettre en échec la conspiration internationale des banques juives qui nous poussaient à y prendre part.

Cette attitude était petit à petit devenue le thème principal d'un des prédicateurs de la radio dont l'indice d'écoute était l'un des plus forts du monde : le père Charles E. Coughlin qui, en 1940, assurait à ses dix millions d'auditeurs meurtris par la Crise que le président était un menteur à la solde des banquiers juifs et – aussi étonnant que cela puisse paraître – des communistes juifs, ceux-là mêmes qui, vingt ans plus tôt, avaient déclenché la révolution russe et avaient juré d'en faire autant à « Washingtonsky », comme il disait. Je voyais M. Slattery, l'oreille collée à son récepteur, secouer la tête avec un sourire béat en écoutant les méchants mots d'esprit du padre. On le poussait à croire – lui et beaucoup des invités qui s'égaillaient sur les pelouses – que l'hitlérisme était l'innocente réaction de défense d'une nation contre le péril communiste et que Hitler ne luttait que contre « les mauvais Juifs », surtout ceux qui étaient nés hors des frontières allemandes, tout comme il était contre les « mauvais Gentils » ceux qui avaient des idées radicales. Que Coughlin diffusât sur les ondes la traduction littérale des éditioriaux de Joseph Goebbels publiés dans *World Service*, organe officiel de la presse allemande, les invités de mon mariage ne le savaient sans doute pas, mais cela n'aurait sûrement pas choqué certains d'entre eux. Que je partage avec eux l'opposition à l'entrée en guerre de mon pays tout en rejetant leurs autres convictions me rongeait intérieurement et me paraissait une expérience pleine d'ambiguïté. Chaque génération considère avec nostalgie les époques précédentes au cours desquelles les choses semblaient plus simples et plus immédiates, et où rien n'avait encore dégénéré. Mais 1940, qui vit la fin de ma vie de célibataire et de la Crise, marque aussi pour moi la fin du simple idéalisme démocratique hérité de nos ancêtres, qui ne résista pas aux assauts de l'hitlérisme, vu de New York en tout cas. Plus profondément on pénétrait au cœur du pays, plus humain apparaissait le personnage de Hitler, un chef militaire allemand ordinaire décidé à venger la défaite de sa patrie en 1918, ce qui n'avait en soi rien de déshonorant et ne nécessitait en tout cas aucunement l'intervention de notre pays.

Bref, j'avais la conscience pas très nette, comme cela se produit souvent lorsqu'un désaccord avec un ami ou un allié est beaucoup plus grave qu'il n'y paraît. Je croyais toujours en la vertu de l'Union soviétique qui, du point de vue des catholiques dont faisait partie ma belle-famille, était une création de l'Antéchrist. Je refusais cependant de désespérer d'eux car j'étais persuadé que seul leur désir de paix les avait entraînés à se laisser aveugler par des démagogues et à verser dans ce qui m'apparaissait comme une sympathie pour le fascisme.

A l'issue de cette tourmente intérieure, le fossé entre mes ambitions personnelles d'auteur dramatique et mes espoirs de sauver la république s'était creusé. J'allais même jusqu'à penser que si je parvenais à me faire un public, il faudrait qu'il soit composé de gens de tous bords et pas seulement d'une élite cultivée et sophistiquée; car l'immense pouvoir de tout écraser, moi y compris, comme celui de faire beaucoup de bien, c'était la masse qui le possédait. Je ne sais comment j'en étais arrivé à assumer psychologiquement le rôle de médiateur entre Juifs et Américains et entre les Américains eux-mêmes. Le désir – sinon la conviction – que j'éprouvais de voir l'art exprimer l'universalité des émotions et des idées de la nature humaine était sans doute une façon de me défendre contre l'énormité du danger fasciste qui menaçait mon pays, l'Europe et ma propre existence. Ici, dans l'Ohio, j'avais déjà noté certains signes tendant à prouver qu'au fond, nous étions tous plus ou moins semblables.

Pour l'instant, Slattery racontait à qui voulait l'entendre, comment j'avais refusé d'attendre la dispense. Apparemment, il venait de découvrir qu'un New-Yorkais, écrivain et même juif, avait quelque chose de fascinant, aussi fauché et incertain de son avenir qu'il fût. Assis près de Nan sur la véranda je commençais à trouver un certain plaisir à incarner l'image d'un être à part, le symbole d'un particularisme suspect mais bénéfique. On me recommandait maintenant de prendre bien soin de Mary, on me rappelait qu'elle avait toujours beaucoup lu, qu'elle avait été pratiquement la seule gamine à aimer l'école, comme si son mariage avec un intellectuel fût prédestiné. Les éclats de rire des braves gens attablés autour de nous, les voix nasillardes des femmes, l'ingestion excessive de rôtis, de dindes, de gâteaux, et de toutes les délices crémeuses de la campagne, concrétisaient à mes yeux l'unité de l'humanité. Mon père avait eu raison de refuser de croire les Gentils incapables de justice et de sentiments chaleureux envers un étranger.

Et bien entendu parallèlement à cet espoir euphorique j'avais la certitude que si je me levais tout à coup pour annoncer que la récente cérémonie était une grossière erreur et que j'allais rentrer seul à New York, la mère de ma jeune femme et tout le clan familial m'auraient remercié avec effusion.

Comme d'habitude, ce fut la conversation qui me tira de cette controverse intérieure. Se tournant vers moi avec une certaine appréhension dans le regard, comme c'est souvent le cas chez les personnes âgées s'adressant aux jeunes imbéciles que nous sommes à leurs yeux, Nan me demanda :

– Qu'est-ce que vous pensez du pacte ?

Le pacte germano-soviétique avait surpris tout le monde : le plus grand ennemi de Hitler était le bolchevisme dont la menace contre l'Allemagne justifiait aux yeux de certains les barbaries les plus abominables et avait acquis au Führer le soutien de plusieurs conservateurs de l'Occident. Les partisans de l'Union soviétique qui n'avaient pas encore abandonné les rangs par dégoût défendaient le pacte en rappelant que pendant des années les Russes avaient vainement réclamé à la France et à l'Angleterre une alliance commune contre les nazis. Ils affirmaient que les Russes n'avaient pas retourné leur veste mais cherchaient à neutraliser l'Allemagne pour se donner le temps de se préparer contre l'inévitable future attaque allemande. Autrement dit, le mythe selon lequel les deux systèmes étaient non seulement différents mais en opposition absolue tenait toujours.

Avant que j'aie eu le temps de formuler une réponse, la vieille dame ajouta :

– On dirait que les Russes en ont marre de ces Français.

En prononçant le mot « Français » elle eut une intonation de dégoût due sans doute à ses origines germano-alsaciennes.

– Je ne les en blâme pas, d'ailleurs, poursuivit-elle entre ses dents.

Cette réflexion, jaillie de la bouche d'une authentique habitante du cœur même de notre pays et non de celle d'un radical new-yorkais me remplit d'aise. En fait, ce pacte avait mis fin à un état d'innocence; l'atmosphère joyeuse et ensoleillée d'une jeunesse insouciante se couvrait de nuages et devenait ambiguë, comme cela se produit à chaque génération. Pendant les années de crise, quels qu'aient été les frustrations et les changements politiques, l'essence même des mots n'avait pas besoin d'être colorée de restrictions inavouées : on visait directement le rationnel et on atterrissait à gauche. L'alternative consistait à justifier des stupidités telles que la destruction de moissons pour maintenir les prix à la hausse quand les citadins crevaient de faim. Mais les choses n'étaient plus aussi claires.

– J'espère que nous resterons à l'écart de cette guerre, reprit Nan. Mais attendez un peu et vous verrez... Ces sacrés Anglais vont nous monter le bourrichon et nous forcer à leur envoyer nos gars pour les tirer d'affaire.

Pendant un moment, son bon sens calma mes incertitudes. En fait, elle affirmait qu'il n'existait aucun conflit de valeurs entre les nazis et leurs opposants occidentaux. Il ne s'agissait que de l'éternelle lutte pour le pouvoir et pour la redistribution d'un empire à la suite de la renaissance de l'Allemagne après sa défaite de la Grande Guerre.

Bien entendu, le résultat à fait long feu mais le processus que j'utilisais inconsciemment (comme presque tous les Américains) pour expliquer les faits reste encore très vivace. On l'applique à beaucoup d'autres problèmes. Pendant sept ans, les nazis avaient été pour moi un réel cauchemar; il me semblait que personne ne s'opposerait jamais à leur vague déferlante, prête à engloutir l'avenir du monde, comme l'a fort bien dit Anne Morrow Lindbergh. Je voyais littéralement ces flots sombres rouler dans leurs eaux sales un gouvernement de pervers, de malfrats et de fous. Comment aurais-je pu tolérer l'idée qu'une victoire nazie ne serait pas pire que celle des Français ou des Anglais, aussi corrompus et décadents qu'ils fussent à l'époque, aussi abjectement lâches qu'ils aient été pendant la décennie qui précéda cette guerre et au cours de laquelle on les vit céder à toutes les exigences de Hitler. Ce paradoxe était très présent à l'esprit des radicaux des années trente.

Une partie de la confusion que ressentait mon pays devant une guerre possible provenait d'un inhabituel cynisme américain engendré par le Krach. La Bourse, bien plus qu'un mécanisme d'investissement ou même qu'un jeu légal, avait, aux yeux de beaucoup de gens des classes moyennes, le prestige du capitalisme. Le marché des valeurs était le symbole visible de la montée des valeurs immobilières et la preuve d'une société en devenir, où seraient supprimées les classes, tant l'habitude d'investir s'était répandue à travers toutes les couches de la société. Quand le marché s'effondra, pratiquement en une nuit, sans qu'aucun des leaders ou des grandes institutions soit en mesure d'arrêter l'hémorragie ni même de comprendre ce qui se passait, une profonde panique s'empara de chacun et remit en question toute confiance dans les organismes officiels. Afin de lui témoigner son mépris, un contestataire fourra un nain sur les genoux du grand banquier investisseur J. Pierpont Morgan, pendant que les caméras le filmaient. D'autres financiers furent mis en prison ou se jetèrent par la fenêtre. Le glissement incontrôlable du marché emporta avec lui ce qui restait de la noble mythologie justificatrice de la Première Guerre mondiale; celle-ci n'était plus maintenant qu'une preuve supplémentaire de la force brutale avec laquelle les nantis écrasaient les innocents pour enrichir davantage encore les fortunés. De ce point de vue, la révolution russe qui avait retiré l'armée tsariste de la guerre et de ses carnages insensés était le bon sens même. Vue de loin, elle était la sublime illustration de l'intelligence humaine.

En 1940, on recommençait le même cirque et de nouveau les Russes choisissaient de sortir de la guerre. Si cette alliance avec les fascistes qu'ils attaquaient verbalement depuis des années paraissait quelque peu cynique, il y avait tout de même un semblant de logique dans ce pacte, à condition de se donner la peine de le chercher. En 1940, la Russie ne possédait pas de colonies et n'avait encore annexé aucun des pays voisins (on donnait au partage de la Pologne avec l'Allemagne et à l'occupation des républiques baltes, des raisons défensives). Elle pouvait par conséquent se vanter d'être le champion de l'anti-impérialisme. Elle ne connaissait pas le chômage, au contraire des autres pays d'Europe. Alors ne pouvait-on conclure que cette alliance avec l'Allemagne démontrait, soit que la Russie était déterminée à rester en dehors d'une guerre lamentable au prix d'un accord avec les nazis détestés, soit qu'elle gagnait du temps pour se préparer à les combattre?

Comprendre les illusions humaines est aussi difficile que d'en découvrir les origines car il s'agit, en fait, de trouver la logique de l'illogisme. Une fois que les démocraties occidentales, conduites par des hommes tels que Chamberlain en Angleterre et Daladier en France, eurent offert à Hitler sur un plateau d'argent la malheureuse Tchécoslovaquie – qui aurait très bien pu arrêter la progression des troupes allemandes grâce à son armée, l'une des mieux équipées et des plus efficaces de l'Europe –, une fois qu'il fut évident, devant le refus des Alliés de vendre des armes aux républicains espagnols, que ces nations étaient complices du fascisme italien et allemand et prêtes à détruire la première démocratie de l'histoire espagnole, il ne fut guère difficile de croire que le rêve inavoué des gouvernements français et anglais était de voir les Allemands remporter la victoire en Russie, assurant ainsi à l'humanité tout entière un avenir lumineux débarrassé des communistes, dans un monde convenablement divisé en zones d'influence dont aucune ne serait socialiste et qui seraient toutes placées sous le joug de l'Allemagne nazie, des aristocrates anglais, des millionnaires français et de leurs armées de mercenaires. Il était on ne peut plus compréhensible que les Russes eussent tenté d'arracher les dents à ce dragon des temps modernes en secouant ses griffes et en laissant sa queue frapper Paris et Londres plutôt que Moscou et Leningrad.

Dans cette prosodie, nous remplacions la notion de pouvoir par des consisérations morales. C'étaient notre désir d'un monde juste, notre souhait profond de démontrer l'existence du bien qui engendraient, tout comme aujourd'hui, nos illusions politiques. Etant donné le fossé qui nous séparait du capitalisme décadent de l'époque, il eût été intolérable d'établir un parallèle entre les institutions sociales des régimes fascistes et nazis et celles de l'Union soviétique; car c'était au sein du système soviétique qu'étaient nés les syndicats bidon, les organisations massives de jeunes, les polices secrètes, les informateurs-dénonciateurs à l'usine comme à la maison, les emprisonnements politiques à grande échelle, avec au centre de tout cela l'idolâtrie de l'Etat et de son chef. Le fascisme et le nazisme étaient en réalité des répliques du système soviétique où le chauvinisme et le racisme remplaçaient la solidarité internationale prolétarienne en tant que « valeurs spirituelles ». L'incompatibilité générique entre les deux systèmes n'était guère plus profonde que celle qui avait existé à certains moments de l'histoire entre l'Angleterre et la France ou entre l'Allemagne et l'Angleterre. Le conflit moral que nous préférions prendre à cœur faisait écran au nationalisme et à la géopolitique qui, en ce temps-là, menaient le monde.

La peur de déraper ou plus exactement d'un dérapage vers un certain fascisme se trouve à l'état latent dans les prémices d'une de mes premières pièces : *L'Homme qui avait toutes les chances* – avec pour sujet apparent l'Amérique moyenne sans le moindre rapport avec toutes ces préoccupations politiques. Une femme venue s'asseoir sous la véranda avec Mary, Nan et moi en fut l'inspiratrice. Elle était la sœur cadette de Mme Slattery et se prénommait Helen. Son mari s'était pendu peu de temps avant mon mariage. En tant qu'auteur dramatique, on me demande souvent d'où je tire mes idées. Je ne le sais pas toujours et si je le savais j'y retournerais pour en puiser d'autres. Mais certaines circonstances facilitent l'éclosion d'une intrigue tout comme celle de bactéries dans une cornue de laboratoire, qui guériront ou tueront par la suite.

Helen était impatiente de rencontrer l'étranger que sa nièce avait introduit dans le clan familial et de l'entendre raconter ce qui se passait dans le monde. Mince, pâle, elle avait des yeux marron en boutons de bottine et semblait se moquer éperdument de son apparence physique : elle croisait très haut les jambes, perdait les épingles à cheveux qui retenaient mal un chignon tout de travers sur le sommet de sa tête et portait un chemisier boutonné n'importe comment.

Mary m'avait raconté comment sa tante s'était éveillée un matin et avait aperçu, de la fenêtre de sa chambre, la porte ouverte de la grange voisine où, suspendu à une poutre, oscillait le corps de son jeune époux.

– J'ai été désolé d'apprendre la triste fin de votre mari, dis-je. On m'a dit que c'était quelqu'un de très bien.

Sans hésiter elle sauta sur le sujet, comme si de répéter éternellement la même histoire pouvait la rendre moins vraie.

– Voyez-vous, nous avions fait nos classes ensemble depuis le jardin d'enfants jusqu'à l'université; Peter a dû interrompre ses études pour travailler mais moi, j'ai eu la chance de poursuivre les miennes jusqu'à la fin. Tout le monde appréciait la gentillesse de Peter; jamais il n'a manqué de boulot. Il était si gai, vous savez... si plein d'entrain...

Elle avait l'air de réciter une litanie et me rappelait les femmes des prisonniers du pénitencier de Jackson State dans le Michigan; à l'époque où j'étais étudiant, j'avais passé plusieurs week-ends chez un ami qui avait été nommé psychologue de la prison après une année seulement de psychologie à Ann Arbor, et je l'avais accompagné dans plusieurs de ses visites. Les femmes des détenus semblaient, elles aussi, répéter à longueur d'année à tous ceux qui voulaient bien les écouter les mêmes histoires d'injustice.

– Et puis, continua-t-elle, brusquement il a changé et s'est mis à se lever chaque nuit et à sortir.

– Où allait-il ?

– A la station-service, en général.

Je savais que Peter avait été propriétaire d'une station-service très prospère et fort lucrative, acquise à l'âge de vingt ans. Il aimait y passer de temps à autre pour vérifier les comptes du gérant avec lequel il n'avait jamais eu de différends; pourtant il ne pouvait s'empêcher de redouter qu'il ne le vole.

– Et si j'essayais de le retenir, il devenait comme fou, ajouta Helen.

Aussi naïfs qu'ils fussent ses amis réalisèrent bientôt qu'il était gravement malade et réussirent à le persuader d'aller consulter des médecins à l'hôpital de Cleveland. Il parut se rétablir, mais au moment où Helen et lui faisaient des plans pour partir en vacances au Canada, il se suicida.

Je n'arrivais pas à comprendre pourquoi cette histoire me semblait familière. N'ayant pratiquement aucune connaissance en psychologie, l'idée de juger Peter fou ou paranoïaque ne m'avait pas effleuré; l'illogisme de son comportement me donnait au contraire le sentiment d'une force spirituelle mystérieuse. Tout comme Helen, encore incapable de reprendre confiance en la réalité du monde quotidien, j'étais attiré par ce qui demeurait sans réponse. Pourquoi un jeune homme si doué avait-il choisi de mourir alors qu'il avait la chance de vivre loin de la ville et de ses vicissitudes ? Y avait-il une logique dans cette mort ? Il est vrai qu'en général nous ne comprenons même pas celle qui régit nos vies.

D'abord sous la forme d'un roman – pour lequel je ne trouvai jamais d'éditeur – puis d'une pièce de théâtre intitulée *l'Homme qui avait toutes les chances*, le sujet me hanta pendant trois longues années, jusqu'à ce que l'œuvre soit montée à Broadway. Ce fut un bide complet : quatre représentations seulement. Mais c'est à travers les dédales de l'écriture, de cette histoire que je commençai à me découvrir en tant qu'auteur dramatique et peut-être en tant qu'individu.

Lors de notre première rencontre, j'avais trouvé qu'Helen ressemblait étrangement à ma cousine Jean, la fille de tante Esther, qui vivait en face de chez nous, à Brooklyn. Toutes deux étaient des jeunes femmes au parler châtié, au caractère intrépide et souriant; la mort les avait frappées de façon indirecte mais presque identique. Le mari de Jean, Moe Fisher, un homme superbe à l'étincelante dentition, à la chevelure de jais, au corps svelte et merveilleusement proportionné, avait atteint le sommet de la réussite vers trente ans. Il brillait par la compétence et reconnaissait lui-même avoir eu beaucoup de chance dans la vie. Durant la crise, alors que tout le monde s'enfonçait financièrement, il était devenu le directeur d'une affaire de textiles florissante. Mais un jour, quelque chose s'était apparemment passé entre sa femme et lui et ils ne s'étaient pour ainsi dire plus adressé la parole.

Tous deux maniaques de propreté, ils semblaient ne rester ensemble que pour astiquer leurs meubles. Moe faisait même reluire le moteur de sa superbe Buick rouge jusqu'à ce qu'il brille autant que la carrosserie. Jean avait deux sœurs et leur principale distraction à toutes les trois, quand elles étaient jeunes, était de se recouvrir la tête de foulards de soie et de nettoyer la maison sous les ordres de leur mère, Esther, incapable de s'asseoir sur une chaise sans l'avoir auparavant essuyée du revers de la main, et qui passait sa vie à épousseter son décolleté du bout des doigts, de peur que quelques pellicules ne soient venues s'y déposer.

Par un bel après-midi d'été, Moe décida d'aller seul en voiture jusqu'à Brighton Beach se baigner. Au coucher du soleil, il n'était pas revenu. Le ciel tournait au bleu sombre et les derniers rayons du soleil se reflétaient encore faiblement sur les vitres des fenêtres de la maison; Jean attendait debout sur la véranda, l'œil fixé sur le coin de la rue, inquiète mais trop timide pour appeler la police. Une voiture inconnue surgit et Jean, immobile comme une biche surprise par un chasseur, la regarda ralentir et s'arrêter devant le perron. Un petit bossu en costume de bain en sortit. Comme un pantin désarticulé, il gagna en boitillant le bas des marches et leva la tête vers Jean en disant sur un ton d'excuse : « Il est dans l'auto », sans autre explication.

Puis il attendit, apparemment certain d'être devant la nouvelle jeune veuve dont le regard angoissé ne laissait pas plus de doute sur l'identité de la victime que le portefeuille trouvé dans ses vêtements et contenant tous ses papiers.

Jean descendit les marches du perron, jeta un coup d'œil à l'intérieur de la voiture et vit le cadavre de son superbe Moe. Le bossu était un médecin qui avait vu Moe s'effondrer presque à ses pieds sur la plage et avait vainement tenté de le ranimer.

Sur ces entrefaites, la mère de Moe arriva et se mit à hurler. Tous les voisins accoururent – vieillards, gosses, femmes avec leurs bébés, et aussi le seul « Gentil » de la rue, le petit M. Clark aux cheveux gris qui travaillait dans une banque et portait toujours un revolver. (Ce soir-là il était vêtu d'un bleu de travail car il venait tout juste de graisser sa Ford. Elle brillait à la porte de son garage dont il avait fait creuser le sol afin de pouvoir se glisser sous son auto et procéder lui-même au graissage. Quand il mourut, quelques années plus tard, la sœur de Moe, Mae, et son mari rachetèrent le véhicule à Mme Clark. En six ans la famille Clark n'avait inscrit que cinq cents kilomètres au compteur, à croire que la voiture était pour eux moins un moyen de transport qu'une icône! Ce couple sans enfants ne ressentait l'envie d'aller nulle part mais avait un besoin maladif de s'occuper de quelque chose et de s'en inquiéter.)

M. Clark aida le bossu à sortir Moe de la Ford. Jean bouscula le malheureux docteur qui essayait de l'empêcher de faire une crise d'hystérie et de se jeter sur le corps. La mère de Moe, incapable de se maîtriser, tenait des propos incohérents : pourquoi ce nain difforme était-il venu en costume de bain lui apporter le corps de son beau garçon ? demandait-elle sans arrêt.

– Qui êtes-vous ? ne cessait-elle de crier au bossu, comme si Moe eût pu ressusciter si elle parvenait à rompre tout rapport entre lui et cet être monstrueux.

Elle ne laissa pas le pauvre petit docteur entrer dans la maison. Je le vis regagner sa voiture sur ses maigres jambes torses, dans son costume de bain distendu. Il pleurait comme un enfant.

Chose étrange, Jean et sa belle-mère, au bord de l'effondrement, prirent le même tic le jour de l'enterrement : une sorte de tremblement de la tête qui ressemblait fort à une négation continuelle de la réalité. Assise près de moi sur la véranda de la ferme de l'Ohio, Helen avait la même attitude mais sans le tic. Jean mit des mois à s'en défaire mais la vieille dame continua longtemps à venir le soir près de la balustrade de la véranda, le regard tourné vers le cimetière, faire non-non-non de la tête.

De la mort soudaine et incroyable de Moe, du suicide du mari d'Helen naquit *l'Homme qui avait toutes les chances*. J'y débattais de justice et de destinée et j'essayais de comprendre pourquoi un individu allait d'échec en échec alors qu'un autre, placé dans les mêmes circonstances et doué des mêmes qualités, ne rencontrait que succès. Ces préoccupations étaient sans doute le reflet d'une force mystérieuse que je sentais sourdre en moi et dont l'absence chez les autres me paraissait inexplicable. Déjà en 1939, avant que ne commence la guerre, frais émoulu du collège, j'avais écrit une grande tragédie sur l'anéantissement de Montezuma par Cortez, en y ajoutant un thème plus intérieur en rapport avec l'événement. Tandis que David Beeves, le héros à la réussite spectaculaire de *l'Homme qui avait toutes les chances*, se laissait détruire par un fantasme d'impuissance, Montezuma se persuadait que les étranges créatures blanches venues de l'océan étaient destinées à le dominer mais aussi à le conduire à l'apothéose et à la déification, maintenant que, du moins le croyait-il, ses Aztèques avaient, sous sa conduite, conquis la totalité du monde connu et qu'il n'avait par conséquent plus rien à faire de sa vie. Le même problème, c'est-à-dire celui de l'irréalité chimérique du succès et du pouvoir, était posé de façon différente dans les deux pièces. Toutes deux faisaient référence à la paralysie de la volonté dans les démocraties, à un moment où, semaine après semaine, Hitler gagnait du terrain dans la domination de l'Europe.

A travers les remaniements interminables de *l'Homme qui avait toutes les chances*, je devais peu à peu prendre conscience des conflits père-fils et frère-frère. David Beeves était à l'origine un orphelin qui avait gravi les échelons de la société de façon assez miraculeuse dans la petite ville où il résidait. Son ami Amos était un jeune lanceur de base-ball de la région, entraîné presque fanatiquement à ce sport par son père, Pat. Même pendant les longs hivers, il lui faisait travailler ses lancers dans le sous-sol de leur maison. Bref, la vie d'Amos aurait dû être totalement protégée du hasard et de la malchance. Mais après une partie à laquelle Pat avait enfin réussi à attirer un sélectionneur de l'équipe des Tigers de Detroit, Amos se voit refuser l'entrée dans une équipe de professionnels. Le sélectionneur estime qu'Amos est psychologiquement paralysé quand il sent des joueurs sur le terrain derrière lui. Evidemment, dans son sous-sol il n'avait à s'inquiéter de rien d'autre que de la cible à atteindre en face de lui. Ainsi ce qui était censé le protéger contre l'échec est la cause de sa faillite. David en est marqué; sa réussite l'isole dangereusement de ses pairs.

Un jour je compris brusquement qu'Amos et David étaient frères et que Pat était leur père à tous les deux. Cela donnait au récit une dimension différente, faite d'angoisse et de l'indicible certitude que je pouvais parler du plus profond de moi-même et découvrir quelque chose que personne d'autre n'avait vu.

En 1940, j'avais déjà écrit quatre ou cinq pièces et reçu deux fois de suite l'Avery Hopwood Award du Michigan, ce qui avait éveillé l'intérêt de quelques producteurs et acteurs de New York. Dans la première de mes pièces, *No villain*, j'avais pris pour modèle certains membres de ma famille et contais l'histoire d'une grève dans une entreprise de confection qui dressait un fils contre son père, propriétaire de ladite société. Dans la deuxième, j'étudiais le cas du psychiatre d'une prison qui luttait de toutes ses forces pour éviter que des gens sains d'esprit ne deviennent fous. Là aussi il y avait un conflit entre frères mais je ne l'avais pas vu ainsi, au début.

Comme je l'ai déjà dit, j'avais passé plusieurs week-ends à Jackson State auprès de mon ancien condisciple, Sid Moscowitz, qui, diplômé d'université depuis un an, s'était fait nommer psychologue de la plus grande prison du pays sur la base d'un seul cours élémentaire en psychologie avec la responsabilité d'empêcher quelque huit mille détenus de devenir fous. Au cours de ces années de crise, il n'était pas nécessaire d'être très perspicace pour comprendre que la plupart des crimes étaient d'origine économique : les gens volaient pour manger. J'ai rencontré plusieurs prisonniers qui avaient assassiné des shérifs parce que ceux-ci essayaient de confisquer leur bétail, et des douzaines d'hommes d'affaires condamnés à sept ans de réclusion pour avoir signé de petits chèques sans provision.

Mais c'étaient surtout les cas incompréhensibles, ceux qui n'avaient aucun rapport avec la situation économique, qui me ramenaient périodiquement à Jackson. Il y avait là des hommes comme celui que j'appellerai Droge, champion de vitesse sur le circuit d'Indianapolis et qui, pendant douze ans, avait dirigé un réseau de voleurs de voitures. Je le rencontrai un jour dans l'atelier de mécanique de Jackson où il enseignait à ses codétenus comment réparer une auto. Agé d'un peu plus de quarante ans, il était le plus beau voleur que j'aie jamais vu, le plus ordonné aussi et certainement le plus intelligent. Doué d'un humour plutôt noir, il se prenait souvent pour cible de ses propres plaisanteries. A la suite des conversations que j'eus avec lui, j'obtins l'autorisation de consulter son dossier et de vérifier l'authenticité de ce qu'il racontait : tout était vrai !

Voici comment il procédait : après avoir repéré une voiture – étrangère ou américaine, peu lui importait pourvu qu'elle soit de grosse valeur – il s'arrangeait pour la faire conduire par un membre de son gang jusqu'à un camion qui attendait non loin de là, benne abaissée. On chargeait rapidement le véhicule volé et pendant le trajet qui conduisait à la ville voisine, on changeait certaines pièces du moteur et les numéros minéralogiques, on peignait la carrosserie d'une couleur différente et on remettait le tout ainsi maquillé à un complice qui s'occupait de la revendre. Le gang traitait environ une voiture par jour et souvent une autre la nuit, qu'on livrait au petit matin. Plusieurs groupes travaillaient sous les ordres de Droge dans tout le Midwest. L'un des membres du gang était un imprimeur du Kansas au chômage qui fabriquait des cartes grises impeccables, avec de faux numéros évidemment. En une décennie, Droge était devenu l'un des voleurs les plus riches du pays tout en gardant intacte sa réputation de coureur automobile.

Sa chute fut l'effet du hasard le plus complet. Après avoir volé une Rolls Royce à Flint, dans le Michigan, il la gara dans la remise d'une auberge où il avait prévu de passer la nuit avant de repartir aux aurores, quand se seraient calmées les recherches de la police. Il rejoindrait alors le camion qui l'attendait dans un lieu déterminé. Malheureusement il avait choisi sans le savoir la seule auberge de Flint dont le propriétaire était un flic. En rentrant chez lui, celui-ci aperçut la Rolls dans son garage. Le pire était que Droge avait eu une soudaine prémonition et était descendu plus tôt que prévu pour reprendre la route. Il se trouvait dans le véhicule et amorçait une marche arrière lorsqu'il aperçut dans son rétroviseur le policier, un revolver à la main, prêt à tirer. On le ceintura rapidement et il écopa de quinze ans de prison : les voitures étaient sacrées dans le Michigan ! Le plus terrible pour cet homme intrépide était qu'il ne pouvait blâmer personne d'autre que lui-même pour s'être retrouvé dans cet horrible univers de béton.

Un jour, je le vis dans la vaste cour où les hommes se promenaient sans but, jouant avec des balles de base-ball ou restant simplement assis au soleil. Il scrutait le haut du mur d'enceinte, un énorme bloc de béton haut comme une maison de cinq étages que, malgré tout, quatre prisonniers avaient réussi à escalader une semaine auparavant. Des ouvriers installaient tout là-haut des systèmes d'alarme qui se déclencheraient au moindre passage. J'étais curieux de savoir comment les quatre hommes avaient réussi à s'évader par ce chemin dangereux, et j'appris qu'ayant travaillé dans l'atelier d'électricité de la prison ils avaient dérobé pendant des semaines des mètres et des mètres de tuyaux qu'ils avaient enterrés morceau par morceau dans la cour, ainsi qu'une longue corde arrachée au rideau de scène du théâtre. Tôt un matin, ils avaient silencieusement déterré leur butin, attaché bout à bout les tuyaux qui, une fois appuyés contre le mur, formaient une espèce de grand pylône dont l'une des extrémités, dûment recourbée, s'était sans difficulté accrochée au sommet du mur. Il ne restait plus qu'à escalader et à se laisser retomber de l'autre côté à l'aide de la corde. Une semaine plus tard, ils se firent tous descendre à Saint Louis.

Droge avait l'air de réfléchir en observant les ouvriers. Il secoua la tête et soupira.

– Ça ne va pas ? demandai-je.

– Quelle perte de temps ! Tout ce dont on a besoin pour sortir par là, c'est d'une puissante torche électrique... je veux dire si un type avait l'idée saugrenue de vouloir s'échapper d'ici.

– Une torche électrique?

– Parfaitement. On dirige son rayon droit sur la cellule du voyant, on passe pendant ce temps puis on éteint sa torche et le tour est joué. Les rayons de la cellule photo-électrique n'ont pas été interceptés et on rentre chez soi, libre jusqu'à ce qu'ils vous rattrapent et vous fassent sauter la cervelle.

– Mon Dieu! m'écriai-je. Vous devriez peut-être le leur dire.

– Pour quoi faire? Ça les occupe. Et puis ils s'en apercevront bien tout seuls un jour ou l'autre.

Droge n'était pas fou mais il vivait entouré d'êtres déçus dans leurs rêves et dont l'esprit vagabondait. J'en vins à considérer la prison comme un asile d'aliénés plutôt qu'un lieu où l'on punissait des criminels. En fait les plus sensés d'entre eux étaient des escrocs, des faussaires, des forceurs de coffres-forts et des voleurs d'autos de haut niveau comme Droge, qui avaient simplement uni habileté et intelligence pour faire échec au système et momentanément perdu à un jeu purement technique sans en éprouver plus de ressentiment qu'un acrobate à l'égard de la pesanteur.

The Great Disobedience, la pièce que j'écrivis sur le thème de la prison, fut la première pour laquelle je m'étais livré à des recherches. Je voulais sortir de mon univers personnel, prendre le monde pour sujet et découvrir aux yeux de tous la pression néfaste qu'exerçait le système pénitentiaire sur l'esprit des hommes. Après avoir obtenu deux fois le prix Hopwood, je n'en reçus pas d'autre durant ma dernière année d'études car cette pièce fut qualifiée d'« ampoulée » par les juges; tout comme mes sentiments à l'égard de la prison de Jackson. Celle-ci était considérée comme l'une des plus progressistes du pays, mais pourtant, chaque fois que j'en revenais, j'avais du mal à retrouver le sommeil et à débarrasser mon esprit de la vision de ces hommes encagés comme dans un zoo, dans l'odeur douceâtre de leurs cellules humides et surpeuplées – il y avait plus de huit mille détenus. L'écho de leur grondement incessant, de leurs rires déments ou de leurs bagarres soudaines me poursuivait longtemps. Aucun gardien n'osait pénétrer complètement dans les cellules, de crainte d'être étranglé par-derrière. Le pire était de savoir que si l'on m'avait donné la responsabilité de diriger cette prison, j'aurais été incapable d'y changer quoi que ce soit sinon d'ouvrir les grilles et de libérer tous les prisonniers. Mais c'était impossible. Un bon quart d'entre eux étaient vraiment fous.

L'échec de ma pièce n'affaiblit en rien ma conviction que l'art devait servir à transformer la société. C'était une idée courante dans les années trente, en partie parce qu'elle était facile à comprendre. Staline avait dit que l'art « était une arme de la révolution » et que les écrivains étaient « les ingénieurs de l'âme », concept que l'on découvre très tôt dans l'histoire de l'humanité. Les œuvres du Moyen Age et de la Renaissance, élaborées à la gloire de la chrétienté – que ce soit à travers l'imagerie biblique ou les affirmations renouvelées de Shakespeare sur la monarchie de droit divin –, étaient en fait différents aspects de cette même exigence qui consistait à voir l'art confirmer la sublime validité d'un régime. Plus proches de nous, un Tolstoï ou un Dostoïevski, les deux plus grands écrivains que j'aie connus, n'étaient ni l'un ni l'autre « libres » au sens anglo-américain du terme, c'est-à-dire détachés de toute responsabilité sociale ou religieuse. Pour tous deux, bien que de manière différente, la confirmation du message du Christ était le but ultime de l'art. Les merveilleuses pièces de Tchekhov étaient considérées à l'époque, comme des spécimens de la morosité russe qui, tout comme les tragédies grecques que je commençais à aimer comme un homme au fond d'un puits peut aimer une échelle, cherchaient à faire instituer des lois justes et équitables pour régler les problèmes de vendetta et d'inimitiés sanglantes. Ainsi

Tchekhov se faisait l'écho d'un besoin social de briser les traditions d'indolence russes pour aborder un nouvel âge où tout travail aurait un but et où tous les problèmes seraient analysés scientifiquement. Bref, il ne s'agissait plus de simples points de vue d'auteurs désireux de défendre arbitrairement des causes à la mode, mais d'une explosion naturelle de la volonté humaine soucieuse d'évoluer.

Dans les années trente, Ann Arbor était considéré comme une enclave radicale au cœur du Middle West et enregistrait le record des signatures d'étudiants au bas du document établi à l'université d'Oxford et connu sous le nom de *Oxford Pledge* : c'était un engagement de ne pas porter les armes en temps de guerre. Evidemment, c'était à la Première Guerre mondiale que nous jurions de ne pas participer. Quand vint la seconde, les pacifistes qui avaient signé cet engagement s'engagèrent – à quelques exceptions près – pour aller se battre contre le Japon et l'Allemagne.

Le changement est l'essence même des choses mais certaines d'entre elles se transforment de façon plus ironique que d'autres. Le chef du mouvement pacifiste de notre campus était un étudiant de dernière année : G. Mennen Williams, héritier d'une immense fortune acquise grâce aux fameuses crèmes à raser, d'où le surnom de « Soapy » qu'on lui donnait. Il publiait des lettres acerbes dans l'éditorial du collège où il remettait à leur place, au moins une fois par semaine, les conservateurs opposés au mouvement pacifiste. En 1935 et 1936, on voyait souvent Soapy haranguer les hésitants du haut des marches de la bibliothèque.

Aux pires moments du maccarthysme, en 1953, c'est-à-dire moins de vingt ans plus tard, le rédacteur en chef du *Holiday Magazine*, Ted Patrick, me demanda de faire un reportage sur les changements intervenus à Ann Arbor depuis les années trente. Le campus était, à beaucoup de points de vue, méconnaissable. Une étudiante, membre du conseil des étudiants, me dit qu'habitant une pension de famille exploitée en coopérative elle se trouvait de plus en plus souvent confrontée à des gens persuadés qu'elle était communiste parce qu'elle ne vivait pas dans une maison particulière ou un dortoir universitaire officiel. Erich Walter, mon ancien professeur d'anglais, aujourd'hui doyen de l'établissement, me raconta que le FBI demandait aux enseignants et aux étudiants de se dénoncer mutuellement et me suggéra de vérifier ce renseignement auprès de ses confrères. Les membres du Club socialiste, un groupe anticommuniste, m'affirmèrent que personne ne venait plus aux réunions en voiture parce que les agents de police en relevaient les numéros. Mais le moment le plus fort de ma petite enquête survint lors d'une visite dans les bureaux de mon cher *Daily*.

Dans les années trente, le bâtiment qui abritait ce journal était ouvert à toutes les discussions du groupe radical avec leurs collègues conservateurs et libéraux. Cela donnait lieu à de beaux chahuts! Chacun voulait avoir le dernier mot et faire la une de l'éditorial du jour. La lutte pour obtenir une mission de reporter était féroce. Hélas, ce jour-là, je me retrouvai dans ce même bâtiment, à deux heures de l'après-midi, dans un silence de mort. Les bureaux semblaient déserts. J'appris une chose incroyable : le journal était obligé de faire de la publicité pour recruter du personnel! Afin de me rafraîchir un peu la mémoire, je demandai à consulter quelques-uns des numéros des années trente, m'assis devant la grande table ronde en chêne de la salle de rédaction du deuxième étage et me mis à feuilleter les pages aux relents de moisi. Un petit homme corpulent, d'âge mûr, s'approcha et vint prendre place à côté de moi; il parcourut quelques éditoriaux plus récents en prenant des notes. Un étudiant reporter surgit à mes côtés et me pria tout bas de le suivre si je voulais savoir ce qui se passait vraiment sur le campus.

Dans un coin retiré de la salle, il se présenta, avec une

évidente fierté, comme l'auteur d'une série d'articles intitulés « Le communisme au campus ». Il y exposait le cas d'un couple d'étudiants radicaux qui (dit-il non sans pitié) serait sans doute bientôt expulsé. Son brillant exposé, il était heureux de me l'apprendre, lui avait valu une offre d'emploi comme reporter dans un journal de Los Angeles. Ce petit jeune homme à la peau parcheminée portait un chapeau mou, incliné de côté comme un des personnages de *Front Page*. Il aborda alors le sujet qui l'intéressait et, me montrant du doigt l'homme d'âge mûr qui tournait les pages de son journal, murmura :

– C'est un policier. Il vient ici une fois par semaine, passe au crible toutes les colonnes du journal et relève les noms de ceux dont les propos lui semblent un peu gauchisants.

– Et qu'est-ce qu'il se passe alors?

– Il envoie le tout au bureau du gouverneur fédéral. Celui du Michigan est le commandant en chef de la police, vous savez?

Ce gouverneur était bien entendu G. Mennen « Soapy » Williams. Je ne pus m'empêcher de sourire en retournant m'asseoir à la grande table devant mes vieux journaux tandis que le gros flic épluchait les derniers éditoriaux à la recherche des noms de personnes dites dangereuses. Je me mis à parcourir les numéros d'autrefois dans le secret espoir de découvrir quelque ancienne diatribe de Soapy. La chance me sourit car là, devant moi, sur une page jaunie par le temps, était étalée une lettre de mon vieux condisciple en réponse à une plainte déposée par quelqu'un qui avait signé « un conservateur convaincu » : il disait avoir éprouvé un étonnement mêlé de tristesse en apprenant que « seuls les radicaux assistaient à ce qu'on appelait les meetings pacifistes. »

« Cher conservateur, disait la réponse du président du mouvement pacifiste, si vous et vos confrères conservateurs preniez la peine de venir à nos réunions, il va sans dire qu'il n'y aurait plus seulement que des radicaux dans la salle. » Et c'était signé : G. Mennen Williams. Je pris la feuille et allai la poser devant l'officier de police en lui montrant l'article du doigt. Il me regarda, l'air interrogateur, lut la lettre, me toisa et demanda :

– Qui êtes-vous?

Mon nom ne lui dit rien. Je lui expliquai la mission que m'avait confiée le magazine *Holiday*, mais pour lui le « maccarthysme » ne signifiait pas grand-chose. Il reprit sa tâche, la mine excédée.

A l'époque du maccarthysme régnait une mentalité du secret et du soupçon qui s'infiltrait partout. Une semaine ou deux après la parution de mon reportage sur le Michigan, Ted Patrick me demanda d'en faire un autre sur le sujet que je voudrais. Je le remerciai mais déclinai l'offre car je faisais très peu de journalisme. Quelques jours plus tard il revint à la charge et j'acceptai d'écrire un court mémoire sur la vie à Brooklyn durant les années trente, qu'il publia ponctuellement. Des années après sa mort j'appris les raisons de son étrange insistance. Le département publicitaire de la division Pontiac de la General Motors avait averti Patrick que la Pontiac annulerait tous ses ordres publicitaires dans *Holiday* s'il publiait un seul autre article signé Arthur Miller. Il s'avéra que mon second éditorial ne tarit pas le compte de Pontiac; mais l'air bruissait de menaces de ce genre, en ces jours-là. Je regrettai amèrement de ne plus pouvoir féliciter Patrick pour son courage et son intégrité journalistique. La plupart du temps, en effet, ce genre d'intimidation portait ses fruits, comme le prouvait l'un des documents dont je me servis pour mon reportage sur Michigan : un stencil émanant de la direction de l'Association des Industriels avertissant ses membres d'avoir à cesser immédiatement leurs attaques contre la faculté pour son prétendu radicalisme – une idée fixe de ladite association – parce que tous les radicaux avaient maintenant été « vidés » grâce à des organisations du genre de la leur.

Malgré toute cette agitation radicale sur le campus dans les années trente, il serait chimérique de croire que le corps universitaire – sans parler des professeurs – fût à prédominance gauchiste. La plupart des étudiants et presque tous les enseignants ne s'intéressaient qu'à leur carrière, comme toujours. J'aurais pu épiloguer longtemps dans le *Daily* sur le refus opposé par la faculté à John Strachey qui souhaitait faire une conférence sur son fameux livre intitulé *The coming struggle for power*, mais je n'avais aucune illusion sur le fait que je faisais partie d'une toute petite minorité, seule à connaître son ouvrage ou même son point de vue.

Si l'université du Michigan n'était pas une institution gauchiste, elle acquit pourtant très vite la réputation d'adopter des attitudes démocratiques, comme en témoigne son consentement à m'accepter en son sein après que j'eus écrit deux ou trois suppliques dans lesquelles je promettais d'amender mes manières académiques. Dans les années vingt, la faculté avait ouvert ses portes aux socialistes, aux partisans du contrôle des naissances et à d'autres défenseurs de thèmes du même genre, rejetés par les établissements plus traditionnels. C'était également l'une des rares universités où, dans les années trente, on discutait ouvertement dans les salles de classe du marxisme; les professeurs étaient en général opposés à ce régime mais ne refusaient pas d'en débattre avec leurs élèves.

En ce temps-là, le symbole du marxisme était pour moi un brillant jeune étudiant : Joe Feldman. Je le considère encore aujourd'hui comme un des êtres les plus intelligents que j'aie jamais rencontrés. Nous nous étions connus un soir glacial de février, vers minuit. Il entra, couvert de neige, dans la salle de rédaction du *Daily*, vêtu d'une veste de tweed enfilée par-dessus un pyjama et brandissant une poignée de papiers. Grand et souple, il bondit sur l'un des bureaux, salua journalistes et reporters qui levèrent la tête de dessus leur machine à écrire et s'appuyèrent au dossier de leur chaise dans l'attente du spectacle : Joe était un prestigieux orateur, quel que fût le sujet. Bien qu'il assistât rarement aux cours, il obtenait toujours d'excellentes notes aux examens parce qu'il dévorait les textes à une vitesse incroyable et les retenait intégralement, ce qui lui permettait de préparer les concours en un ou deux jours seulement. Il disait souvent en riant : « Comparés à l'imbécillité du système éducatif de cette université, Ed Wynn est un Molière et Jack Benny un Falstaff! » Il confirmait ses dires en citant des faits.

Je ne me rappelle pas ce qui l'amena ce soir-là mais il surgissait en général pour clamer son désaccord avec quelque éditorial et exigeait un espace dans le journal pour y répondre. En fait, il essayait d'humilier le rédacteur en chef avec lequel il était en compétition pour l'amour de la belle Leah Bloom qui, en général, le suivait épuisée jusque dans notre bâtiment, accompagnée de Mme McCall, sa propriétaire, qui portait maternellement son pardessus et restait à côté de lui pendant qu'il haranguait le personnel, le suppliant ensuite de l'endosser avant de prendre froid. Pendant ce temps Leah lui enfilait ses galoches ou entourait son cou d'un cache-nez. En général, le souci d'objectivité du *Daily* rendait Joe fou, surtout lorsqu'il s'agissait de l'Espagne. Grimaçant un sourire sarcastique à l'adresse du rédacteur en chef qui le regardait en poussant des soupirs agacés, destinés à Leah, Joe criait par exemple : " Qu'est-ce que c'est que cette histoire d'avions nazis volant " soi-disant " pour le compte de Franco? Bon Dieu de bon Dieu, esssayez-vous par hasard de faire concurrence au *New York Times*? N'avons-nous pas des photos qui montrent les épaves d'avions de combat abattus et portant sur leur moteur la plaque d'identification nazie? » Mais le rédacteur en chef estimait que n'importe qui pouvait photographier n'importe quoi. Comment savoir si la photo en question n'avait pas été prise à Hambourg?

– Vous voulez dire qu'on abat les avions *exprès* à Hambourg? *Erwachen Sie!* Cessez donc de faire l'imbécile et d'avoir cette frousse protofasciste et imprimez-moi ça dans le journal. Qu'est-ce que cela peut faire que vous n'obteniez pas de fric du *Times*? N'êtes-vous pas trop jeune pour être aussi corrompu?

Il continuait sur ce ton jusqu'à ce que le rédacteur en chef se sente incapable de se dominer davantage. Alors ils se mettaient à se battre tous les deux dans la rue recouverte de neige glacée, malgré les efforts de Leah et de la propriétaire qui craignaient surtout que Joe ne prenne froid.

Leah finit par n'épouser ni l'un ni l'autre et je perdis la trace de Joe après mes examens en 1938. Mais un jour, en 1940, je le rencontrai au détour d'une rue à New York, vêtu élégamment, rasé de près, les cheveux soigneusement peignés. L'Espagne était alors tombée aux mains de Franco et deux de nos condisciples avaient trouvé la mort en se battant aux côtés des loyalistes. J'étais sur le point de partir me marier dans l'Ohio. Joe me raconta qu'il avait décidé de devenir décorateur de théâtre après avoir fait la connaissance de Cleo Throckmorton, un des décorateurs les plus en vogue de l'époque, qu'il avait convaincu de le prendre comme premier assistant bien que sa passion pour cet art fût très récente. En quelques semaines il avait lu tous les livres anglais sur la question et je suis sûr qu'il commençait déjà à donner des leçons à Throckmorton et à corriger ses erreurs.

Je le félicitai de sa rapide ascension. Après quelques minutes passées à regarder s'écouler le trafic sur la Cinquième Avenue, il m'avoua qu'il était sur le point de tout laisser tomber. Je fus surpris.

– Tu comprends, je vais rejoindre l'armée de l'air.

L'armée de l'air? Lui? Comment pouvait-il songer à aller faire une guerre impérialiste?

– Je crois qu'on va la faire, cette guerre, poursuivit-il, le regard soudain vidé de toute sa gaieté. Je crois que nous y serons forcés.

Combattrait-il les Soviets – toujours alliés aux Allemands à l'époque? Il cessa presque de respirer et murmura d'une voix profonde :

– Je ne crois pas qu'ils resteront avec les Allemands mais s'ils le font, eh bien oui, je me battrai contre eux.

Il me serra la main sans sourire, visiblement conscient qu'en un sens, il jouait sa vie sur une certaine vision de la réalité.

Son avion fut descendu au-dessus de la Birmanie. Un soir des années soixante, je me trouvais à l'angle de Madison et de la 96e Rue, près de la maison d'un ami où j'allais dîner. Soudain je remarquai l'enseigne de la pharmacie Feldman, au carrefour voisin, et me souvins que le père de Joe avait été pharmacien dans ce quartier. Trente ans me séparaient du soir où Joe était entré dans la rédaction du *Daily* et plus de vingt de sa mort au cours d'un combat aérien. Sans doute son père était-il maintenant à la retraite ou décédé. J'entrai cependant dans la boutique. Une petite femme à cheveux blancs me regarda par-dessus les échantillons de rouges à lèvres et de peignes. Je lui dis que j'avais été l'ami de Joe. Son visage las et fripé s'anima tout à coup; elle tira une enveloppe d'un tiroir et en sortit une photo qui, je l'espérais, représenterait le visage joyeux de Joe avec son regard taquin et parfois douloureux. Quelle ne fut pas ma déception de n'y voir qu'une pierre tombale dans une clairière entourée d'un tapis de fleurs, sur laquelle était gravée une douzaine de noms dont celui de mon ami. « C'est en Birmanie », me dit-elle. Nous bavardâmes quelques instants de ce fils unique qu'elle avait si tendrement aimé. Elle me remercia d'être entré la voir et me demanda ce qui m'avait poussé à le faire. Je lui répondis que je n'en savais rien mais que jamais je n'oublierais Joe. Les yeux de la vieille dame s'emplirent de larmes et elle se détourna.

On mourait beaucoup au Vietnam alors. J'étais retourné à Ann Harbor quelques semaines auparavant pour prendre la parole à la première session d'un stage intensif à l'occasion duquel l'université tout entière avait fermé ses portes pendant trois jours pour se livrer à une discussion sur la guerre et sur les moyens de protester contre sa poursuite. Je n'avais pas préparé ma communication. Participaient aux débats des experts comme Jean Lacouture. Ma présence n'était qu'un soutien symbolique à la contestation. Debout sur la scène du Hill Auditorium, un vaste espace théâtral offert au cours des années vingt par un négociant en bois milliardaire, je me rappelais cet après-midi de 1935 où j'écoutais, à la même place, le prédicateur japonais Toyohiko Kagawa, un « marchand de sublime » comme je le croyais à l'époque. J'avais vu quelque cinquante étudiants chinois se lever et quitter la salle en entendant l'orateur désigner la Mandchourie occupée par les troupes japonaises sous le nom de Mandchoukouo, son appellation japonaise. Sur les marches de ce même auditorium j'avais un jour été abordé par un étudiant chinois qui essayait de vendre des billets pour réunir la somme nécessaire à la venue d'un de ses compatriotes « très connu » qui raconterait ce que les Japonais faisaient endurer à son pays. Je lui demandai alors :

– Pourquoi avez-vous besoin pour cela d'un personnage très connu ? Racontez donc les faits vous-même.

Ses petits yeux s'agrandirent de surprise :

– Moi ? Mais moi être seulement une petite merde ! avait-il répondu.

Ce jour-là, dans les années soixante, je crus discerner un air de fête sur les visages de ces étudiants qui manifestaient contre une guerre injuste, dans une atmosphère euphorique de découverte mutuelle qui me semblait, je ne sais pourquoi, un peu irréelle. De sorte que lorsque prirent fin les applaudissements qui saluaient mon entrée – trop nombreux à mon gré – je m'entendis déclarer :

– Je me souviens d'autres manifestations faites en ce lieu et je dois vous dire qu'aujourd'hui comme hier je trouve merveilleux de voir combien ces mouvements rapprochent les gens. N'oubliez pas cependant que le

FBI est parmi vous et qu'un jour, on vous demandera des comptes pour votre présence ici.

Le moment de faire pareille proclamation était mal choisi, à l'aube d'un rassemblement généreux qui cherchait à mettre fin à une guerre injuste, dans lequel toute une génération s'était regroupée pour atteindre un but et venait de trouver des partenaires pour y parvenir. Un silence embarrassé accueillit ce préambule. Je poursuivis en affirmant qu'un jour peut-être il leur faudrait renoncer aux passions qui les animaient aujourd'hui et même les condamner. C'était le risque à courir s'ils voulaient vivre conformément à ce qu'ils éprouvaient maintenant. Il se pourrait aussi que ce mouvement prenne fin non dans le tonnerre de la victoire, mais dans la désillusion et le regret d'avoir perdu son temps pour rien. Mais j'ajoutai que la déception n'était pas de mise car la vie consiste à tâtonner d'un mirage du bien à un autre. L'homme ne peut agir sans impulsion morale, quelles que soient les éventuelles erreurs d'identification avec telle ou telle action généreuse faites en cours de route.

Debout devant tous ces jeunes gens déterminés et ambitieux – Carl Oglesby, Bob Moses, Jean Lacouture, Tom Hayden et des centaines d'autres – je réalisai soudain, moi, le quinquagénaire, qu'ils avaient dépassé le stade de pareils avertissements; ce n'était pas la génération des années trente qui se tenait là sous mes yeux! Pas du tout! Ces jeunes avaient élaboré une organisation totalement américaine et, dans un certain sens, apolitique, et étaient prêts à se jeter corps et âme sur la route des tanks. Il ne s'agissait pas d'une rhétorique symbolique d'un autre temps, celui qui avait vu monter la menace de l'hitlérisme sans qu'aucun Américain croie vraiment que son pays participerait un jour à la guerre. Les étudiants massés dans le Hill Auditorium savaient qu'ils étaient personnellement engagés dans l'affaire et qu'ils seraient peut-être tués si l'Amérique ne changeait pas d'optique. Ils ne cherchaient pas à sauver quelqu'un d'autre : voilà la grande différence qui existait entre eux et leurs pères qui, dans les années trente, malgré la pauvreté et la désorganisation de la vie, devaient encore faire un effort d'imagination pour envisager la radicalisation. A cette époque, devenir radical c'était recevoir aussitôt un avis de mobilisation.

Comme la campagne américaine pour l'Oxford Pledge qui s'érigeait contre le port d'armes, le phénomène des stages intensifs contre la guerre du Vietnam débuta à l'université du Michigan. Pendant trois jours et trois nuits les cours furent suspendus et des conférenciers vinrent parler de l'Asie du Sud-Est, de l'histoire du Vietnam, de son langage, de sa poésie, de sa religion. Un sombre enthousiasme se répandit partout mais je continuais à croire que ni les étudiants ni les intellectuels ne pourraient empêcher cette guerre. En écoutant ceux qui prenaient tour à tour la parole, je ne pouvais m'empêcher d'imaginer mon propre père assis parmi les spectateurs; comme au théâtre, même lui aurait été ému.

Un soir, peu après minuit, je me promenais en devisant avec quelques étudiants lorsqu'un jeune soldat en uniforme, immobilisé ici jusqu'à son départ pour le Vietnam, nous rejoignit.

– Vous vous trompez, dit-il. Nous gagnerons cette guerre; nous en avons les moyens.

Je venais tout juste de confier en privé à Oglesby et à Lacouture qu'ils sous-estimaient le courage de l'Amérique et j'étais curieux de connaître l'opinion du jeune conscrit.

– Il suffit de jeter un million d'hommes dans la mêlée, dit-il.

Les autres étudiants se mirent à rire. Notre interlocuteur fit une grimace.

– Un million d'hommes pourraient nous assurer la victoire. Mais je ne me fais aucune illusion. Les hautes instances de l'Administration ne s'en rendent pas encore compte mais sans ce million d'hommes, nous sommes tous foutus.

Cela ressemblait tellement à ce qu'on disait dans les

années trente ! Les fous prophétisaient mais ils n'avaient aucun pouvoir. En 1936 et 1937 nous étions convaincus que si l'on pouvait seulement vaincre Franco, on éviterait une nouvelle guerre mondiale car une Espagne démocratique sur le flanc de Hitler le freinerait dans son action, alors qu'un allié fasciste déclencherait sans aucun doute un conflit général en Europe. Mais les Anglais et les Français s'étaient rangés à l'idée que la démocratie était l'embryon du communisme et Roosevelt s'était abstenu d'intervenir, de telle sorte que Franco finit par déclarer à Madrid sa solidarité avec les forces de l'Axe; ce ne fut plus alors qu'une question de temps avant que tout n'explose. L'Espagne fut ainsi la matrice du dilemme qui s'établit entre les nations européennes pendant le demi-siècle qui suivit. La plus grande malhonnêteté de l'époque, que personne ne voulait reconnaître, était d'affirmer que les races inférieures – celle des Espagnols par exemple ou, plus tard, des Iraniens, des peuples du Moyen-Orient et de l'Amérique latine – se satisfaisaient parfaitement des dictatures de droite et que la démocratie n'était un système valable que pour les vieux Etats européens de l'Occident et les USA. Toute menace directe contre la droite était considérée comme une brèche par où s'engouffrerait le communisme car il était inconcevable de voir surgir un authentique démocrate d'un pays pauvre; celui qui se déclarerait tel dans de pareilles conditions ne serait qu'un faussaire et un mystificateur.

Il était évidemment impossible de prédire, en 1965, qu'avant que les chefs de l'Etat-Major, le Congrès, le président et la majorité des Américains soient sensibilisés aux faits présentés avec tant de lucidité durant ces sessions d'études, quelque cinquante-huit mille de nos jeunes seraient envoyés à la mort et que notre société serait réduite à merci. Néanmoins, même durant ces trois jours et ces trois nuits, chacun comprit qu'il ne s'agissait pas d'une simple répétition des événements des années trente. En passant devant le 411 de la North State Street où, trente ans plus tôt, j'avais écrit ma première pièce, et, un peu plus loin, devant la pizzeria où, douze ans auparavant, en plein maccarthysme, au cours de mon reportage pour *Holiday*, j'avais bavardé avec de jeunes étudiants soucieux de ne pas dire un mot plus haut que l'autre de peur d'être soupçonnés de radicalisme, je me rendis compte à quel point l'atmosphère de ces stages universitaires intensifs était nouvelle pour moi. Les professeurs s'adressaient directement aux étudiants massés dans les amphithéâtres en pleine nuit, expliquaient ouvertement que les USA avaient volontairement contrecarré une élection nationale au Vietnam qui aurait sans aucun doute porté Ho Chi Minh à la tête du pays et qu'on faisait maintenant appel aux Américains pour empêcher la volonté du peuple vietnamien de s'accomplir.

Les organisateurs du mouvement anti-guerre au Vietnam, amorcé à Ann Arbor, s'imagineraient un jour avoir échoué puisque, en dépit de tous leurs efforts, la guerre s'était prolongée pendant dix ans. Cela ne m'empêcha pas de considérer ces sessions d'études comme le moment ou éclata la scission entre les jeunes et les autorités et où il fallut ouvrir les yeux sur la corruption des âmes en haut lieu. Voilà en quoi cette période se rapproche de celle de la crise de 1929. Couché dans le lit où, trente ans plus tôt, j'avais passé ma première nuit d'étudiant, je me demandais combien de fois un pays pouvait être désavoué par une partie vive et intelligente de sa jeunesse avant que quelque chose d'irréparable ne se brise au plus profond de ses structures. Systole et diastole, radicalisation et retour à un mode de pensée prudent, éclatement de l'idéalisme suivi de brusques vagues de scepticisme et d'acceptation des choses telles qu'elles sont, combien pouvait-il y en avoir d'affilée avant que la mémoire ne s'y retrouve et n'écrase de nouveau avec cynisme – avant qu'il soit venu à maturité – le dernier bourgeonnement d'un idéal promis à une rapide destruction. En d'autres termes, combien de temps dure la liberté? Est-ce ainsi que se développe l'Amérique ou qu'elle meurt lentement? Sont-ce là les spasmes de la naissance ou de la mort?

L'Homme qui avait toutes les chances, la première de mes pièces à avoir été produite professionnellement, ne ressemblait guère à une histoire de crise et pourtant elle l'était, tant était grande dans cette œuvre l'obsession de l'échec et le sentiment de culpabilité devant la réussite. Lorsque je me mis à l'écrire, en 1941, l'avenir s'annonçait plein de promesses malgré les signes extérieurs de revers. Les deux prix Hopwood que j'avais reçus m'encourageaient à suivre ma voie, ainsi que l'« imprimatur » accordé par le Bureau d'aide à la première pièce, matérialisé par un don de deux cent cinquante dollars offert par la prestigieuse Guilde théâtrale de New York à la suite d'un concours national universitaire. L'un des autres lauréats était un étudiant de Saint Louis au nom étrange : Tennessee Williams. Je l'imaginais vêtu de peau de mouton et armé d'un pistolet.

Quand *l'Homme qui avait toutes les chances* fut monté à Broadway en 1944, tous les critiques furent déconcertés, sauf deux. (New York avait à l'époque sept quotidiens, chacun avec sa rubrique théâtrale.) Il faut dire cependant qu'en d'autres temps, cette pièce, malgré ses imperfections, aurait pu tenir l'affiche des années. Mais Broadway, dans les années quarante, se trouvait dans une phase que l'on pourrait qualifier de classique, comme il y en a dans tous les arts; enfreindre des règles d'écriture parfaitement définies c'était se vouer à l'échec. L'écriture dramatique était censée être tout à fait impersonnelle, chaque personnage ayant son autonomie propre et sa façon de considérer les choses. L'auteur ne pouvait être qu'une sorte de guide chargé de maintenir l'ordre à l'intérieur de l'action plutôt que l'inventeur d'une idée illustrée par son œuvre. Ce faux objectivisme était pris tellement au sérieux que, même à la fin des années soixante, un critique aussi perspicace que Walter Kerr déclarait que les pièces dont le sujet développait des concepts moraux ou sociaux au lieu de se contenter de divertir finiraient par vider les théâtres de leur public. De ce point de vue, *l'Homme qui avait toutes les chances* était nettement dépourvue de toute objectivité et par conséquent « artificielle ». De plus, ni moi ni mon producteur Joe Fields – un homme délicieux – n'avions compris la portée de son irréalisme.

Le père de Joe avait fait partie du fameux tandem comique des années vingt : Weber and Fields. Frère de la poétesse Dorothy Fields, il avait écrit plusieurs comédies musicales à succès et semblait le dernier à pouvoir être attiré par ce qu'on appelait, en langage de Broadway, un travail réservé à quelques privilégiés. Mais tandis que ses *Doughgirls*, un spectacle osé, lui rapportaient une fortune, il passait le plus clair de son temps dans les galeries d'art ou bien à lire ses auteurs français préférés, Charles Péguy surtout; il avait toujours une de ses œuvres à portée de la main ou dans la poche de son veston. Il crut en ma pièce et recruta Herbert H. Harris, fondateur de la société de parfums Charbert, pour la financer.

Essayant l'un après l'autre d'expliquer le malaise qu'ils éprouvaient devant cette œuvre, les critiques soulignaient l'absurdité de mon personnage de lanceur de base-ball : doué comme il l'était, disaient-ils, il était parfaitement illogique qu'Amos Beeves soit refusé par un sélectionneur de professionnels sous le seul prétexte qu'il était incapable de lancer convenablement la balle quand il était sur le terrain avec des hommes derrière lui. On aurait certainement pu lui enseigner cet art! D'autre part, le critique Burton Rascoe, ancien reporter sportif, écrivit un long article dans le *World-Telegram* où il affirmait avoir connu beaucoup d'athlètes qui s'étaient laissé détruire par un seul échec. Il poursuivait en me prédisant un bel avenir d'auteur dramatique. N'empêche que je trouvais embarrassant de gagner mes premiers lauriers professionnels en laissant croire que je m'y connaissais en base-ball!

Un coup de pouce plus important encore, bien que

fort étrange, me vint d'un homme sur lequel je ne comptais absolument pas : John Anderson, le critique du *Journal American*, un quotidien réactionnaire à sensation. Il m'invita à prendre un verre au New York Athletic Club pour parler de ma pièce. Jamais encore je n'avais rencontré de critique. Celui-ci était plutôt bel homme, âgé d'environ quarante ans, élégamment vêtu et l'air très sérieux. Il me dit avoir trouvé ma pièce assez obscure par endroits mais, ajouta-t-il : « J'ai senti tout un monde étrange derrière vos personnages et une atmosphère de noirceur fascinante qui m'a poussé à me demander si vous n'étiez pas doué pour la tragédie. Le destin plane au-dessus de cette œuvre, quelque chose qui tient du drame... »

Je lui répondis que je ne pensais pas écrire d'autres pièces. « Celle-ci est déjà ma cinquième ou sixième et cela ne m'a mené nulle part. »

Anderson baissa la tête. Il avait de beaux cheveux bruns, ondulés, et un regard grave et pénétrant.

– Vous avez écrit une tragédie mais dans un style comique populaire. Essayez donc de comprendre ce que vous faites.

Ce fut la première des deux ou trois conversations que j'eus jamais avec des critiques et, bien que je me sois remis à l'écriture dramatique trois ans plus tard seulement – pendant lesquels je m'occupai de terminer et de publier mon roman *Focus* –, je tins cependant compte de ce qu'il m'avait dit. Malheureusement, trois mois après notre rencontre, Anderson mourut d'une méningite.

Il m'avait posé une autre question qui me tourmentait continuellement :

– Etes-vous religieux?

Aveugle non seulement devant ce qui me concernait directement mais aussi devant ce que ma propre œuvre essayait de me faire comprendre, je trouvai la question absurde. A n'en pas douter, *l'Homme qui avait toutes les chances* était une pièce antireligieuse et parlait d'un jeune homme qui avait renoncé à infléchir les décisions divines et ne pouvait être sauvé qu'en s'identifiant à son travail. Mais toute œuvre dramatique, quand on la laisse suivre son cours originel, risque de trahir l'aveuglement de son auteur. En fait, la trame de l'intrigue aurait exigé la mort de David. Mais ce dénouement était intolérable à mon esprit rationaliste de l'époque et m'aurait semblé relever d'un obscurantisme ridicule. L'intrigue d'une pièce, comme les actes des individus, est plus révélatrice que son texte; j'estimais qu'en l'occurrence, elle représentait la quête désespérée de David pour authentifier sa personnalité en même temps que son désir de voir se rompre le silence cosmique. Bref, David avait réussi à amonceler en lui des trésors que la rouille rongeait petit à petit et que son esprit avait déjà désertés. Ce paradoxe se maintiendrait à travers toutes mes pièces à venir.

Debout au fond de la salle où se jouait la seule représentation à laquelle j'eus le courage d'assister, je ne pouvais blâmer personne d'autre que moi de son échec. Avec la meilleure volonté du monde, j'avais saboté mon travail, comme si j'avais fait jouer une partition musicale en me trompant de clé ou d'instruments. Jamais plus je n'écrirais de pièce de théâtre, me disais-je. Lors de la dernière représentation, après avoir dit au revoir aux acteurs, je me sentis presque soulagé en descendant dans le métro pour rejoindre Brooklyn Heights. Je lus dans un journal le récit des bombardements intensifs que faisaient subir les Alliés à l'Europe tombée aux mains des nazis. Quelque part, il y avait quand même quelque chose de réel.

Il est inévitable, je suppose, que de penser à la religion me rappelle des souvenirs qui remontent à la première fois où j'entendis parler du marxisme. Un jour de l'automne 1932, je m'aventurai jusqu'au temple de l'avenue M à la recherche – il faut bien l'avouer – de Dieu. Quelques années plus tôt j'y avais remporté un succès fantastique lors de ma bar-mitzvah, mon discours ayant obtenu les louanges délirantes de mon père. « Tu as bien passé la rampe, petit! » avait-il murmuré, tout ému. Sans doute parce que j'étais plongé dans les affres d'une explosion sexuelle sans avoir le droit de la laisser éclater, mon esprit avait établi un rapport entre la synagogue et cette journée rayonnante au cours de laquelle je m'étais affirmé comme un adulte, même si ce n'était qu'à travers un petit discours. Donc, en entrant ce jour-là dans ce saint lieu où j'avais triomphé jadis, je trouvai trois vieillards fumant des cigarettes turques, qui me dévisagèrent avec perplexité en m'écoutant donner les raisons de ma présence insolite : je souhaitais leur poser quelques questions sur la religion. Le sujet semblait très éloigné de leurs préoccupations actuelles : ils étaient plongés dans leurs comptes, calculaient leur déficit, se lamentaient sur la désertion des fidèles et autres problèmes du même genre. J'étais sans doute le seul adolescent venu leur faire pareille requête, surtout en milieu de semaine. Ils en restèrent bouche bée. Reprenant peu à peu leurs esprits, ils se regardèrent comme s'ils cherchaient l'inspiration. Enfin l'un d'entre eux me suggéra de revenir le samedi suivant assister à l'office du sabbat. Mais je connaissais cette pratique routinière qui convenait, à mon avis, à des gens déjà sûrs de leur foi. Personnellement, j'avais besoin d'éclaircissements pour calmer mon chaos intérieur et faire de moi un homme comme les autres.

Je repris donc le chemin de la maison, ma soif de vérité aussi inassouvie qu'imprécise. J'étais très attaché à la maison familiale. Quand je n'avais rien à faire, certains après-midi pluvieux, je prenais plaisir à passer l'aspirateur sur les tapis ou à recoller le pied cassé d'une chaise. Au printemps, je plantais des tulipes dans la cour, déterrais de vieilles boîtes de conserve toutes rouillées ou de vieilles bottes en caoutchouc qui avaient servi à remblayer le terrain avant qu'on ne le recouvre d'une fine couche de terreau qui masquait toutes ces épaves. Je travaillais souvent à quelques mètres de l'enclos où nos voisins, les Lindheimer, enfermaient Roy, le loup sauvage qu'ils avaient recueilli. Il grognait et se jetait contre la barrière en montrant ses crocs, les yeux tout rouges et la gueule écumante. M. Eagan, le beau-père de M. Lindheimer, qui se baladait toujours en haut-de-forme et en bottines et conduisait une superbe voiture stationnée devant l'hôtel Plaza, emmenait parfois l'animal en promenade. D'une main il le tenait au bout d'une longue chaîne de fer tandis que de l'autre il agitait une cravache dont il se servait à la moindre velléité du loup d'infléchir sa route à droite ou à gauche.

Un jour, j'étais là à bêcher mes tulipes lorsque je fus frappé tout à coup par un silence inhabituel. Roy n'était plus dans son enclos. En me redressant pour soulager mon dos, j'aperçus l'animal assis au beau milieu de notre cour, juste derrière moi, libre de toute entrave, seul, le regard de ses petits yeux rusés fixé sur moi. Je me figeai. Après nous être observés un long moment, je compris que si j'ébauchais le moindre geste, il me sauterait à la gorge. Je n'osais même plus cligner des yeux. Quelques minutes s'écoulèrent – qui me parurent une éternité. L'animal se leva enfin, contourna le garage et rentra chez lui. Avec d'extrêmes précautions, je regagnai la maison, décrochai le téléphone et appelai nos voisins pour les prévenir. Aussitôt la robuste Mme Lindheimer, professeur de natation au lycée voisin, sortit de son jardin et alla fermer à clef l'enclos où Roy était rentré de lui-même. Elle avait toujours l'air triste. Son mari était boucher en gros et ils semblaient tous les deux gavés de viande. Une coûteuse Packard, acquise récemment par le couple, se révéla à peine un peu plus étroite que le chemin qui menait à leur maison. Au cours de marches arrière périlleuses, Mme Lindheimer l'avait déjà coincée plusieurs fois, ce qui la rendait hystérique. Mais heureusement elle réussit presque chaque fois à reculer jusqu'à la rue, non sans dégâts pour la carrosserie, rayée en plusieurs endroits. Elle paraissait nous en vouloir de ce que notre maison fût si proche de la sienne. Jamais je ne la croisais sans avoir l'impression que je devais m'excuser de quelque chose. Mais je ne rendais pas le mal pour le mal et ne rêvais pas de la voir noyée.

Une autre chose comptait beaucoup pour moi : notre chaudière. Elle était pleine de mystère. Nous ne savions jamais exactement comment la charger pour qu'elle ne s'éteigne pas pendant la nuit. J'aimais voir les flammes bleues danser au-dessus de la couche de charbon et m'inquiétais dès qu'elles ne léchaient plus qu'un coin du foyer; je savais que si l'on n'intervenait pas rapidement, tout allait devenir noir, que le feu s'éteindrait, laissant une quantité de morceaux de charbon non consumés qu'il faudrait récupérer un par un le lendemain dans les cendres.

J'aimais aussi voir le camion de livraison s'approcher de la maison en marche arrière. Le chauffeur faisait basculer la benne et le charbon glissait dans la cave par la trappe, avec un bruit satisfaisant et réchauffant. Un plein chargement nous suffisait à maintenir une température convenable dans toutes les pièces pendant un bon moment.

Quelle griserie de descendre à la cave vers quatre heures du matin, d'ouvrir la porte de la chaudière et de découvrir que le feu n'était pas mort pendant la nuit. J'avais réussi à maîtriser son mystère! Je partais alors vers la boulangerie voisine où je travaillais, mes grosses chaussettes de patinage enfilées par-dessus les manches de mon anorak, avec la tranquille assurance de celui qui a bonne conscience, sachant sa famille en sécurité.

Le boulanger était un gros homme amical mais toujours tracassé et qui respirait bruyamment. En se référant à une liste griffonnée hâtivement avec un crayon qu'il était constamment obligé de tailler parce qu'il appuyait trop fort sur la mine, il inscrivait les adresses de ses clients sur des sacs en papier brun dans lesquels il livrait la marchandise. Je devais replier le haut de ces sacs pour les fermer et les déposer avec précaution dans le grand panier métallique suspendu au guidon de la superbe bicyclette qu'il mettait à ma disposition pour porter les commandes à domicile. Au printemps et à l'automne c'était merveilleux de rouler à l'aube le long des rues silencieuses et vides, devant les maisons endormies; on pouvait presque entendre les gens respirer dans leurs lits. En dépit de la récente explosion de ma sexualité, je ne les imaginais pas encore faisant l'amour derrière les volets clos. Je n'y pensais même pas. Chaque fois que je m'arrêtais, je posais doucement le vélo contre un lampadaire, cherchais avec une lampe de poche le colis à livrer et le déposais délicatement sur le seuil de la porte de la cuisine. S'il pleuvait, je m'arrangeais pour abriter le paquet le mieux possible. Certains clients prévoyants plaçaient à cet effet des boîtes en bois fermées par de solides couvercles.

En hiver, la température descendait souvent au-dessous de zéro à ces heures matinales. Les chats me suivaient en masse, se frottaient contre mes jambes à la recherche d'un peu de chaleur, miaulaient désespérément et me faisaient frissonner de remords devant leurs regards accusateurs.

Il y avait des matins où Ocean Parkway, l'autoroute à six voies, était entièrement recouverte de glace et ressemblait à un étang gelé. Parfois un taxi s'y aventurait, dont le conducteur jouait des freins et de l'accélérateur pour faire avancer joyeusement son véhicule sur cette patinoire. Un jour, vers quatre heures et demie du matin, je vis deux taxis valser comme s'ils cherchaient à se rapprocher l'un de l'autre, sans pourtant vouloir se rentrer dedans. Parfois je ne réussissais pas à garder l'équilibre sur mon deux-roues et je devais le pousser tout au long du chemin. Une fois même je me rappelle être tombé; tous les paquets se répandirent sur le sol gelé et éclatèrent, répandant alentour petits pains et croissants qui glissaient comme des palets de hockey sur la glace jusque très loin dans l'obscurité. Il me fallut alors partir à la chasse aux petits pains avec ma lampe de poche et tenter de les réintégrer dans les sacs mouillés selon les commandes reçues. Le temps que je revienne à la boulangerie, mon patron avait déjà reçu quantité de coups de téléphone de clients demandant ce qu'ils pouvaient faire de quatre croissants et de deux petits pains alors qu'ils en avaient réclamé trois de chaque. Ils parlaient d'un ton si furieux que j'entendais leurs voix dans le récepteur. Je craignis de perdre ma place, mais mon patron était compréhensif et me pardonna.

Comme au temps de mon enfance, mon vélo était ma seule consolation, l'élément féminin de ma vie, le cheval que j'enfourchais pour m'évader et qui m'emportait vers quelque carrefour où s'éclaircirait enfin le mystère de ma propre personnalité, cet ectoplasme insaisissable. Voilà comment je me retrouvai un jour à califourchon sur ma bicyclette, à l'arrêt, captivé par une partie de handball à laquelle se livrait une bande de jeunes contre le mur de la boutique de M. Dozick. Quatre garçons jouaient en double et d'autres les entouraient, applaudissant, hurlant des conseils ou se concertant à voix basse pour savoir quel était le meilleur moyen de parvenir à coucher avec la sœur d'Untel ou de chiper quelques bonbons à M. Rubin, l'épicier du coin, ou encore de participer au prochain camp à discipline militaire du groupe de boy-scouts, à Newburgh. Assis sur la selle de mon vélo, je me laissais absorber par le jeu et les conversations alentour, sans pour autant que cessât en moi l'anxiété latente que je ressentais continuellement pour mon avenir et celui de ma famille.

Au début de l'automne 1932, en effet, l'inquiétude était à son comble chez nous. Payer le loyer mensuel de cinquante dollars était devenu une obsession; mon frère avait dû abandonner ses études à l'université de New York pour aider mon père à gérer une autre de ses sociétés de confection, promise, elle aussi, à la faillite. L'absence d'autorité paternelle se faisait cruellement sentir dans notre foyer, mon père ayant pris l'habitude de somnoler chaque fois qu'il rentrait à la maison. Parfois il me regardait longuement et demandait :

– Qu'est-ce que tu feras plus tard?

Ce que j'aurais aimé faire ? Chanter à la radio, devenir une vedette comme Bing Crosby et gagner des millions. En fait, lorsque je terminai mes études secondaires, j'avais déjà une espèce d'imprésario, Harry Rosenthal, un petit bonhomme gras et trapu qui fumait d'énormes cigares. Il allait d'éditeur en éditeur présenter des chansons et décrochait parfois pour l'un ou l'autre de ses poulains un contrat dans un club.

J'avais à l'époque une bonne voix de tenor « légèrement irlandais », selon l'opinion de Rosenthal, qui convenait parfaitement aux romances du genre de celles d'Irving Berlin. Mais j'estimais que de les interpréter me ferait trop ressembler à Eddie Cantor, un chanteur de mauvais aloi, à mon humble avis. Dans les mois qui suivirent ma rencontre avec Rosenthal, celui-ci m'emmena souvent en métro jusqu'au Brill Building sur Broadway, près de la 50e Rue, au cœur de Tin Pan Alley, pour me faire auditionner dans l'espoir de décrocher un contrat. Je me souviens qu'à chaque étage de ce bâtiment se trouvaient de minuscules studios pourvus d'un piano droit où les compositeurs de chansons venaient présenter aux producteurs leurs dernières œuvres. Les parois de ces réduits étaient si minces que les voix des interprètes se mêlaient dans un vacarme épouvantable, au milieu duquel je tentais de chanter quelque ballade de mon compositeur préféré, Lorenz Hart, devant un petit homme harassé, aux paupières tombantes, qu'on ne me présenta même pas tant je comptais peu à ses yeux. C'est à peine si j'entendais les sons qui sortaient de mon gosier. J'avais le trac et, à mi-parcours, me demandai ce que j'étais venu faire dans cette galère. Non, ce n'était pas cela que je voulais faire dans la vie. Néanmoins, Rosenthal réussit à me décrocher un contrat pour une émission de quinze minutes à la radio, sur une des stations de Brooklyn, non rémunéré, bien entendu. On me procura un pianiste aveugle, homme âgé dont l'emphysème avancé passait sur les ondes en même temps que ma chanson, et dont les doigts arthritiques frappaient d'étranges accords sans jamais parvenir à se poser sur une seule touche à la fois tant ses jointures étaient bloquées. Couvert de cendres de cigarettes, les trois cheveux qu'il avait sur la tête soigneusement gominés pour l'occasion, il parut ému par mes romances. Après notre deuxième et dernier récital, il me conseilla de me présenter comme un « jeune Al Jolson », ce qui me sembla légèrement prétentieux mais pas outrageusement.

Mais j'en étais déjà à la fin de ma carrière de chanteur. A seize ans, pour la première fois de ma vie, mon cerveau se mit à transcrire dans la réalité de tous les jours les thèmes de mes chansons, ce qui m'embarrassa fort car tous traitaient plus ou moins des tentatives faites par les hommes pour conquérir les femmes et leur faire l'amour. J'avais innocemment mis tout mon cœur dans les textes poétiques de ces chansons sans avoir la moindre idée de leur signification réelle. Pour moi, c'était une succession de sons charmants portés par ma voix, sur lesquels on aurait pu placer des paroles écrites en chinois sans que j'y trouve à redire. Pourtant il arriva un moment où chanter pour de vrai à une fille « Si seulement j'avais une photo de toioioioi... » me devint intolérable. Mon gosier se contractait et l'aspirant professionnel que j'étais se retrouvait irrémédiablement coincé par tout ce que ces mots lui suggéraient.

Comme il arrive souvent aux tournants d'une vie, mon premier contact avec Marx se fit inopinément devant le drugstore de Dozick; il surgit de l'absurdité de l'instant et se grava dans ma mémoire avec la fixité d'un tableau. Les joueurs envoyaient leur balle rebondir régulièrement sur le mur de brique du magasin – et parfois aussi sur la porte d'entrée vitrée – au grand désespoir de son brave homme de propriétaire qui, avec son cœur d'or, se croyait obligé d'offrir gratuitement des verres de soda glacé aux jeunes garçons assoiffés; naturellement, ceux-ci abusaient de sa générosité. Il était de petite taille, portait de grosses lunettes et avait une voix nasillarde et haut perchée. Le jour où il estima que les garnements avaient suffisamment profité de sa gentillesse et de sa patience, il ôta du comptoir sa machine à soda; mais cela ne suffit pas à éloigner la meute. Il fit alors poser devant le mur aveugle de sa boutique un grand panneau publicitaire métallique de six pieds sur dix, vantant les mérites de Moxie, une boisson non alcoolisée très à la mode; quand les balles rebondissaient dessus, elles déviaient, mais nous avons très vite appris à jouer de biais pour toucher le mur sans frapper le panneau. Quand par hasard une balle l'atteignait quand même, le métal résonnait bruyamment, et le pauvre Dozick accourait en nous suppliant « pour l'amour du ciel » d'arrêter. Nous nous excusions poliment et reprenions nos jeux en essayant d'être plus habiles. Le pire était que le pauvre homme était parfois obligé de soigner les blessures que nous nous faisions en cours d'opération. « Je ne suis pas qualifié », criait-il lorsqu'un gamin ensanglanté entrait en titubant dans le drugstore, comme ce fut le cas un jour pour mon frère : il courait après une balle et heurta de la tête la vitre d'une Ford qui passait dans la rue, sectionnant presque une de ses oreilles. Quelque vingt ans plus tard, Dozick m'écrivit un mot de félicitations pour le succès de *Mort d'un commis voyageur*, bien qu'il doutât que son nom me dise encore quelque chose. Mais comment aurais-je pu oublier la tête qu'il faisait le jour où il avait recousu l'oreille de Kermit sur son comptoir! (Juste à côté de chez Dozick, il y avait un autre petit Juif, M. Fuchs, qui tenait une minuscule boutique de tailleur. Moyennant un dollar, il rallongeait votre pantalon ou en élargissait le bas en y mettant une pièce. On faisait beaucoup de couture dans le coin! »

Ce jour-là il n'y eut pas d'accident. Le soleil brillait, et à califourchon sur mon vélo je regardais jouer la jeune équipe. Un garçon plus âgé que moi – dont j'ai depuis longtemps oublié le nom – s'arrêta à mes côtés et se mit à m'expliquer que, bien que cela ne sautât pas aux yeux, il y avait deux classes dans la société : les ouvriers et les patrons. Dans le monde entier, Brooklyn y compris, une révolution qui transformerait la face du monde était en marche. Ce qu'on produirait servirait à tous au lieu de ne bénéficier qu'à certains; il y aurait donc beaucoup plus de richesses à partager et la justice régnerait partout. Je n'ai pas le moindre souvenir du visage de mon interlocuteur mais la certitude qu'il était déjà à l'université. Pourquoi m'avait-il choisi pour faire ces révélations? Avait-il décelé en moi quelque signe permettant de penser que j'offrais un terrain favorable à l'épanouissement de ces idées étonnantes? En tout cas je me sentis instantanément captivé au point d'abandonner mon tour de jeu. « Tout est sens dessus dessous », lui déclarai-je avec assurance, cherchant à lui faire comprendre par là que, dans ma famille, les ouvriers avaient toujours été un fléau. Aussi nécessaires qu'ils fussent, on les voyait toujours se mettre en travers de la route des hommes d'affaires qui essayaient de fabriquer et de vendre leurs articles. Les structures de ma vie étaient si rigides que je me sentais aussi indigné que grand-père Barnett, un républicain convaincu, à l'idée que Roosevelt pût seulement songer à se poser en rival du président Hoover dans sa course à une seconde élection présidentielle. Au fond, je suppose que nous étions tout simplement des royalistes pour lesquels l'autorité avait une aura quelque peu surnaturelle.

Je mettrais beaucoup de temps à prendre conscience du trouble dans lequel m'avait jeté la réflexion de cet étudiant anonyme. Pour moi, comme pour des millions de jeunes de cette époque et de la suivante, le concept d'une société sans classes avait un charme désarmant et excitait la générosité de toute une génération. La véritable condition de l'homme semblait être à l'opposé du système de compétition, que je croyais normal, et de ses hypocrisies. La vie pouvait se dérouler dans une camaraderie mutuelle, chacun aidant son prochain au lieu de rechercher les occasions de lui nuire. Le bouleversement de tout ce que j'avais appris sur le monde jusque-là révolutionna non seulement mes idées mais aussi la plus importante des relations que j'entretenais avec autrui à l'époque : celle avec mon père. Car enfouie tout au fond de l'idée que nous promet le marxisme se trouve la notion de parricide. Pour ceux qui sont psychologiquement prêts à cette aventure de l'âge d'or, la sublimation de la violence que propose cette doctrine a des effets presque euphorisants : en prônant le rationnel, elle balaie les restrictions imposées par les emportements œdipiens et dissimule leur virulence sous un idéal humanitaire. Son impact nous rappelle les conseils de Jésus à ses disciples : « « Quittez vos parents et suivez-moi car il est impossible de servir deux maîtres à la fois. » Dans ces paroles se profile déjà l'ombre du parricide.

Jamais je n'avais élevé la voix contre mon père, pas plus que lui contre moi. Je savais parfaitement que ma colère à son égard n'était pas dirigée contre sa personne mais plutôt contre son incapacité à s'accommoder de l'effondrement de ses affaires. En réalité, j'avais deux pères, l'un réel, l'autre métaphorique; ce dernier me révoltait car il ne savait comment maîtriser la débâcle générale. Un profond désir de l'aider se mêla en moi à une immense pitié, lorsqu'il dut se séparer d'abord de son chauffeur, puis vendre le bungalow où nous passions l'été. Il se mit à attendre passivement le retour de temps meilleurs, tandis que l'irréalité du présent s'enroulait autour de nous comme un lierre vivace qui aurait pris racine dans le tapis du living-room et qui, coupé ras un jour, repoussait le lendemain. Sans jamais se plaindre ni même parler de ses problèmes professionnels, mon père se contentait de devenir de plus en plus renfermé, de faire des siestes de plus en plus longues. Sa bouche avait l'air de se dessécher. J'avais conscience de la colère que faisait naître chez ma mère cette abdication muette. Quand un système échoue, on incrimine en général la faiblesse des autres que l'on rend responsables de tous les malheurs, comme le faisaient autrefois les rois qui mettaient à mort les porteurs de messages funestes. Notre père était notre lien avec le monde extérieur; or les nouvelles qu'il rapportait tous les soirs étaient mauvaises. Inconsciemment j'ai dû adopter les différentes attitudes de ma mère devant les échecs répétés de son époux : d'abord une certaine impatience lorsque se déclenchèrent les malheurs, puis de l'inquiétude devant leur croissance et finalement une espèce de mépris railleur qui filtrait dans le ton de sa voix.

En même temps, elle faisait vaillamment tout ce qu'elle pouvait pour nous sauver, réduisait les dépenses au strict minimum, rééquilibrait intelligemment le budget familial qui, jusqu'alors, avait toujours été régi par le hasard. Enfin, quand sa mère mourut et qu'il n'y eut plus aucune raison de demeurer à Harlem, c'est elle qui décida de déménager d'abord à Brooklyn, dans un grand appartement que nous partagions avec une autre famille, ensuite, un échelon plus bas, dans un bungalow sur East Third Street qui ne coûtait que cinq mille dollars et qu'elle acheta avec un énorme crédit bancaire. On ne trouvait pas mode de vie meilleur marché que celui qu'elle adopta alors; pourtant, en 1932, elle dut faire du charme au directeur de la banque de Kings Highway afin de reporter d'un mois à l'autre le paiement des intérêts de son emprunt. Au début des années trente, elle avait vendu ou déposé au mont-de-piété tous ses bijoux, sauf une broche de diamant qu'elle tenait de sa mère et quelques cadeaux de mariage dont elle refusait de se séparer, comme si de s'en débarrasser eût pu anéantir ses derniers espoirs de s'en sortir, ou plutôt comme s'il fallait éviter à tout prix de manger les graines destinées aux semences de l'année suivante.

Si j'avais été capable de partager pleinement ses déceptions devant les échecs de mon père, le cours de ma vie eût été facilité et probablement moins douloureux. Mais je ne pouvais m'empêcher de rougir pour lui chaque fois qu'elle le prenait pour cible de ses plaisanteries, car j'admirais intérieurement son caractère doux et chaleureux autant que me désespérait son manque de culture. Les réactions de ma mère n'étaient jamais directes ni simples. Elle pouvait changer de cap tout à coup et voir clairement, non sans un certain remords, qu'en frappant mon père, le malheur avait atteint un homme d'honneur courageux et honnête. Par amour pour moi et pour nous tous, elle nous divisait inconsciemment et innocemment contre nous-mêmes parce qu'elle croyait – comme je commençais à en être persuadé moi-même – qu'avec un peu d'intelligence, tout individu peut maîtriser n'importe quelle situation. Pourquoi mon père n'y parvenait-il pas ? Parce que l'égoïsme de sa mère l'avait contraint à travailler avant l'âge de douze ans pour qu'il puisse déposer sa paie tous les samedis soir à côté de son assiette. Ma mère détestait cette femme – qui continuait à vivre à quelques kilomètres de chez nous dans une grande maison de Flatbush, apparemment dans l'ignorance la plus absolue de la difficulté des temps. A travers elle ou à cause d'elle, ma mère se prenait à détester toute la gent féminine qu'elle accusait d'exploiter les hommes jusqu'à la moelle, sauf exceptions rarissimes dues à son humeur du jour. Elle ne voyait dans ses attitudes contradictoires rien de déconcertant. Tantôt elle était émue aux larmes par le courage de son mari, sa dignité dans son refus de se plaindre, tantôt elle lui faisait des remarques acerbes sur sa stupidité. Un jour nous devions tous prier pour le président Hoover, un honnête quaker victime comme tout le monde de la Crise; le lendemain elle le traitait de salopard sans foi ni loi qui osait – imaginez un peu ! – affirmer que bonheur et prospérité se trouvaient au coin de la rue. Ne comprenait-il pas que les gens étaient en train de devenir *fous* et que cela se passait *en ce moment même* ? Le désespoir s'infiltrait sous toutes les portes. A la fin de 1932, nous étions menacés de perdre même cette espèce de poulailler dans lequel nous vivions. Si cela se produisait réellement, qu'adviendrait-il de nous ?

On a souvent dit que si les Etats-Unis ne sont pas tombés dans la révolution au moment de la Crise, ce fut grâce à un certain état d'esprit qui poussait les Américains à se blâmer eux-mêmes de leur chute au lieu d'en rendre responsable le système économique et financier de l'époque. Les pères de famille ruinés éprouvèrent un sentiment de culpabilité et estimèrent n'avoir pas été à la hauteur de la situation. Certains d'entre eux ne retrouveraient jamais leur dignité ni leur confiance en eux-mêmes et poursuivraient leur existence comme de véritables morts vivants. Déjà au début des années trente, un ou deux ans après la Crise, les journaux rapportaient que, dans la seule cité de New York, près de cent mille personnes avaient été psychologiquement traumatisées au point de ne jamais pouvoir retravailler. Ce n'était pas seulement une question de manque de nourriture : l'espoir avait fui en même temps que les illusions et l'aptitude à croire en soi. L'Amérique, comme l'écrivit Archibald McLeish, n'était que promesses de réussite et la Crise apparaissait comme une promesse non tenue.

Si, sur le plan métaphorique, le marxisme était une explication rationnelle du parricide, je crois qu'il m'apporta aussi une raison de pardonner à mon père, en le ramenant à la dimension d'un numéro dans une catastrophe presque cosmique qu'il était au-dessus de ses forces d'éviter. Mais le pauvre homme aurait dû admettre qu'il n'était pour rien dans cet échec, au lieu de se défendre avec des raisonnements ridicules et défaitistes qui me mettaient en rage.

– Mais, disait-il, s'il n'y a pas de profit...

– Le profit est indigne et nuisible, répondais-je de ma voix de ténor, avec toute l'autorité de mes seize ans.

– Alors, où prendra-t-on l'argent pour faire des affaires ? Qui paiera les nouvelles machines quand les anciennes ne seront plus utilisables ? Et si l'on ne fait pas de bénéfices une année, il faudra bien avoir mis un peu d'argent de côté pour survivre jusqu'à des temps meilleurs !

J'entendis à nouveau ce genre de raisonnement lorsque je me rendis en Chine, un quart de siècle plus tard, au moment où le pays tentait de se relever après les décennies de politique anticapitaliste de Mao Tsé-toung.

Evidemment, la Crise fut l'occasion et peut-être aussi la cause de semblables affrontements entre pères et fils. Quelques années plus tard, je serais frappé de constater le nombre d'écrivains dont les pères avaient connu l'échec ou avaient été considérés comme des ratés par leurs fils; Fitzgerald, Faulkner, Hemingway (dont le père se suicida), Thomas Wolfe, Steinbeck, Poe, Whitman, Melville, Hawthorne, sans parler de Tchekhov, Dostoïevski et Strindberg. La liste en est trop longue pour qu'on succombe à la tentation d'attribuer le phénomène à une idiosyncrasie fortuite. Aussi différents que soient ces écrivains, ils partagent tous la même ambition de créer une nouvelle cosmologie au lieu de se contenter de décrire simplement le monde tel qu'il est. S'ils le pouvaient, ils inventeraient une nouvelle façon de percevoir les choses, qui changerait la face du monde. La grande différence entre les auteurs américains et ceux de la plupart des pays d'Europe vient de l'absence d'une vision révolutionnaire – sociale ou politique – de l'univers. Seul Steinbeck, arrivé à maturité dans les années trente après avoir fait l'expérience des luttes sociales qui secouèrent l'ouest de notre pays, présente dans ses œuvres l'aspect politique de la situation et parfois aussi son côté révolutionnaire. Aucun autre n'adopte un style typiquement américain, comme si l'on avait empêché le passé de s'exprimer et que l'écrivain se retrouvât seul, à l'origine des temps, obligé de donner un nom à tout ce qu'il voyait pour la première fois et condamné à rester toujours Cortez, debout sur son pic légendaire, ou Colomb, campé sur le pont de son bateau, écoutant à travers l'immensité de l'océan les premiers remous des vagues heurtant une côte inconnue. Ailleurs les écrivains peuvent citer à l'occasion les noms des modèles qui les ont fascinés dans leur jeunesse et qu'ils ont cherché à égaler, les Strindberg ou les Tzara, les Tolstoï ou les Waugh, dont ils considèrent comme un honneur de suivre les traces et de maintenir les traditions. Mais les écrivains américains jaillissent pour ainsi dire de la terre ou tombent du ciel, tout neufs, partis de rien et formés sur le tas, comme ces hommes d'affaires qu'ils méprisent tant. Ils sont là, tels des orphelins abandonnés par un passé qu'à leur tour ils rejettent afin d'être en mesure d'écrire, non pas la plus grande pièce ou le plus grand roman américains mais bien le Premier ou la Première de tous.

J'avais du mal, à l'époque, à analyser mes sentiments; je savais que la Crise n'était qu'une histoire d'argent ou plutôt une catastrophe morale, le moment où toutes les hypocrisies de la société américaine furent démasquées. Voilà pourquoi, pour ceux qui tournent leurs regards vers la gauche – aujourd'hui comme hier –, les faits ont si peu d'importance. Rien n'est plus illusoire et aveuglant que l'indignation morale. L'adolescence est un passage douloureux, un état trouble et informe, auquel seul le temps peut mettre fin; quand il s'y ajoute un effondrement de toutes les valeurs morales et que l'autorité – quelle qu'elle soit – se révèle inefficace et incompétente, le seul moyen d'atteindre la maturité est de se tourner vers le radicalisme. Le reste n'est qu'hypocrisie et gâchis. Il faut déblayer le terrain pour y implanter de nouvelles structures et y déployer la puissance bénéfique de la raison, ce que le marxisme prétendait – et prétend encore – pouvoir faire. Bien qu'ennemi de toute religion, il n'en éveillait pas moins en moi les mêmes réactions de foi et me procurait le même privilège de rejoindre une élite semblable à celle qui ensorcelle les communautés religieuses. Ceux qui somnolaient se réveillent; leur chant est la voix de l'avenir et ils sont prêts, si nécessaire, à apporter non la paix mais la guerre. Quelque deux décennies après cette partie de handball fatidique, je travaillais un jour à la Société historique de Salem, où je compulsais les dossiers concernant le procès des sorcières en 1692; j'eus soudain l'impression d'entendre la voix des juges prononcer la sentence de mort. On ne pouvait vraiment les comprendre que si on avait soi-même connu l'émotion grisante que procure la certitude d'avoir totalement raison. Sans doute n'aurais-je jamais mis les pieds à Salem si je n'avais pas rencontré Marx au milieu de cette partie de handball.

Maintenant que j'avais trouvé le salut, je serais certainement devenu insupportable de prétention et de suffisance si j'avais trouvé à la maison quelqu'un pour m'écouter. Mais mon père avait du mal à rester éveillé et mon frère, en principe d'accord avec moi, était trop occupé à essayer de sauver ce qui restait des affaires de mon père (en qui il voyait un héros foudroyé) pour me prêter attention. Kermit était fermement décidé à refaire la fortune de la famille, ou tout au moins à en récupérer le maximum avant l'effondrement du capitalisme – une éventualité qui n'était peut-être pas si éloignée quand on savait que l'association des banques (et non les radicaux) avait demandé à Roosevelt de nationaliser les banques, tant le système était devenu incontrôlable. Si c'était une situation révolutionnaire du genre de celles qu'on avait connues au début du vingtième siècle, elle était pour le moins étrange; pourtant nous étions loin d'être les seuls à nous mouvoir en esprit sur plusieurs plans de crédulité à la fois. Quand on commença à se rendre compte qu'il ne s'agissait pas d'une simple récession, dans le genre de celle du début des années vingt, et que les appels à l'union lancés par Roosevelt demeuraient sans effet, les perspectives d'un profond remaniement social cessèrent d'être un sujet de conversation réservé aux seuls intellectuels pour tomber dans le domaine public. Car les choses ne pouvaient continuer ainsi. Un bateau ne reste pas longtemps immobilisé sur les eaux sans que les passagers se mettent à crier et à s'agiter pour faire venir le vent.

« Monsieur Glick », comme on l'appelait d'habitude – et non simplement « Glick » ou « Harry » –, était le quincaillier du quartier et avait la particularité de n'être pas marié à trente ans. Dans ce coin de Brooklyn, tout le monde était marié. Mais « M. Glick », le rouquin, le gars vigoureux et sain malgré sa myopie, semblait satisfait de vivre seul dans son magasin de l'Avenue M où il faisait frire son poisson et devant lequel il s'asseyait sur une chaise pliante pour prendre le soleil quand se ralentissait le flot des clients. Il saluait alors les passants d'un clin d'œil ou d'un petit sourire ironique. Par quel mystère réussit-il à maintenir son affaire dans la tourmente ? Sans doute grâce à son habileté d'artisan qui savait tout réparer. Autour de lui les boutiques fermaient les unes après les autres. Attiré par tout ce qui était outillage et mécanique, j'adorais flâner chez M. Glick avec d'autres garçons, Sammy le Mongol, en particulier, qui était sans doute le meilleur ami de M. Glick. Agê d'une trentaine d'années lui aussi, Sammy connaissait chacune des familles du voisinage, non par leur nom mais par leur numéro de téléphone. Cela donnait le genre de conversation suivante :

– Vous avez entendu ce qu'on dit de Dewey 965 57 ?

– Non ! Quoi donc ?

– Elle va épouser Navarre 832 80.

– Pas possible !

M. Glick prenait alors un air scandalisé pour demander :

– Mais alors, que va devenir Esplanade 745 79 ?

– Oh, elle n'est pas sortie avec lui depuis un bon moment.

– Moi, reprenait Glick, j'ai entendu dire que Dewey 965 57 sortait avec Navarre 832 81.

– 81 ? C'est impossible ! 81 est une fille.

– Une fille ? Depuis quand ?

– Depuis toujours.

Sammy était au bord des larmes mais M. Glick poussait sans remords son avantage. Il adorait taquiner. Chaque fois que je passais devant son magasin, près de la 5ᵉ Rue, il me demandait :

– Alors, il pleut sur la 3ᵉ Rue ?

– Mais non ! Il fait exactement le même temps qu'ici.

– Ah bon ! J'en suis ravi.

Les femmes étaient pour lui de merveilleux fruits mûrs dont il savourait la crédulité. C'était tellement facile de les faire marcher ! Les quelques boutiques de l'Avenue M formaient un village aux frontières invisibles à l'œil d'un étranger, bien que très précises. Les habitants de ce village avaient pour principale occupation de se faire de la bile pour tout et pour rien. Le long des trottoirs, beaucoup de gens allaient et venaient en pantoufles, leur mauvais moral ne leur permettant pas d'enfiler des chaussures pour aller acheter un journal ou une boîte de conserve. Pendant les mois d'été, les femmes se baladaient souvent en déshabillé ou en large robe de chambre, ce qui enflammait l'imagination de M. Glick. Il inventait des histoires insensées auxquelles mes amis et moi apportions la caution d'un sérieux imperturbable.

Ainsi, une femme entra un jour dans son magasin, une rôtissoire électrique sous le bras. Elle la posa brusquement sur le comptoir et déclara :

– Elle ne grille pas.

– Qu'est-ce qui ne grille pas ?

– Ce machin. Il ne grille pas, répéta-t-elle en ramenant les pans de son déshabillé sur son opulente poitrine.

– Vous avez froid ? demanda Glick. Vous voulez que je monte le chauffage dans le bâtiment ? J'en suis le propriétaire.

– Froid ? Quelle idée ! On est en juillet, non ?

– Vous êtes si belle que je l'avais oublié. Alors, dites voir un peu, avec cette rôtissoire quel est votre problème ? Qu'est-ce que vous voulez dire par « elle ne grille pas » ?

– Eh bien... qu'elle ne grille pas tout simplement.

Il la regarda droit dans les yeux.

– Et vous ne savez pas quoi faire dans ce cas.

– Ecoutez. Je parle de la rôtissoire.

– Bien sûr, bien sûr, ma belle. Qu'est-ce que je vous ai dit de faire pour la chauffer ?

– La brancher, évidemment. C'est ce que j'ai fait.

– Vous l'avez branchée ? Vraiment ?

Il se pencha vers elle, frôlant presque sa poitrine.

– Elle est devenue un peu chaude mais pas beaucoup.

– Qu'est-ce que vous aviez sur le dos ?

– Comment ? Mes vêtements, voyons.

– Très bien, très bien. C'est qu'il y a des personnes, voyez-vous, qui essaient de faire chauffer une rôtissoire à poil. Ce sont des appareils très sensibles, vous savez.

– Vous ne pensez quand même pas que je fais la cuisine toute nue !

– Pourquoi pas ? Vous seriez surprise d'apprendre ce qui se passe par ici. J'ai vu des femmes – je ne veux pas les nommer – venir me déclarer tout net qu'elles se servaient de leur rôtissoire sans rien sur le dos.

– Qu'est-ce que vous me racontez ? De qui parlez-vous ?

– Ah ! Elle veut savoir de qui je parle ! Mais de blondes, de brunes, de châtain clair, ma belle. Elles font tout griller dans le voisinage à poil !

– Vous êtes cinglé ! Je ne ferais jamais une chose pareille !

– Parfait, parfait. Alors dites-moi, qu'avez-vous introduit là-dedans ?

– Je ne sais pas, moi. Des côtelettes, un hamburger...

– Comment ? Un hamburger ?

– Ben oui. Pourquoi pas ?

Glick prit un air d'extrême affliction. Avec un hochement désabusé de la tête, il retourna la rôtissoire et montra du doigt le numéro de référence de l'appareil.

– Vous voyez ? Ce numéro se termine par un 9. Vous savez ce que cela veut dire ?

– Non. Quoi donc ?

– Tout numéro se terminant par un 9 signifie qu'on peut faire griller n'importe quoi sauf les hamburgers. Mais, ajouta-t-il avant qu'elle ait eu le temps de protester, pour vous je ferai une exception. Je vais vous échanger l'appareil.

– Je suis sûre de n'avoir commis aucune erreur dans son maniement...

– Bien, bien. D'ailleurs, une femme comme vous en serait incapable.

Il sortit du placard une nouvelle rôtissoire et dit avec gravité :

– Voici un modèle amélioré. Vous pouvez l'utiliser à poil.

– Non mais ça ne va pas ? Jamais je n'ai entendu chose pareille !

Il l'interrompit avec un sourire charmant :

– Je vous taquine, voyons, ma jolie, parce que vous me rendez si malheureux...

Complètement désorientée, elle demanda avec un demi-sourire :

– Je vous rends malheureux, moi ?

– Eh oui, fit-il avec un gros soupir. Parce que vous êtes mariée.

Elle s'en alla, ravie, la nouvelle rôtissoire sous le bras, après lui avoir tapoté amicalement la joue.

Quelques années plus tard, au printemps, en revenant de l'université, je passai devant la boutique et vis M. Glick assis devant sa porte, une voiture d'enfant près de lui et une petite femme boulotte, rouquine, debout sur le seuil. Puis, plusieurs années après cela, lors du tournage par Harry Rasky d'un documentaire sur moi pour la CBC, je revins sur les lieux. Hélas, la boutique de M. Glick avait disparu, remplacée par un complexe d'appartements qui montrait déjà des signes de vieillissement.

Les commerçants comme M. Glick passaient le plus clair de leur temps, après le Krach, à attendre le client, assis devant leur magasin. Et ils devaient se considérer comme chanceux car partout ailleurs les boutiques étaient fermées et de grands panneaux barraient leur porte avec la mention : « A louer ». Il en allait de même pour les appartements. Les gens s'entassaient dans quelques pièces, les jeunes ménages revenaient vivre chez leurs parents avec leurs enfants. Dans les rues, les jeunes chômeurs de vingt ans jouaient au football pour passer le temps, achetaient leurs Camel ou leurs Lucky une par une pour un penny chez Rubin, le marchand de tabac de l'Avenue M. Les rites habituels du passage de l'adolescence à l'âge adulte tendaient à disparaître. Lors de mes derniers examens à l'Abraham Lincoln High School en 1932, ma famille ne fut pas la seule à ne pas assister à la cérémonie de remise des diplômes. Je n'avais d'ailleurs compté sur la présence de personne, sachant qu'une fois terminées mes études secondaires, je ne serais qu'un jeune chômeur de plus à nourrir; avec une licence en poche, j'avais une chance de me faire engager comme vendeur de cravates chez Macy's.

Le passe-temps national consistait à traîner dans les rues ou sur la plage en attendant que quelque chose se produise. Le soir, avant de commencer à me sentir gêné par ce genre d'exhibition, j'allais avec une demi-douzaine de copains devant la boutique de Dozick chanter les derniers tubes et rivaliser avec quiconque estimait avoir une plus belle voix que moi. (On pouvait se procurer pour quelques pennies la copie ronéotypée de tous les textes des chansons à la mode.) Quand j'eus atteint mes quinze ans, ce genre de compétition me parut puéril mais je continuai à y participer en tant que vedette comique de notre bande. J'improvisais des âneries, imitais les Trois Stooges, ces pâles répliques des Marx Brothers, que nous méprisions. Nous avions aussi une équipe de football amateur; l'un des demis arrière, un géant lippu nommé Izzy Lenowitz que personne n'osait contrer de peur de recevoir un coup de genou dans l'estomac, me tapait souvent dans le dos en suppliant : « Artie, je t'en prie, fais-nous rire. » Je me lançais alors dans quelque monologue improvisé qui, avec un peu de chance, se poursuivait cinq minutes, parfois davantage. Sans m'en rendre compte et sans aucune préparation, j'avais déclenché un processus de distanciation : je me séparais des spectateurs pour les affronter seul.

Comme je l'ai déjà dit, à part mon frère et ma mère, je n'ai jamais vu personne lire autour de moi, sauf pour des raisons pratiques. Il n'y avait aucune raison de se livrer à ce genre d'occupation. Les garçons avaient autre chose en tête : la conquête des filles, par exemple, ces innocentes victimes du désir des hommes. En ce temps-là, c'était surtout de Mary Costigliano qu'on recherchait les faveurs. Elle avait près de trente ans, possédait d'énormes seins, avait la réputation d'être un peu faible d'esprit et de tomber dans les bras de tous ceux qui lui offraient une boîte de bonbons de chez Whitman. Vrai ou faux, cela soulevait des rires ironiques sur son passage. Parfois elle s'arrêtait et criait après un gars qui l'avait insultée. Un jour, en entrant dans le sous-sol de notre immeuble, je trouvai toute notre équipe de football en train de se masturber; cela me parut contredire un certain idéalisme que je croyais l'apanage de notre petit groupe, bonne excuse sans doute pour cacher la timidité qui m'empêchait de me joindre à eux. D'ailleurs, je préférais m'en tenir à ma propre vision de l'idéal féminin.

Ma mère m'avait inscrit au lycée un an avant que je ne quitte l'école primaire, ce qui fit naître en moi l'étrange idée que j'étais trop jeune pour tout. Pour me prouver à moi-même que j'étais assez mûr, je rejoignis la seconde équipe de football de mon école malgré mon apparence dégingandée. Je courais très vite et arrachais facilement le ballon grâce à mes longs bras; mais quand on pèse à peine soixante kilos, ce n'est pas marrant de se défendre contre un gars qui en pèse quatre-vingts. Je redoutais de recevoir des coups de pied au visage quand il me fallait plonger sur les chevilles d'un joueur; heureusement, la plupart du temps, je ratais mon but. Pourtant, lors d'une rencontre importante avec une équipe rivale, je fermai les yeux et me ruai sur le premier demi arrière, un abominable petit salaud qui, aux dires des connaisseurs, avait un avenir prometteur de footballeur. Par malchance j'atterris sur ses pieds et le fis tomber avec une telle violence qu'il en resta tout surpris, et moi davantage encore. En se relevant, il enfonça ses crampons dans mon cou. J'attendis longtemps l'occasion de l'attaquer à nouveau mais elle ne se présenta pas. Au lieu de cela, en recevant une passe quelques minutes plus tard, je fus brusquement attaqué sur le flanc et plaqué au sol; les ligaments d'un de mes genoux claquèrent et je ressentis une douleur atroce lorsque je voulus tendre la jambe. Huit ans plus tard, cette blessure me valut d'être réformé au service militaire.

J'ai toujours su, il me semble, que j'étais doué pour la mécanique et la menuiserie. Vers douze ou treize ans, j'achetai du bois de construction avec les économies réalisées sur mes livraisons de pain – quelque douze dollars péniblement épargnés sur les quatre dollars par semaine que me rapportait ce travail – et je construisis une véranda pour la petite bicoque de la 3e Rue où nous habitions. Je demandai conseil à mes deux oncles, installés avec leurs familles à Brooklyn depuis le début des années vingt, au moment où le quartier de Midwood était encore tellement désert qu'on pouvait suivre ses enfants du regard jusqu'à l'école, à travers une vaste étendue de terrains vagues couverts de buissons sauvages. Manny Newman et Lee Balsam étaient tous deux commis voyageurs et possédaient des outils avec lesquels ils pouvaient tout réparer chez eux pendant leurs loisirs. Mais seul Lee consentait à me prêter son marteau, parce qu'il ne prenait pas très au sérieux les travaux manuels.

La politique de Manny était toute différente : non seulement il ne prêtait rien mais il prétendait ne même pas posséder une pelle, alors qu'il savait pertinemment que je la voyais derrière lui, suspendue au mur du garage où il aimait jouer aux cartes, en slip quand il faisait chaud, avec ses voisins.

Lee Balsam était la gentillesse même. Il parlait d'une voix douce et se déplaçait lentement à cause d'une maladie de cœur. Il me fit les plans d'une véranda qui se révéla parfaite, sauf qu'elle n'était pas fixée à la maison, ce dont je ne m'aperçus qu'à la fin des travaux. On la garda cependant deux décennies, bien qu'elle s'éloignât petit à petit de la porte de la cuisine. Ce fut ma première expérience en matière de construction et, pendant tout le temps qu'elle dura, je fus excité au point de perdre le sommeil à l'idée de ce que j'allais réaliser le lendemain. Je ressentis exactement la même fièvre lorsqu'en avril 1948, je bâtis un petit studio à côté de ma première maison personnelle du Connecticut, dans le but d'y écrire l'histoire d'un commis voyageur. L'idée de créer une nouvelle ombre sur la terre m'a toujours fasciné mais je ne comprends toujours pas d'où me viennent cet amour et ce respect des artisans, vu que l'ambition implicite des gens de la classe moyenne a toujours été d'éviter le plus possible les travaux manuels.

Dans les années vingt, quand les Miller venaient les voir dans leur limousine pour aller faire quelque visite, les maisons communicantes de Newman-Balsam n'étaient flanquées que d'une rangée de petites demeures en bois, à toits plats, agrémentées de perrons à trois marches, entourées de terrains vagues où poussaient de grands hêtres, des rosiers sauvages et des fougères. L'herbe était striée de sentiers qu'on empruntait de préférence aux rues, mal pavées et dépourvues de trottoirs. Comme il n'y avait pas de magasins à moins de deux ou trois kilomètres, on achetait les pommes de terre par sacs de cent kilos et on mettait en conserve les tomates qui poussaient dans les jardins potagers. Les sous-sols sentaient la bonne terre bien saine, au lieu de puer la pisse de chat et de rat comme ceux de Manhattan. Avant de s'installer à Brooklyn, les deux familles avaient vécu dans les petites villes froides du nord de l'Etat de New York, où l'on roulait les *r* et parlait du nez – les femmes surtout. Leur rythme de vie et de pensée y était très différent de celui des habitants de New York. Ils savaient prendre le temps de s'asseoir et de bavarder tranquillement, s'acceptaient entre voisins tels qu'ils étaient, c'est-à-dire des Américains ordinaires que leur judaïcité ne séparait en rien des autres citoyens. Ils vivaient à côté de « Gentils » avec lesquels ils entretenaient d'excellentes relations. Contrairement aux Juifs de Manhattan que je connaissais, ils ne faisaient jamais appel au plombier ou au couvreur quand une réparation était nécessaire, mais s'en chargeaient eux-mêmes.

Jusqu'à leur mariage, les trois filles de Lee et Esther semblaient passer leur temps, un foulard sur la tête, à nettoyer leur petite maison, à astiquer la Nash et même à frotter la véranda avec de l'eau savonneuse. Les Newman en faisaient autant mais leur demeure était beaucoup plus obscure, chargée de relents de sexe et de rêves, de mensonges et d'inventions, de contradictions et de surprises qui me fascinaient.

Manny Newman était laid et charmant, une espèce de dieu Pan sorti de terre, agressif et zézayant, avec des yeux marron et globuleux, un nez en patate, un teint mat et des bras noueux. Quand j'entrais chez lui, il me regardait comme s'il ne m'avait jamais vu ou eût préféré ne pas me revoir; il portait en général un bleu de travail et brandissait un marteau ou un tournevis; parfois je le trouvais assis devant une grande boîte à chaussures remplie de photos porno dont il faisait collection. C'était un compétiteur-né. Mon frère et moi étions pour lui les rivaux de ses fils, engagés dans une course sans fin. De ses deux fils et de ses deux filles, l'aînée était Isabelle, une beauté malgré sa ressemblance avec son père; la cadette, Margie, intelligente et douce, était défigurée par une acné purulente qui la rendait morose sans lui ôter son courage ni son humour. Elle ne se permettait pas de perdre l'espoir de guérir un jour, ce qui m'apparut, par la suite, comme l'un des traits marquants du caractère américain : de toute situation, quelque chose de bon, de fantastique même pouvait surgir, qui transformerait la vie et mènerait au triomphe. Personne ne faisait preuve de subtilité dans la maison de mon oncle; on y tremblait sous le coup de décisions brutales ou bien on y célébrait à grands cris des victoires qui n'étaient pas encore gagnées mais qui sûrement le seraient demain. Quant aux deux garçons, ils étaient dignes d'être chefs scouts, savaient faire leur lit à la perfection, se lavaient à fond et parlaient gravement de l'honneur familial, ce qui ne les empêchait pas d'entrer chez Rubin, le confiseur, et, avec l'aide de Bernie Crystal et de Louis Fleishman, de distraire suffisamment son attention pour lui dérober sans qu'il s'en aperçoive deux ou trois bocaux remplis de bonbons à un penny, ou encore d'organiser un week-end de camping à Bear Mountain avec la pompe et le sérieux d'explorateurs préparant une expédition au pôle Nord. Une fois sur place, satisfaits d'avoir suivi toutes les règles d'honneur du scoutisme, ils montaient leur tente, partaient à la recherche d'une vieille pute dans une taverne voisine et passaient la nuit en sa compagnie, à tour de rôle, sous la tente. Le matin venu, ils discutaient son prix avec elle, affirmant qu'étant frères, il était normal de ne la payer que pour un seul client. Nous les enviions tous, surtout Buddy, l'aîné, qui jouait au base-ball et au basket-ball et dont le nom figura deux ou trois fois dans la feuille de chou de Brooklyn, *Eagle*. Nous savions aussi qu'il mettait deux heures à se préparer lorsqu'il sortait avec une fille, afin de bien gominer ses cheveux noirs, de talquer son visage, de se donner de bons coups dans l'estomac et de grimacer des sourires devant le miroir pour vérifier la blancheur de ses dents. Comme son père, il avait le teint basané mais était plus grand et avait hérité des larges épaules de grand-père Barnett, tout comme Annie, sa mère, une femme énergique qui avait les deux pieds sur terre. On la plaignait souvent d'être obligée d'user de circonlocutions pleines de tact pour faire comprendre à Manny qu'il valait peut-être mieux ne pas peindre la maison en orange sous prétexte qu'il avait trouvé à bas prix, dans une vente aux enchères réalisée après l'incendie d'un immeuble de Fulton Street, des pots de peinture de cette couleur. Elle gardait toujours son calme et son sourire, de peur de lui faire de la peine. Avec ses filles elle était plus franche et s'efforçait, jour après jour, de les amener – comme deux navires en perdition – à bon port, c'est-à-dire au mariage, Margie avec ses problèmes de peau et Isabelle avec ses envies de galvauder beaucoup trop tôt sa virginité, qu'elle tenait à lui faire garder encore un peu.

En fait, je ne crois pas avoir passé plus de deux heures de ma vie en présence de Manny, mais c'était un personnage tellement absurde, si complètement coupé des lois de la gravité, si compliqué dans ses folles inventions, si lyriquement amoureux – malgré sa laideur – de la gloire et de la fortune et de tout ce qu'elles pouvaient apporter à sa famille, qu'il subjuguait mon imagination. Je savais toujours, à quelques détails près, comment il réagirait à un signe, un mot, une idée. Sa manière imprévisible de manipuler les faits libérait mon esprit et l'envoyait vagabonder dans le monde de mes propres fantasmes. Pourtant, sous ces dehors frivoles, coulait le fleuve de la tristesse. Lui et Annie étaient un cas désespéré, aux dires des gens, mais particulièrement intéressant parce qu'ils étaient encore amoureux l'un de l'autre. Tout le monde savait qu'ils s'étaient mariés en cachette, contre le gré de grand-père Barnett, ce qui ne les empêchait pas d'être, à l'époque encore, manifestement attachés sexuellement l'un à l'autre, elle avec son opulente poitrine et ses excès de graisse, son rire bruyant, son visage couperosé, rougi par une hypertension qui la tuerait à soixante ans, lui avec son air d'Indien bronzé et sa tête toujours dans les nuages. Leur grande préoccupation, les soirs de réveillon de Nouvel An, était de s'arranger pour que huit ou dix couples puissent s'asseoir autour de la table du dîner dans leur étroit sous-sol, près de la chaudière à charbon. Après le repas, quand les jeunes avaient été envoyés au lit, Manny sortait ses boîtes à chaussures remplies de cartes postales porno et les faisait circuler parmi les convives. Comme toutes les réunions de ce genre, la soirée se terminait par une partie de cartes. Quand Manny se sentait fatigué, il allait se pelotonner sur les genoux de la massive Annie et faisait semblant de la téter, ce qui embarrassait terriblement la pauvre femme... pas assez cependant pour la faire couper court à ce jeu. Aucune autre maison de ma connaissance – ni la nôtre, ni celle des Balsam par exemple – n'exhalait une telle odeur de sensualité. Chez nous, l'atmosphère était légère et dégagée, chez les Newman, tout fleurait l'obsession sexuelle, comme si ses habitants cultivaient des rapports obscènes – c'est du moins ce que j'imaginais.

Aussi fanatique de sport que j'aie été à l'époque, mes capacités en la matière étaient incomparablement inférieures à celles des fils de Manny. De plus, j'étais laid, dégingandé, ce qui me valait, chaque fois que je passais chez mon oncle, quelque réflexion démoralisante sur l'échec probable de ma vie. Mais cela ne diminuait en rien la fascination qu'exerçait sur mon imagination le mystère qui, pour moi, entourait les Newman. Jamais je ne me rendais chez eux sans penser que j'allais être témoin de choses extraordinaires, de quelque paillardise ou de quelque étonnante révélation.

Aucun être raisonnable ne pouvait prendre Manny au sérieux. Il adorait faire le clown. Mais il était impossible de lui rester indifférent, sans doute parce que, derrière ses fantasmes délirants, on sentait une souffrance inguérissable. S'il était typique de sa part de lever la tête de son jeu de cartes et de m'affirmer qu'il n'avait pas de pelle alors qu'elle était pendue au mur du garage juste derrière lui, c'était normal aussi; ni mon père, ni Lee, ni aucun des joueurs assis près de lui n'auraient songé à relever la contradiction. On savait qu'il avait un remède merveilleux pour tous les problèmes qui l'embarrassaient : altérer les faits. Tout le monde en riait, regrettant presque de ne pas oser en faire autant. Derrière le mépris moqueur que chacun affichait à son égard, il y avait une intense curiosité, un respect même et une certaine envie pour le courage démentiel qu'il mettait à fuir toutes les règles habituelles du bon sens dans les rapports humains. Pour moi, il était une espèce de creuset où se mêlaient toutes sortes de subtilités et de sous-entendus dont les autres étaient dépourvus. Ainsi, dans son net refus de reconnaître qu'il possédait une pelle se retrouvait le thème de sa vie, cet esprit de compétition qui était, pour lui, une sorte de drogue. En réalité, il voulait dire : « Pourquoi ton père n'achète-t-il pas une pelle? S'il se croit assez important pour me regarder de haut – comme il était persuadé que le faisaient tous les conservateurs – il n'a aucune raison d'emprunter ma pelle. Est-ce qu'il est trop distingué pour posséder une pelle? A-t-il si bien réussi dans la vie qu'il puisse se permettre de ne s'en préoccuper que lorsque lui ou son fils en ont désespérément besoin? Et alors, croit-il qu'il suffise de venir me piquer la mienne? Pour moi, cette pelle, c'est de l'or. Donc pour les Miller, je n'ai pas de pelle. » Il poussait même le fantasme plus loin : dans sa tête, la pelle suspendue derrière lui avait réellement cessé d'exister à ce moment-là.

Bien sûr, j'appris de mon père, de mon oncle Lee et d'autres membres de ma famille à désespérer de Manny, mais il ne cessait de m'obséder, comme il tracassait chacun. Sans lui, une partie de gin-rami n'était qu'une partie de gin-rami, c'est-à-dire une demi-douzaine de gens assis autour d'une table, l'air plus ou moins ennuyé, parlant tour à tour d'opérations, de grossesses, de la pluie et du beau temps ou des élections, mais surtout de la fortune qu'Untel ou Untel avait amassée ou perdue, ou des cachets somptueux de Bing Crosby et de Rudy Vallee. Mais quand Manny était là, il faisait toujours, dans les dix premières minutes, une déclaration qui servirait de thème à la soirée, par exemple :

– Un de mes amis de Providence m'a dit que ce type, ce Rudy Vallee, a battu tous les records en empochant trente millions de dollars en deux soirées.

– Trente millions de dollars ?

– Oui, sans compter les matinées.

Et les voilà tous partis à discuter du nombre probable de sièges contenus dans le théâtre et à diviser trente millions par ce nombre, déclarant forfait avant que quiconque ait songé à souligner l'absurdité du raisonnement. D'ailleurs Manny avait déjà abordé un autre sujet et lâchait quelques plaisanteries en même temps qu'un clin d'œil satisfait qui amusait ses auditeurs pas très sûrs de devoir prendre Manny au sérieux. Ainsi menait-il à bonne fin une partie de cartes tout en remuant les émotions de chacun jusqu'à la violence ou au rire et en créant – par sa fantaisie d'homme inclassable – une atmosphère de joyeuse camaraderie. Pendant ce temps, le teint clair d'Annie pâlissait ou se colorait alternativement selon qu'elle était inquiète ou heureuse que son mari se donnât ainsi en spectacle. Elle savait que, lorsque la compagnie se serait dispersée, il lui faudrait payer cher ces moments de détente et déployer des trésors de tendresse pour rassurer son mari sur sa propre existence et effacer son angoissante incertitude de son identité, éternelle source de désespoir. Lorsqu'il était en proie à ses humeurs sombres, elle s'asseyait près de lui dans leur petite voiture – véritable glacière en hiver tant elle était mal chauffée par un radiateur primitif – et l'accompagnait jusqu'en Nouvelle-Angleterre, sans cesser de lui parler avec entrain jusqu'à ce que l'optimisme lui revienne. En ces jours-là, il n'y avait ni grand-routes ni autoroutes; il fallait traverser chaque petit village, s'arrêter à chaque feu. Manny transportait toujours une pelle dans sa malle arrière pour dégager la voiture quand les roues patinaient dans la neige, car on n'avait pas non plus de pneus spéciaux et les routes étaient peu ou mal entretenues.

L'imprévu de cette vie en faisait le charme. Manny n'était pas un triste petit employé de bureau sans avenir. Il se nourrissait d'espoir et son besoin de croire en la réussite de chacune de ses expéditions de commis voyageur aidait, je suppose, à donner une sorte d'irréalité à son existence. Cinquante ans plus tard, dans la production qui se fit en Chine de *Mort d'un commis voyageur,* Ying Ruocheng, qui jouait le rôle de Willy, chercha, dans une des activités de la Chine d'alors, l'équivalent de ce climat d'espoir (le métier de représentant avait toujours eu mauvaise réputation dans son pays). Son choix se porta sur les gardiens de diligence qui accompagnaient autrefois les convois pour les protéger contre les bandits. C'étaient en général des mercenaires dont on louait les services, auxquels il arrivait toutes sortes d'aventures et qui formaient une sorte de confrérie; de temps à autre ils se réunissaient dans quelque lieu écarté et se racontaient des histoires de victoires ou de défaites pleines de rebondissements inattendus. Quand vint l'ère des chemins de fer, on n'eut plus recours à leurs services; ils finirent comme avaleurs de sabres ou sur les stands de tir des foires où ils essayaient d'oublier leur déchéance en buvant plus que de raison – un peu comme notre Buffalo Bill.

Par la suite, il entrerait dans la composition du personnage de Willy Loman bien plus qu'un seul modèle. Manny, en effet, n'était qu'un mythe, même dans ma jeunesse, tant nos rencontres étaient rares. Mais il y a des images qui se fixent dans la mémoire d'un écrivain et qui ont une telle puissance, une telle densité que, sans lui apporter rien de vraiment concret, elles n'en sont pas moins la source de son art.

En fait, c'est un des amis de mon oncle, commis voyageur également, invité chez lui par Manny à la fin d'un de ses voyages, qui resta le plus vivant dans mon souvenir. Un soir, j'entrai brusquement dans la cuisine des Newman (sans doute pour voir ce qui se passait dans cette maison aux relents excitants) et le trouvai assis devant la table. Je me rappelais l'avoir déjà vu lors d'une de mes précédentes visites, mais j'étais persuadé qu'il ne se souviendrait pas d'un gosse comme moi, à peine aperçu plusieurs mois auparavant. Je passais devant lui pour entrer dans le living lorsqu'il me dit :

– Bonjour, Arthur. Comment ça va?

Je m'arrêtai net et me retournai. Deux caractéristiques le distinguaient à mes yeux : il avait une jambe de bois, qui pour l'instant était étendue sur une chaise devant lui, et était célibataire. Contrairement à Manny, il savait écouter les gens. Ses grands yeux marron, ses cheveux clairsemés, son visage calme et sérieux lui donnaient un air sévère et réfléchi. J'imaginais le bruit que faisait sa jambe en frappant le sol et souffrais pour lui. Etait-ce cela qui lui donnait ce regard pensif et fatigué? Je savais qu'il ne pouvait conduire et devait se déplacer en train, obligé de se débrouiller seul avec ses lourdes valises de représentant ou d'attendre le bon vouloir de quelque porteur. Tel un soldat blessé, il parcourait vaillamment le pays. Comme tout voyageur de commerce, il avait à mes yeux un courage intrépide qui lui permettait de surmonter tous les contretemps et les échecs dans ses tentatives de vente. D'une certaine manière, ces gens vivaient comme des artistes, des acteurs dont le produit est avant tout eux-mêmes et qui s'imaginent éternellement triomphants dans un monde qui les ignore et ne reconnaît même pas leur existence. Assez souvent cependant pour que le jeu continue, l'un d'entre eux se fraie un chemin, fait fortune et bondit vers la lune sur une échelle de rêves qu'il a lui-même fabriquée.

– Je vais bien, merci, dis-je, flatté d'avoir été reconnu.

Puis ne sachant plus que faire, je restai là, les bras ballants, à attendre. Il me dévisagea de ses yeux fatigués. J'avais du mal à ne pas regarder la fascinante jambe de bois dont la chaussure pointait, toute raide, vers le plafond.

– Tu as changé, mon petit gars, non? Tu es devenu sérieux.

D'une seule phrase il m'avait enveloppé dans la dignité d'une aventure personnelle. Jusque-là, comme toutes choses autour de moi, j'avais simplement été inéluctable, retranché dans le temps et aussi désarmé qu'une feuille à la surface de l'eau. « Changé » signifiait que je n'étais plus ce que j'étais auparavant; il y avait là une nouveauté pleine d'espoir mais dont je n'imaginais pas bien les raisons. Pendant des jours et des semaines, je revécus cet instant, essayant de comprendre comment j'avais « changé ». J'étudiais mon visage dans le miroir, y cherchant un signe objectif de « sérieux » et essayant de me rappeler ce à quoi je ressemblais « avant ». Ai-je connu le nom de ce commis voyageur? En tout cas, je l'ai oublié, mais pas les quelques mots qu'il prononça ce matin-là et qui m'aidèrent à sortir de ma coquille et de l'effrayante subjectivité qui noyait alors ma personnalité.

Manny avait réussi à faire de ses fils deux jeunes gens sûrs d'eux-mêmes, deux mousquetaires fiers de leur famille et soucieux de son honneur. Mais aucun d'eux n'était assez patient – ou assez intelligent – pour s'asseoir dans un coin et étudier seul; ni l'un ni l'autre ne terminerait ses études secondaires. Buddy rejoignit le génie pendant la guerre et passa son temps à souder des plans d'atterrissage pour les avions dans les îles du Pacifique; il épousa une femme plus âgée que lui, mère de deux enfants d'un premier lit, et mourut d'un cancer à quarante ans, au moment où il avait enfin monté sa propre entreprise : il avait réussi à acheter – ou à louer – une petite voiture de livraison et vendait des sandwiches aux employés de l'aviation. Abby participa, dans l'infanterie, à la bataille d'Anzio, un des débarquements les plus mal organisés de la guerre, au cours duquel sa compagnie fut décimée par l'artillerie allemande qui tirait des hauteurs environnantes. Il racontait qu'il avait pour ainsi dire perdu la raison, s'était extirpé du terrier de renard où il avait trouvé refuge, et avait erré sur le champ de bataille criblé d'obus comme si de rien n'était, sans recevoir la moindre égratignure. Comme tout ce qu'il racontait, cette histoire comportait des invraisemblances : certaines dates qu'il donnait semblaient le placer ailleurs qu'à Anzio à ce moment-là, mais il était fort possible que, comme tout Newman qui se respecte, il eût tourné le dos à la réalité et se fût réellement promené sur le champ de bataille en pleine bagarre.

Je le vis pour la dernière fois quelques années avant sa mort – due à l'hypertension, comme pour sa mère. Il avait quarante ans et m'avait invité à venir visiter son appartement de célibataire à Manhattan. On ne s'était pas rencontrés depuis le début de la guerre. Il m'accueillit en pyjama de soie bleue et en pantoufles et me fit entrer dans un petit living qui donnait sur Lexington Avenue. C'était un samedi soir. *Ils étaient tous mes fils* était à l'affiche à Broadway, *Focus* avait été publié un ou deux ans plus tôt. J'étais marié et avais deux enfants. Je vis soudain sortir de la chambre à coucher, perchées sur des talons aiguilles, deux superbes créatures qui fondirent sur mon cousin et l'embrassèrent à bouche-que-veux-tu; ensuite il me les présenta avec l'air d'un pacha satisfait. Elles reboutonnèrent précipitamment leurs corsages, remontèrent leurs bas et se hâtèrent de quitter les lieux en s'excusant de partir si vite : elles étaient en retard pour leur travail, dirent-elles.

– J'adore faire ça avec deux bonnes femmes, dit Buddy en riant lorsqu'elles claquèrent la porte.

Il ressemblait beaucoup à notre vieil oncle défunt Hymie, celui qui aimait bombarder l'assistance avec des projectiles qu'il stockait dans sa bouche, mort depuis longtemps à cette date : même nez aquilin, mêmes yeux bruns et malicieux, mêmes cheveux noirs, épais et ondulés, même denture éclatante. Et il avait aussi l'air gominé! Avait-il arrangé cette petite démonstration de puissance sexuelle pour provoquer mon envie? Si oui, j'avoue qu'il y réussit pleinement. Nous avions pris rendez-vous trois jours auparavant par téléphone; il avait donc eu largement le temps de mettre au point son numéro. En se laissant tomber dans le fauteuil en face de moi, son visage reflétait la plus intense satisfaction : sa suprématie sexuelle ne faisait aucun doute. Je me rendis compte que, aussi absurde que cela pût paraître sur le plan de la réalité, nous avions au fond toujours lutté en secret pour savoir qui de nous deux serait le plus fort. Et c'était sans doute pour cela qu'il avait fait coïncider la présence des filles avec ma visite, jaloux sans doute du succès de ma pièce. Bref, s'il ne savait pas écrire, il pouvait certainement baiser; nous étions donc à égalité et rien ne l'empêchait d'arborer une expression de contentement à l'idée de sa supériorité, bien fragile pourtant. Comme d'habitude, son éternel narcissisme me mit mal à l'aise. Entretenir des rapports amicaux avec des personnes de ce genre suppose une certaine hypocrisie puisqu'il faut les flatter. Pourquoi accepte-t-on de le faire, voilà le mystère. Mais au bout du compte on ne le fait pas.

J'étais venu dans un but précis ce jour-là, sans en avoir rien dit, évidemment, et j'amenai habilement la conversation sur le sujet qui m'intéressait : la guerre. Aussitôt Abby me parla de son moment de folie à Anzio et ajouta :

– Ils m'ont fait sortir du rang tout de suite après notre percée et m'ont nommé lieutenant de police militaire. Nous avons alors tenté de remettre la main sur une série de camions de transport chargés de pneus qui disparaissaient aux alentours de Rome, près de Foggia; j'eus la chance d'en repérer certains que les gars avaient volés et conduits jusque dans une épaisse forêt; là, ils avaient fait main basse sur leur chargement puis les avaient remis en circulation.

Il rit de son petit rire nasillard et ajouta :

– J'aurais pu me faire beaucoup de fric en entrant dans la combine mais évidemment je n'ai pas voulu.

Ce qui voulait dire, en fait, qu'il était sorti de la guerre avec de l'argent plein les poches mais qu'il était beaucoup trop honnête pour accepter des pots-de-vin, antithèses qui pouvaient parfaitement coexister dans la délicieuse physique des Newman. Quant à ce qui s'était réellement passé, Dieu seul le savait ! En tout cas, le message qu'il cherchait à me transmettre était clair : sa réussite dans la vie ne laissait rien à désirer.

Il me dit alors, d'un air de philosophe désabusé :

– Je crois que je ne pourrai jamais rester fidèle à une seule femme. Comment fais-tu ?

– Personne ne t'y oblige.

– Je ne sais pas... répondit-il en jetant un regard désolé par la fenêtre. Je pourrais souhaiter avoir un enfant, un jour. Tu as une solution à me proposer ?

– Pas vraiment. De temps à autre on a envie des deux.

– Je ne saurais comment réagir... si par exemple je me mettais à m'ennuyer. Comment fais-tu, toi, quand ta femme te tape sur les nerfs ?

– J'attends que cela passe.

Il poussa un gros soupir.

– C'est bien ce que je pensais.

(Mais il se maria et eut un gosse juste avant de mourir.)

– Que souhaitait ton père ? lui demandai-je alors.

C'était la question qui me tenait au cœur. J'étais obsédé depuis quelque temps par des images vagues, mais angoissantes, de ce que je définirais comme un besoin de raconter des histoires sans l'intermédiaire du dialogue et sans localisation précise, comme si on ouvrait la tête d'un homme pour y jouer une pièce qui évoluerait par actions simultanées plutôt que successives. J'avais, à l'époque, entendu parler de trois suicides, dont deux de commis voyageurs. Je savais aussi que les raisons de la mort de Manny étaient très différentes de celles données officiellement. Par contre, j'avais complètement oublié que, dix ans plus tôt, j'avais commencé à écrire à l'université une pièce – abandonnée en cours de route – qui contait l'histoire d'un commis voyageur et de sa famille. Ce n'est que neuf ans plus tard, lors de mon déménagement de Brooklyn à la suite de mon divorce, que je retrouvai cette ébauche dans mes cahiers d'étudiant, bien après la première production de *Mort d'un commis voyageur.*

Assis devant Abby, je repris :

– Si tu devais formuler le souhait que ton père désirait de toutes ses forces voir s'accomplir, que dirais-tu ?

Troublé par les sentiments paradoxaux qu'il éprouvait à mon égard – d'affection et de rivalité jalouse – et par le mépris mêlé de pitié et d'admiration amusée que lui inspiraient les échecs de son père, mon cousin se tut un long moment. Lui aussi avait envahi mes rêves depuis quelque temps et c'était peut-être ce rêve qui m'avait poussé à lui téléphoner après tant d'années de silence.

Une vaste plaine violacée se fond, à l'horizon, dans le ciel orangé du couchant. Mon pied nu et blanc s'enfonce dans un trou au fond duquel repose une mare d'eau claire comme du cristal, que recouvrent cinq fils d'argent tendus comme les cordes d'une harpe. Mon pied descend, touche les fils et l'air s'emplit d'une musique qui fait frissonner l'eau. A présent, non loin surgit un mur de béton blanc qui se détache sur la plaine empourprée. Je m'en approche et aperçois deux faunes à corps de chèvre qui se déplacent sur leurs pattes arrière. Ils jouent au handball contre le mur. Ce sont mes cousins Abby et Buddy. La balle noire rebondit sur les sabots de leurs pattes de devant avec un bruit énorme, terrifiant.

– Ce qu'il voulait le plus au monde ? Avoir une affaire bien à lui où l'on pourrait tous travailler ensemble, répondit mon cousin. Une entreprise pour ses fils.

C'était un souhait bien ordinaire, conventionnel même, et pourtant j'en éprouvai comme un choc électrique : mon cerveau, qui jusque-là fonctionnait à l'aveuglette, s'orienta vers une direction précise. Ce pauvre Manny à la tête fêlée se transforma tout à coup, pour moi, en un homme qui avait un but. Il avait voulu trouver pour ses enfants un cadeau qui fût le couronnement de toutes ses années d'efforts. Ses mensonges, ses fantasmes, ses folles exagérations, cette discipline quasi militaire qu'il imposait à son entourage trouvaient soudain leur raison d'être. Bien sûr, ce désir d'avoir sa propre affaire était l'expression de son égoïsme, mais aussi de son amour pour les siens. Ce petit homme ridicule et casanier n'avait, au fond, jamais cessé de se battre pour obtenir la seule victoire que notre société lui permît de remporter : la propriété d'un magasin sur l'enseigne duquel chacun pourrait lire son nom et celui de ses fils. Soudain je le comprenais avec toutes les fibres de mon être.

Une rencontre fortuite, survenue un an auparavant, m'avait poussé à venir poser cette question à mon cousin et préparé à en affronter les répercussions. Un après-midi d'hiver, j'étais entré dans le hall du Colonial Theatre de Boston où venaient de commencer les représentations de *Ils étaient tous mes fils.* Quelle ne fut pas ma surprise d'apercevoir Manny dans la foule des spectateurs qui quittaient la salle à la fin du spectacle. Vêtu d'un beau pardessus gris, d'un chapeau gris perle et chaussé de souliers bien cirés, il avait pleuré, à n'en pas douter. Cela faisait au moins dix ans que je ne l'avais vu. Bien que mon nom fût à l'affiche, il ne s'attendait manifestement pas à me voir.

– Manny ! Comment ça va ? Quel plaisir de te rencontrer !

J'imaginais la triste chambre d'hôtel qu'il avait louée après un long voyage depuis New York dans sa petite voiture. Sans même répondre à mes salutations il me déclara :

– Buddy réussit très bien.

Je vis passer alors sur son visage une expression

légèrement embarrassée, comme s'il regrettait de ne m'avoir pas toujours souhaité que du bien.

Je bavardai un moment avec lui dans le vaste hall du théâtre, puis il prit congé et sortit. Je crus saisir le fond de sa pensée : il avait perdu la bataille qui se jouait dans sa tête entre ses fils et moi. Un profond chagrin s'empara de moi tandis qu'il disparaissait dans la foule anonyme des passants. Des années plus tard, je repenserais à cette compétition comme à une rivalité fantomatique, pour une victoire ou une défaite illusoires; mais ce soir-là, je ressentis le même besoin que dans ma jeunesse d'exister à ses yeux, la même rancœur devant ses débordements, la même envie et le même mépris pour la liberté avec laquelle lui et ses fils traitaient les questions sexuelles. Tous les éléments de la vie étaient rassemblés dans sa risible personne, me disais-je sur le seuil du théâtre où je venais de le quitter. Et pourtant, dans le fin fond de mon cerveau, je savais que tout cela était le fruit de mon imagination et qu'en réalité il n'était qu'un fanfaron et un vulgaire petit représentant.

L'absence de transition entre ce que je lui avais dit en l'abordant et son « Buddy réussit très bien » se grava dans mon esprit. Cela signalait une nouvelle forme d'expression dont j'avais seulement soupçonné l'existence sans l'utiliser. Trop absorbé par ma production actuelle, je n'avais pas encore songé à écrire quoi que ce soit sur un commis voyageur. Mais je me dis qu'il serait merveilleux de composer une pièce sans aucune transition, avec un dialogue qui s'attacherait, morceau par morceau, à la charpente d'un édifice auquel on pourrait sans cesse ajouter des éléments, avec l'économie et la précision d'une fourmi. Et peut-être même une pièce qui aurait sur les spectateurs le même impact que celui de Manny sur moi le jour de cette rencontre fortuite : il avait tranché dans le vif de ma chair comme un couteau dans un gâteau ou un sentier dans une montagne, mettant à nu les couches superposées qui les composent. Au lieu de n'avoir qu'un thème à la fois, traité dans un cadre précis, l'œuvre exposerait conjointement le passé et le présent sans que l'un prime sur l'autre.

Le passé, je le voyais bien, n'était qu'une formalité, un présent un peu effacé, car ce que nous sommes est vivant en nous à chaque instant. Ce serait fantastique d'écrire une pièce qui n'immobiliserait pas la simultanéité de l'esprit dans le temps, ne permettrait pas à l'homme « d'oublier » et l'amènerait à voir le présent à travers le passé et vice versa; ce processus, considéré en dehors de son contenu et de sa signification, aurait quelque chose d'inévitable en tant que mécanisme psychologique et serait le creuset où se retrouverait tout ce que la vie en société déverse dans l'être humain. Le petit homme que je regardais s'éloigner dans la rue portait en lui toute ma jeunesse et, parce que j'en étais plus conscient que lui, je venais, en quelque sorte, de le créer.

Mais pour le moment, *Ils étaient tous mes fils* était ma seule préoccupation.

Déjà jouée à New Haven, la pièce avait eu un certain retentissement; mais Elia Kazan, le metteur en scène, continuait à faire répéter aux acteurs certains passages comme s'il s'agissait de mettre au point une partition musicale dont il fallait précipiter ou ralentir les tempos. Pour empêcher ses comédiens de s'abandonner à la routine dans l'interprétation des conflits de leurs personnages, il suscitait des disputes en feignant de favoriser l'un ou l'autre d'entre eux, semant la discorde et la jalousie. Tous redoublaient d'ardeur pour regagner ses faveurs apparemment perdues. Petit et massif, il possédait une énergie diabolique et se concentrait sur ce que son auteur ou ses interprètes essayaient de lui faire entendre. Chacun pouvait se croire son meilleur ami. Il me semble que sa méthode, si on peut l'appeler ainsi, consistait à laisser l'acteur se convaincre de sa propre aptitude à jouer le rôle qui lui avait été confié. Par des allusions plus que par des directives, il l'amenait à s'exciter devant ses propres découvertes et à venir lui en faire part comme un enfant offrant à ses parents quelque objet trouvé par hasard. Bien loin de se moquer de sa puérilité, il la respectait, sachant que jouer n'est pas une occupation d'adultes et que les meilleures trouvailles jaillissent des souvenirs d'enfance de chacun. Instinctivement, quand il avait quelque chose d'important à dire à un acteur, il le faisait en tête-à-tête, sachant que tout ce qui pénètre l'âme est toujours source d'embarras. Contrairement à Harold Clurman qui adorait discourir et dirigeait ses acteurs en les imprégnant de sa propre impuissance et en les appelant, pour ainsi dire, à son secours, Kazan souriait beaucoup et parlait peu. Le mystère planait sur ses véritables sentiments; il forçait ainsi ses interprètes à se fier uniquement à ce qu'ils ressentaient.

Kazan venait d'un milieu très fermé, où les sentiments étaient intenses, l'esprit de clan et de compétitivité très vif et où l'on savait que rien de ce qui est affectif n'est étranger à l'homme. Pour moi, sa caractéristique la plus rassurante était sa tendance naturelle à rechercher le fonctionnel et à se plier à ses exigences. Je croyais, à l'époque, à une sorte d'écriture biologique; je me basais, pour asseoir ce point de vue, sur le fait que la nature a horreur de l'inutile : tout ce qui ne contribue pas activement à la vie d'un organisme est impitoyablement rejeté (comme la peau d'un serpent au moment de la mue). C'est peut-être cette disposition d'esprit qui empêcha Kazan de diriger les tragédies de Shakespeare et lui créa des difficultés dans la mise en scène des pièces de Tennessee Williams, dont la prose était encombrée de fioritures verbales. Dans une pièce de théâtre, comme dans ses relations personnelles, Kazan savait que ce qui se créait ou se défaisait dans les rapports entre les êtres dépendait de leurs besoins et non de leurs professions de foi ou de leurs renoncements. Le même état d'esprit l'animait lorsqu'il écoutait de la musique – classique ou de jazz; il cherchait à retrouver l'expression animale dans le cri secret du compositeur. C'est à Ed Begley qu'il donna le rôle du père Keller dans *Ils étaient tous mes fils,* non seulement parce qu'il était un excellent acteur, quoique peu connu encore, mais aussi un alcoolique repenti, toujours affligé du remords d'avoir cédé à ce vice. Or, dans la pièce, Keller se sent coupable, bien que l'alcool n'en soit pas la cause, mais les traits de caractère de l'acteur collaient parfaitement avec ceux du personnage, tout en ne procédant pas de la même source. Pour incarner Kate Keller, mon ami fit appel à une merveilleuse comédienne depuis longtemps au chômage, Beth Merrill, non seulement parce qu'elle avait du talent, mais aussi la prétention pathétique d'être la dernière des stars de David Belasco. Cet étrange génie lui avait interdit de se montrer dans la rue et mettait à sa disposition une voiture et un chauffeur afin d'entretenir son mystère aux yeux du public. En fait, le jour où je rencontrai Manny, j'étais venu au théâtre parce que nous avions de petits problèmes avec elle : se sentant insultée par ce qu'elle considérait comme un manque d'égards, elle parlait de tout abandonner. Quand j'arrivai dans sa loge après la matinée, elle avait retrouvé sa forme et semblait rassérénée. Je remarquai à côté d'elle une énorme gerbe de fleurs que lui avait offerte Kazan, dans le plus pur style de Belasco! Il avait, pour l'occasion, mis une cravate et un veston, ayant noté chez elle un besoin d'élégance, de classe, tout à fait déplacé dans ce milieu où l'on s'habillait comme des clochards. Je me souviens du coup d'œil qu'elle avait jeté à ses partenaires lors de la première répétition; avec une grimace de dégoût, elle avait demandé à Kazan :

– C'est ça, votre distribution?

Kazan était déjà connu à l'époque, mais n'avait pas encore atteint la gloire que lui vaudrait la mise en scène de *Un tramway nommé Désir.* Quant à moi, j'étais autant dire inconnu des critiques dramatiques, de sorte que, malgré les excellents articles des journaux de Boston, nous ne réussîmes jamais à remplir l'immense théâtre du Colonial. Le public de Boston était encore dans un état que l'on pourrait qualifier d'obstination intellectuelle pleine de dignité et j'avais du mal à déchiffrer ses réactions silencieuses. Le soir de la première, je remarquai un homme de haute taille, debout dans le hall du théâtre pendant l'entracte, les yeux rougis par les larmes, visiblement ému par ce qu'il venait de voir. A sa compagne qui lui demandait ce qu'il pensait de la pièce, il répondit en un murmure à peine audible : « Ça me plaît. »

Cette pièce rompait nettement avec la tradition. Peut-être le décor de Mordecai Gorelik – un pavillon de banlieue merveilleusement ensoleillé – et l'atmosphère délibérément détendue et plaisante des dix premières minutes rendaient-ils la suite de l'ouvrage plus inquiétante qu'il n'était alors coutume au théâtre. On n'avait évidemment pas l'habitude d'associer ce genre d'environnement, typiquement américain, à l'idée de meurtre ou de suicide, du moins pas en 1947. Ward Morehouse, le critique dramatique du *New York Sun*, vint voir la pièce à New Haven et nous invita, Kazan et moi, à prendre un verre. A peine l'avions-nous rejoint qu'il nous demanda tout de go :

– De quoi s'agit-il, en fait?

Cette question, venant quelques mois après que le fameux producteur Herman Shumlin m'eut dit : « Je ne comprends rien à votre pièce », me troubla au point que je bafouillai lamentablement une explication pour une histoire qui nous paraissait, à Kazan et à moi, parfaitement claire. Là-dessus, la semaine suivante, Jim Proctor, notre attaché de presse, me demanda d'écrire un article pour le *Times* « afin d'expliquer la pièce et mes intentions en l'écrivant ». En dehors de l'embarras où me jetait l'idée d'avoir à dire aux critiques ce qu'ils devaient penser, je ne voyais absolument pas ce qui avait besoin d'être élucidé.

La plupart des critiques me reprochèrent une intrigue surfaite et peu plausible. Ainsi, à un moment crucial de la pièce, Annie exhibe une lettre écrite pendant la guerre par son fiancé Larry, le fils Keller, présumé mort. Dans cette missive il expose son intention de se suicider par désespoir devant la malhonnêteté de son père, qui s'est enrichi en vendant à l'armée de l'air des pièces détachées d'avion défectueuses. Ceci prouve du même coup que Larry est bien mort, qu'Annie est donc libre d'épouser Chris, son frère, et que Joe Keller a non seulement provoqué la mort de soldats anonymes mais aussi – et d'une manière qu'il n'aurait jamais imaginée – celle de son propre fils. Cet épisode, d'une logique parfaite, fut considéré par plusieurs critiques comme une solution de facilité; je me demande alors ce qu'ils auraient dit d'une pièce dans laquelle un enfant, abandonné sur une montagne pour y mourir à cause d'une prédiction annonçant qu'il tuerait un jour son père, est sauvé par un berger et, quelque deux décennies plus tard, se querelle et assassine un étranger qui n'est autre que son père et le roi dont il va prendre la place, comme on l'avait prédit à sa naissance. Si le mythe d'*Œdipe* nous paraît plausible, il me semble que l'incident de la lettre jaillit tout naturellement de la situation et du caractère d'Annie; il est, par conséquent, beaucoup moins difficile à admettre qu'un simple coup du destin. Je me suis alors demandé si la véritable explication de l'attitude des critiques ne se trouvait pas dans la résurgence de certains sentiments refoulés, symbolisés par ces deux épisodes. Chaque fois que le destin vous rattrape par-delà la mort, on a l'impression de nager dans l'absurde et le fantastique; on essaie de résister à l'envie de croire en la réalité du phénomène dont la force mystérieuse révèle quelque volonté indéchiffrable et cachée derrière le chaos et l'amoralité des événements tels que nous les percevons rationnellement. L'émergence de cette théorie constitue le fond de *Ils étaient tous mes fils*. Il y a des moments où tout devient logique!

Par la suite je supposai que certaines personnes avaient été décontenancées non par l'histoire elle-même, mais par l'aspect tragique de la situation de ces petites gens de banlieue, capables de mettre le monde à l'épreuve d'une morale sévère et de défier le public lui-même. Cette idée me vint pour la première fois à l'esprit en 1977, lors d'une visite à Jérusalem avec ma femme Inge Morath. *Ils étaient tous mes fils* venait d'y être monté d'une manière extraordinaire et pulvérisait tous les records de durée en Israël. Au fur et à mesure que se déroulait la représentation à laquelle nous étions conviés, je sentais grandir de façon presque palpable la tension du public. A ma droite était assis le président Efraïm Katzir; à ma gauche, le Premier ministre Yitzhak Rabin, arrivé en retard parce qu'il venait de perdre son poste au profit de Menahem Begin. A la fin du spectacle, les applaudissements ne dissipèrent pas la qualité presque religieuse de l'attention des spectateurs; je demandai à Rabin comment il expliquait la chose.

– C'est probablement que la pièce traite un problème qui existe réellement en Israël. Nos garçons meurent tous les jours et toutes les nuits dans les avions ou sur le front, tandis qu'à l'arrière on fait des affaires et on se remplit les poches. Votre pièce pourrait être israélienne.

J'aurais ajouté à cette remarque que l'impact de l'œuvre était décuplé par la performance de Hannah Meron, une très grande actrice qui avait perdu une jambe au cours d'une action terroriste contre un avion d'El Al à Zurich en 1972, l'année même du massacre des Jeux olympiques de Munich. Peut-être mon imagination me jouait-elle encore des tours, mais je trouvais que cette infirmité – connue de tous bien qu'à peine perceptible – ajoutait une certaine authenticité à la souffrance spirituelle éprouvée par Kate Keller lors d'une autre guerre et à une autre époque.

Dans la production israélienne, l'action était centrée sur Kate, la mère, alors que le conflit père-fils avait monopolisé l'attention de notre metteur en scène américain. A Londres, quelques années plus tard, Michael

Blakemore adopta le point de vue israélien en dirigeant Rosemary Harris dans le rôle de la mère et Cole Blakely dans celui du père. J'en vins à me demander si Shumlin et Morehouse n'avaient pas été troublés par l'ambiguïté du personnage de Kate Keller : elle sait parfaitement que son mari a livré des pièces défectueuses pour les moteurs des avions militaires mais s'efforce de ne plus y penser; cela fait naître dans son subconscient un sentiment de culpabilité obstinément refoulé mais dangereux pour son équilibre et qui est peut-être une tentative de nier la mort de son fils ou une façon de se venger de son mari en le réduisant presque à merci et au suicide.

J'ouvrirai ici une parenthèse pour dire que la visite de Morehouse à New Haven, pour voir ma pièce avant d'en faire la critique lors de sa sortie à Broadway, un fait inhabituel sinon unique dans les annales de la critique dramatique, était une indication des rapports sincères que certains critiques entretenaient avec le monde du théâtre à cette époque et qui dans l'ensemble n'existent plus. En ce temps-là, l'attitude des critiques à l'égard des écrivains, des acteurs et des metteurs en scène était beaucoup moins distante qu'aujourd'hui et avait permis à de véritables amitiés de voir le jour : celle, par exemple, de Jean Nathan et d'Eugene O'Neill. Je ne m'explique pas bien le durcissement de la profession depuis quelques années. Le critique semble estimer maintenant qu'il a fait son devoir en donnant son opinion sur tel ou tel spectacle et qu'il n'a rien d'autre à faire en l'occurrence. Ce pourrait être le cas si blâmes et louanges étaient toujours dispensés à bon escient. Mais avec leurs bonnes ou mauvaises dispositions envers un acteur ou un sujet, les critiques sont loin d'être infaillibles; ils commettent autant d'erreurs de jugement que les œuvres sur lesquelles s'exerce leur verve. Alors pourquoi prendre tant de distance par rapport aux problèmes qui concernent le théâtre? Après tout, même les juges de haute cour se préoccupent de temps à autre des difficultés de maintenance quotidienne des tribunaux qu'ils président, comme il se doit dans toute société démocratique, et reconnaissent avoir parfois entravé le cours de la justice en ce bas monde. Le théâtre que nous avons est, en grande partie, celui que les critiques nous permettent d'avoir, puisqu'ils filtrent ce qu'ils estiment devoir être montré au public et établissent des lois qui n'ont jamais été formulées, parmi lesquelles celles qui régissent le bon goût et les idéologies.

Mais il n'en va pas ainsi partout. En Angleterre, par exemple, les critiques nuancent leurs jugements : tel journaliste dira à ses lecteurs que, personnellement, il déteste les pièces à thèse politique ou que le genre absurde le fatigue ou qu'il aimerait voir refleurir un style plus romantique pour tout ce qui concerne l'amour et le sexe – ou le contraire. Ils mettent cartes sur table et ne prétendent ni à l'autorité universelle ni à l'absence, dans leurs jugements, de certaines préférences qui, a priori, les influencent, ni à une parfaite objectivité qui n'a jamais été et ne sera jamais une authentique réaction humaine devant l'art. Il se peut que semblable attitude soit due à une situation sociale très différente de la nôtre. Il y a encore bon nombre de journaux anglais qui rivalisent entre eux pour trouver le meilleur moyen d'attirer et de retenir l'attention des lecteurs; leurs critiques sont donc obligés de défendre la validité de leurs points de vue. A New York au contraire, le monde théâtral est à genoux devant un seul grand journal et un certain ton *ex cathedra*; on pourrait qualifier ce phénomène de mécanisme à réaction automatique; il domine le style des critiques en exercice, de sorte que nous autres, malheureux artisans de cette stupide profession, sommes à la merci de ses penchants. Nous avons la vieille habitude, dans notre pays, de nous déplacer en troupeau; Tocqueville l'avait déjà remarqué il y a cent cinquante ans. L'Américain aime être un numéro parmi la foule. Quand une pièce de théâtre a été condamnée par le seul quotidien dont il accepte l'autorité, l'influence du critique ajoutée au prix scandaleux des billets et au coût non moins phénoménal du parking, finit par décourager toute velléité de sortie. En fait, le répertoire du théâtre américain contemporain vient de New York et reflète le goût du critique du *New York Times*, à peine modifié par celui d'autres journaux. Le *Times* n'a pas créé de toutes pièces cette situation mais il n'empêche qu'elle existe : c'est une dictature aussi réelle que n'importe quel mécanisme de contrôle culturel au monde. Et même quand les Soviets décident de supprimer un spectacle, c'est un comité qui prend la décision de l'ôter de l'affiche et non pas un seul homme... en tout cas depuis la mort de Staline.

Où que ce soit, tout monopole est non seulement un mal mais un mal pernicieux. En 1967, après la disparition du *Herald Tribune*, Clifton Daniel, à l'époque rédacteur en chef du *Times*, convoqua une centaine d'auteurs, de journalistes, de producteurs et d'acteurs à une grande réunion, pour discuter des moyens de modérer l'impressionnant pouvoir de son journal sur l'opinion publique et de tempérer ses possibles développements malsains et antidémocratiques. Daniel déclara que le *Times* n'était pas responsable de ce monopole et ne souhaitait pas garder le pouvoir que lui avait dévolu l'Histoire. Après une discussion désordonnée, je suggérai que, puisque l'on redoutait l'injustice entraînée par la publication des opinions d'un seul et même critique dramatique, revêtu de l'autorité prestigieuse du *Times*, la solution était peut-être de demander à deux ou trois critiques de faire des articles en toute indépendance et de les pousser à interviewer, à l'occasion, quelque fan du spectacle, dont on résumerait les opinions dans un ou deux petits paragraphes. En tant qu'auteur, j'étais évidemment conscient du risque qu'il y aurait à se retrouver devant deux ou trois mauvaises critiques dans le *Times* au lieu d'une seule, mais je trouvais que le jeu en valait la chandelle et j'étais prêt à le jouer pour obtenir une critique plus consensuelle. J'y voyais un autre avantage : des critiques basées sur des opinions différentes rendraient plus intéressante leur lecture et permettraient au public de prendre conscience de la part de fiction – et par conséquent de subjectivité – qui entrait dans tout compte rendu de ce genre. J'affirmai que les critiques n'en savaient pas plus que les autres; ils étaient simplement capables de mieux écrire sur le peu qu'ils savaient et cela sauterait aux yeux de tous le jour où chacun pourrait comparer deux ou trois articles sur un même sujet.

Daniel réfléchit un moment puis déclara que mon idée était irréalisable. Quand je lui en demandai la raison, il répondit :

– Mais alors, qui parlera au nom du *New York Times*?

Une ou deux personnes peut-être, mais pas plus, s'esclaffèrent dans la salle, tant nous sommes acquis à l'idée que le monopole est inévitable, sinon équitable, en toute chose. On n'a même plus conscience de son existence! Je demandai alors à Daniel pourquoi il nous avait réunis. N'était-ce pas pour briser l'influence prépondérante du *Times*? La réflexion qu'il venait de faire ne prouvait-elle pas qu'il souhaitait voir ce journal garder le pouvoir que lui avait donné l'Histoire? Notre réunion se termina en queue de poisson.

Tout ceci ne m'empêche pas de reconnaître que le *New York Times* m'a souvent consacré d'excellentes critiques. C'est grâce aux articles de Brooks Atkinson que *Ils étaient tous mes fils* eut une si belle et si longue carrière et que je fus reconnu comme auteur dramatique à part entière. Sans pouvoir le prouver, je crois que ses raisons de me soutenir et de louer ma pièce venaient du souci qu'il avait de voir le théâtre new-yorkais accueillir des œuvres qui ne fussent pas insignifiantes sur le plan social. Si mon œuvre ne lui avait pas inspiré de respect, il ne l'aurait pas louée, évidemment; mais il s'en servit comme d'un levier pour ouvrir la porte à d'autres voix qu'il espérait entendre s'élever dans le monde théâtral; c'était sa façon de se montrer responsable.

En tout cas, le public confirma son jugement. Au printemps suivant, la pièce tenait toujours l'affiche à Broadway et reçut le prix des Critiques. Dînant un soir avec Mary dans notre maison de Brooklyn Heights, je réalisai que le Coronet Theatre ferait encore une fois le plein de spectateurs payants et que les mots que j'avais écrits avaient un pouvoir qui me dépassait; j'en ressentis du plaisir tout en y voyant l'indice d'un danger. Comme tous ceux que couronne le succès, on me reconnaissait parfois dans la rue; les gens me dévisageaient avec des yeux de merlan frit, ce qui n'était pas désagréable mais me donnait l'impression d'être affreusement artificiel. Ma célébrité menaçait mon identification aux échecs de la vie, et ceci me conduisit, quelques semaines après les premières représentations de *Ils étaient tous mes fils,* à m'inscrire dans un bureau de placement, prêt à prendre n'importe quel travail. On m'envoya dans une usine à Long Island où je passais mes journées à assembler des cartons de bière pour un salaire de misère. L'ennui et mon manque de naturel à vouloir préserver mon anonymat m'amenèrent bientôt à quitter les lieux, mais la question se posait toujours : comment vivre sans rompre le contact avec ceux que les gens de théâtre appellent « les non-initiés », c'est-à-dire le *vulgum pecus* qui constitue la majorité du public des salles de théâtre. Je n'obéissais pas seulement au souci que j'éprouvais à l'idée de m'éloigner d'un matériau qui constituait la base de mon travail, mais aussi à une préoccupation morale. Je n'avais pas encore appris à l'époque que Tolstoï, au faîte de la gloire, passait des journées entières dans une boutique de Moscou à fabriquer des chaussures, mais le même instinct m'animait.

Je n'étais pas le premier à souffrir du sentiment de culpabilité que donne le succès (renforcé, en l'occurrence, par mes idées gauchistes et égalitaires) mais j'étais incapable de réagir. Je trouvais même commode de cacher sous des dehors fautifs le bonheur que j'éprouvais à dépasser les autres, surtout ceux que j'aimais, c'est-à-dire mon frère, mon père, mes amis. J'avais l'impression de les dédommager en affichant un pseudo-remords. L'exercice n'a rien d'illusoire; chacun sait que ceux qu'on a dépassés dans la vie nourrissent parfois à votre égard de dangereuses rancunes. Alors notre sentiment de culpabilité nous fait dire : « Ne t'inquiète pas, je sais ce que c'est; moi aussi j'ai connu l'échec. » Heureusement, au fur et à mesure que ma pièce rencontrait le succès dans toute l'Europe et que *Focus* se voyait publié en France, en Allemagne et en Italie, mes angoisses s'estompèrent. J'étais même heureux de voir *Ils étaient tous mes fils* m'apporter un nombre décent d'ennemis en même temps que beaucoup d'amis. Ainsi la réalité restait équilibrée.

Nous vivions alors dans une maison de grès récemment rénovée, à Pierpont Street. Le calme dont elle jouissait fut un jour rompu par une bruyante dispute dans le corridor. Craignant quelque acte de violence, j'ouvris la porte et me trouvai devant un jeune homme en uniforme militaire, assis sur les marches de l'escalier, aux prises avec une superbe jeune femme que je reconnus aussitôt : c'était notre voisine du dessus. En m'apercevant, ils se calmèrent tous les deux et cessèrent de se quereller. Je rentrai donc dans mon appartement. Par la suite, le jeune homme, habillé en civil cette fois, m'aborda dans la rue et me dit qu'il s'appelait Mailer et était écrivain. Il avait vu ma pièce.

– Je pourrais en faire autant, me dit-il.

Cette affirmation était si plate et si bornée qu'elle me fit rire; mais lui garda son sérieux. Au cours des années suivantes il tenta vainement d'écrire des pièces. Comme j'étais, à l'époque, dans la situation difficile d'un homme qui essaie de se frayer un chemin, je me faisais peu de relations et Mailer me parut être du genre à chercher des adeptes plutôt que des amis. Ainsi nos élans, très similaires pour l'essentiel, ne pouvaient se synchroniser. (Je suis maintenant à un âge où mieux vaut être charitable !) En tout cas, bien que nous ayons vécu pendant des années dans le même voisinage, nos chemins se croisèrent très rarement.

III

AVEC le succès grandissant de *Ils étaient tous mes fils* je me demandais, comme toujours, ce que j'allais faire ensuite. Bien qu'ayant décidé de ne jamais changer de style de vie, il parut vite illogique à Mary et nos deux jeunes enfants, Jane et Robert, d'être entassés dans un minuscule appartement. J'achetai donc une vieille mais jolie maison séparée en deux appartements sur Grace Court, près du fleuve. Nous nous installâmes dans celui du haut, l'autre étant occupé depuis de longues années par les Davenport. Henry Davenport était président de la Brooklyn Savings Bank. Tous les soirs, lui et sa femme se mettaient en tenue de soirée pour dîner, elle en robe longue, lui, mince et le teint vif, en veste et chaussures de velours, cravate noire, ce qui le faisait ressembler au vieux pion de Harvard qu'il était. Notre rue était encombrée de limousines lors de leurs réceptions, heureusement peu fréquentes. Henry Davenport adorait téléphoner au lauréat du prix du Cercle des critiques dramatiques, pour lui signaler qu'une de ses fenêtres était coincée ou que ses robinets fuyaient. Je n'eus bientôt qu'une hâte : revendre cette maison et en acheter une autre. Pour cela il fallait attendre ma prochaine pièce et l'argent qu'elle me rapporterait en cas de succès.

Trois ou quatre fois par jour je me répétais que même sans travailler, j'empocherais beaucoup de sous et que je serais plus riche à la fin de la semaine qu'au début. Mais c'était pour moi une anomalie sur laquelle j'achoppais sans réussir à m'y habituer. Que je me promène, fasse la sieste, lise quelque stupide revue ou aille au cinéma, les dollars affluaient sur mon compte en banque. La signification du mot *royalty* se précisa dans mon esprit. J'avais gratté à la vitre de la chambre aux trésors, de l'extérieur, pendant trente et un ans et maintenant j'y grattais toujours, mais de l'intérieur, cherchant à ne pas perdre contact avec la vie ordinaire d'où avait jailli mon œuvre. Je commençais à redouter de n'avoir plus rien à dire en tant qu'auteur.

Comme toujours le monde et moi avions un tas de problèmes. *Ils étaient tous mes fils* avait épuisé tout l'intérêt que je pouvais éprouver pour la forme gréco-ibsénienne, dans mon optique d'alors. La simultanéité des idées et des sentiments, la liberté avec laquelle ils se contredisent, me fascinaient de plus en plus. Je songeais même à étudier la musique dans l'espoir de devenir compositeur, car le seul art où la simultanéité soit vraiment possible est la musique. Les mots à eux seuls ne peuvent créer de chœurs, car il faut les énoncer en une phrase, les uns après les autres.

Je me mis à me promener sans fin dans la ville, traversant Brooklyn Bridge pour gagner le bas de Manhattan. Le succès semblait avoir approfondi la conscience que j'avais de mes propres contradictions; cette impression de puissance que je ressentais pour la première fois de ma vie me faisait souhaiter les étudier à fond. Je voyais partout la beauté des tensions contraires – la force d'attraction de la gravité renforçant par compression les arches du pont d'acier de Brooklyn, par exemple (avant que les travaux de reconstruction n'aient amené les ingénieurs à poser d'affreuses solives latérales au-dessus de la voie carrossable, détruisant l'aspect aérien de la construction qui ressemblait, à l'époque dont je parle, à un grand oiseau déployant ses ailes). En fait, je réfléchissais à l'étrange singularité qui me faisait m'obstiner à penser comme un pauvre et à vivre petitement, alors que j'étais en train de devenir riche et que mon esprit s'ouvrait à sa propre sensualité. Mais reconnaître franchement ses paradoxes intérieurs est déjà un acte sensuel et une défaite du puritanisme rigide. Je savais qu'avec *Ils étaient tous mes fils* j'avais gagné la liberté de créer; je me tenais au sommet de la plus grande arche du pont, face au vent, et j'essayais d'étreindre un monde plus vaste que je ne l'avais imaginé jusqu'à présent. Si je n'avais en tête, pour l'instant, aucun sujet de pièce, j'éprouvais au moins l'indicible sensation qu'il existait une forme nouvelle d'écriture, à la fois condensée, démonstrative et mesurée, qui rendrait l'histoire racontée étrange en même temps que familière. Le seul fait d'y penser m'emplissait de désir sexuel, d'amour pour ma femme et, aussi incroyable que cela puisse paraître, pour toutes les femmes en même temps. Je commençais à croire que l'art véritable est un débordement d'amour. Certes, la technique et la persuasion stylistique peuvent imiter l'amour mais je ne voulais pas de ces truquages. J'attendais avec impatience de découvrir le moyen d'exprimer sur scène la complexité des sentiments que je sentais bouillonner en moi. Le problème de *Ils étaient tous mes fils* n'était pas dû à un excès de réalisme mais au fait que ma pièce consacrait trop peu de place et de temps à l'inexprimable qui sous-tend toute vérité verbale. Encore une fois, peut-être seule la musique eût-elle été capable de le faire.

Je n'avais caché à personne que j'étais un moraliste fort peu patient, pas même aux journalistes venus m'interviewer, auxquels j'avais la naïveté de déclarer que, pour moi, tout art amoral était une contradiction et que l'artiste était tenu de suggérer une solution, s'il en avait les moyens. J'avais, sans le savoir, repris le flambeau là où mes chers auteurs russes l'avaient laissé mais sans m'octroyer, comme Tolstoï et Dostoïevski, le recours à un dieu dans les résolutions célestes de qui on n'avait pas besoin de croire; on pouvait se contenter de les saisir intuitivement pour les rendre valables, comme c'est le cas dans *Crime et Châtiment.* Je m'efforçais d'atteindre une sensation de supra-réalité religieuse qui ne s'éloignât pas trop cependant des conditions terrestres, une sorte de vision d'où le mal serait exclu, qui passionnerait même les athées, les conduirait vers les hauts sommets de la méditation et, par la même occasion, ferait honte aux prêtres et aux rabbins en leur montrant combien leur manie de vouloir à tout prix « spiritualiser » la vie dans ce qu'elle a de plus naturel avait amoindri la religion. Pour moi, plus on exigeait la vérité d'un personnage ou d'un dilemme, plus s'accentuait son caractère spirituel.

Il me sembla que mes errances à travers la ville étaient le signe d'un échec de ma personnalité. J'aimais cette ville et j'étais impatient et curieux de connaître toutes les vies qui s'y cachaient. Mais je m'y promenais seul, sans contacts. Ma timidité me torturait. La vie était toujours ailleurs. Paradoxalement, à travers ma solitude, je communiquais mes sentiments à des milliers d'inconnus, chaque semaine, par l'intermédiaire du théâtre. Mais je continuais à me défier beaucoup trop de tout, à me blâmer exagérément. Naïf comme je l'étais, je me disais qu'il n'y avait, entre l'art et la sexualité, aucune place pour moi. J'avais même l'impression, sans pouvoir l'expliquer, que, tout en défendant férocement mon œuvre, j'en avais vaguement honte, comme d'un secret sexuel. Durant mes promenades solitaires, des éclairs de vérité m'illuminaient tout à coup; je m'accusais de prétendre frauduleusement être satisfait de ma monogamie alors qu'en fait j'étais d'une concupiscence étonnamment provocante et méprisable. Par moments il me semblait que mes rapports avec Mary et toutes les femmes fussent terriblement précaires et prudents, comme s'ils procédaient d'une peur venue de plus loin que le sexe. Sans connaître Freud autrement que par ce que m'en rapportait la rumeur publique, je pouvais laisser affleurer à ma conscience ce qu'un peu moins de sincérité m'aurait poussé à refouler : derrière mes anxiétés sexuelles se cachaient des relents d'inceste avec ma mère et ma sœur. Mon esprit s'amusait à imaginer un jeu d'échecs dont les pions représentaient mon père, ma mère, mon frère, ma sœur, chacun doté de droits et de pouvoirs différents, se déplaçant impérieusement dans une direction donnée ou demeurant vulnérables et paralysés dans une autre. Quelle que fût l'issue du jeu, il fallait toujours qu'il se termine par un affrontement entre mon père et moi, après que j'avais pris le pion-mère et le pion-sœur et repoussé le pion-frère dans des retranchements où il ne pouvait plus agir. Le pion-père pouvait se déplacer dans tous les sens et la punition qu'il infligeait, c'était toujours la mort.

Six ou sept ans plus tard, essayant de recoller les morceaux d'un mariage que détruisait petit à petit une mutuelle intolérance, un traitement de psychanalyse m'en apprit moins que ce qu'il me confirma : les relations entre membres d'une même famille, généralement trop effrayantes pour qu'on en prenne conscience, avaient été pour moi, depuis l'enfance, un terrain habituel d'investigations; si c'était un « péché » d'en reconnaître l'existence, elles n'en étaient pas moins présentes dans mes visions intérieures, mais ne s'identifiaient qu'accidentellement avec mes vrais parents et mes frère et sœur. Je m'étais toujours déplacé sur deux plans à la fois, l'un réel, l'autre métaphorique. Dans ce dernier mon père apparaissait comme un être froid et sans âme, vengeur et justicier, qui était et n'était pas mon vrai père. Ma mère était et n'était pas la femme qui m'attirait sensuellement et me poussait à la voler à mon père, elle me paraissait à la fois coupable de déloyauté à son égard et parfaitement innocente. Avant que je ne commence à écrire, les frustrations dues à cette dualité étaient terribles. Mais dès que je pus personnifier ces conflits au niveau de l'art, j'eus enfin tout loisir de savourer mon pouvoir, même si un soupçon de honte continuait à accompagner mes pièces à travers le monde.

Mais un sentiment de puissance sans thème pour

l'illustrer revient à n'avoir qu'une seule main pour applaudir. J'errais indéfiniment à la recherche d'une voie qui m'amènerait au cœur de la cité et de moi-même. Un jour je pris conscience que, depuis des semaines maintenant, je passais devant des graffiti qui tous répétaient : *Dové Pete Panto*? (Où est Pete Panto?) On retrouvait partout sur les murs des quais cette mystérieuse question et il n'était pas difficile d'y voir une allusion à la sinistre guerre que se livraient les bandes rivales de gangsters, au pied des quartiers paisibles et un peu démodés de Brooklyn Heights. Le monde qui vivait sur le front de mer était régi par des syndicats de gangsters; les assassinats, les bastonnades, les cadavres jetés la nuit dans la ravissante baie étaient monnaie courante. Le slogan concernant Pete Panto gagnait du terrain : on le voyait griffonné à la craie sur les murs du métro et des bâtiments officiels de Court Street. Finalement, la presse libérale le reprit à son compte. Dans *PM*, le quotidien progressiste qui ne perdura que quelques années après sa parution pendant la Seconde Guerre mondiale, on expliquait que Pete Panto était un jeune docker qui avait tenté de fomenter une révolte de la base contre le président Joseph Ryan et ses associés, dont plusieurs avaient la réputation d'être des mafiosi, qui avaient pris la tête de l'Association internationale des dockers. Un soir, pendant le dîner, un inconnu avait appelé Panto au téléphone et lui avait donné rendez-vous. Il s'y était rendu et depuis lors on n'en avait plus jamais entendu parler. Le mouvement qu'il avait créé s'évanouit avec lui.

Je me mis à errer de bar en bar sur le front de mer, récoltant le maximum de renseignements sur Panto. A l'époque l'héroïsme avait complètement disparu du répertoire théâtral et la tradition dramatique n'intéressait plus personne. L'idée qu'un jeune homme pût tenter de lutter seul contre le mal et finir une pierre au cou au fond d'un fleuve me fascinait.

Il ne me fallut pas quarante-huit heures pour découvrir que les hommes avaient peur de parler de Panto. La plupart d'entre eux étaient d'origine italienne et dépendaient complètement de leurs leaders syndicaux pour obtenir du travail. Au cours d'un voyage que je fis en Italie et en Sicile l'année suivante, je me rendis compte que le système d'embauche instauré sur les quais de Brooklyn et de Manhattan était directement importé de Sicile : un représentant des propriétaires terriens se présentait sur la place d'un village, en général à cheval; une foule de paysans en quête de travail se pressait humblement à ses pieds; de sa cravache il daignait désigner les heureux élus, auxquels il accordait la faveur d'un regard avant de repartir au trot avec l'assurance muette d'un dieu qui, de quelques gestes imperceptibles, aurait délivré de la faim le nombre d'ouvriers requis ce jour-là. En périodes de troubles, un autre élément s'ajoutait à cette mascarade : des *carabinieri* en armes surveillaient l'embauche. Pendant mon séjour en Calabre et en Sicile, je vis un jour une douzaine de soldats, mitraillette au poing, rangés en silence devant les paysans, comme pour bien leur faire comprendre que jamais ne changerait cette façon d'embaucher une main-d'œuvre intermittente.

Mais pour l'instant je n'avais pas encore fait ce voyage et je traînais à Red Hook, Brooklyn, à quatre heures et demie du matin, en plein hiver, sous les portes cochères de Columbia Street quand il pleuvait ou neigeait, avec les dockers; ceux-ci attendaient le patron qui les engagerait pour la journée et autour duquel ils se grouperaient en demi-cercle, tentant d'attirer son regard pour que vers eux se tende son index et la plaquette de cuivre numérotée, promesse d'engagement pour la journée. Une fois toutes les plaquettes réparties entre les élus, il en trouvait souvent une ou deux dans ses poches et les jetait en l'air avec désinvolture au-dessus de la foule. Il fallait alors voir ces malheureux se battre pour les ramasser! Tous acceptaient comme des moutons ces procédés humiliants. J'en étais outré. Je trouvais leur attitude plus sinistre encore que le procédé lui-même. Il me semblait qu'ils avaient perdu jusqu'à la conscience de l'espoir. Carlo Levi, le peintre et écrivain juif italien qui fut relégué pendant des années par Mussolini dans une région abandonnée de Dieu, Eboli, écrivit ses souvenirs d'exil dans un livre intitulé *Le Christ s'est arrêté à Eboli;* j'y pensais souvent au cours de ces sombres matins passés à Columbia Street et me disais : l'Amérique s'est arrêtée à Columbia Street.

Sur le pont de Brooklyn, les vagues de la circulation ondulaient sereinement au-dessus de la tête d'hommes qui vivaient dans des conditions presque médiévales. L'idée de les voir en butte à l'arrogance de ces exploiteurs me remplissait d'horreur, surtout lorsque venait s'y ajouter la présence d'agents de police; leur regard placide démontrait que ceux qui auraient voulu changer cet état de choses n'avaient rien à espérer des gens au pouvoir. Pete Panto était devenu un héros à mes yeux. Mais je m'aperçus bien vite qu'il était impossible de pénétrer dans ce royaume de la terreur silencieuse, situé à quelques mètres seulement de mon paisible appartement. J'avais à peu près abandonné mon projet d'écrire une pièce sur les dockers lorsque, quelques mois plus tard, un homme que je ne connaissais pas me téléphona et demanda à me voir pour me parler à ce sujet.

Vincent James Longhi et son ami Mitch Berenson arrivèrent chez moi l'après-midi même et m'apprirent que Berenson essayait de mener à bien l'action entreprise par Pete Panto contre la mainmise de Ryan sur le syndicat des dockers. Il était soutenu par le jeune parti travailliste américain, basé à Red Hook, un quartier dangereux et peu hospitalier pour des gens qui affichaient ce genre d'opinion; ils se voyaient automatiquement pourchassés par la Mafia qui avait toutes les chances de pouvoir les faire disparaître impunément, vu le climat d'anticommunisme qui régnait dans le pays à la fin des années quarante. L'évolution de ces deux hommes resta longtemps pour moi la mesure du développement du radicalisme à notre époque.

Berenson n'avait alors pas tout à fait trente ans. Il était rondouillard, travaillait comme un bœuf et avait le visage marqué par la variole. Complètement chauve, le nez busqué, le front large et haut comme celui de Beethoven, il avait une allure puissante et massive. Sa pauvreté se voyait à ses semelles usées jusqu'à la corde, aux poignets râpés de ses chemises, à ses cravates tachées et au mégot de quatre sous qu'il tenait toujours coincé entre ses dents. Une nourriture de mauvaise qualité avait distendu son ventre qui pendait par-dessus sa ceinture et il marchait comme un tonneau sur des jambes très écartées. Il avait l'air si solide et si sûr de ses idées qu'il était impossible de deviner les tourments qu'allumaient en lui ses conflits intérieurs. Par moments je croyais voir passer dans ses yeux quelques signes furtifs de souvenirs poétiques qui lui traversaient inopinément l'esprit.

Vinny Longhi, un jeune membre du barreau avec des ambitions politiques, était très différent. Grand, beau, brun et beau parleur, il essayait visiblement – avec moi tout au moins – de maîtriser son accent faubourien italien et d'adopter des intonations plus distinguées. Son admiration respectueuse pour mon roman *Focus* et ma pièce *Ils étaient tous mes fils* était quelque peu exagérée et embarrassante, mais je crois qu'il était parfaitement inconscient de ses excès verbaux et émotifs. Ouvertement romantique, il me rappelait un de mes cousins et d'anciens camarades d'université qui ne vivaient que pour conquérir les filles et coucher avec elles. Sa sensualité désarmante mouillait son regard sirupeux. Le jour de notre rencontre, il portait un costume bleu très strict – genre homme de loi – et une chemise dont les manchettes serraient ses robustes poignets. Il ne devait pas être trop sensible à la douleur.

Ils me dirent « avoir travaillé avec Pete » pour organiser à la base le mouvement anti-Ryan et me décrivirent quelques-uns des incroyables rackets qui avaient cours sur les docks, les pots-de-vin que les hommes devaient verser aux gangsters pour obtenir le privilège de travailler, la liste des boutiques et salons de coiffure spécialement désignés où un ouvrier pouvait se faire embaucher à la journée moyennant dix dollars, en échange desquels il recevait une bouteille de vin de deux dollars et la possibilité de se faire couper les cheveux pour soixante-quinze *cents*. On aurait pu croire qu'il s'agissait d'un village isolé régi par un seigneur féodal, à quelques mètres du trafic de Brooklyn Bridge et des gratte-ciel de Manhattan. Berenson et Longhi proposaient comme principale réforme d'ouvrir un bureau d'embauche où l'on viendrait s'inscrire et où les postes seraient distribués par ordre d'arrivée, sans aucun favoritisme. Cela mettrait un terme au racket. L'idée était dangereuse et provoquerait sûrement d'énormes remous. Il fallait faire une campagne, obtenir des fonds pour être en mesure de vider l'abcès au plus vite. J'étais le premier qu'ils venaient solliciter parce qu'ils me croyaient sans doute millionnaire, vu le succès de ma pièce à Broadway, et indiscutablement copain du même genre de gogos sensibles à ce type de boniments. En réalité, les seuls contacts que j'avais avec les milieux du théâtre et du cinéma étaient l'amitié qui me liait à certains acteurs très ordinaires et écrivains potentiels! Cependant, si je ne voyais pas trop comment réunir des fonds, l'idée d'écrire quelque chose sur ce monde très particulier, très fermé et fascinant, me tentait beaucoup. Mes nouveaux amis attendaient avec impatience le moment de m'en faire découvrir les mystères. J'allais enfin pénétrer dans cet univers qui me semblait énigmatique et qu'aucun auteur dramatique ou littéraire n'avait encore abordé.

Quand je jette un regard en arrière, je me rends compte combien cette décision fut capitale dans ma vie. Il en jaillit le script d'un film (qui ne fut jamais réalisé) et une pièce de théâtre : *Vu du pont*. J'y ajouterai un voyage à Hollywood au cours duquel je rencontrai une jeune actrice inconnue, Marilyn Monroe, et découvris brutalement les manœuvres souterraines qui condamnaient pour déviation d'opinions politiques et d'idéologie certains auteurs de scripts, acteurs et réalisateurs, tous fichés sur une liste.

Mais pour l'instant, je ne faisais que suivre mon instinct et tentais de pénétrer ce monde au fond duquel je sentais des relents de tragédie. De plus, en 1947, je discernais les premiers signes d'un renversement culturel tout à fait inattendu pour moi. Peut-être essayais-je de me débarrasser d'une certaine ambiguïté qui avait envahi ma vie, ma cité et le monde entier, où l'idée d'héroïsme n'était plus concevable. C'était excitant de se trouver au milieu d'hommes qui luttaient héroïquement et sans aucune équivoque contre un pouvoir injuste. Bien entendu, là aussi, je devais rencontrer quelques surprises.

Il ne me fallut pas longtemps pour me rendre compte que le monde du front de mer était pire que celui du Far West. Un générateur électrique, gros comme une maison de deux étages, destiné à éclairer une ville d'Afrique et valant des millions, disparut purement et simplement une nuit d'un quai de Brooklyn. L'exploitation des travailleurs n'était rien comparée au trafic de pourcentages que prélevaient, sous forme de taxes, les gangsters dans le plus grand port du monde. Et dans ce quartier de Brooklyn, le nom qui résonnait comme le titre d'un pair du royaume était celui de Tony Anastasia, Tony le Dur pour l'homme de la rue.

Mais les apparences étaient trompeuses dans Brooklyn-sur-Byzance. Il s'avéra qu'on redoutait Tony le Dur surtout parce que son frère, Albert, avait dirigé la Société du crime et était soupçonné d'avoir assassiné plus de cent personnes. Neuf ou dix ans plus tard, Albert commit l'imprudence de revenir de Jersey, où il avait été exilé par les autorités de New York. Au moment où il s'installait, une serviette chaude sur le visage, dans le fauteuil d'un barbier de la Septième Avenue, au coin de la 53e Rue, il fut pris en sandwich entre deux tueurs qui l'égorgèrent. Mais à l'époque dont je parle, il était encore bien vivant. Son petit frère Tony jouissait de sa gloire sanglante de chef de l'ILA (International Longshoremen Association) et tenait sous sa coupe toute une partie de Brooklyn. Berenson et Longhi étaient persuadés que le moment où Tony se manifesterait personnellement était proche car ceux qu'ils cherchaient à organiser en factions prêtes à contrer son pouvoir étaient justement les travailleurs sur lesquels régnait Tony. A travers lui on atteindrait Joe Ryan qui, du fond de Manhattan, dirigeait tout le syndicat.

A l'instar des dictateurs qui l'ont précédé ou suivi, Tony le Dur se considérait non pas comme un oppresseur, mais comme le protecteur des dockers honnêtes et travailleurs. Il faisait effectivement des discours féroces à ses administrés, réclamant toujours plus pour les travailleurs et moins pour les compagnies de transport maritime. Les hommes savaient garder un visage impénétrable; personne n'osait sourire en sa présence, car il portait toujours, dans un étui fixé assez haut pour en laisser dépasser l'extrémité, un revolver Smith & Wesson de calibre 38. C'était un homme compliqué et Berenson se demandait s'il ne se révélerait pas un jour capable de fomenter, avec les membres de son association, une révolte contre l'autorité de Ryan. Cette idée faillit lui coûter la vie et la faire perdre en même temps à Longhi.

Pour moi, Berenson était un radical peu orthodoxe, étant issu de la classe ouvrière et non pas un intellectuel. Son père, un charpentier, avait émigré de Russie avec sa sœur après la violente répression qui suivit la révolution de 1905. A quinze ans déjà, Berenson avait été un des grands organisateurs de l'Association féminine de la confection. On l'avait rodé aux tactiques d'organisation un peu musclées, assez courantes à l'époque, comme par exemple l'escalade des tuyaux d'écoulement des eaux ou le crochetage des fenêtres qui permettait aux inspecteurs des syndicats de pénétrer dans le bureau d'un patron, de jeter un coup d'œil à ses livres de comptes ou d'obtenir quelque renseignement important. Bien avant l'époque où ils inspireraient enfin le respect, les syndicats utilisaient couramment des jeunes comme Berenson, dont l'agilité de gymnaste venait à bout de pas mal de situations sans issue.

Mais comme on l'arrêtait de plus en plus fréquemment, Berenson se mit à réfléchir, aidé par sa tante Riva, une de ces femmes pleines de sagesse que les grandes expériences révolutionnaires semblent toujours faire naître. Elle élargit ses idées, lui fit connaître la poésie, les romans, à travers la richesse verbale des Russes, et bien entendu Marx. Vers la même époque il fit la cour à une superbe jeune femme, peintre, et, malgré son physique peu avenant, la convainquit qu'ils étaient faits l'un pour l'autre autant que lui l'était pour le mouvement qui militait en faveur des travailleurs et qui transformerait un jour la face de l'Amérique – vision fort imprécise, encore lovée dans le sein de l'Histoire. Il ne le comprendrait que deux ou trois ans plus tard; pour l'instant, il était à un tournant de sa vie et s'apprêtait à prendre la place d'un homme qu'on avait jeté dans les eaux de la baie, une pierre au cou. Si je ne voyais sur son visage aucune trace de peur, c'est sans doute qu'à ce moment-là il se considérait comme une onde désincarnée et invulnérable roulant sur l'océan de l'Histoire. Avec sa démarche chaloupée, son éternel mégot et ses grands éclats de rire, il parcourait les quais à la recherche d'une issue dans la lutte qu'il menait contre une pieuvre.

Il était moins facile à Vinny Longhi d'être objectif parce que, contrairement à Berenson, il ne pouvait s'empêcher de s'identifier – tout en se haïssant de le faire – avec l'élégante *gravitas* de quelques-uns des puissants du front de mer qui copiaient ou plutôt parodiaient le courage et le code d'honneur de l'Italie médiévale. Comme la plupart des matérialistes radicaux et des marxistes, Vinny et Mitch étaient des romantiques déguisés en raisonneurs; ils pensaient pouvoir circonvenir leurs plus naïfs adversaires bourgeois dont les points de vue étaient limités par des indérêts égoïstes alors qu'eux ne se préoccupaient que d'intérêts historiques. Ils étaient ainsi plus libres de manœuvrer que ceux qui jouaient pour gagner. Leur pouvoir – à condition que leurs hommes les suivent – deviendrait une sorte d'autosatisfaction spirituelle pour avoir aidé l'Histoire à accoucher. Moralement ils étaient plutôt puritains – dans la mesure où l'on passait sous silence certains écarts que Longhi ne pouvait éviter... il était si beau!

Je les rencontrai périodiquement pendant les six mois qui suivirent notre rencontre et soutins leurs efforts pour infiltrer les milieux du front de mer. Les discours de Longhi faisaient de l'effet et attiraient de plus en plus d'auditeurs parmi les dockers qui attendaient, dans le brouillard froid des petits matins, une embauche journalière. Brassant l'air à grands gestes, comme Lenine en Octobre, il développait son thème préféré : l'avilissement des honnêtes fils de l'Italie par un mécanisme syndical injuste. Les auditeurs, évidemment, connaissaient le problème mieux que lui, mais trouvaient agréable d'entendre quelqu'un le dénoncer à haute voix. Seule une force égale à celle qui les clouait au sol pouvait gagner leur confiance, mais à l'époque je ne croyais pas que la chose fût possible.

Pendant ce temps, je fréquentais les maisons des dockers où je me faisais beaucoup d'amis et tentais d'habituer mon oreille à leur langage pittoresque, plein de faconde, mélange d'anglais et de sicilien auquel se mêlaient de merveilleuses touches d'émotion. Longhi me rapporta un jour l'histoire que lui avait contée un docker coupable d'avoir dénoncé au bureau d'immigration deux frères, parents éloignés, qui vivaient illégalement dans son propre foyer; il voulait briser les fiançailles de l'un d'eux avec sa nièce. Le donneur avait essuyé la réprobation générale et avait dû s'exiler. Personne ne savait où il était allé. Certains disaient qu'il avait été assassiné par l'un des deux frères. Mais cette aventure ne retint pas mon attention; j'étais toujours à la recherche d'une clef qui me permettrait d'éclaircir le cas de Pete Panto.

Je bricolai un scénario que j'abandonnai bientôt pour le reprendre et le délaisser à nouveau. Je retournai traîner à Red Hook, cherchant ce que j'avais déjà, sans m'en rendre compte : la trame de *Vu du pont*.

Un jour, un drame me bouleversa : Tony Anastasia surgit un après-midi dans la mansarde où Berenson avait installé ses quartiers et menaça de le tuer en même temps que Longhi. Nous eûmes même droit à la foule et un attroupement se forma dans la rue pour observer les festivités! Tony était furieux parce que – c'était plutôt comique – il avait été engagé par une grande société pour remonter l'Hudson avec deux bateaux remorqueurs chargés de quelque deux cents briseurs de grève qui devaient envahir les locaux de ladite société par la voie fluviale, la voie terrestre étant solidement gardée par des piquets de grève du Syndicat des électriciens. Il avait auparavant supplié Berenson et Longhi – venus le tâter pour savoir s'ils pourraient compter sur son appui dans leur lutte contre l'autorité de Ryan – d'appeler leurs amis du syndicat et de les persuader de ne pas entrer en conflit avec les briseurs de grève. A cette requête incroyable, Mitch et Vinny avaient répondu par un discours sur la solidarité de la classe ouvrière qui avait laissé notre gangster pantois.

Sa tentative d'invasion navale des locaux de la société se heurta également au veto des membres du syndicat des bateaux à moteur. Il y eut même échange de coups de feu entre les deux flottilles, jusqu'à ce que les capitaines des remorqueurs décident que la comédie avait assez duré et ramènent leurs hommes à Brooklyn. Tony découvrit bientôt que tout le monde faisait des gorges chaudes de sa déconfiture. On l'avait surnommé par dérision « l'Amiral ». C'en était trop! Il vint donc trouver Berenson dans son loft en plein jour, et en public devant le voisinage rassemblé, pour demander raison de la trahison des radicaux.

Obligés de répondre, Longhi et Berenson, suant à grosses gouttes, se lancèrent dans un discours à l'éloquence pompeuse, ce que Tony admirait plus que tout au monde et en quoi Berenson excellait – le réprimandant sévèrement d'avoir trahi la mémoire de son défunt et bien-aimé père qui, comme Tony le rappelait à tout bout de champ les larmes aux yeux, avait arpenté les docks tous les jours pendant des années et élevé une horde d'enfants à la sueur de son front de docker et dont le fils, Tony, était maintenant en train de ternir le souvenir en devenant un briseur de grève, alors qu'il avait tout ce qu'il fallait pour devenir un grand leader du monde ouvrier et que, s'il le voulait, il serait un jour l'honneur du peuple italien persécuté, pour ne pas dire de l'humanité tout entière. Cela se termina par des démonstrations d'amitié qui atteignirent leur comble lorsque mes deux amis offrirent à Tony des places pour une représentation de *Ils étaient tous mes fils.* De fait, je le rencontrai quelques jours plus tard devant le théâtre. Il regarda la marquise au-dessus de l'entrée, y contempla mon nom, me jeta un coup d'œil et ne sut que dire. Cela me rappela mon oncle Manny. A mon grand étonnement, il regagna sa voiture et quitta les lieux sans voir la pièce. Je pense qu'il était simplement venu s'assurer que Berenson et Longhi, l'insultant une fois de plus, ne s'étaient pas payé sa tête à mon propos.

Pour dire l'embarrassante vérité, le monde du front de mer commençait à me paraître aussi absurde que tragique; c'est sans doute à cause de cette absurdité que je me retrouvai un jour à parcourir la France et l'Italie en compagnie de Longhi – un voyage qui aurait des prolongements importants dans ma vie.

Lorsque je fis leur connaissance, Berenson et Longhi avaient déjà à leur actif plusieurs échecs dans leurs tentatives d'organiser un mouvement. En 1946, se rendant compte qu'ils manquaient d'appuis politiques pour garantir la protection des travailleurs qui oseraient affronter la puissante association Mafia-syndicat, Berenson eut l'idée de présenter Longhi comme candidat aux élections du Congrès. Mais dans ce coin de Brooklyn, le parti démocrate était le fief de John Rooney, membre du Congrès et à la botte de Ryan. Cela fit naître dans l'imagination anticonformiste de Berenson l'idée que les républicains trouveraient peut-être amusant de présenter Longhi comme leur candidat dans ce quartier où vivaient bon nombre de travailleurs italiens.

Se propulsant sur ses jambes entre parenthèses, Berenson emmena Longhi à Court Street voir Johnny Crews, le leader républicain, un Ecossais plein d'humour qui comprit tout de suite le parti qu'il pourrait tirer de la candidature d'un Italien, même radical, dans ce secteur éminemment italien. Il s'engagea donc à soutenir Longhi.

L'absurdité d'une situation qui les forçait un jour à épier leurs voisins pour s'assurer que personne ne se préparait à les jeter dans le fleuve, et le lendemain à se trouver investis de la candidature républicaine, déclencha chez nos deux hommes un bel accès de fou rire incrédule. Mais pareilles circonstances ne sont jamais totalement dépourvues de sens. Le temps démontrerait que si Berenson était entré dans le bureau de Crews dans un état d'esprit de boucanier opportuniste, il en était ressorti tout autre. Ses rapports et ceux de Longhi avec le pays s'étaient subtilement modifiés, entraînant des conséquences inimaginables. Aussi douteuses que fussent ses chances d'être élu, Vinny était maintenant sorti de l'univers sinistre et féodal du front de mer pour entrer au grand jour dans une Amérique lumineuse et pleine de promesses, où les choses les plus extraordinaires pouvaient se produire.

Pour Johnny Crews, la candidature d'un Vincent Longhi n'était peut-être qu'un épisode théâtral purement symbolique et même un peu pervers qui permettrait de déséquilibrer pendant quelques semaines son adversaire,

Rooney. Mais Longhi était vraiment décidé à gagner le pari et voulait sa photo à côté du président, sur les marches de la Maison Blanche, pour l'envoyer en exprès à sa mère qui l'adorait follement. Candidat des républicains, avec l'aval du parti travailliste américain, il parcourait inlassablement le douzième district du Congrès, appelant ardemment aux réformes. La campagne fut chaude et difficile : Rooney passait son temps à dénoncer l'aide qu'apportait le parti républicain à un jeune extrémiste de gauche; quand on dépouilla les scrutins, Vinny comptait 31 000 voix contre 36 000 à Rooney – un résultat incroyablement serré si l'on considère qu'on aurait facilement pu lui voler quelques milliers de voix.

Encouragé par sa première percée dans les courants tumultueux de la politique, Longhi décida de s'opposer à nouveau à Rooney aux élections de 1948. Il vint me trouver et me supplia de réunir des fonds. Pour la première et seule fois de ma vie, je pris contact avec quelqu'un dans l'intention de lui soutirer de l'argent à des fins politiques; j'avais en effet rencontré Tennessee Williams plusieurs fois au cours de l'année et lui avais parlé de l'intérêt que je portais aux problèmes du front de mer. Il se trouva que son ami Frankie Merlo, qui habitait avec lui dans son appartement de Manhattan, était le fils d'un des leaders de la Mafia du New Jersey. Il connaissait les dessous de ce monde-là beaucoup mieux que moi, étant souvent resté assis aux pieds de son père quand il était jeune, à l'écouter discuter de ces problèmes au cours de réunions ouvrières. Il insista auprès de Tennessee pour qu'il fasse un chèque de cinq cents dollars, somme importante à l'époque. Je crois que Tennessee considérait le vif intérêt que je prenais à ces questions comme très éloigné de ses préoccupations d'écrivain, bien qu'elles fussent dans la ligne des idées qu'il afficha toute sa vie : il ne cessa jamais de stigmatiser la cruauté et l'injustice de la situation de certains êtres humains. Il écouta les descriptions que je lui fis des indignités subies par les gens du front de mer, tenant son petit dogue anglais sur ses genoux – pour l'empêcher d'aller pisser à nouveau sur son lit autant que pour le caresser; Merlo, son spécialiste des questions sociales, compléta les explications, et parut l'émouvoir; en fait, ce qui le touchait vraiment, c'étaient les mots que prononçait une personne particulière et non la condition générale des hommes.

En dépit des facilités d'élocution qu'avait Vinny, on s'aperçut très vite que seul un formidable coup pourrait chasser Rooney, un coup grandiose au point d'être imparable. Vinny décida de faire un voyage en Calabre et en Sicile pour rendre visite au plus grand nombre possible d'amis et de parents de dockers et de revenir avec leurs meilleurs vœux de réusite qu'il se chargerait personnellement de porter à quelques centaines de foyers. En dehors de son sentimentalisme caractéristique mais efficace, cette démarche avait un autre avantage, beaucoup plus important : des centaines de dockers avaient en effet deux familles, deux femmes et des enfants nés des deux lits. Dans la plupart des cas, ils n'avaient trompé ni leur seconde épouse américaine ni la première, italienne, qu'ils continuaient à entretenir et même à aller voir de temps à autre pour lui faire un autre enfant. Mais à cause des difficultés financières, ces retours au bercail étaient très espacés, de cinq ou six ans, parfois plus. Tous seraient donc profondément reconnaissants à quiconque leur rapporterait des nouvelles fraîches de leur première nichée et ils s'acquitteraient de leur dette par un vote.

La décision de Vinny fit naître la mienne. L'Amérique était le pays où l'on devenait riche mais l'Europe celui où la pensée prenait son essor - c'est du moins ce qu'on imaginait. L'Amérique prenait petit à petit un aspect irréel qui me paraissait suspect. Ainsi un constructeur à l'imagination débordante nommé Levitt était en train de construire, dans une ville portant son nom, de superbes maisons à des prix très raisonnables, comportant deux salles de bain et même un vaste grenier en bois de charpente, qui faisaient paraître primitives les demeures de notre génération. Je rencontrai aussi de vieux amis et cousins athées qui, bizarrement, contribuaient à la construction de quelque chose qu'ils appelaient « temple » alors que déjà avant guerre je n'aurais jamais pensé voir quelqu'un de ma génération retourner à la synagogue. Pourtant on entendait parler de personnes comme Sartre ou Camus, sortis de la Résistance et de la nuit qui avait englouti l'Europe pendant cinq ans avec une conception toute nouvelle et démocratique de l'univers, utilisable politiquement et sans lien avec Moscou, semblait-il. J'étais impatient de donner un sens nouveau à l'avenir, maintenant que le fascisme était mort et avec lui, ironiquement, la forme qu'avait prise ma vie en lui résistant. Le *Yin* et le *Yang* de l'existence s'étaient relâchés. L'Italie de 1947-1948, avec son important parti communiste – le plus grand après celui de l'Union soviétique –, était le centre de toutes les spéculations concernant l'avenir de l'Europe. Vinny me serait d'autant plus utile, au cours de ce voyage, qu'il parlait italien.

Ma fille Jane venait d'entrer à l'école et mon fils Bob était encore bébé. Les déplacements à l'étranger n'offraient pas, à l'époque, les facilités d'aujourd'hui. Il était donc inévitable que je parte sans eux pour cette expédition de deux ou trois semaines. Le fait de laisser derrière soi une famille a quelque chose d'érotique et de rénovateur, comme si on ouvrait son âme à l'inconnu dans une expectative qui appelle la solitude. De plus, j'avais si peu l'espoir d'écrire une nouvelle pièce à succès que je devais veiller à ne pas trop dépenser. Bref, je m'enfuis seul vers l'avenir, comme je l'avais fait à Harlem sur mon vélo un jour que la vie m'avait donné des fourmis dans les jambes et que plus rien de ce qui m'entourait ne me donnait satisfaction.

Le *SS America* – un des moyens les moins coûteux pour traverser l'Atlantique à l'époque – était aux deux tiers vide et se faisait ballotter méchamment par les vents de février. Mon moral était si bas que je passais mes journées à nager tout seul dans la piscine, en m'imaginant que c'était l'océan et qu'on n'y attrapait jamais le mal de mer. Mais le temps devint si mauvais qu'il fallut fermer la piscine avant que je ne sois projeté tête la première contre ses parois de céramique. Je me confinai alors dans le bar pendant les dernières vingt-quatre heures du voyage, en compagnie d'Albert Sharpe qui venait d'abandonner le rôle vedette dans *Finian's Rainbow*, après avoir gagné suffisamment d'argent pour passer le reste de ses jours dans son chalet irlandais. Il me rafraîchissait l'esprit avec de merveilleuses histoires de son pays. L'aube qui blanchissait les hublots nous surprit ensemble dans le salon du bateau. Alors nous montâmes sur le pont à la rencontre des brumes venues du continent.

En arrivant en Europe, j'éprouvai un choc, j'eus l'impression d'entrer dans le royaume de l'absurde. Des quais du port de Cherbourg, il ne restait qu'un monceau de grosses pierres écroulées dans les eaux. Pour débarquer, on nous fit monter dans des allèges qui nous menèrent à un quai provisoire. Tout n'était que ruine. Je ne m'étais encore jamais considéré comme un être naïf et ignorant mais ce jour-là, je crus l'être. (Je devais ressentir la même impression quelques années plus tard, en parcourant les rues de Harlem où les maisons qui m'étaient familières venaient d'être incendiées.) Tout près du port, l'immense gare construite au XIXe siècle dont les verrières en forme de voûtes avaient l'aspect d'une cathédrale était complètement détruite; seule restait debout une carcasse calcinée. Ce vandalisme, cette monstrueuse rage de détruire, cette méchanceté affichée, donnaient des frissons et emplissaient l'âme de peur pour l'espèce humaine.

Dans le compartiment du train où nous avions pris place, un jeune Américain, après un quart d'heure d'attente, s'écria soudain :

– Alors, quand est-ce que tout ce bazar va sauter ?

Vinny, les Européens et moi avons esquissé un sourire, vaguement embarrassés par l'insensibilité de ce jeune homme en face de tant de misère et de destruction. Absurde aussi me parut l'obséquiosité des employés du train envers nous, Américains, les seigneurs de la terre, les *Ubermenschen;* non que la chose, en soi, fût désagréable, mais elle était assaisonnée de regards si envieux, si chargés de ressentiment qu'on en était mal à l'aise.

Le soleil semblait ne jamais se lever sur Paris. Un lourd ciel d'hiver s'appesantissait sur la ville comme un couvercle de fer. Les mains et les visages des passants étaient gris et blêmes; un silence apathique enveloppait tout. Il y avait peu de circulation dans les rues, quelques camions au gazogène et de vieilles femmes sur d'antiques bicyclettes. Parmi ceux que je croisais, lesquels avaient été des collaborateurs, lesquels s'étaient cachés dans des caves, le cœur battant ? Qu'aurais-je fait à leur place ? Un jour, au café Les Ministères, juste en face de mon hôtel, je commandai pour mon petit déjeuner un jus d'orange, des toasts, deux œufs sur le plat et un café. La serveuse, le cuisinier et les deux garçons de service vinrent me regarder avaler cette énorme quantité de nourriture et la payer en tirant un billet de banque d'une liasse où il y en avait beaucoup d'autres. Le concierge de l'hôtel Pont-Royal, rue du Bac, portait un habit dont les manches étaient élimées; son visage était tout couperosé, résultat sans doute de fréquents rasages à l'eau froide. Une jeune femme, habillée de manière voyante à l'air affamé, portant des bas de dentelle noire et une jupe dont l'ourlet était défait, restait assise, la nuit, dans le hall de l'hôtel à la disposition des clients. Chaque fois que je rentrais, elle me regardait avec la curiosité un peu hautaine d'un anthropologue. Les barres de cuivre des portes tournantes de l'entrée avaient été volées par les Allemands, comme beaucoup d'autres pièces métalliques. J'appris aussi que le concierge courait deux fois par jour à l'autre bout de la ville pour nourrir ses lapins. Les lapins sauvaient bien des gens à l'époque.

Dans les rues, aucun homme ne portait de veston assorti à son pantalon; par contre, on en voyait beaucoup se promener avec de grandes écharpes qui dissimulaient mal l'absence de chemise. Des nuées de bicyclettes (dont je me souviendrais trente-cinq ans plus tard à Pékin) circulaient au milieu d'autobus bondés qui puaient comme ceux du Caire. Par la suite, en Chine, en Egypte, au Venezuela, j'en verrais de semblables qui me rappelleraient ceux de la Ville lumière à cette époque. Le génie de l'Europe avait été de se propulser à coups de bombes dans ce qui ne s'appelait pas encore le tiers monde. Il y avait encore des bouquets de fleurs fraîches sur les trottoirs, au-dessous de plaques encastrées dans les murs, à la mémoire de quelque résistant fusillé là par les nazis qui, eux aussi, étaient des Européens. Les guerres de 1914 et de 1939 n'auraient-elles été, en fait, que des guerres civiles? Je me souviens avoir écrit à Mary, dont je m'ennuyais ferme, que le pays ressemblait à un animal blessé, incapable désormais de se relever; c'en était fait de la France! On disait que Sartre traînait au bar du Montana mais je ne l'y vis jamais. Il me semblait que les journaux comptaient sur l'Amérique pour créer une nouvelle civilisation, comme si nous avions la moindre idée de ce qu'il fallait faire de ce continent perdu. Tout cela était bien décevant. J'allais devoir recommencer à penser à mon avenir; de toute évidence, il n'avait pas sa place ici.

Il y eut une « réunion » d'écrivains dans un palais près de la rue de Rivoli à laquelle je fus invité par Vercors, le fondateur des éditions de Minuit, qui avait publié la traduction française de *Focus*. Il s'agissait pour des artistes, engagés ou non, catholiques, communistes, gaullistes, de tenter de ressouder l'unité qui avait été la leur pendant la guerre, au sein de la Résistance. Une fois de plus, ils se réunissaient pour lire leurs poèmes, faire des discours devant les micros de la radio gouvernementale, installés dans le hall de ce superbe bâtiment du XVIIIe siècle où trônaient, impassibles, les statues d'Eros aveugle et de charmants petits Amours aux cheveux bouclés et aux joues rebondies. On grelottait, debout sur le sol de marbre, malgré l'affluence. Chacun tenait à la main un verre de vin rouge sans paraître en tirer un plaisir évident. L'unité spirituelle du temps de la guerre et la tolérance politique avaient été sérieusement entamées par la « guerre froide » qui se développait rapidement.

Vercors, romancier et essayiste, était l'un des héros les plus respectés de la Résistance. Il m'avait pris en amitié et emmené voir quelques-uns des coins où il avait trompé la surveillance des Allemands et réussi à distribuer, à bicyclette, les tracts et journaux de la Résistance. S'il avait été découvert par ces autres Européens qu'étaient les nazis, il aurait reçu une balle dans la tête. Je trouvais étrange de penser que sur les superbes boulevards parisiens, des Français avaient été pourchassés et exterminés comme de la vermine. A nouveau, je me demandais comment j'aurais réagi en pareilles circonstances, car en ces temps-là, la morale, la littérature et la politique étaient une seule et même chose. Au fur et à mesure que se déroulait la réunion et que se suivaient d'interminables lectures, Vercors m'expliquait tout bas que j'assistais probablement à la dernière tentative faite pour maintenir une apparence d'unité au sein de la culture française, car bientôt les dissensions politiques anéantiraient toute chance d'union. Il me montra du doigt Louis Aragon et Elsa Triolet, Camus et Sartre, Mauriac et d'autres écrivains catholiques. Je vis des gens partir à peine terminée leur communication.

Le prestige de l'Union soviétique était encore énorme : les armées russes avaient, en effet, sauvé l'Europe du joug nazi; il n'était donc pas facile d'accréditer les histoires de terreur stalinienne. Des hommes comme Vercors, tolérant et juste, gardaient le silence devant les rapports de ce genre qui vidaient de toute signification le combat mené depuis quinze ans contre le fascisme. Ce monde manichéen, dont la flamme brillait et qui luttait vaillamment contre l'obscurité environnante, était en train de mourir. On suspendait au mur, comme un vieux tableau qu'on ne voulait ni jeter ni regarder, la vérité. L'héroïsme des Soviets et des partis de gauche des alliés avait encore de profondes résonances. Je me souviens de Mary, aux prises avec les douleurs de l'accouchement, lors de la naissance de notre premier enfant, s'écriant, à demi inconsciente :« Oh, ces pauvres Yougoslaves! » parce qu'à ce moment là leurs montagnes neigeuses étaient envahies par les hordes nazies.

Dans un théâtre glacial où l'on jouait *Ondine* de Jean Giraudoux, Louis Jouvet, malade, interprétait son rôle assis dans un fauteuil, enveloppé d'un grand châle et vêtu d'un épais chandail. Dans la salle, les spectateurs agitaient leurs doigts de pied dans leurs chaussures pour les réchauffer et soufflaient sur leurs doigts. Personne ne quittait son manteau. C'était pour moi une autre page émouvante à tourner dans la triste histoire de la mort de ce malheureux pays où l'on imaginait qu'aucun chauffage ne serait jamais plus rallumé dans un théâtre et qui semblait la proie d'un destin néfaste; je pris vraiment conscience de ce qu'était un peuple vaincu. Mais le génial Jouvet était là, curieusement relié à chacun des spectateurs auxquels il avait l'air de parler en particulier. jamais je n'avais assisté à pareille performance. La merveilleuse langue française résonnait allégrement à mes oreilles. Si le flot de paroles et le manque d'action de la pièce m'agacèrent un peu, je compris que le langage sauvait l'âme de tous ceux qui l'écoutaient; ils se laissaient guérir et bercer par ces sonorités chatoyantes dans lesquelles ils retrouvaient la seule unité qui leur restât et leur ultime espoir. J'étais ému par la tendresse que chacun semblait ressentir pour les mots, moi qui venais d'un pays où le théâtre était un éternel combat contre le public. Ici la salle entière communiait avec Jouvet qui, me semblait-il, sortait de temps en temps de son rôle pour admirer la manière dont l'auteur tournait ses phrases et que le public applaudissait avec enthousiasme. Un détail me frappa, bien qu'il ne fût qu'un élément supplémentaire de l'étrangeté des Français : l'émotion de Jouvet paraissait réelle, concrète et continue malgré le monde imaginaire dans lequel il était plongé. Ainsi l'événement était constitué par les mots et par la sensibilité de l'acteur. Cela m'impressionna tant que je coupai aussitôt quelques lignes du texte de *Ils étaient tous mes fils*, qui me parurent trop superficielles, trop *écrites* pour être vraies.

Tous les jours les gros titres des journaux étaient consacrés au plan Marshall. Les gouvernements français et britannique étaient furieux de voir les Allemands recevoir, eux aussi, une aide économique américaine et les moyens de reconstruire leurs usines avant même d'avoir remis en état tout ce qu'ils avaient détruit en France et en Angleterre. On nous affirmait qu'il fallait considérer les Allemands comme nos nouveaux amis, et les sauveurs russes comme nos ennemis, ce qui me semblait aussi ignoble que haïssable. La confusion s'installait. Vingt ans plus tard je rencontrerais Theodor Adorno à Francfort et j'apprendrais de sa bouche que les livres scolaires relatant les années d'hitlérisme avaient été peu à peu retirés de la circulation et remplacés par d'autres où le nazisme était tout simplement passé sous silence. Ce hiatus dans l'Histoire serait à l'origine du mépris dans lequel la nouvelle génération allemande tiendrait les Etats-Unis.

Il me sembla, par la suite, que cette manière violente d'altérer les faits et d'arracher les étiquettes du bien et du mal d'une nation pour les coller sur une autre avait contribué au flétrissement de la notion d'un monde moral, même en théorie. Si l'ami d'hier pouvait si vite devenir l'ennemi d'aujourd'hui, quelle réalité renfermaient les notions de bien et de mal ? Le nihilisme et – pis encore – cette nonchalance amusée devant le concept d'une nécessité morale qui allait devenir la marque de la culture internationale, naquirent au cours des huit ou dix années de réalignement qui suivirent la disparition de Hitler. Personnellement, je voulais rester avec ceux qui ne cédaient pas, non parce que j'étais sûr d'être bon mais parce que je sentais qu'il ne pouvait y avoir de forme esthétique sans monde moral, seulement des notes sans portée musicale. J'en étais profondément convaincu sans pouvoir le prouver.

Mon premier contact avec l'Italie fut un sandwich de pain blanc au prosciutto et au poivre acheté à la gare de Milan : la meilleure chose que j'aie jamais mangée ! Je me sentis immédiatement plus à l'aise avec les Italiens qu'avec les Français. Ici, on ne prenait rien au sérieux.

Ezio Tedai, un écrivain anarchiste auteur de nouvelles, avait passé quatorze ans de sa vie dans les prisons de Mussolini; il ne possédait ni chemise ni chaussettes ni sous-vêtements, se promenait à Rome en plein mois de février en pantalon, chaussures éculées et vieux manteau de tweed, dormait à la belle étoile sur un balcon prêté par une demi-douzaine de familles sans le sou qui, avec leurs vingt enfants, squatterisaient un palais ayant appartenu à un haut dignitaire fasciste. J'insistai un jour pour qu'il accepte une chemise, un short, des chaussettes et des lames de rasoir. Il les prit mais réapparut quelques jours plus tard dans son accoutrement habituel, affirmant qu'il avait offert mes cadeaux à plus pauvre que lui. Il restait assis des heures entières sur son balcon devant un vieux bureau, au milieu des allées et venues, inconscient des conversations bruyantes et des cris qui retentissaient autour de lui. Le bureau en question, récupéré sans doute dans le salon d'une élégante demeure mise sous séquestre, comportait des dizaines de tiroirs et de compartiments où les gens rangeaient le pain et l'épicerie, et Ezio ses manuscrits et son unique trésor : un stylo Parker.

Au cours de mes longues promenades à travers Rome,

je remarquai qu'ici et là de lourdes chaînes retenaient les volets d'une fenêtre hermétiquement close. Ezio m'expliqua qu'une loi exigeait cela de tous les bordels. Je voulus en visiter un tout de suite et mon ami me proposa de m'emmener dans celui qu'il préférait. Après avoir franchi la porte cochère de ce qui avait dû être l'entrée d'un vaste palais, je vis une grande colonne sur laquelle trônait une sculpture en bronze représentant un couple en train de faire l'amour. La chevelure de la femme ressemblait à une cascade agitée par une forte houle. Un tapis rouge foncé conduisait à un escalier de marbre menant à une ancienne et superbe salle de bal. Les murs en étaient recouverts du sol au plafond de miroirs baroques. Des kilos de cristal pendaient du plafond sculpté, mal éclairé par des ampoules poussiéreuses. Le long d'un des murs, une vingtaine d'hommes de tous âges étaient assis : les uns lisaient le journal, d'autres jouaient aux échecs ou dormaient ou encore dévisageaient une douzaine de femmes debout de l'autre côté de la pièce, appuyées aux miroirs, vêtues de vestes mauresques et de pantalons de voile transparent, ou de robes de communiantes d'un blanc immaculé ou encore de robes quelconques, ou simplement d'une culotte, avec ou sans soutien-gorge. Les cheveux étaient longs ou courts, parfois relevés en chignon, les pieds nus ou chaussés de souliers à talons hauts ou de sandales ou de chaussures du soir rehaussées de paillettes qui brillaient comme des diamants. Le théâtre et les acteurs de notre siècle. J'allai me placer, avec Tedei, parmi les hommes et attendis. Les jeux d'échecs se poursuivaient, on entendait le froissement des journaux. Les femmes avaient l'air de faire la queue pour l'autobus. Une feinte indifférence régnait sur tous. Un homme se leva, apparemment sans plus de raison qu'une mouette quittant ses compagnes pour s'envoler. Il traversa la pièce et aborda une femme qui l'entraîna vers une portière, comme si elle allait lui faire essayer une paire de chaussures. Tout cela était aussi excitant qu'une vente aux enchères de vieux costumes. Je pensais à Tchekhov et au dégoût qu'il avait eu de lui-même après être venu dans pareil lieu, et à mon propre sentiment de vacuité et d'écœurement lorsque, à seize ans, mon frère et ses amis m'avaient emmené dans un appartement de Upper West Side pour y perdre mon pucelage. Ici, pourtant, je n'éprouvais aucune répugnance. Tedei souriait comme un autochtone fier de montrer à un étranger l'une des attractions de sa ville natale. Après vingt-cinq ans de fascisme et une guerre terrible, le sexe était une chose intéressante mais visiblement moins importante que la nourriture, les vêtements chauds ou le toit au-dessus de sa tête. Les femmes étaient nécessaires et on les respectait pour cela, sans plus. Les grands films néo-réalistes de l'Italie de l'après-guerre – *Rome ville ouverte* ou *le Voleur de bicyclette* – reflètent cette intégration de la sexualité dans la vie quotidienne, basée sur l'obligation de subvenir aux besoins d'une famille, sur les amitiés et sur la solidarité humaine. En 1947, l'Italie ne connaissait pas encore les problèmes d'excédents, de surabondance, et les fantasmes que cela entraîne. Dans cette ancienne salle de bal mal éclairée, on avait une impression d'humilité partagée et d'acceptation désenchantée de la réalité de la nature humaine.

J'avais cru, en venant en Europe, avoir un aperçu de ce que serait l'avenir de l'Occident, mais il était aussi confus et déconcertant ici qu'à Brooklyn. Le parti communiste était peut-être le plus grand de l'Italie, mais ses leaders conseillaient tranquillement à ses adhérents de voter pour les chrétiens démocrates aux prochaines élections de peur que l'Amérique n'interrompe ses livraisons de nourriture, entraînant ainsi la famine dans le pays; les Russes n'avaient rien à envoyer en cas de victoire électorale des Rouges. J'étais encore sous l'empire d'un concept apocalyptique de l'Histoire et devais continuellement me rappeler que les gens qu'on côtoyait dans les rues ou ailleurs, loin d'être d'innocentes victimes de la stupidité et de l'arrogance de Mussolini, avaient, pour la plupart, soutenu le fascisme ou refusé de s'y opposer. Il me semblait curieux que si peu d'entre eux aient paru assez dangereux pour être mis à l'écart, comme ce pauvre Tedei qui, aujourd'hui encore, avait l'air suprêmement innocent et même naïf au point d'attendre une révolution dont je ne voyais de signe nulle part.

Il y avait autour de Rome ce qu'on appelait la « zone », où des milliers de familles sans abri vivaient dans d'obscures caves creusées au flanc des collines, au bord des failles. Un jour nous avons grimpé jusque-là et nous nous sommes assis au milieu de ces pauvres gens squelettiques. Ils vivaient dans leur propre fange, traînaient des seaux d'eau puisée aux fontaines de la ville en bas. De leurs caves, ils pouvaient voir, s'étageant jusqu'à l'autoroute, les jolies maisons récemment construites où d'autres vivaient bien au chaud tandis qu'eux se faisaient fouetter le visage par la pluie de février. C'était la Rome du *Voleur de bicyclette*. Je n'imaginais pas un seul instant que, d'ici quarante ans, New York compterait encore plus de sans-abri que la Ville éternelle après les ravages de la guerre. Je n'aurais pas cru non plus en la lente érosion de la colère qui nous amènerait, moi et les autres, à considérer cette catastrophe comme une conséquence malheureuse mais presque normale de la vie dans la majestueuse cité de New York, la ville la plus fascinante du monde.

Au sud de Foggia, on hissait le drapeau rouge sur une mairie après l'autre. Longhi et moi bavardions avec les paysans qui tiraient de dessous leurs lits des cartes géographiques où étaient tracées les frontières des grandes propriétés terriennes; après la victoire espérée des communistes aux prochaines élections, elles seraient toutes redistribuées entre eux. Ils avaient déjà inscrit leurs noms sur chaque parcelle de terrain et nous les montraient de leurs doigts sales. En parcourant du nord au sud le pays durant l'hiver 1947, je m'aperçus un beau matin que je n'avais pas encore rencontré un seul Italien gras. Où avaient disparu les grosses mammas et les papas ventripotents? Tous s'étaient évaporés. On nous demandait sans plaisanter si nous croyions possible de voir reconnaître l'Italie comme le quarante-neuvième Etat de l'Amérique!

Pourtant ce pays n'était pas aussi triste que le paraissait la France. L'énergie italienne était une plante qui prenait racine quelles que soient les circonstances. Dans un petit bourg du sud-est, chaque après-midi, vers quatre heures, la tante de Vinny, une vieille institutrice de cinquante ans prénommée Emilia, se précipitait sur la place du village où des haut-parleurs retransmettaient les débats qui se tenaient au quartier général du parti démocrate-chrétien de Foggia – capitale de la province. A quelques mètres de là, d'autres haut-parleurs diffusaient les communiqués incendiaires du parti communiste, en provenance de Rome. La cacophonie était indescriptible. Cela n'empêchait pas la tante Emilia, passionnée et sincère, de rameuter les promeneurs autour des haut-parleurs chrétiens et de les convaincre de tourner le dos aux communistes. Vers cinq heures et demie, on coupait le son. La promenade du soir pouvait commencer dans un calme relatif. Les gens se mélangeaient, sans distinction de partis, selon la coutume en usage depuis des millénaires, et flânaient autour de la place. Les jeunes gens à marier s'arrêtaient parfois, échangeaient quelques propos et se dévisageaient comme des pingouins sur leurs rochers. Emilia fut fascinée d'apprendre que j'étais juif. Elle était persuadée qu'il n'en existait plus, non pas tellement à cause de ce qu'on n'appelait pas encore l'Holocauste, mais parce qu'elle les croyait tous convertis après la résurrection du Christ. « Mais, me demanda-t-elle avec un sourire à demi rassuré, vous avez quand même foi dans le Christ, n'est-ce pas? » Quand je lui répondis que non, il me sembla voir passer dans ses yeux de dévote une lueur d'effroi. Mais cela ne nous empêcha pas de rester bons amis, ses convictions lui permettant d'admettre qu'il y avait des choses incompréhensibles dans la vie. Moi, au contraire, j'étais sûr que rien ne pouvait échapper à la puissance de l'esprit.

Un après-midi, j'assistai à une procession religieuse. La circulation, aussi réduite qu'elle fût, s'arrêta complètement et, tandis que nous laissions passer le crucifix doré et la statue de je ne sais plus quel saint, portés par des enfants de chœur qui chantaient des cantiques, je me demandais si les vieilles traditions étaient aussi mortes qu'on le prétendait. Devant nous, un homme d'âge mûr se tenait immobile, tête baissée, le chapeau contre la poitrine et, après le passage de la procession, Longhi s'approcha de lui et lui demanda avec respect en l'honneur de qui on célébrait cette fête.

– Le diable m'emporte si je le sais, répondit-il, remettant son chapeau et traversant rapidement la rue.

Pour moi, l'Italie, c'était cela : un touchant spectacle autour d'une farce cynique. Les Français prenaient leur débandade beaucoup plus à cœur comme s'ils avaient été volés d'une victoire, ou avaient mauvaise conscience à l'idée de s'être conduits en collaborateurs de l'ennemi. Les Italiens, au contraire, paraissaient comprendre qu'ils s'étaient leurrés eux-mêmes selon leur habitude en s'attachant à la grandeur bouffonne de Mussolini. D'ailleurs, la seule chose valable à leurs yeux était de continuer à vivre et surtout d'éviter de mourir pour une idée, quelle qu'elle fût.

Sur les rives charmantes de l'Adriatique, à Mola di Bari, juste au-dessus du talon de la botte, un autre genre de procession avait lieu vers cinq heures tous les après-midi. Longhi, avec une longue liste d'adresses des familles de dockers de Red Hook à visiter, allait de maison en maison, comme un délégué de la Croix-Rouge, apportant des nouvelles de Brooklyn, prenant des notes sur l'âge des enfants, leurs progrès, le budget des femmes et leurs besoins. Bien entendu, il n'était jamais question du deuxième foyer des maris à Brooklyn, mais on savait de part et d'autre qu'il existait. Le drame de ces femmes aux prises avec les dures nécessités économiques affleurait petit à petit; certaines d'entre elles n'étaient plus toutes jeunes, d'autres avaient à peine quarante ans et leurs yeux de biches cachaient mal la peur de se voir abandonnées. Vinny adorait les rassurer d'un mot réconfortant et elles ne prenaient pas moins de plaisir à le regarder, lui si anormalement grand pour un Italien, et si bien nourri de saine nourriture.

Vers cinq heures de l'après-midi, sur le bord de mer, nous vîmes des hommes flâner bras dessus, bras dessous – une habitude tout à fait normale sous ces latitudes – mais vêtus très différemment des autres Italiens : ils portaient des pardessus foncés et des chapeaux gris à large bord relevé fabriqués à New York, des chemises blanches boutonnées, sans cravate, et des chaussures pointues à semelle fine, bien cirées. Dans l'un des bistrots du bord de l'eau, nous abordâmes quatre de ces hommes attablés devant un café. Ils s'adressèrent d'abord à nous en italien mais le sourire malin et engageant de Vinny les amena bien vite à laisser tomber le masque et à s'exprimer en argot de Brooklyn. C'étaient visiblement des prisonniers en cavale qui attendaient que disparût la menace d'une quelconque poursuite judiciaire à New York, Chicago, Philadelphie ou Los Angeles. Condamnés à rester là à contempler les peu rentables levers et couchers du soleil dans un exil doré mais ennuyeux à mourir, ils attendaient le jour où, leur problème réglé, ils pourraient refiler aux Etats-Unis.

L'Italie me donnait du courage pour l'élaboration de la pièce qui petit à petit prenait forme dans ma tête : *Vu du pont,* mais je n'étais pas encore certain de pouvoir parler des Italiens d'une manière aussi approfondie que le sujet l'exigeait. En revanche, j'étais sûr que la différence entre l'Europe et l'Amérique venait de ce que l'Europe était peuplée de gens qui avaient entre eux des liens de parenté très étroits, alors qu'en Amérique l'impact des rapports familiaux avait complètement disparu. A Naples, Vinny se sentit obligé de rendre visite à un vague cousin, un capitaine qui travaillait dans les hautes sphères du ministère de la Guerre italien. Des gardes, guindés et massifs, en guêtres et gants blancs, l'arme au poing, se croisaient comme dans un ballet devant l'entrée du bâtiment qui était, en fait, l'équivalent du Pentagone. Vinny se pencha vers le préposé aux informations et demanda à voir le capitaine Franco Longhi. Derrière les barreaux de son guichet, le garde répondit qu'il était désolé mais qu'aucun visiteur ne pouvait entrer sans notification préalable.

– Mais le capitaine Longhi est mon cousin !

Le visage de l'homme se figea.

– Votre *cousin* ?

– Oui. J'arrive d'Amérique, de Brooklyn.

– De Brooklyn !

Ce mot magique lui fit décrocher le téléphone. Je crus voir ses yeux s'emplir de larmes. Une minute plus tard, nous étions dans l'ascenseur, à la sortie duquel nous attendaient trois ou quatre colonels, quelques généraux et une nuée de secrétaires tout émues de voir le capitaine Longhi serrer Vinny dans ses bras. Les Italiens se partagent immédiatement en acteurs et en spectateurs. Toute activité cessa dans les bureaux du ministère, tandis qu'autour d'une table les cousins échangeaient des nouvelles des membres de leurs famille et connaissances, dont certains étaient morts dans telle ou telle bataille ou de telle ou telle maladie. Un général donna finalement l'ordre au capitaine de nous emmener déjeuner et, devant une salade, celui-ci demanda à son cousin s'il avait ses entrées à la Parker Pen Cie en Amérique, car le seul article qu'on était sûr de vendre, dans l'Italie de 1947, était un vrai stylo Parker. On en fabriquait beaucoup de copies à Naples mais les gens savaient maintenant faire la différence...

« Voilà comment finit le monde ! » Ces quelques mots me trottaient par la tête, tandis que nous arpentions les avenues napolitaines bordées de lampadaires de style baroque plus ou moins esquintés par les bombardements. Pourtant les hôtels étaient suffisamment éclairés pour attirer une clientèle malheureusement inexistante. De jeunes prostituées erraient en troupes bavardes, passaient la main entre nos jambes en riant et nous traitaient de pédés parce que nous repoussions leurs avances. La journée, on voyait circuler des femmes balançant sur leur tête des paniers à linge; souvent elles traversaient la rue à proximité des hôtels où logeaient les étrangers et, d'un geste qui tenait de la prestidigitation, leur arrachaient leurs chapeaux et les faisaient disparaître au fond de leurs paniers avant de s'enfuir prestement, laissant leur victime interdite et incapable de repérer l'endroit où avait disparu son couvre-chef. J'attendais un jour Vinny, parti changer de l'argent dans une banque voisine. Un jeune homme s'approcha de la voiture où j'étais assis seul et se mit à tirer nos valises littéralement de dessous mes pieds, comme si nous lui en avions donné l'ordre. Je protestai violemment en anglais; il me regarda d'un air affable mais continua à s'emparer des bagages jusqu'à ce que je lui fasse lâcher prise en lui assenant un coup de pied sur la main. Il me toisa alors, haussa les épaules et s'en alla sans autre forme de procès. Un spectacle de plus.

Que dire des histoires coquines des Napolitains? Celle-ci par exemple : un jour, un curé vit une longue file d'attente devant la maison d'un de ses paroissiens. Il entra et trouva un des anciens du village en train d'extorquer quelques sous à ceux qui étaient accourus pour jeter un coup d'œil à sa fille, célibataire, couchée dans la chambre voisine, un bébé noir dans les bras. Il y avait alors à Naples beaucoup de militaires noirs américains; un bébé noir conçu par une Blanche était une chose à la fois scandaleuse et excitante, une espèce de miracle. Bien entendu, le curé se mit en colère.

– Comment oses-tu faire une chose pareille? demanda-t-il au père indigne. C'est déjà une honte que ta fille ne soit pas mariée. Faut-il en plus que tu tires profit de son péché devant tous tes voisins?

Le père prit alors le curé à part et murmura :

– Ne vous en faites pas, padre. Ce n'est pas son bébé.

Tout était fini, terminé pour l'Italie, mais à la sortie de Rome il y avait, dans une cour derrière une maison, un petit restaurant improvisé avec quatre ou cinq tables bancales et un écriteau avec ces mots : « Entrez et mangez. Personne n'est jamais mort ici. » Nous étions à une période de l'histoire où les gens appréciaient particulièrement le privilège d'être en vie et non pas morts, et donc d'appartenir à une aristocratie de survivants.

Mais on trouvait une autre catégorie de survivants sur la côte éventée de Mola di Bari. Le maire de la ville nous confia que les « Ebrei », c'est-à-dire des Juifs échappés des camps de la mort allemands, s'étaient réfugiés dans de grands *palazzos* bâtis en bord de mer par des dignitaires fascistes, obligés de fuir à la fin de la guerre ou jetés en prison. Vinny voulut savoir où ces Juifs s'étaient regroupés, ce qui n'était pas facile; ils se terraient en effet car les Anglais faisaient pression sur le gouvernement italien pour ne pas autoriser la venue de ces malheureux en Italie, ou bien, une fois qu'ils s'y trouvaient, pour leur interdire l'accès des bateaux en partance pour la Palestine. Ils vivaient comme des reclus et personne ne voulait mentionner leur présence devant des étrangers. Tout Mola di Bari et Bari étaient du complot et gardaient le silence. Finalement, à force d'investigations, nous les découvrîmes : des centaines de personnes entassées les unes sur les autres dans les chambres et les corridors d'une vingtaine de grandes maisons en face de l'Adriatique. A notre arrivée, une hostilité glaciale nous accueillit. Jamais je n'avais rien ressenti de pareil; on avait l'impression de ne plus exister, d'être devenu transparent. Les femmes se détournaient sur notre passage et faisaient semblant de s'occuper de leurs enfants. Les hommes et les jeunes gens passaient près de nous comme des courants d'air. Je sentais que la moindre maladresse, le moindre faux mouvement serait interprété comme une agression et nous vaudrait d'être instantanément lynchés. Je m'approchai de deux jeunes gars, pas rasés mais propres, qui m'observaient d'un air menaçant. J'essayai d'engager la conversation en anglais et Vinny en italien. Peine perdue. En désespoir de cause, je lançai quelques phrases en un mélange d'allemand et de yiddish, pour appeler les bénédictions de Dieu sur eux et leur faire comprendre que j'étais juif. Mais ils ne s'intéressèrent pas davantage à moi, n'imaginant pas sans doute en quoi je pourrais les aider à résoudre leur unique problème : prendre un bateau pour Israël et quitter enfin définitivement ce cimetière qu'était devenue pour eux l'Europe. Leur méfiance fut comme un verre d'acide qu'on m'aurait jeté au visage : je parlais à des bouts de bois calcinés sur les bûchers nazis, à des morceaux de fer incendiés, à des squelettes où seul le regard témoignait de la vie. Par la suite je me demanderais souvent pourquoi je n'avais pas eu l'idée de partager leur sort puisqu'ils étaient justement le produit d'une catastrophe que j'avais, de diverses manières, tenté d'éviter et à laquelle j'avais dévolu toute mon œuvre d'écrivain. Encore aujourd'hui, lorsque je pense à ces pauvres gens debout sur le seuil de leurs maisons, parcourant des yeux l'infini de la mer à la recherche du navire qui les emmènerait vers la Terre promise, rejetés par tous les pouvoirs d'un monde dit civilisé, menacés, en Italie, par les interventions diplomatiques des Anglais, je me sens désemparé, détaché de tout, honteux de ma stupidité qui m'empêche de me reconnaître en eux.

Cela me rappelle le trouble que je ressentis devant ma première réaction à l'annonce du bombardement de Hiroshima. Comment avais-je pu éprouver un tel émerveillement, un tel soulagement à l'idée que la guerre était finie ? Comment avais-je osé étudier les premières descriptions des ravages de la bombe et concevoir une certaine fierté devant l'intelligence humaine ?

D'où venait cette indifférence ? Un jour, l'essence

même du problème me sauterait aux yeux : le défaut d'imagination nous entraînera tous dans la mort.

Dans son italien passionnément expressif, Vinny demanda un jour au concierge de notre hôtel l'adresse d'un restaurant où nous pourrions déjeuner. Les étrangers étaient encore si peu nombreux à l'hôtel des Palmes que notre homme fut quelque peu embarrassé de nous informer qu'aucun restaurant n'existait encore à Palerme, sauf un, à l'autre bout de la ville, ouvert seulement pour le dîner. Il ajouta que, comme nous pouvions nous en apercevoir, tout n'était que ruine autour de nous et que même notre hôtel tenait à peine debout à la suite des bombardements américains. L'Europe m'apparaissait maintenant sous les traits de ce concierge d'âge mûr, en queue-de-pie, avec un col cassé, une cravate de soie grise pleine de taches et des ongles rongés. De fait, le hall de l'hôtel, cerné d'arches encadrant des alcôves parfaites pour les rendez-vous amoureux ou les discrètes conversations d'affaires un peu véreuses, se terminait brusquement par une espèce de grand linceul derrière lequel s'amoncelaient les ruines d'une partie du bâtiment.

Le chasseur de l'hôtel, plus jeune et plus dégourdi, nous dit que peut-être le restaurant en question était maintenant ouvert à l'heure du déjeuner. Mais l'endroit n'était pas facile à trouver, aucune enseigne ne signalant son existence. Il nous expliqua comment y accéder. Nous étions littéralement affamés car, depuis la veille – et notre traversée du détroit de Messine en compagnie d'ouvriers siciliens qui avaient eu la sagesse d'emporter de quoi se restaurer –, nous n'avions rien avalé sauf notre café noir du matin. Nous nous mîmes vivement en route.

Vues de l'extérieur, les fenêtres de l'hôtel étaient d'une propreté immaculée, signe rassurant d'une volonté de vivre; mais une montagne de gravats s'accumulait au pied des murs encore tapissés d'élégant papier, avec des guirlandes de vigne en stuc en dessous de portes bouchées par des briques. A chaque pas, nous soulevions des nuages de poussière de ciment qui blanchissaient nos cils et nos sourcils. Partout, on voyait des hommes sur des échelles, chargés de pesantes hottes de maçon remplies de ciment humide. De temps à autre, un garçon de café en tablier blanc escaladait l'une de ces échelles, un plateau à la main, portant une boisson à quelque patron qui travaillait dans les étages supérieurs. Un âne chargé de barres de fer essayait de mordre le bras d'un jeune homme qui s'obstinait à vouloir lui faire franchir un monticule de débris. Une minuscule Fiat dont la suspension crissait à chaque instant semblait sur le point de se renverser sous le poids d'un chargement de six mètres de haut. D'impressionnantes matrones vêtues de noir, et légèrement moustachues, régnaient sur des rues entières, donnaient des ordres de leur voix rude de contralto et passaient leur temps à renvoyer avec force paire de claques à la maison des filles pourtant parfois déjà âgées de seize ans, pour les punir de divers manquements de conduite. Les hommes ne parlaient qu'entre eux. Au deuxième étage d'une maison, une femme soulevait son fils nu devant une fenêtre pour que la ville entière reconnaisse un de ses petits dieux dans sa splendide nudité. Au contraire de Naples, il n'y avait pas de prostituées dans les rues de Palerme. Dans le port, où les quais s'étaient écroulés dans l'eau, des bataillons de rats rongeaient un palmier déraciné, aussi indifférents au va-et-vient des passants que s'ils avaient reçu une autorisation de la municipalité. Sur la mer, éclairée par les rayons d'un soleil qui brillait dans un ciel immuablement bleu, un cargo solitaire déchargeait sur des barges des sacs de blé américain, gage de survie pour la population. La perspective d'élections nationales, prévues pour les semaines suivantes, avait amené dans les parages l'ambassadeur américain Francis Biddle. On racontait qu'il avait pris une poignée de grains, l'avait versée sur la tête d'un petit garçon qui riait aux éclats en déclarant – tout à fait inutilement d'ailleurs – que si les communistes étaient élus, cette manne cesserait d'être livrée. Un autre signe que tout était perdu, ici, dans une Italie transformée en mendiante et en putain. De temps à autre, une carriole traînée par un cheval, un ancien « carrosse » de la fin du siècle dernier remis en service, passait tandis que le pays retombait dans son passé. Les ouvriers se hâtaient toujours le long des échelles pour reconstruire et plâtrer les murs, avec l'affection séculaire des Italiens pour le ciment humide.

Le restaurant indiqué était le seul bâtiment entièrement reconstruit autour de la petite place en ruine. Aucune enseigne en effet ne le signalait à l'attention des passants. Aveuglés par le soleil, il nous sembla, en entrant, que toutes les tables recouvertes de nappes blanches étaient vides. Le propriétaire – le premier *gros* Italien que nous ayons rencontré jusqu'à présent – sortit de derrière un rideau bleu, l'air surpris, et vint nous demander avec une certaine inquiétude ce que nous voulions, comme si nous étions ses premiers clients d'après-guerre. Ce n'est qu'une fois assis que je jetai un coup d'œil à la vaste pièce et vis alors cette étonnante rangée de gens silencieux assis derrière une douzaine de tables réunies en une seule le long d'un des murs. Je fus stupéfait par la variété dissonante de leurs milieux sociaux : une blonde platinée au décolleté rose et profond, apparemment entraîneuse dans quelque night-club, était assise à côté d'une mamma sicilienne qui portait un châle noir sur la tête. Un jeune garçon, rougeaud, d'environ quatorze ans, voisinait avec un ouvrier d'apparence paysanne, en chemise de toile bleu marine; un type maigrichon à lunettes se trouvait entre un journaliste peut-être ou un intellectuel, un ouvrier costaud et un homme d'affaires pâle à grosses bacchantes. Puis deux hommes qui ne pouvaient être que des gangsters, en veste croisée et petite moustache bien lisse, et une autre fille, sans doute une prostituée, avec des perles dans les cheveux, à côté d'un monsieur très sérieux aux allures de médecin...

Tous étaient muets et nous dévisageaient de l'autre côté de la salle vide. La situation se retournait tout à coup : nous étions les acteurs, et les Siciliens les spectateurs. Le menu nous ménagea également une surprise, avec la première viande de mouton qu'on nous eût proposée depuis notre arrivée en Italie. Même à Rome et à Naples nous n'avions mangé que du poulet et du poisson. Le propriétaire, dans un geste habituel de bienvenue, se frottait les mains, mais son regard semblait plus préoccupé que chaleureux. Il nous laissa – j'allais dire sur scène – et disparut derrière un rideau bleu tendu au fond de la salle.

Je vis Longhi devenir rouge comme une tomate. Le regard fixé sur le menu, il semblait se forcer à ne pas le quitter des yeux. Remuant à peine les lèvres il murmura :

– Ne tourne pas la tête tout de suite mais devine qui est assis derrière toi.

– Mussolini !

– Ne fais pas le con. C'est très sérieux.

– Le roi Victor-Emmanuel ? Balzac ? Louis B. Mayer ?

– Non. Lucky Luciano.

Comme la plupart des lecteurs de journaux, je savais que Luciano avait été exilé en Italie après que le procureur Thomas E. Dewey eut mis la main sur lui et l'eut fait condamner en tant que chef de la Mafia, tueur, proxénète, organisateur de jeux clandestins et de rackets. Avoir obtenu la condamnation de Luciano – chose considérée comme impossible – avait fait de Dewey un héros national et lui permettait d'être aujourd'hui et pour la seconde fois le candidat républicain probable à l'élection présidentielle, avec de fortes chances de battre Truman. Luciano était le prince des voleurs, un abominable monstre sans aucune moralité.

– Ne leur donnez pas cette saleté.

L'accent de Brooklyn résonna à mes oreilles. Je tournai la tête et vis un visage impossible à oublier pour quiconque avait jeté ne fût-ce qu'un coup d'œil aux journaux. Luciano venait de donner cet ordre au propriétaire du restaurant.

– Servez-leur le même menu qu'à moi.

Là-dessus il se leva, contourna la grande table et vint s'asseoir à la nôtre. Le propriétaire, ravi et apparemment soulagé d'avoir implicitement reçu l'autorisation de ne pas nous jeter dehors, vola vers la cuisine.

– Cholly ! s'écria Vinny. Mon Dieu !

Il tendit la main à Luciano – dont le véritable prénom était Charles – comme si l'honneur que nous faisait celui-ci était presque impossible à supporter. Pourtant je voyais perler la sueur sur son front.

– D'où tu viens ?

– Des Etats-Unis, Cholly.

– De quel coin ?

– De Brooklyn, Cholly. Je m'appelle Vincent Longhi et voici mon ami Arthur Miller.

Je n'eus droit qu'à un léger signe de tête, n'étant manifestement pas italien. Seul Longhi l'intéressait parce que Brooklyn était leur berceau à tous les deux. Je m'avisai soudain que Vinny était sans doute le premier Italien de Brooklyn dont l'arrivée en Sicile n'avait pas été signalée à Luciano.

– De quel coin de Brooklyn ?

– Je passe le plus clair de mon temps à Red Hook maintenant, Cholly, dit Vinny avec un petit rire familier. C'est là que tu étais, non ?

– Oui, oui. Et qu'est-ce que tu y fabriques ?

– Je suis avocat.

Luciano hocha la tête et se tourna vers moi :

– Toi aussi, t'es avocat ?

– Non, écrivain.

– Dans quel journal ?

– Pas dans un journal, Cholly. Il écrit des pièces... tu sais pour le théâtre.

Luciano hocha de nouveau la tête mais avec un air dubitatif cette fois et, pointant l'index vers mon sac, demanda :

– Et qu'est-ce que tu trimbales là-dedans ?

– Mon appareil photo.

– J' peux voir ?

Comme surgi du sol, je sentis une présence près de moi. Levant la tête, je vis une espèce d'immense gorille d'un mètre quatre-vingt-dix au moins, un pistolet – probablement un 38 – à la main, les yeux fixés sur le sac d'où je me hâtai d'extraire l'appareil en question. Il s'en empara aussitôt, le retourna, l'ouvrit, le referma et me le rendit en disant :

– Merci.

Je le suivis du regard pendant qu'il s'éloignait et m'aperçus avec stupeur que tous les autres convives de la grande table avaient disparu. Ils s'étaient évanouis dans la nature sans un bruit, pas même celui d'une semelle de chaussure glissant sur le sol. Nous étions seuls. La verve de Luciano semblait retombée. Il nous adressa un sourire poli et quelque peu attristé.

– Alors qu'est-ce que vous fabriquez ici tous les deux ?

– On fait du tourisme, répondis-je.

Ma plaisanterie faillit le faire rire.

– Du tourisme ? A Palerme ?

Longhi lui expliqua, pendant que le propriétaire rassuré nous servait le repas, les raisons de ses prises de contact avec les familles des dockers et son ambition de devenir membre du Congrès. Comme Anastasia, Luciano prit très au sérieux l'esprit d'entreprise de ce jeune Italien et hocha plusieurs fois la tête en signe d'approbation. Je profitai de ce que j'étais dans l'impossibilité de participer à leur conversation, menée en italien, pour observer attentivement notre gangster. Jamais je n'avais vu de visage dont les deux profils fussent aussi dissemblables. Celui de droite avait un œil à la paupière lourde, le coin de la bouche étiré vers le bas et la joue aplatie.

C'était son profil de tueur. Le gauche était éclairé par un œil plutôt intelligent et curieux comme celui d'un dentiste de bonne famille. Luciano portait des lunettes sans monture, selon l'habitude des gens d'un certain âge. Seul le visage de Lincoln – autant que je m'en souvienne – présentait un aussi étrange manque d'harmonie.

– Qui connais-tu? demanda Luciano à Vinny.

Celui-ci prit sa respiration et débita toute une liste de noms de mafiosi; j'étais certain qu'il n'en connaissait pas le premier, mais leurs noms étaient autant de gages de réussite dans le monde de la pègre. A l'instar d'Anastasia encore une fois, Luciano s'avoua ulcéré des injustices commises contre lui au nom de la loi. On lui avait interdit de poser le pied en Italie même pour visiter sa chère ville de Naples où, affirmait-il, une tante de sa mère se mourait de désespoir à l'idée de ne pas le revoir une dernière fois. Il insista pour payer notre addition et posa sur la table une liasse de billets sans les compter (« Et merde! Après tout ce n'est que de la monnaie de singe! »). Je me levai et dis qu'il était temps pour nous de reprendre nos promenades exploratoires. Il nous proposa d'abord aimablement puis avec insistance de nous ramener en voiture à l'hôtel, où nous n'avions aucune envie de retourner pour l'instant. J'essayai d'inventer une excuse :

– Je pense écrire quelque chose sur la Sicile et je veux jeter un coup d'œil alentour.

– Non, non! insista-t-il. On a la voiture, on vous raccompagne.

Visiblement il n'était pas disposé à nous perdre de vue. Le propriétaire déverrouilla sa porte (je ne m'étais pas aperçu qu'elle avait été cadenassée) et nous salua avec force courbettes.

– Belle voiture! m'exclamai-je devant la grande Lancia sport verte au volant de laquelle se trouvait un garde du corps.

Je m'assis près du chauffeur; Vinny et Luciano prirent place sur le siège arrière.

– Offrez-moi une Chevrolet n'importe quand à la place, répondit-il.

Il souffrait certainement du mal du pays.

C'est dans cet équipage que nous regagnâmes, comme des prisonniers, notre hôtel. Je trouvai la comédie plutôt irritante mais Vinny semblait parfaitement à l'aise.

Je demandai notre clef à la réception; le concierge me la tendit d'une main tandis que de l'autre il donnait la sienne à Luciano.

– Votre chambre est juste à côté de la mienne, fit-il en me regardant fixement.

Je ne pus que lui confirmer le fait : oui, les numéros de nos clefs indiquaient que nous étions voisins. Bien que n'ayant pas la moindre envie de monter me reposer, je me retrouvai pénétrant dans l'ascenseur devant Luciano qui avait refusé obstinément de m'y précéder, comme je le lui proposai par respect pour son âge. Il s'adossa à la paroi arrière et garda le silence pendant que nous montions à l'étage. Arrivés devant nos portes respectives, incapables de prononcer le moindre mot, nous nous fîmes un signe de tête en guise d'au revoir.

Vinny s'abattit sur son lit en se tenant la tête à deux mains.

– Bon Dieu de bon Dieu! Tu te rends compte? Et dire que nous avons des chambres voisines!

Son angoisse me surprit.

– Mais enfin, vieux, réfléchis, reprit-il. Il nous soupçonne peut-être d'être des gars du FBI ou de la pègre venus lui loger une balle dans la tête.

Je n'avais qu'une envie, pour l'instant : faire la sieste, après ce repas inhabituel. Vinny continua à me parler mais, voyant que je ne répondais pas, abandonna la partie et s'endormit à son tour. A l'époque, je croyais à beaucoup de choses et surtout à l'immunité mystérieuse que procurait un passeport américain.

Un coup frappé à notre porte nous réveilla en sursaut. Vinny bondit de son lit et tendit l'oreille. Un autre coup retentit. Il me regarda et avala sa salive. Je fus pris d'un fou rire apparemment contagieux, car bientôt mon ami se plia en deux pour étouffer ses hoquets. Au troisième coup il se redressa : quelqu'un semblait fermement décidé à nous voir et savait que nous étions là. Ce ne pouvait être que Luciano ou un de ses sbires. Vinny ouvrit la porte.

Un très beau jeune homme, grand et mince, se tenait sur le seuil, vêtu d'une veste en plaid, coiffé d'un bonnet de laine bleu marine et chaussé de gros souliers de paysan.

– Signor Longhi, dit-il avec l'assurance d'un homme pour qui le monde aurait été fait, j'ai entendu dire que vous souhaitiez visiter la Sicile.

Il ôta son bonnet de tricot et s'assit tranquillement, tel un propriétaire possédant tout ce qui existe au sud de Rome.

– En effet, répondit Vinny, mais il est très difficile d'obtenir de l'essence.

Luciano était le seul à connaître notre désir de faire le tour de la Sicile.

– L'essence, ça se trouve, rétorqua le jeune homme.

– Mais nous n'avons pas de voiture et il n'est guère facile d'en louer...

– Ça se trouve aussi. Quand voulez-vous partir ?

– Ma foi... demain, si possible.

– Tout ce qu'il y a de plus possible.

– Le problème est que nous n'avons pas beaucoup d'argent. Combien cela coûtera-t-il ?

– Rien du tout. Vous êtes mes invités... Cependant, si vous aviez quelques cigarettes...

Nous en avions, évidemment. J'ouvris ma sacoche et lui en offris quelques paquets. Mais il vit que nous avions quatre cartouches et en prit aussitôt trois, d'autorité, et les plaça victorieusement sous son bras. L'idée de protester ne nous effleura même pas. Ce « cadeau » le flatta et, sur les instances de Vinny, il se mit à nous raconter son histoire. Ses dents brillaient comme une rangée de perles carrées et ses mains solides semblaient taillées pour abattre un cheval; pourtant il y avait en lui quelque chose de souple et d'agile, d'un héros fier de sa fabuleuse ascension dans la vie.

Il avait vingt-quatre ans, nous confia-t-il. Adolescent au moment où les Allemands avaient occupé son pays, il avait réussi à prendre le contrôle de tout le ravitaillement en agrumes de Palerme « avec la coopération des paysans »; autrement dit, en s'assurant la maîtrise des routes qui menaient à la cité grâce à ses hommes armés. Pendant la dernière année de l'occupation, il contrôlait si complètement les dépôts d'essence de l'île que les Allemands – il en riait encore avec un plaisir sournois – décidèrent de ne plus combattre ses hommes, surnommés « les bandits », mais d'accepter de payer une taxe pour chaque camion-réservoir entrant dans la ville. Les « bandits » avaient trouvé cette solution parfaitement satisfaisante.

Son histoire terminée, il se leva, nous serra la main, remercia pour les cigarettes et s'en alla.

– Il ne nous a même pas dit son nom, fis-je remarquer.

Reprenant alors notre tour interrompu de la ville en ruine, nous nous dirigeâmes vers le seul night-club-restaurant qui restait. Au coin d'une rue, nous faillîmes nous heurter à un petit homme d'à peine un mètre cinquante armé d'une canne, en cape noire et béret, et à la moustache agressive.

– Louis!

– Vinny!

Le soulevant de terre, Vinny embrassa le bonhomme qui, m'apprit-il, avait été exilé par Mussolini au cours des années trente et avait vécu à New York pendant une décennie. Revenu dans son pays à la mort du dictateur, il s'était fait élire au Sénat du Parlement sicilien.

On le reçut princièrement au restaurant où nous avions décidé de passer la soirée et le maître d'hôtel nous donna la meilleure table. Vinny était visiblement impatient de raconter notre histoire au sénateur, ancien prisonnier politique, qui avait passé cinq ans dans les cachots de Mussolini avant d'être exilé. Il écouta avec un certain amusement, me sembla-t-il, le rapport que lui fit mon ami sur notre terrible rencontre avec Luciano et la mystérieuse visite du jeune homme.

A quelques pas de nous, d'autres clients s'installaient à une table. Une femme rondelette, que j'avais déjà vue quelque part, avec des perles dans les cheveux et – était-ce possible ? – Luciano en personne accompagné de son solide garde du corps. Il aperçut Vinny et hocha vaguement la tête avant de prendre place. Aussi calmement que je le pus, je me tournai vers mes voisins et, interrompant la conversation, murmurai :

– Il est là.

Vinny jeta un coup d'œil dans sa direction et baissa la tête.

– Bon Dieu ! Il va croire que nous le suivons.

– Que nous suivons qui ? demanda le sénateur.

– Luciano. C'est lui, là-bas.

Le sénateur regarda le gangster, sortit de la poche de son veston un petit revolver à poignée de nacre qui avait l'air d'un stylo et le posa à côté de son verre de vin. Souriant avec mépris sous son abondante moustache, il cria, de la voix que l'on prend pour héler un taxi :

– Luciano ! Qu'il aille se faire foutre !

J'ai toujours manqué d'esprit d'à-propos. Dans les cas extrêmes, ma première réaction est d'incrédulité et je me fige. Je plongeai le nez dans mon assiette comme si je cherchais à en mémoriser les dessins pendant que, du coin de l'œil, je voyais Luciano, son garde du corps et sa blonde platinée sursauter. Les serveurs poursuivaient impassiblement leur travail et le maître d'hôtel guidait un nouveau groupe de convives vers une table.

Sans songer à remettre son pistolet dans sa poche, le sénateur nous expliqua que la Mafia avait récemment tué un grand nombre de socialistes et de communistes et qu'il serait ravi – Luciano le savait sans doute – de mettre les choses au point tout de suite avec lui. Inutile de dire que Longhi et moi étions dans nos petits souliers. Heureusement un plat de délicieux spaghetti et de poissons grillés arrosés d'une sauce épicée changea le cours de nos pensées et rétablit la bonne humeur. Apparemment, il en allait de même à la table de Luciano. Le repas se termina comme si de rien n'était.

– Nous sommes entre les mains de Luciano, dis-je au moment de nous coucher. Que va-t-il arriver demain matin? Faut-il accepter la voiture?

– Il l'aura peut-être décommandée, répondit Vinny avec son optimisme habituel.

Inquiets mais l'estomac plein d'excellente nourriture et de succulent vin rouge, nous dormîmes profondément, n'ayant ressenti qu'un seul regret en ce qui me concernait : celui d'avoir sacrifié inutilement trois cartouches de cigarettes.

Le lendemain matin, comme promis, une petite Fiat nous attendait à la porte de l'hôtel. Le chauffeur, un homme d'âge mûr, avait l'air déprimé et portait un costume fripé et une cravate verte qu'on aurait crue grignotée par les souris. Il comprit que nous voulions visiter toute l'île, et il démarra en trombe.

Eden montagneux quoique souvent privé d'eau, la Sicile est peuplée de gens très réservés. Nous traversions des villages et des hameaux; on nous regardait comme si nous devions être exécutés d'ici peu et qu'il valût mieux nous laisser tranquilles en attendant l'heure fatidique. Tout cela n'empêchait pas Vinny de poursuivre ses recherches de familles de dockers, de faire de petits discours et de relever les noms des vivants et des morts. Tout était parfaitement cynique et, en définitive, très émouvant. Car il comblait chez ces malheureux un besoin désespéré de communiquer par-dessus un océan d'eau mais aussi d'indifférence à leur effroyable solitude. Les femmes, dont beaucoup étaient jeunes et pleines de santé, nous recevaient d'abord avec effroi, comme si nous étions d'horribles fantômes tombés du ciel sur ce sol où peu d'étrangers leur voulaient du bien; puis elles se laissaient gagner par la sympathie et écoutaient bouche bée les rapports circonstanciés et optimistes de Vinny sur les maris, les frères, les fils qui vivaient là-bas, si loin, à Brooklyn. Elles finissaient toutes en adoration devant ce messager qui, de son côté, était ravi de jouer ce noble rôle.

Une chose me troublait cependant : la manière dont nous nous procurions de l'essence. Le chauffeur s'arrêtait en rase campagne devant une épicerie isolée, flanquée d'une pompe à essence poussiéreuse, coupait le moteur et attendait en silence. Pendant un moment, il n'y avait aucun signe de vie alentour, mais bientôt surgissait un homme qui, sans mot dire, prenait le tuyau, le fourrait dans le réservoir qu'il remplissait, remettait le bouchon et s'en retournait dans son magasin sans empocher la moindre lire ni échanger la moindre parole. Cela ressemblait fort à quelque manigance louche du genre « je prends et je ne donne rien » dont il est difficile de saisir le sens. Quant au chauffeur, qui aurait très bien pu s'expliquer avec Vinny dans sa langue, il restait tout le temps bouche cousue; de tout le voyage, il ne prononça qu'un seul mot, lorsque nous atteignîmes Syracuse, une ville encore à moitié détruite par les bombardements : arrêtant la voiture, il coupa le contact, sortit, ouvrit notre portière et, d'un geste large, nous montrant les ruines derrière nous, articula : *Teatro.*

Je descendis de voiture et me trouvai devant ce qui restait de l'immense théâtre grec. Pourquoi nous avait-il amenés ici sinon parce que Luciano ou le jeune bandit lui en avaient donné l'ordre? Pour me faire plaisir à moi, l'auteur dramatique? Je me frayai un chemin au milieu des éboulis qui encombraient le vaste et antique amphithéâtre envahi d'herbes sauvages desséchées par le soleil et grimpai sur la scène formée de rochers plats se terminant en abrupt sur la mer bleue qui scintillait sous l'arche flamboyante du ciel. J'éprouvai une certaine honte en pensant à l'atmosphère suffocante et renfermée de nos théâtres, tellement appauvris par une psychologie qui n'avait plus rien à voir avec l'universalité du destin. Etait-il possible que quatorze mille spectateurs se fussent assis devant l'endroit sur lequel je me tenais ? J'imaginais avec peine comment on pouvait écrire des tragédies pour un public aussi vaste. Si elles ne faisaient pas partie des rites religieux, comment se faisait-il qu'elles aient été si totalement dénuées de toute vulgarité inhérente aux divertissements réclamés par le public en général ? Pourtant, la religion n'explique pas, à elle toute seule, la survivance non seulement des pièces de théâtre mais aussi de la sculpture, de l'architecture de ce temps-là. Etonnant aussi que la suprématie du passé sur le présent m'ait inspiré la certitude qu'il existait un ordre établi dans cette colonie de la Grèce antique, dans cette ville qui n'avait jamais connu plus que quelques vagues périodes de paix, dans ce pays contre lequel avaient combattu, depuis la fin de l'âge de pierre, presque tous les peuples d'Europe, de l'Afrique du Nord au Danemark. Au milieu de ce chaos incessant, comment un tel équilibre de beauté était-il possible ? Qu'est-ce qui avait empêché les habitants de sombrer dans le désespoir ? Pourquoi leurs œuvres théâtrales étaient-elles si pleines de soleil ? Ils connaissaient sans doute aussi bien que nous la trahison des espérances humaines, la mort des enfants ! Dans la traduction d'*Ajax* faite par Ezra Pound, le dernier cri que pousse le héros de la pièce est : « TOUT EST COHÉRENT », une affirmation qui justifie sa trahison et sa mort en même temps que la vie en général. La cohérence était-elle le triomphe, la manifestation d'un système et par conséquent de l'approbation de Dieu ? La fluctuation de nos choix ne sert-elle qu'à soulager la solitude de ceux qui demeurent indépendants et luttent tout seuls ? Sûrement ce théâtre antique où je me tenais n'avait jamais connu le bruit des applaudissements. Le public devait s'en aller dans un silence émerveillé et se sentir revivifié, comme les frères et sœurs de la lune et du soleil.

Dix ans plus tard environ, je me trouvai un jour dans un avion, assis près du jeune metteur en scène Peter Brook. Il me montra des coupures de presse concernant la récente chasse à l'homme qui avait coûté la vie à Salvatore Giuliano, le terrible bandit sicilien abattu dans la cour d'une maison de campagne, et me dit qu'il voulait en faire le sujet d'un film. Giuliano était devenu une figure légendaire dans toute l'Europe. Les journalistes ne parvenaient pas à décider s'il avait volé les riches pour donner aux pauvres ou s'il avait pillé les biens de tous, sans distinction. Etait-il un homme de paille de la Mafia? Pas exactement, semblait-il. Un héros alors? Sûrement pas, il avait bien trop de sang sur les mains. Mais les femmes l'adoraient tant, disait-on, qu'il devait donc avoir un certain charme. Sa photo, en gros plan, sur son lit de mort, occupait la première page d'un quotidien. Je crus reconnaître les traits du jeune homme à la veste de laine écossaise que Luciano nous avait envoyé à Palerme.

Longhi perdit les élections cette fois très largement – un signe parmi tant d'autres du changement de climat politique. Quant à moi, je suivais maintenant une autre piste : celle du commis voyageur qui commençait à m'encombrer les méninges et à chasser toute autre préoccupation de ma tête.

Mais les images d'Italie demeureraient à jamais devant mes yeux comme des tableaux. Dans une ville, dont j'ai oublié le nom, quelque part au cœur de la Sicile, un jour d'hiver, je vis une douzaine d'hommes debout autour d'un puits au milieu d'une *piazza* poussiéreuse. Agés d'environ vingt et trente ans, robustes, les mains comme des battoirs et la peau bronzée des paysans, des maçons ou des bûcherons, ils attendaient. On nous apprit qu'ils avaient coutume de se réunir là tous les jours vers midi dans l'espoir de voir surgir quelque propriétaire terrien à la recherche d'une aide supplémentaire pour la journée. Ils flânaient autour du puits jusqu'à la nuit et s'en retournaient chez eux. Affamés, ils s'offraient à qui voulait bien les prendre, mais tout ce qu'ils mangeaient c'était du temps. Cette image se grava dans mon esprit, liée à l'histoire du docker coupable d'avoir trahi des parents émigrés en situation irrégulière que Vinny m'avait racontée des mois plus tôt. Les deux anecdotes se mêlèrent dans mon cerveau à l'image du théâtre de Syracuse. Mais je n'étais pas encore prêt à écrire ma pièce.

De retour à New York, je dus affronter un hiver très rigoureux. Un après-midi, après avoir réglé quelque affaire en ville, je regagnais le métro et sa chaleur aux relents douteux lorsque mon regard fut attiré par un panneau publicitaire fixé au fronton d'un cinéma de la 42e Rue. On y lisait en lettres lumineuses : *le Testament du docteur Mabuse,* titre d'un vieux film que j'avais vu des années auparavant et dont les détails s'étaient pour ainsi dire intégrés à mes rêves et m'étaient devenus aussi familiers que si je les avais inventés moi-même. Je décidai d'aller le revoir.

La salle malpropre dans laquelle je pénétrai à trois heures de l'après-midi était pour ainsi dire vide. Assister à une projection pendant les heures ouvrables me donnait un sentiment de culpabilité d'autant plus grand que j'aurais dû travailler à ma pièce sur le commis voyageur dont j'étais en train d'élaborer le plan. J'en étais encore à me convaincre que je devais trouver une structure pour l'histoire des Loman, nom que j'avais donné à la famille de mon héros. Ce nom avait surgi tout à coup sous ma plume un soir que je prenais des notes sans la moindre intention de réaliser ce projet qui me tenait pourtant au cœur. « Loman » sonnait juste et avait la réalité d'un être vivant, bien que je n'aie connu personne de ce nom.

Au fur et à mesure que se déroulait le vieux film de Fritz Lang, je me laissais envoûter par cette fascinante histoire qui resurgissait du passé. Des incendies, des déraillements, des explosions troublaient régulièrement Paris; le chef de la Sûreté nationale n'y comprenait rien et ne trouvait aucun motif à ces catastrophes qu'il soupçonnait de ne pas être accidentelles, mais plutôt le fait d'organismes criminels. Il se rendait alors chez un grand psychiatre, le docteur Mabuse, directeur d'une des cliniques les plus connues des environs de Paris. Celui-ci écoutait son nouveau patient et déclarait qu'en effet il ne s'agissait pas d'accidents et que les criminels seraient très difficiles à démasquer. C'étaient peut-être des avocats, des employés, des femmes d'intérieur, des techniciens, des gens de toutes classes ayant une idée en commun : le dégoût de la civilisation et l'envie de la détruire. Le but étant à la fois psychologique et moral, on ne pouvait déterminer qui en tirait profit.

Le chef de la Sûreté, interprété par Otto Wernicke – un acteur aussi costaud que Lee J. Cobb (dont je n'avais pas encore beaucoup entendu parler et que je ne connaissais pas personnellement à cette époque) –, décide d'envoyer des agents observer les foules qui s'agglutinent autour des différents sinistres. Un jeune détective remarque bientôt un homme qui regarde l'incendie particulièrement horrible d'un orphelinat et se rappelle l'avoir déjà vu sur d'autres lieux de catastrophes. Il se met alors à le filer à travers la ville et le suit jusqu'à une vaste imprimerie, fermée pour la nuit. La tension qu'imprime Fritz Lang à l'action est presque intolérable : le détective se déplace dans l'obscurité, sans quitter des yeux le suspect qui ouvre une grosse porte métallique et disparaît derrière. Le détective ouvre la porte à son tour, descend quelques marches et se retrouve dans un vaste auditorium en sous-sol à demi rempli d'hommes et de femmes représentant toutes les classes de la société parisienne, depuis l'homme d'affaires prétentieux jusqu'à l'ouvrier ordinaire, en passant par les étudiants, les commerçants et tous les autres. Ils paraissent n'avoir aucun rapport entre eux et restent assis en silence, à l'écart les uns des autres, le regard fixé sur un rideau de scène fermé, derrière lequel s'élève soudain une voix parfaitement calme; elle instruit l'auditoire du prochain objectif à atteindre : un hôpital parisien qui sera dynamité et incendié. Le détective se précipite vers la scène, écarte le rideau et découvre un vieux phonographe sur lequel tourne un disque. Il veut trouver ce qui se cache derrière cette mise en scène.

S'étant glissé dans un petit bureau dont il referme doucement la porte, il allume, s'assied près du téléphone et appelle son patron – le personnage que joue Wernicke. La caméra se rapproche et nous offre un gros plan du visage désespéré du jeune homme; la main crispée sur le récepteur il murmure : « Allô Lohmann? Lohmann! » Mais avant qu'il ait eu le temps d'indiquer à son interlocuteur l'endroit où il se trouve, la lumière s'éteint brusquement et l'écran devient noir. Le plan suivant nous montre un asile d'aliénés où, vêtu d'une chemise blanche, la main à son oreille comme s'il agrippait un récepteur de téléphone imaginaire, le regard empreint d'une terreur indicible, le malheureux détective répète inlassablement : « Lohmann? Lohmann? Lohmann? »

Mon sang se glaça quand je réalisai d'où j'avais tiré ce nom si profondément incrusté dans ma mémoire. Cela faisait plus de dix ans que j'avais vu ce film et si l'on m'avait demandé comment Fritz Lang avait appelé le chef de la Sûreté nationale, j'aurais été incapable de le dire. Lorsque parurent les critiques de *Mort d'un commis voyageur*, je fus très déçu de lire que certains voyaient dans ce nom un jeu de mots sur l'adjectif *low* qui en anglais signifie « bas »; autrement dit on me prêtait l'intention d'avoir voulu présenter mon personnage comme « un homme bas », un homme vil, alors que pour moi il était le symbole d'un être terrorisé qui, du fond du néant, appelait à l'aide et demandait un secours qui ne viendrait jamais.

La mémoire a tendance à tout idéaliser, à forcer la réalité et la douleur à reculer. Quand les Hébreux, fuyant l'Egypte, virent les eaux de la mer se refermer sur leurs poursuivants, ils s'assirent sur la rive pour reprendre souffle et oublièrent promptement toutes leurs misères passées, toutes leurs disputes et leurs terribles querelles avec leurs anciens maîtres.

Devant l'immensité sereine de la mer, ils racontèrent bientôt à leurs enfants combien la vie avait été merveilleuse, même sous la férule des Egyptiens, quand il leur fallait à chaque instant se rappeler qu'ils étaient juifs et devaient s'entraider, faire preuve d'humanité. Maintenant, disaient-ils, c'était chacun pour soi, etc. Le cerveau cicatrise le passé comme une blessure. Tout était toujours mieux autrefois.

Déjà au cours des années soixante, j'avais été surpris par la tendance générale à croire qu'à la fin des années quarante et au début des années cinquante il y avait eu un renouveau du théâtre new-yorkais. Si c'était vrai, je ne m'en étais pas aperçu. Je trouvais au contraire que le théâtre était un temple pourri par de mauvais marchands, où n'apparaissait qu'accidentellement une bonne pièce, généralement présentée comme l'occasion alléchante de voir une vedette de cinéma interpréter le rôle principal.

Cela dit, corrigeons un peu le tir : c'était aussi une époque où le public était fondamentalement le même pour les comédies musicales et pour les pièces dites sérieuses, aux ambitions plus vastes. On n'avait pas encore rangé les spectateurs en catégories distinctes, comme cela se produirait au milieu des années cinquante : les jeunes et les vieux, les simples et les compliqués, les gauchistes et les extrémistes de droite. La tâche de l'auteur dramatique était encore de plaire à un public qui représentait plus ou moins toutes les couches de la population américaine et pas seulement à une clique de supporters. Le prix des places était raisonnable et l'auteur écrivait tout simplement pour ses semblables; si ce n'était pas le cas statistiquement, ça l'était suffisamment cependant pour maintenir une illusion fondée sur la réalité. Après tout on ne trouvait pas particulièrement osé de présenter à Broadway la pièce de T.S. Eliot *la Cocktail-Party*, ou bien Laurence Olivier dans une tragédie grecque, ou encore *la Folle de Chaillot* de Giraudoux, ou toute autre œuvre aussi ambitieuse. Certes, ces spectacles ne tenaient pas longtemps l'affiche, contrairement aux pièces légères, mais ce n'était pas surprenant : la plupart des gens préfèrent rire que pleurer et prennent plus de plaisir à voir un acteur recevoir un coup sur la tête plutôt qu'une pénible vérité.

En fait, les auteurs de pièces sérieuses pouvaient s'imaginer atteindre un vaste public d'Américains de tout bord; leurs pièces, qu'elles aient du succès ou non, touchaient à la plénitude d'une expérience qui ne requérait pas, pour être comprise, l'appui d'une petite coterie gagnée à l'avance ou de spécialistes. O'Neill – un esprit vraiment à part – tentait de séduire le grand public tout autant que Clifford Odets ou d'autres écrivains américains anxieux d'apporter la bonne parole à leurs compatriotes, tels que Whitman, Melville, Dreiser et Hemingway.

La situation était tout à fait différente pour les auteurs dramatiques en Europe. La société avait déjà éclaté, sans aucun recours possible. Les classes laborieuses et leurs alliés étaient promis à un destin socialiste tandis que les bourgeois cherchaient à se rassurer et à oublier ce qui se passait dans la rue. (A ce propos, les premières pièces américaines que je vis m'amenèrent à me demander d'où les auteurs avaient bien pu tirer leurs personnages. Les gens que je voyais autour de moi cherchaient désespérément les moyens de survivre alors que ceux qu'on nous présentait sur scène semblaient jouir de mystérieux revenus. De plus, bien que chaque pièce eût quelque chose à voir avec « l'amour », on n'y parlait jamais du sexe qui était pourtant le principal sujet de préoccupation des habitants de Brooklyn!) Un auteur américain d'avant-garde était donc un phénomène tout à fait nouveau, en raison surtout de la domination de la société par les classes moyennes. Il ne pouvait se contenter de voler leurs idées à Brecht ou à Shaw en espérant se faire entendre d'un public plus vaste que la petite minorité de fans qui arrivait au théâtre déjà acquise à ses idées. Impossible de changer le monde de cette façon!

Pour qu'une pièce atteigne ce but, il faut qu'elle touche justement ceux qui acceptent les choses telles qu'elles sont. Les grandes œuvres théâtrales doivent traiter de nobles sujets, sinon elles ne sont que pur exercice technique. Je n'imaginais pas un théâtre valable pour mon époque qui ne chercherait pas à transformer le monde, tout comme je n'envisageais pas qu'un scientifique pût ne s'inquiéter que de prouver la validité de ce qui existe déjà. Je ne connaissais qu'un seul auteur à avoir adopté la même attitude, bien que son œuvre fût entourée d'une aura tout à fait différente : Tennessee Williams.

Il apparut sur le devant de la scène à un moment où l'homosexualité n'était pas reconnue publiquement; il appartenait donc à une minorité culturelle et sentait avec toutes les fibres de son être la menace brutale que représenterait la majorité si elle se dressait contre lui. Tout comme moi, il vivait à l'écart du monde mais pour des raisons différentes. A mes yeux il n'était pas l'esthète patenté qu'on voyait généralement en lui. S'il n'était pas un activiste, ce n'était pas par absence de désir de justice; il ne considérait pas le théâtre comme profondément impliqué dans la vie sociale et politique, selon l'antique tradition hellénique, qui ne l'intéressait guère d'ailleurs.

Le vrai théâtre, opposé au théâtre académique, se heurte toujours à l'inertie inhérente à une société qui refuse le changement et les efforts qu'il requiert; or c'est justement grâce à ces efforts que se développe la charpente d'une œuvre importante. Quelque quinze ans plus tard, dans les années soixante, Tennessee Williams aurait pu avoir affaire à un public plus libre, qui aurait moins pesé sur lui et lui aurait permis d'aller au-delà du culte que lui vouait son entourage. Mais je crois que cela aurait nui à l'intensité de son œuvre et rétréci son champ d'action. Bref, il n'y avait pas de renaissance du théâtre américain dans les années quarante mais il existait un certain équilibre, au sein du public, entre traditionalistes et dissidents, qui permettait de faire entendre le cri du cœur et en même temps d'y opposer assez de résistance pour le forcer à s'intégrer dans une rhétorique facile à comprendre et fidèle à l'effort qui avait poussé l'auteur à parler.

Quand Kazan m'invita à New Haven pour voir la nouvelle pièce de Tennessee Williams, *Un tramway nommé Désir* – dont le titre me parut tapageur et légèrement prétentieux –, j'éprouvais déjà à son égard une curiosité mêlée d'envie car j'étais encore incapable de me concentrer sur la pièce que je voulais écrire sur mon commis voyageur. Je tournais sournoisement en rond autour du sujet. Je souhaitais ardemment que ce *Tramway* fût une réussite, non par grandeur d'âme ou largeur d'esprit, mais plus simplement parce que je partageais l'opinion générale selon laquelle plus il y aurait de pièces intéressantes à Broadway, mieux cela vaudrait pour nous. Dans nos esprits au moins, il restait encore un peu de culture théâtrale à laquelle nous tenions plus ou moins fièrement. Plus elle s'épanouirait, plus serait grande la gloire qui rejaillirait sur nous. L'auteur dramatique était à l'époque le roi de la scène, et non l'acteur vedette ou le metteur en scène, encore moins le producteur ou le propriétaire du théâtre, comme cela se passerait par la suite. (Dernièrement, lors d'une retransmission télévisée d'une cérémonie de remise des Tony Awards, qui récompensent les meilleures réalisations théâtrales, j'eus la surprise de constater qu'on ne présentait pas un seul auteur dramatique aux spectateurs, alors que deux avocats, qui présidaient aux destinées d'une chaîne de théâtres, étaient noyés sous un déluge de témoignages de gratitude. Cela me rappela Caligula élevant son cheval à la dignité de sénateur!)

Le *Tramway* – surtout dans sa fraîcheur première, quand les acteurs étaient encore aussi étonnés que les spectateurs de la vitalité de l'expérience théâtrale dont témoignait la pièce – m'ouvrit de nouveaux horizons. L'histoire en elle-même, les personnages et le travail du metteur en scène m'émurent moins que les mots et leur libération, la joie de l'auteur en les écrivant, l'éloquence radieuse de la composition. Tout ceci me donna l'impression qu'un pont venait soudain d'être jeté devant moi entre New York et l'Europe, me mettant en rapport avec Jouvet dans *Ondine* et me rattachant sans la moindre honte à la tradition du mot-joie à laquelle nous avions tous plus ou moins tourné le dos, sauf Clifford Odets, ou qu'on avait utilisée de façon archaïque, comme si l'éloquence ne pouvait se justifier qu'en la dissimulant sous un romantisme sentimental, ce qu'avait fait Maxwell Anderson.

En rentrant chez moi, je me sentais ragaillardi, plein d'enthousiasme. Avec ce *Tramway,* Tennessee nous avait donné la possibilité de parler à pleine voix. Voilà qui me redonna des forces pour me pencher à nouveau sur les tribulations de Willy Loman, ce commis voyageur beau parleur qui ne cessait jamais, comme Adam, de donner des noms à toutes les merveilles de ce monde. Je sentais, depuis le début de mon travail, que la pièce ne se laisserait pas enfermer dans les limites d'un réalisme conventionnel, pour une raison très simple : pour Willy, le passé était aussi vivant que le présent et submergeait parfois son esprit. Il fallait que je trouve l'expression de cette fluidité et je voyais clairement, maintenant, que ce n'était qu'une question de mots. Bien sûr, le personnage avait son langage propre, mais il semblait possible d'y insuffler une sorte de supraconscience. Willy essayait de comprendre ce qui le tuait à petit feu; sa femme, ses fils cherchaient également les raisons de cette mort lente. Comprendre signifiait élever l'expérience à un degré où l'urgence du discours serait patente et non procéder par touches dramatiques successives, sous prétexte de « naturel ». Si la structure verbale devait être le reflet aussi direct que possible de la psychologie du personnage, ce n'en était pas moins une structure à laquelle la vie en société avait donné une forme étrange : celle de l'existence d'un homme d'affaires telle que l'avait vécue Willy et en laquelle il avait cru. La pièce pouvait refléter ce que j'avais toujours ressenti comme une continuité entre l'homme et la société, qui formaient un seul élément et non deux distincts.

Vers avril 1948, j'étais mûr pour tirer parti de cette découverte mais, Dieu sait pourquoi, j'estimais que je devais trouver cette nouvelle forme en une nuit, en un jour. Je cessai de prendre des notes dans notre maison de Grace Court à Brooklyn Heights et partis seul, un beau matin, à la campagne, dans la maison que nous avions achetée l'année précédente. C'était une vieille ferme modernisée par son ancien propriétaire, un imprimeur de cartes de vœux nommé Philip Jaffe, qui s'occupait également de la publication d'un journal pour spécialistes de la Chine : *Amerasia.* Mary était l'une de ses secrétaires et apprit ainsi la première qu'il voulait vendre cette demeure. Un ou deux ans plus tard, il devait être assigné en justice pour avoir publié, sans autorisation, des rapports émanant du ministère des Affaires étrangères, signés d'un certain John Stewart Service qui, parmi d'autres experts sinologues, affirmait inévitable la victoire de Mao et avertissait l'Amérique de la futilité de ses efforts dans le soutien qu'elle apportait à son favori, Chang Kaï-chek. La publication d'*Amerasia* avait flatté la vanité de Jaffe et était née en partie de son désir de se faire une place dans l'histoire. Mais il bravait la colère montante du lobby chinois contre tous ceux qui mettaient en doute la force de Chang Kaï-chek. Lors de son procès, le gouvernement présenta les textes de conversations privées que Jaffe affirma avoir été captées par des micros à longue portée pendant que lui et ses amis se promenaient dans des rues isolées de la campagne, aux alentours de sa vieille ferme. John Stewart Service fut l'un des nombreux membres du Département d'Etat à en être exclu, laissant cet organisme aveugle devant la réalité chinoise mais pur sur le plan de l'idéologie !

Mais tout cela était bien éloigné de mes pensées, ce jour-là. Je cherchais un endroit où construire un petit refuge où je pourrais m'isoler du monde et accoucher de ce qui était encore coincé dans ma tête. Dans la forêt voisine de notre ferme, il y avait un monticule assez large et bien situé. Je rentrai en ville et, au lieu de me mettre à ma table de travail, je dressai des plans de construction, science dans laquelle, à vrai dire, j'étais très peu versé. Un couple de bons charpentiers aurait pu monter cette structure en quarante-huit heures mais je voulais absolument, pour des raisons que je ne m'explique d'ailleurs pas, la fabriquer de mes propres mains, et l'édifier sur un sol que j'aurais ameubli tout seul et sur lequel je pourrais m'installer solidement pour entreprendre cette expédition à haut risque jusqu'au fond de moi-même. Pour l'instant, je n'avais créé que les deux premières répliques de ma pièce : « Willy ! » et « Tout va bien, je suis revenu ». Je savais aussi que tout se terminerait par la mort de mon héros. Au-delà, je n'osais m'aventurer avant de pouvoir m'établir entre les quatre murs de ce refuge, sous son toit, derrière sa porte, sur son sol et à côté de ses fenêtres.

« Tout va bien, je suis revenu » ! Je tournais et retournais cette réplique dans ma tête tout en essayant d'imaginer comment fixer les chevrons du toit sans personne pour m'aider. Je finis par les assembler par terre et les balançai en position avant de les clouer ensemble. Quand je parvins à fixer le toit, ce fut un vrai miracle; j'avais l'impression d'avoir maîtrisé la pluie et refroidi le soleil. Cependant, je ne cessais d'être obsédé par la peur de ne pouvoir aller au-delà de mes deux premières phrases. Un beau matin, je pris ma plume. Mon minuscule studio n'était toujours pas peint et sentait le bois et la sciure. Des sacs de clous jonchaient le sol à côté de mes outils. Le soleil d'avril se déversait à l'intérieur par les fenêtres entrouvertes et les branches des pommiers en bourgeons étaient agitées par la brise. J'écrivis sans arrêt jusqu'à ce que tombe la nuit. Je dînai et repris mon travail jusqu'à l'aube. Négligeant certains passages qui, je le savais, ne présentaient aucune difficulté pour moi, je m'attardais à polir ceux qu'il fallait muscler et bien mettre au point. Je terminai la première partie de la pièce, un acte sur les deux qu'elle contient, au début de la matinée et m'étendis sur mon lit pour prendre un peu de repos. Je m'aperçus alors que j'avais pleuré : mes yeux brûlaient encore et j'avais mal à la gorge à force de déclamer le texte à voix haute en l'écrivant. Quelques heures plus tard, je m'éveillai, courbatu comme si j'avais participé à plusieurs parties de football ou de tennis mais prêt à affronter la seconde partie de ma pièce. Il me fallut six semaines pour mener le tout à bien.

J'avais aussi beaucoup ri en écrivant mon texte; je crois que cela venait des contradictions malicieuses du personnage de Willy. De ce rire jaillit, un après-midi, le titre de la pièce. La mort avait déjà figuré en bonne place et toujours de façon très digne dans beaucoup de titres divers : *Meurtre dans la cathédrale, la Jeune Fille et la Mort*... Cette fois c'était un farceur, un clown plein de contradictions qui la revendiquerait; cela me faisait rire... un peu jaune peut-être. J'avais sans doute aussi au fond de la tête quelque intention politique; on sentait dans l'air le parfum d'un nouvel empire américain en gestation. L'Europe se mourait ou était déjà morte et je voulais mettre sous les yeux des nouveaux leaders, des rois de ce monde trop prétentieux et trop confiants, le cadavre d'un croyant. Le soir de la première, une femme dont je tairai le nom s'écria, furieuse : « Cette pièce est une bombe à retardement pour le capitalisme américain. » Je l'espérais bien! Elle ferait voler en éclats ce bourbier, ces faux vivants qui croyaient atteindre les nuages en se tenant debout sur un réfrigérateur, agitant à bout de bras vers la lune, en signe de victoire, un document prouvant qu'ils avaient remboursé toutes leurs hypothèques.

Quelque trente-cinq ans plus tard, les réactions des Chinois à la production montée à Pékin de *Mort d'un commis voyageur* confirmeraient ce qui devenait de plus en plus manifeste au fur et à mesure que le temps passait et que la pièce était représentée devant des milliers de spectateurs à travers le monde : Willy était le digne représentant de l'homme de notre époque. Peut-être les Chinois désapprouvaient-ils ses mensonges, ses forfanteries auxquelles il se laissait prendre lui-même, son immoralité avec les femmes; cela ne les empêchait pas de se reconnaître en lui, non pas tellement dans sa personnalité que dans ce qu'il cherchait à obtenir : être le meilleur en tout, sortir de l'anonymat, trouver un sens à ce qui n'en avait pas, aimer et être aimé et surtout compter pour quelque chose aux yeux du monde. Quand mon héros s'écrie : « Je ne suis pas un numéro parmi d'autres! Je suis Willy Loman, et tu es Biff Loman », c'était presque une déclaration révolutionnaire après environ trente-quatre ans de nivelage incessant. (La pièce avait le même âge que la révolution chinoise.) Je ne savais pas, en 1948, dans mon cher Connecticut, que j'envoyais à la Chine de 1983 un message d'individualisme résurgent, alors que la révolution avait signifié – en tout cas aux yeux des contemporains – la restauration tant attendue du règne de la raison, la fin historique de la désorganisation due à l'égocentrisme et à l'extension d'un pouvoir égoïste. Je n'avais pas compté non plus sur l'appui d'un jeune étudiant chinois qui avait déclaré à un journaliste de la CBS venu l'interviewer dans le hall du théâtre : « Oui, cette pièce nous touche parce que nous aussi nous voulons être plus forts que tous, plus riches et réussir dans la vie. » Qu'est-ce donc sinon la révélation des réactions imprévisibles de l'homme qui cherche toujours à échapper aux filets de l'asservissement ?

Je ne quittai guère le téléphone durant les quarante-huit heures qui suivirent l'envoi de ma pièce à Kazan. A la fin du deuxième jour, qui se passa dans le silence le plus absolu, j'aurais été heureux qu'il m'appelât même pour me dire que mon travail ne valait rien, que c'était un ratage complet et qu'il valait mieux l'oublier. Quand le téléphone sonna enfin, la voix de Kazan résonna dans le récepteur et me parut très sombre.

– J'ai lu ta pièce, me dit-il d'un ton qui me fit croire qu'il ne savait pas trop comment m'annoncer une mauvaise nouvelle. Mon Dieu que c'est triste ! ajouta-t-il.

– C'est exprès.

– Je viens de la terminer. Je ne sais que dire... Mon père...

Ce fut le premier des nombreux hommes – et femmes – à me dire que Willy les touchait comme un père. J'attendis la suite, persuadé qu'il prenait son temps pour me faire connaître son jugement défavorable.

– Ta pièce est formidable, Artie. Je veux la monter l'automne ou l'hiver prochain. Il faut qu'on s'occupe tout de suite de la distribution.

Il parlait comme si quelqu'un que nous connaissions tous les deux venait de décéder brusquement... et cela me remplissait de bonheur ! Ainsi va l'art.

En raccrochant le téléphone, je repensai avec lucidité à ma famille, ce qui ne m'était pas arrivé depuis plusieurs mois. Mary, selon son habitude, accueillit la bonne nouvelle avec une tranquille fierté, comme si toute autre forme de démonstration risquait de me monter à la tête. Mais j'étais bien décidé à rester un citoyen anonyme et ordinaire (bien que rêvant de la nouvelle Studebaker décapotable dessinée par Raymond Loewy, la plus belle des voitures américaines de l'époque. J'en achetai d'ailleurs une dès les premières représentations de la pièce). Quant à la mère de Mary, qui passait la semaine avec nous, elle était stupéfaite.

– Encore une pièce? fit-elle, comme si le succès de *Ils étaient tous mes fils* eût dû me suffire pour la vie entière.

Elle ignorait qu'elle avait involontairement contribué à mon œuvre. Je m'étais servi de certains ragots qu'elle colportait sur une jeune fille de l'Ohio, coupable d'avoir dénoncé son père au FBI pour la fabrication de pièces détachées d'avion défectueuses pendant la guerre.

Mais qui produirait le *Commis voyageur*? En arpentant les trottoirs de Broadway, Kazan et moi discutions du style nécessaire à ce genre de production. Kazan avait récemment rompu toute relation avec son ancien associé, Harold Clurman, et personnellement je n'avais aucun producteur dans ma manche. Il me parla de Cheryl Crawford que je connaissais à peine, et de Kermit Bloomgarden, un ancien comptable devenu producteur. Je l'avais rencontré quelques années auparavant, penché sur les livres de comptes de Herman Shumlin au moment où celui-ci refusait de produire *Ils étaient tous mes fils* et je me rappelais qu'il ne souriait jamais mais avait travaillé avec succès pour le Group Theatre. Kazan le connaissait bien et, comme nous nous trouvions à quelques mètres de son bureau, il me proposa de monter lui dire bonjour.

Lorsque Kazan l'informa qu'il avait une de mes pièces à lui faire lire, Bloomgarden esquissa ce qui, dans son visage morose, m'apparut comme l'ébauche d'un sourire qu'il mènerait peut-être à terme la semaine suivante.

La façon dont le hasard transforme parfois la vie me rappelle une autre promenade que nous fîmes Kazan et moi, en revenant du garage de la 26e Rue où il avait laissé sa vieille Pontiac à réparer. Tout en marchant, il bougonnait entre ses dents et se plaignait de ne trouver personne pour diriger une nouvelle école d'art dramatique – l'Actors Studio – qu'il était en train de mettre sur pied avec Clurman, Robert Lewis et Cheryl Crawford. Kazan et Clurman étaient trop pris par leurs occupations respectives pour assumer cette responsabilité et les autres associés n'avaient pas la formation nécessaire à ce genre d'activité.

– Tu devrais voir Lee Strasberg, dis-je. C'est probablement le meilleur type pour ça. Il aurait sûrement le temps de s'y consacrer.

Voilà comment Lee Strasberg devint non seulement le directeur de l'Actors Studio mais aussi le cœur et l'âme de ce grand foyer d'acteurs, passant même aux yeux du public pour son fondateur. Il dut ce poste au fait d'être au chômage à l'époque. C'est, en y réfléchissant bien, un moyen aussi valable qu'un autre d'accéder à la notoriété mondiale ?

Willy devait être de petite taille; je me rendis très vite compte que Roman Bohnen, Ernest Truex et quelques autres excellents acteurs manquaient des dimensions psychologiques nécessaires au personnage, même si celles de leur corps convenaient parfaitement. J'avais envoyé le texte de la pièce à Lee Cobb, dont je me souvenais comme d'un gros empoté enveloppé d'une serviette-éponge dans un bain turc, dans la fameuse pièce d'Irwin Shaw où il lançait son inoubliable cri d'homme d'affaires éternellement persécuté : *oy vey !* Il sauta dans son petit bimoteur privé et vint nous rejoindre dans le bureau de Bloomgarden.

– C'est un rôle pour moi, annonça-t-il. Personne d'autre ne peut le jouer. Je connais cet homme.

En vérité il avait l'air fait pour le rôle, surtout lorsque je le vis un peu plus tard, dans un café où nous étions allés nous restaurer en vitesse, reluquer la jeune serveuse et lui sourire de façon engageante, comme s'il voulait absolument la séduire et l'inciter à lui apporter son sandwich au jambon et sa tasse de café avant que les autres n'aient passé commande, non sans avoir posé un baiser de ses lèvres gourmandes sur l'unique cornichon qui décorait son assiette.

Mais, alors que j'avais toute confiance en son expérience et en celle de Kazan, je manquais encore de conviction, jusqu'au soir où, dans le living de notre maison de Grace Court, il regarda mon fils assis par terre et rit d'une bêtise que venait de dire l'enfant. La tristesse de son rire me prit à la gorge. C'était un rire profondément découragé en même temps que joyeux, modulé d'une voix chaude de baryton merveilleusement vibrante. Voir cet être apparemment si à l'aise dans un monde qui visiblement ne lui convenait pas me troubla.

Une semaine avant le début des répétitions, il me déclara, dans le bureau de Bloomgarden :

– Te rends-tu compte oui ou non que cette pièce marque un tournant? Le théâtre américain ne sera plus jamais le même.

J'avalai nerveusement ma salive et hochai la tête en silence, partagé entre la crainte que cette prophétie ne fasse augurer des représentations très guindées et l'espoir que Lee donnerait consistance et vie au personnage de Willy.

Les répétitions se déroulèrent dans un petit théâtre délabré et abandonné du quartier de New Amsterdam, sur la 42e Rue, où Ziegfeld, dans les années vingt, avait mis en scène quelques-unes de ses fameuses revues. Lee semblait se mouvoir dans un état de stupeur confuse, bafouillant son texte, se déplaçant avec une lenteur mortelle, comme s'il avait reçu un coup sur la tête.

– Il assimile son rôle, répétait Kazan pour me rassurer, les premiers jours.

J'attendis une semaine, puis dix jours encore, et tout ce qui continuait à sortir de Lee était une bouillie informe. Les autres acteurs avaient presque atteint le niveau des représentations mais les réactions de Lee étaient si lentes que le rythme du jeu s'effondrait totalement. Kazan n'était plus très sûr de son interprète principal et il ne cessait de convoquer Lee en tête-à-tête pour tenter de lui insuffler l'énergie nécessaire à surmonter ses difficultés. Lee n'offrait aucune explication à son attitude, et je commençais à me demander s'il avait réellement l'intention de jouer le rôle comme un homme ayant un pied dans la tombe. Dans l'intimité, Kazan et moi l'avions surnommé « l'éléphant de mer ».

L'après-midi du douzième jour de répétition, Eddie Kook, notre éclairagiste, et Jimmy Proctor, notre attaché de presse, étaient venus assister à la séance de travail. Soudain Lee se leva de la chaise de la chambre à coucher, comme le voulait la mise en scène et, se tournant vers sa partenaire Mildred Dunnock, hurla :

– Non ! Il y a plus de monde maintenant ! Beaucoup plus !

D'un geste large, il désigna le fond de la scène où était supposée se trouver une fenêtre, et il fit surgir devant mes yeux tout un pâté de maisons pleines de gens; l'air se chargea d'odeurs de cuisine là où, autrefois, ne planaient que celles de la terre. Lee se mit à bouger d'une manière si terriblement réelle que j'en fus oppressé. La scène se poursuivit quelques minutes. Je regardai mes collègues pour voir leurs réactions : Jim Proctor, la tête dans les mains, pleurait; Eddie paraissait sous le choc de quelque révélation mystérieuse et les larmes sillonnaient ses joues. Quant à Kazan, assis derrière moi, il arborait un sourire démoniaque et se frottait les tempes de ses deux mains. Tous, nous avions compris que la partie était gagnée. A travers le théâtre vide, l'air pulsait sous le coup de la douleur et de la révolte de Willy. Je me mis à pleurer, moi aussi, à un passage qui n'était pourtant pas particulièrement triste, de fierté pour notre art et d'admiration pour la capacité d'un acteur comme Lee à ressusciter chaque instant de l'existence, depuis la Création, et à en rendre sensible l'essence même. Il ressemblait tout à coup à un géant occupé à remettre en place les montagnes Rocheuses.

A la fin de l'acte, Del Hughes, notre régisseur dévoué,

compétent mais têtu comme une bourrique, sortit des coulisses et nous regarda d'un air si étonné que nous éclatâmes tous de rire. Je sautai sur scène et embrassai Lee qui fit semblant d'être surpris.

– Mais enfin, qu'attendais-tu, Arthur? demanda-t-il, les yeux pleins d'une vanité goguenarde.

Mon Dieu, pensai-je, il est vraiment Willy! En reprenant le métro pour Brooklyn ce soir-là, je me sentais aussi courbatu que lorsque j'écrivais la pièce, tant avait été forte la pression que j'avais subie pendant toute la répétition. Par la suite, en repensant à cet épisode, je compris que la longue maturation de Lee était la réplique exacte de ce que j'avais souffert moi-même avant d'oser commencer à écrire.

La distribution était unique en son genre : rarement acteurs avaient mis autant d'ardeur à cerner leur personnage et à en rechercher les résonances profondes. C'était une découverte, une mise à l'épreuve de chaque instant. On n'avait encore jamais vu au théâtre certains éléments de la pièce; cela créait une véritable excitation dans nos discussions sur ce qui serait ou ne serait pas compris des spectateurs. Le décor que j'avais conçu se composait de trois plates-formes presque vides, représentant une cuisine et deux chambres à coucher; la chambre d'hôtel à Boston et le bureau de Howard se trouvaient dans des espaces nus. Jo Mielziner dessina autour de ces plates-formes un environnement romantique dans une atmosphère de rêve quoique d'un style très « classe moyenne ». Autrement dit, il voulait symboliser le désir longtemps refoulé de Willy de retrouver les promesses du passé, avec lequel son état d'esprit présent était toujours en conflit; c'était un décor à la fois lyrique et dramatique. La seule erreur qu'il commit dans ses premières ébauches fut de placer un chauffe-eau au gaz au milieu de la cuisine, comme un symbole menaçant que je trouvai manifeste et que Kazan fit ôter parce que trop voyant pour sa mise en scène. Mais en se basant sur l'équilibre habituel de l'apparence de la réalité, Jo étendit cette réalité parallèlement au script, tout comme le faisait Kazan en syncopant le rythme du discours des acteurs. Au début, il pria Mildred Dunnock de dire sa longue tirade du premier acte à une cadence deux fois plus rapide que la normale. Elle débitait les mots aussi vite que sa langue le lui permettait; puis, petit à petit, il ralentit le mouvement; chacun put constater que l'exercice avait donné une sorte d'épine dorsale au texte, emplissant le personnage de Linda de fureur et d'indignation, au lieu de la laisser s'abandonner à l'apitoiement sur soi et à l'indécision. De même, pour mieux exprimer la vie intérieure de la pièce, il fit presser ou ralentir les tempos de tous les comédiens.

Les seuls vrais moments d'inquiétude que je connus se placèrent au moment où Willy et ses fils s'affrontent au restaurant. Tout faillit s'écrouler. J'avais écrit une scène au cours de laquelle Biff décide d'annoncer à Willy que son ancien patron – auquel il voulait emprunter de l'argent pour s'installer à son compte – avait refusé de le recevoir et ne se souvenait même plus qu'il avait autrefois travaillé dans son entreprise. Mais en retrouvant son père et son frère au restaurant, il se rend compte que Willy est psychologiquement incapable de supporter la révélation de cette catastrophe. Il essaie donc d'édulcorer son message. A l'origine, la scène comportait tant de nuances qu'Arthur Kennedy, un acteur pourtant très subtil, avait du mal à faire passer un dialogue tout en demi-teintes, composé de petites phrases courtes et rapides. Les trois acteurs répétèrent une journée entière sous la direction de Kazan. En quittant le théâtre, notre metteur en scène était préoccupé.

– Je ne sais pas comment on va s'en tirer. Tu devrais peut-être essayer de simplifier la situation.

Je rentrai chez moi et travaillai toute la nuit. Le lendemain, je proposai une scène entièrement refondue, beaucoup plus facile à jouer, qui fut adoptée sans hésitation.

D'autres changements, minimes, me parurent nécessaires et je pris beaucoup de plaisir à les faire parce qu'il s'agissait en général de rallonger le texte. Ainsi, au premier acte, Willy est dans la cuisine et parle tout seul. Il se laisse emporter par ses souvenirs tandis que la lumière monte et que la façade extérieure de la maison se couvre de l'ombre mouvante du feuillage des arbres agités par le vent. On entend les garçons s'interpeller joyeusement avant d'entrer en scène. Mais, entre le moment où on les voit sauter du lit dans la chambre située sur la plate-forme supérieure et celui où ils apparaissent dans la cuisine, en bas du décor, il ne s'écoulait pas assez de temps pour leur permettre d'échanger leurs pyjamas contre leurs pantalons et leurs chemises. Il fallut donc rallonger le monologue de Willy, tâche facile étant donné le plaisir qu'il prend à parler de ses fils et à développer l'idée qu'il s'en faisait.

Le passage continuel du passé au présent ne devait pas être simplement indiqué; il fallait le matérialiser de façon tangible pour que le public le ressente et comprenne le danger qu'il représentait pour Willy et la menace de mort qu'il contenait. L'éclairage était donc d'une importance capitale et Mielziner, qui en assumait la responsabilité avec Eddie Kook, travailla tout un après-midi pour régler les lumières sur une chaise.

Dans le bureau de son patron, Willy venait encore une fois de faire un esclandre, un de trop. Howard avait quitté la pièce, le laissant seul. Willy se tournait alors vers la chaise qu'occupait autrefois Frank, le père de Howard, qui lui avait promis une participation dans les actions de sa société en récompense de ses bons et loyaux services. La chaise devait devenir pour ainsi dire vivante, comme si le vieux directeur y était encore assis et que Willy s'adressât à lui en murmurant : « Frank, Frank, vous souvenez-vous de ce que vous m'aviez promis? » Plutôt que d'éclairer l'objet, les électriciens réussirent à donner l'impression que la lumière en émanait. Ce n'était pas un numéro de prestidigitation théâtrale mais la confirmation que chacun était entré dans le système de désagrégation progressive de Willy et commençait à voir le monde avec ses yeux, même si nous gardions nos distances et notre esprit critique.

Pour obtenir cet effet, il fallut d'abord baisser les lumières sur les autres éléments de la scène. Eddie Kook, qui se consacrait tellement à cette pièce que son bureau à la Century Lighting Company avait pratiquement cessé toute activité, se tourna alors vers moi et me dit :

– Vous m'avez demandé pourquoi nous utilisions tant de projecteurs ? (Nous en avions en effet plus que pour une comédie musicale.) Eh bien, regardez ! La raison en est là, devant vous. Il faut beaucoup de projecteurs pour créer une impression d'obscurité.

Si nous nous étions contentés de quelques projecteurs, nous aurions obtenu un résultat uniforme, alors qu'avec cette manière de procéder, il était possible de fractionner l'intensité de la lumière et de modifier l'atmosphère sans qu'on en voie nettement le mécanisme.

La première représentation publique de *Mort d'un commis voyageur* eut lieu au Locust Street Theatre de Philadelphie. En face du théâtre, dans une salle de concert, l'orchestre de Philadelphie donnait en matinée la Septième Symphonie de Beethoven. Kazan jugea bon d'y emmener Lee Cobb, voulant, je suppose, privilégier notre bon gros « éléphant de mer » dont dépendaient tous nos espoirs. Nous conspirions tous les trois à mettre chaque instant en harmonie avec ce qui précédait ou suivait. Le rôle de Willy était l'un des plus longs de la littérature théâtrale et Lee montrait quelques signes de fatigue. Nous nous assîmes à ses côtés dans une loge en l'invitant à se détendre et à s'imbiber de l'héroïsme de cette musique avant de s'investir dans son personnage. Bref, nous nous considérions un peu comme la continuation d'un passé éternel.

Et la première eut lieu. Comme cela se produisit souvent par la suite, il n'y eut aucun applaudissement au baisser du rideau. D'étranges choses se passaient dans la salle : certains spectateurs se levaient, enfilaient leurs manteaux puis se rasseyaient. D'autres, des hommes surtout, restaient penchés en avant, le visage dissimulé derrière leurs mains. Certains pleuraient ouvertement. Des gens traversaient la salle pour aller parler avec d'autres. Le temps me parut interminable avant que quelqu'un ne songe à applaudir, et alors ça ne s'arrêta plus. Debout au fond de la salle, je vis un homme d'un certain âge, très distingué, remonter l'allée centrale en compagnie d'un jeune homme, son secrétaire sans doute, avec lequel il parlait avec agitation. J'appris que c'était Bernard Gimbel, directeur de la chaîne de magasins du même nom qui, ce soir-là, en sortant du théâtre, donna l'ordre à son chef du personnel de ne plus jamais licencier qui que ce soit pour raison d'âge.

Vint alors le défilé des gens de théâtre qui voulaient voir la pièce. Je me rappelle parfaitement Kurt Weill et sa femme, Lotte Lenya, accompagnés de Mab, l'épouse de Maxwell Anderson, qui nous invitèrent à prendre un café après la représentation. Weill ne cessait de hocher la tête d'un air entendu en me dévisageant, tandis que Mab me disait :

– C'est la meilleure de toutes les pièces écrites à ce jour.

J'ose répéter cette appréciation parce qu'elle fut souvent reprise au cours des mois suivants et que cela commença à changer ma vie.

J'ai deux souvenirs très précis de la générale de New York. Kazan et moi étions assis sur les marches qui conduisaient au balcon du charmant théâtre Morosco – démoli depuis à cause de la fringale de terrain des agents immobiliers et de l'indifférence des citoyens. Lee était en train de dire : « Et il mourut de la mort d'un commis voyageur... » Tout avait merveilleusement marché; je me sentais épuisé parce que j'avais joué tous les rôles en même temps que les acteurs. A ma stupeur j'entendis soudain Lee ajouter : « ... dans le compartiment fumeurs du New York, New Haven et Hayven. » Le public allait éclater de rire, j'en étais sûr! Il n'en fut rien, cependant. A la chute du rideau, la même magie qu'à Philadelphie se reproduisit, la même euphorie régna en coulisses, que j'attendais désormais comme un phénomène normal. Une foule de gens vint nous féliciter et souhaiter longue vie au spectacle. On se bousculait dans les couloirs et les loges. Pour la première fois, des vedettes de cinéma s'étaient déplacées pour voir une de mes pièces. Etant peu connu à l'époque, ma tête ne leur disait rien, ce qui me permettait de rester dans un coin et d'observer sans me faire remarquer. Je vis ainsi Lucille Ball et Desi Arnaz, Fredric et Florence March et beaucoup d'autres dont les noms sont depuis longtemps sortis de ma mémoire mais qui tous me prouvaient que j'étais devenu une personnalité du monde du *showbiz*. De façon paradoxale, ce sentiment me mettait mal à l'aise; je le trouvais trop matériel et objectif pour s'appliquer à ce qui n'était que murmures et frémissements de l'âme.

Je me frayai un chemin vers la scène où j'espérais trouver un endroit où m'asseoir et me reposer. J'aperçus alors, comme dans un rêve de gloire et de succès, trois serveurs en veste cramoisie occupés à disposer des assiettes et de l'argenterie sur une immense table dressée sur toute la largeur de la scène. Sur la nappe blanche, il y avait des soupières et de grands plats d'argent garnis de toutes sortes de viandes, de volailles, de fruits de mer et de poissons, ainsi que des seaux emplis de glaçons où trempaient des magnums de champagne. Qui avait eu l'idée de ce festin? Quel merveilleux couronnement d'une soirée mémorable! Impatient d'éprouver le délicieux entêtement que me procure toujours une coupe de champagne, je voulus prendre un verre; aussitôt un des serveurs m'arrêta et m'avertit poliment mais fermement que le repas était réservé aux seuls invités de M. Dowling, à l'occasion d'une réception tout ce qu'il y avait de plus privée. Robert Dowling, directeur de la City Investment Company, était propriétaire du Morosco et de plusieurs autres théâtres de Broadway. Il était connu pour être un joyeux luron d'environ soixante ans qui, en son temps, avait fait le tour de Manhattan à la nage, exploit que semblait éternellement rappeler la façon qu'il avait de bomber le torse. Son côté puéril et ses enthousiasmes m'amusaient beaucoup. Je répondis au serveur que M. Dowling ne saurait refuser un verre à l'auteur de la pièce, mais il demeura inflexible, se conformant manifestement à des ordres très stricts. J'en restai bouche bée, comme s'il s'agissait d'une grosse blague. Un peu plus tard pourtant, au moment où Mary et moi quittions le théâtre en compagnie des acteurs, nous n'avons pu résister à l'envie de contempler, avec une incrédulité presque hystérique, le paradoxe qu'offrait tout ce beau monde s'agitant dans la grisaille du décor représentant la modeste maison de Willy Loman à Brooklyn : les dames en robe du soir, les hommes en smoking, parmi lesquels se déplaçaient les serveurs chargés de plateaux d'argent, au milieu d'un murmure distingué de conversations polies, dignes des salons de l'hôtel Pierre. Bien entendu, les convives étaient parfaitement inconscients de nos plaisanteries et de nos rires. Cela me rappela certains films soviétiques sur l'époque des tsars. Dowling, un homme au demeurant très généreux, avait agi avec la charmante insensibilité d'un propriétaire très sûr de lui, une attitude que Broadway allait voir se développer rapidement, mais dont on n'aurait jamais un exemple aussi absurde et frappant que ce soir-là.

Secrètement, j'étais outré, mais l'accueil enthousiaste du public calma ma colère. Une heure plus tard, à la réception donnée en l'honneur de la première, Jimmy Proctor vint me prendre par le bras et m'entraîna vers le téléphone. A l'autre bout du fil, j'entendis la voix étouffée de Sam Zolotow, journaliste au *Times*, connu de notre génération pour donner d'excellents tuyaux sur le monde théâtral. Il me lut l'article que Brooks Atkinson était en train de taper à la machine... j'entendais le tic-tac des touches. Avec son inénarrable accent new-yorkais, il me débita les mots les uns après les autres, au fur et à mesure qu'ils apparaissaient sur le papier : « Arthur Miller a écrit une pièce superbe, riche et remarquable à tous points de vue... » Plus le panégyrique se développait, plus la voix de Sam se faisait chaleureuse; j'avais l'impression qu'il me tendait les bras pour m'embrasser. La complicité qui nous avait réunis, Kazan et moi, autour de cette pièce et qui s'était communiquée aux acteurs, à Mielziner et à tous les autres, semblait gagner maintenant Zolotow, Atkinson et le *Times*; une communauté de sentiments se formait parmi des gens heureux de voir qu'un auteur avait enfin su exprimer leur façon de concevoir la vie à leur époque.

En rentrant à la maison, vers trois heures du matin, Mary et moi gardions le silence. La radio venait de transmettre un programme spécial au cours duquel on avait lu les critiques sensationnelles à paraître dans les journaux du jour. Sans cesse mon nom revenait; j'avais l'impression qu'il m'échappait pour atterrir sur quelqu'un d'autre, peut-être sur mon double. Maintenant que la flèche avait été tirée et que l'arc, si longtemps tendu, se relâchait, je me sentais déçu. Toute ma vie, j'avais travaillé pour cette nuit et elle était enfin là! J'étais l'homme qu'on fêtait et pourtant il me semblait qu'il n'y avait aucun rapport entre lui et moi, ou tout au moins très peu.

J'aurais juré n'avoir pas changé et que seul le public me percevait autrement. C'était la première des illusions qu'apporte la renommée. Avec le temps je me rendis compte que cette prise de conscience s'accompagne presque toujours d'une touche d'arrogance, comme si on prenait possession d'un pouvoir nouveau, celui de rendre vrai tout ce que l'on imagine. On est alors pris d'une sorte de fringale de vie, d'une impatience à l'égard de vieux amis qui persistent à demeurer en arrière. Un artiste suit aveuglément le bout de son nez et cherche son chemin à tâtons, les mains tendues en avant. Ce n'est qu'après avoir heurté le roc et fait jaillir la forme qui s'y cachait qu'il peut expliquer l'inexplicable, mais j'avais derrière moi une forte tradition rationaliste et sentais que je devais en tenir compte pour prendre mon essor.

Si seulement j'avais eu le bon sens de dire que j'avais appris ce que je pouvais dans les livres et au cours de mes études, mais que je ne connaissais pas la recette permettant de réaliser ce que j'avais fait. C'était peut-être tout simplement une forme de prière. En réalité, je crois plutôt qu'on a ou qu'on n'a pas le sens de la forme dramatique, du dialogue théâtral, si différent du dialogue littéraire – sans que personne sache vraiment pourquoi l'un n'est pas l'autre, pourquoi l'un est bien reçu par le public alors que l'autre lui passe au-dessus de la tête. Au lieu de quoi, il me fallut répondre à de longues et pesantes interviews, des déclarations et, pis que tout, l'obligation de défendre mon point de vue contre les inévitables mégoteurs. Le crabe qui réussit à grimper le long des parois du seau est la proie toute désignée des autres crabes qui essaient de le faire retomber au fond. Oui, voilà ce que font les crabes.

La peur me vint une fois de plus de ne plus rien pouvoir écrire. Le silence qui régnait dans la voiture entre Mary et moi me fit percevoir le malaise que ressentait celle qui avait été mon épouse et mon alliée au cours de ces années de lutte. Jamais je n'aurais pensé qu'elle pût éprouver de l'angoisse à l'idée d'être balayée par la vague déferlante de ma renommée, ni qu'elle eût besoin d'être rassurée. Je l'avais toujours crue plus sereine et plus énergique que moi. Pourtant une certaine qualité de bonheur nous manquait; nous n'avions pas réussi à l'atteindre mais je souhaitais ardemment l'obtenir enfin; je ne savais pas exactement ce qu'il était, je n'en connaissais que l'absence... En fait, la célébrité, même encore imprécise, est un aphrodisiaque et son fantôme avait brusquement surgi entre nous dans la voiture.

Et naturellement, je fus pris de l'envie insurmontable

de fuir cette situation et de redevenir inconnu, anonyme. J'avais l'impression de me trouver dans le champ d'un dangereux tir d'artillerie. Tout était contre nature. La gloire est l'autre face de la solitude et engendre des contradictions impossibles à résoudre : être anonyme sans pour autant perdre son renom, autrement dit, être deux personnes à la fois, capables à l'occasion de se rencontrer et de faire ensemble une apparition en public, bien que vivant normalement séparées, le personnage officiel perdant son temps en frivolités, l'écrivain s'escrimant à sa table de travail, plus angoissé et morose que jamais. Je ne voulais pas le pouvoir et pourtant j'en avais envie. Il n'était pas « vrai ». Mais qu'est-ce qui l'était?

Aussi étrange qu'ait paru la réception donnée par Dowling dans le living-room des Loman, elle était le symbole d'une partie de ce dilemme : le chagrin, l'amour et la révolte qui imprégnaient chaque page de ma pièce pouvaient se transformer en champagne! Mes rêves de toutes ces années étaient simplement devenus trop réels et cette réalité était bien inférieure à mes rêves et je ne savais plus à quel saint me vouer.

Au cours des mois suivants, je me tins souvent au fond du théâtre pour revoir certaines scènes et tenter de comprendre ce qui me gênait. Ces séances d'observation se révélèrent merveilleusement efficaces. Je m'aperçus que Lee avait la mauvaise habitude de prendre, avec une certaine complaisance, des temps beaucoup trop longs. Kazan s'occupait maintenant d'une autre production et Lee s'était mis à rediriger Arthur Kennedy et Cameron Mitchell et à s'amuser plutôt qu'à souffrir des angoisses de son personnage. Ce genre de problème renforçait en moi la conviction qu'en réalisant ce travail on avait, avec ma complicité, amoindri mes intentions originales. Je ne connaissais rien à Brecht à l'époque, ni à aucune des théories de distanciation théâtrale, mais je sentais que chacun s'identifiait à Willy, qu'il y avait trop de larmes, ce qui affaiblissait l'ironie de la pièce. Après tout, je l'avais écrite avec l'intention de la faire représenter sur trois plates-formes dépouillées, accompagnée seulement de quelques notes jouées à la flûte, sans aucune transition édulcorante. Bref, j'avais voulu une composition forte. Mais en même temps je ne pouvais me défendre d'une certaine tendresse pour mes personnages.

Je me mis à élaborer le script de *The Hook* où je contais la tentative avortée de Panto d'abattre le gangstérisme féodal qui sévissait sur le front de mer, à New York. Je le lus à Kazan qui accepta d'en faire la mise en scène mais estima que nous devions d'abord aller ensemble à Hollywood essayer d'obtenir le soutien financier d'une des grandes firmes de cinéma. Kazan était alors sous contrat avec la Twentieth Century Fox mais les directeurs ne voulurent rien savoir : cette histoire était trop triste et son dénouement trop déprimant. Nous décidâmes alors de nous adresser à Harry Cohn, président de Columbia Pictures, ancien pensionnaire des quais du bas Manhattan. Lui, au moins, comprendrait de quoi il s'agissait.

Un beau matin du printemps 1951, nous embarquâmes sur le *Super Chief* en espérant trouver le moyen d'illustrer sur les écrans américains quelques cruelles vérités. Que le pays fût maintenant occupé à déployer son idéalisme en se battant contre le communisme en Corée nous paraissait beaucoup plus abstrait que ce qui se passait à deux pas de Manhattan. J'avais perdu contact avec Longhi et Berenson depuis plusieurs mois et appris, six mois plus tard seulement, qu'ils avaient été chassés des quais par un nouveau système de sécurité exigeant la présentation par tous ceux qui pénétraient sur les docks d'un laissez-passer individuel.

Voguant vers l'ouest sur le *Super Chief*, Kazan et moi examinions le script posé sur nos genoux. Le film, disait Kazan, devait être monté dans la tradition de *Rome ville ouverte* et des autres films néo-réalistes italiens. Mais qui débloquerait les fonds nécessaires à une œuvre en si violente opposition avec l'idée qu'on se faisait alors du divertissement ? Bien sûr, Hollywood avait produit des films à thème social, traités d'une manière assez générale et pleins de bonnes intentions. Mais celui que je proposais n'était pas un film à thèse : il était beaucoup plus objectif et factuel puisque le syndicat impliqué ne pouvait être que l'ILA (International Longshoremen Association), que le port évoqué et les policiers aveugles et sourds aux misères des dockers ne pouvaient être que ceux de New York. Nos chances de réussir dans nos démarches étaient donc bien minces, mais si nous parvenions à réaliser ce film, la gloire serait notre récompense et nous aiderions, dans une certaine mesure, l'avenir à s'accomplir. En 1950, celui-ci était plus imprécis que jamais mais nous lui appartenions comme les voiles d'un bateau, même affalées, appartiennent au vent.

IV

JE saisissais mieux la réalité de la vie des dockers depuis mon voyage en Italie qui m'avait apporté d'intéressants éclaircissements sur leurs antécédents européens. Mais j'avais également passé plus de deux ans au chantier naval de Brooklyn pendant la guerre, au milieu d'ouvriers en majorité italiens. Travaillant treize nuits sur quatorze, de quatre heures de l'après-midi à quatre heures du matin, j'avais eu le temps d'apprendre à connaître leurs soucis familiaux et leur mentalité. Ils se trahissaient parfois les uns les autres et le chantier retentissait de drames siciliens, d'histoires de gars surpris dans les bras de la femme d'un autre et s'enfuyant par les toits ou manœuvrant habilement pour évincer un ami afin de lui chiper sa maîtresse. Mon chef se nommait Ipana Mike, portait toujours sa casquette de travers, avait la mâchoire du haut complètement édentée, avalait six sandwiches aux épinards à minuit – heure à laquelle le pain était devenu humide et tout vert – et parlait constamment au téléphone à ses nombreuses petites amies. L'une d'elles travaillait paraît-il comme emballeuse chez Macy's. Il m'envoyait souvent la voir pour arranger leurs rendez-vous galants. A peine sorti de la chaleur de ses embrassements, il rentrait chez lui retrouver sa femme. Parfois, à l'heure du déjeuner, il levait un troisième lièvre, une employée des magasins Abraham & Strauss, et courait après jusqu'à ce qu'il obtienne ce qu'il voulait. C'est dire qu'il était très occupé en dehors de son travail au chantier où nous étions tous censés aider le pays à gagner la Seconde Guerre mondiale.

Il détestait profondément sa femme que son grand-père, un émigré arrivé de Calabre avec une malle pleine d'argent représentant, disait-il, une petite fortune due à la vente d'une propriété, lui avait fait épouser par ruse. Il avait en effet promis ce trésor à son petit-fils si celui-ci consentait à se marier avec une femme bonne et respectable et renonçait à fréquenter une pute irlandaise, une « rien du tout » que le vieil homme réprouvait violemment mais que lui adorait. Mike finit par céder mais découvrit, le soir des noces, que les liasses de lires entassées dans la malle représentaient à peine trois cents dollars. Furieux de s'être laissé berner, il refusa d'avoir des rapports avec son épouse. Le grand-père prit alors l'habitude de se tenir dans le living-room du jeune ménage, attendant nuit après nuit que la malheureuse épousée surgisse de la chambre à coucher pour lui annoncer qu'elle avait enfin perdu sa virginité. Mike s'obstinait dans son refus et n'avait d'autre alternative que de se laisser corriger tous les matins par son grand-père, un géant aux poings de fer doué d'un sens inné de la propriété. Mike avait, lui aussi, le coup de poing facile, mais qui aurait osé s'attaquer à un grand-père ?

Comme des centaines d'autres, Mike était passé maître dans l'art de tirer au flanc sur les bateaux de guerre. Il trouvait des coins inaccessibles où se dissimuler et dormait pendant des heures – une attitude à la fois j'm'en foutiste et réaliste car la Marine pouvait très bien se passer de ses services; les ouvriers y étaient en surnombre et le planning du travail très fantaisiste et plutôt chaotique. Un homme de plus ou de moins dans cette ruche passait inaperçu. C'est ainsi qu'un autre de ces petits génies de la dérobade, installé dans un lit de fortune tout au fond de la salle des machines d'un croiseur, se réveilla un beau matin en pleine mer et ne put reprendre ses parties de dés à Red Hook que six semaines plus tard.

Mais Mike avait des principes et quand il estimait qu'on ne l'exploitait pas, il se révélait plein de ressources et terriblement efficace, notamment lorsqu'on nous emmenait par camions entiers, la nuit, réparer quelque navire de guerre immobilisé sur Hudson River en attendant de repartir voguer dans les eaux infestées de sous-marins allemands au-delà de Sandy Hook. La bise de l'hiver nous fouettait le visage tandis que nous redressions les étais métalliques des plates-formes de stockage des grenades sous-marines, mais jamais Mike ne se plaignait. Travaillant en équipe, nous dépendions l'un de l'autre pour éviter de tomber dans les eaux glaciales du fleuve; pourtant cela ne suffisait pas à faire de moi un Sicilien d'honneur. Je pense aussi qu'il était décontenancé par ma façon évasive de répondre à ses questions sur le genre de travail que je faisais avant de venir au chantier. Je préférais laisser les choses dans le vague plutôt que de reconnaître avoir volontairement abandonné une tâche aussi lucrative à ses yeux que celle d'écrire des scripts de radio, pour venir me geler à bord d'un bateau de guerre sur le fleuve. Ni lui ni aucun de nos collègues ajusteurs ne m'auraient cru.

Avec Sammy Casalino, un autre ajusteur de mon âge et de mon grade, je m'étais petit à petit lié d'amitié et ne pus longtemps éviter de parler de mon passé, surtout lorsqu'on se mit à faire courir le bruit que j'avais passé plusieurs années en prison. J'avouai donc à Sammy que j'étais écrivain. Lui-même était diplômé d'une grande école, sensible à la culture et à l'art, et révolté contre la société au point d'avoir épousé une Juive. « Je déteste les préjugés raciaux », affirmait-il. Il désapprouvait non seulement l'antisémitisme, largement répandu dans le chantier, mais aussi les bastonnades de marins anglais par les ouvriers italiens et américains qui leur tendaient des pièges sur Adam's Street sous prétexte que les

Anglais avaient « trahi » l'Italie en lui déclarant la guerre. Qu'ils fussent au même moment occupés à réparer des bateaux destinés à détruire l'Italie ne leur paraissait pas du tout paradoxal mais démontrait simplement combien il était difficile de gagner sa vie dans ce milieu très spécial. En fait, ils soutenaient implicitement Mussolini tout en demeurant très attachés à Roosevelt et à cette Amérique contre laquelle *Il Duce* était en guerre. L'anarchie régnait sur ce monde et en révélait de temps à autre l'absurdité, comme par exemple le jour où le chef de chantier afficha une notice demandant aux ouvriers d'éviter de gâcher le cadmium, cet alliage importé à grands frais et à grands risques qu'on utilisait pour les travaux sous-marins parce qu'il ne rouillait pas. Le lendemain même de cet avertissement, on trouva partout des hommes accroupis par terre en train de fabriquer des bagues et des bracelets pour leurs femmes avec des écrous ou des barres de cadmium qu'on pouvait faire briller comme de l'argent en les limant.

Dégoûtés par cette attitude, Sammy et moi devînmes encore plus proches. Une nuit, tandis que nous dévorions un sandwich, il me raconta un rêve étrange qu'il avait fait :

– Figure-toi que je me vois entrer dans la chambre de ma cousine Rita; elle est là, couchée sur son lit, et me regarde. Et tu sais quoi? D'un seul coup, je tombe sur elle. Oui mon vieux! *En plein dessus*, tu te rends compte? Je me suis réveillé en nage, comme un vrai cochon. Qu'est-ce que ça veut dire, à ton avis?

Je suggérai avec tact qu'il aimait sans doute sa cousine.

– Oh, oui, répondit-il, je l'ai toujours beaucoup aimée.

J'ajoutai alors qu'inconsciemment il avait peut-être envie de faire l'amour avec elle.

– Avec elle? Mais, bon Dieu, je t'ai dit que c'était ma cousine!

Ce qui mit un point final à la discussion.

Comme je l'avais prévu, le fait d'avoir confié à Sammy que j'étais écrivain ne fut pour lui qu'une preuve supplémentaire que j'avais quelques mois de prison à cacher. Aussi au lieu d'éviter de parler de mon passé, je cherchais maintenant à l'impressionner en lui racontant la vérité. Il se trouva qu'un de mes scénarios – l'histoire de l'aviatrice Amelia Erhart, mystérieusement disparue dans le Pacifique quelques années auparavant – était programmé sur l'une des chaînes de radio américaines dans le cadre des séries du lundi soir – notre nuit de congé – avec pour vedette la star de cinéma Madeleine Carroll. En nous promenant à l'extérieur du chantier vers quatre heures du matin ce jour-là, je laissai tomber négligemment :

– A propos, Sammy, on diffuse ce soir une pièce que j'ai écrite. Tu verras, mon nom sera mentionné...

Il me regarda comme si j'étais fou ou me moquais de lui.

– Ouais ? fit-il avec un sourire narquois.

– Ouais, sur la NBC à huit heures. Mon nom sera cité à la fin.

Quand je repris le travail le lendemain soir et retrouvai Sammy à bord du cuirassé britannique que nous étions chargés de remettre en état, j'attendis vainement qu'il me parle du programme de la veille. Après quelques heures de suspense, je n'y tins plus et lui demandai s'il l'avait écouté. Bien sûr que oui ! Et avait-il entendu mon nom ? Evidemment ! Alors ?

– Mais c'est une histoire vraie ! ronchonna-t-il.

– Que veux-tu dire ?

– Tout le monde la connaît... sauf la fin puisque personne ne sait où ni comment elle est tombée. Je pensais que c'était cette fin que tu avais écrite.

– J'ai écrit tout le scénario, Sammy. L'histoire est basée sur des faits réels mais ce sont des acteurs qui l'interprètent dans un studio de Manhattan. Il faut que quelqu'un écrive leur texte. Tu comprends bien que Madeleine Carroll n'est pas Amelia Erhart.

– Bon Dieu, évidemment que je le sais.

Son regard se perdit dans le vague. Pour lui, « écrire » c'était « inventer ». Je crois qu'il s'aperçut tout à coup avoir cru, en écoutant la voix de Madeleine Carroll, entendre parler Amelia Erhart elle-même, bien qu'il sût parfaitement qu'elle était morte depuis longtemps. Sa confusion était d'autant plus grande que je lui avais confié avoir volontairement rejoint les chantiers navals pour contribuer à l'effort de guerre. Il savait donc qu'un travail à la radio m'aurait rapporté beaucoup plus d'argent et de gloire. Toutes ces vérités le déconcertaient. Il devint plus distant, sans pour autant cesser de me confier ses rêves érotiques à propos de sa cousine Rita. Il la voyait maintenant sortir sa poubelle et aller la vider à la décharge publique, et quand elle se penchait pour la poser par terre, « son peignoir de bain se relevait et alors... » Une autre fois, elle était perchée en haut d'une échelle qu'il assurait d'une poigne de fer mais elle se mit tout de même à tanguer « alors je dus lever la tête et alors, bon Dieu de bon Dieu...! ». De sa démarche pesante il arrivait au chantier tous les après-midi vers quatre heures et quart avec ses chaussures réglementaires dont les extrémités étaient protégées par des lamelles de métal, emmitouflé jusqu'aux yeux dans son anorak de gros lainage, les protège-oreilles de son bonnet abaissés. Il ouvrait sa cantine de fer devant les inspecteurs avant de franchir la grille d'entrée. Rien ne le distinguait des soixante mille autres ouvriers, chacun avec sa cantine et ses rêves trompeurs.

Quand enfin un bassin de radoub était remis en eau et qu'un bateau repartait fièrement vers le port après avoir subi les réparations nécessaires, je n'étais pas le seul à le regarder s'éloigner et à croire à un miracle. Car il nous semblait incroyable d'avoir pu le remettre en état malgré le chaos qui régnait sur le chantier, malgré notre incompétence, notre façon de bâcler le travail et de tirer au flanc, malgré nos vols et nos bavardages inutiles. Plus d'un homme se tournait alors vers son voisin et murmurait, en voyant le croiseur disparaître dans la brume matinale et partir pour la guerre : « Comment diable avons-nous fait ? »

Réformé au service militaire, j'essayais de justifier mon existence en écrivant des pièces patriotiques pour la radio, commanditées pour la plupart par la Du Pont & US Steel Company. Nous formions une grande famille, fière de lutter contre l'ennemi commun. Cependant, plus mon expérience se développait, plus j'avais l'impression de me dessécher à écrire ce genre de texte qui relevait plus de la propagande que de la véritable littérature. Mais cela rapportait bien, prenait moins de temps que l'enseignement ou toute autre occupation à plein temps et me permettait donc de continuer à exercer mon talent en la matière. Homer Fickett, un gros blond qui ressemblait à une mappemonde, dirigeait « Radio Cavalcade » depuis les bureaux de la société Batten-Barton-Durstine and Osborn de Madison Avenue, probablement la plus grande agence de publicité de l'époque et le porte-parole des grandes sociétés industrielles américaines dans leurs efforts pour transformer les habituels discours sur la nécessité de faire des bénéfices en thèmes plus vastes et d'une portée plus culturelle. Bruce Barton avait annoncé un jour que Jésus-Christ était le plus grand commis voyageur du monde; je suppose qu'il sous-entendait par là que les agents publicitaires étaient des missionnaires déguisés et la BBD & O, un séminaire remis au goût du jour dont les secrétaires se lavaient avec du savon Palmolive et dont le directeur, Homer lui-même, rougissait jusqu'aux oreilles en me priant de bien vouloir cacher sous mon manteau l'exemplaire de *The Nation* ou du *New Masses* ou encore du *Partisan Review* que j'avais à la main, avant que ses administrateurs, rasés de près, ne les voient.

Homer avait besoin de moi. J'étais devenu son seul recours en cas d'urgence, celui à qui il pouvait demander d'écrire en un jour un script d'une demi-heure ou plus pour remplacer quelque production défaillante. Deux ou trois fois par an, il mettait en répétition un scénario si mauvais qu'il était impossible de le diffuser sur « Cavalcade », une radio de classe, mais ne s'en apercevait en général que deux ou trois jours avant la date de l'émission. Il m'appelait alors au téléphone et, d'une voix désespérée, me demandait de l'aide. Dès qu'il avait mon accord, il me faisait porter un livre relatant quelque épisode de l'histoire américaine. Je le lisais le mercredi, concoctais un script d'une heure le jeudi et le lui envoyais le vendredi aux aurores. Il en faisait immédiatement la distribution, commençait les répétitions et tout était prêt pour l'émission du mardi suivant. En général, un orchestre de trente musiciens faisait les liaisons en direct. On me donnait cinq cents dollars pour ce travail, une belle somme à une époque où ma Nash d'occasion m'avait coûté deux cent cinquante dollars et ma maison de Grace Court, vingt-huit mille. (Dans les années soixante, elle était estimée à sept cent cinquante mille dollars.)

De temps à autre, j'avais la chance de tomber sur un sujet vraiment intéressant. Ainsi, l'histoire de Benito Juárez, dirigeant politique mexicain du XIXe siècle, me passionna. Je ne sais pourquoi la BBD & O considérait le sujet comme excellent – peut-être parce que la Du Pont possédait des usines de l'autre côté de la frontière et y faisait de fructueuses affaires. Pour une fois, Homer n'était pas pressé; je décidai donc de m'amuser et d'écrire le script en vers, pour condenser de façon plaisante les innombrables événements de la vie du héros.

Juárez était un contemporain de Lincoln pour lequel il avait une véritable dévotion. C'était un paysan révolutionnaire peu ordinaire car il affichait des convictions démocratiques. L'idée d'écrire cette histoire m'excitait; j'adoptai une forme romanesque qui répondait mieux à la nécessité d'illustrer une carrière épique et de la condenser en un épisode de vingt-huit minutes. Quelques semaines plus tard, par un bel après-midi, je terminai mon travail et décidai d'aller le montrer à Homer avant de le faire dactylographier.

Le studio n° 8 était le plus grand de la NBC; on y faisait toutes les émissions importantes. J'ouvris la porte insonorisée et entrai dans cet immense espace, vaste comme un terrain de basket-ball, accueilli par les échos tonitruants d'une voix de basse qui me sembla familière. Etait-ce un comédien en train de répéter une scène de violente colère? Je m'approchai sur la pointe des pieds et vis une demi-douzaine d'acteurs, le visage anxieux, les yeux baissés pour éviter de regarder le géant vociférant en qui je reconnus aussitôt Orson Welles.

Il ne jouait pas, il rugissait, et sa fureur était dirigée contre ceux qui se trouvaient dans la cabine du son d'où jaillissait, dans les rares moments où il s'arrêtait pour reprendre souffle, la voix du pauvre Homer Fickett tentant d'apaiser la vedette :

– Voyons, Orson, ce n'est pas si grave...

Orson leva les poings vers le plafond :

– Je vous dis que c'est une mascarade, un mensonge éhonté, un travestissement méprisable de la réalité historique, inventé pour justifier l'impardonnable!

– Mais enfin, Orson...

Homer tentait vainement d'interrompre ce flot d'invectives. Everett Sloane, Joe Cotten, Mercedes McCambridge – bref, presque toute la troupe du Mercury Theatre restait clouée sur place, bouche bée.

L'adversaire de Welles était en l'occurrence un homme qui se tenait aux côtés d'Homer dans la cabine du son : le professeur Monaghan, un historien de Yale chargé de vérifier l'authenticité des scripts relatifs à l'histoire américaine. D'après Welles, cet homme ne pouvait être qu'un ivrogne ou un être corrompu pour avoir sciemment laissé déformer l'histoire. En effet, Gideon Welles, ancêtre d'Orson et secrétaire à la Marine à l'époque où se passait l'épisode radiophonique en question, avait pris part à l'aventure rapportée ici comme une grande réussite des Etats-Unis en Amérique latine alors que, de notoriété publique, il s'agissait d'un de ses échecs les plus retentissants.

Sa colère retombée, Welles gardait maintenant un silence menaçant. Homer sortit de la cabine et tenta de parlementer avec lui pour qu'on puisse reprendre la répétition. En vain. Welles refusait obstinément. Homer devint blême et prévint le rebelle que tout cela se terminerait en justice si l'émission programmée pour le surlendemain n'avait pas lieu par sa faute. Peine perdue, Welles resta sur ses positions.

Homer m'aperçut alors. Je lui fis signe de venir me parler dans un coin reculé du vaste studio. J'avais dans la poche de ma veste le script sur Juárez et lui chuchotai à l'oreille que Welles serait fantastique dans le personnage, un fort en gueule. Homer, qui avait maintenant l'air d'un gros éléphant de mer échoué sur une plage, jeta un coup d'œil à la liasse de feuillets que je lui offrais, la prit, se dirigea vers Orson, la lui tendit et me présenta. Welles posa un regard sceptique sur le dialogue griffonné au crayon, couvert de notes et de rejets dans les marges mais remarqua que la pièce commençait par une narration d'une demi-page en vers. Cela sembla le surprendre. Aussitôt il se mit à lire le script à voix basse. Autour de lui tout le monde se taisait et le regardait. Ses lèvres s'agitaient comme s'il cherchait à tester les mots. Au bout d'une bonne demi-heure, il se leva, s'approcha du micro et lut le préambule, faisant sonner les syllabes comme s'il voulait donner une leçon de diction au professeur qui était prudemment resté retranché dans la cabine du son. Soulagés, les acteurs se groupèrent autour du second micro, et se passant mutuellement les feuilles du manuscrit ou tendant le cou par-dessus les épaules de leurs voisins pour voir le texte, jouèrent l'épisode. Je gagnai avec Homer la cabine du son et admirai la façon dont cet acteur génial prenait possession d'un micro : il semblait s'infiltrer dedans; sa voix sculptait les mots, s'insinuait dans le cerveau et le cœur des auditeurs. Aucun acteur ne dégageait à la radio une telle présence, une telle intimité. Il était encore tout jeune, vingt ans environ comme moi, et possédait déjà ce rire malicieux qui jaillissait de ses tripes et son allure de lord anglais. Lorsque la lecture prit fin, j'allai le féliciter; il m'attira dans ses bras et me serra sur son cœur. Un sentiment de triomphe m'envahit.

A peine avais-je franchi la porte de ma maison et commencé à raconter à Mary mon incroyable après-midi que le téléphone sonna. Homer m'appelait pour me dire que le script posait des problèmes à Du Pont et que je devais rencontrer le lendemain matin quelques-uns des membres de son comité de direction.

Quand j'arrivai dans le bureau de Madison Avenue, trois ou quatre hommes venus spécialement du Delaware pour me voir étaient assis autour d'une table. La date de l'émission étant proche, il fallait faire vite. Red Applegate, le chef de cette petite délégation – un homme à cheveux gris, au caractère affable mais ferme, responsable des relations publiques de la société – présenta la première objection. Elle concernait la phrase : « où volaient les perroquets. » Il n'y avait pas de perroquets, paraît-il, dans la jungle où Juárez s'était réfugié pour fuir ses persécuteurs. Je tombai immédiatement d'accord pour trouver une autre image. Devant le succès de sa première démarche, le directeur ne se sentit plus de joie et nous parla interminablement de la jungle où il avait passé une petite heure au cours d'un voyage touristique. Je restai confondu devant le spectacle de ces adultes, venus exprès du Delaware pour supprimer une phrase inoffensive dans un script radiophonique. Mais le plus beau était encore à venir!

Dans une scène tirée du livre que m'avait procuré la BBD & O, on voyait les troupes de Juárez traverser le Rio Grande, la nuit, pour s'emparer d'un stock d'armes abandonné à leur intention sur ordre de Lincoln qui soutenait Juárez contre l'empereur Maximilien, ce jeune prince de Habsbourg dont les Français avaient fait un souverain fantoche. On me demanda de supprimer cet épisode.

– Mais, rétorquai-je, je l'ai tiré du livre qu'on m'a envoyé. Il est nécessaire à l'action parce qu'il montre l'amitié que portaient les Etats-Unis aux révolutionnaires mexicains et justifie la confiance de Juárez en Lincoln.

En fait, j'appris que la BBD & O avait misé sur l'histoire de Juárez pour célébrer le *Pan American Day* qui tombait le jour de l'émission. Applegate s'obstina : la scène devait être supprimée. Je tins tête : il n'en était pas question. En écrire une autre en vingt-quatre heures était impossible et de toute façon je n'avais pas la moindre idée de ce par quoi la remplacer. J'insistai pour connaître les raisons de cette exigence. Que reprochait-on à ce passage ?

Applegate hésita avant de répondre, puis dit qu'aucun d'eux ne voulait risquer de voir Du Pont accusé encore une fois de fournir des armes à l'Amérique latine !

– Mais enfin, répliquai-je, c'est Lincoln qui avait donné l'ordre de laisser les armes là, pas Du Pont !

– Oui, mais c'étaient des armes fournies par Remington, et Remington est associé à Du Pont, rétorqua Applegate.

Quarante ans après cette discussion ridicule, je suis incapable de me rappeler si je supprimai ou non la scène, mais j'ai tendance à croire qu'on la conserva, tout en tremblant devant les éventuelles réactions qu'elle susciterait ! Ici comme ailleurs, les gens qui détiennent le pouvoir prennent souvent des décisions arbitraires et imprévisibles. Une autre fois, le même groupe de radio me signa un contrat pour écrire l'histoire des frères Merritt et me procura à cet effet deux livres de documentation sur l'un des épisodes de rivalité industrielle les plus cruels que j'aie jamais connus : à la fin du siècle dernier, les frères Merritt, des mineurs du Minnesota, conseillés par un Indien « comme par la Providence elle-même » disaient-ils, avaient été amenés à récolter sur leurs terres le minerai de fer pur qui y affleurait et en revendiquèrent la propriété. Cette mine se révéla bientôt une des plus riches de la région, le fameux « polygone de Mesabi ». La nouvelle s'en répandit rapidement jusqu'à New York où John D. Rockefeller, toujours à l'affût, dépêcha immédiatement son pasteur baptiste personnel pour convaincre les frères Merritt de lui vendre les droits d'exploitation. John D. était un homme très religieux et ses agents l'avaient informé que les frères Merritt étaient profondément croyants. Mais ils ne voulurent pas vendre; au contraire, ils étaient fermement décidés à exploiter eux-mêmes leur mine et à en faire bénéficier les Indiens et les déshérités, une idée dont la noblesse avait, paraît-il, profondément ému Rockefeller. Après avoir fait les travaux nécessaires pour mettre la mine en exploitation, les finances des deux jeunes gens se trouvèrent à sec. Le délégué de Rockefeller réapparut promptement avec une offre de financement en bonne et due forme, destinée, affirmait-il, à « aider les pauvres ». Et voilà comment Rockefeller mit petit à petit la main sur toute l'affaire et comment les frères Merritt se retrouvèrent un beau matin – comme ils en témoignèrent devant le comité du Sénat chargé quelques années plus tard d'enquêter sur l'affaire – « sans un sou parce que Rockefeller était devenu propriétaire de Mesabi ». Cet empire illimité de minerai permit à la US Steel Corporation de naître de l'autre côté du lac et fut la base de toute la production industrielle qui permit aux cités du Michigan et de l'Ohio de prendre leur essor. Le récit était fabuleux mais il me semblait incroyable que l'émission fût commanditée par Du Pont et que, le soir de sa diffusion, les principaux dirigeants de la firme et de nombreux membres du personnel se réunissent dans toutes les succursales du pays pour en écouter la retransmission « en masse » et faire des dîners en l'honneur de l'événement.

J'appelai Homer pour lui demander s'il avait lu cette histoire. Oui, il la connaissait.

– Et « ils » vont vraiment la diffuser? demandai-je.

– Ecris-la toujours; on verra après.

Je l'écrivis d'une traite, en toute fidélité à mes sources. Le script fut approuvé sans délai, mis en répétition et diffusé. Il plut énormément aux divers groupes du personnel de la Du Pont. On me raconta même que les membres de la famille Du Pont, dont plusieurs étaient sourds comme des pots et portaient des appareils spéciaux branchés sur la radio pour suivre l'émission, se déclarèrent enchantés.

Par la suite, je demandai à Homer de m'expliquer cette énigme.

– C'est qu'ils ne voient pas les choses sous le même angle que nous. Pour eux, cette histoire est la preuve de l'intuition fantastique de Rockefeller et de sa rapidité d'esprit et d'action. Elle démontre aussi ses capacités d'organisation et la promptitude avec laquelle il a mis sur pied une des plus importantes exploitations minières du monde, pour le plus grand bien de l'humanité. Elle témoigne de ce que peut accomplir l'esprit d'entreprise joint à l'imagination.

– Pourtant le pasteur a trompé ces pauvres gens en affirmant que John D. consacrerait toutes ses richesses aux pauvres. Il les a roulés! Le comité d'enquête du Sénat en a convenu, il en a été indigné!

– Exact, répondit Homer, mais ils ne voient pas les choses sous cet angle. Pour eux, les frères Merritt étaient incapables d'exploiter ces richesses; or l'intérêt du pays et de l'humanité exige toujours que celui qui est en mesure de diriger prenne les affaires en main.

– En d'autres termes, Dieu est au paradis!

– Aussi sûr que le diable est en enfer!

Que nous ne voyions que ce que nous voulons voir est un fait dont j'eus une fois de plus confirmation quelques années plus tard lorsque *l'Homme qui avait toutes les chances* commença sa carrière à Wilmington, Delaware siège de la firme Du Pont. Karl Swenson jouait le rôle de David Beeves; pendant des années il avait été la vedette des feuilletons radiophoniques de « Radio-Cavalcade ». Applegate nous invita un soir à prendre un verre à l'hôtel

Du Pont avant l'une des représentations. Il arriva avec sa femme, deux de ses sous-directeurs flanqués de leurs épouses, tous ravis de voir que leurs anciens pensionnaires avaient été engagés à Broadway. La conversation tourna inévitablement autour de sujets politiques : pour la quatrième fois, Roosevelt se présentait aux élections présidentielles. Sa campagne contre Thomas Dewey était exceptionnellement dure. Applegate – l'œil et l'oreille de Du Pont – se tourna vers Swenson qui, en tant qu'acteur « nanti » était à ses yeux forcément républicain, et avec un petit sourire de satisfaction anticipée, demanda :

– Alors mon cher Karl, comment voyez-vous ces élections ?

Swenson qui en réalité avait des sympathies pour le parti démocrate se sentit mal à l'aise et fit semblant de réfléchir quelques instants. En ces jours-là, les employés de banque ou de grandes sociétés ne mettaient leurs insignes à l'effigie de Roosevelt que lorsqu'ils se retrouvaient dans la rue. Du Pont, d'autre part, finançait la Ligue pour la liberté, un groupe de pression d'extrême droite : la question d'Applegate était donc d'autant plus embarrassante, surtout posée avec cette confiante certitude en l'orthodoxie de la réponse. Swenson décida de plonger la tête la première.

– Ma foi, fit-il d'un ton traînant, s'il faut parler sincèrement, je dirai que la plupart des gens vont voter pour Roosevelt.

– Roosevelt ! hurla Applegate, les yeux rétrécis de fureur. Mais voyons, c'est impossible ! Aucun de ceux que *nous* connaissons ne votera pour lui !

Il jeta un coup d'œil à ses deux collègues pour obtenir leur approbation, aussitôt accordée d'un signe de tête. Bien entendu, chacun sait que Roosevelt gagna les élections haut la main.

Je ne doutais pas un instant que seul l'intérêt et ses engagements politiques aveuglaient à ce point ce cher Applegate. C'en était comique. Sa haine de Roosevelt et du New Deal était d'une intensité presque religieuse, mais il n'en laissait rien paraître dans la publicité faite par sa société ni dans le cours normal des affaires quotidiennes. Idéologiquement, mon point de vue était totalement opposé au sien mais je lui ressemblais par mon comportement; cette espèce de soumission à un code civil de conduite créait une certaine irréalité autour de nous. Je suppose que cette forme de politesse avait été engendrée par la guerre car maintenant que nous avions gagné et que Roosevelt était mort, que les Etats-Unis étaient devenus la plus puissante nation du monde et la seule solvable, la poigne qui réprimait les débordements avait disparu. On vit se lever un âge nouveau où tous les coups étaient permis, où les accusations les plus folles naissaient dans une atmosphère de joie mauvaise, l'époque des commissions d'enquête du Congrès, du maccarthysme, de la législation ouvertement anticommuniste dont je ne citerai qu'un exemple : celui du McCarran-Walter Act imposant à tout étranger désireux de visiter le pays un test politique. J'aurais souvent l'occasion de me rappeler, au cours des années suivantes, la petite scène que je viens de décrire, lorsque « les gens que nous connaissons » auraient enfin l'occasion de se venger des deux décennies d'isolement politique et culturel imposées par les postulats des libéraux et des gens de gauche sur la réalité et la vérité. Bref l'étroitesse d'esprit plutôt comique de Russ Applegate me ferait un jour mesurer du doigt la mienne.

Ma première tentative d'écriture dramatique fut une pièce où je décrivais un conflit dans une entreprise industrielle et les dissensions qu'il provoquait entre un père et son fils, une œuvre profondément autobiographique. Je voulais obtenir le Hopwood Award qui, à l'université du Michigan, était l'équivalent d'un Nobel de littérature pour les étudiants. En plus du temps passé à l'université, j'occupais deux emplois différents, et après avoir fait la plonge trois fois par jour au restaurant universitaire et nourri trois étages de souris dans un laboratoire spécialisé dans les expériences génétiques à l'autre bout de la ville, dans la forêt, je tombais d'épuisement sur mon lit. J'avais dépensé tout l'argent apporté l'année précédente lors de mon entrée à Michigan. Or, en tant qu'étudiant de première année, j'étais tenu de présenter aux autorités universitaires un compte en banque avec une provision d'au moins cinq cents dollars pour prouver que je n'étais pas un indigent à la charge de l'Etat. Nourrir les souris était ma principale source de revenus : quinze dollars par mois, payés en espèces sonnantes et trébuchantes par la Roosevelt's National Youth Administration qui fournissait aux étudiants des emplois gérés par les facultés. Chaque après-midi, vers quatre heures, je partais à pied vers le labo, à six kilomètres environ de l'université, où, aidé d'un autre étudiant, Carl Bates, j'ouvrais des caisses de légumes avariés laissés pour compte par les épiciers de Ann Arbor et nous les répartissions dans des centaines de cages en fer rangées sur des étagères, du sol au plafond. Sur chacune d'elles était accrochée une fiche d'identité métallique. Dès que les petites bêtes nous entendaient entrer dans le bâtiment silencieux environné d'arbres, elles se mettaient à courir comme des folles et faisaient tinter les fiches métalliques contre les cages avec un bruit si assourdissant que j'en frissonnais. Deux biologistes, un jeune homme et une jeune femme, travaillaient sans échanger le moindre mot dans une pièce du rez-de-chaussée. Ils se livraient à des expériences génétiques à long terme qui nécessitaient une séparation rigoureuse entre les différentes espèces de souris; chacune d'elles avait en effet ses particularités, matérialisées par des trous percés dans leurs oreilles, un code qui replaçait chaque individu dans le schéma général. Si par hasard on découvrait une souris vagabonde échappée d'une des cages, il fallait aussitôt déclencher un signal d'alarme et tenter de la rattraper de peur qu'elle ne pénètre dans la cage d'un des autres groupes, anéantissant les travaux d'une année entière ou plus. Le jour où l'on demanda qui voulait essayer de dessiner une souricière qui permît de capturer ces bestioles sans les blesser, je me portai volontaire. Mais après un semestre de tâtonnements, je renonçai : les souris étaient de toutes tailles, quelques-unes si minuscules qu'elles pliaient à peine un cheveu en passant dessus. Il aurait fallu inventer un piège d'une telle finesse et d'une telle précision qu'utilisé pour des spécimens plus gros, il eût risqué de leur couper la queue ou de leur briser le cou.

Il y avait d'autres distractions imprévues dans ce laboratoire, celles, par exemple, que nous procuraient les deux jeunes chercheurs lorsqu'ils faisaient l'amour en silence sur la table de leur bureau, imitant en cela les petites souris, à en juger par les tintements épisodiques mais frénétiques des fiches de métal ! De plus, une fois par semaine, j'étais chargé de porter une pleine cage de souris inutilisables jusqu'à une sombre petite masure, située derrière le labo, où vivaient deux chouettes. Elles faisaient claquer leur bec dès qu'elles m'entendaient venir, poussaient des ululements menaçants, gonflaient leurs plumes, déployaient leurs ailes, frappaient les perchoirs de leurs pattes, impatientes de me voir lâcher leurs proies – ce qui n'était guère facile, les pauvres bestioles s'accrochant désespérément au grillage de la cage; il fallait la secouer violemment pour les faire tomber sur le sol recouvert de paille; affolées, elles grimpaient parfois le long de mes jambes sous mon pantalon à la recherche d'une cachette sûre. Je me mettais alors à exécuter une danse hystérique pour m'en débarrasser tout en veillant à ne pas laisser échapper les chouettes et en répétant que tout était utile à la recherche scientifique : un étudiant de deuxième année venait en effet chaque semaine fouiller la paille et compter les survivantes pour déterminer quelle était la couleur la plus protectrice. Les statistiques prouvèrent que les blanches, les jaunes et les orange – bref toutes celles de couleur claire – étaient rapidement dévorées tandis que les modestes petites grises et les brun foncé survivaient plus facilement. Cette conclusion me parut si évidente qu'elle ne semblait pas à mes yeux nécessiter tant de recherches. Sans doute ne comprenais-je rien au système scientifique de notations et de références! Mais il n'y avait rien à comprendre.

Posée dans la forêt comme un cube de béton, la maison des souris était la plupart du temps vide de toute présence humaine lorsque j'y arrivais, en fin d'après-midi. C'était étrange de penser que ces milliers de rongeurs étaient tous dotés d'un petit cerveau complotant le moyen de s'échapper. De plus, Carl Bates me donnait la chair de poule en se confectionnant des repas avec la nourriture destinée à ces bestioles : il ôtait avec son canif les parties pourries des pamplemousses, des carottes, des laitues et les faisait cuire. Le pauvre garçon était obligé d'économiser sou après sou pour envoyer quelques dollars par semaine à sa famille et subvenir à ses propres besoins. Il était couvert d'acné, ce qui ne l'empêchait pas d'être gai comme un pinson et épaté de tout ce qu'il voyait, phénomène que j'attribuais à une éducation solitaire dans une ferme du Nord-Michigan où l'on cultivait la pomme de terre et où les journées devaient paraître horriblement longues et fastidieuses. En contraste absolu avec la versatilité de New York et des Juifs que j'y connaissais, la profondeur des sentiments de Carl et sa retenue enrichirent mon expérience humaine. Son frère s'était converti à la religion des Christian Scientists et se contenta de prier Dieu lorsqu'en manipulant les éléments d'un moteur de voiture à l'école d'ingénieurs où il travaillait, son pouce fut littéralement broyé. J'allai le voir avec Carl pour tenter de le persuader de se faire soigner à l'hôpital mais il refusa obstinément et continua à lire les textes de Mary Baker Eddy. Le plus étonnant est qu'une semaine plus tard son pouce se cicatrisa tout seul. Les matérialistes que nous étions, Carl et moi, demeurâmes sceptiques. En 1935, la prière ne pouvait pas plus pour l'Amérique que pour redresser un pont écroulé.

Je décidai de rester à Ann Arbor pour les vacances de printemps plutôt que de rentrer à la maison, et de mettre à profit cette semaine de liberté pour écrire ma pièce. Pourquoi une pièce de théâtre plutôt qu'un récit ou un roman, je n'en savais rien. Peut-être la forme dramatique me paraissait-elle plus tangible, comme la différence pour un artiste, entre la sculpture et la peinture. On peut en quelque sorte faire le tour d'une pièce de théâtre, un plaisir architectural que la simple prose ne fournit pas. Mais peut-être ce choix était-il guidé par mon goût de l'imitation, mon plaisir de contrefaire les voix et les sons. Comme la plupart des auteurs dramatiques, je suis un peu acteur.

Je n'avais vu que très peu de pièces de théâtre, bien des années auparavant, à Harlem; il convenait d'y ajouter une récente production de *Henry VIII* réalisée par notre groupe théâtral universitaire, dans laquelle j'avais joué l'archevêque, un rôle heureusement muet où je n'avais rien d'autre à faire qu'à hocher la tête au bon moment. A cette époque, j'habitais au 411 North State Street, dans la maison des Doll. Un des fils de cette famille, Jim, occupait une chambre en face de la mienne, de l'autre côté du couloir; sur sa petite machine à coudre il confectionna pour le théâtre des costumes dont il avait conçu lui-même les modèles. Avec des moyens dérisoires il parvint à réaliser des vêtements Renaissance d'une richesse incroyable et fabriqua même le fameux collier du roi Henry avec des crochets à rideaux recouverts de peinture dorée. Je lui demandai un jour combien de temps durait un acte dans une pièce; une demi-heure environ, me répondit-il. Je me mis aussitôt à écrire et terminai en vingt-quatre heures ce qui me parut constituer un parfait premier acte. Je réglai la sonnerie de mon réveil de façon à l'entendre se déclencher une demi-heure plus tard et commençai à lire à haute voix ce que je venais d'écrire. Au moment où le rideau de scène était censé tomber, le réveil sonna, à mon grand étonnement. La notion d'une forme fixe comme celle-ci était normale à l'époque. Plus tard seulement je comprendrais Strindberg et prendrais conscience du côté mystique plutôt que socialo-réformiste d'un Ibsen et des expressionnistes allemands. Dans quelques-unes des revues théâtrales d'avant-garde que je lisais alors – presque toutes de tendance gauchiste – j'avais pris connaissance de pièces en un acte écrites pour protester contre le sort des mineurs, des dockers et autres malheureux du même genre. Mais rien de tout cela ne valait les pièces de Clifford Odets qui, à mon avis, était le seul à se montrer poète, non seulement dans ses œuvres de protestation sociale mais aussi dans toute la dramaturgie new-yorkaise. Car le seul théâtre digne de ce nom était celui de la grande cité, les salles conventionnelles de province ne servant qu'à monter les derniers succès de Broadway, presque toujours des comédies. Les directeurs un peu plus ambitieux affichaient parfois des classiques grecs ou des pièces de Shakespeare mais les montaient de façon si lénifiante que le public s'endormait sur place.

L'idée d'écrire une pièce se mêla dès le départ dans ma tête à la conception que j'avais de moi-même. L'écriture dramatique était un acte d'autodécouverte, une sorte d'autorisation intérieure à révéler l'indicible. J'avais le sentiment que si je ne rougissais pas de ce que j'écrivais, rien de valable ne sortirait de ma plume. Ecrire, c'était déployer mes ailes, me libérer. Lorsque je m'aperçus que mon prochain était touché par ce que j'écrivais, j'en vins à me dire qu'il se passait en moi un phénomène d'une portée générale et que ce qui m'émouvait ou m'embarrassait devait en faire autant pour les autres. C'était une espèce de bénédiction que je m'inventais moi-même. Bien sûr le temps viendrait où cette bénédiction semblerait m'être refusée mais il était encore loin.

Je travaillai jour et nuit, ne prenant que quelques heures de repos par-ci par-là, et terminai la pièce en cinq jours. Aussitôt je l'apportai à Jim. J'étais presque désespéré à l'idée qu'il puisse la considérer comme nulle, et pourtant jamais attente ne me parut plus excitante. J'avais l'impression de léviter et de laisser le monde très loin derrière moi. Comme mon père en période de stress, je m'endormis dès que mon manuscrit fut entre les mains de mon jeune ami. Un éclat de rire, venu de la chambre de Jim, me réveilla en sursaut. Mon cœur se serra de terreur et d'espoir.

Jim Doll mesurait presque deux mètres, comme son père, sa mère et son frère. Tous devaient baisser la tête pour franchir la porte de leur maison du XIXe siècle. Jim m'attira parce qu'il était le premier homme de théâtre que je rencontrais. Quand il discutait avec moi des pièces que je lisais, elles perdaient un peu de leur caractère inattaquable; il m'en faisait découvrir les défauts et les erreurs. Il était aussi le premier homosexuel à croiser ma route, et sa souffrance morale, à une époque où l'homosexualité était encore considérée comme un vice, surtout dans le Midwest, créa entre nous des liens d'amitié comme on en voit souvent naître entre gens mal adaptés à la vie en société. Ses connaissances en matière de théâtre européen étaient vastes et il me le fit découvrir, surtout celui de Tchekhov qui était son dieu.

Il ouvrit enfin sa porte, traversa le couloir, entra dans ma chambre et me tendit mon manuscrit. Le plaisir esthétique rend vulnérable : le long visage émacié de Jim ressemblait en cet instant à celui d'un enfant, malgré un sourire qu'il maintenait volontairement de biais pour cacher l'absence de deux incisives – chose assez courante en ces temps difficiles.

– C'est une vraie pièce, mon vieux, dit-il.

Il riait avec une naïveté charmante que je ne lui connaissais pas.

– J'ai été surpris de voir comment l'action entraîne tout sur son passage au lieu d'être explicative. C'est la meilleure pièce écrite par un étudiant que j'aie jamais lue.

Quelque chose comme de l'amour ou de la gratitude illuminait son visage.

Dehors, les rues de Ann Arbor étaient calmes, vidées par les vacances de printemps. L'envie me prit d'aller marcher dans la nuit mais une fois sorti je me mis à courir comme un fou. Mes cuisses étaient dures et solides comme des barres de fer. Je remontai jusqu'au centre de la ville, désert à cette heure, traversai la cour du palais de justice et gagnai North University, la tête dans les étoiles! J'avais réussi à faire rire Jim et il m'avait regardé comme jamais auparavant. La force magique qui émanait des petits signes tracés sur le papier était capable de transmettre aux autres ce que je voyais et ressentais. J'avais réussi à projeter une ombre nouvelle à la surface de la terre.

Imaginez un peu! Si j'allais gagner le Hopwood Award! Deux cent cinquante dollars pour une petite semaine de travail! J'avais encore l'habitude de penser comme un tâcheron. Il m'avait fallu deux ans et demi pour réunir la somme de cinq cents dollars nécessaire à mon entrée à Michigan... deux ans et demi de métro matin et soir et de boulot dans un entrepôt de pièces détachées de voitures où l'on gelait l'hiver et crevait de chaleur l'été.

L'entrepôt de Chadick-Delamater entre la 63e Rue et la Dixième Avenue, tout près de l'endroit où se dresse aujourd'hui le Metropolitan Opera, reste dans mon souvenir le lieu où je fis mon entrée dans le monde, au sortir de l'école et de la maison familiale. C'était le plus vaste entrepôt de pièces détachées à l'est du Mississippi, une vieille entreprise qui avait pour clients tous les magasins de pièces détachées et les garages de la région. Cinq étages du bâtiment étaient remplis de tablettes garnies de casiers bourrés de tous les articles nécessaires aux voitures et aux camions, anciens ou modernes, et même aux véhicules construits bien avant la Première Guerre mondiale.

Joe Shapse, un camarade de classe de Lincoln High, était le fils d'un revendeur en gros de pièces détachées dont le magasin se trouvait à l'extrémité de la 59e Bridge Street à Long Island City; on y réparait, entre autres, les camions de la compagnie du Gaz, et c'était un des meilleurs clients de Chadick-Delamater. A la fin de mes études secondaires, je m'étais engagé pour quelques mois comme chauffeur-livreur chez Sam Shapse et j'étais allé plusieurs fois chez Chadick chercher des pièces détachées. Cela m'avait permis de me familiariser un peu avec ce genre de négoce. Je m'étais aussi souvent perdu dans les rues de Long Island au volant de mon poids lourd, n'étant certes pas le chauffeur le plus doué de Sam. L'été 1932 marqua le point culminant de la Crise, et Sam dut presque mettre la clef sous le paillasson. C'était bien simple, plus personne n'avait d'argent. Ce qui devait être la dernière administration républicaine des vingt années à venir touchait à sa fin et nous, les humbles, n'avions pas la moindre idée de ce qu'il fallait faire pour survivre ni le moindre espoir de nous en tirer. Dans mon souvenir, je me vois rouler à travers les rues, franchir les ponts, sortant du Bronx pour entrer dans Brooklyn, avec l'impression de voguer dans une cité à laquelle une puissance maléfique avait jeté un sort; elle se couvrait peu à peu de poussière et d'enseignes portant toutes la mention « à louer », qui envahissaient les vitrines sales de magasins aujourd'hui abandonnés mais autrefois en pleine prospérité. Partout on faisait la queue pour acheter du pain, on voyait les hommes attendre pendant des heures, debout devant des entrepôts où quelques personnes charitables de l'Armée du salut ou d'une église quelconque distribuaient gratuitement un bol de soupe chaude avec un quignon de pain.

Les gens avaient une façon de se regarder dans les rues qui semblait dire : « Et vous? Vous vous en sortez? Comment faites-vous? Avez-vous un truc? Me le donneriez-vous? Quand tout cela finira-t-il? » Mais chacun se méfiait de son voisin, surtout dans les quartiers ouvriers comme celui de Long Island où régnait une véritable férocité. Nous étions tous embarqués sur le même bateau, aujourd'hui enlisé dans les sables mouvants, et nous tournions en rond sur le pont, scrutant des yeux l'horizon qui, tous les matins, se révélait exactement le même. Sam dut se séparer de moi. C'était un petit homme de caractère facile, partisan de Hoover, républicain de longue date qui avait abandonné tout espoir de justifier son président favori. Comme beaucoup d'autres en 1932, il cessa tout simplement de parler politique, c'était trop déroutant. Comme le sont toujours les séries de catastrophes que nul ne parvient à enrayer.

Je traînais donc de nouveau autour de la maison, parcourant désespérément chaque matin les offres d'emploi du *Times*. A cette époque, il était courant de voir préciser dans les petites annonces la mention « blanc » ou « aryen » ou parfois simplement « chrétien ». L'œil s'habituait rapidement à survoler une colonne et à s'arrêter sur les annonces qui ne portaient pas ce genre d'avertissement, car pour moi c'en était vraiment un, celui de me tenir à distance. Etre juif en ce temps-là, c'était être un peu noir et ces deux peuples se comprenaient encore. Il y avait même des annonces qui spécifiaient « protestant » ou « catholique pratiquant », comme si la ville était peuplée de clans terrifiés par l'impureté des autres. Mon mépris pour ces partis pris mesquins est sans doute ce qui me poussa à épouser une catholique.

Un matin, tout excité d'avoir trouvé une annonce sans précision de couleur ou de religion pour un emploi de responsable de stock à quinze dollars par semaine dans un entrepôt de pièces détachées de Manhattan, j'en relevai le numéro de téléphone et l'adresse, qui me disaient quelque chose. C'était Chadick-Delamater ! Aussitôt j'appelai Sam Shapse pour lui demander l'autorisation de me recommander de lui, ce qu'il accepta de grand cœur.

– Mais je veux que tu me promettes de me raconter ce qu'ils t'auront dit.

Je n'avais pas la moindre idée de ce que cela signifiait.

Chez Chadick, je reconnus tout de suite le directeur, Wesley Moulter, que j'avais souvent rencontré autrefois en prenant livraison des commandes. Tiré à quatre épingles, la cravate nouée avec soin, les pieds posés bien à plat sur le sol pour cacher les trous de mes semelles, je m'assis près de son bureau et lui dis que j'avais une certaine expérience de ce genre de travail ayant longtemps été l'employé de Shapse. A trente ans, Moulter avait la responsabilité de toute l'entreprise et gagnait trente-six dollars par semaine. Il portait une cravate à rayures pour bien marquer son rang, un col boutonné et des manches de chemise soigneusement repliées sur les avant-bras. Les simples ouvriers roulaient les leurs au-dessus des coudes. Sérieux mais jovial, il avait les cheveux roux et bouclés; un visage plat et un cou épais qui lui donnaient un air bovin et triste. La table où il travaillait était placée près d'une fenêtre qui donnait sur la rue; les comptables – trois hommes et une femme – étaient regroupés à quelques mètres de son bureau. Les murs de la pièce étaient en ciment nu et mon œil exercé repéra, pendant que je parlais avec Moulter, quelques failles dans les joints de mortier. J'eus droit à cinq minutes d'entretien à la suite desquelles il hocha deux ou trois fois la tête, nota mon numéro et me dit qu'il me ferait connaître sa réponse par téléphone.

Alors commença une interminable attente. Je traînais constamment près du téléphone, qu'à force de regarder je crus voir prendre forme et s'animer : il m'observait d'un air moqueur en se taisant obstinément. Je désirais tellement ce poste que j'en avais des démangeaisons sur tout le corps. Le salaire proposé de quinze dollars était non seulement plus élevé que la normale pour « un garçon » de mon âge, mais la preuve de la classe de l'entreprise Chadick-Delamater. De mon point de vue d'ancien chauffeur de camion, elle avait toujours eu un certain panache et vendait les meilleures marques de chaque pièce : les bougies Bear, les rouleaux d'entraînement de Timken, les essieux de Detroit, les arbres de transmission de Brown et Lipe, etc. Tous ces noms étaient d'excellentes références, celles d'entreprises connues de tous pour être solides comme le roc. En entrant chez Chadick, on marchait sur un sol de béton et non sur un plancher mal ajusté, comme dans d'autres entrepôts. L'endroit était toujours propre et témoignait d'une certaine recherche dans le décor, comme dans les banques ou les bureaux du syndicat du Gaz où nous allions payer nos redevances mensuelles. Manifestement, on offrait quinze dollars au lieu de douze parce qu'on attendait beaucoup de la personne embauchée et moi, debout sur la ligne de départ, j'étais prêt à relever le défi à l'aube de mes dix-huit printemps... Hélas, le téléphone ne sonnait toujours pas.

Mon excitation tomba peu à peu et l'inévitable raison de ce silence me sauta bientôt aux yeux, sans pourtant me décourager. Pareille exclusion ne portait pas encore le nom de discrimination et était dans l'ordre des choses. Cela signifiait simplement qu'il me faudrait trouver un autre moyen de pénétrer le monde américain.

Ce soir-là, Sam Shapse m'appela pour me demander si j'avais été engagé. A ma réponse négative, il répondit :

– Tu l'auras, cette place, je te le jure. Tu en sais plus long que tous les gars du coin sur ce genre de travail. Ils hésitent parce que tu es juif. Mais comme la plupart de leurs clients le sont aussi, je vais leur dire un peu ce que je pense de leur attitude. Prépare-toi à y aller, tu m'entends ?

Et de fait, Moulter m'appela le lendemain matin pour m'apprendre la bonne nouvelle. Je sautai aussitôt dans le trolley jusqu'à Gravesand Avenue puis dans le métro jusqu'à Church; de là je remontai à Times Square où je pris le petit train qui desservait la 66e Rue; un peu de marche à pied, et je me retrouvai dans la 63e Rue où je grimpai d'un bond les marches de fer qui donnaient accès aux locaux calmes et froids. A l'exception de Moulter et d'un autre, tous les employés de l'entreprise étaient irlandais et je peux dire qu'en allant de l'un à l'autre pour faire connaissance, ils me reniflaient littéralement, se trouvant pour la première fois devant un individu de mon espèce.

Les trois dames comptables furent les premières à s'adoucir. L'une d'elles, Dora, une vieille fille maigre et aux poignets presque aussi transparents que ceux de la baronne Blixen avec laquelle je passerais tout un après-midi un quart de siècle plus tard, me voyant travailler derrière une pile d'essieux, murmura entre ses fausses dents et d'une voix que je découvrirais perpétuellement enrhumée, que je me plairais sûrement beaucoup ici et que c'était un endroit merveilleux. Je lui en fus reconnaissant tout en me rendant parfaitement compte que ma tâche ne me paraîtrait aisée que lorsque je connaîtrais sur le bout des doigts l'emplacement des stocks : il n'était pas facile en effet de repérer du premier coup les milliers de pièces détachées réparties sur cinq étages de casiers que je devais sélectionner pour répondre aux commandes fichées sur le bureau du directeur commercial, un homme de soixante-cinq ans nommé Gus. Il avait la même moustache que le Kaiser Guillaume, d'épais sourcils blancs et un ventre aussi rebondi qu'un ballon de football. Les employés se lassèrent vite de m'entendre continuellement demander où se trouvait tel ou tel article. Aussi un soir, à cinq heures un quart, quand tout le monde eut quitté les lieux, je grimpai sur l'échelle et commençai à noter ce qui se trouvait dans les différents casiers. Soudain, j'entendis des talons claquer sur le sol de ciment; Wesley Moulter, une serviette de bain sur l'épaule, se dirigeait vers la salle de douches. Il leva la tête vers moi, me dédia un sourire glacial et, alors que je m'attendais plutôt à quelques compliments pour mon attitude consciencieuse, marmonna :

– Alors, on se croit déjà le maître des lieux?

Une chape de plomb tomba sur mes épaules et m'étouffa pendant tout le trajet de retour vers Brooklyn. Fallait-il résister à cette marque d'antipathie qui, je le réalisais maintenant, reflétait le sentiment général à mon égard? La petite intervention de Dora avait été, à n'en pas douter, une initiative personnelle pour me démontrer qu'elle n'était pas comme les autres. Mais quelle frêle alliée j'avais là!

Bien entendu, je ne révélai rien de tout cela à ma famille, le soir, au dîner. Pourquoi gâcher leur joie et le soulagement que chacun éprouvait à me voir pourvu d'une situation? Evidemment tous savaient que sans l'intervention de Sam, je ne l'aurais pas obtenue, mais le principe psychologique du refus de la réalité opérait déjà ses ravages parmi les miens. Kermit, toujours romantique quand il s'agissait d'affaires, estimait que j'avais franchi un échelon important dans l'échelle sociale en décrochant ce poste dans une société importante et bien cotée. Quant à moi, j'avais si désespérément souhaité entrer chez Chadick, de peur que l'inaction ne me gâtât le caractère comme c'était le cas chez tant de jeunes du voisinage, que – le besoin objectif créant l'attitude nécessaire – je refusais de reconnaître l'antipathie affichée par mon nouveau patron à mon égard. Quand j'arrivai au travail le lendemain matin, j'adoptai une attitude décontractée, saluai gaiement tous ceux qui semblaient vouloir me rendre un amical bonjour et me mis énergiquement au boulot. Au cours des brefs moments de repos que nous avions, quand toutes les commandes avaient été préparées et que les hommes se tenaient tranquillement autour de la grande table d'emballage, j'appris très vite à me comporter comme les autres, à écouter et à regarder en silence, sans chercher à obtenir à tout prix leur amitié – ou plutôt leur tolérance.

En quelques semaines je finis par ne plus dire que des banalités, comme eux. Cela les rassurait. Contrairement à ce qu'ils craignaient, je n'étais pas plus intelligent qu'eux, peut-être même un peu plus bête. Car la peur du

Juif est avant tout la peur de son intelligence, mystérieuse et démoniaque, qui peut vous mettre dans l'embarras et piéger l'imprudent ! C'est aussi la crainte de se trouver confrontés à des gens qui vivent différemment et qui vous renvoient l'image que les Juifs ont des Gentils. J'appris chez Chadick à réconforter l'homme dont la femme avait failli perdre son premier-né dans un appartement non chauffé de Weehawken. Il se sentit si malheureux quand il se rendit compte, des heures après l'accouchement, de ce qui avait failli arriver, qu'il se mit à trembler comme une feuille morte et que son visage se tordit comme sous l'effet d'une gifle. Il s'appelait Huey, un grand blond de vingt-huit ans, employé aux stocks, affligé de zézaiement. Il se démenait comme un beau diable pour subvenir aux besoins de sa femme et de ses quatre enfants avec un salaire de dix-huit dollars par semaine.

Le temps passa, les saisons se succédèrent derrière les vitres crasseuses de la salle d'emballage qui donnaient sur une cour où poussaient des vernis du Japon, à quelques pas d'un bordel récemment installé. Nous pouvions faire de grands signes aux jeunes prostituées qui se prélassaient nues sur les balcons pour se faire bronzer ou qu'on voyait assises sur leur lit, les jambes croisées à la manière hindoue et je m'aperçus petit à petit que la patience et l'autodiscipline des employés de Chadick me touchaient. Mais j'en savais assez pour ne pas avoir trop d'illusions : nous n'étions pas « semblables ». Pendant le trajet quotidien de la maison à l'entrepôt, je lisais soit des romans soit le *Times*, un journal qu'ils feuilletaient de temps à autre avec des précautions soupçonneuses, tournant les pages du bout des doigts comme si c'était du satin. Quand Dora, à qui j'avais fait quelques confidences, révéla que je travaillais pour réunir l'argent nécessaire à mon entrée à l'université, tous en conclurent que les Juifs étaient décidément très différents des autres puisqu'ils ne buvaient pas leur paie. En affichant mes intentions de poursuivre mes études, je n'essayais pas seulement d'échapper à leur sort commun, je stipulais implicitement que je valais mieux qu'eux. Les questions qu'ils me posaient sur mon peuple concernaient surtout nos habitudes familiales. Ce qui les impressionnait et les déconcertait à la fois c'était de voir qu'un garçon comme moi ne contribuait pas aux besoins de sa famille et avait l'autorisation de garder son argent pour parfaire son éducation. Je déposais presque chaque semaine à la banque environ treize dollars sur les quinze que je gagnais, m'imaginant que je réussirais à réunir les cinq cents dollars requis pour m'inscrire à l'université vers juillet ou août 1934, juste à temps pour la rentrée de septembre à Michigan.

Une seule fois le masque de la tolérance – si tant est qu'on puisse l'appeler ainsi – tomba. J'étais un jour juché sur une échelle au beau milieu du couloir, cherchant un article précis dans un des casiers. Je n'entendis pas Huey approcher et repoussai mon échelle, heurtant violemment les orteils de mon collègue. Il portait des chaussures souples dans lesquelles il avait l'habitude de faire des fentes au rasoir pour mettre à l'aise ses jointures. Le coup lui fit pousser un cri de douleur et me décocher un direct en pleine figure, que j'évitai de justesse et qui alla se perdre dans une des boîtes derrière moi. Il hurla « espèce de sale... » je crus entendre « Juif » sans en être tout à fait sûr. Il lui fallut quelques instants pour libérer son poing et s'éloigner, un mouchoir noué autour des jointures qui saignaient, l'air furieux, mais il ne fut plus jamais question de l'incident.

En août 1934, quand je quittai Chadick-Delamater, j'avais formé deux nouvelles recrues : Peter Damone, le premier Italien à travailler dans ces lieux, jeune Sicilien à l'air sévère, au sourire rare, qui fut immédiatement exclu de toutes les confidences, comme je l'avais été moi-même; et Dennis MacMahon, un jeune géant inexpérimenté au charmant accent qui passait son temps à coller du papier d'emballage sur les vitres des fenêtres pour éviter de voir les prostituées pendant les longues journées que Dieu lui donnait à vivre dans ces lieux. Il était alcoolique et luttait désespérément contre ce vice, comme la plupart de ses collègues avaient été amenés à le faire à un moment ou à un autre de leur existence. Quoi de plus compréhensible d'ailleurs que de boire pour oublier qu'on n'a aucun avenir devant soi ? Pourtant, en ces temps difficiles, il fallait être doublement reconnaissant envers la Providence d'avoir du travail, disaient les plus sages. Mais cela ne suffisait pas toujours à calmer leurs rancœurs.

L'image de la longue liste de chômeurs prêts à prendre nos places nous aidait à ne pas nous plaindre de nos conditions de travail et à nous laisser humilier sans regimber. Si l'un de nous enregistrait, par exemple, une commande de garniture de freins, il fallait l'honorer aux mesures exactes données par le client; cela se faisait à la meule, sans aucune protection : ni masque ni lunettes bien que tout le matériel de freinage se composât de plaques d'amiante comprimées, tranchantes et dures comme des morceaux de brique. Un nuage de poussière d'amiante envahissait l'aire de travail et gagnait même parfois le bureau de la direction. De temps à autre la meule se brisait et des éclats coupants comme du verre volaient à travers la pièce. Jamais l'idée que le risque couru était anormal ne m'effleura. Un jour, un morceau de métal me heurta en pleine poitrine mais comme on était en hiver et qu'il faisait glacial dans l'entrepôt, j'avais gardé mon ciré et mon sweater qui amortirent le choc; c'est à peine si j'interrompis mon travail pour accuser le coup. Les journaux parlaient de la naissance de nouveaux syndicats dans divers secteurs industriels mais lorsque je mentionnai le fait à Huey et aux autres ouvriers, ils me toisèrent avec une certaine appréhension, terrorisés à l'idée de provoquer un conflit avec le grand patron (que j'appellerais un jour « Monsieur Aigle » dans une pièce que j'écrivis quelque vingt ans plus tard, mais dont j'ai depuis longtemps oublié le véritable nom). D'ailleurs, nous savions que notre incompétence nous rendait facilement remplaçables et ne tirions aucune fierté de ce que nous étions obligés de faire pour vivre. Si un responsable syndical avait surgi tout à coup dans nos murs, nous nous serions jugés indignes de devenir des adhérents.

On disait que « Monsieur Aigle » possédait plusieurs autres entreprises; c'était la raison de la rareté de ses apparitions dans nos murs : une ou deux fois par semaine, guère davantage. Selon Dora, il allait souvent à Princeton faire du yachting, sport qu'il adorait, ce que semblait confirmer une immense gravure que l'on apercevait par la seule fenêtre propre de l'endroit, celle de son bureau, représentant un bateau dont les voiles étaient gonflées par les vents marins. Pendant les grosses chaleurs de l'été où nous n'avions ni air conditionné ni ventilateurs, cette image constituait presque une provocation. La température indiquée sur le beau thermomètre accroché derrière le comptoir principal de l'entrepôt dépassait souvent les trente-cinq degrés. Personne ne songea jamais à réclamer à M. Moulter un ventilateur. On se pressait aux toilettes pour se rafraîchir le visage avec l'eau tiède qui coulait dans le vieux lavabo marron, celui-là même qu'utilisait Monsieur Aigle quand il venait. Et nous ne trouvions pas indécent non plus que Madame Aigle, une charmante jeune femme jolie et très polie, toujours habillée de voiles élégants comme si elle se rendait perpétuellement à quelque réception en plein milieu de l'après-midi, laissât là ses deux grands épagneuls, attachés à la barre de cuivre de la balance encastrée dans le mur, quand il lui prenait l'envie d'aller faire des courses. Le malheur voulait que derrière cette balance vécût une colonie de souris grises qui rendaient fous les deux chiens; ils ne cessaient d'aboyer comme si la chasse était ouverte, de gratter le sol, de mordre les rebords de la balance et évidemment de pisser d'énervement sur le dallage, laissant à qui voudrait s'en charger le soin d'éponger les dégâts. Notre seul signe de révolte était, par un accord tacite, de laisser sécher les petites mares sur place. On avait alors le plaisir de voir l'élégante Madame Aigle faire le travail en nous remerciant tous d'avoir supporté ces pauvres bêtes qui, les malheureuses, n'étaient pas habituées à la vie citadine.

Dans *Un souvenir de deux lundis*, pièce en un acte que j'écrivis à la fin des années cinquante, j'essayai de dépeindre ce milieu mais l'œuvre n'eut de succès qu'à l'étranger – en Amérique latine, en Italie, en Tchécoslovaquie et dans d'autres pays moins riches d'Europe où l'on trouvait encore des ouvriers qui avaient travaillé ou continuaient de travailler dans de telles conditions. A New York en 1955, la Bourse était à la hausse et le dollar représentait la seule valeur monétaire officielle du monde; une œuvre dramatique traitant du sort des ouvriers était le dernier sujet auquel s'intéressaient les gens. Quand je l'écrivis, j'avais déjà produit cinq pièces à Broadway. On m'avait encensé puis rejeté; la société américaine de l'époque de Eisenhower – aberrante à mes yeux – ne s'intéressait pas à un ouvrage qui prônait la solidarité humaine et insistait sur le fait que d'autres réalités existaient en dehors de la simple préoccupation d'amasser de l'argent. Mais la nostalgie, je suppose, est réservée aux souvenirs de plaisir, pas aux chagrins ni aux simples réalités quotidiennes.

En tout cas, le jour où je quittai Chadik-Delamater, à la fin de l'été 1934, Dora sembla être la seule à s'en apercevoir, tout comme elle avait été la seule, deux ans plus tôt, à sembler remarquer mon arrivée. Même Dennis, mon meilleur camarade, leva à peine la tête quand je lui dis au revoir. Jim Smith, l'octogénaire qui un jour avait combattu les Indiens, passa de sa lourde démarche devant moi, un mégot de cigare coincé entre les lèvres, la tête rejetée en arrière pour mieux lire, à travers ses lunettes à double foyer, une commande qu'il tenait à la main et qu'il ne quitta pas des yeux pour répondre à mon salut. Johnny Drone, toujours affligé des mêmes points noirs autour du nez, portant une de ses trois cravates bleu marine, raides de saleté, me fit un petit signe de tête, sauta d'un pied sur l'autre comme s'il marchait sur des charbons ardents et dit :

– A mon avis, tu devrais faire de la comptabilité.

Quant aux deux nouveaux employés à temps partiel récemment engagés, je n'avais guère réussi à les connaître car ils disparaissaient pendant des heures dans le monte-charge pour jouer aux dés avec des valves de pistons ramassées dans la rue. Pour exaspérer Dennis, le pur, le naïf qui pourtant avait depuis longtemps perdu la faculté de rougir à la moindre grossièreté, ces deux chenapans s'installèrent un après-midi sur sa table d'emballage et se mirent à raconter avec force détails croustillants comment, le week-end précédent, ils avaient ramené chez eux d'un des dancings de Paterson une fille qu'ils avaient violée tour à tour dans le camion emprunté à cet effet. La colère de Dennis provoqua la première et unique bataille dont je fus témoin durant mes années de travail à l'entrepôt. Affolé par les cris, Wesley Moulter dégringola l'escalier en toute hâte, empoigna l'un des employés qui bourrait Dennis de coups de poing dans le ventre pendant que je le tirais par les épaules. Dora et les autres femmes criaient comme des putois et menaçaient d'appeler les flics. Bientôt pourtant, le calme et la torpeur habituels se rétablirent.

Un jour, vers le milieu des années quarante, quelque dix ans après mon départ de l'entrepôt et mon entrée à Michigan, je me trouvai tout près des bâtiments où j'avais travaillé et éprouvai soudain un vif sentiment de curiosité à l'égard de mes anciens camarades. Je décidai de leur rendre visite sur-le-champ. Après avoir grimpé l'escalier et ouvert la porte métallique, je fus tout surpris : une atmosphère entièrement nouvelle régnait à l'intérieur. Le comptoir était maintenant recouvert de contre-plaqué et un mur lambrissé – signe de raffinement – séparait les clients des stocks et des bureaux qui existaient sans doute toujours derrière. Deux personnes attendaient d'être servies au comptoir; un homme blond et obèse vint s'occuper d'elles. Je reconnus Huey mais il était si gonflé et si marqué par la décennie écoulée qu'il avait l'air déguisé. Il portait une chemise et une cravate et ses manches étaient soigneusement repliées jusqu'au milieu de ses avant-bras, signe qu'il était monté en grade. Je ne pouvais voir ses pieds, cachés derrière le comptoir, mais j'étais sûr qu'il ne portait plus de savates lacérées de coups de canif. Chargés de paquets, les clients prirent congé. Je m'approchai et fis un signe de tête à Huey. Il attendit que je formule ma commande.

– Comment ça va, Huey ?

Son regard se vida de toute expression. Visiblement, il ne me remettait pas. Je fus gêné de devoir lui dire mon nom.

– Et qu'est-ce que vous voulez ? demanda-t-il.

Je lui rappelai que j'avais travaillé là deux ans. Comme la Crise, le temps que j'avais passé chez Chadik s'était effacé comme un rêve; non seulement Huey ne se souvenait pas de moi mais il paraissait irrité de devoir chercher à comprendre ce que je lui voulais. Ses manières bougonnes et son manque d'intérêt me déprimèrent. Toute conversation était impossible, et je m'en allai quelques minutes plus tard, refermant pour la dernière fois la porte métallique derrière moi, poursuivi par la même odeur fade, l'odeur d'acier, qu'autrefois. C'était un relent qui me rappelait les chantiers navals et les usines; et que je trouvais stimulant et prometteur d'une certaine camaraderie entre ouvriers et bâtisseurs mais en même temps un peu déprimant car, en fin de compte, l'homme se retrouve toujours comme il était au départ : seul.

En m'éloignant, cet après-midi-là, de ce lieu plein de souvenirs, je me demandais ce que j'étais venu y chercher. Avais-je voulu montrer que j'avais réussi dans la vie ? Que j'étais un écrivain reconnu, auteur d'une pièce montée – sans succès d'ailleurs – à Broadway et dont le roman *Focus* avait été acheté par un nombre surprenant de lecteurs ? C'est possible mais je crois que la vantardise n'était pas mon seul motif. J'avais vraiment souhaité arrêter le temps afin de lui arracher à mon tour ce qu'il nous avait volé. Mais mon échec avec Huey – ou son refus de se souvenir de moi – m'avait aussitôt rejeté vers moi-même. N'était-il pas étrange que le souvenir de toute l'équipe fût resté gravé dans ma mémoire alors que chacun m'avait oublié ? Comment Huey avait-il pu effacer si complètement de son esprit l'image de l'ami qui lui avait tenu la main la nuit où il avait failli perdre son enfant, et qu'il avait frappé au pied de l'échelle ? Est-ce pour cela que l'écriture existe ? Pour être une preuve qui résiste à l'oubli non seulement chez l'écrivain mais chez tous ceux qui nagent dans les noirs abîmes où le soleil de la culture ne pénètre jamais ?

J'achetai un journal et descendis Broadway en le lisant. La saignée infligée aux Russes était impressionnante mais la guerre se retournait lentement contre les Allemands. On parlait de sacrifier un demi-million d'Américains dans l'attaque imminente contre le Japon. J'avais été réformé deux fois. Mon frère se trouvait quelque part en Europe. Pourtant la ville semblait étrangement insensible. Quel sens donner à toutes ces effusions de sang ? Si mon frère était tué, quelle différence cela ferait-il ? En tant que non-combattant, j'avais le loisir de me poser semblables questions. Je me disais qu'en secret, les gens cherchaient certainement une signification à tout cela, mais n'osaient pas l'admettre, préférant gober toutes les balivernes qu'on inventait en haut lieu, où l'on prétendait que l'intérêt national permettrait un jour de justifier tout ce qui était entrepris. J'aurais voulu être le porte-parole de cette majorité silencieuse et dire tout ce qu'elle n'avait pas l'art d'exprimer.

Pendant les huit années qui avaient suivi mon obtention du Hopwood Award en 1936, j'avais écrit quatre ou cinq pièces ainsi que la version romancée de *l'Homme qui avait toutes les chances : Situation normale,* un livre de reportage sur l'entraînement militaire, fruit de mes recherches pour un scénario de film : *l'Histoire de GI Joe*. Ainsi que deux douzaines de pièces radiophoniques qui m'avaient permis de gagner de quoi vivre. Je parcourais la ville avec l'inévitable malaise du survivant. J'avais même essayé de servir mon pays en sollicitant un poste au Bureau d'information de la guerre, l'agence de propagande et de renseignements, mais sans relations et avec mon français scolaire, je n'avais apparemment pas grand-chose à offrir. On me refusa. Ainsi je n'appartenais à aucun monde, aucune classe sociale, aucun groupe influent. Comme à l'université, quand je voyais les gens se précipiter à des conférences ou à des clubs et que je restais là, dans mon coin, à me demander ce qui se passait. Je n'étais sûr que d'une chose : écrire n'est pas une simple affaire d'invention. Je ne pouvais être le Dickens du *Livre de la Connaissance*, la tête entourée de portraits de personnages qui en étaient miraculeusement sortis. La ville que je connaissais était incohérente et pourtant ses sentiments refoulés semblaient chercher à s'exprimer au nom de tous les sacrifices dont les pages de nos quotidiens étaient remplies. Dans la situation psychologique où je me trouvais – jeune homme rayé d'une guerre où d'autres se faisaient tuer, doué d'une angoissante capacité d'autocritique qui le menait parfois au bord d'un sens des responsabilités quasi pathologique – il était sans doute inévitable que l'égoïsme, la malhonnêteté, la rapacité économique qui régnaient à l'arrière s'opposent violemment à mes yeux aux sacrifices de nos soldats et à la sainteté de la cause des Alliés. J'étais comme la corde d'un instrument, tendue à l'extrême au moment où l'artiste va la faire vibrer, et j'attendais... ce qui allait devenir *Ils étaient tous mes fils* et qui me fut inspiré par la dernière personne que j'aurais pu imaginer dans ce rôle, la mère de Mary, Mme Slattery.

Une œuvre intéressante n'a jamais une source unique, pas plus qu'une personne n'a d'existence physique dans un seul lieu et à un seul moment de l'histoire. Pourtant, comme le disait Tolstoï, nous cherchons continuellement à retrouver l'âme de l'artiste dans son œuvre, et, pour cela, il doit s'engager, tracer une espèce d'autoportrait. J'essayais de transformer le spirituel en factuel, de rendre objectif ce que je considérais comme une recherche commune de signification. Je voulais écrire une pièce qui se tiendrait sur scène aussi fermement qu'un roc tombé du ciel et qui se présenterait comme un fait indéniable. Cette exigence je la ressentais sur le plan personnel et sur le plan de l'art dramatique.

Le jour où, devant l'assemblée des concurrents et de leurs invités, je fus désigné comme lauréat du Hopwood Award, au printemps 1936, je ressentis du plaisir, certes, mais ausi un peu de gêne. Je priai Dieu qu'on oublie bien vite ma pauvre pièce en faveur de la prochaine, qui serait certainement meilleure.

Je téléphonai tout de suite à ma mère qui hurla de joie, lâcha le récepteur et courut dehors prévenir les parents et voisins qu'un jour nouveau s'était levé sur le destin de la famille; une partie de la somme que j'avais reçue pour ce prix fut engloutie dans les caisses du téléphone public! J'étais maintenant célèbre sur la Troisième Avenue et ne risquais plus de perdre mon temps en parties de football sur les trottoirs. De plus, cette récompense me donnait l'occasion de me venger de ma tante Betty, veuve de mon oncle Harry, une voyante, tireuse de cartes à l'occasion, à qui ma mère avait demandé de me prédire l'avenir le soir de mon départ pour le Michigan, deux ans plus tôt. Betty avait été une très belle femme aux formes avantageuses, excellente danseuse de cabaret dans sa jeunesse. Quand elle s'était aperçue, quelque vingt ans auparavant, que son fils était mongolien, elle avait versé dans la religion et le mysticisme, toujours à l'affût de quelque esprit qu'elle attendait avec impatience tout en s'occupant avec dévouement du pauvre petit Carl que, selon les jours, elle raillait cruellement, imitant son bégaiement, ou qu'elle habillait richement, l'accompagnant fièrement dans ses promenades, lui apprenant à se conduire en vrai gentleman.

La nuit qui précéda mon départ vers l'Ouest, Betty s'était assise à mes côtés à la table de la salle à manger et m'avait tiré les cartes. Ma mère se tenait un peu à l'écart pour éviter les interférences de vibrations. Mon père, resté avec Carl dans le living, le taquinait gentiment :

– Alors, disait-il, tu es amoureux de Mae West, mon petit Carl ?

– Oh oui, lui je l'adore !

– Et qu'est-ce que tu aimes en *lui* ?

– *Il* est beau.

Ma sœur Joan, alors âgée d'une dizaine d'années, était sans doute dans sa chambre en train d'essayer les vêtements de notre mère avec son amie Rita que je soupçonnais – avec raison comme on le découvrit plus tard – de nous voler et qui évaluait les bijoux de ma mère, espérant probablement mettre un jour la main sur quelque babiole en diamant. Je suppose que Kermit était allé à un rendez-vous galant, à moins qu'il ne fût dans sa chambre en train de pondre une des ses homélies bien senties qu'il me servirait au moment du départ, dans le style pompeux de l'époque victorienne qu'utilisait autrefois le cher oncle Moe dans les lettres qu'il nous envoyait pendant la Première Guerre mondiale. Bref, je les laissais tous derrière moi tel Joseph traversant le désert pour mystifier le Pharaon. Je savais que cette dernière nuit au foyer familial était une crête sur les petites vagues de mon existence.

Un silence plein d'expectative régnait dans la pièce. Betty posa la dernière des cartes qu'elle venait de tirer et se mit à établir entre elles des correspondances ésotériques, en les plaçant les unes sur les autres. Quelques secondes d'attente, suivies d'un nouveau va-et-vient des cartes. Tante Esther entra sur ces entrefaites pour me dire au revoir et me souhaiter bonne chance mais avant qu'elle ait pu ouvrir la bouche un « chut » autoritaire de ma mère la cloua sur place; sidérée, elle observait le manège de Betty, tout en époussetant le devant presque plat de son corsage pour en chasser des pellicules imaginaires.

Betty secoua la tête avec tristesse.

– Il ne va pas vers la réussite, dit-elle. Il laissera tout tomber d'ici quelques mois.

Les yeux de ma mère s'agrandirent d'horreur. Betty me regarda avec pitié, tendit la main pour caresser la mienne et murmura :

– Garde ton argent, mon petit. Reste à la maison. Inutile d'aller là-bas.

Bien qu'encore très naïf à l'époque, il me sembla, en la regardant dans les yeux, que ses déclarations lui étaient dictées davantage par la jalousie que par des esprits; mais je ne voulus pas m'attarder à ce soupçon. Après tout, elle était de la famille et devait donc me vouloir du bien. Mais elle avait mis à vif le nerf de la superstition; en disant exactement ce que je craignais, elle me vit dans un état dépressif épouvantable. Quant à ma mère, elle reprit vaillamment contenance, nous apporta du café et un délicieux gâteau à la levure de bière, transformant ainsi l'incident en une petite fête à laquelle se joignirent, par l'odeur du gâteau alléchés autant que pour me souhaiter bonne chance, voisins et amis. Le lendemain matin, Kermit et mon père m'accompagnèrent jusqu'à l'autobus comme si je partais à l'autre bout du monde. Au dernier moment Kermit ôta son chapeau – les chapeaux lui allaient bien alors qu'ils me rendaient ridicule – et le posa sur ma tête en guise de cadeau d'adieu. Je perdis d'ailleurs ce beau couvre-chef quatre ans plus tard lors de mon dernier retour à la maison en auto-stop, dans un champ de blé près d'Oneonta, un jour de soleil et de bourrasques printanières; le vent le souleva tout à coup de ma tête et l'emporta comme un ballon d'enfant, tandis que je courais vers la voiture dont le conducteur avait bien voulu s'arrêter pour me prendre sur cette route peu passante.

Au printemps 1936, après le Hopwood Award, je ne craignais plus l'échec universitaire mais je tenais à ce que Betty prenne bien note de cette haute récompense – pour pouvoir y croire moi-même, je suppose – car après tout, le soir de mon départ, elle n'avait fait qu'exprimer mes propres doutes. Cette victoire ne m'apparaissait pleine de promesses que par intermittence. A peine avais-je touché le chèque du Hopwood que je commençai à me demander, habitude que je garde toujours, s'il me restait encore quelque chose à écrire. J'avais utilisé les sources familiales pour cette œuvre et ne me sentais pas très calé dans les autres domaines. De plus, le thème de cette première pièce était la révolte d'un fils contre son père à cause de l'attitude antisociale dont ce dernier avait fait preuve dans sa lutte contre les grévistes. Ayant placé très bas ce père imaginaire, j'avais la satisfaction d'obtenir l'approbation de mon vrai père devant lequel je n'avais désormais plus besoin de prétendre étudier le journalisme, profession qui à ses yeux en était vraiment une, avec un patron et un salaire. Quant à Kermit, que j'avais des scrupules à avoir laissé subvenir aux besoins de la famille pendant que moi – le mauvais garçon – je filais à l'université, je me disais que ce prix l'aidait peut-être à sentir que son sacrifice n'avait pas été inutile, bien qu'il ait dû se demander pourquoi il n'en avait pas sa part. Pour lui, l'image du père restait l'idéal alors que pour moi, cet idéal devait être détruit.

Le trophée Hopwood eut toutes sortes de conséquences heureuses, il me procura le plaisir – un peu pénible par moments – d'entendre le professeur Erich Walter lire ma pièce devant sa classe et la citer comme un exemple de composition littéraire et de condensation du langage. Le fait était sans précédent à l'université. Cet homme charmant, dont la cravate était toujours de travers sous son col, était terriblement distrait. Il lui arrivait souvent, en entrant dans un amphithéâtre, de quitter son manteau et de le laisser tomber par terre en allant vers l'estrade; quelques minutes plus tard il apercevait le vêtement sur le sol et se demandait manifestement comment il avait pu descendre tout seul du portemanteau où il croyait l'avoir suspendu. Bref, ce brave homme lut le texte typiquement new-yorkais que j'avais écrit avec son accent nasillard du Midwest qui me déchirait les oreilles et qui d'un « ouais » par exemple, faisait un « ouaille ». Mais son horrible interprétation était si pleine de bonnes intentions que lorsqu'une réplique faisait rire ses élèves, il levait la tête et, tout rougissant, me jetait un regard de fierté. Il m'avait surpris, quelques jours auparavant, en me priant de venir faire quelques pas avec lui après sa classe. J'étais si terrorisé à l'époque par les professeurs que cette distinction me fit monter de plusieurs échelons dans ma propre estime. En fait, il souhaitait simplement me dire que mes compositions littéraires révélaient un talent de critique et que je pourrais en devenir un excellent si j'étudiais – disons – une dizaine d'années. Dix ans ! Il me faudrait attendre d'avoir trente ans avant de commencer ! Je hochai gravement la tête comme si j'étais prêt à considérer sérieusement la chose mais, en secret, je me disais que d'ici un an, deux au plus (et pas neuf comme ce fut le cas), je serais devenu un auteur dramatique à part entière, reconnu de tous. Walter m'envoya chez Kenneth Rowe qui enseignait l'écriture dramatique et m'accueillit avec empressement dans sa classe. Il devint bientôt mon confident en même temps qu'un juge sévère. En dehors de l'amitié qu'il me témoignait, et qui comptait beaucoup pour moi, il contribua au développement de mes capacités en me faisant prendre conscience de la dynamique de la construction théâtrale, un sujet rarement traité dans les cours habituels. Son soutien et ses cours furent d'une réelle importance pour moi. De plus, il fut nommé au comité de lecture de la Guilde du théâtre, chargé de lire les pièces des jeunes auteurs, ce qui m'aida beaucoup et m'encouragea à aller de l'avant.

Le même Erich Walter, au début des années cinquante, m'emmena un jour dans son bureau et m'aida à rédiger un article pour le magazine *Holiday*. Alors doyen de la faculté, il portait un élégant costume bien coupé et sa cravate n'était plus de travers sur sa chemise, mais nouée de façon très stricte. Il avait maintenant plusieurs secrétaires dans une pièce attenant à son bureau; mais il zézayait toujours autant, rougissait encore et écoutait ses interlocuteurs avec la même intensité, éternellement prêt à se déclarer ravi. Il espérait, me dit-il, que je parlerais maccarthysme dans mon article parce que l'espèce de paranoïa qui s'était emparée de toute la société risquait de paralyser les échanges entre les étudiants et la faculté et d'inoculer aux jeunes un psychisme uniforme et anonyme. D'après lui, l'idéal que se fixaient les étudiants était de s'intégrer au monde des affaires américain plutôt que de développer leur aptitude à démêler le vrai du faux ou de discuter des injustices du monde et d'y chercher des solutions, sujet qui n'intéressait aucun employeur et pourrait même paraître suspect. « Ils deviennent experts en la manière de gravir les échelons de la société, mais ne prennent plus le temps de se poser des questions », disait-il. Ce fut encore Walter qui m'envoya chez le responsable de l'orientation professionnelle, lequel, en toute innocence, sans penser à mal, me révéla comme la chose la plus naturelle du monde que le FBI enrôlait des étudiants chargés de rapporter toute réflexion gauchisante émanant de leurs professeurs et demandait également à ces derniers de dénoncer les étudiants dont les propos ou les idées paraissaient dangereux. L'ombre de l'informateur anonyme n'avait pas encore totalement obscurci l'université des années cinquante mais notre doyen commençait à redouter sérieusement l'avenir.

Avec le trophée Hopwood de 1936, mon horizon s'élargit; j'imaginais déjà le plaisir que j'aurais à me mesurer aux auteurs qui régnaient sur Broadway : Clifford Odets d'abord et Maxwell Anderson, S.N. Behrman, Sidney Howard, Sidney Kingsley, Philip Barry et une douzaine d'autres dont les noms ont disparu en une saison. Mais aucun d'eux ne semblait prendre le même chemin que moi, sauf Odets et, pendant quelques semaines, Anderson que je crus voir rompre avec les habitudes poussiéreuses du naturalisme de Broadway. Mais il y avait dans son œuvre quelque chose d'artificiellement suranné qui m'exaspérait.

Quant à Eugène O'Neill, son œuvre paraissait archaïque au milieu des années trente, avec l'usage exagéré qu'il faisait de l'argot insipide des années vingt, son style répétitif et son ton pompeux qui me donnaient envie de dormir quand je lisais ses pièces. Evidemment, chacun considère les écrivains de son propre point de vue historique; pour moi, O'Neill était l'auteur dramatique des riches à tendance mystique, de la haute société, de la Guilde du théâtre et d'une culture anxieuse d'échapper à la réalité. Il faudrait attendre plusieurs années avant de voir surgir une facette totalement opposée de son talent, le jour où son dégoût nous paraîtrait encore plus absolu, irrémédiable que celui d'Odets, en qui nous avions voulu voir le seul pur révolutionnaire, porteur du flambeau de la vérité. Tout cela en raison de son engagement socialiste et de l'idéalisation, si répandue à l'Ouest, de tout ce qui était soviétique, au moins autant que du lyrisme désespéré dont ses pièces étaient empreintes. O'Neill entra dans sa décennie de silence au moment où Odets se lançait dans une carrière fulgurante, ce qui tendait à prouver le flétrissement de son individualisme figé et l'apparition d'un besoin de rédemption personnelle imprégné des relents d'alcool des années vingt. Tout cela contrastait vivement avec le cri fraternel d'indignation que poussait Odets devant l'intolérable présent. Comme toujours nous nous laissons aller à juger les écrivains sur les apparences plus que sur les actes et à nous fier davantage à la critique et à la propagande dont ils étaient l'objet qu'à leurs réalisations littéraires.

Il me faudrait attendre la fin des années quarante pour me rendre compte que je m'étais laissé piéger. En dépit de la très mauvaise première mise en scène de la pièce d'O'Neill, *Le marchand de glace est passé*, en 1946, présentée à la même époque que *Ils étaient tous mes fils*, je fus frappé par la sévérité du jugement porté par O'Neill sur la civilisation bourgeoise, beaucoup plus vigoureuse que tout ce que Odets avait exprimé jusque-là. Les personnages d'Odets étaient détachés de la société parce qu'ils ne pouvaient s'intégrer dans le système; ceux d'O'Neill l'étaient aussi mais parce qu'ils avaient désespérément besoin d'en sortir, de le rejeter avec toute sa futilité encombrante et prétentieuse, son autosatisfaction, ses pieuses aspirations aux valeurs spirituelles alors qu'en fait il ne produisait que des hommes sans idéal, étouffés par un désespoir inexprimable. Si l'on avait jaugé le radicalisme à son contenu plutôt qu'à l'usage journalistique qu'il faisait des mots comme « catholique », « juif », « conscience de classe », O'Neill aurait été reconnu comme le premier et le principal auteur anticapitaliste. Odets aurait réformé le capitalisme en lui injectant une dose de socialisme; O'Neill ne voyait en lui aucune raison d'espérer; contrairement à Odets il n'appartenait à aucun parti politique, en tout cas pas depuis sa jeunesse socialiste. C'était O'Neill qui écrivait sur les classes ouvrières, les prostituées, les proscrits de la société et les Noirs vivant au sein d'un monde blanc, mais comme on ne le rattachait plus au marxisme, ses œuvres n'étaient jamais considérées comme la critique du capitalisme qu'elles étaient en réalité.

D'ailleurs, à l'époque, on ne faisait pas autant de publicité sur le véritable Odets; il pouvait agiter un drapeau rouge et se vanter d'être « l'oiseau des tempêtes de la classe ouvrière », ce n'était en fait qu'une manière de mimer une certitude qu'il ne possédait pas encore, comme on s'en aperçut par la suite. C'était un Américain romantique, plus gosse de Broadway que leader prolétarien. Dire de lui qu'il était plein de contradictions c'est affirmer qu'il vivait et souffrait beaucoup. Harold Clurman, son administrateur et ami intime, lui lut un jour en riant une phrase, qu'il avait écrite sur lui : « Pour Odets, Hollywood représente le péché. »

– Il n'y a pas de quoi rire, rétorqua Odets un peu désorienté. C'est la pure vérité.

Il était facile de lui reprocher de galvauder son talent dans des scripts de cinéma qui, pour la plupart, ne furent jamais réalisés, mais à quel théâtre était-il censé rester fidèle ? Le théâtre commercial de Broadway est un organisme qui rejette ses amours. A la fin de sa vie, Odets eut l'impression d'être mis au rebut et bafoué, tout comme Williams et O'Neill. J'eus aussi l'occasion de goûter à cette amertume mais de façon moins accablante car je ne m'étais jamais fait d'illusions; pas un instant je ne m'étais cru vraiment accepté par ce milieu. La rupture d'un mariage entre l'art et le commerce n'avait pas de quoi me surprendre. L'histoire des auteurs dramatiques américains est terriblement répétitive : les embrassades tapageuses sont toujours suivies de rejets ou de mépris, en tout cas pour ceux qui prennent des risques et ne se contentent pas de redire éternellement les mêmes choses.

Vers le milieu des années trente, avec la production de ce que Clurman appellerait sa « pièce fétiche » : *En attendant Lefty,* suivie de peu par *Eveille-toi et chante,* Odets allait déclencher un phénomène nouveau, un défi gauchiste au système et même davantage puisque le poète sautait sur scène et, faisant fi de toute bienséance, criait, hurlait et jurait comme n'importe quel passant des rues de Manhattan. Pour la première fois en Amérique, le langage faisait d'une pièce de théâtre un cas unique, car il apparaissait dans un contexte théâtral apolitique, sans aucun lyrisme, au moment où des succès tels que *Lundi huit heures, Entrée des artistes, l'Heure de la récréation, la Forêt pétrifiée* et *Philadelphia Story* tenaient l'affiche. *Notre petite ville* était l'œuvre la plus lyrique de toutes mais son langage, comparé à celui d'Odets, était timoré. Parce qu'il était si brave sous ses dehors frustes, on se le représentait comme un homme responsable sur le plan social et moral, une image contre laquelle il lutterait toute sa vie. Ce n'était pas son radicalisme, vrai ou prétendu, mais son art qui était sa véritable croix. Il la portait au milieu d'une culture populaire qui exigeait des distractions immédiates et faciles. F. Scott Fitzgerald, également apolitique, se débattrait avec le même problème, symbolisé dans le cas d'Odets par le personnage de Joe Bonaparte dans *Golden Boy* qui, selon Clurman, est le portrait de l'auteur lui-même, un homme déchiré entre l'envie de gagner rapidement argent et notoriété dans les milieux Hollywood-Broadway, et son amour du violon, un art où s'exprimaït le fond de son âme.

Revenant à New York pour les vacances, je fus emballé par la beauté des productions du Group Theatre. Avec mon irrésistible tendance à idéaliser tout ce qui défiait le système – y compris les conventions du théâtre de Broadway – le seul aspect matériel de ces spectacles m'envoûtait : leurs décors, leurs éclairages réalisés par Boris Aronson et Mordecai Gorelik, l'atmosphère de silence si particulière dont s'entouraient des acteurs à la fois naturels et surréalistes. Je suis capable, encore aujourd'hui, de rejouer de mémoire certaines grandes scènes interprétées par Luther et Stella Adler – les enfants de Jacob, le héros de mon père – Elia Kazan, Bobby Lewis, Sanford Meisner et les autres, et de resituer chacun d'eux à la place exacte qu'il occupait sur scène il y a cinquante ans. C'est moins un exploit de mémoire qu'un hommage rendu à la qualité de ces comédiens : ils savaient se concentrer, *exister* sur le plateau. Quand je pense à eux, le temps s'arrête. On dirait qu'ils n'ont jamais été tentés de faire un geste inutile. Je n'ai vu qu'une seule autre production dotée des mêmes qualités, celle que fit le Abbey Theatre de *Junon et le paon*, avec Sarah Algood et Barry Fitzgerald; leur performance était si remarquable qu'on se sentait humble comme devant une inaltérable vérité. Mes souvenirs se teintent aussi de nuances variées : Gorelik et

Aronson coloraient leur interprétation comme des peintres à la palette précise et obtenaient des effets non seulement réalistes mais encore subjectifs. Par la suite, j'appris qu'il y avait de nombreuses dissensions au sein de la troupe et que l'égoïsme et la dévorante ambition de certains de ses membres avaient causé bien des dépressions nerveuses, mais du haut du poulailler où je payais ma place cinquante-cinq *cents*, tout me semblait baigner dans une atmosphère de rêve où la pureté des moyens artistiques et une grande intégrité dans le choix des objectifs à atteindre permettaient de réaliser des productions spectaculaires. Ce n'était pas la première fois que la noblesse de l'art dépassait celle de l'artiste.

Moi-même et d'autres écrivains plus jeunes ne considérions pas l'œuvre de Lillian Hellman comme faisant partie de ces pièces passionnées et contestataires. Elle avait beau disséquer les prétentions morales de la classe moyenne, celle-ci apparaissait toujours dans ses pièces aussi inébranlable qu'indigne; ce fut une surprise pour nous d'apprendre qu'elle était plutôt de gauche. L'élégance de ses dialogues la séparait du théâtre protestataire, si agressif et passionné à l'époque. Sans doute était-ce injuste de notre part de la considérer comme ne faisant pas partie des nôtres et de la rattacher uniquement au théâtre de Broadway. Nous étions trop jeunes et trop insouciants pour apprécier ses intrigues bien ficelées et son côté réfléchi. La lente découverte de vérités inconnues ne nous intéressait guère; seule la flamme vivifiante d'une juste colère nous paraissait importante. En outre, Hollywood était le centre de la décadence et Lillian Hellman y était trop bien reçue pour qu'on pût placer en elle quelque espérance. C'était peut-être une autre façon de dire qu'en tant que révoltés nous ne savions pas trop comment considérer les gens à succès; il nous semblait impossible qu'un véritable porte-flambeau pût passer une si grande partie de sa vie à travailler pour Sam Goldwyn et les autres marchands du même genre.

A cette époque, dans les années trente, la pureté de mes idées et de mes aspirations était encore si vive qu'en 1939, quelques mois après ma sortie de l'université, je m'efforçais d'obtenir un travail à vingt-trois dollars par semaine pour participer au Federal Theatre Project qui était déjà presque achevé à l'époque et n'hésitais pas à refuser l'offre du colonel Joy, représentant la Twentieth-Century Fox, de venir travailler pour lui à deux cent cinquante dollars par semaine, avec des douzaines d'autres écrivains qui, selon la rumeur, étaient expédiés en Californie en wagons à bestiaux. On donna un soir une réception d'adieu pour certains d'entre eux, tous de gauche et collaborateurs pour la plupart de la page littéraire de la revue *New Masses*. Deux garçons avaient écrit des pièces qu'aucun théâtre n'avait voulu monter, bien qu'à mon avis elles ne fussent pas dénuées de talent. Quand je leur demandai pourquoi ils abandonnaient le théâtre, l'un d'eux me répondit :

– Vous rendez-vous compte du nombre de gens qui voient un film ? Nous aussi, on veut toucher un vaste public.

Mais avec quoi le toucheraient-ils ? Chacun savait que toutes les productions cinématographiques étaient sévèrement contrôlées à l'époque. Comme il n'y avait manifestement aucune contradiction entre les convictions socialistes de cet homme et sa hâte toute récente de se faire embaucher à Hollywood, je lui demandai :

– Diriez-vous la même chose si la Fox ne vous payait pas trente-cinq dollars par semaine ?

Je comprenais mal la précipitation avec laquelle ces jeunes couraient vers l'asservissement. La seule idée que quelqu'un pût prétendre revoir un de mes textes et y changer ne serait-ce qu'un mot me donnait la chair de poule. Quant à me soumettre à un producteur qui deviendrait propriétaire de mon œuvre au moment même où je l'écrivais, il n'en était pas question. Le procédé qui consistait à échanger l'art contre de l'argent me répugnait. Je trouvais choquant et impensable qu'un acteur eût un comptable ou un conseiller commercial. Un artiste avoir un *comptable!* et *un conseiller commercial*!

Naturellement, je ne prétendais pas ne jamais rêver moi aussi du succès et de la puissance qu'il procure, source de richesse et de gloire. Mais à mes yeux, le succès n'était légitime que s'il n'entraînait pas le sacrifice de son indépendance, concept qu'on associait souvent au monde théâtral, d'ailleurs. Odets était allé s'installer dans l'un des plus beaux appartements de New York, au numéro 1 de la Cinquième Avenue, et possédait, paraît-il, *des centaines de disques*! Je ne me promenais jamais dans le Village sans lever les yeux vers les fenêtres de cet élégant duplex qui donnait sur Washington Square et sans penser à lui; je l'imaginais au milieu de centaines d'étagères couvertes de disques de musique classique, entouré de superbes actrices étendues sur ses multiples sofas, jetant par la fenêtre un regard rêveur sur la ville qui attendait avec impatience d'entendre résonner le cliquettement de sa machine à écrire, promesse de scènes qui galvaniseraient et sauveraient les foules. Les pièces d'Odets étaient guettées comme les scoops de la presse; à travers lui, on allait enfin savoir ce qu'il fallait penser de soi-même et de l'avenir. Mais en cette période des années trente où le prestige des communistes était à son comble, on racontait que même les analystes de Wall Street consultaient les intellectuels du Parti pour obtenir des indices sur la prochaine crise du système. Il y avait de la sorcellerie dans le marxisme; Odets tenait la baguette magique et s'adonnait à une sorte de lévitation impossible à maintenir très longtemps.

Pendant quatre ou cinq ans il n'y eut aucun autre écrivain qui incarnât à ce point le caractère unique de son époque. O'Neill était le fils de Jérémie, Odets, celui d'Isaïe. Doués d'un esprit prophétique, ils écrivaient des pièces dont l'impact se faisait sentir au plan politique et pas seulement au niveau théâtral.

Bien entendu, mes impressions étaient tamisées par l'énorme distance qui séparait de la rue le dernier étage du bâtiment sis au numéro 1 de la Cinquième Avenue et par celle encore plus grande qui s'étendait entre New York et Ann Arbor où, en plus de mon travail universitaire et de mes activités alimentaires, j'écrivais environ une pièce par semestre. Confronté moi-même aux difficultés de l'écriture dramatique, je lisais différemment les œuvres des autres auteurs, qu'il s'agît de celles de Tchekhov, d'Euripide ou de Ernst Toller. Je ne les voyais plus comme des ouvrages définitivement terminés mais plutôt comme des improvisations que leurs auteurs avaient abandonnées en cours de perfectionnement. Partant du principe que leur forme était transitoire, je ne trouvais plus une identité commune aux diverses pièces grecques décrites par Aristote; *Ajax* par exemple me paraissait totalement différent de *Œdipe à Colone.* Il s'agissait de raconter une histoire en maintenant une tension dramatique à l'intérieur du thème principal. Mon esprit était subjugué par le concept structural et fondamental des Grecs, pour qui le passé remontait si loin au fond des temps que ses origines se perdaient dans les mythes; lorsqu'il refaisait surface dans le présent, les personnages qu'on faisait revivre sur scène affrontaient un dilemme apparemment insoluble; ils étaient stupéfiés et terrifiés par un enchaînement de catastrophes inexplicables qui en fait dévoilaient leurs liens avec le passé (posséder le passé c'est acquérir de l'importance!) mais cette découverte révélait en même temps leur personnalité. Chaque spécificité de l'individu mettait paradoxalement en lumière son inexorable participation à la commune destinée.

Le but de l'action était évidemment de prouver la puissance du monde invisible, exprimée par la juste vengeance qui frappait les violateurs de la loi morale; et quelle était cette loi sinon l'éternelle et sacro-sainte survie de l'homme dans la société? C'était une récompense merveilleuse parce qu'elle prouvait que quelqu'un, quelque part, s'inquiétait de nous. Les Erinyes, ces Furies hurlantes de la police des dieux, avaient été placées dans le monde pour maintenir la symétrie des impulsions infinies et toujours corrigées de la Nature et son aversion pour le gâchis des destructions humaines.

Ce genre de processus n'existait pas chez Odets; les scènes de ses pièces étaient isolées, violentes, sans dynamique générale, sauf dans *Rocket to the Moon*, son seul grand succès d'écrivain, où le symbole central est très fort et ne tient pas seulement de la rhétorique. Je trouve intéressant de voir que, tout comme O'Neill, il travaillait à la fois dans et contre une orthodoxie; mais O'Neill avait lutté contre son catholicisme et s'en était débarrassé alors que le marxisme d'Odets, même pendant les années trente, le poussait à déformer faits et gestes.

J'ai rencontré Odets pour la première fois en 1940. J'étais dans la librairie Dauber and Pine, au coin de la Cinquième Avenue et de la 12e Rue, en train de feuilleter un livre, et, en levant les yeux, je le reconnus aussitôt, d'après ses photographies, mais il avait vraiment l'air plus spectral que je ne l'imaginais. Il était sur le point de sortir du magasin, serrant amoureusement sous son bras deux gros volumes et, comme je n'étais venu là que pour parcourir des ouvrages sans les acheter – mes revenus provenant de mes pièces radiophoniques étant pratiquement épuisés à ce moment – je le suivis dehors, chose que je n'avais jamais osé faire jusque-là. Ses cheveux rares et souples ressemblaient à des fougères duveteuses et l'expression de son visage décharné était plutôt effarouchée. J'eus la suprême naïveté de me présenter comme un auteur dramatique, ce qui, à ma grande surprise, sembla faire tomber une cloison entre nous. J'ignorais évidemment à l'époque le nombre de fois qu'on avait essayé de l'aborder de cette manière ridicule, mais je réussis quand même à lui demander ce qu'il était en train d'écrire. Balançant sous mon nez les livres qu'il portait il répondit :

– Une pièce sur Woodrow Wilson.

Dix-huit ans plus tard il rencontra Marilyn Monroe dans un studio de Hollywood et lui donna rendez-vous pour que nous dînions tous ensemble. Je lui rappelai que nos chemins s'étaient déjà croisés en 1949, à la Conférence culturelle et scientifique pour la paix dans le monde qui s'était tenue au Waldorf Astoria et où nous nous étions retrouvés sur la liste des personnalités du monde artistique participant à ce qui ne serait qu'un tournant dans le cheminement de l'histoire.

Il était dangereux de participer à cette tentative désespérée pour sauver l'alliance avec l'Union soviétique face à la pression montant de la guerre froide. Tout le monde le savait à l'époque. Pour moi, cependant, cette conférence constituait un ultime effort pour maintenir une bonne tradition désormais menacée. Certes, les quatre ans de notre alliance militaire contre les forces de l'Axe n'avaient été qu'un répit momentané dans un affrontement qui durait depuis longtemps : il avait commencé en 1917 avec la Révolution et repris dès que les armées de Hitler avaient été détruites. Mais on ne pouvait mettre en question le fait que sans la résistance des Soviets, le nazisme aurait conquis toute l'Europe, y compris l'Angleterre, condamnant les Etats-Unis, au mieux à un éventuel isolationnisme et au pire à parvenir à un arrangement, difficile au départ mais rassurant par la suite, avec le fascisme. C'est du moins ce que je pensais à l'époque. Ainsi, le brusque virage pris après la guerre par les nations contre les Soviets et en faveur d'une Allemagne pas encore débarrassée de ses nazis semblait non seulement ignoble mais menaçait de faire naître une autre guerre qui détruirait peut-être la Russie mais ruinerait en même temps notre démocratie. L'air se chargeait de menaces de guerre. J'estimais qu'il fallait les dénoncer ou perdre l'honneur et le droit de se plaindre à l'avenir.

Paradoxalement, j'aurais peut-être refusé de faire partie d'un de ces groupes de discussion si *Mort d'un commis voyageur* n'avait poursuivi sa carrière fulgurante. Je me sentais soulagé à l'idée de sortir momentanément du monde du show-business. Une fois invité, je ne pus refuser.

Il était impossible de nier les conséquences éventuelles qu'aurait cette conférence sur l'avenir de ses participants. Si parmi eux se trouvaient des libéraux comme l'astronome de Harvard Harlow Shapley, le compositeur Aaron Copland, le peintre Philip Evergood, des vedettes du monde littéraire comme Lillian Hellman, Norman Mailer, Mark Van Doren, Louis Untermeyer, Norman Cousins et quantité d'autres, chacun savait que le radical Odets prendrait la parole ainsi que de véritables Soviétiques, comme Dimitri Chostakovitch et l'écrivain A.A. Fadeïev.

Le comité des Activités antiaméricaines était considéré à l'époque comme une sorte de police qui opérait à Hollywood mais faisait également des incursions à New York pour serrer la vis à quelques acteurs en vue. Sans doute serait-elle très intéressée par cette conférence où étaient réunies beaucoup de personnalités connues. De plus, la veille de l'ouverture de la conférence, le magazine *Life* publia sur deux pages les photos d'identité de plusieurs douzaines de participants ou supporters... de vraies têtes de repris de justice ! Au cours des mois suivants, la qualité de « supporter de la conférence du Waldorf » ou de « participant » deviendrait en effet une importante preuve de déloyauté. La presse annonça aussi à son de trompe que toutes les issues du Waldorf Astoria seraient gardées par des nonnes priant pour le salut des âmes des participants dont l'esprit avait sans aucun doute été troublé par des forces diaboliques. Et en fait, le matin de l'ouverture de la conférence, je dus gagner la porte de l'hôtel entre deux rangées de charmantes bonnes sœurs agenouillées sur le trottoir. Le spectacle était ahurissant.

Les membres du groupe que je présidais étaient étonnamment peu nombreux, preuve de la peur qui régnait.

Mon rôle se borna à annoncer le nom des orateurs et à repérer dans la salle les gens qui souhaitaient prendre la parole. Il ne se présenta guère plus de vingt à trente personnes parmi lesquelles une dizaine étaient ouvertement hostiles à l'événement. Mary McCarthy était là avec le compositeur Nicholas Nabokov qui deviendrait par la suite un de mes bons amis, et d'autres membres des groupements anticommunistes et trotskistes. N'ayant jamais assisté à semblable assemblée, je ne savais pas exactement à quoi je devais m'attendre. Un couple d'orateurs lut un communiqué suppliant le monde de ne pas permettre à l'alliance soviéto-américaine, née pendant la guerre, de se désintégrer. Dimitri Chostakovitch, petit, frêle et myope comme une taupe, se tenait raide comme un bâton sur le podium et, sans lever les yeux d'un opuscule relié qu'il tenait à la main, il lut une déclaration *pro forma* affirmant les intentions pacifiques des Soviets. Quand il eut terminé, il s'assit, le regard fixé au-dessus de la tête des auditeurs, comme un automate inapprochable. L'homme qui l'accompagnait ne se donna même pas la peine de le présenter aux autres membres du groupe. Je ne me souviens plus de ce que dit le contingent des antisoviétiques mais j'en reconnus deux ou trois qui se levèrent et, apostrophant Chostakovitch, firent état des persécutions soviétiques contre les artistes et de l'occupation de l'Europe de l'Est par les forces de l'Armée Rouge. Le grand compositeur qui, à l'époque, était engagé dans un duel mortel avec Staline, ce que j'ignorais, garda le silence et aucun débat ne s'ensuivit. La conférence se termina en queue de poisson avec pour seul résultat de raviver les hostilités de la guerre froide. Qu'une rencontre entre écrivains et artistes pût engendrer un tel déferlement de soupçons et de colère dans le public était un phénomène tout à fait nouveau dans le monde de l'après-guerre.

Encore aujourd'hui, quarante ans après, il semble qu'une ombre effrayante et sinistre recouvre le souvenir de cette conférence où les gens ressemblaient aux personnages d'un tableau de Saul Steinberg, chacun avec une bulle au-dessus de la tête remplie de gribouillages illisibles. Nous étions là, une assemblée de gens talentueux et de quelques véritables génies, et, à la réflexion, personne n'avait totalement raison, ni les apologistes du système soviétique ni les anticommunistes convaincus. Pour dire les choses plus simplement, la politique consiste à faire des choix. Et il arrive fréquemment qu'on ne puisse même plus en faire. L'échiquier ne permet plus à aucun des pions de se déplacer.

Le moment vint pour Odets de prendre la parole. Il avait passé la presque totalité des dix dernières années à Hollywood, promettant toujours d'écrire d'autres pièces, ce qu'il ferait d'ailleurs quelques années plus tard avec sa dernière œuvre, *The Flowering Peach.* Il ne m'avait gratifié que d'un petit signe de tête très froid en raison, je suppose, de la rivalité qui nous opposait. *Les Sorcières de Salem* – une pièce qui ne verrait le jour que quatre ans plus tard – serait la seule à Broadway à lutter contre l'hystérie anticommuniste. Odets dénigra l'œuvre auprès de Kazan et affirma que ce n'était rien d'autre que « l'histoire d'un mariage raté ». Lillian Hellman fut un peu plus généreuse dans son appréciation. Après une demi-heure de marche silencieuse à mes côtés à l'issue de la première représentation, qui eut lieu à Wilmington, Delaware, elle laissa tomber : « C'est une bonne pièce. » Si nous, gens de gauche, étions engagés dans une conspiration comme on le répétait tous les jours, cela ne se manifestait certes pas par une générosité mutuelle ou un soutien fraternel. Personnellement, je trouve normal de dire que je ne ressentais pas la moindre hostilité à l'égard d'aucun d'eux, sans doute parce que j'étais persuadé que s'il y avait compétition entre nous, j'en sortirais vainqueur. Mais je n'ai toutefois jamais senti plus de ressentiment chez mes confrères que chez mes camarades de gauche; sans doute fallait-il en accuser ma propre arrogance autant que la leur.

L'auditoire se taisait pour écouter Odets. Je n'avais

pas la moindre idée de ce qu'il allait dire, ni de ses nouvelles conceptions sur l'Union soviétique; j'aurais d'ailleurs été incapable de définir les miennes si on m'avait demandé de le faire. Je n'étais sûr que d'une chose : la nécessité de combattre la toute nouvelle croisade antisoviétique.

Odets parut troublé en se levant pour gagner le podium. Le col de sa chemise était ouvert, il n'avait pas de cravate et sa veste de sport bâillait sur sa poitrine. Je me rappelais avoir vu en lui, des années auparavant, un farouche militant, peut-être à cause de son apparence chétive et de sa sensibilité enfantine. Nous en jouons des rôles! S'efforçant de prendre une attitude pleine d'autorité, il se lança dans un discours étonnamment théâtral que je n'ai jamais pu oublier; il m'a fait désespérer de l'Histoire plus que pas mal de romans de circonstance!

Le problème est que nous étions maintenant en 1949, quinze ans après les premières manifestations de la révolte d'Odets contre la faillite de l'Amérique aux prises avec la Crise. Les gens gardaient toujours présente à l'esprit l'image qu'il offrait à cette époque et malgré ses dix années de vie luxueuse à Hollywood, il ressentait le besoin, devant le public qui l'écoutait aujourd'hui, de se présenter comme l'homme de 1935. Décontenancé par son propre passé, il lui fallait s'identifier à nouveau avec « Odets ».

Que dire de moi-même? Si je n'étais pas sûr de ma position, pourquoi risquer de me faire attaquer en acceptant de présider cette séance? Je sentais que dans les années à venir ma présence ici nuirait davantage à ma liberté que tout ce que j'avais fait auparavant.

J'avais essayé, deux ans plus tôt, de préciser une fois pour toutes mes thèses philosophiques sur le marxisme. *Ils étaient tous mes fils* avait été plutôt bien accueilli par la critique et l'avenir de la pièce ne posait pas de problème pour l'instant. Le *Daily Worker* n'avait que des louanges à en faire mais notait cependant que sa profonde vérité la condamnait inéluctablement à l'échec commercial. Mais lorsque Brooks Atkinson, dans ses articles du *Times*, en parla comme d'un succès populaire, le *Worker* fit paraître une autre critique affirmant que mon texte n'était qu'une apologie spécieuse du capitalisme : car, après tout, Chris Keller, le fils de ce patron coupable d'avoir envoyé des pièces défectueuses à l'armée de l'air et d'avoir ainsi provoqué des accidents mortels, accepte d'hériter de l'affaire plutôt que de devenir lui-même un révolutionnaire. Je compris alors que, pour la gauche, la meilleure preuve de pureté artistique était l'échec!

Pour clarifier mes propres idées sur le sujet, j'écrivis un essai où j'affirmais que si le marxisme était effectivement une étude scientifique de la société, un écrivain marxiste ne pouvait se permettre de déformer la vraisemblance sociale et ses propres observations faites en toute honnêteté pour justifier à priori un point de propagande politique. Bref, Chris Keller, dans la vie réelle, ne serait jamais devenu un révolutionnaire et d'ailleurs ce n'était pas là le sujet de la pièce. Après tout, la science déteste toute déduction préconçue. Je lus cet essai devant un important groupe d'écrivains lors d'une rencontre dans un théâtre de la ville. Il créa une intense confusion. Car j'avais l'air de dire que l'art, en tout cas le bon, est toujours en contradiction avec la propagande parce que l'écrivain ne peut pas fabriquer la vérité mais seulement la découvrir. Il doit donc d'abord et avant tout respecter ce qui existe, sinon mieux vaut qu'il abandonne l'idée d'exhumer les principes opérationnels de son époque. Le marxisme n'est en fait ni meilleur ni pire que le catholicisme, le bouddhisme ou n'importe quel credo permettant d'énoncer une vérité artistique. Tout ce qu'on peut dire est que la philosophie peut aider l'artiste en lui permettant de se mesurer avec le sublime et en l'empêchant de banaliser son talent.

Je fis remarquer à mon auditoire composé d'écrivains de diverses tendances gauchistes dont la plupart admiraient *Ils étaient tous mes fils*, que je n'aurais pas écrit cette pièce si j'avais choisi de me conformer à la ligne qui était celle du Parti à l'époque car, pendant la guerre, les communistes tombaient à bras raccourcis sur tout ce qui pouvait troubler l'unité nationale; il n'était pas question de faire la grève et tout le processus social devait être mis en veilleuse pendant la durée des hostilités. Je savais comme tout le monde que tout cela était absurde, que le mercantilisme se pratiquait à grande échelle, et que si l'on voulait vraiment donner quelque réalité aux nobles objectifs moraux de l'alliance antifasciste, il fallait les confronter à ce qui se passait alors dans la société. En fait, pendant les deux longues années où je travaillai à l'élaboration de *Ils étaient tous mes fils*, je supposais que, quand on monterait la pièce, la guerre ne serait pas encore finie. L'œuvre exploserait alors à la figure des communistes et des hommes d'affaires qui criaient leur patriotisme sur tous les toits mais n'oubliaient pas d'en tirer profit.

En fait, quelques semaines après le début des représentations, le *Times* reçut une lettre d'un ingénieur qui déclarait sans ambages que l'action était techniquement invraisemblable puisque la règle voulait que toutes les pièces détachées destinées à l'armée fussent passées aux rayons X avant d'être utilisées, afin de détecter justement le genre de défauts que Joe Keller avait réussi à cacher aux experts militaires. Le correspondant accusait ensuite la pièce d'être de la pure propagande communiste. Un peu plus tard, en août 1947, sept mois à peine après le début des représentations, on dut annuler le spectacle qui devait être donné devant les troupes américaines stationnées en Allemagne, à la suite des vives protestations d'une association d'anciens combattants dont le commandant, un certain Max Sorensen, bien que reconnaissant n'avoir jamais vu la pièce « parce qu'il était trop occupé pour aller au théâtre », ne la condamna pas moins comme étant « un instrument de propagande du Parti » et demanda l'identité de celui qui « au ministère de la Guerre, était responsable de cette scandaleuse décision ». (Joe McCarthy ne devait se manifester que cinq ans plus tard mais sa petite musique emplissait déjà l'air!) Le *New Leader* joignit bientôt sa voix à celle de Sorensen; la vigueur de son antistalinisme lui faisait oublier les simples réalités américaines de l'époque que présentait ma pièce.

Heureusement on m'épargna la corvée de répondre à pareilles accusations car une commission du Sénat démasqua les agissements de la Wright Aeronautical Corporation de l'Ohio, qui avait remplacé les étiquettes portant la mention « refusées » par d'autres marquées « acceptées » sur des pièces détachées défectueuses et, avec la complicité d'experts militaires corrompus, en avait envoyé de pleines caisses aux forces combattantes. Comme le fit remarquer Brooks Atkinson dans plusieurs de ses articles, la Wright Corporation « avait réussi à amener le gouvernement à accepter du matériel défectueux en falsifiant les tests, en fabriquant des faux et en manquant à l'obligation de détruire le matériel défectueux ». Atkinson subodorait l'avenir. Il écrivait que ceux qui m'attaquaient « œuvraient dans le sens de la censure et se sentiraient sûrement plus heureux si tout art était inoffensif et ne traitait jamais de la réalité ». Bon nombre de fonctionnaires furent envoyés en prison à la suite du scandale de la Wright pendant que, dans ma pièce, le pauvre Joe Keller, bourrelé de remords, se faisait sauter la cervelle. La Wright Corporation ne se serait même pas effondrée si elle avait retiré à temps de la circulation ses moteurs défectueux alors que la petite société de Keller aurait purement et simplement été balayée du monde des affaires pour avoir fabriqué ces pièces et les avoir expédiées.

Si mon essai soulevait un point sensible, il n'amorçait aucun débat à gauche; en tout cas, ce petit exercice eut l'énorme avantage de m'éclaircir les idées.

En attendant, en tant que président de la commission des arts de cette conférence « prosoviétique », j'étais accusé par la gauche anticommuniste d'être un stalinien.

Malgré tout, c'est toujours le souvenir de Chostakovitch qui hante ma mémoire quand j'évoque cette journée. Quelle mascarade ce fut! La nouvelle campagne menée par Staline contre le « formalisme » et le « cosmopolitisme » et autres crimes contre la ligne officielle du parti battait son plein; Chostakovitch avait, de façon assez abjecte je dois le dire, promis de faire amende honorable. Les déclarations visiblement apprises par cœur qu'il fit ici et le silence obstiné qu'il adopta ensuite étaient-ils des tributs payés aux autorités pour éviter les représailles? Il faudrait attendre trente ans avant que ne soient connues les menaces physiques et les tortures morales dont il avait été l'objet de la part d'un régime qu'il était censé représenter à cette conférence. Dieu sait ce qu'il pensait réellement dans cette salle, quels déchirements s'opéraient en lui, quel besoin de crier il réprimait pour éviter d'apporter le moindre soutien à cette Amérique qui s'engageait à nouveau dans la lutte contre son pays, celui-là même qui faisait de sa vie un enfer.

En tout cas, quels que fussent mes soupçons sur le marxisme doctrinaire, il était au-delà de mes forces, à cette époque, de me joindre à une croisade antisoviétique qui semblait désavouer et falsifier le passé radical de l'Amérique tel que je l'avais connu et ressenti. La conclusion de tout cela fut que, n'ayant aucune réponse à ma disposition, je m'obstinai à résister à la tournure que prenaient les événements. J'étais donc là, à attendre qu'Odets commence son discours, plus persuadé que jamais que mon rôle dans cette tourmente était de m'accrocher en attendant que le calme revienne.

Le silence qui se fit dans la salle pendant qu'Odets se préparait à prendre la parole s'étendit même au contingent anticommuniste assis dans un coin, séparé des autres par des chaises vides. D'une voix presque inaudible, l'orateur demanda :

– Pourquoi y a-t-il menace de guerre?

Le silence s'alourdit et Odets prolongea la pause. Une légère appréhension de le voir théâtraliser exagérément le sujet me saisit. Le public, pour l'instant, était incontestablement tenu en haleine.

– Pourquoi, poursuivit-il en un murmure, nous tendons-nous si désespérément la main entre artistes et philosophes et pourquoi nos politiciens n'ont-ils pas réussi à faire comprendre qu'il ne peut et ne doit pas y avoir de guerre entre nos deux pays ? Pourquoi ? Pourquoi cette menace de guerre ?

La question demeura en suspens et les gens se penchèrent en avant pour mieux entendre. Il leva lentement la main au-dessus de sa tête, serra le poing et hurla à pleins poumons :

– L'ARGEN-EN-ENT !

Etonnement de tous ! Quelques sourires. Mais dans l'ensemble, l'effet porta.

Il fit une autre pause et posa à nouveau une série de questions sur les causes du danger auquel nous étions exposés et, une fois de plus, cria :

– L'ARGEN-EN-ENT !

Quatre ou cinq fois il refit son numéro sans se rendre compte qu'il sombrait dans le ridicule. Et moi, j'étais assis là à me demander ce qu'il avait fait pendant toutes ces années sinon gâcher son talent à Hollywood pour amasser de l'argent. Si ce cri du cœur était venu d'un homme resté fidèle à la scène et à son art et non d'un écrivain qui avait loué sa plume à des marchands de films en s'abusant lui-même sur la moralité des gens de Hollywood, il aurait sans aucun doute entraîné les foules. Pourquoi y avait-il si peu d'Américains non corrompus capables de faire entendre leur voix aux honnêtes gens ? La question dépassait visiblement Odets. Etait-ce simplement que nous consommions tout si rapidement – y compris nos diseurs de vérité – que rien n'avait le temps de mûrir ? Il avait pourtant fallu un certain courage à notre orateur pour faire ce geste incongru de défi, au nez et à la barbe des chroniqueurs hollywoodiens les plus puissants, toujours à l'affût des gauchistes dont ils voulaient la peau.

En 1958, au début du tournage de *Certains l'aiment chaud,* Marilyn rencontra Odets et lui donna le script des *Misfits.* Il lui proposa de dîner avec lui pour en parler tranquillement et ajouta qu'il avait un projet de film dont il voulait lui donner la vedette. A l'époque, je partageais mon temps entre le Connecticut et la Californie, terminant là une pièce de théâtre et cherchant ici à aider ma femme autant que je le pouvais. L'après-midi de leur rendez-vous, Odets appela notre bungalow au Beverly Hills Hotel pour confirmer l'heure et le lieu mais je fus obligé de lui dire qu'elle n'était pas en état de dîner ce soir-là. C'était son jour de congé et elle essayait désespérément de trouver le sommeil, ayant très peu dormi la nuit précédente. Les tourments qu'elle endurait en cours de tournage et dont je fus le témoin pendant les cinq années de notre vie commune étaient devenus insupportables. Elle aimait bien Odets et se sentait malheureuse de lui faire perdre sa soirée; aussi me demanda-t-elle d'y aller à sa place. Naturellement Odets fut déçu. Moi, par contre, j'attendis avec impatience l'occasion de bavarder tranquillement avec l'homme qui avait été, pour moi et le théâtre de mon époque, l'incarnation de tant de contradictions.

Sa Lincoln poussiéreuse m'attendait à la porte de l'hôtel. Il me parut avoir beaucoup vieilli au cours des dix années qui s'étaient écoulées depuis la conférence du Waldorf Astoria. Il y avait toujours en lui quelque chose de puéril – au demeurant d'assez émouvant – malgré les efforts sournois qu'il faisait pour dissimuler sa déception de se retrouver seul avec moi. De neuf ans son cadet, j'avais l'impression d'être plus âgé que lui et en tout cas beaucoup moins indécis. Comme pour confirmer ce sentiment il se tourna vers moi et demanda :

– Où voulez-vous dîner?

Puisqu'il vivait ici depuis vingt ans, je lui répondis que c'était à lui de choisir mais il insista :

– Je ne connais pas très bien la ville.

Cette feinte ignorance, si puérile, le rendait vulnérable jusqu'à la fragilité. J'en vins même à me demander s'il n'essayait pas de se persuader qu'il n'avait pas gaspillé sa vie pendant tant d'années dans une industrie qu'il prétendait mépriser. Quelques minutes plus tôt, en attendant son arrivée, j'avais résolu de lui dire combien son œuvre avait compté pour l'étudiant que j'étais dans les années trente, mais je me trouvai soudain incapable de louer son passé maintenant que je le sentais si douloureusement sur la défensive.

Il hésita encore un bon moment avant de choisir un restaurant mais fit quelques erreurs de parcours en essayant de s'y rendre, regardant les noms des avenues comme s'il ne les avait jamais vus. Notre dîner mourut avant d'avoir commencé. Comme je m'en doutais, il ne s'intéressait guère aux *Misfits*. Je ne le vis s'échauffer que lorsque Marilyn devint le sujet de la conversation. Oubliant alors sa réserve, il me posa des questions sur sa vedette préférée avec de grands yeux émerveillés.

– Elle lit beaucoup, n'est-ce pas ? demanda-t-il comme s'il s'agissait d'une maniaque des prix littéraires ou d'un singe savant.

Je répondis que oui, elle lisait beaucoup, et laissai tomber le sujet car depuis que je connaissais Marilyn, je ne l'avais jamais vue finir un livre exception faite de *Chéri* de Colette et de quelques nouvelles. Elle affirmait pouvoir saisir *l'idée* générale d'un livre à travers quelques pages, et c'était vrai la plupart du temps. Sans prétentions culturelles à maintenir, elle ne trouvait pas nécessaire de s'embarrasser de ce qui ne la passionnait pas. Les romans ne lui plaisaient guère car seule la vérité la touchait. Elle fut bouleversée par un livre de Bernard Malamud où il était question d'un viol, que l'auteur semblait considérer comme un événement pas aussi tragique ni méprisable qu'on voulait bien le dire. « Cet auteur, dit-elle, ne sait pas ce qu'est un viol et ne devrait pas faire semblant d'y connaître quelque chose. » Je suggérai qu'il avait peut-être minimisé les faits pour amener le lecteur à les ressentir plus profondément mais l'ironie littéraire lui paraissait déplacée dans l'exposé d'une expérience qu'elle avait vécue elle-même. Elle perdait complètement son sens de l'humour lorsqu'on évoquait devant elle des problèmes douloureux; sous son apparente insouciance, la mort l'accompagnait toujours et tout le temps; sa présence inavouée est peut-être ce qui la rendait si poignante, elle qui dansait sans cesse au bord du gouffre de l'oubli.

Véritable cas freudien, il n'y avait jamais chez elle d'accident de parcours ou de lapsus innocent; chaque mot, chaque geste était chargé d'intention, consciente ou non; la remarque la plus anodine recelait parfois la menace la plus sinistre. J'avais toujours réagi dans le sens contraire, étouffant dans la mesure du possible les conflits autour de moi dans l'espoir d'aplanir mon chemin dans la vie, une habitude qui avait déjà créé entre nous de sérieux malentendus. Cette femme de rêve, qui pétillait à l'écran comme du champagne et dont le fait même qu'elle sache lire étonnait quelqu'un d'aussi subtil qu'Odets, n'était pas vraiment ce qu'elle semblait être. Mais pour lui et d'autres observateurs sagaces, sa véritable nature se révélait dans le bonheur qui émanait d'elle. Tandis que nous avalions notre dessert dans ce restaurant italien très ordinaire, pareil à ceux que l'on trouve par centaines à New York, Odets me donna l'impression de partager avec Marilyn cette qualité très spéciale de sensibilité naïve. Comme elle, il était un petit poucet égaré, qui passait distraitement dans ses cheveux un pistolet chargé.

En 1958, il y avait six ans qu'Odets avait « coopéré » avec la commission du Congrès des Activités anti-américaines et deux ans que j'avais refusé d'en faire autant, ce qui m'avait valu d'être condamné à la prison pour outrage. Mais ses prestations à Washington m'avaient paru être la conclusion pathétique d'une carrière plutôt que son apogée. J'ai toujours pensé que les membres de la Commission ressentaient une haine très vive à l'égard des artistes, ces victimes auxquelles ils enviaient leur capacité d'attirer l'attention du public et de gagner beaucoup d'argent et que là était la vérité, la terrible vérité. Pour sa génération, Odets incarnait le type même de l'artiste qui avait réussi à survivre en Amérique à une époque difficile. Il y avait quelque chose d'éminemment américain dans ce qui l'avait perdu : un désir de tout posséder. Son ami de toujours, le décorateur Boris Aronson, m'avait dit un jour : « Odets a un problème : il faut qu'il soit le plus grand partout : le plus grand amoureux, le fils de la plus grande famille, le meilleur ami de Billy Rose, quitte à aller en ville prendre un verre avec les caïds communistes, le plus grand artiste dans le monde du théâtre d'essai et l'écrivain le mieux payé du cinéma. Comment résister à tout cela sans exploser? La seule chose qu'il n'ait jamais aimée c'est de faire du mal aux gens, un sentiment très inhabituel chez ce genre d'individus. »

C'est ainsi que lorsqu'il témoignait devant les membres de la Commission, il pouvait les critiquer sévèrement et la minute suivante, sans changer de ton, avec la même indignation, confirmer les noms des personnes qu'il avait connues dans le Parti. Ses tentatives d'appréhender le réel le poursuivirent jusqu'à son lit de mort. Le corps dévasté par le cancer, il se redressa soudain, leva le poing, essaya de s'asseoir et murmura d'une voix entrecoupée : « Odets revient! Odets ne fait que commencer! » L'Amérique n'était que promesses et Odets voulait les acheter toutes, avec ce qu'il possédait.

Harold Clurman, plus clairvoyant qu'Odets mais qui, à l'occasion, s'asseyait à côté de lui sur son nuage, passait son temps à le supplier de quitter Hollywood et de faire un « retour », comme s'il s'agissait de revenir à une religion où son esprit pourrait se revivifier. Mais vers quoi revenir? Il n'y avait plus de théâtre ni de culture théâtrale; ne restaient que le show-business et quelques immeubles abritant des théâtres mais même ceux-ci étaient condamnés à disparaître pour céder la place à quelque hôtel d'un luxe tapageur. La morale, dans le théâtre américain, est toujours la même, toujours aussi mortellement ennuyeuse : la route qui mène directement à l'échec passe par le succès, et si vous ne réussissez pas à vous y rendre tout seul, ne vous inquiétez pas; il y a quantité de gens autour de vous qui seront ravis de vous donner un coup de main.

Une pièce de théâtre, même critique et contestataire, est toujours d'une certaine manière une lettre d'amour au monde dont on attend impatiemment une affectueuse reconnaissance. L'astuce est évidemment de savoir affronter un refus et d'écrire une nouvelle lettre au même destinataire. Cette entreprise ne peut venir que d'un tout jeune homme qui aurait les deux pieds solidement plantés sur le sol de son jardin de Narcisse. Durant les deux années qui suivirent mon départ de l'université du Michigan, j'écrivis six pièces dont l'une était une tragédie de style pompeux, sur Montezuma et Cortez. Elles furent toutes refusées par les seuls producteurs de l'époque, ceux de Broadway. Ma pièce sur Montezuma, envoyée au Group Theatre, ne leur parut même pas mériter un accusé de réception.

Vers trente ans j'avais ajouté deux ou trois autres pièces à cette collection et commençais ce qui, dans mon esprit, devait être ma dernière tentative d'auteur dramatique : la rédaction de *Ils étaient tous mes fils*. Je connaissais pas mal d'auteurs dramatiques qui, approchant de la quarantaine, attendaient toujours de faire leurs « débuts » au théâtre; mais pour moi la vie était trop passionnante pour la gâcher à traîner derrière les portes des producteurs. Je fis un pari avec moi-même : je m'abstiendrais de montrer cette œuvre à qui que ce soit tant que je ne serais pas sûr que chacune de ses pages était parfaite et que l'ensemble ferait son effet. Alors, si mon jugement se révélait erroné, je quitterais le théâtre et adopterais un autre style d'écriture. En 1947, après deux années de travail, quand j'envoyai cette pièce à mon agent, Lelan Hayward, j'étais devenu un véritable auteur c'est-à-dire un darwinien car j'avais appris à ne compter sur la miséricorde de personne (tout en y croyant quand même un peu!).

Dans les années quarante, la profession d'écrivain dramatique était très difficile à exercer mais on était fier de lui appartenir. *Time Magazine* désignait les auteurs à succès comme des « cracks », impliquant par là qu'ils avaient quelque chose des tireurs d'élite dont la technique et l'habileté font mouche à tout coup, et qui gagnent gros à ce genre de loterie. Rien à voir en tout cas avec ces littérateurs occupés à fourbir des textes absurdes, mais des techniciens mâchant d'éternels gros cigares et dévoués – selon le mythe de l'époque – aux intérêts de tous les Américains.

On avait affaire à un public qui bouillait d'impatience devant les longues tirades, ignorait toute allusion littéraire, aussi impitoyable pour les perdants que les adeptes des matchs de boxe, aussi obséquieux devant les gagnants, bref un auditoire qui, dès qu'il entendait le mot *culture*, prenait son chapeau et ses gants et gagnait la porte. Il y avait bien entendu parmi les spectateurs des personnes sensibles mais une pièce devait toucher les gens de tous les niveaux, sans exception. Cette exigence eut des conséquences bénéfiques, entre autres celle de pousser les auteurs à écrire des pièces plus épanouies, dont les personnages et l'histoire se fondaient beaucoup moins sur le discours mais qui privilégiaient au maximum l'action dramatique. Le dialogue tendait à se resserrer et la mise en scène, à être plus dynamique que réfléchie. Bien que très différents l'un de l'autre, Tennessee Williams et moi nous efforcions tous deux de répondre à ces impératifs. Le temps était encore loin où l'on pourrait se permettre de laisser un personnage faire un long monologue sur scène tandis que les acteurs autour de lui resteraient immobiles et muets à attendre la fin de son aria. (O'Neill tenta bien de le faire mais sans interrompre la dynamique de son récit; le jour où il le fit, ce fut l'échec.) Plus loin encore était le temps où l'on prendrait l'ennui ressenti devant une pièce de théâtre pour un événement culturel d'une rare portée. La nouveauté révolutionnaire de *la Ménagerie de verre*, par exemple, se trouvait certes dans sa force poétique mais, sans la solide structure dramatique qui soutenait la pièce, celle-ci n'aurait pu s'exprimer. La poésie, dans une pièce de théâtre, n'est pas et ne devrait jamais être une cause mais une conséquence; en l'occurrence, la composition de l'histoire et la vérité des personnages permirent à cette œuvre très particulière de Williams d'atteindre un vaste public de personnes sensibles.

Le temps viendrait aussi où conter des histoires paraîtrait démodé. La Bombe avait pulvérisé la crédibilité de tels enchaînements. Le monde ne prendrait pas fin dans une explosion ou dans des jérémiades mais dans un face à face entre deux personnes assises sur un tas de scories, chacune faisant de vains efforts pour comprendre ce que l'autre voulait dire. S'il était difficile de ne pas en convenir, il n'en demeure pas moins que je ne pouvais toujours pas parcourir les rues de New York sans rencontrer des gens que je n'avais pas vus depuis des dizaines d'années et qui se trouvaient mêlés à ma vie ou à celle de mon père ou de mon frère. La ville semblait être batie sur le temps, un temps en pleine décomposition et en éternelle transformation comme depuis la Création.

Aujourd'hui, quand je dépasse l'angle de la 47e Rue et de la Sixième Avenue, tout me paraît aussi crasseux qu'en 1938. Mais en ces jours-là, il y avait un vieux marchand de tabac dont les vitrines sales étaient garnies de pipes poussiéreuses qu'on n'avait pas déplacées depuis des années. Sur le palier du deuxième étage, M. Franks me faisait déjà de grands signes de bienvenue pendant que je grimpais quatre à quatre l'escalier du vieil immeuble. Je venais tout juste d'obtenir mon diplôme universitaire et je venais ici, théoriquement, pour obtenir l'autorisation de faire partie du WPA Theatre Project.

– Eh bien dis donc, fit-il en me tendant la main et me guidant jusque dans son petit appartement, Sidney n'est pas encore arrivé, mais il ne tardera pas. Il est juste allé chercher son uniforme.

C'était un homme très cérémonieux qui portait encore des cols durs et des cravates de soie. Avec sa politesse vieux jeu et la hâte de celui qui est heureux d'avoir de la compagnie – il vivait seul la plupart du temps – il me fit asseoir dans un fauteuil tout usé dont le souvenir restait gravé dans ma mémoire depuis l'époque où Sid et moi jouions dans l'appartement de la 110ᵉ Rue dont les fenêtres donnaient sur le parc où nous nous penchions au crépuscule pour lâcher, du balcon du sixième étage, les lucioles capturées au cours de la journée.

Tant qu'il se taisait, M. Franks paraissait en bonne santé, avec sa figure ronde, son doux sourire, sa cravate bleu marine nouée élégamment sur son col raide, ses boutons de manchette en or qui scintillaient même dans la lumière grise diffusée parcimonieusement par les vitres sales. Le logement était encombré des meubles qui garnissaient autrefois les onze pièces de son ancien appartement, et de tapis roulés tels des piliers appuyés contre des montagnes de caisses et de malles empilées jusqu'au plafond. Je demandai si l'inspecteur était venu.

– Non, personne. Ce sera peut-être pour aujourd'hui.

– Je ne vous dérange pas ?

– Oh non ! Je suis ravi que tu sois là. Veux-tu une tasse de thé ?

C'était la seule chose qu'il savait faire, sept ans après s'être installé ici, en 1931.

Il ressemblait maintenant un peu à une poupée, assis là, près de moi, légèrement obséquieux, aussi satisfait de me voir garder le silence qu'animer la conversation. J'avais oublié sa manie de répéter « Eh bien dis donc » à chaque instant, et toutes les variations d'intonation qu'il y mettait.

– On annonce un été terriblement chaud.

– Eh bien dis donc! (Il faut s'y attendre.)

– Mais il n'y aura pas de restrictions d'eau.

– Eh bien dis donc! (Légère surprise.)

– Les affaires semblent reprendre.

– Eh bien... dis donc! (Petit rire incrédule.)

Par la suite, il devint à mes yeux le type même de l'homme vaincu par la Crise. Jusqu'en 1930, il avait été un riche banquier entouré d'une famille intelligente et active. En quelques mois, ses avoirs s'étaient évaporés, sa femme était morte et sa fille s'était suicidée. Le voir assis là devant moi, le sourire aux lèvres, me donnait envie de fuir comme s'il allait me falloir affronter quelque sombre prédiction d'autant plus menaçante que celui qui la proférerait me faisait face avec une placide gaieté.

J'avais pris l'habitude de venir de Brooklyn jusqu'ici tous les jours pour prouver à l'inspecteur du service d'assistance sociale que j'habitais là. Car pour rejoindre le WPA Theatre Project il fallait d'abord s'inscrire sur les listes de l'assistance sociale et prouver qu'on était sans toit sinon sans le sou. Pour déclencher le processus bureaucratique j'avais traîné mon père jusqu'au vieil entrepôt réquisitionné par le centre d'assistance sociale près d'Hudson River où il joua une scène d'indignation paternelle devant la rébellion filiale. L'assistante sociale nous observa en silence pendant que nous faisions notre petite démonstration tendant à lui prouver que jamais je ne trouverais le gîte et le couvert sous le toit familial. Elle poussa un soupir, jugea l'incident conforme, estimant sans doute qu'il était dû à notre situation économique désespérée. Il ne restait plus maintenant qu'à attendre la visite impromptue de l'inspecteur, venu vérifier que j'habitais effectivement à cette adresse avec des gens qui n'étaient pas des parents. Le lit de camp où j'étais censé dormir se trouvait sous la fenêtre de la pièce où nous étions assis et mon manteau d'hiver pendait sur la manette du gaz fixée au mur. Autre détail convaincant : une paire de pantoufles glissées sous le lit. Je n'avais à l'époque qu'une seule paire de souliers de cuir.

M. Franks étant incapable de soutenir la moindre conversation, le silence s'établit bientôt entre nous. Depuis 1930, il n'avait plus rien à dire. Derrière lui, sur une étagère, trônait le diplôme de docteur ès sciences que Sidney avait obtenu à l'université de Columbia, à côté de son certificat *cum laude.* Sidney devait être dans le métro en ce moment, son premier uniforme d'agent de police sous le bras qu'il avait été chercher au magasin spécialisé de Centre Street. Je remarquai que M. Franks ne fumait plus et je me souvins du cigare écrasé qu'il enfonçait dans sa pipe lorsqu'il partait le matin de bonne heure et que nous le voyions passer sous nos fenêtres de la 110e Rue pour rejoindre son chauffeur qui l'attendait près de sa Locomobile beige pour l'emmener à Wall Street.

Bientôt les pas de quelqu'un qui grimpait quatre à quatre résonnèrent dans l'escalier; Sidney, encombré d'une longue boîte en carton, bondit dans la pièce avant que M. Franks n'ait eu le temps de se lever de son fauteuil. « Hi », fit-il en riant. Il se mit aussitôt à dénouer la ficelle qui entourait son paquet et sortit d'entre les feuilles de papier de soie une superbe veste bleue. Il était grand, avec des yeux et des cheveux d'un noir de jais, de longs cils et des lèvres bien ourlées. Son visage était vivant, empreint d'une curiosité toujours en éveil et d'une intelligence rapide qui en faisaient le roi du calembour. Il épingla son badge sur la veste, l'enfila et se tint devant nous comme un mannequin, se regardant de biais dans le miroir en pied, encadré d'acajou. Puis il se tourna vers moi et éclata de rire. Le col de sa veste bâillait largement et les manches étaient légèrement trop longues. Je lui fis mettre sa casquette, trop large elle aussi.

– Qu'est-ce que tu vas faire s'il arrive quelque chose ?

– J'ai un sifflet, voyons ! J'appellerai un flic !

Un coup frappé à la porte nous calma instantanément. Les Franks ne recevaient jamais de visites. C'était sûrement l'inspecteur. Sid alla ouvrir, l'homme entra, visiblement habitué à pénétrer partout sans attendre d'y être invité et demanda aussitôt à me voir; en apercevant la veste de Sidney il perdit un peu de son assurance mais le pantalon beige clair le laissa rêveur. Plongé dans la plus grande perplexité, il se fit montrer l'endroit où je dormais et où étaient mes vêtements. On lui exhiba tout, même ma serviette-éponge dans la minuscule salle de bain. Il s'en alla brusquement, presque au milieu d'une phrase. Quand la porte se fut refermée derrière lui, M. Franks se tourna vers moi.

– Eh bien dis donc ! (Ça s'est bien passé, non ?)

Sid suspendit son uniforme, prit son revolver tout neuf dans le carton, le chargea sous le regard fasciné de son père.

– Eh bien dis donc ! fit-il gravement, réalisant soudain que la vie de son fils venait réellement de prendre un tour nouveau. Le sourire quittait peu à peu le visage de Sid; il était vraiment en train de devenir un policier.

Depuis la fin de ses études, deux ans auparavant, sa vie s'était petit à petit dégradée, chose fréquente à cette époque. Vivre lui avait d'abord posé des problèmes analytiques; il s'agissait de savoir quelle place occuper dans la société pour gagner beaucoup d'argent. Il croyait en ce genre d'abstractions. Avec la pénurie de production, la publicité – le baratin comme il disait – était en vogue. Il alla à la bibliothèque de la 42e Rue pour analyser les possibilités qu'offrait cette branche d'activité, suivit quelques cours gratuits je ne sais où et, en guise d'exercice, analysa les panneaux publicitaires des sous-vêtements Loom, cherchant de meilleures idées pour vanter le produit. Mais le projet tomba à l'eau. Il se joignit alors à un groupe de représentants en aspirateurs qui faisaient du porte-à-porte. Ses analyses du problème lui permirent rapidement de prendre la tête d'une équipe que la société mit à sa disposition avec mission d'écumer tout le quartier sud-ouest du Bronx. Le succès qu'il remporta était, à ses yeux, le résultat des analyses objectives qu'il avait faites sur les motivations des femmes : qu'est-ce qui les poussait à acheter des aspirateurs, dont elles n'avaient en général pas plus besoin que d'un trou à leur chemise.

En faisant du porte-à-porte, il avait découvert que les gens, les femmes surtout, préféraient se concilier les bonnes grâces d'un inconnu plutôt que d'entrer en conflit avec lui. Le truc consistait à poser des questions dont les réponses ne pouvaient être que positives : « Je suis bien au 9 de l'avenue Fairview ? – Oui – Vous êtes bien Mme Brown ? – Oui. Vous avez bien des tapis ? – Oui, j'en ai » et ainsi de suite.

– Quand j'en arrivai aux aspirateurs, m'expliqua-t-il, j'avais réussi à leur faire hocher si vite la tête qu'elles ne pouvaient plus s'arrêter. Ensuite, il s'agissait de leur insuffler un sentiment de culpabilité. Alors, je sortais l'appareil – toujours tout neuf – de son emballage. Laisser déchirer un carton intact crée des obligations et les efforts déployés pour dégager l'aspirateur font de vos éventuelles futures clientes vos obligées. Quand j'en venais à caresser doucement leurs tapis avec l'engin en question, elles avaient mordu à l'hameçon : j'avais travaillé pour elles, sacrifié une partie de mon temps si précieux...

Pourtant, après un an environ de cette comédie, le dégoût s'était emparé du pauvre Sid bien que ses succès lui aient donné la possibilité de gravir les plus hauts échelons de la société qui l'employait : on l'invitait à assister aux conférences qui se tenaient à Albany, siège des quartiers généraux de la firme; il fut même prié à dîner avec l'un des vice-présidents. Au lieu de le ravir, cela lui sembla une menace pour son équilibre et il se mit encore une fois à analyser sa situation. A son grand effroi, il dut reconnaître qu'il passait ses jours à baratiner les gens en leur racontant des mensonges, inventant des nécessités là où la plupart du temps il n'y en avait pas. Il abandonna la cigarette pour le cigare, non par crainte de problème de santé dont on ne parlait guère à l'époque, mais parce qu'il trouvait déplaisant de se laisser influencer par la publicité faite pour telle ou telle marque. Il adopta un cigare anonyme que vendait le petit marchand de tabac en bas de chez lui et que ne vantait aucune publicité. Lorsqu'il décida de passer les examens d'entrée à la police, il avait atteint certaines conclusions et les avait définies très objectivement. Il me les expliqua un jour que nous étions assis tous les deux à la terrasse d'un café devant un petit noir et des *muffins* :

– Tu comprends, je ne suis pas une personne particulièrement douée. Je sais qu'en travaillant je pourrais devenir un bon ingénieur mais il y en a actuellement treize à la douzaine et il y en aura probablement toujours autant à moins qu'une guerre n'en élimine une bonne quantité. En ce cas, j'aurai gagné assez d'argent chez les flics pour retourner à l'école et obtenir mon diplôme d'ingénieur. Il y a deux choses au monde que je ne supporte pas : l'insécurité et la connerie. Etre ingénieur, c'est évidemment du vrai, du sûr, mais comme je ne peux le devenir maintenant, j'ai besoin de la sécurité que me donne la police. Quant à la connerie, d'après ce que j'ai entendu dire, elle est minime dans cette profession.

C'est peut-être ce qui nous fit rire lorsqu'il endossa son uniforme pour la première fois. Quelle mascarade, quel déguisement, quelle puérilité, quelle absurdité ! Et c'est pourquoi nous cessâmes de rire lorsqu'il chargea son revolver : quelque chose nous disait que, là, c'était bien lui.

Nous avons continué de nous voir deux ou trois fois par an au début des années quarante. Il persistait à considérer ses activités dans la police comme temporaires, mais une fois marié, il cessa d'en parler; quand vint la guerre, il se dit qu'il était aussi bien sous cet uniforme que sous un autre, encore qu'on lui eût plusieurs fois tiré dessus dans les rues de Harlem et qu'il eût pu s'y faire tuer aussi proprement qu'au front.

Au bout d'un certain temps, je m'aperçus que c'était toujours moi qui demandais à le voir. Aussi désagréable que ce fût de l'admettre, j'étais bien obligé de reconnaître que nos vies divergeaient de plus en plus au fur et à mesure que grandissait ma notoriété d'écrivain. Mais il y avait aussi en lui une espèce d'amertume engendrée par la corruption qui régnait dans l'administration de La Guardia, considérée pourtant comme une des plus libérales et des plus honnêtes. Il parlait du cynisme de Roosevelt avec de moins en moins d'humour et m'avoua, au cours de la quatrième campagne présidentielle de celui-ci, qu'il avait définitivement renoncé à voter. J'étais incapable désormais d'imaginer comment il se représentait l'avenir, le sien aussi bien que celui de son pays.

Un soir, nous buvions une bière au bar irlandais de la Troisième Avenue, non loin de son commissariat; un lourd silence pesait entre nous. Quelque chose de négatif émanait de lui et me donnait envie de fuir. Pourtant, je le revoyais avec mes yeux d'autrefois, petit garçon au regard étincelant, le seul assez prévoyant pour garder ses billes d'une année sur l'autre. Aujourd'hui, il me disait :

– Quand je cours après quelque chenapan dans une allée sombre du parc, je n'arrive plus à songer à son enfance misérable et à la lamentable éducation qu'il a reçue.

Et en même temps, il n'avait pas réussi à se faire un seul ami dans sa brigade :

– J'amène mon corps ici le matin et je le ramène le soir chez moi, disait-il.

Les autres flics étaient des réactionnaires et des antisémites incurables. Il en souffrait, mais avait complètement abandonné l'idée de reprendre ses études.

– J'irai jusqu'au bout. Je veux ma retraite, voilà tout. Après, j'essaierai peut-être de devenir ingénieur, à moins que je ne reste chez moi à faire tranquillement des cocottes en papier. Je ne sais pas encore.

Parfois, une parcelle de son ancienne gaieté lui revenait quand il rencontrait mes parents, avec lesquels il aimait bavarder longuement de son enfance et des années qui avaient précédé le krach. Il avait l'air d'un orphelin lors de ces visites. Ma mère, qui avait tendance à tirer toute conversation vers des sujets très personnels, lui fit avouer un jour qu'en refusant de se compromettre dans des affaires louches il s'était laissé entraîner dans une situation qui était tout aussi fausse et incertaine. Tous deux restaient assis de longues heures sur notre véranda, le dimanche après-midi, face à la cour où poussaient les poiriers et pommiers dont j'avais acheté les boutures trente-cinq *cents* en 1930 à Cortland Street et qui étalaient maintenant leurs branches à la ronde. Sid dépliait ses longues jambes jusqu'à la balustrade qui entourait la véranda, y posait ses talons et parlait avec ma mère de sa propre mère qu'il avait du mal à se rappeler.

– Oh, disait ma mère, elle était élégante et si intelligente ! Dès qu'il pleuvait, elle se précipitait à l'école avec tes bottes en caoutchouc et attendait que tu sortes. Ah, son Sidney ! Mon Dieu, tu étais tout pour elle...

Il écoutait avidement; ses traits s'adoucissaient et son regard brillait comme si la voix de ma mère lui avait permis de sentir la présence de la sienne. Il adorait ma mère pour ces confidences pleines de tendresse et ne lui en voulait pas de l'insistance qu'elle mettait à essayer de le faire changer de carrière.

– Mais, répétait-il en manière d'excuse, si l'on n'est doué pour rien de particulier...

– Enfin, Sidney, on est à l'aube d'une période de

prospérité, tu es jeune et avec l'intelligence que tu as, tu pourrais faire une carrière formidable...

Je voyais la tentation enflammer le regard de ses yeux noirs et j'avais l'impression qu'il était prêt à faire la grève contre la vie par dépit d'avoir vu la mort le priver de sa mère.

Ces visites se terminaient en général par un long silence pendant lequel son regard se perdait dans le lointain et qu'il continuait à mâchouiller un de ses cigares à bon marché. Je crois que je voyais ce qu'il fixait : pas la vague de prospérité à venir mais la débandade qui la suivrait inéluctablement. La Crise avait planté son couteau en travers de son cerveau. Ma mère attirait sa tête vers elle lorsqu'il s'en allait et baisait ses paupières aussi doucement que s'il s'agissait d'endormir un enfant.

Vers le milieu des années quarante, nous cessâmes de nous rencontrer. Il s'arrangeait toujours pour avoir quelque chose à faire les soirs où je lui proposais un rendez-vous. Aussi j'abandonnai bientôt la partie. Mais vers 1955, en remontant Lexington Avenue, je crus l'apercevoir avec un groupe de huit ou dix hommes, des policiers sans doute, en vestes légères et chemises à manches courtes. C'était un soir de printemps; le crépuscule tombait avec sa lumière pourpre, la même que celle que nous attendions autrefois pour relâcher nos lucioles du haut des fenêtres de notre vieil appartement.

Cela faisait plusieurs semaines maintenant que le *World-Telegram*, le *Journal-American* de Hearst ainsi que Walter Winchell et Ed Sullivan dans son *Daily News* publiaient des articles patriotiques où ils attaquaient mes tendances gauchistes. J'avais passé la moitié de l'été dans les rues dangereuses de Bay Ridge à rassembler des documents sur les agissements des gangs de jeunes voyous – qu'on appelait alors la jeunesse délinquante – en vue d'un film qui devait se tourner avec la coopération de la municipalité. J'appris par la suite qu'une certaine Mme Dolores Scotti avait été envoyée de Washington par le Comité des Activités antiaméricaines, pour prévenir en secret les chefs de la municipalité qui traitaient avec moi que la Commission essayait de me faire « classer » comme membre du parti communiste et que, bien qu'elle n'y fût pas encore parvenue, il convenait de suspendre toute relation avec moi en attendant la décision. Aussitôt alertés, les porte-parole de la presse se mirent à jacasser tous en chœur jusqu'à ce que les hautes instances de la cité me retirent leur aide, mettant ainsi un point final au projet. C'était l'époque des listes noires; beaucoup de carrières furent détruites chez mes amis comédiens; toute résistance effective à ce pacifique fascisme américain était encore difficile à détecter.

Le groupe de flics se dirigeait vers le commissariat de la 67e Rue, au coin de Lexington Avenue; les hommes semblaient engagés dans une discussion animée et s'arrêtèrent au carrefour. Je m'approchai. Cela faisait des années que je n'avais vu Sid et je ressentais une grande joie à le retrouver. Je criai son nom. Je suis sûr qu'il reconnut ma voix, mais il ne se retourna qu'à moitié en me voyant venir à lui. Avec un sourire crispé, il me serra à peine la main et la lâcha immédiatement. Les autres hommes s'étaient éloignés et nous regardaient. « J'ai un rapport à faire », me dit Sidney. Il me quitta aussitôt et regagna son commissariat.

Je me souvins alors que ma photo avait paru deux fois au cours des semaines précédentes dans le *Daily News* et que, quelques jours auparavant, le *World-Telegram* avait publié un article affirmant qu'il fallait m'accorder le droit d'écrire le script du film sur la délinquance juvénile mais que mon nom ne devait pas paraître au générique. Aucune réaction ne s'était manifestée de quelque côté que ce fût devant cette manière typiquement soviétique de traiter les écrivains récalcitrants.

Pendant les années qui suivirent, je ne pus jamais passer devant le commissariat de Lexington Avenue sans me demander si Sidney avait eu peur d'être contaminé ou s'il avait été prématurément converti au néo-conservatisme. J'avais continué à marcher jusqu'au coin de la rue pour le voir monter les marches du commissariat en bavardant avec un de ses collègues. Avait-il enfin réussi à se faire des amis ?

L'hostilité qu'il m'avait témoignée m'échauffait encore la bile mais je me souvenais en même temps de sa manière de secouer les pots de confiture pour libérer les lucioles. En redescendant Lexington Avenue je me demandais si, au fil des ans, on ne devenait pas plus conscient qu'autrefois de l'enchaînement des événements plutôt que de leur simple déroulement et si cette conscience nouvelle n'était pas ce qui avait provoqué cet éclatement de la forme qu'on remarquait dans tous les arts. Dans mes propres œuvres, je sentais le besoin de me précipiter d'un moment décisif à un autre comme dans le montage d'un film ou dans la prose de Joyce avec ses chapelets de mots en feux d'artifice, ou encore comme dans les tableaux de Picasso où l'on voyait se superposer les images d'un même personnage peint sous différents angles, supprimant les intervalles de temps. La vie elle-même était un étalage continuel de facettes multiples. Avions-nous cette impression parce que les choses ne cessaient de changer à une vitesse incroyable et que la vérité était beaucoup moins un fait qu'une entité fluide et insaisissable ? Etait-ce pour cela qu'on vivait – en Amérique tout au moins – dans un tel malaise et une telle expectative ?

Comme les Arabes, les Juifs de l'Europe médiévale appelaient « Maudits » les croisés qui les massacraient si souvent sur le chemin de la libération de Jérusalem, la Cité de Dieu. L'image qu'en ont les chrétiens, au contraire, est toute de noblesse, le type même de l'homme idéal. Laquelle de ces opinions correspond véritablement à l'Histoire ?

L'époque dans laquelle nous vivons se résume pour chacun de nous aux expériences qu'il y fait; une partie des miennes se rapporte à la personne de Smedley

D. Butler, un général de brigade des *marines* à la retraite qui vint faire une conférence à Ann Arbor un jour de 1935.

J'étais allé l'interviewer à son hôtel pour le *Daily*. C'était un petit homme qui aimait plastronner et qui devait s'étirer de quelque deux centimètres et demi pour atteindre la taille réglementaire des *marines*. Il avait réussi à monter jusqu'aux plus hauts grades dans ce corps d'armée en mariant l'acharnement de Monsieur Tout-le-monde à une très vive intelligence. Pendant plusieurs années il avait dirigé des expéditions de *marines* au Nicaragua, à Haïti, à Cuba, en république Dominicaine, au Honduras, pour mater des rébellions contre les régimes que soutenait l'Amérique, ne doutant jamais que, tout comme un agent de police, il maintenait la paix pour le bien de la majorité. Mais un jour il reçut l'ordre de débarquer des effectifs à Mexico. A son arrivée dans le port, il fut accueilli par un homme qui représentait dans ce pays la National City Bank. Il se souvenait que la ville qu'il traversa dans la voiture de cet agent de banque était parfaitement calme et tranquille. Son hôte le fit entrer dans son bureau où d'autres personnalités attendaient. Sur la table était étalée une carte du pays où figuraient les endroits où l'on avait repéré des nappes de pétrole. Mais les habitants avaient refusé d'évacuer les lieux, comme l'ordonnait le gouvernement, et de laisser les foreuses faire leur travail, ce qui était contraire aux lois, expliqua le banquier, puisque tout le terrain avait été confisqué par le gouvernement, conformément à la Constitution. De plus, des bandes organisées continuaient à repousser les troupes gouvernementales; c'étaient ces guérilleros que les *marines* devaient anéantir.

Le général, prévoyant les pertes en effectifs que ce genre d'opération occasionnerait, dit qu'il devait consulter l'ambassade américaine avant d'accepter de déclencher ce qui, en fait, serait une guerre. Mais l'ambassade américaine était représentée dans la salle par un haut dignitaire qui déclara que l'ambassadeur voyait les choses de la même façon que le délégué de la National City Bank et lui donnait le feu vert.

La conférence de Butler ce soir-là ne fut qu'une répétition de ce qu'il avait déjà écrit : « J'ai aidé à sauvegarder les intérêts pétroliers des Américains en assurant la tranquillité de Mexico et surtout de Tampico... J'ai aidé à faire de Cuba et de Haïti des endroits convenables où la National City Bank pouvait remplir ses caisses... J'ai aidé à épurer le Nicaragua dans l'intérêt de la banque Brown Brothers, entre 1909 et 1912. J'ai apporté la lumière à la république Dominicaine, permettant ainsi l'épanouissement des intérêts sucriers de l'Amérique en 1916. J'ai aidé, en 1903, à faire du Honduras un " bon " pays où les compagnies fruitières américaines pussent opérer. » Mais de voir ses hommes risquer de perdre leur vie pour sauvegarder les intérêts des banques et des entreprises privées le retourna complètement.

Il développa l'idée d'un amendement constitutionnel qui interdirait à tout navire américain de franchir la limite des douze milles. C'était une formule concise et radicale qui plaidait en faveur d'une Amérique non impérialiste et militairement isolée. Assis devant moi, il fumait un gros cigare sans le moindre sourire, la mâchoire saillante, très raide sur sa chaise. Je savais son rêve impossible mais je le partageais avec lui. Il me confirma ce jour-là que les puissances d'argent disposaient à leur gré de nos vies.

Le Hill Auditorium, où il donnait sa conférence, était à moitié plein. Mon article, paru dans le *Daily* accompagné d'une photo de lui, résumait les détails de son intervention. Je n'entendis plus jamais parler du général de brigade Smedley Butler mais j'ai souvent pensé à lui, surtout ces dernières années en lisant les rapports concernant nos bateaux patrouillant au large de quelque côte de l'Amérique latine et en entendant louer une fois encore la générosité et la bienveillance qui marquaient notre comportement. Si la résistance à ce comportement a grandi au cours du demi-siècle écoulé, la complexité des réalités qui le sous-tendent en a fait autant. Aujourd'hui, contrairement à ce qui se passait en 1935, le communisme et le défi soviétique sont devenus la seule solution mais l'essence même des faits ne semble guère avoir changé : la pauvreté et le désordre règnent toujours en Amérique centrale et y provoquent des révoltes; l'Amérique affiche toujours sa ferme résolution d'empêcher tout changement qui ne lui agrée pas.

Bien que Butler n'ait eu aucune conviction politique et ne fût manifestement pas un radical, la pureté de son indignation à l'idée qu'on osât songer à sacrifier la vie des soldats au profit d'intérêts particuliers confirmait ma conviction que le monde devait se dégager des exigences du capital privé. Tandis que le général de brigade racontait son histoire à son public d'étudiants en 1935, les spectateurs new-yorkais qui assistaient aux représentations de la pièce d'Odets *En attendant Lefty* levaient le poing et se mettaient tous debout, reprenant en chœur le cri des acteurs : « grève ! grève ! » comme si une grève de chauffeurs de taxi était la clef symbolique qui ouvrait les portes de la liberté. Mais telle était l'époque !

Quatorze ans plus tard, à la conférence du Waldorf, lorsque Odets se leva pour proclamer que « L'ARGEN-EN-ENT » était à l'origine des tensions soviéto-américaines, cela pouvait paraître simpliste aux yeux de qui voulait en faire une analyse politique, mais, pour moi, c'était un rappel que nous étions loin d'avoir aussi bonne conscience qu'autrefois. Comment aurait-il pu en être autrement, d'ailleurs, quand, en 1949, personne ne connaissait de pays ayant librement voté pour un régime communiste et que tout le monde savait que récemment le parti communiste de Tchécoslovaquie, fort d'un large soutien populaire, avait néanmoins fomenté un coup d'Etat pour renverser le gouvernement légitime de ce pays démocratique ?

Il est important de noter que, pendant longtemps au

cours des années trente, l'avenir semblait encore nous entraîner vers les sommets mais qu'à la fin de la guerre, avec la bombe et la haine de plus en plus profonde entre l'Est et l'Ouest, on avait l'impression de n'avoir rien d'autre à espérer que le prochain battement de son cœur. Croire en une philosophie politique revenait à accepter de se faire arracher toutes les dents ou se laisser amputer d'un membre ou se faire ôter un œil sans raison évidente. Mais comme il devait y avoir quelque chose de mieux que cette incertitude, on essayait de nier les faits qu'on savait ou qu'on soupçonnait être vrais et on refusait de perdre espoir.

Tel était le climat psychologique qui entourait un dîner auquel m'avait invité Lillian Hellman un an auparavant pour me présenter deux jeunes délégués yougoslaves aux Nations unies. Elle estima que c'était une occasion rare d'obtenir des renseignements non officiels sur la récente exclusion de la Yougoslavie du Komintern, un événement qui avait éclaté comme un coup de tonnerre à la face du monde. C'était la première faille dans le bloc des Etats communistes constitué par les Russes dans l'immédiat après-guerre, et la chose parut si étonnante que beaucoup crurent à une ruse, tout comme, quelques années plus tard, les gens refusèrent de croire que la Chine communiste eût réellement rompu ses relations avec les Russes. Les pro et les antisoviétiques supposaient que tous les communistes étaient liés par une espèce de pacte du sang avec Staline, ce démon qui avait la haute main sur tous ses séides et les réduirait en fumée si la moindre pensée antirusse venait à traverser leurs cerveaux d'esclaves. A la place s'instaurait aujourd'hui un nationalisme viscéral, une force que n'avaient réussi à bannir ni le rationalisme marxiste ni le rationalisme capitaliste.

Je fus surpris de la jeunesse des deux délégués; ils avaient à peine trente ans. Le visage carré et sévère, soucieux de ne pas déplaire à Lillian, ils étaient assis à la table comme devant le bureau d'un examinateur et parlaient avec précaution sans jamais s'en prendre ouvertement à Staline ni aux Russes mais en regrettant amèrement que Tito se soit trouvé dans l'obligation de faire acte d'indépendance vis-à-vis de la tutelle soviétique. Ils nous apprirent que les Soviets avaient saigné la Yougoslavie à blanc en confisquant à leur profit tout son outillage, tout ce qui pouvait être emporté, et en imposant des contrats économiques qui désavantageaient la Yougoslavie et favorisaient la Russie, sous le fallacieux prétexte que pour assurer la survie du socialisme où que ce soit, il fallait d'abord l'affermir en Russie, le grand protecteur; Tito avait vigoureusement dénoncé cette théorie comme une mauvaise excuse et un mensonge.

Mais ce soir-là, ces jeunes gens tenaient à faire comprendre à Lillian que la Yougoslavie n'était pas devenue antisoviétique. Il ne s'agissait que d'un cas désespéré de survie nationale et chacun espérait qu'un jour prochain on pourrait de nouveau se tenir aux côtés des Soviétiques, en égal et non comme une sorte de colonie.

Lillian posait très peu de questions et écoutait dans un silence inhabituel; elle avait l'air presque momifiée dans son nuage de fumée de cigarette. Sans doute était-elle aussi émue et impressionnée que moi par les confidences de ces hommes. Ce n'étaient pas des intellectuels de la classe moyenne déçus par la discipline socialiste mais d'anciens guérilleros qui avaient combattu les nazis dans les montagnes. Tandis qu'ils parlaient, il me semblait voir trembler, vaciller et menacer de s'éteindre une petite flamme. Ils nous apprenaient la rupture de cet accord, vigoureusement proclamé, entre Etats qui, pendant des milliers d'années, s'étaient fait la guerre et avaient fini par se regrouper sur une base socialiste pour s'entraider et se développer pacifiquement. Tel avait été le rêve issu de la pire des guerres de l'histoire de l'Europe et voilà que ces deux jeunes anciens combattants nous décrivaient le comportement de la Russie exactement semblable à celui de l'empire britannique en Malaisie ou aux Indes. En dehors du fait qu'ils étaient d'abord yougoslaves et ensuite communistes, ils laissaient entendre que le nationalisme – cet épouvantail de la gauche et ce traditionnel refuge de la droite – convenait non seulement aux Rouges mais aussi aux petits peuples dont il était le dernier recours contre la rapacité des grandes puissances dont l'Union soviétique faisait clairement partie. Bref, le vieil Adam était de retour et gouvernait le monde exactement comme avant la guerre; on n'avait rien appris, rien n'était changé. La futilité de tout cela était écrasante. Et inacceptable. Qu'un Etat socialiste puisse exploiter de la sorte un Etat frère, et plus particulièrement ces héroïques Yougoslaves antinazis, était une entreprise impensable et indigne.

Tout engagement sérieux tend à se sublimer et les incroyables sacrifices de la Russie pendant la guerre semblaient encore contrebalancer les accusations de cruauté envers les dissidents et les rumeurs d'antisémitisme. Il s'avéra que même Orwell, malgré toute son hostilité envers les Soviets, n'avait pas la moindre idée de ce qu'était le goulag, ni des atrocités qui s'y commettaient et de l'étendue du phénomène; lui aussi avait accordé quelque crédit à Staline.

Nous ne pouvions néanmoins congédier nos deux jeunes convives qui, une fois terminée leur histoire, attendaient les réactions de Lillian. Dans leur costume mal coupé, trop étroit pour leur carrure musclée et trapue, avec leur chemise au col fripé et leur visage rougeaud, ils ressemblaient à des paysans endimanchés venus solliciter une grande dame dans son appartement richement meublé de l'East Side. Moi aussi, je regardais Lillian et me demandais pourquoi ils attachaient tant d'importance à ses réactions. Je m'étais rendu en France et en Italie un an plus tôt et avais pour la première fois été témoin de l'étonnant respect que les Européens témoignaient aux écrivains dans les milieux politiques mais que des hommes comme ceux-ci, uniquement préoccupés de politique, estiment tellement essentielles

les opinions de Lillian Hellman me paraissait très étrange.

Nous étions maintenant assis en face d'elle; à demi étendue sur le sofa, elle jouait avec son verre, sa tête de lionne rejetée en arrière, l'air têtu. Pour moi, son cadet de quelque dix ans, elle dégageait une certaine mystique due à son aura très particulière d'aristocrate sud-américaine affichant des opinions prosoviétiques. Elle tenait salon; chez elle se retrouvaient des personnalités du monde entier, parmi lesquelles des avocats de gauche, des leaders travaillistes, des théoriciens marxistes comme Leo Huberman ou son compagnon Dashiell Hammett, ainsi que de grands chirurgiens, des psychiatres connus, des hommes d'Etat, des diplomates des Nations unies, de riches hommes d'affaires, des écrivains de tous genres, des producteurs et des dialoguistes de Hollywood et bien entendu les professionnels de Broadway, ses collègues. Je n'étais jamais tout à fait à l'aise dans ces réunions, sans doute parce qu'il m'était encore difficile de me détendre au milieu de gens aussi éminents; il y avait inévitablement de la hiérarchie dans l'air et cela avait tendance à nous empêcher de nous concentrer sur le sujet traité, quel qu'il fût. On ressentait l'obligation déprimante de briller en faisant quelque remarque spirituelle ou en racontant une histoire originale, de préférence aux dépens de ceux qui vivaient au-delà ou au-dessous de cette classe sociale très raffinée. Dans cette ambiance « grand style », je préférais me taire et prendre des airs bourrus pour éviter d'être trop conscient de la concurrence à laquelle j'étais exposé.

Mais ce soir-là tout était différent dans ce salon inhabituellement vide. Le vent des montagnes yougoslaves s'engouffrait entre les tentures de velours, les moulures sculptées, les souvenirs en argent disposés sur de rutilantes tablettes en bois de rose, et une photo de Lillian – le regard fièrement fixé sur l'infini, ses longs cheveux lui balayant les épaules – posée sur le piano. Etendue sur le sofa, buvant à petites gorgées tandis que les délégués terminaient leur histoire, elle me semblait subjuguée comme jamais auparavant; en général, elle avait toujours quelque repartie acerbe, un ricanement saccadé ou une appréciation brusque et franche à lâcher dans la guerre éternelle qu'elle menait contre les fumistes. Elle avait toujours l'impression que les gens en savaient beaucoup plus qu'ils ne voulaient bien le dire et que la vie était moins un mystère qu'une entreprise d'autotromperie volontaire élaborée pour fuir les responsabilités. Sa tâche dans l'existence était donc de confronter les gens à ce qu'ils savaient déjà sans avoir le courage de l'avouer. Prendre l'inconscient pour excuse l'impatientait autant que de prétendre à l'innocence, dont la seule mention la faisait bondir. Cela ne l'empêchait pas de se trouver ridicule parfois, mais sous un angle très particulier; la plupart du temps, elle se considérait comme une jeune fille plutôt poétique et peu intelligente, forcée d'assumer une autorité excessive qu'elle n'estimait pas posséder... forcée par les autres évidemment, par les hommes pusillanimes d'abord, qui n'ont ni courage ni volonté, mais aussi par les femmes frivoles et écervelées dont la lâcheté l'obligeait à saisir le gouvernail pour éloigner le bateau des récifs du mensonge. Dans ses moments de féminité fragile, elle semblait appeler à l'aide un guide, un maître, comme une pouliche capricieuse qui galope vers son entraîneur et s'arrête brusquement pour repartir dès qu'on la touche. Mais elle ne s'enfermait jamais longtemps dans cette affectation de naïveté juvénile et riait de ses tentatives d'échapper à son moi, ce moi qui, finalement, ne pouvait s'empêcher de revendiquer un rôle de chef sinon de domination totale.

Tandis que les Yougoslaves attendaient, elle se tourna vers moi, le regard interrogateur; pour la première fois je la voyais désemparée et incapable de répondre. Mais son opinion m'importait plus que la mienne – que savais-je des Balkans ou de la grande politique sinon ce que je lisais dans les journaux ? C'était elle qui connaissait les choses de l'intérieur.

Je n'ai qu'un seul souvenir du départ des délégués : ils avaient tous les deux le même chapeau de feutre gris, sans doute acheté à New York, et ils le tripotaient inconsciemment en s'inclinant interminablement devant nous pour prendre congé, le regard plein d'incertitude. De retour dans le salon qu'ils venaient de quitter, Lillian insista pour que nous prenions un dernier verre. Nous demeurâmes silencieux tandis qu'elle versait les boissons. Puis elle s'assit à nouveau sur le sofa et demanda d'une voix grave et pleine de doute :

– Vous les croyez ?

J'entendais les wagons encercler le camp et l'écho grinçant des explications rationnelles accumulées sur les barricades. Je croyais tout ce qu'avaient dit les délégués mais en même temps, je me sentais retenu par une certaine loyauté envers les sentiments antifascistes et pro-soviétiques qui m'avaient animé par le passé. Nous n'étions pas des chercheurs de vérité mais les défenseurs d'une orthodoxie assiégée et croulante au fond de laquelle subsistait en pleine confusion une petite vérité. Par la suite, je devais me reprocher cette loyauté déplacée beaucoup plus que je ne blâmerais Lillian, car j'avais eu conscience d'être coupé en deux par ce que je soupçonnais fortement ou savais déjà tandis qu'elle était demeurée obstinément sur ses positions et complètement convaincue. De sorte que si elle se trompait plus que moi, elle était sans doute aussi plus honnête, ayant toujours trouvé plus facile de nier toute vérité contradictoire et embarrassante susceptible de déranger ses croyances et sa loyauté. Ce qu'elle redoutait plus que l'absence de vérité c'était la peur. Pour elle, le défi était une nécessité continuelle. Sa loyauté à l'égard des idées soviétiques était jusqu'à un certain point très semblable à celle qu'elle témoignait à un ami. Etre intègre signifiait rester sur le bateau même s'il virait de bord et prenait une direction imprévue, fatale à tous les passagers. Cette loyauté était le plus touchant des traits de son caractère. Elle en fit preuve durant la longue et patiente amitié qui la lia à Dashiell Hammett et à Dorothy Parker au cours des terribles années de leur déclin.

Répondant enfin à sa question, j'avouai avoir trouvé ces deux jeunes gens très sincères. Elle rétorqua que tout cela se calmerait un jour, à moins évidemment que Tito ne soit un agent de l'Amérique. En cela elle ne faisait que répéter une idée qui courait les rues à l'époque.

A Moscou, deux décennies plus tard, au cours d'une visite en Russie que je fis avec ma femme, je me trouvai un jour assis devant Ilia Ehrenbourg et d'autres écrivains soviétiques qui, à l'époque du dîner chez Lillian, vivaient dans la terreur d'être emprisonnés ou pire encore, et étaient littéralement crucifiés par le régime soviétique. « Nous dormions d'une oreille, guettant le bruit de l'ascenseur lorsqu'il se mettait en marche à trois heures du matin, retenant notre souffle jusqu'à ce qu'il eût dépassé notre étage », dit-il à Inge. Repenser en un moment pareil à des soirées telles que celle passée chez Lillian, c'était plonger dans le surréel. De ce point de vue, nous avions l'air d'être les bouffons de l'Histoire, des puces dans la crinière de chevaux lancés au galop dont nous cherchions à infléchir la course avec ce que nous décidions de croire ou de ne pas croire.

En enfilant mon manteau au moment de prendre congé de Lillian, je n'osai ni lui avouer ni reconnaître moi-même combien j'étais découragé par le doute et l'incertitude. Quand nous nous serrâmes la main, je vis qu'elle avait apparemment retrouvé ses moyens et repris son assurance, sa fermeté, comme si elle avait déjà trouvé une solution au problème. Je crois que je compris alors, en toute conscience et pour la première fois, que j'avais peur de la contrarier. Il lui manquait ce sentiment de culpabilité qui avait été mon compagnon toute la vie; elle préférait critiquer les autres plutôt qu'elle-même. Mais si nous ne pouvions être de véritables amis, c'était à cause de la concurrence qui nous opposait dans le monde théâtral : je crois que mes succès l'irritaient profondément. Peut-être y avait-il aussi de mon côté une gêne instinctive à me retrouver en compagnie de personnes ayant de la classe et du panache, héritée de la timidité qu'éprouvait mon père en présence des membres extravertis de la famille Newman. De plus, comme beaucoup d'hommes, j'avais peur des femmes qui avaient l'art de tout transformer en problème de morale. Le mot « scandaleux » venait si facilement aux lèvres de Lillian qu'elle-même riait parfois de s'entendre le répéter avec colère devant les comportements aberrants des années cinquante qui transformaient la simplicité des deux décennies écoulées en attitudes qui nous étaient totalement étrangères.

Bref, pour parler charitablement, il y avait de part et d'autre assez d'illusions volontairement entretenues – pour ne pas dire de malhonnêteté – en ces moments critiques de l'histoire, pour que chacun prenne ce qui lui revenait.

On ne peut comprendre les gens de ma génération sans se référer au marxisme comme à un « dieu déchu » bien qu'à mon avis l'expression soit inexacte. C'était une idole et non un dieu. Une idole établit un credo précis pour ses adeptes; Dieu offre aux siens des choix qu'ils sont libres de faire. La différence est loin d'être dénuée de signification. L'idole prend les hommes en charge comme des enfants; Dieu les assujettit et les libère en même temps, leur permettant de participer aux décisions d'une création en perpétuel devenir. Ce dilemme a plusieurs aspects et on ne le tranchera pas plus facilement aujourd'hui qu'il ne l'a été au début des années trente ou qu'il ne le sera tant que la société occidentale laissera un aussi grand nombre de gens dans une telle aliénation spirituelle, si privés de toutes les joies de la vie et de la culture qu'ils attendent avec impatience qu'une volonté supérieure prenne enfin en main leurs destinées.

Dieu et les idoles me revinrent à l'esprit en Turquie où je fis un voyage en 1985 avec Harold Pinter, comme chargé de mission du PEN club (International Association of Poets, Playwrighters, Editors, Essayists and Novelists) et du Comité de surveillance d'Helsinki. Les années trente étaient loin, mais j'eus plusieurs conversations avec des écrivains turcs qui me renvoyèrent cinq décennies en arrière, à Brooklyn, Ann Arbor et New York. Elles auraient pu avoir lieu en beaucoup d'autres endroits, de Beijing à La Havane et à New York, de Moscou à Phnom Penh et à Prague, en cette période de l'histoire.

Certains de ces écrivains avaient été atrocement torturés dans les affreuses prisons turques pour avoir été membres d'organisations pacifistes opposées à la dépendance de la Turquie à la fois vis-à-vis des Etats-Unis et de l'Union soviétique. Ils étaient tous plus ou moins gauchistes, comme le sont la plupart des intellectuels du tiers monde, et méprisaient les prétentions démocratiques américaines; de nous ils ne connaissaient rien d'autre que notre soutien aux dictatures de droite partout dans le monde, y compris au gouvernement militaire de la Turquie qui les avait relégués derrière les barreaux.

Une vingtaine d'entre eux s'arrangèrent un soir pour nous inviter à dîner et, la bonne chère et le vin aidant, une certaine hostilité apparut, difficile à comprendre puisque nous étions venus pour attirer l'attention du monde sur leur situation. L'un des convives se dressa et, levant son verre avec un sourire moqueur, proclama :

– Au jour où nous serons assez riches pour nous rendre en Amérique et y étudier les conditions des droits de l'homme.

Parlant avec lui un peu plus tard, je trouvai difficile de déterminer s'il était un agent du gouvernement réactionnaire cherchant à ridiculiser notre mission ou simplement un communiste attaquant en moi l'Américain, c'est-à-dire l'archi-ennemi.

Un autre écrivain, assis à mes côtés, imbibé de vodka et se tenant la tête à deux mains, murmura :

– Si on m'arrête encore une fois, je fuirai le pays. Je serais incapable d'affronter la torture à nouveau.

Il portait une veste de sport en lainage, un pantalon de toile et une cravate en coton et ses cheveux étaient coupés court, à la mode des lycéens des années cinquante.

– Etes-vous marxiste ? me demanda-t-il tout à coup.

– Qu'est-ce qu'un marxiste ? rétorquai-je.

Il me regarda, incrédule.

– Qu'est-ce qu'un marxiste ? Mais voyons, un marxiste est un marxiste ! fit-il avec plus de tristesse que de colère.

– Vous voulez dire qu'un marxiste chinois est le même qu'un marxiste soviétique, alors que leurs deux armées – les plus puissantes du monde – sont mobilisées de chaque côté de la frontière et se font face ? Soit quelque deux millions d'hommes ayant chacun un portrait de Karl Marx accroché à la pointe de leur fusil ? Et que dites-vous des marxistes chinois qui font la guerre aux marxistes vietnamiens sur leur propre frontière ? Ou des marxistes vietnamiens engagés dans une lutte à mort contre les marxistes cambodgiens ? Ou d'un marxiste cambodgien partisan de Pol Pot se battant contre un marxiste cambodgien provietnamien ? Sans parler des marxistes israéliens et syriens !

Je vis que je l'avais blessé; jamais il n'avait pensé en ces termes et cela le remplissait visiblement de désespoir, lui qui portait encore sur son corps les marques des tortures qu'il avait subies pour défendre sa foi monolithique dont je sapais si ouvertement les fondements. Il se mit en colère.

– Non, non, il n'y a qu'un seul marxisme ! cria-t-il, couvrant presque de sa voix le son d'une mandoline qui jouait non loin de là et le refrain d'un chanteur folk. Je n'insistai pas mais songeai à la « communauté chrétienne » se matraquant à mort en Irlande, à la « communauté islamique » qui en faisait autant au Liban et à ce XVIIe siècle où, au nom du Christ, toute l'Europe avait failli être détruite au cours de la guerre de Trente Ans, ou encore à la « communauté juive » en Israël, avec ses haines meurtrières entre Juifs orthodoxes et Juifs laïques.

– Nous vivons peut-être une retribalisation du monde, dis-je. L'un après l'autre les vestiges des anciennes cultures sortent de leur long sommeil; le marxisme est peut-être le raisonnement qui donne une résonance moderne à cette renaissance du tribalisme atavique...

Une autre voix vint se joindre à ce duo, celle d'Aziz Nesin, auteur de quelque quatre-vingt-dix ouvrages d'humour ou de poésie. Marxiste depuis sa jeunesse, il était maintenant socialiste. Plusieurs fois emprisonné, il avait, quelques années plus tôt, fait six mois de camp de travail pour avoir insulté le shah d'Iran dans une de ses œuvres. Tous les Turcs connaissaient son nom et son histoire et savaient comment il avait quitté l'école de l'armée et lutté contre la dictature militaire de ses anciens condisciples, soutenue par les Américains. Agé de cinquante ans, il était petit, très digne, et avait la réputation d'être riche.

– Staline a essayé de mettre la main sur une de nos provinces orientales et sur le Bosphore tout de suite après la guerre, dit-il, et actuellement la Russie continue à faire pression sur nous pour obtenir que nous lui cédions une partie des contrées situées de notre côté de la frontière; elles représentent une superficie énorme...

J'étais un peu perplexe : il était étrange en effet d'entendre un homme de gauche critiquer les Soviets devant un Américain. Je répondis qu'apparemment le marxisme n'avait pas réussi à mettre un frein à l'expansionnisme russe, en tout cas dans cette région du monde. Il acquiesça tristement, le regard cependant troublé et plein d'incertitude.

L'homme à la veste de sport, qui avait été torturé, hocha lui aussi la tête, l'air désolé, et enchaîna sur le même ton :

– Oui, l'impérialisme américain a installé des bases de missiles tout le long de la frontière... des douzaines!

Tandis qu'il plongeait dans l'évaluation des effectifs militaires américains présents sur le sol de la Turquie, les exigences soviétiques s'évanouirent en fumée. Il n'en fut plus question.

– Alors, en tant que marxistes, fis-je – essayant de suivre leur raisonnement – comment vous situez-vous entre ces deux géants? Tous deux menacent l'indépendance de la Turquie, non?

Ils me dévisagèrent, l'air particulièrement décontenancé. Sans nier encore ni affirmer qu'ils se trouvaient en effet entre le marteau et l'enclume – tous deux également répréhensibles – ils me donnèrent l'impression de rester suspendus dans une sorte d'interrogation métaphysique, au point où se rejoignent la logique d'un raisonnement et l'irrecevabilité de ses conclusions pressenties. J'avais heurté de plein fouet un phénomène, le mystère de l'aliénation, qui avait empoisonné l'atmosphère en bien des endroits au cours des années de l'après-guerre.

Confrontés à la preuve que leurs croyances sont erronées, les gens à principes s'accrochent généralement à leurs convictions pour éviter de tomber dans le désespoir. Perdre l'espoir c'est s'abandonner à la corruption. Ainsi ces deux marxistes, à quelques heures de la frontière soviétique qu'ils accusaient les Russes de vouloir incurver vers le sud pour s'emparer d'une partie de leur territoire, tournaient la plus grande partie de leur hargne contre les Etats-Unis. Qu'importait la réalité soviétique! La Russie était l'ennemie de leur ennemi; cela suffisait... à les empêcher de céder au mal qui les entourait.

Je connaissais leur désespoir; il est tout ce qui existe, tout ce qui reste quand pour prix de la pensée morale on n'obtient que l'aliénation et qu'on écarte les faits comme de simples détails.

La résurgence de la droite américaine au début des années cinquante, les attaques menées par le sénateur McCarthy contre les règles d'une société libérale aboutirent, entre autres, à une chasse à l'aliénation qui devint très rapidement le nouveau style du moment.

A l'aube des années cinquante déjà, je connaissais des dialoguistes de radio qui ne trouvaient plus de producteurs pour les engager. On estimait, au départ, que s'ils n'appartenaient pas au Parti, ils en étaient sûrement très proches. Ainsi la société, dans son ensemble, demeurait intacte – du moins le supposait-on. Mais maintenant que l'Amérique testait les premières bombes à hydrogène, condamnées par beaucoup comme immorales, et qu'on s'attendait à voir la Russie en posséder une bientôt, maintenant que Mao-Tsé-toung avait chassé Chang Kaï-chek, on avait l'impression qu'une espèce de pâte levait sous nos pieds et arrachait la solide terre libérale; jour après jour on se demandait quand tout cela allait s'effondrer comme un soufflé. Un jour à Brooklyn Heights, on eut l'impression que c'était bel et bien arrivé.

Louis Untermeyer, âgé alors d'environ soixante ans, était un poète et un auteur d'anthologies, et un homme d'une rare distinction, du type new-yorkais d'autrefois, avec un grand nez aristocratique et la passion de la conversation, surtout lorsqu'elle se rapportait aux écrivains et à l'écriture. Quarante ans auparavant, il avait abandonné la bijouterie familiale pour devenir poète. Marié quatre fois – deux fois à la même femme, la poétesse Jean Star – il avait enseigné puis écrit et publié pas mal d'ouvrages; avec l'ascension rapide de la télévision, il était soudain devenu très connu, étant l'un des participants réguliers de l'émission *What's my line?* un programme matinal très populaire dans lequel, avec la collaboration de Dorothy Kilgallen, chroniqueuse de presse, de l'éditeur Bennett Cerf et d'Arlene Francis, il essayait de deviner la profession d'un invité en lui posant le moins de questions possible dans un laps de temps réduit, le tout assaisonné de mots d'esprit et de plaisanteries; Louis était passé maître en cet art grâce à une mémoire prodigieuse qui lui permettait d'évoquer instantanément la moindre boutade, le moindre jeu de mots énoncés devant lui.

Il adorait la poésie et les jeunes femmes – et pas forcément dans cet ordre! Le jour de son quatre-vingt-septième anniversaire, il déclarerait :

– Je leur cours toujours après. La seule différence est que maintenant je ne me souviens plus pourquoi.

Il était lié d'une vieille amitié avec beaucoup de grands poètes américains parmi lesquels William Carlos Williams, Robert Frost, Eda St. Vincent Millay et Marianne Moore. Il pouvait facilement passer tout un après-midi à parler et à faire de l'esprit avec des âmes sœurs. Un soir je vis le royal Robert Frost, pourtant beaucoup plus âgé, lui témoigner un respect inhabituel : il resta assis sans bouger pendant une longue conférence de Louis sur l'étymologie. C'était le jour où mon jeune épagneul, Red, un animal indressable que je finis par donner à mon concessionnaire Ford, s'était sauvé; s'échappant de notre immeuble de Willow Street, il avait couru jusqu'au bas de la rue et avait heurté une voiture qui passait; le coup avait sans doute dérangé son cerveau car il était parti en trombe jusqu'à Borough Hall, moi à ses trousses. Le soir même, je racontai à Frost mon aventure; le regard perdu dans le lointain comme celui des têtes sculptées sur le mont Rushmore, il répondit d'une voix traînante :

– Ma parole, c'est un chien de bande dessinée.

Louis adorait la vie, surtout maintenant qu'il était au sommet de la réussite et gagnait beaucoup d'argent à la télévision. Sa femme actuelle – la dernière de la série – prénommée Bryna par des parents populistes en hommage à William Jennings Bryan – était rédactrice en chef de *Mademoiselle* et dotée d'un esprit aussi malicieux que le sien, bien que personne n'eût l'énergie de Louis. Il était capable de lâcher des chapelets de calembours qu'elle ne pouvait endiguer qu'en hurlant du milieu de la pièce et en se bouchant les oreilles. Dans le silence qui suivait, il se dirigeait vers le piano et se mettait à jouer bruyamment quelque morceau de Beethoven. Raffinés et cultivés, assurés de recevoir chaque semaine un chèque faramineux, ils vivaient dans un appartement douillet et encombré de meubles, à Brooklyn Heights.

Avec sa confiance inébranlable dans le monde, Louis semblait ignorer ce qu'était le sentiment de culpabilité. Je ne l'entendis se plaindre qu'une seule fois, vers quatre-vingt-dix ans : « J'ai trop écrit », me dit-il, et sans doute ajoutait-il mentalement : « trop souvent superficiellement ». Je suppose que c'est cette innocence qui le laissa si désarmé le jour où, arrivant comme d'habitude au studio une heure avant l'émission, le producteur lui annonça qu'il ne faisait plus partie du programme. On apprit bientôt qu'ayant été cité dans *Life Magazine* comme un des promoteurs de la conférence du Waldorf, une campagne de protestation avait été lancée contre sa participation à l'émission *What's my line?* Les annonceurs avaient été tellement effrayés qu'ils avaient préféré se débarrasser de lui.

Le producteur était un des anciens élèves de littérature de Louis; il fut très malheureux de devoir le licencier. Mais comme Louis le rappelait des années plus tard, après qu'il se fut remis de l'expérience, le producteur avait dit :

– Nous savons tous que vous n'avez jamais été en rapport avec la gauche; vous n'avez donc rien à confesser; mais le problème c'est qu'ils ne le croiront jamais et vous aurez l'air de refuser d'être un bon Américain.

Louis rentra chez lui. D'habitude nous nous rencontrions une ou deux fois par semaine dans la rue et prenions rendez-vous au moins une fois par mois. Maintenant je ne le voyais plus dans le quartier et quand je lui téléphonais, c'était toujours Bryna qui répondait; elle disait vaguement qu'il ne voulait plus avoir de conversations téléphoniques et qu'il préférait attendre que nous puissions nous revoir. Mais cela ne se produisait jamais. N'étant pas grand amateur de télévision, je n'étais pas conscient qu'il avait dû cesser de participer au programme et m'imaginais qu'il m'appellerait quand il en aurait envie.

Il resta confiné dans son appartement presque un an et demi. Une peur accablante et paralysante s'était emparée de lui. Plus qu'une peur politique, c'était la terreur d'avoir été le témoin de la fragilité des rapports humains. Il avait toujours beaucoup aimé et été très aimé, surtout dans ce programme de télévision où ses reparties étaient appréciées d'un vaste public; et tout à coup, on l'avait jeté à la rue, rayé définitivement. Ce serait un des thèmes principaux de la pièce que j'écrirais dix ans plus tard : *Après la chute.*

L'effondrement d'un homme tel que Louis n'était pas dû, je crois, à des raisons personnelles mais à des causes historiques : le côté rassurant du passé lui avait tout à coup été arraché. Mais ce côté rassurant avait-il jamais existé ?

Dans les années trente, un des charmes de la petite ville de Ann Arbor émanait pour moi du contraste rassurant qu'elle offrait avec la jungle de New York où l'homme est un loup pour l'homme et où un être pouvait mourir en plein milieu de l'après-midi sur la Cinquième Avenue sans que personne ne s'arrête pour voir ce qu'il avait. Quelque dix ou vingt ans plus tard, les gens parleraient avec nostalgie des années trente comme d'un temps où l'on se souciait les uns des autres et où l'on s'entraidait.

D'où venait l'idée que la solidarité avait un jour existé et que sa disparition n'annonçait rien de bon ? Il semble que les années trente soient l'aune inconsciente à laquelle on mesure tout ce qui vint après; même les jeunes le font, eux qui ne connaissent cette époque que par leurs parents et leurs lectures. Non que les gens aient été plus altruistes, mais il vint un moment – vers 1936 –

où, pour la première fois, des personnes sans convictions politiques se mirent à réfléchir ensemble à une action commune qui leur permettrait peut-être de sortir d'une situation impossible. Surgie de la pure nécessité, une vague déferlante de syndicalisme ouvrier se forma en même temps que le gouvernement fédéral mettait en place son premier programme d'assistance systématique, que refaisait surface le mouvement coopératif agricole, que se fondait la Tennessee Valley Association et autres projets d'intérêt public; les gens retrouvaient du travail, on amena l'électricité dans de vastes régions encore non équipées, on répara et construisit des ponts et des aqueducs, on mit en œuvre des plans de reboisement, on instaura des prêts pour les étudiants et l'on fit des recherches dans l'histoire folklorique du pays : ses chansons et ses contes furent publiés pour la première fois. Cette explosion d'activité et d'imagination donnait l'impression que le gouvernement soutenait la population, malgré ses maladresses et son gaspillage. Hemingway écrirait : « Un homme seul n'a pas la moindre foutue chance de s'en sortir. » Pour cet expert en solitude c'était une façon assez étonnante de reconnaître qu'un nouveau genre de héros était entré en scène, un homme dont la fierté exigeait de la part de ses semblables une certaine solidarité. Pendant un temps, à l'école, chacun sembla étudier les moyens de devenir un bon assistant social.

En 1936, alors que j'étais étudiant en troisième année, je pouvais dire sans faire de sentimentalité que j'avais eu plus que ma part d'une vie difficile. Poussant un des diables du Centre du vêtement de New York – une tâche que j'accomplissais pendant les vacances d'été – j'étais obligé de me battre, à la poste, contre les resquilleurs qui arrivaient juste avant l'heure de fermeture, pour garder ma place dans la queue qui s'allongeait devant les guichets d'expédition. Et mes neuf heures par jour passées au volant du camion de Sam Shapse, dans le brouhaha du trafic, avaient été une continuelle bagarre pour obtenir une place de stationnement ou l'accès à un pont, sans parler de l'anxiété que j'éprouvais à l'idée qu'on puisse dévaliser le camion pendant que j'étais occupé à faire les livraisons ou à ramasser les commandes. Le faux pathos, la sentimentalité des chansons populaires, des pièces de théâtre et des films de l'époque semblaient étrangement déplacés en ce temps-là. Une scène des *Raisins de la colère* de Steinbeck, où l'on voyait un commerçant permettre à une famille affamée de garder un pain de dix *cents* sans le payer était peut-être stimulante mais elle était étonnamment éloignée de la réalité dont je faisais l'expérience quotidienne.

Voilà comment, lorsque je quittai Ann Arbor pour me rendre à Flint, Michigan, le 1er de l'an 1937, afin d'effectuer un reportage pour le *Daily* sur le déclenchement de grèves sur le tas à la General Motors Fisher, je pus m'identifier aux ouvriers d'une façon tout à fait concrète; en fait, les expériences que j'avais vécues en milieu ouvrier expliquent peut-être l'étonnement que je ressentis devant leur toute nouvelle solidarité. Il me semblait presque incroyable que des centaines d'ouvriers d'usine dont une grande partie avait été recrutée dans les Etats du Sud – où l'hostilité contre les syndicats est endémique – aient tout simplement arrêté leurs machines un beau jour, verrouillé les portes de l'usine de l'intérieur et refusé de s'en aller tant que leur syndicat ne serait pas reconnu comme leur représentant dans les négociations.

J'arrivai sur les lieux vers midi, ayant fait la route depuis Ann Arbor avec un jeune pilote d'essai de chez Ford chargé de rouler pendant un certain nombre de kilomètres avec un nouveau modèle de coupé et de communiquer par téléphone à l'usine de Dearborn les éventuels défauts de la voiture. Ford était évidemment l'une des firmes les plus antisyndicalistes de toutes et ce jeune chauffeur méridional, heureux d'avoir de la compagnie pendant son trajet vers Flint, me parla des gaz lacrymogènes qu'Henry Ford avait, comme chacun le savait, insufflé dans le système sprinkler de l'usine au cas où les ouvriers déclencheraient une grève sur le tas. « Mon vieux, fit-il en riant, s'ils font la grève chez Ford, moi je retourne dare dare à la maison parce qu'y en aura qui s' feront buter dans cet endroit. » L'esprit du fascisme avait une vitalité alarmante alors, dans le monde, et les incidents de Flint semblaient nous y confronter directement.

Les locaux de Fisher s'étendaient sur une large avenue en face des bâtiments qui abritaient les bureaux de la General Motors où travaillaient les employés et les directeurs de la firme. Les deux constructions étaient reliées par un passage couvert enjambant l'avenue qui les séparait. Effrayé à l'idée d'être impliqué dans tout ce qui avait rapport aux syndicats, le chauffeur de chez Ford jeta un regard à la rue et fit demi-tour, me laissant là, debout, tout seul. Presque à mes pieds, trois gardes nationaux, dont deux étaient accroupis tandis que le troisième était vautré à plat ventre sur le trottoir, surveillaient une mitraillette posée sur un trépied et pointée vers une saillie de deux étages dans les locaux de l'usine. J'appris par la suite qu'ils avaient ouvert le feu sur trois ouvriers venus prendre l'air sur le toit, blessant l'un d'eux. D'autres soldats circulaient en silence, arme au poing, et deux camions militaires remplis de jeunes recrues bloquaient les deux extrémités de la rue. Deux cars de police étaient renversés, à quelques pas, et j'appris qu'ils avaient été retournés par un puissant jet d'eau jailli des tuyaux d'incendie manœuvrés par les ouvriers qui les avaient raccordés à des sorties d'eau chaude afin de tenir les policiers à distance. Pour empêcher leurs assaillants d'emprunter le passage couvert, les ouvriers l'avaient complètement obstrué avec des carcasses de Chevrolet dressées verticalement les unes contre les autres. On en était au troisième jour de grève. Le silence n'était rompu que par le bruit assourdi d'un saxophone résonnant à l'intérieur des locaux où un groupe de jazz improvisé jouait périodiquement quelques airs. Pour le moment, le saxophoniste semblait se livrer à quelques exercices en solo. Groupées à une fenêtre du deuxième étage, des têtes se penchaient vers plusieurs épouses qui apportaient des boîtes de nourriture que les ouvriers hissèrent à l'aide d'une corde tout en bavardant et en riant d'une réflexion amusante; lorsque ce fut fini, les femmes firent des signes d'adieu et s'en allèrent. On me dit qu'à l'intérieur les hommes étaient assis ou dormaient sur des sièges de voitures mais prenaient soin de les recouvrir de papier avant de s'en servir; aussi curieux que cela puisse paraître, les droits de la propriété étaient toujours aussi sacrés pour eux.

Je trouvai le bureau du syndicat dans une rue voisine et grimpai les quelques marches qui me séparaient d'une pièce minuscule au-dessus d'un magasin vide d'où, à ce qu'on m'avait dit, deux frères dirigeaient la grève. Un homme jeune, portant une casquette de base-ball, était penché à la fenêtre. Il me dévisagea et se présenta : Walter Reuther (on disait que son frère Victor, qui avait fait un voyage en Union soviétique, était socialiste). Je demandai à Walter comment se présentait la situation. C'était un roux, pâle et réfléchi, qui me témoignait une attention franche et respectueuse, à moi qui après tout n'étais qu'un simple étudiant reporter de l'université et qui m'attendais à rencontrer un type bourru, indifférent à ce que j'essayais de faire.

– Alors voyons un peu, dit-il en s'appuyant contre le dossier de sa chaise, je crois que nous avons plus de trois cents adhérents maintenant...

Trois cents! C'était un chiffre étonnant quand on pensait aux articles parus dans la presse où les journalistes affirmaient que tout cela n'était que de la frime et s'effondrerait bientôt. Il faut dire qu'on n'avait jamais entendu parler d'une tentative d'organiser un mouvement d'ouvriers non qualifiés, alors que l'élite formée par les mécaniciens, les outilleurs et les menuisiers avait ses syndicats depuis le début du siècle.

– Et on en inscrit de plus en plus tous les jours.

– Alors vous pensez être reconnus ? Combien de temps resteront-ils là-dedans avant d'en avoir marre ?

– Je crois qu'ils tiendront.

– Puis-je vous demander pourquoi ?

Il laissa un sourire errer sur ses lèvres.

– Ils ont intérêt à y prendre goût ! Ils en ont supporté de toutes les couleurs ensemble, vous savez ! Leur fierté est en jeu et ils sont pleins de résolution.

En bavardant avec Reuther, je me rendis compte qu'il ne se considérait pas comme le chef de cet incroyable mouvement mais tout au plus comme un guide capable de donner forme à une émotion surgie du bouillonnement des profondeurs. J'avais entendu dire qu'une partie de l'organisation « musclée » était constituée par les communistes mais personne ne semblait savoir où je pourrais les trouver. De fait, je ne les découvris jamais.

Je fus obligé de reprendre les classes avant le jour de la victoire, le 11 février 1937, date à laquelle les autorités durent céder et reconnaître le syndicat des ouvriers de l'automobile. J'eus tout à coup l'impression d'être plus en sécurité sur terre. Comme beaucoup de ceux qui essayaient à cette époque d'écrire ou de faire de l'art, il me sembla qu'une beauté nouvelle avait vu le jour. Pas une seconde ne me vint à l'esprit l'idée qu'une nouvelle force de coercition venait de naître, a fortiori qu'elle montrerait souvent au monde un visage cynique de gangster et, incidemment, empêcherait un film que j'avais écrit d'être produit... mais cela n'arriverait qu'une décennie et demie plus tard. Notons cependant que le UAW (United Auto Workers) resta remarquablement démocratique.

L'altération du sens des mots se poursuit. C'était l'esprit des années trente démodé en 1949 – qu'Odets essayait à grands cris de faire sortir de sa tombe à la conférence du Waldorf Astoria. Quand je repense aux bonnes sœurs aux visages lisses et effrayés qui me regardaient passer au moment où je me frayais un chemin entre elles, quand je lis – quelque quatre décennies plus tard – ce que fait le clergé catholique dans le tiers monde pour secourir les pauvres – dirigeant souvent les révoltes plutôt que de servir d'émissaire aux riches – le monde me paraît avoir bien changé. Aujourd'hui également, une assemblée d'évêques catholiques américains condamne l'impitoyable tendance de la politique fédérale à laisser l'analphabétisme, le racisme et la faim miner d'immenses secteurs de la société et je pense à l'inutilité qu'il y aurait eu à discuter de ce genre de problèmes avec les bonnes sœurs agenouillées à l'entrée du Waldorf Astoria. Elles et moi voyons enfin le même monde mais j'ai changé autant qu'elles.

Ayant terminé *Ils étaient tous mes fils* après deux ans de travail, je l'envoyai à Herman Shumlin qui avait mis en scène et produit les pièces de Lillian Hellman. Trois ou quatre jours plus tard, on me fit savoir « qu'il n'y comprenait rien ». Herman était un des plus prestigieux producteurs de Broadway, un homme sévère, à principes rigides, mais très aimable et même mielleux – du moins autant qu'il ne perdait pas patience; il l'avait apparemment perdue avec Lillian, et elle aussi avec lui. Ils s'étaient brouillés. Malgré la nécessité où il se trouvait de dénicher un nouvel auteur dramatique, ma pièce le dépassait manifestement. Impossible pour moi d'imaginer ce qui le déconcertait; faire fiasco après deux ans de travail assidu m'atteignait d'autant plus que je m'étais juré d'abandonner l'écriture dramatique si jamais *Ils étaient tous mes fils* était un échec.

Nous passions nos vacances, Mary, moi et notre premier enfant, Jane, dans un bungalow que nous louions près de Port Jefferson, Long Island, où j'avais fini d'écrire ma pièce sur la table de céramique de la cuisine. J'en avais donné une copie à mon vieil ami et voisin Ralph Bell qui avait fait ses études à Michigan et était maintenant un acteur de théâtre et de radio. Sa femme, Pert Kelton, plus âgée que lui, était née dans le show-business, avait fait partie de la troupe des Ziegfeld Follies et était à la fois chanteuse d'opéra et comédienne de Broadway. Elle lut ma pièce et la trouva formidable « comme un opéra »; ce compliment, accompagné d'un regard émerveillé, m'aida à surmonter le refus de Shumlin. Pert, à qui Charlie Chaplin avait offert, dans les années vingt, son fameux chapeau melon et sa canne en témoignage d'admiration pour l'imitation qu'elle avait faite de lui dans les Follies, avait l'esprit gouailleur des coulisses et un rire caustique. Elle étudiait la doctrine de la Christian Science pour essayer de se guérir des crises d'épilepsie dont elle souffrait. Cet été-là, en 1946, aucun de nous ne soupçonnait que quatre ou cinq ans plus tard, cette actrice devenue la vedette féminine incontestable de la plus célèbre émission de télévision du pays recevrait, à l'hôpital de Chicago où elle se remettait d'une maladie sans gravité, un télégramme lui annonçant qu'elle était mise à pied. Comme le révéla une longue suite d'enquêtes, la raison de ce licenciement était que Ralph avait participé, bien des années auparavant, à un défilé du 1er Mai. Or je savais que mon ami n'avait jamais eu la moindre relation avec la gauche mais s'était simplement joint au défilé avec quelques acteurs qui protestaient contre Dieu sait quoi cette année-là. Quant à Pert, elle n'avait jamais voté de sa vie.

Sa situation ressemblait fort à celle d'Untermeyer; la froideur brutale avec laquelle on l'avait mise à la porte l'effraya tellement que dès lors elle donna toujours l'impression de vivre un peu en cachette, malgré une carrière plutôt brillante au théâtre et au cinéma qui se poursuivit bien après que la folie des listes noires se fut évanouie. En 1946 nous ne pouvions imaginer qu'une telle liste fût possible et que le cours de sa vie et de sa carrière pût être interrompu comme on coupe un courant électrique, en laissant les fils débranchés et inutiles.

Comme je l'ai déjà dit, j'envoyai aussi une copie de ma pièce au prestigieux Leland Hayward, mon agent littéraire, en titre tout au moins. Point de réponse. Après une semaine environ d'attente, je me rendis à son bureau pour m'entendre dire qu'il ne l'avait pas lue, étant en Californie où l'on ne pouvait le joindre. Je fis savoir à sa secrétaire visiblement très inquiète, que je voulais récupérer immédiatement tous mes manuscrits et que je quittais l'agence. Si je mentionne ce détail c'est pour montrer que j'avais retrouvé une certaine confiance et que rien ne m'arrêterait désormais. Avec la fierté du désespoir, je ramassai effectivement toutes les copies de mes anciennes œuvres et m'en allai, non sans avoir cédé toutefois aux supplications de la secrétaire et laissé le manuscrit de ma dernière pièce que devait lire une certaine Mlle Brown.

Kay Brown devint mon agent et le resta pendant presque quarante ans. Elle me téléphona le lendemain à Port Jefferson pour me dire qu'elle trouvait ma pièce sensationnelle et considérait comme un honneur de s'occuper de la promouvoir; elle avait des idées sur les personnes à contacter maintenant que Shumlin n'était plus dans la course. Mary, Jane et moi rentrions à New York ce jour même. J'appuyai avec un tel enthousiasme sur la pédale de ma vieille deux portes Nash-Lafayette encombrée du couffin de Jane, de ses jouets et de nos affaires que je fis éclater un pneu au sortir du Southern State Parkway. Comme un signe de bon augure, je trouvai à quelques mètres un marchand de pneus où j'en achetai un neuf pour douze dollars, une dépense que je ne pouvais vraiment pas me permettre de faire.

J'avais entendu parler de Elia Kazan et de Harold Clurman, l'un des directeurs et l'une des personnalités les plus cultivées du Group Theatre. Le Group avait disparu cinq ans auparavant; Kazan et Clurman s'étaient associés pour produire des pièces de théâtre commerciales. Kay pensa que ma pièce pouvait les intéresser et ne pas laisser indifférente la Guilde du théâtre. Un ou deux jours plus tard, ils me demandaient chacun une option sur *Ils étaient tous mes fils.*

La directrice de la Guilde, Theresa Helburn, pouvait en appeler à ma loyauté car c'était elle qui présidait le Bureau d'aide à la nouvelle pièce quand j'avais été sélectionné pour le prix national, en 1937. La Guilde avait également produit les premières pièces d'O'Neill mais, durant les dernières années, sa réputation était devenue un peu trop « spectaculaire » pour mon goût, ce qui me mettait plutôt mal à l'aise.

Kazan et Clurman, au contraire, avaient été parmi les créateurs d'un genre mi-Stanislavski mi-spectacle militant à vocation sociale, qui se développa au cours des années trente et me fascina. Il ne me fallut pas longtemps pour pencher en faveur de leur nouvelle association, mais je n'étais pas préparé à devoir décider lequel d'entre eux ferait la mise en scène. A mon sens, Clurman avait été l'âme du Group Theatre; il avait dirigé toutes les pièces d'Odets dans les années trente et était déjà une figure légendaire pour les étrangers tels que moi. Mais on disait que Kazan était plus agressif et plus énergique dans son travail, bien que plus jeune que Clurman, son mentor, et doté de moins de références. Je connaissais à l'époque pas mal d'acteurs; ils me décrivaient Clurman comme un homme parfois inspiré mais souvent maladroit, et Kazan comme un être intelligent qui ne prenait pas de gants avec les acteurs.

Je les rencontrai dans leur bureau. Déterminer lequel je voulais pour diriger ma pièce ne fut pas chose aisée. Je me trouvais en face de deux des plus grands experts en matière de mise en scène de l'époque, si l'on peut employer cette expression. Passé les premières cinq minutes de gêne, je les aimai tous les deux. Ils ne tarissaient pas d'éloges sur ma pièce et m'étaient reconnaissants de les avoir préférés à la Guilde; c'était un triomphe pour leur nouvelle association. Il y avait dans l'air de l'énergie à revendre. Kazan ne cessait de sourire sous son gros nez, la tête rejetée en arrière comme un boxeur, et Clurman s'appuyait au dossier de sa chaise en se frottant les mains comme s'il s'apprêtait à déguster une dinde rôtie. L'atmosphère était joyeuse et impatiente. C'était encore l'époque où l'on pouvait s'imaginer qu'à l'exception de sauver la vie des gens et donc d'être médecin, écrire une bonne pièce de théâtre était la chose la plus importante que pût faire un être humain.

Dix ans me séparaient du jour où j'avais demandé à Jim Doll quelle était la durée normale d'un acte dans une pièce. A l'époque de la Crise, Harold Clurman était apparu comme le prêtre d'un nouveau genre de théâtre en lutte dénonçant l'injustice et cherchant à guérir l'esprit malade du pays. Kazan avait joué dans *En attendant Lefty* et je l'avais vu dans *Golden Boy* où il interprétait le rôle de Fuseli, le gangster qui apparaît sur le seuil de la salle de gymnastique et, regardant Luther Adler s'exercer au punching-ball, se penche en avant d'un air menaçant sans lever les talons et murmure : « Je veux un morceau de ce garçon. » Quelle interprétation fascinante, puissante et dramatique ! Et voilà que ces deux hommes briguaient l'honneur de mettre en scène ma pièce ! C'était la gloire.

J'avais jusque-là mené une vie assez solitaire, produisant à l'occasion des pièces de radio pour payer mes factures et travaillant tous les jours à la composition de *Ils étaient tous mes fils*. Je voulais que la pièce fût tendue comme un tambour. Comme toujours lorsqu'on débute, le seul fait de me rendre au bureau de production de la 57e Rue Est pour voir Clurman et Kazan interviewer les acteurs me grisait. Aucun de ceux-ci ne me paraissait pouvoir incarner les êtres « réels » que j'avais transposés dans mes personnages, les femmes étaient trop séduisantes et les hommes trop beaux. Même les plus ordinaires possédaient cette espèce d'énergie qu'ont les acteurs mais qui n'existe pas chez les gens normaux. Je redoutais que l'artificiel ne l'emportât, et je crois en avoir appris davantage sur le théâtre durant ces cinq ou six jours passés à sélectionner la distribution qu'au cours du reste de ma vie.

Kazan possédait le réel talent – qui relevait presque de l'exercice clinique de la psychologie – d'objectiver la personnalité des acteurs. Il pouvait en même temps donner l'impression d'être intimement et affectivement lié à un acteur tout en gardant ses distances pour mesurer l'effet qu'il ferait sur scène dans un rôle donné. Ceux qu'il finit par choisir étaient des comédiens qu'il connaissait et avait déjà vus jouer; leur talent d'acteur ne posait donc aucun problème. Clurman, pommadé comme un coiffeur, se chargea d'interviewer les dames, une tâche quotidienne qui le remplit d'un vrai bonheur et d'un réel enthousiasme. Il semblait ne jamais voir les défauts d'une femme, rien que ses qualités : elle pouvait bien avoir deux paires d'oreilles, qu'importait, puisque ses jambes étaient sublimes, ses yeux extraordinaires, son rire engageant. Walter Fried, le chargé d'affaires de la société, grand fumeur de cigares, n'était pas insensible non plus au défilé des belles créatures qui passaient devant son bureau, et ajoutait en zozotant ses prévisions optimistes aux prières de Clurman. Dès que le bureau se vidait, Clurman appelait sa jeune secrétaire, une autre de ses adoratrices; à genoux elle polissait ses chaussures tandis qu'il se frottait joyeusement les mains, riait sans retenue et, s'adressant à Dieu, ordonnait : « Je veux un succès, un gros succès! »

Cette exigence avait une signification historique en 1947; c'était une sorte d'hommage au Group Theatre qui n'avait cessé de s'appauvrir au cours des années et que les nécessités d'une production commerciale avaient aujourd'hui définitivement condamné. Maintenant chaque rôle allait à l'acteur qui répondait le mieux physiquement et moralement aux exigences du personnage plutôt qu'à un comédien du Group, ce qui était parfois plus nécessaire que souhaitable. Clurman commençait à prendre conscience d'un nouveau réalisme au théâtre;

ma pièce n'avait pas besoin d'une clique disposée à fermer les yeux sur quelques longs passages ennuyeux par égard pour des questions artistiques ou sociales. Malgré son apparente déception – à mes yeux du moins – de n'avoir pas été choisi pour faire la mise en scène, Clurman, dans l'un de ses accès d'enthousiasme incontrôlables, donna tout à coup un grand coup du plat de la main sur son bureau en hurlant : « Par tous les diables, voilà enfin une pièce *construite* ! »

Kazan, qui avait été le régisseur de Clurman au Group et le considérait toujours comme le père-maître, n'était pas moins chaleureux mais beaucoup plus calculateur; n'hésitant pas à regarder tout cela d'un œil objectif, quoiqu'il pût lui en coûter. Seul importait ce qu'il ferait ressentir à un public dont il ne fallait attendre aucune pitié, aucune excuse. L'esprit de Clurman en appelait implicitement à quelque haute cour de culture aux pieds de laquelle il déposait les offrandes de son talent artistique; s'il échouait dans le vrai théâtre, il croyait en une sorte de jugement transcendantal qui saurait apprécier la valeur de son travail, méprisé en ce monde. Kazan, lui, ne regardait le ciel que pour voir quel temps il faisait et jamais pour y chercher quelque soutien. Il dressait ses acteurs plutôt qu'il ne les dirigeait, marchant aux côtés de l'un ou de l'autre, une main de fer gantée de velours posée sur ses épaules. « La distribution, c'est quatre-vingt-quinze pour cent du succès », disait-il, car le public ne connaît que ce qu'il voit et entend, et non ce que l'auteur ou le metteur en scène ont essayé de régler avant. Il stimula sans relâche les acteurs pendant les répétitions de *Ils étaient tous mes fils*, tout comme je l'avais fait pour moi-même en écrivant la pièce. Un jour, il excita si fort Karl Malden – qui incarnait le fils révolté de l'avocat de l'associé injustement emprisonné de Joe Keller – que celui-ci, au comble de l'émotion, se précipita sur scène et se tint devant l'actrice qui jouait sa sœur, Lois Wheeler, incapable de dire un mot, titubant et presque au bord de la crise de nerfs. Kazan se déclara satisfait de l'avoir fait sortir de ses gonds.

Il en alla de même avec Arthur Kennedy, qui de tendre idéaliste au premier acte devait se transformer en un personnage atteint d'une formidable rage meurtrière au second, une scène que Kazan savait primordiale pour la pièce. Il avait réglé la mise en scène de façon que Ed Begley, le père coupable, soit assis, repentant, la tête dans les mains, au moment où Kennedy lui assenait un terrible coup de poing sur le dos. Après plusieurs répétitions, Begley avait le dos dans un tel état qu'il dut mettre un bandage de caoutchouc sous sa veste pour se protéger, tant le réalisme émotionnel était fort dans cette mise en scène.

Déjà presque au sommet de ses possibilités, Kazan était tout feu tout flamme à cette époque et travaillait avec assurance et discrétion. Il ne réclama qu'une seule coupure, un long monologue d'un voisin-médecin se lamentant sur la lente disparition de l'idéalisme de sa jeunesse. Je résistai longtemps jusqu'au jour où je compris que ce monologue était un exercice d'auteur plutôt que le résultat authentique d'une exigence structurale de la pièce. Kazan se fiait – bien que beaucoup moins qu'on ne le disait – aux capacités analytiques de sa femme Molly en ce domaine. A mon avis elle était très douée pour repérer les grandes lignes d'un sujet ou les structures du caractère d'un personnage mais avait une dangereuse tendance à tailler dans le vif du texte jusqu'à mettre à nu son armature. Kazan était beaucoup plus poète mais ne savait pas toujours s'il devait lâcher la bride à la fantaisie d'une pièce ou s'en tenir, pour plus de sûreté, à l'intrigue principale. D'une certaine manière – et pas seulement dans le domaine théâtral – Molly était sa conscience, un personnage sur lequel il pouvait compter mais dont il devait, de temps à autre, se libérer en douce.

La vie, pendant une réalisation de Kazan, avait cette apparence de conspiration muette que j'ai déjà décrite, à croire qu'un complot se tramait non seulement contre le théâtre mais contre la société, le capitalisme, bref contre tous ceux qui ne faisaient pas partie de la production. Les gens venaient constamment lui parler tout bas, et se chuchotaient des secrets à l'oreille avec des regards de biais. Pour moi, ce genre d'atmosphère était entièrement nouveau et très excitant, même si j'avais du mal à deviner au juste de quoi il s'agissait. Je sentais l'immense amour qu'inspirait cet homme dans ses insatiables tentatives pour déraciner la moindre faiblesse. Chacun savait qu'il faisait partie de la meilleure équipe, qu'il fallait gagner à tout prix et qu'aucune marge de sécurité n'était trop grande. Le public était un ennemi qu'il fallait vaincre et dompter comme une femme avant de l'aimer. Le chemin de la victoire n'était tracé que dans la mesure où chacun voyait avec précision le but de la pièce, sa raison d'être, en même temps que les motivations de tel acteur, la forme de sa personnalité et de son talent. Mais la virtuosité de Kazan n'était pas seulement technique; il avait appris du Group et de ses antécédents russes et européens qu'une réalisation théâtrale participe ou devrait participer de la culture d'où elle est issue et qu'il faut s'adresser non seulement à son public et à celui d'autres pièces mais aussi à la peinture, à la danse et à toutes les formes d'expression humaine par l'intermédiaire desquelles nous lisons notre époque à livre ouvert. C'est ainsi qu'on le voyait souvent envoyer tel ou tel acteur écouter un morceau précis de musique de jazz, lire un certain roman, voir un psychiatre, tandis qu'à un autre il se contentait de donner un petit baiser. De plus, bien qu'il ne parlât jamais de personnalités ou d'idées politiques, on supposait qu'il s'identifiait à l'idéalisme de gauche et que son loyalisme émotionnel et intellectuel était acquis aux travailleurs, aux gens simples et aux pauvres. Comme Odets, il portait jusque dans les années quarante et cinquante les couleurs fanées des années trente, les prolongements de cette culture antifasciste qui un jour avait uni tous les acteurs du monde.

Déjà en 1947 pourtant, on comprenait que Kazan était seul à camper sur de telles positions. Son vieil ami et codirecteur Clurman, qui avait à peu près la même façon d'envisager la vie et le théâtre, n'allait jamais au-delà de la camaraderie, une fois franchis les murs du théâtre, et ne parlait pas politique. Harold vous laissait tacitement entendre qu'il resterait à bord aussi longtemps qu'il pourrait le supporter mais que ses intérêts le pousseraient peut-être à quitter le bateau une ou deux escales avant vous. D'une façon assez étrange, tandis que Kazan était chaleureux et calme sur scène, Harold pouvait tempêter, crier et littéralement hurler à la lune; mais ses emportements ne lui laissaient jamais oublier un rendez-vous à dîner. Il était capable en même temps, sans en rien dire à personne, de rendre visite à un acteur malade et de lui tenir la main pendant des heures. Mais le travail était le travail et il était attentif à ne jamais promettre à qui que ce fût plus qu'il ne pouvait donner – peut-être même un peu moins. Bref, il portait son égoïsme en écharpe comme son cœur.

J'appris en regardant les réalisations de Kazan à reconnaître la beauté que dégage l'harmonisation des divers moyens d'expression. Quand on planta le décor pour la première fois, je fus intrigué par un monticule qui se trouvait au milieu de l'arrière-cour gazonnée et que les acteurs étaient obligés de contourner pour ne pas tomber. Les femmes étaient particulièrement désavantagées parce que leurs talons s'y accrochaient. Je demandai à Kazan pourquoi on l'avait placé là. Cachant mal un sourire agacé, il me dit calmement :

– C'est une tombe.

– Une tombe? Dans une arrière-cour?

– Mais le décor doit exprimer l'idée d'un cimetière. Je le crois du moins mais n'en suis pas sûr, peut-être que Max a raison. Va lui demander de t'expliquer et rapporte-moi ce qu'il t'aura dit.

Mordecai Gorelik, connu sous le nom de Max, était lui aussi un vétéran du Group, un génie coléreux qui dessinait des décors toujours parfaitement agencés – du moins dans son esprit – autour d'une affirmation métaphorique dans laquelle était condensée l'image centrale de la pièce, qu'il s'agisse du cabinet d'un dentiste, d'un gymnase ou de tout autre endroit. J'allai le trouver, rongé d'inquiétude à l'idée que les acteurs risquaient de trébucher sur ce petit tertre et de porter préjudice à ma pièce. Cet Abraham sans barbe, ce fanatique raide comme un bâton, doté de l'assurance d'un terroriste et du sourire vengeur d'un ange couvert de sang quand il démolissait les arguments d'un antagoniste, s'exclama :

– Trébucher? Je n'ai vu personne trébucher.

– Si, légèrement, et du coup, ils manquent d'assurance.

– En ce cas, parlez-en au metteur en scène, le manque d'assurance c'est son affaire.

– Mais enfin, Max, pourquoi un monticule pareil en plein milieu de la scène?

– Vous avez écrit une pièce de cimetière, rétorqua-t-il aussi catégoriquement que s'il lisait clairement chaque mot dans mes yeux, et non pas un rapport quelconque. La pièce se situe dans le cimetière où est enterré le fils des protagonistes; ce tertre représente aussi leur conscience ensevelie qui essaie de les atteindre du fond de la terre. Même si ça gêne les acteurs, cela leur rappellera constamment le vrai sujet de la pièce. Je maintiens le tertre.

Je dus petit à petit reconnaître que ce monticule donnait une unité indéfinissable au jeu des acteurs et lorsque l'un ou l'autre trébuchait, cela l'aidait peut-être à se souvenir que la pièce traitait de la mauvaise conscience. De toute façon, efficace ou non, il fallait y croire car Max nous terrorisait tellement qu'aucun de nous n'était prêt à l'affronter... C'eût été commettre un acte suicidaire!

Kazan, Clurman, Gorelik, Arthur Kennedy, Karl Malden étaient tous liés au Group, aujourd'hui disparu, mais dont l'influence – quelque déformée et compliquée qu'elle fût – se fit encore sentir pendant des décennies et s'étendit bien au-delà des frontières des Etats-Unis. Je prenais inévitablement leur idéalisme plus au sérieux qu'eux mais je n'étais pas acteur et pouvais me permettre de me laisser attrister par des signes d'opportunisme. Eux devaient gagner leur vie et quand la chance et l'argent leur souriaient, beaucoup d'entre eux sautaient dessus avant qu'il ne soit trop tard. Au cours des répétitions, ils avaient l'air de former une équipe de football, se soutenant les uns les autres, se donnant mutuellement des conseils ou se critiquant, le principe du Group étant d'assurer la cohésion d'un ensemble contre le vedettariat considéré comme le symptôme du cynisme artistique.

La première représentation de la pièce, à New Haven, accrocha le public et réveilla l'idéalisme affaibli des années de guerre; la perspective de voir un travail aussi sérieux devenir un succès populaire poussa les acteurs à rechercher fiévreusement le moindre détail qui pût contribuer à l'efficacité de l'ensemble. Quand on en vint à jouer à Boston et à New York, la pièce se propulsait déjà comme un boulet lancé sur une trajectoire nette et droite qui clouait les spectateurs dans leur fauteuil.

Il faut longtemps pour accepter l'idée que la célébrité n'est qu'une autre forme de solitude. En ce temps-là, l'écriture dramatique était considérée comme un métier autant qu'un art; une pièce sérieuse qui remportait pourtant un succès à Broadway représentait un exploit d'autant plus enviable que presque toutes les tentatives de ce genre étaient normalement vouées à l'échec. Je n'étais plus désormais celui qui observe mais celui qu'on observait; pourtant, au début, je niais que cela pût changer quoi que ce soit dans ma vie. Voilà pourquoi, un mois ou deux après la première à Broadway de *Ils étaient tous mes fils*, je me fis embaucher à l'usine de Long Island City, pour maintenir une certaine continuité avec mon passé. Je passais la plus grande partie de la semaine à trimer devant un comptoir circulaire aux côtés de six ou huit hommes ou femmes qui debout, silencieux comme des prisonniers, assemblaient des planchettes de séparation dans des caisses en bois destinées au transport des bouteilles de bière pour un salaire de famine de quarante *cents* l'heure alors que ma pièce me rapportait environ deux mille dollars par semaine. Au bout de quelques jours, le caractère irréel de cette fuite hors de moi-même vers un autre moi-même me vida de toute énergie; je donnai ma démission. Je suppose que, sans m'en rendre compte, j'essayais simplement de m'intégrer à une communauté au lieu d'accepter l'isolement qu'apporte la renommée. Mais en fait, il n'y avait aucune affinité entre ces ouvriers et moi; ils n'avaient jamais pénétré dans un théâtre et n'y entreraient probablement jamais. Si, au plus haut niveau, je croyais être leur porte-parole, c'était pure imagination de ma part et ils ne l'auraient sûrement pas compris.

Je réagissais surtout à ma réussite comme j'avais réagi vis-à-vis de mon frère, et cette double contradiction était aussi impossible à reconnaître ouvertement qu'à ignorer. Je voulais et ne voulais pas dépasser mon frère ou plutôt le petit garçon en moi ne le voulait pas, bien qu'il sentît parfaitement la fierté qu'éprouvait Kermit devant ses succès. Mais c'est dans la tête qu'on bâtit sa première église et, là, les dieux regardent dans deux directions. Ayant déposé aux pieds de l'idole une semaine de mon maigre salaire pour un travail abrutissant, je rentrai chez moi et repris ma vie d'écrivain. J'avais réglé certains comptes avec *Ils étaient tous mes fils* qui, en fait, était ma seule pièce bien ficelée parmi sept ou huit autres d'une forme moins stricte et beaucoup plus poétique. J'espérais maintenant élargir mon champ de vision et aborder un chemin qui me conduirait, je l'imaginais du moins, au fond de mon propre chaos.

L'expérience tentée à l'usine d'assemblage de boîtes n'était pas la première que je faisais pour essayer de rompre l'isolement de l'écrivain. L'année passée comme volontaire au chantier naval durant la guerre était en partie l'expression de ce besoin de communauté que j'éprouvais car, à la vérité, je participais beaucoup plus à l'effort de guerre de mon pays en travaillant à la radio pour diverses agences gouvernementales qu'en faisant n'importe quelle réparation de bateaux. Je quittai le chantier au début de 1943, quand Herman Shumlin me recommanda à Lester Cowan, un producteur de Hollywood en quête d'un jeune auteur capable de lui rédiger le script de *Here is your war*, une série d'articles écrits par le plus aimé des correspondants de guerre américains, Ernie Pyle, de *United Press*. Deux ans me séparaient encore de la réalisation de *l'Homme qui avait toutes les chances*; j'étais totalement inconnu mais le prestige de directeur de production de Shumlin poussa Cowan à me proposer sept cent cinquante dollars par semaine pour imaginer un scénario de film basé sur le livre de Pyle. Bien plus tard, ce projet se réaliserait enfin sous la forme de *l'Histoire de GI Joe*, mais seulement après que quatre ou cinq autres écrivains auraient retouché, transformé, restructuré mon script original qui racontait l'histoire d'une compagnie d'infanterie et de ses activités pendant la guerre.

Avec mes préjugés qui m'empêchaient de considérer les scénarios comme des œuvres d'art – on les écrivait avec la volonté, pas avec l'âme – je trouvais difficile de me sentir plus que techniquement engagé dans l'affaire, mais j'allais en apprendre bien davantage que prévu pendant les mois qui me verraient aller de Fort Benning à Camp Campbell et à une douzaine d'autres camps d'entraînement; j'essayais de comprendre les soldats et cette guerre que seule une poignée de cadres, revenus du combat pour en instruire d'autres, avait expérimentée jusque-là. Sur le théâtre européen des opérations, notre seul engagement sérieux avait eu lieu en Afrique du Nord, lors de la bataille de Kasserine, où les Allemands nous avaient sérieusement malmenés.

Contrairement à ce qui allait se passer par la suite en

Corée et au Vietnam, je ne me rappelle pas avoir vu les conducteurs de chars, les pilotes de planeurs, les parachutistes et les fantassins douter un seul instant de la victoire finale; ce n'était qu'une question de temps; pour beaucoup d'entre eux, l'armée était un moyen incontestable de sortir de la vie médiocre engendrée par la Crise, à laquelle la majorité retourneraient sûrement dès la fin des hostilités. Je ne cessais de chercher en eux quelque conception idéologique plus élevée, mais la guerre n'était pour eux guère plus qu'une partie de football qu'il fallait gagner par amour-propre. Je n'en écrivis pas moins un reportage sous le titre de *Situation normale* – mon premier livre publié – dans lequel j'essayais de découvrir chez ces hommes de plus nobles aspirations. En fait, la minorité qui cherchait à cette guerre une autre explication que la simple réponse des Américains à l'attaque japonaise, finit par imaginer que quelqu'un savait sans doute ce qui se passait. Même s'il en était ainsi, ce monde était très éloigné du nihilisme de la guerre du Vietnam ou de Corée. Bien qu'incapables de l'énoncer verbalement, tous partageaient la conviction que le respect humain était en jeu dans ce massacre général, le plus grand de l'histoire.

Mon scénario reflétait la méfiance que je nourrissais instinctivement à l'égard du vedettariat. J'essayais de faire de chaque homme du bataillon le centre de la guerre, tous d'égale importance. Après avoir travaillé cinq à six semaines seul chez moi, accumulant plus de cent cinquante pages manuscrites, je fus convoqué à Hollywood par Cowan. Mais il me fallut d'abord l'accompagner à Washington pour rencontrer les chefs de l'armée de terre et leur expliquer notre film; il exigeait en effet la coopération de l'armée et de ses équipements, sans parler de plusieurs sous-marins et d'une escadre de bateaux de guerre. Pourquoi cette flottille, je n'en avais pas la moindre idée, n'ayant écrit aucune scène de bataille navale, mais Cowan agissait de façon mystérieuse. Ancien entraîneur de basket-ball de l'Ohio, il était petit, avec un nez aplati et un sourire qui le faisait ressembler à une tranche de melon.

Plus naïf que jamais, je passai à Washington trois jours et trois nuits à me laisser présenter à des généraux, des colonels, tous persuadés que ce film allait les rendre célèbres dans le monde entier, bien qu'il n'y eût, dans le scénario, aucun personnage de leur grade, ce que je me gardai bien de mentionner. Malgré la guerre qui exerçait partout ses ravages, Cowan pouvait décrocher le téléphone et rassembler en un rien de temps quantité d'officiers du plus haut rang qui venaient m'écouter disserter interminablement sur ce film dont le principal mérite, répétait-il à qui voulait l'entendre, était de mettre « le GI au premier rang de la guerre et de montrer qu'il était au centre de l'histoire », une conception étonnamment nouvelle à laquelle ils ne pouvaient que donner leur assentiment patriotique! Je grinçais des dents, faisant chaque jour des efforts pour ne pas m'enfuir.

Mais Washington avait aussi son pathos. Joe Liss, un ami, dialoguiste de radio, qui travaillait à la bibliothèque du Congrès dans le département du folklore, m'emmena dîner avec sa femme et une de leurs jeunes amies dont le mari avait été porté disparu quelques mois auparavant, à Mourmansk. Son contre-torpilleur avait été soit endommagé soit coulé en escortant vers la Russie des navires de transport chargés d'approvisionnement au titre du prêt-bail. Le visage bouleversé de cette femme donnait soudain à la guerre toute sa réalité. Elle allait presque quotidiennement s'informer auprès d'un des bureaux de la Marine, comme s'il y avait encore quelque espoir de retrouver son jeune mari. Je dansai avec elle. Elle me confia qu'elle couchait maintenant avec des marins. Je trouvai cet aveu étonnant et très touchant; il me persuadait qu'à travers eux elle cherchait à plonger jusqu'au fond de la mer où son bien-aimé reposait, mort. J'avais envie de coucher avec elle, moi aussi presque aussi excité par la poésie de l'idée que par son corps, qui, pourtant, n'était pas conforme à mon idéal de beauté.

Mais la mort l'avait effleurée et l'avait rattachée sensuellement à la vie, au sexe, et lui avait donné le goût de la catastrophe. Ma propre vulnérabilité, contre laquelle je me protégeais soigneusement d'habitude, répondait à la sienne et je compris que mes sentiments n'étaient sûrement plus aussi nobles que je voulais bien le croire.

J'étais si absorbé par moi-même que, pendant le long trajet qui nous mena à Hollywood, je parlai allégrement à Mary de mon attirance pour cette jeune femme, affirmant que si je n'avais pas été marié j'aurais volontiers couché avec elle. Ce n'était pas du tout une déclaration explosive et, dans un autre contexte culturel, un tel aveu aurait pu passer pour une niaiserie masculine de plus ou un simple renseignement sur la nature humaine; mais ma femme réagit avec un tel dégoût et une telle répugnance – comme si j'avais voulu me servir d'une brosse à dents trouvée dans les toilettes d'un train – que sa confiance en moi et la mienne en elle furent sérieusement secouées. Certes la réaction de Mary était stupide et exagérée, mais elle n'en avait pas moins dévoilé une vérité. J'avais divulgué un aspect de ma nature presque absent de notre mariage. Comme la plupart des révélations de ce genre, celle-ci m'atteignit de plein fouet et notre arrivée à Hollywood fut triste et tendue.

Cependant, mon optimisme congénital balaya bientôt ce nuage; je croyais fermement à la permanence du mariage et, à vingt-cinq ans passés, je n'avais vu aucun de mes amis divorcer. La banalisation du mariage par les Américains n'était pas encore un fait reconnu et je me sentais le cœur lourd d'avoir si bêtement et si inutilement ébranlé le mien.

Je travaillais – ou essayais de le faire – dans un bureau des General Service Studios, un bâtiment d'un étage plein de couloirs, dont les fenêtres donnaient sur une grande pelouse au-delà de laquelle s'élevaient d'immenses studios où l'on tournait deux ou trois films. On distribuait des copies de mon scénario à divers réalisateurs; l'un d'entre eux avait participé au périlleux raid de commando britannique sur Dieppe; tous les jours il venait voir Lester et parlait en tête-à-tête avec lui. Au bout de quelques semaines, il me prit à part et me demanda si j'étais payé, car lui ne l'était pas. C'était le premier de ceux, fort nombreux, dont on pomperait les idées avant de les laisser s'en aller, saignés à blanc. En même temps, Lester me faisait envoyer par l'armée un malheureux soldat après l'autre pour me raconter ses expériences de guerre dont aucune ne convenait à mon scénario. Je finis par avoir honte de voir ces garçons, excités à l'idée de participer à un film, passer des journées entières dans la salle d'attente avant de s'en aller d'un pas traînant.

Un soir enfin, Laurence Stalling fit son apparition. Il était l'un des dialoguistes de cinéma les plus connus, co-auteur avec Maxwell Anderson de *Wath price glory?* et auteur d'autres films de guerre au nombre desquels celui que je préférais quand j'étais adolescent : *la Grande Parade.* Ayant perdu une jambe au cours de la Première Guerre mondiale, il boitait, ce qui, à mes yeux, renforçait son autorité martiale. Tandis que le chauffeur nous conduisait solennellement dans le crépuscule de Hollywood, je me sentais privilégié d'avoir réussi à me frayer un chemin dans cette vie et cette profession où je pouvais mettre mon talent au service de la guerre antifasciste.

Stalling parlait d'une voix douce et plutôt amicale.

– Votre scénario est étonnamment bon si l'on considère le fait que vous n'ayez jamais participé à une bataille. Le parti pris de ne donner la vedette à aucun gradé pourrait être assez émouvant et imposer graduellement l'image d'une compagnie ou même d'une armée. C'est une manière inhabituelle d'aborder le sujet, que je n'avais jamais rencontrée avant vous.

Nageant dans le bonheur, je lui expliquai que j'avais voulu symboliser l'idéal démocratique de la guerre en insistant sur l'importance du groupe. J'allai même plus loin et fis remarquer le tournant, alors incroyable, que prenaient les événements sur le front de l'Est où les Russes semblaient être en mesure de repousser les Allemands qu'on croyait jusqu'alors les seuls à pouvoir gagner la guerre vu leur supériorité technique et leur compétence militaire.

– C'est leur attachement à une idéologie qui a aidé les Russes à faire la différence, dis-je.

– Ce n'est pas tout à fait exact, me répondit-il avec le sourire averti d'un aîné. Ils utilisent maintenant les régiments de la garde nationale. Or un membre de ce corps d'armée ne pense pas au socialisme; il est là, avec sa moustache et son uniforme particulier, et il ne reculera pas, parce qu'il est un soldat de la garde nationale. C'est une chose à laquelle vous devez faire attention dans votre scénario; n'essayez pas de vouloir lui en faire trop dire. Dans une bataille il n'est pas question de croyances ou d'idées; il s'agit de soi, de son copain, et d'essayer de ne pas en sortir comme un enfoiré ou un lâche. La guerre, c'est le monde entier transformé en un immense tripot d'ivrognes. Et puis, j'ai autre chose à vous dire.

Je me rendis compte alors que Lester lui avait demandé de me parler. Notre conversation n'était pas innocente. Le vrai sujet en était les chances d'avenir de mon projet; le travail que j'avais fait pendant des mois était soudain dans la balance. Stallings reprit :

– Jamais ils ne réaliseront votre scénario dans sa forme actuelle.

J'étais atterré. Pourquoi ce refus puisque Lester paraissait si enthousiaste?

– Il a raison d'être enthousiaste. Votre scénario est très bien conçu. Mais, Arthur, tous les films de guerre sont les mêmes; on y trouve toujours un grand type et un petit; s'ils sont de tailles différentes c'est pour qu'on les reconnaisse rapidement dans les scènes enfumées de bataille. Et puis, il y a une fille pour laquelle l'un des gars en pince sérieusement mais elle aime l'autre et elle finit par le conquérir. A la fin, ils sont tous deux obligés de la laisser tomber parce qu'elle est étrangère. C'est à vous briser le cœur! On peut aussi s'arranger pour que l'un d'eux soit blessé, de préférence au bras, ou qu'il ait une plaie à la tête qui nécessite un pansement.

La voiture s'arrêta devant la maison que j'avais louée. Stallings effleura mon genou et murmura :

– Vous pourriez arranger ça. Essayez!

Je regardai l'auto disparaître dans le bleu sombre de la nuit. Debout, dans l'humidité sensuelle de Hollywood, je me sentais gêné d'avoir gâché inutilement tant d'espoir et d'efforts; car je n'avais aucune envie de faire un remake de *la Grande Parade* car c'était cela l'histoire que Stallings venait de me raconter. Je me sentais lié par la promesse que j'avais faite à Ernie Pyle de ne présenter sous des couleurs séduisantes ni les hommes qu'il aimait ni lui-même, et de ne jamais faire le genre de film qu'on venait de me décrire.

Toutes les grandes compagnies de cinéma avaient cherché à obtenir les droits du film *Here is your war* mais Cowan, un indépendant, avait obtenu – provisoirement comme je l'appris par la suite – l'accord de Pyle, parce que lui seul s'était engagé à ne pas mettre Pyle en vedette mais uniquement les soldats. Pyle occupait une place étrange dans l'esprit du public; les familles de soldats désespérément en quête de nouvelles lisaient chaque jour ses articles, bien davantage que ceux des autres correspondants de guerre, parce qu'il donnait toujours les noms et adresses des gars qu'il rencontrait outre-mer. De fait, il partageait non seulement les dangers que ceux-ci couraient mais voyait plus de combats que la plupart d'entre eux, se déplaçant d'un régiment à l'autre afin de rester au cœur de la bataille quand on retirait les troupes du front pour les remplacer par des fraîches.

Pyle ne recherchait pas les personnages pittoresques ni les hommes d'une grande conscience patriotique. Tuer était une catastrophe humaine sur tous les fronts. Avant la guerre il avait parcouru le Midwest avec sa femme, dans sa petite Ford, parlant à Monsieur Tout-le-monde, rassemblant les histoires les plus courantes et les émotions les plus banales qu'il faisait partager à ses lecteurs. L'atmosphère de ses chroniques quotidiennes était affable, chaleureusement humoristique, provinciale. La guerre n'était rien d'autre que la vie de tous les jours à laquelle venait s'ajouter la mort subite.

Jusqu'à la visite que je lui fis à Albuquerque, Nouveau-Mexique, j'ignorais complètement que Pyle eût refusé de signer tout contrat avec Cowan avant d'avoir lu le scénario. Mais à l'époque, quelques mois avant ma fatale conversation avec Stallings, je n'avais rien d'autre à lui montrer que quelques séquences et des notes détaillées sur des scènes que je n'avais pas encore écrites. Assis près de lui dans son salon d'Albuquerque, je me rendais compte petit à petit qu'on m'avait délégué auprès du meilleur reporter d'Amérique pour le convaincre de l'intégrité de Cowan et des hautes visées du film. Comme le roi des innocents, en l'occurrence, j'avais d'abord séduit les huiles de l'armée et maintenant c'était le tour de Pyle, une tâche beaucoup plus difficile car pour lui, le seul mot « Hollywood » signifiait imposture.

Le C-47 sur lequel j'avais volé jusqu'à Hollywood atterrit tout souillé de mes vomissures et de celles d'une douzaine de pilotes de chasse de la marine venus en permission du Pacifique. Un orage magnétique survenu au-dessus des Rocheuses avait fait tournoyer l'avion dans les airs; ses plongeons et ses remontées de plusieurs centaines de mètres en quelques secondes faisaient vibrer les ailes; une fois même, l'appareil frôla la cime des arbres sur un des versants de la montagne. Seule une passagère, âgée de plus de soixante ans, assise sur un siège à part et qui lisait un journal presque la tête en bas en croquant des tablettes de chocolat aux amandes, ne fut pas incommodée. Nous avions été si sévèrement malmenés que les pilotes continuèrent leur chemin par le train. Une fois au sol, je ne cessai de me tordre les chevilles, comme tous les autres passagers, en gagnant à pied l'unique bâtiment de l'aéroport où je m'assis en attendant qu'un taxi envoyé par Pyle vienne me chercher. Dès que je fus à l'hôtel, je me couchai mais mes jambes ne cessaient de se dresser toutes seules à la verticale. Je m'assis puis me recouchai mais le même phénomène, impossible à contrôler, se reproduisit. Finalement je m'étendis sur le côté, les jambes à angle droit de mon corps. Une semaine plus tard, attendant à l'aéroport le vol qui devait me ramener à New York, Ernie me présenta à la jeune femme qui tenait la boutique des souvenirs; elle me reconnut tout de suite :

– J'ai cru que vous alliez avoir une attaque la semaine dernière et j'étais sur le point d'appeler une ambulance quand votre taxi est arrivé. J'étais persuadée que vous ne pourriez ni vous lever ni marcher. Vous aviez l'air mort!

Comme cela se produit souvent avec les héros américains, Pyle était un homme torturé, peu sûr de lui et tourmenté par un sentiment de culpabilité. De constitution délicate, les cheveux d'un blond-roux si clairsemés qu'il avait presque l'air chauve, doux et effacé, il semblait vraiment le dernier homme au monde à devoir s'impliquer volontairement dans une bataille. Il vivait avec sa femme, actuellement à l'hôpital pour un traitement de désintoxication alcoolique – il insista sur le mot. Ils habitaient dans l'un des vingt ou trente pavillons d'un lotissement récemment construit en bordure de la ville. L'endroit semblait étouffant et sans joie mais, quand on sortait de la véranda, on avait une vue imprenable sur le Nouveau-Mexique et ses couleurs extraordinaires, toujours changeantes, toujours nouvelles, dignes des plus grands peintres. Les promenades que nous faisions après le dîner, au crépuscule, nous menaient dans la rue principale déserte; parfois une voiture passait, soulignant par contraste le silence étonnant de la petite ville. Un soir, nous vîmes un Indien solitaire debout au coin d'une rue, un paquet sous le bras, le regard fixé sur le soleil couchant. Je crus qu'il attendait que les feux de circulation changent de couleur, mais quand cela se produisit, il resta immobile. Bien des années plus tard, je l'introduisis dans le scénario des *Misfits* mais ce symbole des personnes déplacées irrita John Huston; il ne fit que passer rapidement devant lui avec la caméra sans vraiment enregistrer son image. Je suppose que le symbolisme de cet homme était trop particulier pour signifier quoi que ce soit aux autres.

Au cours de ces soirées baignées de lueurs bleutées, je me rendis compte que Cowan se servait de moi pour obtenir d'Ernie qu'il signe son contrat. J'informai donc ce dernier que je n'aurais aucun contrôle sur la forme finale du scénario et qu'il ne devait sous aucun prétexte fonder sa décision sur l'impression favorable qu'il pouvait avoir de moi. Mais il désirait tellement immortaliser le GI américain qu'il se persuada que ma présence était une garantie contre toute altération du scénario. Extrêmement flatté, je me convainquis de l'exactitude de ce raisonnement et nous nous laissâmes tous deux bercer par cette douce illusion.

Un jour, je lui racontai le thème de ma pièce *l'Homme qui avait toutes les chances*; elle venait d'être sélectionnée pour être montée l'année suivante. Assis devant le feu dans son salon succinctement meublé, je jouai pour lui tous les rôles, faisant en cours de route quelques retouches; petit à petit son visage prit une expression d'étonnement et de surprise. Quand j'en eus terminé, il me demanda :

– D'où avez-vous tiré cette histoire?

Je lui répondis que je l'avais inventée en m'inspirant des traits de caractère d'une amie de ma femme.

– Mais c'est l'histoire de ma vie! s'écria-t-il.

Il se décrivait comme un homme trop timide et trop modeste pour avoir jamais osé imaginer devenir un jour le reporter vedette qu'il était aujourd'hui. En réalité, sa nature profonde l'avait poussé à avoir l'heureuse idée de visiter avec sa femme les petites villes; il avait ainsi pu écarter les histoires exceptionnelles et fuir le besoin qu'éprouvent en général les journalistes d'en imposer aux gens. L'image qu'en avait le public était celle d'une paire de copains romantiques savourant ensemble les vérités éternelles, si rarement célébrées, de la majorité silencieuse. La chance, disait-il, ne l'avait pas quitté tout au long de son existence et il n'avait jamais compris pourquoi sa vie professionnelle avait été une telle réussite. Tout au fond de lui-même se cachait la certitude que le malheur attendait le moment le plus imprévu pour surgir.

Nous buvions et nous réchauffions mutuellement en nous racontant nos vies si miraculeusement intéressantes, quand, les yeux fixés sur le feu, il se mit à me parler longuement d'une expérience qu'il avait vécue en Italie. Un jour, il était tombé sur « un tas de cadavres de soldats italiens et allemands, empilés les uns sur les autres, qui avaient dû être tués à peu près en même temps parce que la *rigor mortis* les avait saisis au moment où ils avaient tous d'énormes érections. Certains de leurs pénis avaient fait sauter les boutons de leur braguette. Il y en avait bien deux cents, couchés face au ciel ». Je me souvins avoir lu la chronique qu'il avait écrite à ce sujet et dans laquelle il n'avait évidemment pas mentionné les érections. Evitant mon regard, il murmura :

– J'ai eu cet accident quand j'étais jeune...

Il s'interrompit avant d'ajouter l'inutile.

C'était maintenant à mon tour de me confesser; je me surpris à raconter l'épisode de la femme de Washington dont le mari s'était à jamais abîmé au fond des mers. Il me coupa rapidement la parole, ayant compris d'avance ce que j'allais dire.

– Ne faites jamais une chose pareille. Le mariage est ce qui compte le plus au monde. Les histoires de sexe, ça ne mène nulle part... On se croit obligé de faire l'amour alors qu'en fait ce n'est pas vrai... Votre femme m'a l'air d'être une personne formidable...

La profondeur et la candeur de sa bienveillance à mon égard me surprirent tout à coup. Je me dis qu'il enviait sans doute mon bonheur physique.

Mais ce soir-là et ceux qui suivirent, il m'apprit quelque chose de beaucoup plus important : son refus de haïr les soldats ennemis, des hommes piégés comme les nôtres dans cette tuerie. A travers sa vision respectueuse et douloureuse d'un désastre humain qui transcendait la politique, se révélait pour la première fois à mes yeux sa nature tragique. De là l'obligation que je ressentis de ne jamais trahir ses espoirs de me voir réaliser un film valable qui ne parlerait certainement pas d'un grand type, d'un petit type et d'une fille.

De retour à Brooklyn quelques jours plus tard, je reçus un coup de téléphone de Lester m'annonçant que Ernie avait signé le contrat et que le film était maintenant « définitif » – comme s'il m'eût jamais laissé entendre le contraire – et que United Press organisait une réception à laquelle j'étais convié par Lee Miller en personne, responsable de l'organisation, et dont Ernie serait évidemment la vedette. Je pris le métro en essayant d'oublier le réalisme dont Stallings avait fait preuve quelques semaines plus tôt et en me réjouissant à l'idée de revoir Pyle.

Il était plus de dix heures du soir quand, dans les bureaux de United Press, on s'arrêta de boire assez longtemps pour que dix à douze d'entre nous puissent filer au Club 21 pour dîner. Là, dans la salle à manger déjà à moitié vide, assis seul à une table, mâchonnant les miettes d'un morceau de pain, se tenait un autre héros américain, John Steinbeck. Vieil ami de Miller qui l'avait envoyé en Russie et ailleurs comme correspondant, il insista pour que nous nous joignions à lui.

Je n'avais jamais encore rencontré Steinbeck et fus frappé de ce que, à l'instar de Pyle, il rougissait facilement, et qu'au contraire de ce dernier, il semblait vouloir s'épanouir physiquement pour offrir l'image d'un solide et chaleureux héros de western; sa profonde sensibilité se cachait derrière un esprit agressivement cynique qui touchait parfois à la cruauté. Dans *The Red Pony, Des souris et des hommes, The Daughter* et bien entendu *les Raisins de la colère,* il avait écrit des scènes gravées dans l'âme de l'Amérique comme le profil d'un Indien sur une pièce de monnaie. Je fus légèrement déçu de le découvrir en train de perdre son temps dans ce lieu décadent. Assis, comme de juste, à l'extrémité de la table, je n'eus pas l'occasion de bavarder avec lui. Pyle ne buvait ni ne mangeait; pour quelque obscure raison il avait perdu le goût de faire la fête. Quand on apporta l'addition, Steinbeck s'en empara; seules les protestations de Miller affirmant que le dîner était aux frais de United Press réussirent à l'ébranler suffisamment pour qu'il accepte de tirer à pile ou face. Il perdit à ce petit jeu et dut payer les quelques centaines de dollars dus. Ce geste parut excessif et créa une certaine gêne parmi les convives pendant qu'il réglait la chose avec le maître d'hôtel.

Sur le trottoir, Pyle me prit à part et me dit :

– J'espère que vous vous en tiendrez à ce que nous avons décidé. Ne les laissez pas tout gâcher, je vous en prie.

Je promis de faire tout mon possible. Il me confia qu'il me voyait sans doute pour la dernière fois avant l'achèvement du film; il avait, en effet, décidé de retourner outre-mer malgré les supplications de Lee Miller qui estimait l'avoir vu prendre suffisamment de risques et lui conseillait de passer le reste de sa vie chez lui à faire ce qui lui plairait pour UP. Dans ses yeux se lisait la profondeur de son désarroi, d'autant plus grand qu'il se manifestait à l'issue d'une soirée de fausse gaieté. Nous nous serrâmes la main. En 1945, au cours de l'invasion de Ie Shima, une petite île au large du Japon, il fut tué d'un éclat d'obus dans la tête, au fond d'un terrier. Il en avait eu tout à coup assez d'avoir toutes les chances!

Peut-être ne pouvait-il supporter l'idée de survivre à ses morts ou à son temps.

Je remontai la Sixième Avenue avec Steinbeck jusqu'à son appartement. Quelque chose de presque frénétique trahissait son anxiété et son mécontentement de lui-même. Son ivrogne de femme était récemment tombée du balcon de leur appartement et il était la proie d'un conflit commun à toutes les célébrités : le plaisir de se confier et la méfiance à l'égard de tout confident. Il m'avait fait penser à un provincial maladroit sorti de son élément, en s'emparant de l'addition comme un rustaud; jamais un écrivain de New York n'aurait songé à payer le dîner de dix personnes qu'il n'avait pas invitées; cela relevait du manque d'assurance plus que d'une confiante noblesse. Sans pardessus malgré le froid il semblait prendre plaisir à affronter le vent tandis que nous marchions vers le parc. Il avait l'air d'un géant enchaîné, l'image même d'un homme fait pour le soleil, l'eau et la terre mais complètement déplacé sur les trottoirs de la ville ou en compagnie de gens raffinés. Son visage n'était plus rouge d'embarras et il avait cessé de ricaner d'un air moqueur et méchant devant certaines vérités concernant les gens – au restaurant il avait passé son temps à s'esclaffer ironiquement – mais il était toujours nerveux, malheureux et agité. Je ne savais pas encore qu'il venait de rompre avec sa femme et j'étais stupéfait de voir que l'auteur d'une prose aussi précise et colorée pût se montrer si peu sûr de lui-même.

Je souhaitai bonne nuit à Steinbeck et gagnai la station de métro. En attendant que les portes du train presque vide se referment, je vis un vieux Juif orthodoxe entrer précipitamment, serrant contre lui l'inévitable paquet enveloppé de papier brun retenu par une ficelle. Il avait une longue barbe blanche et un chapeau de feutre noir à large bord, les *payèss* traditionnelles et toute l'anxieuse énergie des survivants. Les hommes de ce genre ont toujours l'air d'être l'incarnation de certains atavismes, les fossiles d'un passé mort depuis longtemps. Mon père avait rencontré des Juifs orthodoxes dans la confection et s'irritait toujours quelque peu de leur manière de vivre; tantôt il les accusait de recueillir des aumônes, tantôt d'être trop forts en affaires, un reproche que je trouvais difficile à entendre.

L'homme semblait suer d'inquiétude en parcourant du regard les voyageurs. Finalement il choisit de venir s'asseoir près de moi. La rougeur de ses joues me fit penser aux fards qu'avait piqués Steinbeck au restaurant. C'était vraiment une soirée pleine de gens anxieux. Soudain le bonhomme se pencha vers moi et, les lèvres tout contre mon oreille, murmura :

– Vous êtes juif?

– Oui.

– Vous êtes juif? répéta-t-il, à la limite de la défiance et de la confiance, cherchant sans doute à se rassurer davantage.

– Je vous ai dit que oui.

Ses yeux s'agrandirent d'appréhension en se lançant la tête la première dans le sujet qui l'angoissait :

– Ce train s'arrête-t-il à Canal Street?

J'eus envie de rire et hochai la tête : oui, il s'y arrêtait. Il parut soulevé de bonheur, ce qui me soulagea du même coup. Je sentais la chaleur de son corps à travers la manche de mon vêtement. Que des gens comme lui puissent être pourchassés comme des bêtes me paraissait encore une fois inconcevable. Je décidai de venir à bout de tous les problèmes de mon scénario et de m'assurer qu'il apporterait force et soutien à nos hommes qui se battaient contre l'ennemi; à chacun des personnages je ménagerais la possibilité d'exprimer son point de vue et d'avoir sa place dans le film.

De retour à Hollywood quelques semaines plus tard, je fus découragé de trouver un autre metteur en scène putatif errant dans les bureaux de Cowan, lui aussi sans salaire. Un après-midi, je regardais par la fenêtre du studio pour passer le temps, lorsque apparurent soudain sur la pelouse verdoyante, comme dans un rêve, une vingtaine de girls superbes portant toutes la même gamelle de métal; elles s'assirent sous une arche grecque, haute comme un bâtiment de deux étages, blanche, soutenue par des colonnes doriques, restes d'un décor quelconque, et se mirent à manger. Leur visage était peint d'un côté en vert, de l'autre en blanc, couleurs qui s'harmonisaient avec leurs collants et leurs chaussures également bicolores. Par moments l'une ou l'autre se levait et se déplaçait sur de ravissantes jambes de gazelle pour aller bavarder avec une camarade. Elles étaient trop loin de moi pour que je les entende; le silence pesait sur la scène et y ajoutait quelque chose de fantastique. Un tracteur surgit, tirant une cage de cirque montée sur roues dans laquelle se tenait un énorme ours brun. Le tracteur s'arrêta au milieu des filles qui riaient et faisaient de grands signes joyeux à l'ours; impassible, celui-ci les regardait comme si lui aussi vivait un rêve.

Une encombrante vieille Minerva décapotable conduite par un chauffeur en livrée, vint, toute rutilante, stopper à quelques pas de la cage. C'était une de ces limousines fantastiques que Sid Franks et moi adorions regarder se ranger le long du trottoir de la 110ᵉ Rue. Une infirmière en uniforme blanc quitta le siège arrière et aida un vieux monsieur à se lever. Deux hommes, accourus d'un des studios d'enregistrement situés à l'arrière-plan, l'aidèrent à descendre de voiture. Je m'aperçus alors que le passager n'était autre que W.C. Fields.

On installa un escalier mobile à côté de la cage et le grand comédien, portant un chapeau de paille malgré la bise hivernale, grimpa les trois ou quatre marches qui le séparaient de la plate-forme située au même niveau que le sol de la cage; un photographe fit le point avec un Graflex. On tendit une pomme à Fields; il la prit et passa la main à travers les barreaux de la cage pour allécher l'ours et l'inviter à se lever. Mais l'animal battit des paupières et regarda le fruit d'un air parfaitement détaché. Fields le lui jeta; il l'avala d'un coup sans se redresser. Fields saisit une autre pomme, reprit le même jeu sans plus de succès. Soudain, sans raison apparente, l'ours se leva et agrippa les barreaux avec ses énormes pattes, tendant le museau vers la pomme que Fields tenait hors de sa portée. Les flashes crépitèrent : on aurait une photo de Fields à quelques pas de l'ours, l'expression étonnamment semblable à celle de l'animal tandis que tous deux se regardaient.

L'ours restait là, tendu vers la pomme. Fields sortit de la poche de poitrine de sa veste un pistolet à eau et, avec une joie mauvaise, dirigea le jet en plein dans la trogne étonnée de l'animal qui recula brusquement et faillit tomber. Fields descendit alors avec une étonnante agilité les quelques marches de l'escalier et s'engouffra dans sa voiture qui démarra en trombe tandis que l'infirmière posait une couverture sur les genoux du vieil homme.

J'eus du mal à me concentrer de nouveau sur l'épopée de la Seconde Guerre mondiale qui m'attendait sur mon bureau. Je n'avais plus rien à inventer mais seulement à déplacer certains éléments de l'histoire; Cowan était tout le temps sur mon dos à répéter d'un air énigmatique que « le script avait encore du chemin à faire ». Mais jusqu'où et pour aboutir à quoi? Le contraste entre la sainteté des sacrifices exigés par la guerre et l'absurdité de Hollywood commençait à me ronger maintenant que j'avais épuisé mon imagination. Les girls avaient quitté la pelouse, l'ours et sa cage étaient partis; seule demeurait l'arche grecque, vide et plate.

Le bruit d'un moteur de motocyclette juste sous mes fenêtres me surprit. Son conducteur, vêtu de cuir noir, avec un casque noir, des gants à la mousquetaire ornés de blasons et des guêtres de cuir noir descendit vivement du véhicule. C'était le type même du messager hollywoodien, me dis-je. Je me replongeai dans le script, mais on frappa à ma porte. J'allai ouvrir et me trouvai nez à nez avec le conducteur de motocyclette, casque sous le bras, en train d'ôter ses gants. A mon grand étonnement, je vis qu'il portait des lunettes et n'était pas de la première jeunesse. Sans doute m'apportait-il un message personnel de Cowan, actuellement à Washington pour tenter d'obtenir quelque cent mille tanks et un million d'hommes pour le film !

– Vous êtes bien Miller ?

– Oui, répondis-je, m'attendant à le voir me tendre une enveloppe.

– Je m'appelle LeMay. Je suis votre collaborateur.

– Mon collaborateur ?

– Lester ne vous a rien dit ? Il m'a demandé de m'occuper du script avec vous.

– Non, il ne m'en a pas parlé. Entrez et asseyez-vous.

Je venais à l'instant de décider, sans hésitation et sans le moindre effort, d'abandonner le projet; mais je voulais découvrir le fond de cette affaire.

Nous nous assîmes à l'unique bureau. Alan LeMay, dont le nom était mêlé, je m'en souvenais maintenant, à la réalisation de films d'action, avait l'air d'un technicien satisfait de s'atteler à une nouvelle tâche. Il sortit de sa poche un jeu de fiches toutes neuves qu'il posa sur le bureau en disant :

– Je crois qu'il vaudrait mieux commencer par mettre le nom de chaque personnage sur une fiche...

– Excusez-moi, fis-je, mais avez-vous lu mon scénario ?

– Non, pas encore, mais cela ne saurait tarder. Il me semble pourtant que nous gagnerions du temps si vous me donniez le nom de chaque personnage et que nous remplissions une fiche sur lui.

– Et qu'est-ce qu'on fait avec ces fiches ?

– On les combinera pour réduire le nombre des personnages. Autrement dit, sous le nom de chaque personnage on inscrit ses principales actions et ensuite, dans la mesure du possible, on regroupe celles de plusieurs personnages sur la tête d'un seul au lieu de les disséminer sur trois ou quatre.

– Je vois. Cela nous mènera sans doute à n'avoir... qu'un grand gars et un petit... non ?

– Pas nécessairement deux. Trois ou quatre peut-être, mais il y aura forcément un chef et une espèce de sous-fifre. C'est dans l'ordre des choses. Mais avez-vous déjeuné ?

– Pas encore. On y va à moto ?

– Excellente idée. Je connais un endroit à une borne d'ici.

En sortant du bureau, je me sentis pour la première fois depuis que j'étais à Hollywood parfaitement à l'aise avec moi-même. Je fis une halte dans le bureau de la secrétaire de Cowan et la priai de lui envoyer un télégramme à Washington pour le remercier de m'avoir proposé d'écrire ce film et l'avertir que n'ayant jamais accepté de le faire en collaboration avec qui que ce soit, je retournais le lendemain à New York, mettant ainsi un terme à ma mission.

LeMay négociait merveilleusement sa route au milieu du trafic; le trajet sur le siège arrière de sa Triumph britannique fut formidable. On se penchait tant qu'on pouvait dans les tournants, et arrivés devant le restaurant il arrêta l'engin avec un tel brio que je faillis être propulsé par-dessus son dos gainé de cuir.

LeMay fit sans doute du bon travail sur le film et fut à son tour remplacé par un autre auteur, puis un autre. On tourna finalement *l'Histoire de GI Joe* et l'œuvre se révéla étonnamment bonne. Elle n'avait évidemment plus aucun rapport avec le script original; c'était devenu l'histoire toute simple d'un capitaine d'infanterie bienveillant, incarné par Robert Mitchum, qui se fait tuer à la fin du récit. L'histoire était émouvante mais totalement dénuée d'invention dans la forme et d'intérêt, à mes yeux tout au moins. Burgess Meredith, alors jeune acteur plein de lyrisme et doté d'une intelligence très américaine et pleine de charme, jouait le rôle d'Ernie. Il me sembla pourtant qu'il manquait d'une des dimensions que Pyle avait mises dans son récit; l'interprétation de Meredith n'était pas en cause mais plutôt la conception du scénario. Je ne m'expliquai ce phénomène que plusieurs décennies après, pendant la guerre du Vietnam : je me rappelai en effet la perspicacité dont Pyle avait fait preuve en affirmant que toute guerre est une guerre civile entre frères et que ce combat fratricide réduisait à néant toute gloire compensatrice et menaçait de priver de signification toute revendication concernant l'action engagée. Le film, on le comprenait aisément, contait l'histoire d'une bataille entre deux ennemis car il était pour ainsi dire impossible à l'époque de placer les Allemands sur le même plan que ceux qui les combattaient. Mais avec son langage quotidien et banal, Pyle avait pressenti que la guerre relevait de la tragédie – un mot qu'il aurait rejeté comme trop intellectuel. Certes Cowan réalisa une œuvre respectable, tout à l'honneur de Pyle et des Américains, mais il n'en demeure pas moins qu'elle était superficielle et très au-dessous de ce qu'ils méritaient.

Bien entendu mon nom n'apparut jamais au générique du film mais, six ans plus tard – après *Ils étaient tous mes fils* et *Mort d'un commis voyageur* –, j'eus la surprise, un après-midi, de recevoir un coup de téléphone de Cowan toujours affligé de son petit rire mécanique, et de m'entendre demander si je n'aimerais pas voir mon nom figurer à l'affiche de la reprise du film. Je lui répondis que je n'avais plus rien à voir avec ce script.

– Mais on vous en doit beaucoup d'éléments, Arthur, et des meilleurs.

– Vraiment ? Je n'ai pourtant rien reconnu de ce que j'avais écrit, mais peut-être avez-vous raison.

Puis, pour blaguer un peu – mais seulement un peu – j'ajoutai :

– Ecoutez, Lester, donnez-moi vingt mille dollars et je vous autoriserai à mettre mon nom au générique.

Il éclata de rire, moi aussi. Ainsi prit fin pour moi *l'Histoire de GI Joe*.

V

ALBUQUERQUE à nouveau, mais Pyle était mort depuis bientôt cinq ans et près de dix ans avaient passé depuis ces promenades dans la grande rue déserte, où nous échangions des incertitudes sous le clair de lune. Maintenant, le *Super Chief* était au repos sur la voie ferrée écrasée de soleil, et faisait son chargement d'eau. Je marchai jusqu'au dernier wagon et contemplai la voie vide qui partait vers l'horizon, traversant le Nouveau-Mexique couleur sable. J'ai toujours été stimulé par ce silence, le vaste ciel aussi clair et bleu que la Création. A trente-cinq ans, j'avais le sentiment de n'avoir rien fait d'autre que travailler. J'avais eu, comme dit Thornton Wilder dans *la Marieuse*, beaucoup d'aventures mais pas d'expériences. Quand cesse-t-on de travailler et commence-t-on à vivre ? me demandais-je.

J'avais conscience que le temps fuyait et que je le gâchais, incapable que j'étais d'étreindre la grandeur de l'histoire américaine, qui me cernait partout sur cet obsédant continent. J'étais fier de *Ils étaient tous mes fils* et du *Commis voyageur*, mais ils appartenaient au passé. Le souvenir me revint de cet Indien solitaire que nous avions remarqué avec Ernie alors qu'il admirait le coucher de soleil à un coin de rue d'Albuquerque. C'était complètement saugrenu, et pourtant j'eus envie de le voir et me dis que si je pouvais retrouver ce coin de rue, même après tant d'années, il serait encore là, perdu dans cette contemplation immobile tellement imprégnée de sa tristesse. Il était devenu, dans mon imagination, un élément naturel de ce paysage.

J'éprouvais une réelle excitation à la perspective d'arriver à Hollywood le lendemain, avec cette fois plusieurs pièces à succès à mon actif et un scénario audacieux que j'étais heureux d'avoir écrit, même s'il ne devait jamais être tourné. C'était une nouvelle tentative pour me frayer une route capable de pénétrer jusqu'au cœur de l'Amérique, ce centre de création au-delà duquel il n'y avait rien.

Assis sur une caisse de bière que quelqu'un avait laissée près des rails, j'essayai de me mettre dans la peau d'un habitant du coin venu regarder les trains passer. Le désir d'une autre identité, de se perdre complètement dans l'Amérique. Il y avait quelque chose qui ne fonctionnait pas dans ma vie. Peut-être m'étais-je simplement marié trop tôt.

Dans notre compartiment, Kazan étudiait le scénario sur les docks. C'était une histoire convaincante que j'avais écrite là, certes, mais je ne l'avais pas véritablement vécue, si bien que je n'en étais pas tout à fait sûr.

Un chat gris surgit d'entre les roues du train et me regarda. Pour lui, peut-être, je faisais partie du paysage. Mince comme un éventail, il se cabra avec délices contre la roue chauffée par le soleil. Si je laissais le train partir sans moi, songeai-je, je me retrouverais seul au Nouveau-Mexique. Un sentiment de liberté et de possibilité infinie de choix m'envahit.

J'avais en réalité connu *un* natif du Nouveau-Mexique, et voici que je pensais à lui maintenant, le seul homme que j'aie jamais rencontré qui portât des lunettes octogonales et une raie au milieu. Il avait un nez court et une expression sérieuse, plutôt hollandaise. En 1950, il aurait été très difficile d'expliquer aux Américains pourquoi Ralph Neaphus avait dû mourir – et avait peut-être même choisi de mourir – à vingt-trois ans, au printemps 1937.

Elevé dans un ranch du Nouveau-Mexique, Ralph n'avait jamais mis le pied à l'est du Mississippi avant de venir à l'université du Michigan. Avec son air d'instituteur, il était typique de ces gens de l'Ouest qui parlent doucement, prennent leurs décisions avec lenteur et s'y tiennent définitivement. Il n'avait pour ainsi dire jamais parlé politique avec moi quand nous lavions des assiettes côte à côte – cela dura des mois – dans la cuisine de la cafétéria Co-op. Il y avait d'ailleurs peu matière à discussion en ce qui concernait l'Espagne – pour nous, la question ne faisait aucun doute, il fallait arrêter les fascistes. Il ne m'est jamais venu à l'esprit de lui demander s'il était communiste. Cela avait peu d'importance à l'époque. Et tous les engagés volontaires n'étaient pas systématiquement membres du Parti.

En traversant l'Ohio avec lui en direction de l'est – dans mon petit coupé Model T 1927 qui nous contenait à peine et que j'avais récemment acheté pour vingt-deux dollars à un étudiant diplômé, je portais mon indécision au fond de moi comme une sorte d'état de péché. A certains moments, j'étais prêt à tout lâcher et à partir avec lui pour rejoindre la brigade Abraham-Lincoln en Espagne, mais la minute suivante, j'étais effrayé à l'idée que je pourrais ne pas vivre et écrire une grande pièce. Le pire de tout, c'était cette perspective terrifiante de devoir annoncer à ma mère que je partais pour la guerre. Il ne me vint jamais à l'esprit que, si j'y allais, j'en reviendrais peut-être. Je voyais déjà Ralph mort, alors que j'étais assis à côté de lui, que le moteur de la voiture tournait vaillamment et qu'il restait silencieux comme le Nouveau-Mexique en personne. La nuit vint et il se mit à pleuvoir. Nous nous trouvions sur la route 17, à l'est de Buffalo, gravissant la montagne. L'unique essuie-glace ne fonctionnait qu'à la main, il ne m'en restait donc qu'une pour tenir le volant qui s'affolait à la moindre bosse. La pluie tombait de plus en plus fort, jusqu'au moment où, ne voyant absolument plus rien, je m'engageai avec précaution sur le côté de la route et sentis la terre sous les roues. Persuadé que nous nous trouvions quelque part dans un champ, je freinai, coupai le moteur et éteignis les lumières. Au bruit que faisait la capote, on avait l'impression que des vagues de shrapnels lui tombaient dessus.

Nous étions assis dans l'obscurité, épaule contre épaule, noyés dans la vapeur qu'exhalaient nos haleines et j'eus enfin l'occasion de lui demander comment cela se passait. Il avait une adresse à New York, dans le bas de la ville, où il devait se présenter. Le Parti lui fournirait les papiers nécessaires. Il ne savait pas s'ils avaient des uniformes, dans la brigade, mais il en doutait et pensait qu'il devrait se battre avec ses propres vêtements – l'image me parut curieuse. « Je suis assez adroit avec un fusil », fut la première et seule déclaration qu'il fit pouvant ressembler à une description de lui-même. Mais je ne trouvais pas inhabituel qu'un homme de gauche étouffe ses sentiments personnels, qui après tout ne signifiaient rien. Seul le devoir avait un sens. Il y avait là quelque chose de la psychologie des prêtres. J'essayai de lui arracher quelques renseignements. Avait-il prévenu ses parents de son départ ?

– Oui, répondit-il, et ce fut tout.

– Qu'en pensent-ils ?

Dans cette totale obscurité, je pus seulement sentir qu'il tournait la tête vers moi avec ce qui me parut être de la surprise. « Je ne sais pas », dit-il, comme si une telle question ne lui était jamais venue à l'esprit. Il était devenu le fiancé de la guerre.

A cours du demi-siècle qui allait suivre, l'ombre de l'Espagne s'étendrait sur toutes les guerres de libération, et le regard profond, illuminé par la foi, de Ralph Neaphus planerait au-dessus de la Chine et du Vietnam, des maquis et du FLN algérien, et des dizaines de guerres opposant des hommes passionnés, mais sans entraînement, à des troupes régulières.

La pluie ne diminuait pas et j'avais conduit toute la journée. Il était tout à fait impossible de dormir à deux dans la voiture, aussi pris-je mon ciré jaune dans le coffre, laissant la banquette à Ralph. Je m'allongeai sur le sol détrempé, posai ma joue sur mon bras et m'endormis rapidement, sous les trombes d'eau.

Le soleil m'éveilla. En ouvrant les yeux, je vis d'abord une paire de chaussures féminines, de grosses chevilles et, un peu plus haut, des jambes. Au-dessus encore, il y avait un visage plus très jeune qui me dévisageait avec colère. Derrière, c'était sa maison. Nous nous trouvions sur sa pelouse saturée d'eau, dans laquelle les pneus de la voiture avaient creusé de profondes marques. J'essayai de m'expliquer, mais elle était manifestement trop furieuse, aussi montai-je dans la voiture et démarrai-je en vitesse.

Au bout de quelques kilomètres, la courroie de transmission avant commença à glisser et je dégageai l'engrenage pour la retendre. Le moteur se mit à ronronner de nouveau, mais à mi-côte, nous nous retrouvâmes quasiment à l'arrêt. Alors je plaçai la voiture dans l'autre sens et montai en marche arrière. Les conducteurs qui nous doublaient, croyant que nous descendions la montagne du mauvais côté de la route, freinaient de toutes leurs forces pour éviter la collision, redémarraient précautionneusement, puis nous dépassaient, généralement avec force injures. parfois avec quelques plaisanteries encourageantes. Puis la batterie rendit l'âme et les freins lâchèrent, si bien qu'à l'abord des villes, je devais passer en marche arrière pour ralentir pendant que nous frappions à grands coups sur nos portières, en hurlant pour que les gens s'éloignent. J'avais à peu près trois dollars, et Ralph avait accepté d'engager sa fortune, quatre dollars, dans le partage des frais d'essence, aussi était-il hors de question d'envisager des réparations. Nous devions arriver jusqu'à New York et à la guerre d'Espagne, pour que Ralph puisse y mourir, et nous allions devoir le faire avec la voiture dans l'état où elle se trouvait. Je commençais déjà à porter le deuil de Ralph et il en devenait beau, ce qu'il n'était aucunement en réalité avec son nez légèrement retroussé, ses yeux perçants et un cou raide assez vilain, un cou naïf en quelque sorte.

Finalement, alors que nous franchissions le pont George-Washington, les roues avant se mirent à vibrer violemment, comme dans les autos tamponneuses. Je pouvais à peine maîtriser le volant. Le soleil étincelait sur l'Hudson par cette somptueuse journée de juin. En approchant de l'extrémité du pont qui marque l'entrée de New York, nous vîmes apparaître un policier qui levait la main d'un air las, et j'appuyai brutalement sur l'embrayage pour me mettre en marche arrière, voulant être sûr de m'arrêter avant de lui passer dessus. La voiture couinait quand on faisait cela, mais elle s'arrêtait, après quelques gros hoquets. Le policier marcha vers nous de cette allure nonchalante qu'ils ont dans la profession, en inspectant la voiture du regard. Il était un peu naïf, aussi.

– Vous n'allez pas faire entrer cette chose dans la ville, j'espère, vous risqueriez de tuer quelqu'un. Il y a beaucoup de gens dans cette ville, vous savez, beaucoup de voitures et de choses.

Nos plaques, portant l'immatriculation du Michigan, l'incitaient de toute évidence à croire que nous venions d'une ville ne comportant pas plus de deux rues.

– C'est-à-dire que je veux simplement arriver jusqu'à Brooklyn, après quoi je ne m'en servirai plus...

N'ayant pas la moindre idée de ce qu'il devait faire ou dire, il restait là à hocher la tête. J'imaginai alors de lui prouver mon innocence en lui demandant comment on rejoignait Riverside Drive. Avec les plaques du Michigan et les deux valises attachées avec du fil d'étendage sur le marchepied du côté de Ralph, nous méritions à première vue quelque pitié.

– Vous voyez ce signe? demanda le flic en désignant un poteau.

– Ouais, répondis-je de mon ton le plus campagnard.

– C'est marqué 169e Rue, d'accord ? Eh bien, vous tournez à droite et vous guettez chaque coin, où ce sera marqué 168e, 167e, 166e, 165e...

– J'ai compris. Il s'agit des rues, vous voulez dire.

– Exa-actement, ce sont des rues. Quand vous arrivez là où c'est marqué 164e, vous tournez à droite et ça vous mène directement à Riverside Drive. Mais il faudra aller lentement, c'est promis ? Pas de précipitation. Vous mettrez environ une heure pour arriver à Brooklyn. Prenez votre temps, et bonne chance.

– Merci beaucoup.

– Essayez de ne tuer personne.

Ralph voulait voir la 42e Rue, aussi nous tournâmes pour traverser la ville, et à l'angle de Broadway, il se retourna complètement sur son siège, enveloppant le tout du regard pour la première et dernière fois de sa vie. C'était avant les bienfaits de la cocaïne et de l'héroïne, mais les lumières clinquantes des façades de théâtres étincelaient sous le soleil et l'ambiance que créait cette publicité grossière était aussi joyeuse et factice qu'à l'habitude. Il y avait déjà ces foules qui circulaient sur Broadway à l'heure du déjeuner, des jeunes qui descendaient du Bronx ou remontaient de Brooklyn pour se rendre au Paramount ou au Palace, mâchonnant des hot-dogs à un nickel, affamés qu'ils étaient à l'idée d'entrer dans ces palaces cinématographiques d'un luxe éclatant, si différents des sinistres salles nues qu'on trouvait dans leur quartier.

En remontant l'une des six voies d'Ocean Parkway, la Model T, tel un cheval approchant de son écurie, cessa de vibrer et se comporta convenablement, si bien que nous pûmes nous relaxer sur la route quasiment vide. Les chevaux, sur la piste cavalière, laissèrent Ralph perplexe car il croyait difficilement que des gens pussent payer pour monter, sans destination particulière de surcroît. Je lui confiai que cela m'était arrivé assez souvent, au tarif de deux dollars l'heure. Il se pencha en avant pour observer les kilomètres de maisonnettes bien propres, tel un homme en pays étranger. A la maison, ma mère nous accueillit et lui arrangea un lit sur le canapé, mais elle se raidit en apprenant quelle était sa mission, redoutant la contagion. Ses yeux devenaient menaçants chaque fois que je faisais allusion à son imminente traversée de l'océan en direction de l'Espagne. Ralph lui-même gardait le silence sur ce sujet, la brigade Lincoln étant une organisation de recrutement illégale. La troisième et dernière soirée qu'il passa avec nous, son silence devint contagieux, malgré nos maladroites tentatives pour égayer la conversation. Je me mis à détester ma mère pour l'égoïsme dénué de principes qu'elle manifestait en me retenant et me dis qu'à vingt et un ans passés, j'étais assez vieux pour prendre mes décisions moi-même. Mais je devais m'incliner devant Ralph qui avait déjà passé son diplôme alors qu'il me restait encore une année d'études pour y arriver – comme s'il fallait être diplômé pour aller mourir à la guerre. La plupart du temps, je ne craignais d'ailleurs pas de mourir. Personne, à vingt et un ou vingt-deux ans, ne pouvait réellement mourir, encore moins s'il était en bonne santé. Sauf Ralph, peut-être. Toujours est-il que je ne parvenais pas à trouver le ressort, au fond de moi, qui me pousserait à y aller. Pendant ce dernier dîner, aucun de nous ne s'efforçait plus de maintenir un semblant de conversation, Ralph paraissant s'envelopper dans une sorte de membrane, l'isolement de ceux dont le destin est tracé. Peut-être essayait-il de s'endurcir contre la tentation de dévier du chemin qu'il s'était tracé, mais je sentais bien qu'au cours de ces quelques journées passées ensemble, il s'était armé contre les trivialités de la vie ordinaire.

Le lendemain matin, je longeai avec lui les trois pâtés de maisons qui nous menaient à la Culver Line, le métro aérien que j'avais emprunté pendant deux ans du temps où je travaillais aux entrepôts, et dont les voitures étaient encore ces vieux wagons de bois exposés aux courants d'air, équipés de poêles à charbon autour desquels une poignée de voyageurs venaient s'asseoir en hiver, écartant leurs doigts gantés. Je souhaitais, tout en marchant, réduire la distance que Ralph avait mise entre nous, car elle prenait maintenant la forme d'une méfiance. Après tout, il faisait quelque chose d'illégal. Le mot *destin* n'appartenait pas encore à mon vocabulaire à l'époque, mais ce matin-là je savais que je n'irais pas en Espagne, mon courant m'entraînait dans une autre direction. Au tourniquet, Ralph tourna la tête pour me regarder, m'adressa un signe de la main, sec et silencieux, puis il disparut dans le wagon bringuebalant, tout ce qu'il possédait au monde étant enfermé dans la lourde valise qui heurtait sa jambe à chaque pas. Il était tellement imbu de sa mission que je me demandai si cela le gênerait de mourir. Je redescendis le long escalier de fer qui menait au trottoir et marchai d'un pas tranquille vers la maison, dépassant les deux terrains vagues où nous avions coutume de jouer au football et me réjouissant du soleil printanier, du ciel clair et bleu et du silence net et rassurant qui règne à Brooklyn à midi, heureux de sentir une sorte de puissance se répandre en moi. En quittant l'avenue M pour tourner dans la 3e Rue, je me mis à courir de toutes mes forces et arrivai le cœur battant à notre porche. J'entrai dans la maison et trouvai ma mère devant le poêle, dans l'arrière-cuisine. Elle leva vers moi un regard placide, car elle avait gagné. Ce pour quoi je lui en voulus, lui reprochant davantage encore d'avoir fait de moi son complice. Je ne pouvais pas rester dans cette pièce avec elle. J'ouvris la porte de derrière et sortis sur le porche gris, ce porche que j'avais construit sept ans auparavant et qui continuait – j'étais le seul à m'en rendre secrètement compte – de s'écarter de la maison de deux ou trois centimètres chaque année.

Lorsque je regagnai le collège pour ma dernière année, la nouvelle de la capture de Ralph Neaphus avait envahi le campus. Ainsi donc, il était vivant ! J'en conçus un immense bonheur, comme si j'avais été libéré d'un blâme. Et puis, deux ou trois semaines plus tard, on apprit que les troupes africaines de Franco avaient fusillé leurs prisonniers, dont il faisait partie. C'était une des dettes que j'allais porter au fond de mon cœur, la force invisible qui allait me pousser, plus d'une décennie après, à franchir la file de religieuses autour du Waldorf, une des nombreuses dettes secrètes contractées par tous ceux d'entre nous dont les âmes avaient été enrôlées dans ce consensus, cette coalition, ou plutôt cet état, l'antifascisme. Ou peut-être encore autre chose qu'un état, le sentiment d'être étranger à ce qui semblait entraîner le monde entier vers « l'âge du poisson », comme l'a appelé Odon von Horvath, un âge où ricaner, tuer et se nourrir étaient les seuls signes de la vie humaine.

Hollywood évoquera toujours pour moi le mélange contradictoire de certaines odeurs. Une moiteur sexuelle, ai-je dit, l'humidité dégagée par les replis propres de la chair féminine alliée à l'odeur provocante de l'eau de mer salée; l'air excitant qui accompagne une traversée sur l'eau, et l'ozone mort dans un studio d'enregistrement; l'essence brute et le parfum du rouge à lèvres; le chlore des piscines et l'odeur dépourvue de fragrance du rhododendron et du laurier-rose, ces tentatives de la nature pour produire une flore de plastique, des plantes qui appartiennent en réalité à la montagne et non au désert récupéré de Los Angeles où leur aspect artificiel ajoute son lustre persistant à l'oppressante perfection ambiante.

Nous fûmes accueillis à la gare par un représentant de la Twentieth-Century Fox, qui remit à Kazan les clefs de la petite Lincoln noire et nous quitta avec à peine un signe de tête.

J'avais un peu plus de trente ans, et je regardais le monde comme l'aurait fait un adolescent. Hollywood, en 1950, n'avait pas perdu l'aura mystique, de succès et de terre promise, qu'elle avait eue autrefois aux yeux des gamins d'un collège de Brooklyn. En même temps, alors que nous traversions Los Angeles pour nous rendre à Beverly Hills, je notai avec satisfaction que mes sentiments différaient de ce qu'ils avaient été quand j'arrivais inconnu, pour collaborer à un film de Cowan, presque huit ans plus tôt. Pour moi, l'endroit signifiait maintenant le pouvoir, la possibilité d'utiliser le pouvoir que j'étais censé avoir acquis avec mes pièces. Sous l'implacable soleil, je me sentis devenir grave justement parce que l'adolescent, au fond de moi, humait le parfum de sexualité et d'aventure que dégageait le tournage d'un film. Les studios, à l'époque, étaient encore tout-puissants, et l'idée que le scénariste pût exercer un contrôle sur son texte ou le réalisateur en exercer un sur son film, n'était tout simplement pas envisageable. J'étais persuadé que nous aurions à nous battre, les jours prochains, mais cela en valait la peine, c'était un film sincère sur les soubassements du Rêve américain. Tout était contradictoire, au fond et autour de moi. Et mes relations avec Kazan étaient également complexes.

Ressemblant en cela à d'autres scénaristes qui avaient travaillé avec lui, j'éprouvais l'impression d'être son partenaire, sans perdre de vue que c'était une illusion car, lorsqu'ils montent une pièce ou tournent un film, les gens s'associent essentiellement comme éléments d'un organisme créateur, et non parce qu'ils s'aiment ou se respectent. A cette époque, Kazan, qui avait atteint la quarantaine, était en train de construire sa carrière, et je ne l'avais jamais vu bavarder ou téléphoner sans avoir une raison précise. Mais s'il se résignait à contrecœur à n'avoir qu'un rôle d'exécutant, c'était dû en partie à l'attirance qu'il éprouvait pour les écrivains dont l'éternel propos est de repousser l'absence d'objectif essayant d'atteindre quelque essence systématique qui puisse provoquer les étincelles et les feux confondants de la vie chaotique.

Nous pénétrâmes dans Beverly Hills, la perfection sur

la droite comme sur la gauche; les nids des riches et des célébrités impressionnaient mon cœur ambitieux mais laissaient mon esprit curieusement mal à l'aise. L'endroit était si tristement parfait – peut-être était-ce cela, l'extrême absolu de la matérialité. Le château Tudor, séparé par une haie de la ferme Nouvelle-Angleterre, séparée par une allée de la maison de campagne française. A chacun son rêve, avec pour seul lien, de l'un à l'autre, le petit jardinier japonais et son fils, chouchoutant silencieusement les pelouses immaculées, ramassant la fronde noircie d'un palmier et la feuille morte crissante et aventureuse, alors qu'alentour rien ne bouge, ne frémit, ne s'écrie, que chaque maison reste suspendue dans le sortilège de son total accomplissement, protégée contre tout risque de jamais tomber en ruine, bien trop parfaite pour mourir. Et me voici apportant au cœur de cet inaltérable rêve de paix un scénario qui parle d'un vieux quai où les rayons du soleil doivent traverser la poussière et où règne l'âcre odeur de l'acier, d'un taudis où rien n'a jamais l'air terminé, où tout est cassé et tombe en lambeaux. Beverly Hills, si jeune comparée à ce quai, semblait figée dans un éternel contentement de soi. Bien entendu, les gens devenaient fous à l'intérieur de ces maisons, mais je ne savais encore rien de tout cela.

J'avais l'intention de rester une semaine. Nous nous installâmes dans la maison de Charles Feldman, ancien agent devenu un important producteur (*Un tramway nommé Désir*, son dernier film, avait été réalisé par Kazan), un bel homme aux manières douces, proche de la cinquantaine et désireux de rendre service à Kazan. Je continuais de travailler le scénario qui était beaucoup trop long, mais suffisamment avancé, selon Kazan, pour qu'on pût déterminer s'il y avait matière ou non à un film. Kazan en avait envoyé un exemplaire à Harry Cohn, le patron de la Columbia. Je pouvais poursuivre mon travail pendant deux ou trois jours, le temps que Cohn prenne sa décision.

Mais se concentrer était impossible. Assis devant une table de verre, près de la piscine de Feldman, je voyais le quai s'effacer sous le soleil qui faisait scintiller les œufs Benedict, et tous mes efforts pour l'évoquer sentaient l'imposture. Un serviteur philippin m'apportait du café et tout ce que je pouvais avoir envie de consommer. Je finis par abandonner et contemplai le feuillage des arbres que pas le moindre oiseau n'habitait, me demandant si c'était justement cela qu'on appelait être « in ». Voilà une question à laquelle je ne saurai jamais répondre. Il se peut que Hollywood soit simplement l'incarnation d'un dessin de Escher, avec rien à l'intérieur, juste un extérieur, puisque tous ceux que j'y ai rencontrés se considéraient comme des étrangers qui ne faisaient que passer par là, comme les hommes politiques à Washington.

N'empêche que chaque soir, il y avait une *party*. Bien que les photos de sa jeune épouse fussent encore visibles dans toute la maison, Feldman était divorcé, ou séparé, et nous étions généralement huit ou dix pour le dîner. Les mœurs de ces gens m'excitaient et me rendaient perplexe. Même lorsqu'ils arrivaient en couple, généralement ils se connaissaient à peine, s'étant parfois rencontrés seulement une heure plus tôt, et les femmes – la majorité sinon toutes rêvant de devenir star – arrivaient seules dans leur voiture personnelle et repartaient de même. Il me fallut du temps pour comprendre que pour certaines d'entre elles, je n'avais qu'à choisir. Je devais écrire par la suite dans un poème, *Lines from California*, que pour réussir à Hollywood, une femme devait posséder une voiture. Après dîner, les invités se regroupaient dans le somptueux salon tout simple, ou faisaient un tour du côté de la piscine s'ils voulaient entretenir une conversation plus intime ou danser au son d'excellents disques de grands orchestres. Une fois, je dansai avec une grande jeune femme élégante, une héritière m'avait-on dit, qui était venue à Hollywood pour devenir star. Mais il me fut difficile de savoir si son inaltérable silence exprimait le mépris, ou la peur, ou quelque formidable inertie que le poids de sa grande fortune aurait suscitée en elle. Jack Warner vint un soir, ressemblant étonnamment au comique Victor Moore dans le rôle de Wintergreen, le très énergique candidat à la présidence dans *Of thee I sing* : il resta assis pendant une heure sur une chaise à haut dossier, souriant largement et racontant plaisanterie sur plaisanterie, de toute évidence sacrifiant à un rituel des soirées hollywoodiennes. Pourtant la Warner, qui avait une conscience sociale légèrement plus développée que les autres studios, avait produit quelques bons films d'actualité ou consacré des personnalités. Je me demandai, l'espace d'un instant, si je n'étais qu'un snob essayant de repousser l'attirance perverse que j'éprouvais pour cet homme, car il me rappelait mon père, lequel aurait pu inspirer un respect identique s'il avait décidé de prêter un peu d'argent à Bill Fox.

Il était clair que Warner n'avait envie de parler sérieusement qu'avec une seule personne, Kazan, dont il aurait bien aimé s'assurer les services malgré sa réputation d'homme de gauche. Bientôt, venu témoigner à titre amical devant les membres de la Commission des activités antiaméricaines, Warner allait gravement leur assurer qu'il avait toujours eu pour politique « de tourner les talons chaque fois qu'il voyait un de ces Rouges se pointer ». (Ce qui m'aiderait, un quart de siècle plus tard, à comprendre en partie la férocité de l'ostracisme au sein de la Révolution culturelle chinoise.)

Lors de ces soirées, la presque totalité des thèmes abordés avaient trait au sexe ou à l'emploi. En y réfléchissant quelques années plus tard, je songeai à la cour de Louis XIV, avec le va-et-vient de gens interchangeables qui essayaient de se trouver sur le parcours du pouvoir. A Versailles, cependant, les femmes détenaient et exerçaient assez souvent le pouvoir, tandis qu'à Hollywood, elles avaient au mieux le plaisir de le côtoyer momentanément, et, sur leurs vieux jours, le souvenir de l'avoir servi. Mais cette partie de moi qui était encore un petit garçon n'en était pas moins émerveillée par ces hommes et ces femmes que j'avais vus à l'écran et par ces réalisateurs dont je connaissais le nom depuis longtemps; en attendant que Harry Cohn donne son avis sur le scénario, je frémissais d'impatience à la perspective de ces dîners et de leurs invités fameux. Dans la mesure où mon environnement normal consistait en quatre murs entourant une machine à écrire posée sur une table, toute cette excitation avait quelque chose d'irréel, mais de fascinant, et les conversations n'étaient pas toujours insipides. Le glissement politique du pays, par exemple, exerçait une influence directe sur les films que l'on pouvait espérer faire, aussi s'intéressait-on sérieusement à ce qui se cachait véritablement derrière les gros titres des journaux. Dans ce milieu on était avide plus que nulle part ailleurs de cette sorte de drogue. Et jamais auparavant je n'avais vu le sexe considéré de manière aussi naturelle, comme la récompense du succès. Ce droit immémorial des puissants de coucher avec les femmes de leur choix, droit revendiqué par les hommes du monde entier, de Darryl Zanuck à Mao Tsé-toung, était devenu ici une pratique confinant à la lassitude, mais qui restait néanmoins une provocation.

Au cours d'une de ces soirées, une jeune femme à qui Kazan m'avait présenté quelques jours plus tôt devint soudain le centre d'intérêt des invités, ainsi que l'objet à peine voilé de leurs sarcasmes. Son agent et protecteur, Johnny Hyde, venait de mourir, mais il avait eu le temps de lui obtenir quelques petits rôles, dont celui de la maîtresse de Louis Calhern dans le film de John Huston *The Asphalt Jungle (Quand la ville dort)*. En l'espace de deux ou trois répliques, elle avait manifestement réussi à produire un certain effet. En la voyant, ce soir-là, il m'avait fallu un bon moment pour me souvenir d'elle dans le film. Elle y apparaissait davantage comme un faire-valoir que comme une actrice, le contrepoint satirique et quasi muet de la fortune louche et du pouvoir officiel de Calhern, la quintessence de la blonde stupide au bras d'un représentant mondain et corrompu de la société. Dans cette salle remplie d'actrices et d'épouses d'hommes importants qui s'efforçaient toutes de s'habiller et de se comporter avec la discrétion de femmes du monde, Marilyn Monroe semblait ridiculement provocante, un oiseau étranger à la volière, ne serait-ce qu'à cause de sa robe incroyablement collante, et elle signifiait ouvertement qu'elle était venue avec son corps, et qu'il était le mieux fait de la pièce. Elle paraissait également plus jeune et plus fraîche que lors de notre première rencontre. La haine féminine qui l'entourait chez Feldman avait pris la consistance d'une fumée acide. Seule exception, l'actrice Evelyn Keyes, ex-femme de Huston, qui réussit à attirer Marilyn dehors, s'assit à côté d'elle sur un banc, et qui me dit doucement ensuite, tout en la regardant danser avec quelqu'un : « Ils vont la dévorer vivante. » Mes yeux avaient beau chercher, ils ne pouvaient trouver le moindre défaut dans l'architecture de la silhouette qui se déplaçait avec son partenaire, sa perfection même semblant appeler l'inévitable blessure qui la rendrait plus semblable aux autres. C'était une perfection qui donnait envie de la protéger, pourtant, je soupçonnais qu'elle devait être drôlement coriace pour avoir survécu si longtemps dans ces parages, avec un relatif succès. Mais apparemment, elle était désormais seule au monde.

Quelques jours plus tôt, j'étais allé avec Kazan dans les studios de la Twentieth-Century Fox, à qui il était lié par contrat, et où beaucoup de ses amis travaillaient. L'un d'eux, son ancien monteur, était en train de diriger *As young as you feel*, une comédie avec Monty Woolley, la bête noire de mon père, et dans un petit rôle, Marilyn. Les films avaient encore à mes yeux quelque chose d'exotique et de fantastique, chargé de mystère. Nous arrivâmes sur un plateau où était reconstituée une boîte de nuit au moment où Marilyn, dans une robe de dentelle noire ajourée, devait traverser la salle et attirer le regard désabusé de Woolley le barbu. La caméra était placée dans son dos, pour que le plan mette en valeur le balancement de ses hanches, un mouvement suffisamment fluide pour paraître comique. En fait, c'était sa démarche naturelle : ses empreintes sur une plage traçaient une ligne droite, le talon s'inscrivait exactement devant la trace de l'orteil qui le précédait, le pelvis accompagnant le mouvement.

Lorsque la prise fut terminée, elle vint vers Kazan, qui l'avait déjà rencontrée avec Hyde lors d'une autre visite de plateau. De l'endroit où je me tenais, à quelques mètres, je vis son profil se détacher sur la lumière blanche, ses cheveux relevés au sommet de son crâne. Elle pleurait sous un voile de dentelle noire qu'elle soulevait de temps en temps pour se sécher les yeux. Quand nous nous serrâmes la main, le mouvement de son corps se répandit en moi comme une onde, une sensation qui ne collait pas avec sa tristesse, au milieu de tout cet éclat, de ces moyens techniques et de l'agitation confuse qui accompagne la préparation de la prise suivante. Elle avait pleuré, devait-elle m'expliquer par la suite, en racontant à Kazan que Hyde était mort en criant son nom dans une chambre d'hôpital dont la famille lui avait interdit l'accès. Elle l'avait entendu du couloir, puis elle était partie seule, comme toujours.

Sa modeste participation au film étant terminée, elle nous accompagna le lendemain dans le bureau de Harry Cohn à la Columbia Pictures. C'était un bel espace pour un bureau, mais quelque chose de provisoire dans les boiseries teintes, de qualité médiocre, annonçait qu'il se cramponnait avec obstination à la réalité, rappelant qu'il était sorti des taudis du bas Manhattan. Rêveur coriace qui s'enorgueillissait de ne pas avoir de gros actionnaires, Cohn était l'un des derniers spécimens de la race de mon père, avec Jack Warner et deux ou trois autres moribonds. Il avait peine à détourner son regard de Marilyn. Essayant de se remémorer l'endroit où il l'avait vue, il faisait les cent pas sous son nez en remontant son pantalon comme un chauffeur de taxi de Manhattan prêt à la bagarre. J'ai oublié son visage, mais pas la brutalité et la candeur avec lesquelles il la dévisageait en grognant : « J' crois bien que j' sais de qui vous étiez la petite amie. » Et elle était assise là, avec cet air particulier de gaieté et de honte. Sous le rayon de soleil qui perçait à travers le store vénitien marron, son visage paraissait bouffi et pas particulièrement beau, mais elle pouvait à peine bouger un doigt sans qu'on ait le cœur transpercé par la splendeur de sa courbe.

« Ce film fera pas un sou », déclara agressivement Cohn après s'être installé derrière son bureau. Il semblait continuellement entendre des voix, et il cessait parfois de parler pour appuyer sur un bouton et hurler dans l'intercom à l'intention de sa secrétaire, postée derrière la porte close. Il connaissait chaque centimètre de ses studios, savait ce qui se passait en chaque endroit et lançait des ordres et des questions vers les divers baraquements tout en continuant de parler du film avec nous. « J'en viens, de cet endroit, dit-il en écrasant un index poilu sur le scénario et je connais déjà toute l'histoire. Et ça fera pas un rond, mais j' marche avec vous, à condition qu' vous preniez pas un sou, sauf si ça rapporte. Et si j' le finance, dit-il en se détournant et en désignant franchement Kazan, c'est parce que j' veux que vous fassiez un film pour moi après ça. »

Puis, brusquement, il se retourna vers Marilyn et s'exclama : « Je me souviens de vous! » Ce n'était apparemment pas un souvenir agréable. En fait, il avait voulu l'inviter à bord de son bateau, quelque temps auparavant, et elle avait refusé, sauf si sa femme venait aussi – inqualifiable insulte qui avait fait monter le rouge de la colère au front de Cohn.

Cette évocation sembla le pousser à nouveau vers ses boutons. Penché sur son bureau, il appuya violemment et hurla « Appelez-moi Fier! » Il parut réfléchir un instant, sa colère empirant visiblement, puis il appuya à nouveau sur le bouton et cria de toutes ses forces : « Je veux Fier, tout de suite! »

On entendit trotter derrière la porte, qui s'ouvrit pour laisser entrer un petit homme, d'une soixantaine d'années, qui portait un faux-col, une cravate et des boutons de manchette : Joe Fier, le majordome de Cohn. Il haletait et transpirait, ayant sans nul doute couvert un bout de chemin en courant. « Oui, monsieur Cohn? » parvint-il à articuler, les joues écarlates, le crâne chauve et blême.

Avec un mépris si évident qu'il nous était pénible d'en être les témoins, Cohn lui donna un ordre de pure routine, puis lui tourna le dos et reprit la conversation où nous l'avions laissée, les yeux de nouveau rivés sur Marilyn qui se taisait, assise à l'écart, les paupières baissées. Fier repartit sans bruit, ayant joué son rôle de victime du pouvoir et apporté la preuve de notre sujétion à venir.

« Marché conclu? Pas un sou tant que nous n'aurons pas de bénéfice, d'accord? Je veux dire, puisque vous êtes si foutrement idéalistes, pas vrai? » Son grand sourire joyeux faisait mal, mais son défi me paraissait acceptable : il allait risquer son argent et son studio; je jetterais mon scénario dans la balance, et Kazan son travail.

Une fois les termes de l'accord établis, Cohn annonça que le scénario devait être soumis à l'approbation de son spécialiste des relations syndicales, puisque le sujet parlait d'un syndicat. Cela paraissait plutôt curieux, mais dans ce monde tout nouveau pour moi, je ne connaissais aucun précédent, aussi n'élevai-je aucune objection. Sur quoi Cohn hurla dans l'appareil pour convoquer ledit spécialiste, qui apparut promptement, gentleman issu de quelque collège chic de l'Ivy League, qui ne paraissait pas dans son élément, à première vue, avec sa cravate et son blazer rappelant le style conventionnel de l'Est. C'était lui qui négociait les contrats syndicaux pour la Columbia. Avec son visage net et imperturbable de

Yankee, il semblait être un homme réfléchi qui ne gaspillait pas ses émotions, se contentant de sourire légèrement ou de laisser passer une étincelle fugitive dans son regard. Cohn lui avait remis le scénario la veille et maintenant qu'on lui demandait son opinion, il répondait qu'il le trouvait sensationnel et que, vu son expérience, il y découvrait une description fort juste de la situation des docks à New York. Pour la première fois, Cohn eut l'air impressionné et me lança des regards empreints d'un rien de déférence maintenant que j'avais été complimenté par un juriste avisé et non par n'importe quel crétin du show-business.

Un air plus léger paraissait flotter autour de Cohn, désormais, sans aucun doute parce qu'il croyait avoir réussi un fameux coup en nous embauchant, Kazan et moi, avec la perspective supplémentaire de marquer des points pour avoir produit un film d'un réalisme sans précédent sur un sujet social brûlant qu'aucun autre studio n'aurait osé aborder. Apparemment enchanté de lui, il sortit un livre de son tiroir et me le tendit, me demandant de voir si je pouvais m'en inspirer pour un scénario. Je n'avais aucunement l'intention de travailler pour lui, mais j'acceptai de le lire. Je voulais encore croire que nous avions réussi ce pour quoi nous étions venus, et allions pouvoir dévoiler par la même occasion le sort des dockers. Je jubilais à l'idée de ce qu'allait devenir une chose qui, au début, n'était que graffiti à la craie sur les murs de Brooklyn Heights. Je regardai Marilyn, qui avait les yeux fixés sur moi et me souriait discrètement, redoutant d'attirer à nouveau l'attention de Cohn. Kazan parlait des dates de tournage et des délais exceptionnellement longs dont il espérait pouvoir bénéficier pour ce film. Je la désirais désespérément, et décidai qu'il me fallait partir le soir même, si possible, sinon cet endroit serait ma perte.

« Il faut juste que je le fasse approuver par le FBI. » C'était la voix maussade de Cohn, et je cherchai pendant quelques secondes ce qu'il voulait faire approuver par le FBI. Il s'avéra qu'il s'agissait du scénario.

Sur le moment, je crus qu'il plaisantait. « Qu'y a-t-il donc à approuver? » demandai-je, stupéfait.

Cohn haussa les épaules. « Ils ont un type bien, chez eux, j'aimerais qu'il y jette un coup d'œil. Dans la mesure où ça se passe dans les docks. »

En roulant sous ce soleil éternel, je me demandais ce qui nous attendait exactement. S'il voulait dire qu'on allait vérifier nos antécédents, à Kazan et à moi, ce n'était même pas la peine qu'ils regardent le scénario. Cela menaçait d'être le triomphe le plus éphémère de ma vie, mais j'espérais encore que tout irait au mieux, ne serait-ce qu'en raison de l'attachement réel que Cohn paraissait maintenant éprouver pour le sujet, qui venait peut-être de ce qu'il avait connu des docks dans sa jeunesse, et de l'enthousiasme évident manifesté par son spécialiste des questions syndicales. Je me souvenais d'avoir lu des choses concernant le gangstérisme au sein des syndicats hollywoodiens, et me demandais si *The Hook* (*le Piège*), c'était le titre du scénario, n'était pas pour lui une façon indirecte de leur porter un coup.

Cela dit, Cohn ne s'était pas encore officiellement engagé et je jugeai préférable de rester un ou deux jours de plus en attendant que le FBI se soit prononcé. Nous avons alors fait tous les trois le tour des amis de Kazan, réveillant Robert Ardreys au milieu de la nuit, prenant un verre avec Alfred Newman, qui avait dirigé la musique du *Tramway*, riant follement de nos stupides remarques, stimulés non seulement par la beauté de Marilyn mais aussi, pensai-je, par le fait qu'elle était orpheline, ce qui donnait un poids supplémentaire à sa présence. Elle n'avait littéralement aucun endroit où aller, ni personne vers qui se tourner.

Puis nous sommes allés traîner dans une librairie car Marilyn voulait se procurer le *Commis voyageur*. En me retournant pour lui tendre un exemplaire que j'avais trouvé au rayon théâtre, je surpris du coin de l'œil un homme, chinois ou japonais, dans l'allée voisine, qui la dévisageait en se masturbant à travers son pantalon. Je la poussai vivement pour l'éloigner de l'homme, qu'elle n'avait pas vu. Elle était vêtue d'un chemisier et d'une jupe très simples et pas du tout provocants. Pourtant, même quand elle se concentrait sur autre chose qu'elle-même, l'atmosphère qui l'entourait était chargée d'électricité. Elle avait dit qu'elle aimait la poésie, et nous trouvâmes des œuvres de Frost, Whitman et E.E. Cummings. C'était curieux de suivre le mouvement de ses lèvres appliquées à lire du Cummings – que pouvait-elle comprendre à une poésie à la fois si simple et si sophistiquée ? Je ne pouvais la situer dans aucun des mondes que je connaissais. Tel un bouchon ballotté par l'océan, elle aurait pu avoir commencé son voyage de l'autre côté du globe aussi bien qu'à une centaine de mètres de là, sur la plage. Il y avait de l'appréhension dans son regard quand elle commença à lire, une expression d'étudiante craignant le renvoi, puis soudain elle éclata de rire, un rire tellement spontané, en découvrant la chute étonnante du poème consacré au boiteux au ballon : « Et c'est le printemps ! » L'émerveillement naïf qui s'inscrivit sur son visage, preuve qu'elle réagissait sans difficulté à une œuvre élaborée, fit jaillir un nouveau lien entre nous. « Et c'est le printemps ! » dit-elle à plusieurs reprises en retournant à la voiture, riant à nouveau comme si on lui avait offert un cadeau imprévu. Cummings aurait tellement aimé la spontanéité de sa réaction, me dis-je alors, décidant pour de bon cette fois de quitter la Californie au plus tôt.

Côté Cohn, c'était toujours le silence. J'abandonnai définitivement tout espoir de me concentrer sur le scénario, qui continuait de s'effondrer et de s'effilocher au long de ces journées d'une impitoyable beauté, au bord de la piscine. Au lieu de quoi je nageais interminablement d'un bout à l'autre du bassin, suivi à la trace par le sang qui suintait des morsures du désir mais perturbé par le côté sublime et indéfinissable de cette incompréhensible jeune femme avec qui j'avais échangé quelque chose de secret sans que nous nous touchions, pour ainsi dire, quelque chose ressemblant, semblait-il, à de l'espoir pour chacun de nous.

Cherchant une explication, je me dis, sans y croire vraiment, que c'était peut-être la première fois que quelqu'un lui offrait un livre, et décidai, pour de bon cette fois, que je devais partir.

A l'aéroport, nous attendions avec Kazan et Marilyn que l'on appelle à bord les passagers de mon vol. C'était en début de soirée. J'allai au comptoir de la compagnie aérienne me renseigner sur le vol, qui aurait déjà dû être annoncé. Marilyn m'accompagna. Pendant que je parlais avec l'employé, elle s'éloigna de quelques pas en regardant autour d'elle, puis revint. Il y avait une douzaine de personnes dans la salle d'attente, et presque toutes la dévisageaient. Elle portait une jupe beige et un chemisier de soie blanche, et ses cheveux retombaient naturellement sur ses épaules, séparés par une raie du côté droit. J'éprouvais une sorte de douleur à la regarder et je savais qu'il me fallait prendre la fuite ou m'embarquer vers un destin qui échappait à ma connaissance. Elle était complètement radieuse, et néanmoins enveloppée d'une obscurité qui me rendait perplexe. Je ne pouvais pas encore imaginer qu'elle trouvait une sécurité dans ma timidité, une échappatoire à la vie sans liens, sans point fixe et sans protection qu'elle avait connue. Bien au contraire, je haïssais cette timidité qui avait toujours été mienne, mais à laquelle on ne pouvait plus rien maintenant. Quand nous nous séparâmes, je l'embrassai sur la joue et elle haleta de surprise. Je me mis à rire devant sa réaction excessive mais fus pris de remords en constatant la solennité de son regard, et je battis en retraite en direction de l'avion. Ce n'était pas seulement le devoir qui m'appelait. Il me fallait échapper à sa voracité enfantine, comparable d'une certaine manière à mon besoin effréné d'autosatisfaction, qui avait à la fois produit l'œuvre que j'étais arrivé à écrire et provoqué en moi le dégoût de l'irresponsabilité qu'il impliquait. Une retraite vers la sécurité de la morale, à coup sûr, mais pas forcément vers la vérité. En volant vers mon foyer, avec le parfum de Marilyn encore présent sur mes mains, je pris conscience de la qualité purement technique de mon innocence, ce qui me brisa le cœur, mais j'éprouvai en même temps la certitude que je pourrais également me perdre dans la sensualité. Cette découverte romanesque pénétra en moi comme une force irradiante, et je l'accueillis comme une sorte de preuve que j'écrirais à nouveau, mais pas un laborieux scénario de film, où il s'agit davantage de connaître que d'être ou de sentir. Je pressentais une nouvelle pièce en moi, or une pièce, c'était tout mon être vivant.

De retour à Brooklyn, j'oscillai entre la satisfaction d'avoir échappé à la destruction et la stupeur d'avoir pu partir. Un jour, puis un autre sans entendre parler de Kazan et je commençai à me sentir soulagé. Cohn avait dû finir par refuser le scénario, ce qui signifiait que je n'aurais pas à retourner à Hollywood. Peut-être l'écriture était-elle une activité trop sexuelle pour qu'on puisse vraiment l'exercer en se vendant. Mary, pendant ce temps, était sans doute consciente de mon malaise, et j'étais tout aussi incapable qu'elle de me pardonner. Le téléphone sonna enfin. C'était Kazan, parlant de sa voix la plus suave, pensai-je, un peu comme s'il se trouvait avec d'autres personnes dans son bureau, ce qui n'était probablement pas le cas. Il se peut simplement que j'aie alors perçu chez lui une sorte de nervosité officielle.

Cohn souhaitait quelques modifications. Si j'étais d'accord, disait-il, on pourrait faire le film. Le changement essentiel concernait les méchants – les escrocs du syndicat et les gangsters qui les protégeaient deviendraient des communistes. Je me mis à rire mais mon cœur s'était déjà figé. Kazan affirma qu'il ne faisait que transmettre ce que lui avait dit Cohn, persuadé que je devais l'entendre tel quel, sans être influencé par ses propres commentaires. Roy Brewer, le patron de tous les syndicats de Hollywood, avait été mis dans le coup – probablement par le FBI. Il avait lu le manuscrit et déclaré d'un ton péremptoire que c'était un tissu de mensonges, qu'il connaissait personnellement Joe Ryan, le chef de l'Association internationale des dockers, et qu'aucune des pratiques que je décrivais ne se rencontrait sur les quais. Enfin, il avait prévenu Cohn que si le film était tourné, il inciterait tous les projectionnistes d'Amérique à faire grève de façon qu'il ne soit jamais montré sur les écrans. Le FBI considérait de surcroît qu'il s'agissait d'un sujet très dangereux, qui risquait de déclencher de graves perturbations dans les docks du pays à une époque où la guerre de Corée absorbait un flux ininterrompu d'hommes et de matériels. D'ailleurs, à moins que le personnage de Tony Anastasia ne devienne un communiste, le film serait un acte antiaméricain proche de la trahison.

Le souffle coupé, je dis que je tenais pour certain qu'il n'y avait pour ainsi dire pas de communistes dans les docks de Brooklyn, et qu'il serait complètement idiot de montrer l'organisation de la révolte contre des communistes, et non contre des gangsters. Je n'oserais jamais, dans ces conditions, remettre les pieds sur les quais. D'une voix calme et désabusée, Kazan répéta qu'idiot ou pas, c'était ce que voulaient Cohn, Brewer et le FBI. Une ou deux heures plus tard, je télégraphiai à Harry Cohn qu'étant incapable de répondre à ses exigences, je retirais mon manuscrit. Le lendemain matin, un télégraphiste déposa un message à la porte de ma maison de Brooklyn Heights : « IL EST INTÉRESSANT DE VOIR QU'À LA MINUTE OÙ NOUS ESSAYONS DE RENDRE LE SCÉNARIO PRO-AMÉRICAIN, VOUS VOUS RETIREZ, HARRY COHN. »

Je me retrouvai une fois de plus en train d'arpenter Brooklyn Heights, traversant le pont libérateur à pied ou à bicyclette, descendant jusqu'au Battery pour voir les gens monter à bord du ferry de la statue de la Liberté. Cela faisait maintenant des années qu'une pluie sale avait effacé les graffiti *Dove Pete Panto,* et je savais que je ne pourrais jamais soustraire à son sort cet homme que je n'avais jamais vu, nourriture anonyme des poissons au fond de la baie. Que le concept de syndicat, dans lequel ma génération avait placé tous ses espoirs idéalistes, ne fût dans ce cas précis qu'un racket de plus n'était qu'un lieu commun, mais qu'il fût si systématiquement protégé de la côte est à la côte ouest et cela au nom du patriotisme, il y avait de quoi rire. Il ne s'agissait même pas de ma crédibilité personnelle. La corruption dans les docks avait maintenant fait l'objet d'une enquête dans un journal républicain, le *New York Sun,* par un reporter du nom de Malcolm Johnson qui avait dévoilé tout le jeu des contrôles exercés par les racketteurs, et avait reçu un prix Pulitzer le jour même où je recevais le mien pour le *Commis voyageur.*

D'ailleurs, Joe Ryan devait peu après être envoyé à Sing Sing pour les crimes qu'il avait commis à la tête de l'Association internationale des dockers. Ce n'était même plus un devoir de proclamer les faits. On s'en était chargé. Les vagues aveugles de voitures continuaient néanmoins de déferler sur le pont en toute inconscience, passant au-dessus du décor que mon scénario avait décrit et des pratiques révélées par Johnson avec tant de précision. Le pays serrait la corruption contre son cœur tout en envoyant ses enfants assainir la terre en Corée, à plus de douze mille kilomètres de là.

Je pensais qu'une nuit d'éternelle erreur descendait sur nous. Des années plus tard, je me dis que j'avais dû avoir l'esprit un peu borné en apprenant d'amis nouveaux et plus jeunes – William Styron et James Jones en particulier – que le début des années cinquante avait été pour eux l'époque de l'éclosion, où ils pensaient que l'Amérique était destinée à guider, sinon diriger, le monde. Pour eux, et pour des écrivains habitant Rome, Londres ou Paris, héritiers d'une guerre victorieuse, c'était une Amérique qui pourrait bien, les mauvais jours venus, porter la lanterne rouge, mais qui n'en demeurait pas moins la terre de la liberté.

Cela n'en avait pas du tout l'air, vu du pont où je me promenais. J'envisageai d'écrire un article racontant ma mésaventure hollywoodienne pour montrer ce qu'était la liberté en Amérique, mais cela paraissait devoir être un exercice d'apitoiement sur soi totalement inutile si l'on considérait que malgré la démonstration de Johnson, un Brewer pouvait qualifier mon scénario de mensonge et forcer Harry Cohn le coriace à clore l'affaire et courir avec lui, drapant sa déroute dans les plis du drapeau américain. Si je devais dire la vérité, pensai-je, ce serait là où elle aurait un impact, où on ne la jetterait pas dans un coin comme le journal de la veille. Je ne m'attendais pas à ce que quiconque s'offusque en apprenant qu'on avait refusé le scénario d'un écrivain. Bien au contraire, je risquais même d'être confronté à de nouvelles attaques pour avoir conçu une histoire qui risquait de perturber la livraison tranquille des armes en Corée. C'était comme ça, à l'époque. J'étais absolument isolé, comme bien d'autres qui ne se résignaient pas à monter à bord de l'*American Century*, ce train dont on sentait bien qu'il n'avait pas de destination et que ses rails aboutissaient au désert, là où vivait l'immense et misérable majorité de l'humanité.

A l'origine du sentiment désespéré que j'avais d'être pris au piège, il y avait bien plus qu'une impression générale. Environ un an plus tôt, j'avais été invité par Jack Goodman, un des directeurs des éditions Simon & Schuster, à participer à une discussion hebdomadaire sur ce que les écrivains pourraient faire contre l'hystérie montante dans le pays, et la crainte partout répandue d'émettre la moindre opinion qui risquerait d'être considérée de gauche, ou même libérale ou, pire encore, prosoviétique. Nous nous dirigions tout droit vers l'époque où un sénateur américain pourrait tranquillement traiter de communiste complice de Staline le ministre de la Défense George Marshall, ancien général de l'armée et ancien secrétaire d'Etat, et ceci sans provoquer la moindre réaction de dégoût.

Chaque mardi soir, dans son salon confortablement délabré du rez-de-chaussée, à Greenwich Village, Jack parvenait à réunir une vingtaine de vedettes du monde de la presse et de la littérature. Parmi les participants assidus, il y avait Edgar Snow, alors éditorialiste au *Saturday Evening Post*, Jack Belden, romancier et reporter en Chine, John Hersey, romancier et reporter au *New Yorker*, Richard Lauterbach de *Life*, Ira Wolfert, romancier et reporter au *Reader's Digest* et Joe Barnes, spécialiste des questions étrangères au *Herald Tribune*. Robert Capa était de ceux qui faisaient une apparition de temps à autre. Bientôt, il y eut aussi des avocats et des hommes d'affaires, des gens qu'inquiétait la recrudescence du *Knownothingism*[1], vingt ou trente personnes qui buvaient et fumaient en essayant de trouver le moyen de contrecarrer dans les médias la propagande étouffante de la droite. Des sujets d'articles étaient proposés, des thèmes étaient lancés et certains d'entre nous prenaient contact avec d'autres écrivains, en dehors de New York, pour leur demander des idées. Le romancier Louis Bromfield, qui s'adonnait alors à l'agriculture scientifique dans l'Ohio, nous écrivit une lettre furieuse où il nous maudissait tous, communistes conspirateurs. L'époque était ainsi.

Au bout de plusieurs mois, après de nombreuses propositions et plusieurs tentatives effectives de publier une réponse ou une autre à la paranoïa ambiante, aucun de nous n'était arrivé à faire imprimer une seule ligne quelque part. Le choc, sans être dramatique, était significatif : malgré notre réputation, nous valions à peine mieux que des employés dont on dispose à merci. Partout, des enseignants étaient mis à la porte à cause de

1. Doctrine du Parti américain, parti secret qui, entre 1853 et 1856, préconisa que les citoyens d'origine étrangère fussent exclus du gouvernement. *(N.d.T.)*

leurs relations ou de leurs idées – réelles ou supposées –, ainsi que des savants, des diplomates, des avocats, des acteurs, des metteurs en scène, des écrivains – comme si la « véritable » Amérique se dressait contre tout ce qui n'était pas facile à comprendre, tout ce qui était ou paraissait étranger, tout ce qui pouvait suggérer que l'Amérique ne faisait pas face, pure et innocente, au monde infâme et sinistre qui s'étendait au-delà des frontières. A partir de là, aucun appel n'était possible. Nous vivions dans un pays occupé où n'importe qui pouvait être un espion à la solde de l'ennemi. D'ailleurs, moins d'un an plus tard, Goodman serait convoqué devant la Commission des activités antiaméricaines, non parce qu'on l'accusait de communisme mais pour qu'il explique pourquoi ces réunions avaient eu lieu et comment, n'étant pas un Rouge, il avait pu soutenir une campagne anti-américaine impliquant une telle quantité de journalistes et d'écrivains de premier plan. Pour résumer, il y avait eu un indic au sein de notre petite bande de solides buveurs, car la Commission connaissait les noms de tous les participants.

Dix, vingt, trente ans plus tard, il est devenu évident que ce qui avait motivé cette campagne était, pour une bonne part, d'abord l'intention délibérée d'une section du parti républicain, qui ne détenait plus le pouvoir depuis près de vingt ans, de faire qualifier de déloyales les idées de base du New Deal, et ensuite la volonté d'y voir clair de certains démocrates consentants. Mais à l'époque, pour la plupart des gens, il s'agissait d'un phénomène naturel, un tremblement de terre incontrôlable qui déferlait sur le paysage politique. En dépit de la seule, et inégale, résistance des démocrates, McCarthy qualifierait bientôt toute la période Roosevelt-Truman de « vingt ans de trahison ». Après tout, sous Reagan, dans les années quatre-vingt, les structures qui soutenaient le New Deal ont de nouveau été largement rejetées, même si elles n'ont pas été totalement éliminées, ce qui aurait provoqué l'effondrement du pays.

Ma femme Inge, que je ne connaissais pas encore, arriva en 1951, journaliste-photographe chargée d'effectuer un bref reportage à Hollywood, et se trouva soumise à un rude interrogatoire de la part d'un inspecteur de l'immigration qui la soupçonnait de liens avec les communistes parce qu'elle avait dans sa valise un livre publié par le *Left Book Club* de Londres. Ayant passé la guerre en Allemagne nazie, pour une bonne partie sous les bombes, soumise au travail forcé à l'aéroport Tempelhof de Berlin, elle fut incapable d'en supporter plus. Avec toute la politesse dont elle était capable, elle s'étonna que l'inspecteur pût imaginer qu'une communiste eût survécu à la guerre en Allemagne nazie, et ne lui demandât pas si, par hasard, elle n'était pas une sympathisante nazie. Mais bien entendu, nous étions trop occupés à laisser entrer des criminels de guerre nazis munis d'une identité évidemment fausse, des hommes et quelques femmes qui seraient enfin extradés au cours des décennies suivantes, et jugés en Europe pour crimes de guerre. L'époque était ainsi.

J'avais grandi avec l'habitude de vivre dans une rage qui ne trouvait pas de forme. En dehors de I.F. Stone, dont la lettre hebdomadaire de quatre pages abordait les questions sans se soumettre à la règle selon laquelle tout sujet devait être traité en termes anticommunistes, je ne me souviens pas d'un seul journaliste qui osât affronter sans trembler le vent dominant. Avec le parti communiste le plus minuscule du monde, les Etats-Unis se comportaient comme s'ils étaient au bord d'une révolution sanglante. Venu régler avec mon avocat quelque affaire n'ayant aucun lien avec la politique, je fus amené à dire que le théâtre de Broadway devenait « corrompu », tant la raison commerciale l'envahissait : l'un des autres avocats présents leva alors les yeux de ses papiers pour déclarer d'un ton glacé : « C'est une opinion communiste. » Pendant quelques secondes le souffle me manqua, non par peur mais de stupeur : la vague de suspicion s'étendait vraiment à n'importe quelle discussion. Devrais-je désormais prendre garde à ne jamais utiliser ce mot pour faire allusion à la commercialisation de Broadway, dont je sentais bien qu'elle aboutirait à l'état où nous la voyons aujourd'hui, la stérilité ?

En même temps que la rage, il y avait la culpabilité, la culpabilité de celui qui dit non et dont le scepticisme même implique qu'il trahit les masses crédules. La menace de la vindicte publique provoquait en moi une attitude défensive que je me pris à haïr. Comme si tout ceci n'était pas suffisamment irréel, je menais une autre vie, celle d'auteur dramatique acclamé et appelé à toutes sortes de glorifications, y compris Père de l'Année – un honneur bien ironique alors que j'étais en désaccord avec moi-même, avec Mary, avec l'indéniable pression intérieure qui me poussait à briser ce qui semblait n'être plus qu'une carapace vide dépourvue de toute estime de soi. Je voulais cesser de tourner le dos au pouvoir que mon travail m'avait apporté, et accumuler une expérience que je ne trouverais jamais dans une vie d'ambition disciplinée, mais en redoutant en même temps les conséquences d'une telle décision – moins pour moi, sans doute, que pour ceux que j'aimais. J'étais inconsciemment en train d'inviter à remonter des profondeurs ce que Freud a appelé le retour du refoulé. Avec prudence pour commencer, ou du moins essayais-je de le croire, je laissai le mystère et la bénédiction de la féminité déferler une ou deux fois en vagues au-dessus de ma tête, suffisamment pour entamer gravement ma certitude que les accommodements sociaux, y compris le mariage, avaient quelque chose d'inévitable. L'inconstance et le hasard se chargèrent d'engloutir toutes les lois, celles du psychisme comme celles des tribunaux. Nous étions tous des créatures qui fabriquaient des mythes, apparemment, qui créaient non seulement des œuvres artistiques mais des vies, tout aussi imaginaires, tout aussi façonnées par la volonté, à condition d'en prendre conscience.

Je voyais les manifestations civilisées de la vie publique adroitement arrachées au corps politique comme les ailes que les méchants enfants enlèvent aux insectes ou aux oiseaux, et de grands et dignes citoyens accusés de trahison sans que quiconque en paraisse réellement choqué. Les codes tacites de la tolérance, semblait-il, n'étaient plus respectés. Je pouvais très bien décider de ne pas renoncer à mon moi public, la seule part d'Amérique que je pouvais espérer contrôler, mais le chaos interne n'en demeurait pas moins là. Un jeune homme s'éveillait d'un long sommeil à la recherche de la féminité dont il avait besoin pour créer, l'infini bienfait de la femme, cette félicité qui atteint les profondeurs du cœur de l'homme, aussi immatérielle, irrestituable et nécessaire que le ciel. C'était comme si le succès, tel un gigantesque brasier consumant tout l'oxygène contenu dans l'air, avait épuisé l'amour accumulé autour de moi, et s'il m'arrivait de me le reprocher, ou de blâmer ma femme, ou les désarrois d'une mère séduisante, je me rendrais compte plus tard, beaucoup plus tard, que c'était le prix à payer, tout simplement, pour ce que j'avais reçu.

Si, soumis aux pressions qui me poussaient vers la droite, je tendais alors à aller encore plus loin à gauche, cela peut s'expliquer, à condition que ce soit explicable, par une volonté délibérée de me renier et de défier la position que je venais tout récemment d'acquérir dans le monde. Le conformisme respectable était le meurtrier du rêve. J'en avais assez de redouter la vie, moi-même et ce qui parut bien souvent être l'inexorable avancée des joyeux patriotes totalitaristes.

J'assistai à quelques réunions d'écrivains communistes, dans des salons, mais je m'y sentis aussi irréel que dans ma vie solitaire. Petits-bourgeois plutôt braves, ils étaient probablement à la recherche de la même sorte d'auto-accomplissement que les gens poursuivraient plus tard dans les sectes ou les séminaires d'épanouissement de la personnalité. Mais en ce temps-là, la purification s'opérait en sacrifiant le présent à un avenir socialiste parfait, afin de bannir le vide, les contradictions, les ambiguïtés et d'atteindre une position morale solide et honnête. Une certaine complaisance et une tendance à la congratulation mutuelle, à gauche, se conciliaient difficilement avec toutes les incertitudes qui me hantaient alors, quand je me connaissais si mal. Toujours est-il que c'était un de mes paradoxes de désirer la communauté et la solidarité humaines tout en étant parfaitement incapable de participer à la moindre réunion ou d'accepter vraiment le nivellement que cela supposait. Et quand finalement je me trouvai incapable d'y retourner, je me demandai s'il y avait encore place pour un idéal philosophique et transpolitique tel qu'on le trouvait chez un Tchekhov ou un Ibsen. Ce qui semblait avoir remplacé la noblesse de l'idéal était une manœuvre tactique ou stratégique, vis-à-vis de soi-même tout autant que de la nation et du monde. Par la suite, j'en vins à considérer ce dilemme en termes d'absence de transcendance, mais je n'en étais pas encore au point de considérer la politique comme une évasion d'un type particulier. Cela me paraissait encore être la dernière réalité à laquelle un individu devait se cramponner. Si je m'en détournai alors, ce fut plus par compréhension et mécontentement de moi-même que parce que les autres m'avaient déçu.

A l'époque, au commencement des années cinquante, on ne comptait plus les anciens radicaux qui « se réfugiaient dans les bois », déçus par les Soviétiques autant que par le libéralisme ou la promesse d'une Science qui serait une mise en valeur de l'esprit. Les Juifs se convertissaient au catholicisme, les socialistes participaient à la chasse aux sorcières communistes sans se soucier de ce que cela impliquait sur le plan des libertés civiques, et des pacifistes de toujours battaient le tambour de la guerre froide. C'était apparemment une autre façon de fuir l'embrouillamini moral qu'était devenue la vie, nous le savions tous. Un certain dégoût vous prenait au spectacle de ces anciens radicaux devenus antisoviétiques, en partie pare que les temps se prêtaient si bien à de telles conversions. Mais par ailleurs, je sentais le ridicule qu'il y avait à se cramponner avec de si faibles moyens à une loyauté irréprochable, et poussé par mes propres craintes, je me déclarai à nouveau coupable de cet égoïsme que j'abritais en moi depuis si longtemps. De toute manière, il me semblait que condamner les Soviétiques n'était pas la solution, même si c'était devenu très à la mode. La question était de savoir *pour quoi* l'on était. Comment ces conversations avaient-elles transformé ces gens, les avaient-elles sortis de cette platitude morte où ils vivaient, pour la plupart? Si la gauche récitait son chapelet, ressassant ses prières rituelles pour un avenir sans cesse repoussé de société juste et sans classes, la nouvelle orthodoxie de la droite réclamait une confirmation de la société américaine à laquelle je pouvais difficilement adhérer, ayant sous les yeux des exemples tels que ce scénario interdit, au fond de mon tiroir, qui révélait non seulement l'oppression massive de milliers de gens sous le pont mais aussi le pouvoir répressif d'un syndicat de droite dont l'influence s'étendait à travers tout le pays, jusqu'aux studios de la Columbia Pictures.

J'aurais dû exulter de me voir si seul et me fortifier à la lecture de la dernière phrase écrite par Ibsen dans *Un ennemi du peuple* : « Il est le plus fort, celui-là qui est le plus seul. » Mais le Juif en moi se défiait du salut privé, qui ressemblait trop au péché. La vérité de chacun devait ajouter sa pression à l'évolution de la justice et de la miséricorde publiques, et transformer l'esprit de la cité dont le vrombissement sans cervelle se faisait entendre de chaque côté du pont.

Au début des années cinquante, ce qu'on appelait le théâtre de l'absurde en était encore à ses balbutiements, et je réagirai d'ailleurs négativement, plus tard, à la plupart de ses tentatives, les estimant fallacieuses, mais chaque génération d'écrivains s'investit dans ses œuvres, et se doit de les défendre. Et si j'avais réellement obéi à la logique de mes observations quotidiennes, je me serais trouvé moi-même en position absurde, car la plupart du temps je secouais la tête en voyant ce qui se passait et émettais le ricanement sec de la stupeur incrédule.

J'avais vendu le *Commis voyageur* à Stanley Kramer, qui allait tourner le film pour la Columbia. Mon unique participation consistait à déplorer que le scénario fût parvenu à rogner à peu près tous les moments forts de la pièce, comme si on s'était servi d'une tondeuse à gazon, ne laissant subsister qu'une platitude stupéfiante alors que ceux qui avaient vu la pièce en sortaient bouleversés. Stanley Roberts, l'auteur du scénario du film, prit l'avion pour venir discuter avec moi et tenter de me ramener à la raison, et j'ai gardé en mémoire une de ses réponses, qui peut apporter quelque lumière sur la question.

Dans le premier acte, après que Linda a supplié ses fils d'avoir pitié de leur père, Biff s'attendrit et accepte de rester à New York pour y chercher du travail, affirmant qu'il se contentera d'éviter Willy. Mais Linda trouve que cela n'est pas suffisant : il doit apporter un soutien psychologique à son père. Pour Biff, cela signifie qu'il doit s'incliner devant Willy, qui n'est pas du tout d'accord avec lui sur la façon dont il doit mener sa vie. Il explose : « Je hais cette ville, mais je vais y rester! Maintenant, qu'est-ce que tu veux? » Ce à quoi Linda répond : « Il est en train de mourir, Biff », et elle entreprend de lui décrire les préparatifs de Willy en vue de son suicide.

Cette étape, petite mais décisive, vers l'imminent dénouement avait été tout simplement escamotée, et j'en étais sidéré. « Mais, objecta Roberts, comment peut-il hurler des choses pareilles à sa mère? »

Ce n'est qu'un aspect de ce qui n'allait pas dans le film, et dans le cinéma hollywoodien en général, mais il se peut que cela fût lié à une difficulté plus essentielle et plus profonde : on avait demandé à Fredric March de faire de Willy un psychopathe, quelqu'un qui avait presque complètement perdu la tête, qui n'avait presque aucune prise sur la réalité. March avait été notre choix initial pour la création du rôle au théâtre, mais il avait refusé à l'époque – quoiqu'il ait paru convaincu, des années plus tard, qu'on ne le lui avait jamais officiellement proposé. Il aurait certes pu opérer des merveilles dans le film, mais pas dans le rôle d'un malade mental. Pire que cela, la conception erronée du personnage affaiblissait la tension qui régnait entre l'homme et la société qui l'entourait, détruisant à la racine l'actualité sociale de la pièce, oblitérant son contexte même. S'il était timbré, il pouvait difficilement émettre un commentaire valable sur quoi que ce soit. C'était comme si Lear n'avait jamais détenu un véritable pouvoir politique mais avait simplement imaginé qu'il était roi.

Et pourtant, signe des temps, même cette version édulcorée fut jugée trop radicale. Le département publicitaire de la Columbia commença par me demander de faire une déclaration anticommuniste pour apaiser la Légion américaine qui, du fait que j'avais omis de signer dans *Variety* un manifeste anti-Rouges – un rituel de l'époque – annonçait qu'elle allait lancer une campagne nationale contre le film. Je refusai de faire cette déclaration. Après quoi je fus invité par la Columbia à la projection d'un court métrage de vingt-cinq minutes qu'ils venaient juste de terminer et avaient l'intention de passer avant *Mort d'un commis voyageur* partout où le film serait projeté.

Ce petit chef-d'œuvre avait été tourné sur le campus de la Business School du New York City College. Il était essentiellement constitué d'interviews de professeurs qui expliquaient que le personnage de Willy Loman était parfaitement atypique, que c'était une survivance de l'époque reculée où les représentants avaient effectivement de graves problèmes. De nos jours, le métier de vendeur était une bonne profession aux compensations spirituelles et financières sans limites. En fait, tous ces professeurs étaient des sortes de Willy Loman munis d'un diplôme, engraissés par le succès et sans nul doute par le généreux pourboire que la Columbia Pictures n'avait certainement pas manqué de leur distribuer pour avoir participé à cette admirable entreprise d'éclaircissement. Quand les lumières se rallumèrent dans la salle de projection de la Septième Avenue, les deux ou trois directeurs qui avaient regardé le film avec moi attendirent ma réaction en observant ce que j'interprétai comme un silence vaguement défensif, sinon attristé.

Assis là parmi ces hommes grassement rémunérés, je me trouvai pris dans un étau de sensations contradictoires, que dominait une inexprimable horreur devant la mascarade que tout cela représentait. Dans la salle planait, invisible mais bien présente, la menace des patriotes de liquider le film commercialement en menant contre moi une campagne déloyale. La peur était la seule véritable émotion en cause, mais il n'était évidemment pas question de le reconnaître. Bien au contraire, on me pressait d'admettre que le court métrage n'était pas « si mal », et qu'il « aiderait à vendre le film ». Personne, probablement, y compris Harry Cohn, leur employeur, ne me considérait vraiment comme une menace pour le pays, et le film n'en était certainement pas une.

« Pourquoi diable avez-vous fait ce film si vous en avez tellement honte ? demandai-je. Pourquoi les gens ne se lèvent-ils pas et ne sortent-ils pas des salles de théâtre, si *Mort d'un commis voyageur* est si démodé et sans intérêt ? »

Je n'en étais pas sûr, mais il me semblait que ma tirade leur apportait comme un soulagement. Je marmonnai quelque chose au sujet d'un procès que je ferais au studio pour avoir altéré la valeur de mon œuvre avec ce court métrage diffamatoire. Je commençai à penser, sentant une certaine lassitude désarmée dans leurs arguments, qu'en leur for intérieur, ils admiraient plutôt ma position. Mais l'admettre ne ferait qu'empirer les choses, non seulement pour eux et pour moi, mais aussi pour le pays où nous jouions cette énorme farce. Si je partageais en partie leur terreur, je possédais également ce qu'ils n'avaient pas, une fierté à l'égard de ma pièce qu'il m'était impossible de trahir et qui, au fond, était mon ancre, car ce que l'on me demandait véritablement c'était de reconnaître que *Mort d'un commis voyageur* était dépourvu de toute signification morale, un conte raconté par un idiot et qui ne signifie rien. A cela, il était facile de dire non. Nous nous séparâmes en excellents termes, et si le court métrage a été projeté quelque part, je n'en ai jamais entendu parler. Ils avaient accompli leur devoir et pouvaient maintenant rapporter à qui de droit que je menaçais d'engager une action en justice, ce qui devait suffire pour que la Columbia se débarrasse de la Légion – le but réel de toute l'opération, sans aucun doute, qui a dû coûter au studio une ou deux centaines de milliers de dollars.

Pourtant, même si je détenais encore quelques cartes dans ce petit jeu intitulé *Ayons la peau de Miller*, je ne nourrissais aucune illusion sur le fait que des gens puissants m'avaient à l'œil et attendaient une bonne occasion pour en finir avec moi. Je décidai néanmoins de penser à autre chose et me consacrai à mon travail en dépit de ce que je ressentais comme une pression glaciaire, et sous laquelle je devais plier. Il y eut même des moments où tout cela prit des allures vraiment comiques. Un homme dont le nom me disait vaguement quelque chose m'appela un matin, se présentant comme un officier de la brigade Lincoln qui avait connu Ralph Neaphus en Espagne et souhaitait aborder avec moi une question importante. Je crus qu'il connaissait quelques difficultés politiques et s'était malencontreusement mis dans l'idée que j'étais suffisamment respectable pour le sortir de là, grossière erreur que certains commettaient encore à l'époque. Mais lorsqu'il prit place sur le canapé de mon salon, sa petite valise noire sur les genoux, et m'annonça avec une affabilité joviale mais pas très assurée qu'il voulait me vendre des actions de puits de pétrole au Texas, je sus que quelque chose était en train de changer. Il m'expliqua qu'il avait accepté cet emploi après avoir été viré d'un boulot syndical, et qu'il s'était peu à peu pris au jeu, commençant à y gagner pas mal d'argent. Puis vint une réplique comme l'histoire elle-même en écrit parfois, et qui symbolise bien le thème d'une époque : « Vous comprenez, reprit-il d'un ton à la fois sérieux et sincère, nous ne devons pas oublier que lorsque les travailleurs prendront le pouvoir dans le pays, ils auront besoin de pétrole. Et davantage qu'en ce moment, même, car le socialisme augmentera la production ! » Le calvinisme est immortel et se réincarne dans les endroits les plus inattendus. L'important, c'est d'être toujours sûr que l'on fait du bien à autrui.

Ce fut aussi l'époque où un certain Louis Untermeyer, effrayé et désespéré, ferma la porte de son appartement de Remsen Street pour ne plus en ressortir pendant un an. Et ce n'est que trente ans plus tard, quand je l'apprendrais de Harrison Salisbury du *New York Times*, que je comprendrais à quel point la paranoïa avait alors son double, comme dans un miroir, à l'autre bout du monde. Au même moment, la censure stalinienne était si stricte qu'il était devenu impossible de communiquer autre chose que des rapports officiels; les journalistes occidentaux avaient quitté Moscou complètement frustrés, laissant la ville à une poignée de reporters d'agence. Salisbury, qui était le correspondant du *Times* à Moscou, avait décidé de rester et de pénétrer au cœur de la terreur soviétique. Pour pouvoir faire passer de véritables informations, il dut recourir à une sorte de code improvisé dans ses dépêches. En Amérique, les dégâts pouvaient être limités par les garde-fous constitutionnels mais dans les deux pays la question essentielle du débat politique se réduisait à la loyauté. Dans les années quatre-vingt, Salisbury apprit grâce à la loi sur la liberté de l'information que le FBI l'avait soupçonné d'être un agent rouge, notamment parce qu'il avait insisté pour rester à Moscou alors que tant d'autres journalistes étaient partis. Ainsi le voulait l'époque.

Mais comment dire tout cela, quelle forme donner à une protestation ? Presque rien, dans les romans contemporains, et rien du tout dans les pièces de théâtre, n'osait ne serait-ce que suggérer la catastrophe bourgeonnante. Quant aux films, ils faisaient danser le pays dans un climat d'euphorie collective. Sous le pont, cependant, personne n'essayait de cacher qu'une nouvelle ère allait arriver ou du moins qu'une certaine continuité avec le passé était en train de s'effondrer, de se faire laminer.

Interdit sur les docks parce qu'il ne possédait pas le laissez-passer de la Coast Guard exigé par la nouvelle réglementation édictée à l'occasion de la guerre de Corée, Mitch Berenson dut aller chercher un emploi dans le secteur privé. Pour la première fois dans sa vie d'adulte, qui avait toujours été celle d'un dirigeant syndical, il se trouva confronté à une étrange forme de société où les chiens se dévoraient entre eux, et pour laquelle il était aussi mal préparé qu'un séminariste ayant décidé de retourner à la vie laïque. Il ne possédait littéralement aucun passé social conventionnel, aucun passé professionnel conventionnel, pas de carte de Sécurité sociale et aucune formation. Il se retrouvait lâché dans un torrent où la compétition faisait rage, où il allait falloir apprendre rapidement à nager, sinon il se noierait.

Persuadé d'avoir gâché sa vie (il ne pouvait deviner que quelques années plus tard, Tony Anastasia, subissant certainement son influence et celle de Longhi, allait fonder le premier établissement de soins médicaux pour les dockers, la Clinique Anastasia), il n'en était pas moins d'une humeur curieusement exubérante. Car s'il manquait totalement d'expérience dans la société compétitive, il découvrait pourtant avec un étonnement croissant que sa vie de leader syndical partageait certains points communs avec celle d'un chef d'entreprise. Tous deux devaient décider où aller le matin, à qui téléphoner ou rendre visite, et plus généralement, quoi faire de leur temps. La routine lui était aussi étrangère qu'à n'importe quel capitaliste. Prendre spontanément des risques était l'essentiel. Une affreuse vérité lui vint à l'esprit : il n'y avait pas une grande différence entre vendre une révolution et vendre n'importe quoi d'autre.

Au syndicat, Mitch avait gagné vingt dollars par semaine, quand toutefois il était payé, et le peu de poids que cela faisait dans ses poches avait engendré chez lui une certaine supériorité aristocratique à l'égard de l'argent, qu'il n'avait jamais envisagé d'accumuler, et qui n'avait par conséquent pour lui aucune valeur sentimentale. Lorsqu'il était vraiment trop fauché, il pouvait toujours s'adresser à l'un des amis qu'il avait dans toute la ville, les hommes auprès de qui il avait mené la lutte syndicale pendant des années.

Mais il lui fallait trouver un emploi maintenant, et il se souvint que le seul patron qu'il eût jamais bien connu était Krauss, un fabricant de chandails de Lower East Side, lequel le haïssait pour avoir mené une longue grève contre son usine neuf ans auparavant. Tous les matins pendant plus de quatorze mois Mitch avait fait défiler ses travailleurs devant sa misérable usine, forçant Bernie Krauss à se bagarrer pour arriver jusqu'à son bureau. Et chaque matin, Krauss s'était arrêté le temps d'agiter son poing fermé en direction de Berenson et de crier : « Salaud de bolchevik, puisses-tu rôtir en enfer et te faire dévorer par les lions ! » Alors, Berenson étendait les bras en riant et répondait : « Bernie ! Négociez donc ! »

Voilà pourquoi il était plutôt inquiet en s'approchant de l'usine, mais dès qu'il ouvrit la porte principale, l'odeur de laine roussie et de bois brûlé le détourna de ses pensées. Là, environné par des flaques d'eau et une épouvantable odeur, se tenait assis Bernie Krauss, âgé de cinquante ans maintenant et vieillissant à vue d'œil, trop gros et chauve et blanc comme un linge. En voyant Mitch Berenson debout devant lui, un éclair de sa vieille haine reparut dans ses yeux.

– Attendez, ne vous inquiétez pas, Krauss. Je suis simplement venu vous demander un emploi.

– Un emploi ? C'est à *moi* que vous venez demander ça ?

En d'autres circonstances, Krauss se serait levé, fou de rage, mais il venait juste d'avoir un incendie et la compagnie d'assurances refusait de rembourser davantage qu'une partie de son stock, sous prétexte que l'autre partie n'était pas suffisamment endommagée. Il avait donc le moral à zéro.

A la fin de l'après-midi, Krauss avait embauché Berenson comme représentant, et en un rien de temps il lui avait offert de devenir son associé. Berenson commença par braquer la lance d'arrosage sur les chandails qui avaient échappé à la catastrophe et annonça à la brigade des pompiers, qui lui en fut reconnaissante, qu'il avait éteint un nouveau feu qui couvait par là. La compagnie d'assurances fut obligée de payer. Ensuite, il vendit une certaine quantité de marchandise à Gimbels, de Philadelphie, qui, conformément à une pratique courante, annula presque aussitôt la commande. Le naïf Berenson, proprement scandalisé, retourna à Philadelphie où il prononça un discours indigné d'une éloquence si convaincante que les directeurs de Gimbels, abasourdis, revinrent sur leur décision d'annulation – triomphe sans précédent dans le monde du chandail – et lui proposèrent une place chez eux.

Au bout de cinq ans, Berenson était multimillionnaire et avait conçu un programme d'habitations pour les personnes âgées qui avait eu un grand succès. Continuant de mâchonner les cigares les plus minables qu'il pouvait trouver et conduisant une voiture délabrée, il dirigeait quasiment le petit village de banlieue où il s'était installé. « Ce que j'ai découvert, me dit-il un jour, c'est que le truc est vraiment une démocratie. Les gens finissent réellement par prendre les décisions de base. Cela met trop de temps, et ils se font rouler trop souvent, mais cela finit par marcher, et c'est magnifique. »

Presque inévitablement, il devint mystique une fois qu'il eut prouvé sa puissance et qu'il ne fut plus animé par la chaleureuse prophétie marxiste du destin et la promesse de rédemption qui l'accompagnait. Il avait conquis le monde et perdu une religion, il était devenu un homme normalement heureux, un peu anxieux.

A la fin de son dernier cours de psychologie, le vénérable professeur Walter Bowers Pillsbury leva les yeux vers nous, ses étudiants de deuxième année, et marqua une pause inhabituelle. Eminent auteur de notre manuel de cours, il faisait autorité dans cette spécialité, mais la fascination qu'il exerçait sur moi venait surtout de ce qu'il avait lui-même passé quelques années dans un établissement psychiatrique. Cet homme de haute taille, aux cheveux blancs, qui portait des cravates noires et des cols durs, était une apparition digne et tragique issue d'une Amérique ancienne, et son regard avait de la profondeur. Dans ce silence, nous comprîmes tous qu'il disait adieu non seulement à ses élèves mais à sa carrière, car il approchait de l'âge de la retraite. Il dit alors : « Je n'ai pas la prétention de vous donner des conseils pour ce qui est de votre santé mentale, mais il y a une vérité que, je l'espère, vous essaierez toujours de garder en vous : ne pensez jamais trop longtemps à une même chose. »

En 1935, alors que j'essayais de concentrer mes esprits sur ma nouvelle activité et que le pays paraissait perdre la tête devant ses terribles problèmes, ce conseil m'avait paru stupide. Mais maintenant, au début des années cinquante, environ quinze ans plus tard, la voix du vieil homme ne cessait de résonner à mes oreilles quand je m'apercevais qu'il y avait quelque chose d'obsessionnel dans mes réflexions sur mon mariage et mon travail. Aux immenses vagues d'amour et d'espoir, qui me submergeaient quand j'envisageais mon avenir avec

Mary, succédait la conviction désespérée que j'étais éternellement jugé et condamné sans appel. Voulant m'en sortir, j'avais entrepris une analyse avec Rudolph Loewenstein, psychanalyste freudien d'une grande habileté, mais je finis par sentir que je risquais de perdre mon pouvoir de création – auquel il était suffisamment avisé pour prétendre ne rien comprendre – si j'abandonnais mon autonomie, dût-elle continuer de me détruire. Aussi n'ai-je jamais prétendu être capable d'apprécier valablement le travail analytique, bien qu'il m'ait valu l'amitié d'un homme de bien et m'ait permis d'estimer les comportements humains avec moins de passion que par le passé. Je ne pouvais écarter la peur d'être saigné à blanc par une objectivité, gratifiante mais stérile, qui était peut-être bonne pour des critiques mais pas pour des écrivains, dont le carburant est fourni par leur instinct et le chaos de leur univers intérieur.

Je me suis toujours refusé à porter un jugement définitif sur les postulats psychanalytiques, et cela pour deux raisons. J'avais commencé une analyse afin de sauver un mariage, prémisse tordue qui laissait soupçonner que je m'auto-examinais pour le bien de l'entente conjugale. J'étais en fait également tracassé par un soupçon lié à cette période particulière de l'histoire. Au moment où le pays paraissait se réjouir avec éclat de la paranoïa que Joe McCarthy avait suscitée à l'égard de tout ce qui n'était pas familier, y compris l'esprit lui-même, j'étais en train d'extraire de mes toiles d'araignée une évidente complaisance à mon propre égard, dont j'espérais malgré tout qu'elle ne durerait pas. Et je ne pouvais effacer ce que j'avais en commun avec ces troupeaux de libéraux et de gens de gauche qui découvraient la psychanalyse avec émotion alors qu'un tournant brutal et menaçant de l'histoire nous projetait dans l'espace. Mes difficultés étaient certes personnelles mais je ne pouvais m'empêcher de soupçonner que la psychanalyse n'était qu'une forme d'aliénation, utilisée comme substitut non seulement du marxisme mais de tous les engagements sociaux. Ma conscience, pour résumer, n'était pas en accord avec mes progrès.

New York, ce lit de rivière que traversent tant de cultures souterraines, se gonflait de ces petits ruisseaux que formaient les libéraux et les gauchistes dépossédés, qui fuyaient dans le désordre ce vieux château bombardé, le reniement de soi, avec son infinie confiance dans le progrès social et son authentification, via la justesse politique, de leur position aux avant-postes de l'Histoire. Comme toujours, le moi américain, cette denrée puritaine, avait besoin d'un os moral à ronger, et une fois Marx déclaré de l'autre côté de la barrière, Freud offrit une satisfaction similaire aux élus. Seulement, cette fois, le défi qu'on lançait aux égarés tels que moi n'était pas de défiler dans une manifestation ou d'entrer dans les brigades espagnoles, mais de reconnaître devant autrui qu'on avait été un salaud égoïste qui n'avait jamais su aimer. Peut-être la psychanalyse suscite-t-elle un mélange de sensualité et de responsabilité qui libère glorieusement l'individu, mais je ne l'ai jamais su, ne serait-ce que parce j'étais forcé de défendre l'espace de plus en plus restreint où je pouvais simplement exister comme écrivain. Je devais me protéger contre la société avant de remettre mes idées en place, car la société ne se montrait pas passive à mon égard.

Une fois encore, ce n'était pas seulement ce que je lisais dans le journal qui alimentait mon anxiété et mon impression d'être en danger. On annonça que *Cock-a-doodle Dandy*, nouvelle pièce de Sean O'Casey, allait être montée à New York, et la Légion américaine menaça immédiatement de manifester devant le théâtre. Cela aurait suffi à alerter n'importe quel producteur sur les chances commerciales de la pièce, mais de surcroît, le commanditaire principal, Mme Peggy Cullman, venait de se convertir au catholicisme. Ayant lu le texte de la pièce, elle décida qu'elle était anticatholique et reprit son argent. Certes, c'était un texte anticlérical, quoique pas anticatholique, mais la Légion se préoccupait probablement bien davantage de l'habitude qu'avait Casey de porter une broche représentant une faucille et un marteau au revers de sa veste froissée, proclamant ainsi que le communisme s'était emparé de son cœur irlandais. Il ne ressemblait à aucun autre communiste de ma connaissance, et je le soupçonnais plutôt de vouloir faire enrager les conservateurs, en particulier les Anglais, qui bien entendu s'en fichaient comme d'une guigne, et les Irlandais qui, du jour où il avait quitté l'Irlande, avaient ostensiblement oublié son existence comme ils l'avaient fait à l'égard de Joyce, préoccupés qu'ils étaient avant tout d'émigrer du pays. Mais cela importait peu. Vu la somptuosité de certaines de ses pièces et sa magnifique autobiographie, je trouvais choquant que ce génie fût pris en chasse par les malfrats de la Légion. Lorsque le producteur de la pièce appela à l'aide la Guilde des auteurs dramatiques – les menaces de la Légion ayant tari ses sources financières, et risquant d'anéantir le projet tout entier – je rédigeai une motion que je présentai à mes confrères de la Guilde un après-midi. Il y avait là Moss Hart, notre pimpant président, dont j'enviais les superbes pipes, bien qu'elles fussent trop élégantes et trop petites pour mon goût; Oscar Hammerstein II, qui avait l'air d'un vieil oncle mais professait d'ardentes opinions libertaires; et Robert Sherwood, auteur dramatique, rédacteur des discours de Roosevelt, militant pour la cause des libertés civiques, et dont certaines œuvres de jeunesse soulevaient franchement le problème de l'individu écrasé par le rouleau compresseur de la civilisation moderne. Se trouvait également là, parmi quelques autres dont le nom m'a échappé, Arthur Schwartz, producteur et compositeur de nombreuses comédies musicales à succès telles que *The Little Show*, *The Band Wagon*, *Flying Colors* et *A Tree Grows in Brooklyn*, un homme à l'esprit vif et au charme attentif.

Je suggérai que nous annoncions sans tarder notre intention, au cas où la Légion boycotterait la pièce de

O'Casey, de former une ligne de contre-manifestants pour soutenir la liberté du théâtre. Une onde de surprise gênée parcourut la table, mais Hammerstein parut sincèrement intéressé, et si personne ne semblait encore prêt à sortir en courant pour faire les cent pas dans Shubert Alley, une pancarte à la main, j'eus quand même l'impression que notre réunion se solderait par quelque déclaration en faveur de O'Casey. A ce point précis Arthur Schwartz, apparemment si perturbé qu'il en était devenu véhément, déclara qu'au cas où un seul centime de l'argent de la Guilde serait dépensé pour la défense d'un communiste, il entraînerait tous les membres voulant bien le suivre hors de l'association pour former une nouvelle organisation d'auteurs dramatiques. La brutale perspective d'une scission arrêta net la discussion, et le sujet finit par disparaître purement et simplement. Rien ne m'empêchait désormais de penser que si la Légion décidait de manifester à mort contre ma nouvelle pièce, je ne devrais pas m'attendre à être défendu par mes pairs, car ces gens-là, les personnalités les plus éminentes du monde théâtral, étaient soit effrayés soit incapables de savoir comment agir. Ainsi le voulait l'époque. En vérité, il n'était pas du tout difficile d'imaginer la création d'une commission idéologique de Légionnaires qui détiendraient le pouvoir particulier de donner leur avis sur toutes les nouvelles pièces et de décider qui pourrait, ou ne pourrait pas, être monté sur une scène new-yorkaise. J'avais déjà eu un avant-goût de la puissance de la Légion, car ils avaient non seulement menacé la version cinématographique du *Commis voyageur*, mais encore réussi à empêcher que la pièce soit jouée dans deux ou trois villes, par une troupe qui comprenait Thomas Mitchell dans le rôle de Willy, Darren McGavin en Happy, Kevin McCarthy en Biff et June Walker en Linda – la meilleure pièce irlandaise qu'ils aient jamais vue, avaient dit les critiques de Boston. Dans une ville de l'Illinois, l'impact de la manifestation avait été tel qu'il ne resta plus qu'un spectateur dans la salle. Mitchell voulut jouer la pièce rien que pour lui, mais je n'ai jamais su ce qu'il en avait pensé.

J'avais peut-être encore plus peur que les autres, car j'avais peur d'avoir peur. Mais c'était également parce qu'en raison de ma nature, et de l'époque, j'avais une vision assez exaltée de l'artiste dramatique, que je concevais comme une sorte de chef révélateur de vérité, dont la torche brandie au-dessus de sa tête devait aveugler et faire reculer le monstre Chaos. L'art dramatique était la physique des arts : il échouait quand il mentait et réussissait quand il dévoilait les principes de base de la vie humaine. Avec un fardeau si joyeusement douloureux, il n'était pas facile d'envisager l'esquive et la fuite dans le maquis.

Quand Bobby Lewis vint me trouver avec le projet d'une nouvelle adaptation de l'*Ennemi du peuple* d'Ibsen, avec Fredric March et sa femme Florence Eldridge dans le rôle des Stockmann, je supposai que ces gens de théâtre chevronnés, que je n'avais jamais assimilés à des radicaux, s'étaient réveillés à l'approche du danger. J'appris peu après que les March avaient porté plainte contre un homme qui les avait traités de communistes. L'accusation leur avait fait perdre des rôles au cinéma, et ils se voyaient tout à fait dans la peau des Stockmann, également crucifiés par la foule. Bobby Lewis, un ancien du Group Theatre, dont j'avais énormément admiré quelques années plus tôt la mise en scène de *Mon cœur est dans les Highlands*, de Saroyan, observait un détachement plein d'humour qui le maintenait à l'écart des prises de position politiques. Je pensais pouvoir lui faire confiance comme metteur en scène, même si je sentais que le projet n'aurait pas d'autre résultat que de nous placer un peu plus dans le collimateur des chasseurs de Rouges.

La pièce, après l'avoir relue, m'apparut plutôt rance malgré les liens du sujet avec la situation que nous vivions. Mais le producteur, un jeune homme d'affaires prospère nommé Lars Nordenson, dont le père était un sénateur suédois, voyait monter une marée pré-fasciste aux Etats-Unis et voulait absolument que je travaille le texte. Il me fournirait sa propre traduction mot à mot du texte norvégien d'Ibsen, qui m'assurait-il n'avait absolument pas le caractère figé que lui conféraient les traductions existantes, mais était au contraire plein d'argot et de phrases fortes, avec des éclats scatologiques. Après tout, la pièce avait été écrite dans la fureur et, pour Ibsen, dans un délai exceptionnellement court. Muni des premières pages traduites par Nordenson dans un anglais schématique où les phrases étaient à peine ébauchées, je me mis au travail et fus bientôt persuadé que je saurais rendre la pensée d'Ibsen dans un type de combat qu'il aurait certainement aimé.

Comme toujours, j'allais découvrir ce que je croyais réellement en essayant de dramatiser mon sens de l'existence. Plus je me familiarisais avec la pièce, moins je me sentais à l'aise avec une ou deux de ses implications. Même si le docteur Stockmann se bat admirablement pour le droit absolu de dire la vérité à la société, il n'en suggère pas moins l'existence d'une élite indéterminée qui peut décider ce que les gens doivent croire. Pour un démocrate, la pilule était dure à avaler. Puis je me souvins d'avoir dit devant une assemblée de marxistes, des années auparavant, que l'artiste avait pour devoir de marquer de nouveaux territoires, et que si j'avais obéi aux consignes du Parti ou aux mots d'ordre de la presse nationale pendant la guerre, je n'aurais pas pu écrire *Ils étaient tous mes fils* – pièce dont on admirait le courage, la perspicacité et la vérité, maintenant que la guerre était terminée. Ibsen-Stockmann remplissait simplement la fonction immémoriale de l'artiste, celui qui s'engage dans l'inconnu.

N'empêche qu'il est inadmissible dans une société démocratique, même si c'est là une pratique habituelle, d'attribuer une intuition supérieure à une catégorie qui se détermine elle-même. Le problème s'aggrave encore lorsque Ibsen trace un parallèle avec la sélection biologique, allant jusqu'à introduire la notion d'élevage dans cette affaire. En fait, le grand homme avait jugé bon de prendre ses distances avec le darwinisme social implicite de sa pièce en se présentant à une réunion syndicale, en Norvège, où il avait certifié devant une assistance houleuse, qu'il ne faisait que demander la reconnaissance d'une avant-garde spirituelle n'exerçant aucun pouvoir sur autrui mais ayant juste le droit de présenter des idées et des découvertes nouvelles sans devoir se soumettre à un vote majoritaire. Dans la pièce, cependant, cette justification me paraissait ressortir beaucoup moins nettement.

Aussi écartai-je le problème pour me pencher sur son application à notre époque, en Amérique – le besoin sinon, le droit sacré de résister à la pression conformiste. C'était une grande production, avec de vrais décors et un Freddie March en pleine possession de son considérable talent, lançant les étincelles de sa colère intérieure. Eldridge fit de son mieux pour apporter quelque couleur au rôle plutôt gris de l'épouse inquiète et dévouée de Stockmann. Là où Lewis se trompa, c'est en encourageant un certain pittoresque complaisant et un genre un peu chorégraphique, en particulier dans ces émouvantes scènes de foule où March se dressait devant les habitants de la ville, les bras écartés comme le Christ en croix, une trouvaille dangereuse et déroutante dans ce qui était au départ une pièce didactique. Mais c'étaient là des critiques qui ne regardaient que moi. La mise en scène était forte et franche, et au cours des années suivantes, la pièce fut montée de nombreuses fois devant des spectateurs électrisés, même si l'étincelle ne jaillit jamais vraiment à Broadway.

Cette pièce avait été conçue comme un message, la réponse furieuse d'Ibsen aux journalistes et à la société qui avaient vilipendé sa pièce *Fantômes*, qui fit scandale en son temps. George S. Kaufman avait déjà dit qu'un auteur dramatique porteur d'un message ferait mieux de l'envoyer par la Western Union, vu l'allergie historique de Broadway aux sujets moralisateurs dissimulés derrière des spectacles distrayants. Mon opinion était quand même que la pièce aurait pu s'imposer toute seule à son public naturel, cette quantité non négligeable de gens qui résistaient à l'atmosphère de terreur de l'époque. Seulement la presse se montra sur la défensive, comme si sa virginité avait été écorchée. Certains critiques, de petits malins, affirmèrent avoir repéré ma propagande anti-américaine dans la phrase prononcée par le seul partisan convenable des Stockmann, le capitaine, un costaud qui partage leur détresse, à la fin de la pièce, quand ils s'asseoient dans leur salon dévasté par la populace, se demandant ce qu'ils vont bien pouvoir faire, désormais : « Eh bien, vous devriez peut-être aller en Amérique », la vie étant plus libre de l'autre côté de l'océan. Selon ces critiques, cette ironie injectée par Miller était un détournement typique du texte sacré d'Ibsen, destiné à ridiculiser la revendication 1routinene des libertés civiques. Je fus tenté de leur opposer que j'avais simplement repris la phrase du texte original d'Ibsen, mais m'en gardai, n'ayant aucun espoir de voir se dissiper le brouillard : ils me soupçonnaient de m'être servi d'Ibsen comme façade pour soutenir les Rouges. Que les critiques se soient portés défenseurs de l'intégrité d'Ibsen sans même l'avoir lu prouve une fois de plus la force de la peur obsessionnelle que nous avions espéré combattre en montant cette pièce.

L'échec d'*Un ennemi du peuple* en 1950 ouvrit toute grande la porte à mon époque de confusion et comme d'habitude, ce fut à travers mon travail que je tentai de trouver quelque lumière. J'ébauchai le texte d'une pièce que j'intitulai *An Italian Tragedy*, et je l'abandonnai au bout de quelques mois. Je devais à Vinny Longhi l'ossature de l'histoire qui, dans sa première version de 1950, était surtout un coup de sonde dans l'univers mystérieux des sentiments incestueux et de leur négation, le tout débouchant sur un meurtre-suicide. Je ne comprenais pas réellement pourquoi je l'écrivais mais, recherchant la lumière avec de plus en plus d'inquiétude, j'ouvrais en grand toutes les fenêtres. Ce fut une période de douloureuse renaissance, peut-être même une seconde adolescence où je parus devenir étranger à moi-même et aux autres dans un monde que j'avais inexplicablement créé. Mais la piste de la pièce m'échappa avant que j'aie pu la terminer, et je me sentis une fois de plus en position d'échec. Il faudrait environ cinq ans avant qu'elle ne refasse surface dans sa forme originale en un acte, sous le titre *Vu du pont*. Et plus de dix ans passeraient avant que je reconnaisse enfin une étincelle de moi-même dans cette pièce, le jour où je vis Robert Duvall, un jeune acteur dont je n'avais jusqu'alors jamais entendu parler, dans la reprise pleine de force d'Ulu Grosbard, hors Broadway. Voir Duvall interpréter Eddie Carbone suscita en moi un flot d'images, véritable phénomène d'incarnation : soudain, je vis l'adoration de mon père pour ma sœur et, à travers son émotion, la mienne. En écrivant la pièce, je m'étais déplacé dans un paysage psychologique qui m'était étranger, que je trouvais laid et repoussant. Il y eut pourtant quelque chose en moi qui releva le défi, qui me força à insister jusqu'à ce qu'une partie de ma véritable nature se révèle dans une scène, un mot, une pensée tombant sur le papier.

Un autre de ces essais inachevés de l'année 1950 fut l'histoire d'un groupe de médecins chercheurs, employés par un riche patron de laboratoire pharmaceutique. Il leur inspire d'importantes découvertes tout en les assujettissant à ses intérêts commerciaux, s'emparant subtilement de leur volonté tout en flattant leurs ambitions. Parce qu'ils se moquaient de ce commerçant vulgaire, mais aussi épuisaient leur cerveau à son profit, ils me semblaient être l'archétype de l'artiste-créateur, prisonnier de la société.

Au sein du groupe il y a Lorraine, la maîtresse du Dr Tibbets, un personnage vaguement inspiré par Marilyn, que je connaissais alors à peine. Avec sa sexualité avenante, enfantine, qu'aucun lien ni projet n'entrave, sa façon instinctive d'agir dans une vie qu'elle devine condamnée, elle finit par briser la carapace de respectabilité des hommes, si bien que chacun rencontre la tragédie où elle l'a inconsciemment entraîné – l'un se réfugie dans un mariage destructeur et dépourvu d'amour par crainte de perdre sa position sociale; l'autre abandonne sa famille pour elle, mais elle le quitte à son tour quand elle cesse de s'intéresser à lui. Semblable à une force aveugle et divine, avec toute sa cruauté créatrice, sa sexualité apparaît comme le seul lien authentique avec la nature, avec tout ce qui procure la vie, et est véritable. Elle jette une lueur effrayante sur la routine sociale à laquelle ils sont tous soumis et qui détruit leur âme – mais elle-même ne possède aucune sécurité et aucune foi, et la libération qu'elle promet est finalement illusoire.

Derrière cette histoire se dessine l'image idéalisée de ces savants et du rôle humain qu'ils croyaient pouvoir jouer à l'origine, mais qu'ils n'ont plus ni la force ni le courage d'empoigner : celui de rédempteur. En vieillissant, ils sont arrivés au stade de l'égotisme où plus aucun idéal ne résiste, où il ne saurait y avoir d'espoir créateur en une culture qui a brisé le lien entre la sexualité de l'homme et son idéal social, et les a rendus contradictoires.

Le texte demeura inachevé parce que je ne pouvais admettre la catastrophe spirituelle, nihiliste, qu'il annonçait. Plus exactement, j'y croyais en tant qu'écrivain, mais ne pouvais m'y résoudre en tant qu'homme. Je ne pouvais bien entendu pas deviner que, dans les années à venir, je vivrais moi-même une bonne part de cette prophétie. J'adaptai alors la pièce d'Ibsen, qui est évidemment une franche déclaration de résistance au conformisme mais aussi une affirmation d'espoir dans l'intégrité humaine, et qui, de surcroît, ne fait aucune place aux jeux de la sensualité. Il y avait là, d'une certaine façon, un reflet de ma propre fêlure, qui ne cessait de s'élargir, le fossé qui se creusait entre ma volonté de garder ma famille intacte, de remplir mon rôle de père, et le soupçon corrosif que famille, société, tous les « rôles », n'étaient que « ça », des conventions qui allaient me couler dans le béton, interdire à ma nature et à mon imagination d'évoluer. Ce que j'avais refoulé était effectivement en train de revenir, et l'absence de sincérité que je me reprochais était une accusation fondée. Car je savais, au fond de moi, que je souhaitais ne plus me barricader contre les sources de mon inspiration, qui ne reposait ni sur une épouse ni sur une famille mais, une fois encore, sur la sensualité de la générosité féminine, quelque chose qui, semblait-il, n'appartenait pas complètement à ce monde. On pourrait réduire cela à de l'avidité sexuelle, mais c'était en tout cas quelque chose qui avait fort à voir avec l'authenticité de ma nature et même, par extension, avec les spectateurs de mes pièces. Je souhaitais profondément n'être qu'une seule et même personne, parler avec la même voix en public et en privé. Je ne comprenais pas pourquoi le mariage et la famille imposaient obligatoirement des stratégies d'autocensure subtiles, des subterfuges pas si subtils que ça, et une trahison implicite. Mais je n'avais pas le courage de déclarer, en paroles, que je ne formais plus un agréable tout, comme par le passé, et que l'avenir m'était désormais inconnu. Je me réfugiai dans le silence, ne sachant pas ce que je pouvais dire et ce qui était interdit, car j'étais déjà passé de l'autre côté de la barrière des conventions, au-delà de la perception raisonnable de ce que votre partenaire pourrait, ou devrait pouvoir supporter. Ma vie était un tas de ruines, des lambeaux d'amour infini et de haine désespérée, d'espoir soudain et de retours rapides vers l'échec.

Désormais, alors que je n'avais passé que quelques heures avec Marilyn, elle occupait une position immanente dans ma pensée, avec la vitalité d'une force qui nous échappe mais dont on sent qu'elle va illuminer toute la zone d'obscurité alentour. Je luttais pour conserver mon mariage et ma famille intacts, mais en même temps je voulais comprendre pourquoi j'avais l'impression d'avoir perdu une sorte de reconnaissance que j'avais cru posséder depuis ma première enfance. Pour qui, ou pour quoi écrivais-je? J'avais besoin de la bénédiction de quelqu'un ou de quelque chose, mais je n'étais entouré que de simples mortels. Je compris que j'avais pensé écrire pour quelque valeureuse cause en laquelle je ne croyais plus. J'avais appris à rester seul pendant de très longues périodes, mais j'avais toujours supposé que quelqu'un que je ne voyais pas m'observait en secret. C'était évidemment la mère, le premier public – en réalité le concept de la mère dans son sens le plus primordial, que le jeune fils, moitié amant, moitié dressé contre son autorité, est sans doute le seul à vraiment connaître dans son sang porteur du mythe. Ma propre mère commettait une faute mortelle en rêvant, tout naturellement, aux succès de son fils; elle devenait beaucoup trop grossièrement matérielle pour préserver l'éclat de son autorité d'antan; son amour était trop réel, trop mélangé aux besoins de son propre *ego*, impur et prêt aux transactions. Je ne pouvais pas vivre, en tout cas pas vivre heureux, sans les mythes de l'enfance qui nourrissent en profondeur notre éternelle transformation et notre foi en nous et dans le monde. La muse a toujours été une femme sacrée, que Dieu lui vienne en aide. Et elle était partie.

Finalement las de jouer les propriétaires, en particulier le propriétaire de Henry Davenport, je parvins à vendre Grace Court et à acquérir non loin de là une petite maison familiale du milieu du XIXe siècle dans Willow Street, à une rue du fleuve. (J'appris par la suite que l'acquéreur anonyme de notre maison, agissant par l'entremise d'un agent immobilier parce qu'il craignait qu'on ne veuille pas la lui vendre directement, était W.E.B. Du Bois, le grand historien noir.) Voulant émettre tous les signaux d'un mariage bien établi, je passai une semaine à remplacer le plancher de l'entrée, puis à le recouvrir de liège, à aménager toutes sortes de commodités dans la cuisine, et accomplis une cinquantaine de tâches comme le font les hommes sûrs de leur avenir familial, mais l'aisance de la confiance mutuelle nous avait échappé comme un oiseau, et la nouvelle cage était aussi vide que l'ancienne dans laquelle aucun oiseau ne chantait.

De temps en temps, je recevais de Marilyn un mot qui me réchauffait le cœur. Avec sa curieuse écriture penchée, pleine de méandres, qui se couchait en boucle à la fin des lignes et se relevait en bord de marge, utilisant trois stylos différents plus un crayon, elle me racontait qu'elle espérait me revoir quand elle viendrait dans l'Est pour affaires, et proposait même de venir sans prétexte, si je l'y encourageais. Je lui écrivis en réponse une lettre idiote et formelle, disant que je n'étais pas l'homme qui pourrait faire de sa vie ce que je savais qu'elle en attendait, et que je lui souhaitais beaucoup de bonheur. Il y eut néanmoins certaines soirées torrides où je fus sur le point de faire prendre la direction de l'ouest à ma voiture, le pied au plancher. Mais je n'étais pas non plus le genre d'homme à faire cela.

Pendant que je combattais cette tourmente intérieure, une rumeur se répandait dans le monde du théâtre selon laquelle d'étranges petits jeux se déroulaient sous la pression de la Commission des activités anti-américaines. Il n'était pas encore question d'une liste noire, probablement parce qu'il n'existait pas, dans le monde théâtral, de groupe unique de puissants producteurs que l'on pouvait forcer à contrôler leurs artistes, comme cela s'était passé avec les grandes compagnies de Hollywood. Dans notre milieu, le financement venait de dizaines de petits investisseurs, et la plupart des producteurs n'étaient que les occupants temporaires de tentes qui s'évanouissaient dès qu'un spectacle quittait l'affiche. De surcroît, il y avait peu d'acteurs de théâtre dont le public américain connût les noms, et la Commission ne voyait manifestement pas l'intérêt de « mener une enquête » si les résultats devaient se trouver relégués en dernière page avec les mots croisés. La Commission fit néanmoins quelques descentes sur New York, et l'on entendait désormais parler de futurs témoins s'accordant pour donner chacun le nom de l'autre devant la Commission, libérant ainsi leur conscience du poids de la délation. Certains refusèrent de jouer le jeu, comme on pouvait s'y attendre, et furent cités sans leur consentement, mais leur résistance ne fit que justifier la réaction de leurs anciens camarades maintenant récupérés, qui les accusèrent de communisme forcené.

Pour moi, c'était un spectacle déprimant, et pas seulement pour des raisons évidentes. J'éprouvais certainement du dégoût envers ceux qui se courbaient servilement devant ce tribunal en toc, composé de moralisateurs soucieux de s'assurer des votes, mais ils m'inspiraient autant de pitié que de colère. Je m'inquiétais davantage de voir que semaine après semaine, il devenait plus difficile de dire clairement et simplement pourquoi toute la procédure était ignoble. Dans la plupart des cas, les accusés de 1950 et 1951 n'avaient eu aucun contact politique depuis la fin des années trente ou le début des années quarante, époque où leur idéalisme parfaitement légitime les avait poussés à soutenir la révolution russe, qui représentait à leurs yeux un progrès pour l'humanité. La Commission était pourtant parvenue à créer l'impression qu'ils appartenaient à une conspiration toujours active. Or on ne pouvait les accuser d'avoir violé la moindre loi, puisque le parti communiste était légalement autorisé, ainsi que ses propositions, qui la plupart du temps se rapprochaient des positions libérales et n'avaient que de lointains rapports avec les objectifs socialistes.

Les interrogatoires de la Commission étaient source d'une confusion morale que personne ne semblait capable d'appréhender ni d'expliquer, même en appelant l'histoire à la rescousse. On vit ainsi des acteurs militants défier la Commission au nom du 5e Amendement, se prenant pour les héritiers de Georgi Dimitrov, le héros qui devant un tribunal nazi, face à la torture et à la menace d'exécution sommaire, retourna contre ses bourreaux l'accusation d'avoir incendié le Reichstag, ce qui était probablement la vérité. (Le plus étonnant est qu'il survécut et devint, après la guerre, Premier ministre de la Bulgarie communiste.) Ce défi devint une légende qui fit frémir dans les années trente, et s'imposa dans les rangs du mouvement radical comme la meilleure manière de se dresser contre les fascistes. Le problème était qu'à New York, les membres de la Commission avaient tous été élus démocratiquement et ne complotaient pas pour s'emparer de la République par la terreur. De surcroît, certains d'entre eux étaient réellement alarmés par la récente victoire des Rouges en Chine, l'explosion de la bombe atomique russe et l'expansion soviétique dans les territoires d'Europe de l'Est. En d'autres termes, le mélange d'authentique naïveté, de réels dangers et de démagogie ne reposant sur aucun principe était impossible à dissocier, d'autant que le fait de livrer au public une bande d'acteurs qui n'avaient plus d'activité politique depuis des années n'allait certainement pas bouter le moindre Chinois communiste hors de la Cité interdite, ni le moindre Russe hors de Varsovie ou de Budapest.

Ce qui me perturbait sans doute davantage encore était l'atmosphère ainsi créée, un rideau de suspicion qui recouvrait aussi bien la radio, la télévision et les studios de cinéma que l'église de la Sainte-Trinité à Brooklyn Heights où le pasteur, le révérend William Howard Melish, avait été chassé de sa chaire et expulsé de chez lui avec sa famille, à la suite d'une campagne anticommuniste qui avait affecté la paroisse. Alors que son vieux père, John Howard Melish – autrefois le magnifique et populaire pasteur de l'immense et très belle Eglise épiscopale, l'homme qui pendant des dizaines d'années avait fait prêter serment à chaque nouveau maire de New York – restait cloué dans son lit au dernier étage,

William et sa famille furent jetés à la rue. Il avait dirigé une section du Secours de guerre russe, et en était arrivé à croire assez naïvement au bien-fondé des objectifs, sinon du système, soviétiques. Personne ne semblait mettre en doute qu'il fût toujours demeuré un chrétien fervent, et après de longs mois de mise en accusation, qui se soldèrent par un jugement d'une cour civile engageant fermement l'évêque à user de son droit de le renvoyer, je pus seulement conclure que notre pays voulait devenir un monolithe idéologique, où aucune véritable mise en question des choses importantes ne serait tolérée. Pour ce qui est de mon travail, cela dit, j'avais déjà adapté *Un ennemi du peuple* – dont l'affaire Melish était une réplique saisissante, y compris une certaine obstination stupide chez les principaux personnages – et la pièce n'avait pas marché.

Je ne l'aurais pas dit en ces termes à l'époque, mais ce que je cherchais était une métaphore, une image qui jaillirait du cœur, ouverte à tout et lumineuse, un instrument sonore dont les échos pénétreraient jusqu'au cœur de ces miasmes. Car si l'actuelle dégradation du discours se poursuivait, comme j'avais de bonnes raisons de le croire, nous ne pourrions pas rester une démocratie, système qui exige pour exister la présence d'une certaine confiance à la base.

Je connaissais le phénomène de sorcellerie de Salem depuis mon cours d'histoire américaine, à l'université du Michigan, mais c'était resté dans mon esprit une de ces mystifications inexplicables dans un passé révolu où les gens croyaient communément que l'esprit pouvait quitter le corps de manière palpable et visible. Ma mère y croyait peut-être encore, même si elle n'en était pas tout à fait consciente, et je soupçonnais un tas d'autres gens d'être, comme moi, secrètement ouverts à cette possibilité. Comme par une volonté du destin, un exemplaire du livre de Marion Starkey, *The Devil in Massachusetts (le Diable dans le Massachusetts)*, me tomba entre les mains et cette étrange histoire me revint telle que je me la rappelais, mais cette fois en détail et remarquablement ordonnée.

J'écartai tout d'abord l'idée de tirer une pièce de ce sujet. J'étais trop fortement rationaliste, croyais-je, pour pouvoir appréhender cette explosion follement irrationnelle. Un drame ne peut pas simplement décrire une émotion, il lui faut devenir cette émotion. Mais peu à peu, au cours des semaines, une connexion vivante entre Salem et moi, et entre Salem et Washington, se fit dans mon esprit – car en dehors de ce qu'ils pouvaient être, les interrogatoires menés à Washington me semblaient appartenir à un rituel profond. Après tout, dans la grande majorité des cas, la Commission savait à l'avance ce qu'elle voulait obtenir de son témoin : les noms de ses camarades du parti communiste. Cela faisait longtemps que le FBI avait infiltré le Parti et que des informateurs avaient identifié les participants de diverses réunions. L'objectif essentiel des interrogatoires, précisément comme à Salem au XVIIe siècle, était de pousser l'accusé à se livrer à une confession publique, à condamner ses complices ainsi que son maître, le Diable, et à faire la preuve de sa nouvelle et inébranlable allégeance en rompant avec d'infâmes vœux – après quoi il était libre de rejoindre la société des gens décents. En d'autres termes, la même pépite spirituelle reposait au cœur de chaque procédure – un acte de contrition prononcé non pas dans une intimité solennelle mais au-dehors, en public. Le procès de Salem reposait en fait sur des bases légales plus solides puisque l'accusé, s'il était coupable de relations avec Satan, avait enfreint la loi contre la pratique de la sorcellerie, délit civil autant que religieux. Alors que l'accusé de la Commission ne pouvait pas se voir reprocher un tel délit mais seulement un crime moral, la soumission aux volontés et à l'idéologie d'un ennemi politique. Il était convoqué devant la Commission pour se faire accuser d'infamie, et cela pouvait détruire sa carrière.

Dans les faits, cela équivalait à un décret gouvernemental de culpabilité *morale* qui pouvait facilement être effacé si l'on pratiquait le discours rituel : entonner les noms des frères pécheurs et renier ses anciennes croyances. Cette dernière partie de la mascarade était sans doute la plus triste et la plus vraie car, dans le début des années cinquante, il y avait très peu de gens – et ils étaient encore moins nombreux dans le monde des arts – qui n'avaient pas lâché en route leurs illusions sur les Soviétiques.

C'était cet élément spirituel, cette transaction spirituelle surréaliste qui me fascinait désormais, car les rites de la faute et de la confession reproduisaient toutes les formes de l'inquisition religieuse, sinon, bien entendu, que la partie offensée n'était pas Dieu et ses prêtres, mais une commission du Congrès. (Certains de ses membres étaient en vérité d'une bien médiocre spiritualité, tel J. Parnell Thomas, dont la ferveur anticommuniste n'avait d'égale qu'une cupidité de truand qui devait lui valoir de passer quelque temps dans une prison fédérale, non loin de la cellule de Ring Lardner Jr., emprisonné quant à lui pour outrage au Congrès, c'est-à-dire pour avoir refusé de répondre aux questions de Thomas.) Nous nous dirigions vers le royaume de l'anthropologie et du rêve, où les données politiques n'avaient pas accès. La politique est une spécialité trop pragmatique pour illuminer les souterrains obscurs de la mentalité publique, où des peurs inavouables et viles règnent sur les territoires tortueux de la trahison et de la colère. L'ascension de McCarthy ne faisait que commencer, et personne n'imaginait qu'il disposerait de pouvoirs aussi exorbitants, dépassant même ceux du président, jusqu'au moment où l'armée, dont il allait essayer d'écraser les chefs révérés, finirait par le discréditer.

Ma décision d'écrire une pièce sur les procès de sorcellerie n'était pas encore ferme, j'étais retenu d'abord par des difficultés techniques mais également par le sentiment que j'allais m'engager politiquement et personnellement dans un territoire inconnu. Pendant les premières semaines que je passai à réfléchir au sujet, l'image centrale, celle qui me revint régulièrement comme une formidable source d'énergie, fut celle d'un homme écrasé par sa culpabilité, John Proctor : il voit avec horreur sa servante, une adolescente avec laquelle il a couché, prendre la tête de la meute lancée à la chasse aux sorcières, et désigner de son index accusateur l'épouse qu'il vient justement de tromper avec elle. Les lignes de force de l'intrigue étaient encore confuses, mais mon instinct m'avertissait, comme toujours, qu'une fois totalement dévoilées, elles ne me laisseraient pas intact. Ainsi, en décidant de partir en voyage d'exploration jusqu'à Salem, Massachusetts, où l'on pouvait encore consulter les minutes originales des procès de sorcellerie, je me dirigeais vers le fond de moi-même autant que vers le nord, et affrontais cette double destination non sans anxiété. Le jour précédant mon départ, Kazan téléphona et demanda à me voir.

Dans la mesure où il n'était pas homme à bavarder pour rien, du moins avec moi, et comme c'était la deuxième ou troisième fois qu'il appelait ainsi depuis quelques semaines, je soupçonnai qu'il lui était arrivé quelque chose de terrible, et que ce devait être la Commission. J'arrivai dans un Connecticut grisâtre et pluvieux par une matinée du début d'avril 1952, maudissant notre époque. Car j'étais loin de m'imaginer que mon ami me dirait qu'il avait décidé de coopérer avec la Commission. Il m'avait avoué avoir été inscrit au Parti pendant une brève période, environ quinze ans plus tôt, mais je savais qu'il ne participait plus du tout à la vie politique, en tout cas pas depuis cinq ans que nous nous connaissions. Je me sentis envahi par la colère, non contre lui que j'aimais comme un frère, mais contre la Commission que je considérais désormais comme une bande de manipulateurs politiques doués d'autant de sens moral que Tony Anastasia, et en fait, de plutôt moins.

Le soleil fit une brève apparition et nous quittâmes la maison pour marcher dans les bois sous les branches dégoulinantes, parmi cette odeur de pourriture et de régénérescence que les pluies prolongées font sortir du sol dans les forêts de pays froids. Il essayait, me dis-je, de paraître soulagé, de faire comme si l'affaire était réglée, et même avec un dénouement heureux. L'histoire, simple et maintenant familière, ne fut pas longue. Il avait été convoqué devant la Commission et avait refusé de coopérer, puis avait changé d'avis et était retourné témoigner de son plein gré en session exécutive, confirmant les noms de dizaines de personnes qu'il avait connues pendant les quelques mois où il avait appartenu au Parti, il y avait si longtemps de cela. Il se sentait mieux, maintenant, l'esprit plus clair à bien des égards. En réalité, il voulait connaître mon avis, presque comme s'il n'avait pas encore fait ce qu'il avait fait. Une approbation formelle, voilà ce dont il avait besoin. Après tout, il n'avait pas de sympathies pour les communistes, alors, pourquoi devrait-il refuser son témoignage?

Pourtant, même si le sujet en soi avait de l'importance, c'était l'irréalité de notre situation que je ne parvenais pas à appréhender. Je n'avais jamais su au juste ce que je représentais pour lui, mais il était entré dans mes rêves comme un frère, et nous y avions échangé un sourire de connivence qui laissait tous les autres en dehors du cercle. En l'écoutant maintenant, je commençais à avoir peur. Il y avait une sorte de logique sinistre dans ce qu'il me confiait : à moins d'être complètement disculpé, il ne pouvait espérer, alors qu'il était à l'apogée de sa puissance créatrice, faire un autre film en Amérique, et on ne lui délivrerait probablement pas de passeport pour aller travailler à l'étranger. Si le théâtre lui restait ouvert, ce n'était plus ce qui l'intéressait au premier chef; il voulait approfondir son expérience cinématographique, c'était cela qui lui tenait le plus au cœur, et son vieux patron et ami Spyros Skouras, président de la Twentieth-Century Fox, le lui avait dit sans ambages : le studio ne l'emploierait pas s'il ne donnait pas satisfaction à la Commission. Il était facile, pensais-je pendant qu'il parlait, pour des gens moins doués que lui de ricaner en l'écoutant, mais à mes yeux cet homme avait du génie, il travaillait, pour ce qui était du texte et des comédiens, selon une trajectoire complètement différente de celle des autres metteurs en scène. Qu'on pût lui interdire ce métier, le jeter à la rue, était pour lui un cauchemar, comme si la Terre se mettait à tourner à l'envers. Il avait toujours dit qu'il appartenait à une race de survivants, et que le problème, c'était de survivre. En me racontant son histoire, il s'efforçait de s'en tenir aux faits, et la catastrophe s'installait tranquillement devant moi, ici, dans les bois, car toute ma sympathie allait vers lui, et pourtant, en même temps, il me faisait peur. Si j'avais appartenu à sa génération, il aurait fallu qu'il me sacrifie moi aussi. Au bout du compte, je ne pouvais penser à rien d'autre. Je ne pouvais dépasser cette idée :

Que toutes les relations étaient devenues des relations d'intérêt ou de manque d'intérêt. Qu'il en avait toujours été ainsi et qu'il n'y avait là rien de nouveau. Que chacun restait aussi longtemps qu'il était utile de rester, croyait tant que cela n'était pas trop dérangeant, et que nous étions des poissons dans un aquarium, patrouillant les yeux tournés vers le haut, à l'affût des miettes qui vont tomber et nous garder en vie. Je pouvais seulement dire que j'espérais que cela passerait, et devait passer, parce que sinon cela allait dévorer le ciment qui maintenait l'unité du pays. Je dis que ce n'étaient pas les Rouges qui alimentaient nos peurs dorénavant, mais ceux du bord opposé, et que cela ne pouvait pas continuer indéfiniment, que cela finirait un jour par détruire le nerf de la nation. Ensuite viendrait l'époque des regrets. Et je me glaçais de plus en plus à l'idée que, aussi incroyable que cela pût paraître, je risquais d'être bon pour le sacrifice si Kazan apprenait que j'avais assisté à des réunions du Parti quelques années plus tôt, et même que j'y avais prononcé un discours. Je sentis le silence s'élever autour de moi, une chute invisible de vibrations sinistres qui faisaient écran entre nous, telle une note de musique gémissant à l'infini, à travers laquelle nous ne pouvions plus ni entendre ni parler. C'était la tristesse, la pure affliction, mortelle. Et on nous avait fait ça. Ce n'était pas son devoir de se montrer plus fort qu'il ne l'était, le gouvernement n'avait aucunement le droit d'exiger de quiconque qu'il se montrât plus fort qu'il n'en avait les moyens, le gouvernement n'était pas de cette espèce-là en Amérique. J'éprouvais à l'égard du pays une amertume que je n'avais jamais imaginée auparavant, je le haïssais pour sa stupidité et la façon dont il abandonnait sa liberté. Qui avait gagné une once de sécurité supplémentaire parce que cet homme, dans toute sa faiblesse humaine, avait été forcé de s'humilier? Quelle vérité avait été sublimée par toute cette angoisse?

Au moment où je montais dans ma voiture pour repartir, Molly Kazan sortit de la maison et s'avança sous la pluie fine qui avait recommencé à tomber. Elle pouvait voir, j'imagine, que cela ne s'était pas bien passé. Il était impossible de continuer à affronter son regard effaré. L'histoire imprime certaines phrases directement dans l'esprit, et elles y restent jusqu'à la tombe. Il y avait chez cette femme un côté moralisateur, et elle possédait, comme je l'ai déjà dit, un talent analytique particulier pour détecter à quel endroit d'une pièce le thème central réussissait à vous filer entre les doigts, à quel moment l'enthousiasme de l'auteur l'avait entraîné trop loin du centre du conflit. Elle m'avait supplié à plusieurs reprises, bien avant que les répétitions du *Commis voyageur* aient commencé, d'éliminer oncle Ben et toutes les scènes du passé, parce qu'elles n'étaient pas nécessaires au sens le plus strict. C'était, à mon avis, un stupéfiant exemple de la méthode psychanalytique du « rien, mais », qui consiste à éliminer l'expérience, mais dans la limite de ses paradoxes conventionnels, facilement reconnaissables, avec cette fausse certitude que la couleur, le son et même le désir ne peuvent pas en soi changer le destin.

J'étais déjà à moitié dans la voiture quand Molly sortit et me demanda, sur un ton inoubliable, si je savais que le Syndicat des travailleurs de l'électricité était entièrement aux mains des communistes. Elle se tenait là, debout sous la pluie fine, luttant pour la carrière de son mari, et il semblait que quelqu'un l'avait poussée à poser cette question démente, qui en des temps plus cléments l'aurait fait rire tant elle était éloignée du dilemme que nous affrontions. Je marmonnai que j'avais entendu parler de ce syndicat plusieurs années auparavant. Alors, elle désigna la route et me dit que je ne comprenais plus ce pays, que tous les gens vivant le long de cette route approuvaient la Commission et ce qui avait été fait. Je ne savais plus quoi ajouter, devant la faille qui s'élargissait entre nous. Durant les instants qui précédèrent mon départ, après que j'eus avoué que je ne pouvais approuver leur décision, elle demanda si je me rendais chez moi, à une demi-heure de là, et je répondis que j'étais en route pour Salem. Elle comprit immédiatement ce que signifiait cette destination et ses yeux s'écarquillèrent d'une inquiétude soudaine – et peut-être de colère. « Vous n'allez pas comparer tout ceci aux sorcières ! » Je lui dis que je n'étais pas du tout sûr de pouvoir écrire la pièce, mais que j'allais étudier les documents qu'ils gardaient là-bas. Je démarrai, et nous agitâmes la main d'un air lugubre.

Une fois sur la route, en direction du nord, je me dis qu'elle avait sans doute raison au sujet des gens qui habitaient ces maisons confortables devant lesquelles je passais, et je me sentis basculer de l'autre côté de la barrière. C'était d'autant plus étrange que, comme à l'accoutumée, j'abritais plusieurs contradictions en même temps, mon amour fraternel demeurant aussi douloureusement vivant qu'auparavant, mais cohabitant avec l'indéniable certitude que Kazan m'aurait sacrifié si ç'avait été nécessaire. En un sens, j'allais nu à Salem, encore incapable d'admettre l'expérience la plus ordinaire du genre humain, cette mutation des sentiments qui transformait des maris et des femmes épris l'un de l'autre en ennemis implacables, des parents aimants en gardiens, ou même en exploiteurs de leurs enfants, et ainsi de suite. D'après ce que mes lectures m'avaient déjà appris, c'était là l'histoire véritable de l'ancien village de Salem, ce que l'on a appelé alors le renoncement à la charité. La pluie grise qui s'écrasait contre mon pare-brise tombait dans mon âme.

Salem était une ville à moitié désertée, à moitié abandonnée. Ce fut à l'origine la terre nourricière de la colonie mère de Plymouth, vers le sud, et elle avait été dépassée par la modernisation de l'industrie à la génération précédente. Encerclée par sa baie couleur d'acier, elle dégouttait cet après-midi-là sous la bruine noire comme un chien abandonné. Je l'aimai, ainsi que son atmosphère secrète et morose. Je me rendis au tribunal et demandai au préposé les archives de 1692. Il me fallut attendre quelques minutes, pendant qu'il sortait les volumes correspondant à l'année précédente et à deux ou trois années antérieures et les remettait à deux agents immobiliers en quête d'actes de vente. La salle était silencieuse, et je trouvai un bon éclairage près d'une haute fenêtre donnant sur l'eau – ou du moins est-ce ainsi que je m'en souviens maintenant – cette même eau à l'éclat dur et argenté que les condamnés devaient contempler de leur potence de la Colline aux sorcières, dont on ne sait plus très bien aujourd'hui où elle était située.

En fait, je n'appris pas grand-chose de neuf en examinant les archives du tribunal, mais je voulais étudier les termes exacts des interrogatoires, qui sonnèrent aigres et grinçants à mes oreilles et feraient dix ans plus tard l'objet d'une correspondance avec Laurence Olivier, qui recherchait l'accent que devaient prendre les acteurs pressentis pour jouer la pièce à Londres. Après une longue enquête, il porta son choix sur un dialecte du Northumberland que l'on parle effectivement les mâchoires serrées. Et c'est bien ainsi que je l'entendis dans la salle du tribunal, où il m'apparut, à en juger par l'orthographe, que c'était une langue rugueuse et proche de l'écossais. Après avoir passé plusieurs heures à prononcer les mots – qui étaient souvent écrits phonétiquement dans la sténographie improvisée par les greffiers ou les employés chargés d'inscrire les débats pendant les audiences – j'eus vaguement l'impression que je pourrais arriver à maîtriser ce langage, et j'en vins même par la suite à aimer son contact, semblable à celui d'un bois dur bien astiqué. Sans l'avoir vraiment voulu, je reconstruisis même certaines formes grammaticales, en particulier les doubles négations, qui apparaissaient beaucoup moins souvent dans les minutes des procès que plus tard dans la pièce.

« Quand je suis passé devant sa maison, ma carriole fut prise [bloquée] en pleine route, témoignait un plaignant, et il se tenait là, derrière sa fenêtre, à me regarder, et quand il se détourna, la roue se retrouva libre. » Une charrette ensorcelée par un regard. Et il y avait beaucoup d'autres descriptions semblant sortir d'un tableau, l'action fixée comme par l'objectif d'un appareil photographique – un homme incapable de se lever de son lit, figé la tête levée par une femme entrée en flottant par la fenêtre et qui vint coucher son corps sur le sien, comme ça. Lire le témoignage dans ces conditions, près de la baie, était différent, comme expérience, de la lecture à New York de livres sur la question. Ici, cela pouvait s'être produit. Le tribunal fermait à cinq heures, et il n'y avait rien d'autre à faire dans cette ville que de marcher dans les rues. Dans l'obscurité qui tombait déjà, je me dirigeai vers une confiserie devant laquelle un groupe de jeunes gens était rassemblé, et un hurlement de rire s'éleva quand deux filles apparurent au coin de la rue, l'une derrière l'autre et à califourchon sur un balai, sautant au même pas. Comment, me demandai-je, ont-ils deviné que j'étais ici ? En réalité, Salem ne souhaitait pas particulièrement parler de sorcellerie dans ce temps-là, et n'en éprouvait aucune fierté. C'est seulement après *les Sorcières de Salem* que la ville commença à exploiter cette veine avec une attraction pour touristes, la Piste des sorcières, jalonnée par une série de panneaux indiquant dans les rues à quel endroit celui-ci s'était fait arrêter, celui-là avait été interrogé, celui-là encore condamné à la pendaison. A l'époque de ma promenade du soir, aucun gouvernement de l'Etat du Massachusetts n'avait exprimé ne serait-ce qu'un regret au sujet des innocents qui avaient été exécutés, rejetant encore, deux siècles et demi plus tard, l'idée même d'un tel regret comme une atteinte à l'honneur de l'Etat. La même fierté déplacée, qui avait si longtemps empêché le tribunal de Salem d'admettre la vérité, était encore vivante en ces lieux. Et cela était valable pour la pièce également, c'était bien dans son esprit.

Comparables en cela à toutes les archives criminelles, celles de Salem étaient remplies d'allusions excitantes, quoique incomplètes, à des relations qui auraient été entretenues, si l'on peut dire, en dehors des planches. Le lendemain, dans le silence mortel du petit bâtiment de la Société d'histoire, deux très vieilles gardiennes me dévisagèrent d'un air de surprise absolue : il y avait généralement si peu de visiteurs ! C'est là que je découvris le discret chef-d'œuvre écrit au XIXe siècle par Charles W. Upham, *Salem Witchcraft (la Sorcellerie à Salem)*. Et c'est dans ce livre que je trouvai, au cours de mon deuxième après-midi de présence, la preuve même de ce qui allait devenir le cœur de ma pièce : l'effondrement du mariage Proctor et la détermination d'Abigail Williams de faire assassiner Elizabeth afin de pouvoir posséder John, d'où je déduisis qu'elle avait été sa maîtresse du temps où elle servait dans leur maison, avant qu'Elizabeth ne la congédie.

« Pendant l'examen d'Elizabeth Proctor, Abigail Williams et Ann Putnam proposèrent toutes deux de frapper ladite Proctor; mais lorsque la main d'Abigail s'approcha, elle s'ouvrit – alors qu'elle était auparavant fermée – et descendit avec une extrême légèreté en se rapprochant de ladite Proctor, et enfin, avec des doigts ouverts et tendus, elle toucha très doucement la capuche de Proctor. Immédiatement, Abigail hurla que ses doigts, ses doigts, ses doigts brûlaient... »

L'ironie de cette description magnifiquement précise est qu'elle avait pour auteur le révérend Parris, dont le but était de montrer combien la douleur des filles était réelle et combien, par conséquent, des gens tels qu'Elizabeth Proctor pouvaient être dangereux. Et l'ironie, bien entendu, est ce dont on se passe habituellement, ce qui se trouve paralysé, quand la peur pénètre l'esprit. L'ironie est en vérité le don suprême de la paix. Car il paraît évident que Parris décrivait une fille qui venait de regarder le visage de son ancienne patronne et d'éprouver l'exaltante terreur du tueur prêt à frapper, et à frapper non seulement une unique victime – la femme de l'amant qui essayait maintenant de la renier – mais toute la société qui la regardait et applaudissait le courage avec lequel elle la débarrassait de ses péchés pestilentiels. C'était ce ricochet de la notion de « purification » qui m'attirait chaque jour davantage, cette projection de sa propre abjection sur les autres afin de pouvoir la balayer avec leur sang. Comme on pouvait le lire dans plus d'une lettre privée de l'époque : « Maintenant, personne n'est en sécurité. »

Faire un drame, et non une histoire, de cet étalage de tragédies individuelles – voilà la tâche intimidante qui se dressait devant moi, et je me demandais si cela serait vraiment possible sans amoindrir ce que j'en étais venu à considérer comme une véritable bible d'événements. Ma détermination changeait de couleur d'heure en heure, car le thème de la pièce, la clef de la compression des événements, reculait au fur et à mesure que je tâtonnais à la recherche d'un lien viscéral entre tout ceci – parce que je savais que le seul fait de donner corps à une pièce impliquait un échec didactique. J'étais maintenant bien au-delà du souci d'enseigner quelque chose : je savais que ma propre vie, et pas seulement mon époque, s'exprimait là sous différents déguisements.

Un jour, après avoir lu plusieurs heures à la Société d'histoire, où il apparaissait maintenant que personne d'autre que moi n'était jamais venu déranger mes deux gardiennes à cheveux gris, je me levai pour partir quand je remarquai, accrochées au mur, plusieurs gravures des procès de sorcellerie, qui avaient dû être réalisées à l'époque par un artiste présent sur les lieux. Dans l'une d'elles, un faisceau de lumière sépulcrale descend d'une haute fenêtre creusée dans une salle voûtée, éclairant la tête d'un juge dont la longue barbe blanche lui tombe jusqu'à la taille. Son visage est blanc de peur et il lève les bras dans un geste de défense horrifié tandis qu'au-dessous de lui, un petit groupe de femmes éplorées crient et griffent d'invisibles tortionnaires. Des silhouettes sombres et difficiles à distinguer sont agglutinées à la périphérie de l'image, mais on peut identifier quelques hommes porteurs d'une barbe, comme le juge, qui reculent sous l'effet d'une pieuse terreur. Soudain, le souvenir des hommes dansant à la synagogue de la 114e Rue me revint à la mémoire, tels que je les avais vus à travers mes doigts écartés, ce même mouvement chaotique des corps – dans ce tableau, il s'agissait d'adultes fuyant un spectacle surnaturel. Dans ma mémoire, les circonstances étaient plus joyeuses, mais non moins étranges. Et les deux scènes étaient rattachées de manière terrifiante aux longues rênes de Dieu. Je sus immédiatement quel était le lien : l'intensité morale des Juifs et l'attitude défensive du clan face à toute pollution venue de l'extérieur. Oui, je compris Salem en un éclair, c'était devenu mon propre héritage. Je n'étais peut-être pas encore capable de tirer la structure d'une pièce de cet amas fangeux de matériaux, mais cela m'appartenait désormais, et je sentais que je pouvais commencer à tracer des cercles autour de l'espace où ma structure finirait par s'élaborer.

Je quittai Salem à la fin de l'après-midi, et entendis les nouvelles de six heures à la radio, tandis que la nuit noire descendait comme une cape jetée sur mon pare-brise. La pluie n'avait pas cessé de tomber. Le présentateur lut un communiqué concernant le témoignage d'Elia Kazan devant la Commission des activités anti-américaines de la Chambre des représentants, et cita les gens dont il avait donné les noms : je n'en connaissais pas un seul. J'avais presque oublié tout cela, tant je m'étais plongé dans le passé. La voix du speaker me fit l'effet d'une intrusion vulgaire et violente dans mon angoisse personnelle. Je me souviens avoir pensé sur le moment que l'on essayait de rendre l'affaire complètement politique, alors qu'elle était en train de devenir autre chose, quelque chose dont je ne pouvais dire le nom.

Je redescendais vers New York, vers le monde. Je me sentais vidé de toute émotion. Le communiqué fut repris à six heures et demie. J'espérais qu'ils allaient s'arrêter. Je ressentais une sorte de gêne, non seulement pour lui mais d'une certaine façon pour tous ceux d'entre nous qui avaient partagé... la camaraderie, j'imagine que c'est le mot qui convient, née de notre aliénation spécifique. L'élément politique n'en était qu'une partie, peut-être même une partie minime. De fait, nous avions tous ovationné les mêmes héros, les mêmes résistants mythiques, du temps de la guerre d'Espagne et des antifascistes allemands et italiens, ces hommes et femmes courageux qui représentaient le meilleur de nous-mêmes, les sacrifiés de notre époque.

Ce que nous avions maintenant sous les yeux était une misérable parodie de ce qu'on voulait nous faire prendre pour une tragédie. Puisque la Commission connaissait tous les noms par avance, on pouvait difficilement parler de la mise au jour d'un complot mais plutôt d'un étalage symbolique qui ne mènerait personne à la potence, ne démolirait personne. Rien de concret n'avait été déplacé d'un seul millimètre, dans un sens ou dans l'autre, c'était seulement l'air que nous respirions qui paraissait avoir rétréci, le sens de la vie qui semblait avoir disparu parce que la rupture se faisait souvent aux dépens de gens que le témoin n'avait pas cessé d'aimer.

La vue de New York me fit comme toujours ressentir la relativité en même temps que la solidité des choses, et je me surpris à lever le pied de l'accélérateur, comme si je voulais empêcher la vérité tapie au fond de moi, quelle qu'elle fût, de s'échapper. Que je fusse engagé dans cette pièce ne faisait plus aucun doute pour moi. J'avais pris ma décision sans même y penser quelque part entre Salem et New York.

La réaction spontanée de Molly contre l'analogie entre ce qui s'était passé à Salem et la situation présente était, je le sentais déjà, exemplaire. « Les communistes existent, ne cesserait-on de me répéter, alors qu'il n'y a jamais eu de sorcières. » Je n'avais pas l'intention d'éluder cet argument, mais je n'avais d'obligation qu'envers moi-même et envers l'histoire. Je ne voulais pas cependant que cela m'écarte du propos essentiel, du moins tant que je n'aurais pas une vision claire du thème. Tout ce dont je disposais pour le moment était une quantité de récits, la preuve qu'une communauté avait explosé de l'intérieur tuée par le soupçon et la paranoïa littéralement, puisque cent ans avaient passé avant que des gens achètent les fermes ayant appartenu à ceux qui avaient été pendus. La malédiction était bien réelle.

Il n'était donc pas exact « qu'il n'y ait jamais eu de sorcières ». J'étais certain que Tituba, l'esclave noir, originaire de la Barbade, du révérend Parris, avait pratiqué la sorcellerie avec les filles; de plus, les meilleurs esprits de l'époque, ici et en Europe, dans les églises et hors des églises, auraient été indignés de s'entendre dire que les sorcières n'existaient pas, alors que la Bible, en trois endroits différents, nous met en garde contre leur commerce. Addison, le Dr Johnson, le roi Jacques et tous les dignitaires de l'Eglise anglicane partageaient le point de vue de Blackstone, le porte-parole de la jurisprudence anglaise, qui déclarait : « Nier la possibilité, nier l'existence même des sorcières et de la sorcellerie, c'est bel et bien contredire la Sainte Parole de Dieu telle qu'elle apparaît dans différents passages de l'Ancien comme du Nouveau Testament; et la chose elle-même est une vérité dont chaque nation a témoigné à son tour, soit par des exemples apparemment bien certifiés, soit par des lois prohibitives, qui supposent en tout cas la possibilité d'un commerce avec les mauvais esprits. » Ce que John Wesley a résumé en ces termes : « Abandonner la sorcellerie, c'est, en fait, abandonner la Bible. » Ces affirmations avaient toujours une cause : la peur croissante de ce qu'on appelait « l'infidélité », c'est-à-dire le scepticisme, le déisme, l'athéisme même – et la sorcellerie était l'ultime mépris jeté à la face de Dieu. La chasse aux sorcières était une manière de dire : « Vous devez vous rassembler autour de nous dans l'Eglise, car nous seuls pouvons nous dresser entre vous et la toute-puissance du Diable dans le monde. » Sous le donjon de la haute moralité s'abritait et s'abrite toujours notre vieil ami le pouvoir, et le désir de l'acquérir. Alors que plusieurs centaines de milliers de personnes avaient été exécutées pour sorcellerie en Europe, il n'était pas très raisonnable de prétendre que la cause en était purement imaginaire.

Mais un thème n'est pas une idée. C'est un moteur, un processus irrésistible semblable à un fœtus qui grandit ou, oui, un cancer. C'est un destructeur, qui change, qui crée ou qui tue, un paradoxe que rien ne peut empêcher de se déployer à travers toutes ses contradictions, jusqu'à son aboutissement, qui alors illumine l'ensemble. Après avoir passé des semaines à attaquer la question par tous les bouts, écrivant scène sur scène, je découvris les lignes de force parallèles qui sous-tendaient l'affaire de Salem et qui expliquaient peut-être l'apogée de cette histoire. Parvenu à cette évidence, je me demandai si quoi que ce soit aurait pu empêcher ces gens de se dresser ainsi les uns contre les autres.

Dans la presque totalité des témoignages que j'avais lus, la sexualité pointait le nez, avec ou sans artifices. Le Diable lui-même, pour commencer, était presque toujours un homme noir dans une communauté blanche, et bien entendu, l'événement qui mit le feu aux poudres et convainquit tant de citoyens que la ville subissait le siège de Lucifer fut la confession forcée de l'esclave noir Tituba. Par ailleurs, les hommes accusaient rarement un autre homme de les avoir ensorcelés, et presque toutes les femmes envoûtées étaient assaillies par un démon du sexe masculin. Cela se passait généralement la nuit, et des douzaines de victimes se trouvaient dans leur lit quand un visiteur spectral, aussi vivant que vous et moi, arrivé en flottant par la fenêtre ou par la porte, s'allongeait sur elles, les obligeait à accomplir quelque ignoble action telle que donner un baiser, ou encore leur ordonnait de signer le « livre du Diable », la liste des membres du parti souterrain des damnés. Le soulagement éprouvé par ceux qui témoignèrent était proche de l'orgasme. On les encourageait effectivement à raconter en plein tribunal qu'ils avaient partagé leur lit avec quelqu'un à qui ils n'étaient pas mariés, un être humain que les lieutenants de Dieu traînaient maintenant devant eux, les mains liées.

Voilà où reposait la culpabilité : dans la sexualité illicite. (Et de fait sanctifiés comme ils l'étaient par leur divine croisade, les nobles juges de la Nouvelle-Angleterre prirent vite l'habitude de jouer aux palets et de boire une bière à la taverne du coin avec leurs très jeunes et purs témoins – occupation diabolique à coup sûr, mais autorisée maintenant qu'ils se battaient pour Dieu dans cette guerre ouverte contre l'Enfer.) N'eût été ce brandon, la culpabilité et la rigueur avec laquelle ces gens pratiquaient le culte de la répression, rien n'aurait éclaté. Aussi John Proctor, forcé d'avouer non pas une faute métaphorique mais un réel péché de chair avec une adolescente connue de tous, ne pouvait-il sauver la communauté que d'une façon : en portant à la conscience ce qui avait été refoulé et qui, sous un déguisement sacré, se préparait à les tuer tous.

La question politique, à savoir si les sorcières et les communistes pouvaient être assimilés, n'était par conséquent plus de mise. Ce que l'on pouvait manifestement mettre en parallèle était la culpabilité que des gens ressentaient à deux siècles d'écart, pour avoir refusé les normes de la société telles que les définissent ses piliers les plus orthodoxes.

Sans ce sentiment de culpabilité, la chasse aux Rouges des années cinquante n'aurait jamais généré un tel pouvoir. Du moment où il fut admis que n'importe quelle idée ressemblant même de très loin à une opinion marxiste était non seulement politiquement mais aussi moralement illicite, les libéraux, qui adaptaient à leur propre usage la théorie et les attitudes marxistes, furent effectivement paralysés. Un ancien communiste était coupable pour avoir vraiment cru que les Soviétiques mettaient au point le système de l'avenir, où il n'y aurait ni exploitation de l'homme ni gaspillage irrationnel. Même cette naïveté qui poussait à voir la Russie comme une sorte de territoire spirituel plutôt que comme un empire terrestre était devenue source de culpabilité et de honte.

La Commission des activités antiaméricaines fonctionnait depuis 1938, mais on ne pouvait attiser aussi facilement les braises de la culpabilité à l'époque où Roosevelt et le New Deal suivaient ouvertement une politique de vaste planification sociale qui rappelait souvent les méthodes socialistes. De même qu'à Salem, cependant, il arriva un moment, à la fin des années quarante, où les règles sociales changèrent brutalement et où des attitudes jusqu'alors simplement anticapitalistes et anti-*establishment* furent déclarées malsaines, moralement répugnantes et implicitement, sinon effectivement déloyales. L'Amérique avait toujours été un pays religieux.

Je suppose que je cherchais depuis longtemps un héros tragique, et voici que je l'avais trouvé. Je n'allais pas laisser tomber l'histoire de Salem. Plus je travaillais, plus j'étais convaincu qu'il y avait des moments, aussi improbable que cela pût paraître, où une conscience isolée était la seule chose capable d'empêcher un monde de s'effondrer.

Au milieu de l'été, j'étais parvenu au moment où Proctor, qui s'est enfin débarrassé de son sentiment de culpabilité et d'indignité pour « monter à la potence comme un saint », comme je le lui faisais dire, provoque le tribunal en déchirant ses aveux et cause ainsi sa propre exécution. Cela mettait un point final à la pièce. Incidemment, ma conception des tragédies grecques s'en trouva changée. Elles ont dû, me semble-t-il, avoir un effet thérapeutique, en faisant prendre conscience au clan de quelle violence brutale et irrépressible il était capable, ce qui lui permettait de la sublimer et de la soumettre au contrôle de nouvelles institutions, telle la loi qu'Athéna impose pour maîtriser la vendetta originelle et éternelle.

George Kaufman a dit un jour : « Tout auteur dramatique doit avoir Jed Harris une fois dans sa vie, comme la rougeole. » Ayant eu déjà deux fois, pour metteur en scène, Kazan avec qui je partageais les mêmes idées sur le théâtre et sur la vie, c'était une dure épreuve de devoir en trouver un autre. Jim Proctor, qui avait assuré la publicité de *Ils étaient tous mes fils* et du *Commis voyageur*, était assez âgé pour se souvenir – pas moi – de la série de triomphes qu'avait remportés Harris à la fin des années vingt et au début des années trente, époque où plusieurs dizaines de pièces se montaient en même temps à Broadway et où un metteur en scène vedette pouvait enchaîner un spectacle après l'autre, sans pause, pendant des années, voir des décennies, et dominer son temps de sa personnalité. Harris avait monté *Coquette,* avec Helen Haye en ingénue, *Broadway, The Royal Family* et *The Front Page,* et mis en scène *Oncle Vania, The Inspector General, Maison de poupée, Our Town* et *les Mains sales* de Sartre, entre autres succès, mais dans les années cinquante, sa légende s'était estompée. Deux années plus tôt, cependant, il s'était remis au travail, remontant *Washington Square,* qu'il avait rebaptisé *The Heiress (l'Héritière),* et dont il avait fait un succès. Il avait eu un fils avec Ruth Gordon et s'était battu avec à peu près toutes les personnalités d'envergure de Broadway, particularité dont je n'étais pas informé lorsque Jimmy nous réunit pour la première fois sur un yacht étincelant de dix-huit mètres de long, ancré à Westport, dans le Connecticut.

Jimmy Proctor avait le nez aplati, le cou épais, le crâne chauve, et il marchait les pieds en dedans, comme un lutteur myope – ce qu'il avait effectivement été à Cornell, au milieu des années vingt. De surcroît, il zézayait, et à l'instar de beaucoup de journalistes de sa génération, il était irrémédiablement sentimental, en particulier quand il s'agissait de gens ayant du talent, que ce soit pour marcher sur une corde ou pour écrire des pièces de théâtre. Son enfance avait été marquée par les apparitions épisodiques de son père, entre une révolution latino-américaine et une expédition de chercheurs d'or dans une jungle. Très tôt, par conséquent, Jimmy avait eu tendance à considérer d'un œil romantique les gens doués d'une personnalité inhabituelle ou exotique – espèce dont Jed Harris était, comme on l'a vu, un des exemples les plus prestigieux au XXe siècle. « Beaucoup de gens disent du mal de Jed, m'avertit Jimmy, qui n'était pourtant pas porté sur ce genre de déclarations, mais il a une sorte de génie, et je ne crois pas qu'un homme puisse jamais perdre cela. »

Comme je l'appris ultérieurement, Harris pouvait se servir du yacht quand il le voulait, un véritable bateau impeccablement tenu, en attendant qu'il se décide à l'acheter (mais sûrement pas avec de l'argent, car il n'en avait pas). Il y avait également à bord une jolie jeune femme totalement silencieuse, qui devait participer du même type d'arrangement, « à l'essai ». Je parvins assez rapidement à la conclusion que ce qui était bon chez Jed était ce qu'il avait de mauvais : une puissance physique viscérale, ainsi qu'un appétit de vivre ne supportant aucun obstacle. Si, un dimanche, il déclarait qu'on était mardi, et que vous le repreniez, il arborait un sourire diabolique en faisant saillir sa lourde mâchoire inférieure, et répondait : « Je ne discute jamais avec le talent. » Je soupçonnai dès le début qu'il avait simplement trop de classe pour moi et allait se montrer difficile, mais il était inégalable dans sa connaissance du théâtre et des acteurs, et, de plus, grand amateur de poésie et de littérature en général. Il appartenait à cette race d'hommes qui, sans longs discours, vous laissent à l'issue d'un dîner sous l'impression qu'ils ont connu assez intimement Winston Churchill, le Mahatma Gandhi et peut-être bien Gertrude Stein. Jed avait du style, ce qui est toujours louche, particulièrement lorsqu'il n'est pas utilisé uniquement comme moyen de se distraire, mais aussi comme une arme.

Semblable en cela à tous les types du même genre, il pouvait se montrer d'une naïveté sidérante, comme lorsque je l'emmenai dans ma Ford à Boston, et qu'il me hurla d'arrêter après une cabine de péage où j'avais dûment payé le préposé. Je freinai et lui demandai ce qui n'allait pas. Faisant un geste en direction de l'employé du péage, Jed dit : « Vous ne lui avez pas laissé de pourboire. » Cela augurait mal de notre conception commune des choses, et encore je ne savais pas tout. Je l'emmenais à Boston pour voir Arthur Kennedy qui jouait dans une nouvelle pièce. Kennedy avait déjà interprété deux de mes pièces, et j'imaginais qu'il ferait un bon John Proctor. Jed haït cette idée dès le moment où je lui en fis part.

– D'où vient-il ? me demanda-t-il.

– De Worcester, dans le Massachusetts.

– C'est bien ce que je pensais. Cela se voit à ses pieds.

– Quels pieds ?

– Ses *pieds !* Vous n'avez donc jamais vu ses pieds, pour l'amour du ciel, alors qu'il a joué dans deux de vos pièces ?

– Je ne comprends pas de quoi vous parlez.

En voyant Kennedy sur scène ce soir-là, Jed me poussa du coude et le montra du doigt. « Là ! Vous voyez ? C'est un foutu cultivateur de patates, regardez comment il pose les pieds par terre. Il est dans la boue, splatch, splatch, splatch ! »

J'affirmai que Kennedy était capable d'un grand lyrisme, et nous finîmes par l'engager, mais l'objection absurde de Jed concernant les pieds était le signe qu'il ne comprendrait pas la pièce, signe qu'avec mon optimisme habituel, je préférai ignorer. Jed trouvait Kennedy trop ordinaire, oubliant que Proctor n'est pas un acteur, mais un paysan de Salem. En fait, Harris voyait notre production comme « un tableau hollandais », une pièce classique qu'il fallait jouer avec noblesse – une invitation au sommeil, me disais-je. Mais il avait raison pour le reste de la distribution, qu'il fit pencher vers le côté majestueux : Walter Hampden, âgé de quatre-vingts ans, fut un magnifique Danforth; Philip Coolidge, à la bouche en lame de couteau, joua Hathorne; E.G. Marshall, le révérend Hale; Beatrice Straight fut Elizabeth, et un vieux comique du nom de Joseph Sweeney, doué d'un esprit mordant et avisé, interpréta le fermier octogénaire Giles Corey, lapidé pour avoir refusé de témoigner.

Au bout de dix jours de répétitions avec cette prestigieuse troupe d'acteurs, quelque chose de lourd et d'éteint planait toujours sur la scène, et je me souvins d'un vieux dicton selon lequel on n'a jamais vu un triomphe en costumes puritains. (Ce qui est peut-être une variation de la déclaration de Max Gordon, après l'échec retentissant de sa pièce sur Napoléon : « Je ne ferai plus jamais de pièce où il y a un type qui écrit avec une plume ! ») Les interprètes manquaient de spontanéité, et je savais qu'ils étaient tout simplement terrifiés par Harris, qui interrompait parfois une scène pour se moquer méchamment de l'un d'eux, qui avait seulement eu le tort de dépasser un repère indiqué sur le plateau. Il lui arrivait de déclamer leur texte pour mettre l'accent sur une voyelle, ou de leur faire jouer des passages entiers dos à dos, afin de souligner une certaine distanciation qu'il voulait imposer. Le tout devenait un exercice absurde relevant de la discipline et non de la passion. Cela ne pouvait pas marcher, et un matin, Jed ne se présenta pas à la répétition.

Je lui téléphonai, dans l'appartement qu'on lui avait prêté sur Central Park South, et je jugeai qu'il n'exagérait pas lorsqu'il murmura, après trente longues secondes de silence :

– Arthur, je suis en train de mourir.

– Qu'est-ce que dit le médecin ? demandai-je un peu plus tard, m'étant précipité à son chevet.

Jed secoua la tête d'un air désespéré : « Il ne sait pas. » J'aurais dû savoir, moi, que n'importe quelle maladie de Jed échappait forcément à la compétence habituelle de la médecine.

« Je veux que vous dirigiez la répétition », chuchota-t-il, claquant des dents, et sortant un bras velu de sous la couverture pour me prendre la main. « Vous êtes un bon garçon », me dit-il d'un air solennel, comme si nous vivions notre dernier moment ensemble sur cette terre.

Lui ayant assuré que nous avions tous hâte de le revoir – mensonge que je n'eus aucune difficulté à me pardonner – je retournai au théâtre. Au bout d'une demi-heure de répétition, je me retournai et vis Jed assis derrière moi, vêtu de son manteau, le col relevé et les dents claquant encore, victime de son art. Moins d'une heure plus tard, il était à nouveau sur scène, précisant à Kennedy l'endroit exact où il devait poser ses gros pieds boueux et de combien de degrés il devait se tourner pour dire sa réplique.

Dans toute la troupe, il n'y avait que E.G. Marshall pour soutenir le regard de Jed sans la moindre crainte. Il arriva un soir pour une répétition muni d'une bouteille de whisky aux trois quarts vide, qu'il voulut absolument garder à la main dans une scène où, en révérend Hale, il pressait Proctor de réciter les Dix Commandements pour apporter la preuve de sa piété. E.G. demeura dans cette position tout le temps que Kennedy dévida son catéchisme, puis, quand Jed grimpa sur les planches pour lui demander de bouger de quelques centimètres, il vida le contenu de la bouteille d'un trait, se retourna et la lança joyeusement bien au-delà de l'orchestre, droit dans les ténèbres du balcon, où elle alla s'écraser. Après quoi, il regarda Jed, fit claquer sa langue et demanda : « Bon, qu'était-ce donc que vous vouliez que je fasse ? » Jed, autant que je le sache, ne lui a, de ce jour, plus jamais ordonné quoi que ce soit.

Jed était un homme qui réussissait à se contrôler jusqu'à l'extrême limite, ce qui expliquait, je suppose, son autorité. Nous avons tendance à obéir aux fous. Il pouvait aussi être merveilleusement drôle. Un jour, j'arrivai dans son appartement et le trouvai allongé sur son divan, lisant un livre d'une considérable épaisseur. Je lui dis qu'on voyait rarement des livres de cette taille, de nos jours. « C'est vrai, répondit Jed, et bien qu'il soit long, il n'est pas intéressant. » Malheureusement, ses sautes d'humeur étaient redoutables. Quelques minutes plus tard, nous attendions l'ascenseur, bavardant avec décontraction. Sans le moindre avertissement, il se mit à donner des coups de pied et de poing forcenés contre la porte de métal, hurlant à plusieurs reprises : « L'ascenseur ! L'ascenseur ! » Au bout d'une minute ou deux le préposé, un vieil homme fragile d'aspect, qui pouvait avoir dans les soixante-dix ans, apparut dans l'encadrement de la porte, les yeux ronds de peur, et tenta de justifier son retard. Jed agrippa l'homme par ses revers et gronda : « Je n'ai pas arrêté de sonner! », puis, avant que j'aie pu l'en empêcher, il le projeta violemment contre la paroi de l'ascenseur. Le temps que nous arrivions dans la rue, il était redevenu lui-même, parlant d'une Chrysler d'occasion qu'il avait envie d'acheter, le modèle avec une vitre entre le chauffeur et le passager. Il était tout à fait évident qu'il n'avait aucunement les moyens d'entretenir une voiture avec chauffeur, mais il insista quand même, sur le chemin du théâtre, pour me montrer la voiture qui se trouvait dans un hall d'exposition de Broadway. Il y entra et en sortit plusieurs fois, ouvrant et fermant toutes les portes et donnant au vendeur l'impression qu'il allait l'acheter sur l'heure.

Alors qu'approchait le moment du départ pour Wilmington, dans le Delaware, où devait avoir lieu la première représentation, Jed, me semblait-il, savait qu'il n'avait pas trouvé la clef de la pièce, et c'est pourquoi il exigea pendant quelques jours les choses les plus invraisemblables – le renvoi de certains acteurs, par exemple – jusqu'à ce que le producteur, Kermit Bloomgarden, décide que le moment était venu de se séparer. Cette conclusion plut manifestement à Jed, qui néanmoins réclama un fort pourcentage sur la pièce en dédommagement de son départ, ce qui était impossible.

Un tohu-bohu enthousiaste accueillit la première représentation, à Wilmington, patrie de l'empire Du Pont, que je considérais comme une ville tout juste digne de tournées provinciales depuis que j'y étais venu avec *l'Homme qui avait toutes les chances*, neuf ans auparavant. A l'époque, le public m'avait paru typiquement estival, lointain et peu impliqué, mais voici que ces mêmes spectateurs hurlaient d'enthousiasme à la fin du spectacle, réclamant l'auteur. Je me tenais au fond de la salle avec Lillian Hellman et Bloomgarden, toujours aussi mécontent de l'esprit pesant, étouffant de la mise en scène et peu confiant dans le sort qui l'attendait à New York, quand Jed apparut sur la scène, flanqué de Kennedy complètement ébahi et de E.G. Marshall bouche bée, et salua comme s'il était l'auteur. Le rideau tomba sur une véritable manifestation d'affection à mon égard, même si je faisais dix ou vingt ans de plus que sur la photo reproduite dans la presse locale du matin. Lillian, qui s'était toquée de Jed, était pliée en deux de rire et Bloomgarden, à qui elle avait enseigné le mot, répétait : « Choquant ! Choquant ! » Jed apparut bientôt, la paume de la main tendue devant lui et me montrant quelques fils de tissu arrachés à sa veste. « Les acteurs m'ont traîné sur scène ! Regardez, ils ont arraché mon bouton ! » expliqua-t-il. Quelque chose semblait avoir fait son chemin dans sa tête, lui suggérant que sa façon de se mettre dans la peau de l'auteur n'était pas d'une classe folle. Je lui souris et tapotai son épaule, sur quoi il se tourna vers Lillian et Kermit et répéta son numéro du bouton arraché pour prouver qu'il appartenait toujours à la race des êtres nobles. Kennedy et Marshall, bien entendu, ne l'avaient jamais traîné de force sur la scène.

Pour chacune de mes pièces, j'ai toujours su à l'avance comment le public new-yorkais allait réagir, et la première au Martin Beck, environ quatre ans après le *Commis voyageur*, ne fit pas exception. Nous avions fait un spectacle froid d'une pièce pourtant brûlante, et personne n'allait en sortir profondément bouleversé. Les acteurs ne jouaient pas avec leurs tripes, ils se contentaient de restituer le texte, avec conscience. Jed avait effectivement affirmé plus d'une fois qu'il détestait la charge émotionnelle des mises en scène de Kazan, et qu'il allait monter *les Sorcières de Salem* dans son style habituel. Ce que je n'avais pas vraiment envisagé, en fait, était l'hostilité du public new-yorkais, lorsqu'il comprit le thème réel de la pièce : une invisible plaque de glace se forma au-dessus de sa tête, d'une épaisseur suffisante pour qu'on puisse patiner. Et à la fin, dans le hall, des gens à qui j'étais lié d'assez près, professionnellement, passèrent devant moi comme si j'étais transparent.

Les critiques ne furent pas aussi mauvaises que je m'y attendais, mais le fait que le *Times* ait qualifié la pièce de « froide » me rappela que Jed s'était vanté d'avoir emmené Brooks Atkinson déjeuner pendant les répétitions de *Our Town*, de Thornton Wilder, espérant le préparer à ce qui était alors une idée révolutionnaire : une pièce sans décors. « Je l'ai invité aux répétitions pour qu'il comprenne quelque chose au théâtre, et je lui ai dit " Ecoutez, Brooks, vous n'y connaissez rien en matière de théâtre, alors, pourquoi ne pas commencer les leçons par cette pièce ? " Alors il se mit à glousser et répondit qu'il adorerait cela mais que le critique du *Times* ne pouvait tout simplement pas faire une chose pareille. » Dans son article sur *les Sorcières*, Atkinson fut effectivement incapable de faire la part de la pièce et celle de la mise en scène.

Les affaires se ralentirent inévitablement au bout d'un mois environ, de plus Kennedy et Beatrice Straight allaient bientôt devoir nous quitter pour respecter leurs engagements au cinéma. Le reste de la distribution voulait absolument continuer à jouer, même sans cachet, surtout après une certaine soirée où l'on vit le public se lever au moment de l'exécution de John Proctor et garder le silence pendant une minute ou deux, tête baissée. Au même moment, on était en train d'électrocuter les Rosenberg à Sing Sing. Certains acteurs ne comprirent pas ce qui se passait, devant ces rangées de spectateurs silencieux et inclinés, mais leurs camarades se chargèrent de les informer. La pièce devint pour eux un acte de résistance. Je la montai à nouveau avec Maureen Stapleton en Elizabeth Proctor, et E.G. Marshall en remplacement de Kennedy, et fis ôter les décors pour diminuer les frais de machinistes. Elle fut jouée tout en noir, avec des lumières blanches qui restaient allumées du début jusqu'à la fin. Je trouvais que cette simplicité la rendait d'autant plus forte. Nous réussîmes à prolonger les représentations pendant quelques semaines, mais bientôt, il n'y eut tout simplement plus assez de spectateurs. Lorsque le dernier rideau fut tombé, je montai sur la scène, m'assis en face des acteurs et les remerciai, et ils me remercièrent et nous restâmes simplement là, à nous regarder. Puis on entendit un sanglot, et un autre, et soudain la tension accumulée au cours des derniers mois, ajoutée au travail d'écriture de la pièce, pendant plus d'un an, tout cela éclata dans ma tête et je dus me réfugier dans l'obscurité des coulisses pour pleurer une minute ou deux avant de revenir leur faire mes adieux.

Beaucoup de choses allaient changer, comme toujours en Amérique, dans les deux années suivantes. Le maccarthysme commença à décliner, même s'il fit encore souffrir nombre de gens, et une nouvelle production des *Sorcières de Salem,* due à Paul Libin, l'une des premières dans l'histoire du spectacle new-yorkais à sortir de Broadway, fut montée dans une salle du Martinique Hotel. C'était une production de jeunes, et la plupart des acteurs, des débutants, n'avaient pas la patine de ceux qui avaient créé la pièce, mais celle-ci fut jouée, cette fois, comme elle était écrite, désespérée et brûlante, et elle resta à l'affiche pendant près de deux ans. Certains critiques en déduisirent inévitablement que j'avais remanié le texte, alors que, bien entendu, je n'en avais pas changé un seul mot – c'étaient les temps qui avaient changé, et nous commencions à regretter ce que nous nous étions fait à nous-mêmes pendant les premières années de la chasse aux sorcières. La presse était maintenant en mesure d'admettre la métaphore, l'idée qu'il existe des forces immortelles et souterraines qui peuvent toujours se réveiller.

Avec le temps, *les Sorcières de Salem* est devenue celle de mes pièces que l'on a le plus souvent jouée, tant à l'étranger qu'aux Etats-Unis. Sa signification a quelque peu varié selon les lieux et les époques. Je peux presque à coup sûr dire quelle est la situation politique d'un pays où la pièce obtient soudain un énorme succès – cela signifie soit qu'une tyrannie se prépare, soit qu'elle vient de s'achever. Tout récemment, pendant l'hiver 1986, la Royal Shakespeare Company, après avoir joué la pièce en tournée dans les cathédrales et sur les places des villes, en Angleterre, l'a présentée, en anglais, pendant une semaine dans deux villes polonaises. Quelques personnalités importantes du gouvernement figuraient parmi le public, soulignant par leur présence son message de résistance à une tyrannie qu'on les forçait à servir. En 1980, elle a été considérée à Shanghai comme une métaphore de la vie au temps de Mao et de la Révolution culturelle, ces décennies de dénonciations et de culpabilisation qui faillirent anéantir en Chine les derniers signes de vie intelligente. L'écrivain Nien Cheng, qui passa six ans et demi seule dans une cellule et dont la fille a été assassinée par les Gardes rouges, m'a raconté qu'après sa libération, elle avait vu la pièce à Shanghai, et n'avait pu croire que l'auteur n'était pas chinois. « Certaines questions, dit-elle, étaient exactement les mêmes que celles qu'on nous posait pendant la Révolution culturelle. » Je compris avec effarement ce qui ne m'était jamais venu à l'esprit avant qu'elle y fasse allusion – que la tyrannie des adolescents était à peu près la même dans les deux cas.

A la fin des années cinquante, le réalisateur français Raymond Rouleau tira un film émouvant de la pièce, avec Simone Signoret et Yves Montand, qui l'avaient déjà jouée au théâtre. (Je n'avais pu la voir à l'époque, le Département d'Etat m'ayant signifié une interdiction de quitter le pays.) Le scénario de Jean-Paul Sartre, cependant, me parut donner une interprétation marxiste à l'histoire, avec pour résultat quelques absurdités. Sartre fit de cette crise de sorcellerie une lutte entre paysans riches et paysans pauvres, alors qu'en réalité des victimes telles que Rebecca Nurse appartenaient à la classe des propriétaires terriens relativement aisés, et que les Proctor et leurs semblables étaient tout sauf pauvres. Cela m'amusa de voir des crucifix sur les murs de la ferme, comme on en trouve dans les foyers catholiques français, mais jamais, évidemment, dans une maison puritaine. Simogne Signoret n'en était pas moins profondément touchante, et le film grand et noble, une sorte de sensualité merveilleusement française régnait sur Salem et chez les Proctor, et sa répression annonçait l'imminence du désastre.

En 1965, j'eus la satisfaction, assis derrière un jeune couple d'Anglais lors d'une représentation de la pièce dans la mise en scène de Laurence Olivier, d'entendre la remarque que la femme fit à son compagnon à l'issue du second acte : « Je crois que cela a quelque chose à voir avec ce sénateur américain – quel était son nom, déjà? » La pièce était devenue une œuvre d'art, coupée de ses racines, une simple représentation de passions humaines. En entendant ces mots, j'eus l'impression d'être revenu d'entre les morts, et c'était si bon...

Mais pour l'instant, *les Sorcières de Salem* était un échec de plus – que d'ailleurs je ne regrettais pas. J'avais dit ce que j'avais à dire, en pleine tempête. Les gens estimaient maintenant que j'avais acquis une réelle autorité, et je pouvais difficilement refuser de prendre la parole en certaines occasions, comme par exemple lorsque la *Newspaper Guild* me demanda mon avis sur la récente déclaration de John Foster Dulles, qui avait affirmé le droit absolu de son Département d'Etat de refuser des passeports aux journalistes voulant se rendre en Chine : « Si le gouvernement a le droit d'interdire à des hommes d'affaires d'aider les communistes chinois en commerçant avec eux, il en va de même pour les écrivains. » Il s'imaginait sans doute que l'absence totale d'information sur la nation la plus peuplée du monde la ferait disparaître de l'Histoire. Paraphrasant les propos de Hitler sur la guerre, j'appelai ceci de la « diplomatie totale » et le *Times* reproduisit très honnêtement mes déclarations. Mais il aurait fallu être idiot pour croire que le peuple américain n'était pas d'accord avec Dulles. On pensait inévitablement au « fascisme arrivant sous forme d'antifascisme » de Huey Long puisqu'on ne respectait même plus les principes primordiaux; car le droit des gens à la connaissance est d'une essence toute différente de celui qui les autorise à acheter et à vendre. Je ne doutais aucunement que mes discours allaient directement dans le dossier que J. Edgar Hoover avait ouvert sur moi. M'adressant à un groupe de quasi-radicaux, le Conseil national des arts, sciences et professions, je déclarai que devant l'absence totale de films, pièces de théâtre ou livres concernant les listes noires et l'atteinte portée aux libertés civiques en Amérique, nous devions nous demander si l'autocensure n'était pas le véritable problème. Mais, à l'époque comme aujourd'hui, les discours me laissaient toujours une impression de vide, un sentiment de futilité. Seul le travail comptait vraiment, et un bon travail survivra longtemps après que les discours auront été oubliés.

Il n'en était pas moins difficile de s'asseoir à nouveau derrière son bureau, d'autant que malgré son échec commercial, je savais que la pièce était une réussite. En ces années-là, 1953-1954, il me semblait que le temps m'échappait, comme il échappait à la culture américaine traditionnelle. Je me trouvais de plus en plus isolé, dans ma vie comme au théâtre.

C'est à peu près au même moment que Montgomery Clift m'appela pour me demander si je voulais venir assister aux répétitions de *la Mouette*, qu'il montait avec Kevin McCarthy au Phœnix Theatre, sans metteur en scène. C'était une tentative que je trouvais pleine de bonne volonté mais dépourvue de pivot central, et malgré la présence de Sam Jaffe dans le rôle du Dr Dorn, l'expérience ne décolla jamais. Je passai quelques après-midi à parler aux comédiens, essayant de découvrir une ligne métaphorique cohérente à laquelle ils pourraient se raccrocher, mais rien ne marcha, à part une remarque que Monty répéta pendant plusieurs années, même au cours du tournage des *Misfits*, sept ans plus tard. Il ne savait pas pourquoi Treplev, le personnage qu'il interprétait, se suicidait. Je lui suggérai d'imaginer que Treplev, en pointant le revolver sur sa tête, visait en fait Arkadina, sa mère. L'idée le ravit complètement, et lui fit souhaiter commettre son suicide sur les planches, et non en dehors.

Mais tout ceci n'était que diversion. Je n'avais pas la dimension d'un metteur en scène, ne serait-ce que parce qu'il m'était difficile de rester en compagnie d'autres gens pendant de si longues périodes et d'abandonner mon propre narcissisme au profit du leur. De surcroît, le mot imprimé voyage heureusement plus loin que quoi que ce soit d'autre, et peut se charger de significations totalement nouvelles, dont certaines sont des révélations pour l'auteur même. J'en ai eu un exemple inattendu un soir où je quittais le hall du théâtre après une répétition avec Monty et Kevin.

Un déluge qui semblait ne devoir jamais cesser inondait la Deuxième Avenue. Dans le hall, qui par ailleurs était complètement vide, se tenait, parapluie trempé à la main, un très étrange jeune homme en bottes de caoutchouc, chemise blanche et cravate noire, manteau noir et costume noir, avec des yeux noirs et un casque de boucles noires. Il avait un regard fiévreux et fanatique, et de la bave coulait aux commissures de ses lèvres.

Il me rappela qu'il avait téléphoné plusieurs semaines auparavant, sollicitant quelques minutes d'entretien pour m'expliquer un problème, et alors je me souvins de lui, un étudiant de première année à Columbia, venu d'Argentine, qui voulait parler des *Sorcières*. Je le fis monter à côté de moi dans la voiture, m'imaginant qu'il serait plus facile de m'en débarrasser là que dans un salon, et parce que son étrangeté me mettait mal à l'aise.

La pluie continuait impitoyablement de tomber, vagues d'eau propulsées par le vent en travers de l'avenue déserte. Il s'assit avec raideur, le parapluie calé entre les genoux, et je remarquai qu'il portait un anneau orné d'un gros diamant. Après avoir bavardé quelques instants sur la peinture – il était peintre, me dit-il – nous en revînmes à sa question, en l'occurrence : pensais-je qu'une personne puisse « influencer » les actes d'une autre? Présumant qu'il parlait de littérature, ou de peinture, je répondis que j'avais été influencé par plusieurs écrivains, mais il avait autre chose en tête.

– Ce que je veux dire, c'est qu'une personne peut...

Il hésita.

– Contrôler?

– Oui, c'est ça, contrôler.

– Quelqu'un vous contrôle?

– Oui, tout le temps.

– Savez-vous qui c'est?

– Ma tante.

Cette dame, me confia-t-il, l'avait pratiquement élevé dans la grande maison familiale, le baignant, l'instruisant, l'habillant et le déshabillant, jusqu'au jour où, à peine adolescent, il perçut une modification insidieuse dans son comportement, et comprit que ce qu'elle avait en secret décidé de faire était de l'assassiner. « Je savais quand elle approchait de la maison, même si elle était à cinq rues de là, tant était forte son influence sur moi. »

Mais maintenant, à New York, il n'avait certainement rien à craindre? Bien au contraire, au cours d'une soirée, la semaine précédente, il s'apprêtait à traverser la pièce pour aller au-devant d'une jeune fille qui lui plaisait quand soudain il fut poussé contre le piano, et se retrouva avec deux dents de devant brisées et la lèvre supérieure entamée. Il me montra deux morceaux de dents enveloppés dans un mouchoir taché de sang.

– Mais qui vous a poussé?

– Ma tante. Elle ne souhaite pas que je me lie avec des filles.

– De là-bas, en Argentine?

– Peu importe la distance, elle peut être partout.

– Vous avez consulté des médecins, j'imagine?

– Oui. Ce sont des ignorants.

– Pourquoi avez-vous choisi de me raconter cela ?

– A cause des *Sorcières de Salem.*

J'étais complètement abasourdi.

– Mais qu'est-ce qui, dans *les Sorcières*, a pu vous donner à penser que...

– Les filles. Elles sont tourmentées par ces sorcières.

– Ah, oui. Je vois. Mais vous comprenez bien que je ne crois pas qu'elles disaient la vérité.

– Pourtant, elles disaient la vérité.

Un frisson me traversa l'échine. Je niai son point de vue, m'efforçant du mieux que je pouvais de dissuader le pauvre garçon.

– J'ai vu cette pièce à Buenos Aires et je savais que vous me comprendriez parce que vous savez que ces choses-là arrivent.

Il ne disparut de mon horizon qu'à la fin de l'été suivant, où il fut hospitalisé, ses obsessions échappant au domaine de la psychiatrie. Et cependant, il avait détecté dans la pièce une réalité que je n'avais pas eu l'intention d'y mettre en l'écrivant, mais dont il me fit comprendre qu'elle s'y trouvait certainement.

L'esprit encore rempli de confusion j'acceptai, en dépit de mon appréhension, de mettre en scène *Ils étaient tous mes fils* pour la saison d'été du théâtre d'Arden, Delaware. Kevin McCarthy et Larry Gates interpréteraient Chris et Joe Keller, et ma sœur Joan Copeland jouerait Anne. (Joan était devenue une excellente actrice. Elle a joué dans plusieurs pièces montées à Broadway, dont *Detective Story* et *le Journal d'Anne Frank.*) Je me sentais faible et désorienté à l'époque, la fin des *Sorcières* m'ayant entamé plus profondément que je n'avais bien voulu le croire, et je trouvais perturbant que des acteurs m'obligent à assumer une quelconque autorité. Jamais auparavant l'idée ne m'avait effleuré qu'un acteur pouvait se sentir si exposé et vulnérable sur scène, et qu'il était si facile de le rendre dépendant, en devenant soi-même un personnage important.

Cependant, tout ce processus me répugnait, et j'avais moins que jamais envie d'être metteur en scène pourvoyeur d'une tranquillité d'esprit dont j'étais personnellement largement dépourvu. L'idée même d'autorité était frauduleuse. Il me semblait avoir franchi la ligne en deçà de laquelle je pouvais me confier à quelqu'un d'autre. Non que j'en voulusse à l'existence, il s'agissait plutôt de s'en tenir à ses termes les plus simples. La phrase d'Ibsen, « Il est le plus fort, celui-là qui est le plus seul », me revenait sans cesse à l'esprit.

Un coup de téléphone de Martin Ritt, acteur dont j'avais entendu parler comme étant l'un des plus jeunes membres du Group Theatre mais que je n'avais jamais rencontré, me parut être une invitation stimulante à sortir de mon isolement. Il jouait dans *The Flowering Peach*, la plus récente – et comme nous l'avons vu, l'ultime – pièce d'Odets. Les représentations allaient probablement prendre fin d'ici un mois ou deux et le producteur Robert Whitehead avait accepté de céder le théâtre aux acteurs tous les dimanches soir, pour qu'ils y jouent ce qui leur plairait. Aurais-je par chance un acte qu'ils pourraient interpréter ?

Cédant à l'illusion que j'écrivais pour une troupe spontanée d'acteurs plutôt que pour une scène de Broadway, je mis à peine deux semaines pour terminer *A Memory of Two Mondays*, sorte d'élégie sur mes années passées à l'entrepôt des pièces détachées d'automobiles. J'imagine que j'ai choisi ce sujet par besoin d'appréhender à nouveau une réalité que j'étais capable de comprendre, à l'encontre de l'Amérique actuelle, qui me semblait frénétique et dépourvue de sens. En ces temps matérialistes qui se repaissaient de prospérité, j'avais réussi à mettre le doigt sur le seul sujet que personne ne voudrait affronter, la Dépression et la lutte pour la survie.

Massif et joyeux, excellent joueur de poker et amateur de courses, Ritt s'enthousiasma pour cet acte unique, mais estima qu'il faudrait lui adjoindre un lever de rideau. J'aimais cette atmosphère pleine de promesses, de jeu pour le jeu, et me réjouissais de pouvoir donner à des acteurs l'occasion de jouer sans les préoccupations d'ordre commercial qui d'habitude nuisent au bonheur de travailler. D'ailleurs, les pièces en un acte n'étaient jamais montées à Broadway, et rarement dans le reste du pays, ce qui ajoutait un charme supplémentaire au projet. Mieux encore, on pouvait espérer que les spectateurs du dimanche soir ne seraient pas les habituels hommes d'affaires mais de véritables amateurs de théâtre. Si je perçus la moindre contradiction entre mon idéal démocratique et cette exclusion de tous ceux qui n'étaient pas des aficionados, elle fut noyée dans le plaisir de la création artistique.

Je me promenai pendant plusieurs jours en essayant de penser à quelque chose de court et de merveilleux, quand soudain ma vieille *Italian Tragedy* me parut tomber juste à point avec son thème unique et sa tension progressive, aboutissant inévitablement à l'explosion finale. Pour cette production non officielle, *Vu du pont*, sur lequel je peinais depuis des années dans la perspective d'en faire une pièce en plusieurs actes pour un théâtre de Broadway, fut terminé en dix jours. Lorsqu'il lut la pièce, Martin Ritt éclata de son rire profond à l'idée que je l'avais conçue comme un lever de rideau, car il apparaissait maintenant de toute évidence que c'était le morceau principal.

Mais la réalité destructrice nous rattrapa au galop. *The Flowering Peach* dut plier bagage plus tôt que prévu, et du coup, nous nous retrouvâmes sans théâtre. D'un autre côté, l'idée de monter deux pièces en un acte, interprétées par une seule et même troupe, parut soudain plaire à Broadway. J'étais naturellement déchiré entre la pureté de l'idée d'origine et l'enthousiasme de Kermit Bloomgarden, qui voulait une grande production. Mon instinct me prévenait contre Broadway, qui n'était pas le bon endroit pour ces pièces, à mon avis, mais la vanité l'emporta. Et puis, de bonnes raisons militaient en faveur d'un spectacle à grande échelle dans un théâtre de Broadway, en particulier la présence d'acteurs remarquables qu'il aurait été plus difficile d'obtenir si l'on s'était installé modestement dans quelque obscur coin de la ville. En 1955, les spectacles hors Broadway en étaient à leurs débuts.

Néanmoins, le châtiment vint, comme d'habitude, de la distribution. *Vu du pont* était né des docks et du temps que j'avais passé en Calabre et en Sicile, et nous nous retrouvions avec des acteurs essentiellement WASP, parmi lesquels seul Jack Warden possédait le jargon et la sensibilité requis. C'était entièrement ma faute, car Marilyn Monroe était enfin entrée dans ma vie, et les bouleversements que cela avait entraînés, désespoir à la pensée de mon mariage perdu et stupeur de l'avoir à mes côtés, me laissaient peu de loisirs pour me concentrer sur la distribution. Je croyais au cliché selon lequel de bons acteurs peuvent venir à bout de n'importe quel rôle, même si ce n'est pas leur emploi. Or, c'est faux. Van Heflin, fils d'un dentiste de l'Oklahoma, se voyait très mal en docker italien, et il me demanda de l'emmener à Red Hook pour lui faire rencontrer les gens qui y vivaient. Il étudia leur manière de parler comme s'il s'agissait d'une langue étrangère – effectivement, cela en avait tout l'air dès qu'il ouvrait la bouche – et ce fut son obsession de l'accent et des manières qui l'empêcha de sentir son rôle, au bout du compte.

J. Carrol Naish, acteur qui s'était spécialisé pendant des dizaines d'années, à Hollywood, dans des rôles de personnages aux origines ethniques mal définies, fit comme à son habitude, malgré les efforts désespérés de Ritt pour l'amener à ressembler à quelqu'un de réel. Pour jouer Gus, le contremaître baraqué de *Memory,* Naish portait des chaussures lestées de poids de quatre kilos qui lui donnaient une démarche grotesque d'anthropoïde, mais pour interpréter l'avocat narrateur de

Vu du pont, il ne bénéficiait d'aucun recours de ce genre, et le premier soir il s'empêtra dans son texte comme un jongleur qui ne cesse de laisser tomber ses haltères de bois. Alors que dans une réplique il devait faire allusion à Frankie Yale, célèbre gangster qui avait jadis hanté les rues sanglantes de Red Hook, il se trompa et dit « Frankie Laine », prononçant le nom de ce chanteur populaire avec l'air ravi de quelqu'un qui se félicite d'avoir pu réciter en entier une aussi longue tirade.

Si *Vu du pont* mène encore, plus de trente ans après, une existence active sur les scènes du monde entier, ce n'est certes pas grâce à la façon dont elle fut montée à sa création, où la pièce apparut au mieux comme une histoire de vengeance académique et sans intérêt. Que je n'aie eu à m'en prendre qu'à moi-même n'arrangeait rien. Entièrement absorbé par mon aventure avec Marilyn, je passais d'un état de quasi-lévitation à un état d'angoisse à l'idée que je glissais vers une vie nouvelle que je n'avais pas vraiment choisie. Ma volonté semblait s'être évaporée, et j'acceptais sans discuter ce que désirait Bloomgarden, un succès à Broadway, alors que j'avais écrit quelque chose de complètement différent, quelque chose de simple et d'élémentaire, effrayant parce que inexorable. Marty Ritt, qui a ensuite réalisé des films à succès tels que *Edge of the City (l'Homme qui tua la peur), The Long Hot Summer (les Feux de l'été)* et *Hud (Le plus sauvage d'entre tous)*, en était à ses débuts, et il laissa les choses filer, comme il pensait devoir le faire, plutôt que d'imposer la vision qu'il avait de la pièce. En un mot, la pièce, sur scène, n'avait pas de caractère. Il lui manquait cet indéfinissable tissu conjonctif humain qui relie des morceaux épars, sans intérêt, pour former un tout significatif.

Je me sentais très éloigné du spectacle, semblable à un visiteur qui serait entré dans le théâtre par hasard. Même *A Memory of Two Mondays*, réminiscence avouée, paraissait rechercher des effets plutôt que flâner dans un panorama du temps retrouvé. Moins de deux ans après, Peter Brook a monté une version révisée et non abrégée de *Vu du pont* à Londres, et je me souviens particulièrement de ce qu'il me dit juste avant le début des représentations au Comedy Theatre, alors que je lui avais demandé ce que, selon lui, les Anglais allaient en penser : « Je ne suis pas du tout sûr que son caractère inexorable ne les dérangera pas. Les Anglais ont tendance à fuir Ibsen et les Grecs et tout ce qui implique une certaine logique sous-jacente de l'existence qui fait que, lorsqu'une chose arrive, il est presque certain qu'elle en entraînera une autre. S'ils prenaient cela à cœur, j'imagine qu'ils quitteraient ce pays, dont chacun sait qu'il n'a pas d'avenir. Nous comptons sur l'intervention d'un heureux accident, et dans *Vu du pont*, cela ne se passe pas ainsi. »

Il est vrai que le sens principal de la pièce, pour moi, tenait à ce que le processus n'y était pas dévoilé, à ce que la structure de la vie était implacable. Car je sentais se développer autour de moi un vagabondage fâcheux de l'âme et de l'esprit, je voyais l'arbre de la vie se transformer en une vigne abandonnée. La « fin des idéologies », fort à la mode, que quelques ex-marxistes influents étaient en train d'élaborer, me paraissait effacer la notion même de destinée humaine. L'idée sous-jacente, en fait, était qu'il fallait laisser les gens à leur solitude, chacun à soi et pour soi, ainsi le voulait la tristesse de la vie, encore que parfois cela en incitât quelques-uns à se battre et à gagner davantage d'argent. En Amérique, nous nous trouvions alors au tout début du mouvement *Beat*, qui donnait un nom et une forme à tout ce qui n'en avait pas, dans notre existence, et à l'égard duquel je n'éprouvais en ce temps-là aucune sympathie. Comment vivre et comment se décontracter n'étaient pas le même problème, pas si vous aviez des enfants et la certitude angoissée, qui ne me quitterait jamais, que quelque chose de mesquin, un mépris de la vie, se réveillait dans l'esprit américain – quelque chose qu'il allait falloir combattre et contrarier en ayant recours aux stratégies de l'art. Il me fallut un certain temps pour comprendre que les Beat visaient le même monstre et s'employaient à le faire échouer avec un sac à malices complétement différent.

L'accueil réservé à *Vu du pont* fut bien meilleur, en réalité que je ne le crus sur le moment et le gardai en mémoire. Mais je n'ai pas encore rencontré l'artiste qui ne s'est pas imaginé, sur le moment, que les critiques complotaient contre lui. Peut-être aussi en ai-je gardé un souvenir négatif, parce qu'une partie de moi rejetait la pièce alors même que le jour de la première approchait. Je me retournais contre moi-même, luttant pour ne pas rejeter ma vie derrière moi, l'ordre et le désordre aux prises à l'intérieur de moi, dans une sorte de mouvement parallèle à la tension qui existe entre le classicisme froid et formel de la pièce et la tourmente de désir incestueux et de trahison qu'elle recèle.

Je ne savais plus ce que je voulais – certainement pas la fin de mon mariage, mais la pensée d'éloigner Marilyn de ma vie était intolérable. Mon univers paraissait entrer en collision avec lui-même, le passé explosait sous mes pieds. Et pour couronner le tout, j'étais à nouveau soumis à des attaques.

Le premier tir de barrage s'était manifesté en 1953. J'avais reçu un télégramme de la Belgo-american Association, un groupe d'affaires qui m'invitait à assister à la première des *Sorcières de Salem* à Bruxelles, tous frais payés. C'était la première fois que l'on montait la pièce en Europe, et j'espérais qu'enfin sa vitalité apparaîtrait. Je télégraphiai pour accepter, puis découvris que mon passeport n'était plus valide. Monty Clift m'accompagna au service des passeports de Wall Street, puis nous allâmes à une répétition de *la Mouette* de l'autre côté de la ville, dans la Deuxième Avenue. J'avais demandé qu'on accélère les formalités, car je devais partir le vendredi pour Bruxelles afin d'être présent le samedi soir à la première et nous étions déjà lundi.

Au bout de deux jours, comme je n'avais aucune nouvelle, mon avocat, John Wharton, prit contact avec un collègue de Washington, Joseph L. Rauh Jr., qui le jeudi réussit à faire avouer à Mme Ruth B. Shipley, responsable de la Division des passeports au Département d'Etat, que selon elle il n'était pas « d'intérêt national » que je me rende à l'étranger, et que par conséquent elle ne renouvellerait pas mon passeport. Elle me faisait penser à la Duchesse dans *Alice au pays des merveilles*, tout aussi susceptible de changer un ordre en contrordre – ce qui de toute manière pouvait prendre des semaines ou des mois, sinon des années. Je dus télégraphier au Théâtre national belge que, n'ayant pu obtenir un passeport dans les délais nécessaires, je ne viendrais pas. Mme Shipley détenait certainement mon dossier, qui devait lui déplaire fortement vu la quantité de déclarations gauchistes, de pétitions que j'avais signées, de réunions auxquelles j'avais assisté, et bien entendu compte tenu de ma rupture avec Kazan, qui avait été largement commentée par la presse.

Les journaux de Bruxelles avaient annoncé ma présence le soir de la première, et quand le dernier rideau tomba, le public réclama l'auteur. Comme la clameur ne diminuait pas, un homme finit par se lever, dans les premiers rangs d'orchestre, et reçut cet hommage. Les spectateurs l'ovationnèrent chaleureusement, le prenant naturellement pour l'auteur. C'était l'ambassadeur des Etats-Unis, qui était probablement venu par respect pour l'association pro-américaine qui avait organisé la soirée. Une fois qu'elle eut éventé cette étrange substitution, la presse se déchaîna contre la politique américaine, se servant de mon absence forcée pour associer ma pièce à leur protestation contre le maccarthysme. Ce courant idéologique belge devait resurgir vingt-cinq ans plus tard, à la fin des années soixante-dix, alors que je me trouvais à notre ambassade de Bruxelles pour une réception donnée en mon honneur. L'idée que je puisse être accueilli par des applaudissements à mon arrivée dans une ambassade américaine aurait paru complètement insensée en 1953.

Au moment où les répétitions de *Vu du pont* allaient commencer, je fis l'objet d'une deuxième attaque. A l'époque, les mouvements tempétueux de ma vie tour à tour m'alarmaient et m'amusaient. Ainsi, je me trouvais avec Marilyn dans l'appartement qu'elle sous-louait tout en haut de la Waldorf Tower tandis qu'en bas, dans les rues, le *Daily News*, le *World-Telegram* et le *Journal-American*, qui publiaient toutes les photos d'elle qu'ils pouvaient récupérer autant de fois par semaine qu'il leur était possible, exhortaient avec véhémence le maire, M. Wagner, et le City Council à se dissocier de ma personne, subversive et antiaméricaine.

L'affaire, cette fois, concernait ce film sur la délinquance juvénile, celui pour lequel j'avais effectué des recherches pendant deux mois dans les rues de Brooklyn, et dont je me préparais maintenant à écrire le scénario. Même si nous avions, Bloomgarden, Ritt et moi, déterminé la distribution des principaux rôles pour *Vu du pont* et *A Memory of Two Mondays* dès le printemps, la pièce ne serait pas montée avant l'automne, et je disposais d'un long temps mort entre les deux. Un jeune producteur inconnu de moi m'avait proposé d'écrire un scénario sur la récente apparition des guerres de gangs, dont personne ne paraissait comprendre la dynamique. Il était en relation avec la ville de New York qui, en échange de la collaboration de la police avec l'auteur et les équipes techniques – en particulier l'accès aux commissariats de police – recevrait cinq pour cent des bénéfices du film. La coopération de Mobilization of Youth notamment, un nouvel organisme de la ville qui plaçait de jeunes assistants sociaux auprès des gangs pour essayer de les ramener à la civilisation, était indispensable. J'avais refusé des propositions de films infiniment plus lucratives autrefois, mais ce défi me plaisait, et j'acceptai quelques milliers de dollars d'honoraires, plus un pourcentage sur les bénéfices s'il devait y en avoir.

Après avoir passé des mois dans les rues, j'avais élaboré un schéma général qui fut chaleureusement approuvé par, entre autres, l'organisation du Secours catholique, dont l'assistance de longue date à la jeunesse nécessiteuse de la ville avait permis à ses dirigeants de bien connaître les complexités du phénomène des gangs. Mais le projet ne devait pas voir le jour : Mme Scotti, l'enquêteuse de la Commission des activités antiaméricaines, avait fait une discrète apparition à New York pour avertir l'administration municipale que toute association avec moi ne pourrait apporter que des ennuis, vu que tôt ou tard, on me réduirait au silence. Mais elle commit l'erreur presque fatale d'entrer en contact avec le chef de Mobilization for Youth, dont le nom et les origines à eux seuls garantissaient, croyait-elle, les sympathies politiques. James McCarthy, bien qu'absolument irlandais et diplômé de Notre-Dame, haïssait les attaques de son homonyme contre la démocratie, avait assisté à mon enquête, et partageait avec enthousiasme mes opinions sur la délinquance.

Je fus soumis à un examen politique approfondi de la part du conseil de Mobilization, qui ne s'était encore jamais réuni. Ce conseil était composé des directeurs de tous les départements municipaux, y compris l'hygiène, dont pas un n'avait la moindre idée de ce qu'est le travail social. Ils étaient maintenant convoqués pour m'interroger et décider si, oui ou non, je devais être autorisé à écrire ce scénario. Toujours optimiste, pour ne pas dire utopiste, j'eus l'impression, alors que nous étions réunis dans une grande salle de l'hôtel de ville, que la plupart d'entre eux étaient un peu gênés de se trouver dans l'obligation d'instruire une affaire pour laquelle ils n'étaient aucunement compétents. Mais une femme à l'air égaré et sous-alimenté, en chaussures de tennis, se mit à hurler qu'Arthur Miller avait tué nos fils en Corée et à taper de l'index sur un dossier d'une dizaine de centimètres d'épaisseur, rempli, dit-elle, de documents gouvernementaux établissant ma trahison – sans aucun doute la contribution de Mme Scotti à l'information de tout un chacun. Quand ce fut mon tour de parler, je dis qu'à mon avis, mes qualifications pour la rédaction d'un tel scénario étaient prouvées par mon travail et que je n'allais pas abandonner mes opinions politiques pour obtenir un droit que j'avais acquis en naissant. Le conseil délibéra en privé, et je perdis d'une voix seulement, ce qui fut une bonne, et même une encourageante surprise vu l'époque. C'était ainsi, en ce temps-là.

Une sorte de halo de catastrophe imminente, une atmosphère lourde de trahison, planait autour de nous pendant les heures que nous passions au Waldorf, mais ce n'était pas uniquement dû à ma situation. Marilyn avait quitté Hollywood en se déclarant en état de grève tant que son associé en affaires, le photographe Milton Greene, n'aurait pas renégocié son contrat avec la Twentieth-Century Fox, selon des termes lui permettant de tourner périodiquement des films indépendants avec sa propre société de production, la Marilyn Monroe Productions. Elle mettait tous ses espoirs dans un tel arrangement qui lui assurerait à la fois des rôles décents et sa dignité personnelle. Bien entendu, les tout-puissants journalistes des magazines de cinéma tiraient à boulets rouges sur Marilyn, cette fille qui n'était même pas une actrice et qui avait le culot de demander des garanties artistiques à une maison aussi noble et prestigieuse que la Twentieth-Century Fox.

Elle commençait également à assister aux cours que Lee Strasberg donnait à l'Actors Studio, n'osant pas encore y ouvrir la bouche tant elle était terrifiée par la puissante autorité de Strasberg et par tout le discours du théâtre new-yorkais qui, à l'inverse du monde hollywoodien, se préoccupait davantage des problèmes insaisissables de l'art du comédien que de la forme des nez et des seins. Ma connaissance de Strasberg se bornait à un signe de tête, une poignée de main, et aux nombreuses histoires qui couraient au sein du Group Theatre au sujet de son épouvantable caractère – on racontait qu'une fois, il avait jeté un acteur du haut de la scène. Des acteurs que je respectais, dont ma sœur Joan, le vénéraient, tandis que Monty Clift, qui analysait plus finement que quiconque le jeu d'acteur et ses problèmes, le prenait pour un charlatan. J'estimais que les rapports de Marilyn et de Strasberg ne regardaient qu'elle, d'autant que nous en étions au tout début de notre liaison, et si elle se mettait à prononcer son nom avec une vénération soumise, c'était me disais-je, parce qu'elle avait besoin de ce genre de foi après avoir passé des années dans la jungle cynique de Hollywood. L'idéalisation pouvait déboucher sur la déception, mais par ailleurs, sans idéal, il n'y a pas de vie. Il ne me venait pas encore à l'esprit que j'étais, moi aussi, idéalisé comme un être dépourvu de la moindre faiblesse humaine.

Elle était alors pour moi une sorte de lumière tourbillonnante, tout à la fois un paradoxe et un mystère, dure comme une fille des rues par moments, puis portée par une sensibilité lyrique et poétique comme peu de gens en conservent après leur adolescence. Parfois, elle semblait considérer tous les hommes comme des petits garçons, des enfants avec des besoins immédiats que la nature l'avait chargée de satisfaire; mais dans le même temps, la partie adulte, en elle, se tenait à l'écart et observait le jeu. Les hommes n'étaient que désir, impérieux et en quelque sorte sacré. Il lui arrivait de raconter comment, au cours d'une soirée, deux hommes l'avaient maintenue de force et avaient tenté, en vain heureusement, de la violer, mais la véracité du récit avait moins d'importance que la distance étrange avec laquelle elle le rapportait. En fin de compte, quelque chose de l'ordre du divin émergeait de cette désincarnation. Elle était complètement incapable de condamner, de juger même, des gens qui lui avaient fait du mal, et être auprès d'elle, c'était être accepté, entrer dans une zone lumineuse et sanctifiante après avoir quitté une vie où le soupçon régnait en maître. Elle n'avait aucun sens commun, mais ce qu'elle avait était plus sacré, une vision plus profonde dont elle seule avait vraiment conscience : les êtres humains n'étaient que désir et blessure. Ce qu'elle voulait le plus n'était pas juger, mais être reconnue par une profession cruelle et par des hommes qui ne voyaient en elle que la perfection de la beauté, et pas l'humanité. Elle était moitié reine, moitié enfant abandonnée, parfois agenouillée devant son propre corps, parfois désespérée à cause de lui. « Oh, il y a tellement de jolies filles », disait-elle quand elle rencontrait une expression de stupeur émerveillée, comme si sa beauté nuisait à son besoin d'une reconnaissance plus durable. Quant à moi, j'avais dépassé le stade du raisonnement. J'étais emporté par un courant rapide, il n'y avait pas moyen de s'arrêter ni de se retenir, elle était finalement toute la vérité. Ce que j'ignorais de sa vie était facile à deviner, et j'imagine que je ressentais d'autant plus la douleur de ses souvenirs que je ne possédais pas comme elle la petite fierté compensatrice d'avoir survécu à une telle existence.

Ce fut un été espiègle, chargé d'images puissantes que je n'oublierais jamais. Je passai plusieurs matinées avec Marty et Bloomgarden à préparer le nouveau spectacle et à rencontrer des acteurs pour les rôles qui restaient à pourvoir, et dans l'appartement que Boris et Lisa Aronson occupaient à Central Park West, étudiant les projets de décors des deux pièces, que Boris retouchait sans arrêt. J'étais physiquement présent, mais mon esprit vagabondait, je me sentais tout à la fois enchanté par ma vie et écrasé de culpabilité, la tête tourbillonnante, ivre de la beauté infinie et éclatée de l'existence. En fin d'après-midi, je me rendais à Brooklyn, dans le quartier brûlant de Bay Ridge où je suivais partout Vincent Riccio, qui m'expliquait comment m'y prendre dans une zone où explosait l'une des plus fortes violences de la ville. Les nuits d'été étaient les plus propices à la guerre et l'irresponsabilité de tous ces gens me renvoyait à mes propres aspirations à une vie organisée.

La partie de Bay Ridge où Riccio avait installé ses pénates était un bidonville blanc habité par des Irlandais, des Italiens et quelques familles d'origine allemande ou norvégienne, dont les maisons, vues de la rue, n'avaient pas trop vilaine allure. Le grand ghetto noir de Bedford-Stuyvesant n'était pas très éloigné, mais les problèmes ne se posaient pas en termes de conflits de races. Il arrivait parfois, en fait, que des garçons noirs fissent un long trajet en métro pour participer à une échauffourée de Blancs, rien que pour voir un peu d'action parce que cela devenait trop calme chez eux. Bien sûr, les bandes de Noirs se battaient entre elles tout autant que les bandes de Blancs, et leurs raisons de le faire n'étaient pas meilleures. Cette bagarre permanente était d'autant plus surprenante qu'elle ne paraissait rien apporter. Un grand type noir de dix-huit ans, beau gosse et fils d'un médecin du Bronx, qui avait fait tout le trajet jusqu'à Bay Ridge rien que pour se battre, haussa les épaules quand je lui en demandai la raison, jetant un regard opaque et quasi méprisant devant mon incapacité manifeste à deviner ce qu'il pensait. Ils retiraient une sorte de dignité perverse du fait même que leurs guerres étaient sans but, ce qui était leur manière de culbuter la loi de la perte et du profit imposée par la société. Ce qui était logique dans leur âme était irrationnel pour l'esprit.

Avec Riccio pour guide, il n'était pas difficile d'établir la carte de ce qui, vu de l'extérieur, ressemblait à une jungle close. Il m'apparut très vite que des unités tribales dont les chefs étaient des garçons, et non des adultes, se substituaient à des pères faibles ou absents. Ces jeunes gens étaient revenus aux temps de la chevalerie, dont les règles mal interprétées flottaient dans leurs têtes confuses. Tout cela accompagné d'un pathos certain. La bande avait son président, son trésorier, son ministre de la guerre – un gouvernement en miniature réglementé par le respect, des chefs en particulier, plutôt que par la recherche d'un but matériel. Pour ce qui avait trait à l'Amérique, ils ne croyaient en rien, mais au sein du gang, ils ne doutaient de rien. Des garçons pouvaient soudain décider de faire une descente dans Fulton Street pour attaquer un passant, mais ils y allaient en tant qu'individus, pas comme membres de la bande, dont ils n'attendaient alors aucun secours. En tant que membres du gang, ils se voyaient en soldats de l'ombre, luttant pour quelque chose ressemblant à l'honneur, et pour les sublimes dépouilles de la victoire. Le problème, j'en pris vite conscience, était que la société, en essayant de supprimer ces bandes, partait du principe que le gain est le seul mobile de l'action humaine, alors que la bande, avec ses moyens tortueux et désespérés, se jugeait utile à la communauté. Les membres du gang avaient soif de fierté; l'argent, ils allaient le chercher chacun pour soi et à son heure. A l'image de tous les idéalismes, le leur permettait difficilement de déterminer ce à quoi ils aspiraient véritablement, et comment le satisfaire.

Etant lui-même un enfant des bidonvilles, le plus jeune de vingt et un frères et sœurs élevés dans une pauvreté digne, Riccio comprenait tout ceci. Agé d'un peu plus de vingt ans, il était sorti de St. John, l'école de la rue, mais n'avait aucun diplôme d'études supérieures et aucun espoir d'en acquérir un. Dans sa tête en tout cas, il se trouvait en conflit avec les dirigeants, plus sophistiqués que lui sur le plan intellectuel, de Mobilization for Youth qui menaient ce programme d'infiltration. Il avait boxé comme poids léger dans la Marine. « C'est là que j'ai gagné mon sourire », disait-il – et c'était avant tout en lançant généreusement ses poings dans la bagarre qu'il avait conquis le respect des garçons. Théoriquement, son analyse était simple : « Ils n'ont pas de père, alors c'est moi qui joue ce rôle, et ils n'arrêtent pas de chercher mon point faible, pour que je cède à leurs menaces ou que je me joigne à un de leurs coups. Ils voudraient bien que je les trahisse, mais en même temps ils espèrent secrètement que je ne le ferai pas; c'est comme si vous souhaitiez être bon sans devoir arrêter d'être mauvais. » C'est pourquoi il existait une forte tension entre le cynisme qu'ils manifestaient à son égard et le touchant espoir qu'ils nourrissaient d'être un jour sauvés par son exemple et avec son aide.

Riccio ne disposait pas d'une grande marge de manœuvre, entre son rôle de représentant de la société et celui d'allié en qui les garçons avaient confiance. La police n'avait jamais réellement accepté ce que réclamait Mobilization, à savoir que ses employés ne fussent pas forcés de rapporter les crimes dont ils avaient eu connaissance. Il y avait des policiers isolés qui comprenaient et respectaient cette discrétion, mais la plupart étaient contre. La situation se dégrada progressivement, une raison parmi d'autres qui fit que le programme fut sapé à la base.

Par ailleurs, des phénomènes nouveaux commencèrent à se manifester dès 1955 : d'abord, ce fut la première fois que l'on repéra de la drogue dans le voisinage, ce qui me parut être un signe annonciateur de bouleversements encore indéfinissables mais de grande ampleur et qui débordaient largement les gangs. Un soir où je dînais avec Jim McCarthy et le principal théoricien de Mobilization, Richard Cloward, membre de la Columbia University School of Social Work, la question fut soulevée : en quoi la nouvelle génération de jeunes différait-elle de la nôtre, dans les années trente? Nous étions attablés chez un Italien du Lower East Side, près d'un ensemble de HLM où des troubles particulièrement graves se produisaient. Des incendies étaient allumés dans les halls, les ascenseurs étaient sabotés, les vitres volaient en éclats, et des excréments étaient jetés dans les escaliers. Il y avait relativement peu d'attaques visant directement les habitants. La police, submergée, avait demandé à McCarthy de lui faire des suggestions car il s'était maintenant acquis une certaine réputation comme conseiller du maire, M. Wagner, pour les problèmes de la jeunesse.

Grand et gros, d'humeur joviale, coiffé parfois d'une casquette de base-ball, McCarthy riait facilement mais ses yeux un peu innocents d'Irlandais ne perdaient jamais leur sérieux. Il parlait en hochant la tête et répétait constamment : « Exact, exact. » Il pensait qu'il existait certains liens entre le vandalisme et les événements qui avaient affecté l'ensemble HLM au cours des derniers mois. Un syndicat des locataires avait été constitué, chargeant des comités de maintenir l'ordre à chaque étage, et leurs membres de rendre visite aux familles dont les enfants semaient le désordre; d'une manière générale, ils agissaient comme les arbitres des disputes qui pouvaient survenir d'un appartement à l'autre. Cela avait très bien marché jusqu'au jour où le député du quartier avait lancé une enquête sous prétexte que ce syndicat était un repaire de Rouges – ce qui avait terrorisé les adhérents –, et avait réussi à le faire dissoudre. L'organisation politique de ces immeubles, selon la théorie de Jim, avait stimulé le moral et le sens des responsabilités des locataires, dont beaucoup étaient de petits employés, et certains des chômeurs occasionnels. Bien entendu, il était clair pour chacun de nous, autour de cette table, que Mobilization, en tant qu'organisme municipal, ne devait pas se porter défenseur du syndicat de locataires qui pouvait fort bien être une organisation de gauche, même si dans le cas présent elle avait fait du bon travail sur le plan social. Nous nous demandions qui pourrait remplacer Mobilization. On voyait mal les partis, démocrate ou républicain, organiser des comités de locataires dans des ensembles de HLM. Ce n'était pas leur genre. En résumé, cette flambée de violence particulière, et d'autres probablement, pouvait être imputée au musellement de l'expression individuelle.

La dépolitisation de ce type de population amenait à se poser une question plus vaste : quels seraient les idéaux sociaux capables de toucher les gens dans l'avenir immédiat, car les années cinquante étaient déroutantes, avec leur absence de passion ou de schéma dominant, pour l'instant du moins. Nous avions tous les trois grandi pendant la Dépression, quand il était à peu près impossible de séparer un destin individuel de celui de la société. L'apparition de cet obscur syndicat de locataires était comme un retour à une réaction tout à fait normale et ordinaire, dans le style des années trente, émanant d'une communauté de gens confrontés à un problème commun – ils entendaient régler ce problème par l'action et la responsabilité. Il était fort possible que les communistes soient derrière ce syndicat, mais si l'on interdisait toute action collective, alors la notion de responsabilité collective n'aurait plus aucun sens au sein de la communauté, et tout se terminerait inévitablement par du chacun pour soi, et des coups de téléphone désespérés adressés à une police surchargée ou indifférente.

Nous sentions que nous nous trouvions au bord d'un gouffre qu'il fallait franchir. « Si une action commune de cette sorte est exclue, quelle image les gens vont-ils avoir de leur évolution ? » demandai-je plus particulièrement à Cloward, puisque c'était lui le théoricien, plus que McCarthy ou moi.

– Ce qui est en question, c'est le mode de vie, répondit-il.

Jamais je n'avais entendu cette expression.

– Qu'est-ce que cela signifie ?

– Plusieurs modes de vie vont entrer en compétition, des différences symboliques et profondément dépourvues de sens qui affecteront les vêtements, les façons de parler, les goûts en matière de nourriture, de voitures, etc. La lutte des classes est dorénavant terminée, et peut-être même le concept d'organisation de la base. Les gens s'intéressent de moins en moins à l'action collective, qui commence même à paraître étrange et sans objet. L'identification se fera de plus en plus par le style – l'image individuelle sera politiquement neutralisée de cette manière. Cela va être de la conscience de style, plus que de la conscience de classe.

L'idée me paraissait complètement vide, mais elle me revint à l'esprit un soir de juillet quand je découvris Billy, un garçon de ma connaissance, affalé, inconscient, dans une embrasure de porte de Bay Ridge. Il était l'un des six enfants du docker Tommy Flaherty, un petit type qui habitait avec sa famille au-dessus d'un bar et qui aimait sortir sur le trottoir et proposer au premier qui se montrait une course à pied autour du pâté de maisons. Il ne perdait jamais, même contre les jeunes gens. Ses pieds étaient sa fierté. Plus d'une fois, j'avais vu Billy et ses grands frères obliger leur père à remonter chez lui, non seulement parce qu'ils avaient honte de ces enfantillages, mais aussi pour le bien de leur mère, une femme étonnamment jolie et digne qui élevait son sixième bébé. Ils formaient une belle famille aux yeux bleus et aux cheveux de paille, les garçons grands et bien droits, et la mère, Margaret, une femme fière qui avait à peine dépassé la quarantaine. Billy était la prunelle de ses yeux, celui qui n'avait jamais volé, jamais été arrêté et paraissait destiné, avec ses mains élégantes et ses traits fins, à une carrière brillante, quelque chose comme celle d'oncle Raymond à Wall Street, là-bas de l'autre côté de la baie, dont les tours immaculées se profilaient au bout de la rue.

Le comportement de Billy au cours de ces dernières semaines m'avait paru bizarre, comme à ses amis. Il était devenu furtif, avec un air absent, et personne ne comprenait sa transformation soudaine. Puis il se mit à disparaître chaque fois que la bande partait se battre, et ils finirent par comprendre – quand ils eurent appris qu'il était accroché – qu'un type qui se droguait ne leur était d'aucune utilité. La bière, c'était autre chose, cela vous libérait de vos chaînes, quelquefois, tandis que l'héroïne enfermait un homme en lui-même. Bien entendu, cela n'avait rien à voir avec ce qu'ils pensaient de la drogue, mais avec le fait que, du point de vue pratique, ils perdaient un bon combattant. La drogue menaçait leur infra-culture parce que c'était une activité d'ordre essentiellement privé, et ils prirent rapidement conscience de cette menace. En me rappelant ceci dans les années soixante, il me parut absurde et tout à fait contraire à la réalité que les nouveaux révolutionnaires se mettent à glorifier la drogue comme un défi à la société et une voie vers la libération.

Billy mourut d'une overdose, résultat d'une information insuffisante, ou du désespoir, mais sans doute pas de la révolte, me dis-je. C'était une fin encore si inhabituelle qu'elle en paraissait arbitraire. Son inutilité fondamentale, ce gâchis irrécupérable, étaient liés aux spéculations de Cloward sur le « mode de vie », mais avec quelle exactitude, je n'étais pas encore capable de le comprendre vraiment. Lors de la veillée funèbre de Billy, dans le petit appartement familial au-dessus du bar, sa mère était assise, son dernier-né sur les genoux, regardant dans le vague avec un sourire fixe et éteint, mais ni amertume ni colère dans les yeux, car elle était au-delà de ces sentiments. Les fils, vêtus de leurs plus beaux habits, poussaient des soupirs las mais semblaient protéger leur mère, tandis que le père, son instinct de comédien allumé par la présence de cette petite foule d'une douzaine environ de personnes affligées, en faisait le tour en montrant la cravate neuve qu'il s'était achetée pour l'occasion. Il se pencha vers moi en l'agitant : « Vous aimez ma cravate, Art ? » Une telle ineptie obscurcissait le visage de ses fils d'une douleur sans espoir. Dans son cercueil ouvert, Billy était égal à lui-même, l'air surpris, la peau trop lisse pour disparaître sous les pelletées de terre, le visage à peine marqué par ses dix-huit ans. Je n'aurais pas pu croire alors qu'il n'était que la première victime d'un fléau.

Après avoir passé trois ou quatre semaines dans les rues, avec les gangs, il me semblait que j'étais capable d'écrire un scénario. D'abord, j'adorais leur langage, mélange d'anglais et de vocable de toute origine. Il y avait un gros garçon italien, au caractère placide, surnommé Mungy, et qui se masturbait tout le temps. Il était ravi de montrer son immense pénis à qui le lui demandait, comme un cadeau précieux que quelque étranger lui aurait donné sans raison dans le métro. Ce printemps-là, il était parti en autocar, avec une trentaine d'autres garçons dans un camp de la YMCA près de Peekskill – leur première sortie à la campagne. Mais là, alors qu'ils se trouvaient cent fois plus en sécurité que dans leur quartier, ils se mirent à avoir peur et insistèrent pour dormir à plusieurs par couchette. Seul Mungy paraissait satisfait, comme si son pénis suffisait à lui tenir compagnie, et il partait seul en reconnaissance pour observer un oiseau dans un arbre ou contempler un ruisseau. C'est là qu'il captura une grosse tortue d'eau douce[1] à qui il attacha une ficelle autour du cou, attendant patiemment qu'elle commence à bouger et la tirant derrière lui comme un chien en laisse. Levant les yeux vers moi, il déclara : « Je communique avec la nature. »

Le camp de la YMCA était normalement fermé en ce début de printemps, mais la réputation de la bande était telle qu'on avait décidé de leur offrir ce week-end à une période où il n'y avait pas d'autres enfants. Dans les années vingt, les garçons qui constituaient les bandes de Harlem étaient généralement de très bons athlètes, et je m'attendais à ce qu'il en soit de même avec ceux-ci, mais quand par hasard ils arrivaient à frapper une balle, ils étaient tellement hors d'haleine lorsqu'ils parvenaient à la première base qu'ils devaient s'allonger par terre. Dans le lac, ils se contentaient de patauger, aucun n'ayant le courage de nager là où il n'avait pas pied, et au base-ball, ils refusaient de jouer au-delà des limites des bases, sauf s'ils étaient en groupe de six, redoutant les sarcasmes au cas où ils manqueraient une balle haute. Et, lorsque cela se produisait, ils adoptaient une

1. La *Chrysemis picta*, avec des marques rouges et noires. *(N.d.T.)*

attitude protectrice, dissimulant celui qui avait raté la prise de balle en bougeant tous ensemble comme un troupeau d'oies.

Un autocar rempli de filles d'une école bourgeoise de Manhattan arriva sans prévenir, et le directeur du camp fit aussitôt venir Riccio pour lui dire de fourrer sa bande dans son bus et de déguerpir au plus vite. Mais Riccio lui promit la paix et la tranquillité, que j'estimai fort menacées quand les filles surgirent soudain au bord de la piscine, arborant des maillots de bain qui leur collaient à la peau. Le viol faisant partie des activités auxquelles la bande se livrait à l'occasion, je surveillai les parages, guettant les premiers signes de désordre. La bande avait disparu comme par miracle laissant la piscine à l'usage exclusif des visiteuses femelles. Supposant qu'ils devaient tenir un conseil de guerre, je partis à la recherche des garçons. Je les trouvai accroupis, dans les buissons alentour, telle une tribu d'indigènes effrayés regardant à travers le feuillage les incroyables créatures venues envahir leur île sauvage. Jamais je ne les avais vus si sérieux, ni si terrifiés, surtout quand une fille effectua du plongeoir un long saut cambré, suivie d'autres qui fendirent l'eau d'un plongeon de compétition et firent à toute allure plusieurs longueurs de piscine. Il y avait là les représentants de deux civilisations, d'un côté celles qui pouvaient respirer et de l'autre ceux qui le pouvaient à peine, d'un côté les bien nourries – bien entraînées –, de l'autre les honteux privés de tout.

De la vie des rues à Marilyn en haut de la Waldorf Tower, il y avait un fossé cosmique, mais pas autant de discontinuité qu'il pouvait paraître. Bien sûr, cela me faisait drôle de voir les garçons dans la confiserie de Bay Ridge dévorer des yeux une photo de Marilyn parue dans le *News* du jour tout en sachant que j'allais le lui raconter quelques heures plus tard, mais elle n'était pas en esprit étrangère à ce qui se passait là-bas. Les salaires des vedettes de cinéma commençaient alors à décoller, mais le sien était bloqué par un vieux contrat, et elle éprouvait l'indignation d'une révolutionnaire. En menant ce long combat avec la Fox pour obtenir la liberté de tourner les films qu'elle voulait, elle s'insurgeait également contre le fait que le studio exploitait sa popularité grandissante depuis deux ans. Ce dont elle était si avide n'était pas très différent de ce pour quoi les garçons du gang complotaient et se battaient si maladroitement, c'était le respect de soi dans un monde qui vous traitait de nuls. Elle trouvait rarement une phrase, dans tous les articles écrits sur elle, même ceux qui chantaient ses louanges, qui ne fût pas, au mieux, condescendante, et la majorité semblaient avoir été rédigés par des imbéciles baveux qui, parlant de sa sexualité pleine d'humour, estimaient que cela faisait d'elle à peine plus qu'une putain, idiote de surcroît.

Maintenant que je la connaissais mieux, je commençais à voir le monde avec ses yeux, et le spectacle était à la fois nouveau et dangereux. Nous étions encore à une décennie et demie de la fin des années soixante, et l'Amérique demeurait une vierge qui niait ses rêves interdits et vivait toujours selon une image standard de la pureté et de la réalité. Lorsqu'on découvrit un calendrier illustré de photos en couleurs de Marilyn nue, le studio entra en fureur, arrachant feuille après feuille pour les réduire en bouillie, exerçant les pressions les plus frénétiques sur Marilyn pour qu'elle nie avoir posé pour ces photos. Au lieu de quoi elle confirma calmement qu'elle l'avait fait parce qu'elle avait besoin d'argent et que ce corps stupéfiant était effectivement le sien, le bien le plus précieux qu'elle possédât. Bien que l'ouragan se soit apaisé assez rapidement, et que certains lui aient manifesté leur admiration pour ne pas avoir cherché à se protéger, elle savait maintenant avec certitude que l'hypocrisie était à l'ordre du jour et qu'elle n'avait pas fini d'en être la cible.

Marilyn vivait avec la conviction qu'elle était précisément ce que le monde conventionnel cherchait à nier et à occulter. Elle ne s'attendait pas à ce que cela change.

Dans les premiers temps de notre liaison, elle commençait juste à attirer la curiosité et parfois l'affection du public, et elle se laissait aller à imaginer qu'elle pourrait peut-être construire une vie respectable, avec des racines. Elle s'appuyait sur la catégorie la plus ordinaire du public, les travailleurs, les types dans les bars, les ménagères en caravane, tourmentées par les factures impayées, les lycéens mystifiés par des explications qu'ils ne pouvaient pas comprendre, les masses ignorantes et – telle était son opinion – trompées, manipulées. Elle voulait qu'ils aient l'impression d'en avoir pour leur argent quand ils voyaient un de ses films.

« Un personnage est défini, ai-je un jour écrit dans un carnet de notes, par les types de défis qu'il n'a pas pu refuser. Et par ceux qu'il a refusés, mais qu'il regrette. »

Mais ce que j'avais omis de noter, par pure inexpérience, c'était cet extraordinaire pouvoir qu'a le passé de déborder le barrage formé par les frustrations de toute une vie, si bien que nos décisions émergent d'un amas de détritus. Dans les rues de Bay Ridge, ce qui restait de conventions avait été balayé par la brutale révolte des garçons du gang contre les règlements moraux et spécieux que leur école et leurs parents avaient voulu leur inculquer. Au même moment, j'essayais de préciser l'idée tout aussi romantique d'une vie plus authentique, une vie qui accepterait avec joie sa propre évolution au lieu de la nier. Je m'étais coupé de mon propre passé, qui m'apparaissait maintenant comme un défilé d'incarnations successives. Et j'étais conscient d'assister, impuissant, à l'effondrement parallèle autour de moi des vieux credos et des vieilles contraintes, sous l'effet de la paranoïa forcenée qui dominait la vie politique du pays. On avait aboli les règlements, coupé les cordes entourant le ring et le combat s'était étendu à la foule des spectateurs. Du moins était-ce ainsi que je percevais la vie, en ce temps-là.

Un soir, sur un quai laissé à l'abandon d'où l'on pouvait voir les immeubles de Wall Street se découper sur le ciel, deux bandes se retrouvèrent pour une nouvelle forme de combat inventée par Riccio. La guerre grondait entre les gangs, des insultes avaient été échangées, personne n'avait voulu s'excuser et Riccio avait convaincu les chefs (réinventant ainsi la tradition chevaleresque des joutes de cavaliers qu'il ignorait complètement) de faire élire un représentant dans chaque camp et d'organiser un « combat loyal ». Les négociations durèrent des semaines, culminant ce soir-là avec le rassemblement sur ce quai délabré d'une cinquantaine de garçons de douze à dix-huit ans. Les armes étaient interdites, seuls les poings et les pieds étaient autorisés. Peu d'entre eux savaient boxer convenablement; combattants de rue, ils avaient toujours une arme à la main, chaîne ou couteau, ou quelquefois un sac de billes d'acier.

C'était une nuit sans lune et il faisait chaud, même près de la rivière. Quelques cargos passaient, et de la radio de l'un d'eux nous parvenaient, flottant au-dessus de l'eau, les échos d'une publicité en portoricain. « Cette musique que j'ai entendue au-dessus de l'eau », pensai-je, me remémorant de façon inexacte une jolie phrase si éloignée de cette vilaine époque. Kenny Costello – un adolescent mince, âgé de seize ans, doué d'un épouvantable caractère, qui avait déjà fait de la prison, mais était par ailleurs un assez bon joueur de guitare – instrument dont il s'était entiché après l'avoir volé à un prêteur sur gages – sortit en dansant des rangs de sa bande, éclairé par les phares d'une vedette de la police, qui apparut très obligeamment au moment même où il faisait face à son adversaire, un Italien beaucoup plus lourd et maladroit dont je n'ai jamais su le nom, et où Riccio, l'arbitre, se plaçait entre eux. Costello ouvrit avec une volée de coups brefs et secs qui forcèrent le gros à reculer, et le combat dura une minute, pas une de plus. On sentait dans chaque camp un soulagement évident, comme si quelque chose avait été réglé, sans que personne ne sût au juste quoi. Riccio prononça un discours charmant qui commençait ainsi : « Ecoutez-moi, les gars, il faut que j' vous le dise, j' suis fier de vous », les félicitant tous d'avoir découvert une façon nouvelle et importante de régler les conflits. Incitant les chefs à se serrer la main et les congratulant pour avoir su sagement préserver l'honneur de leurs troupes, il coupa court à toute expression de colère de ces jeunes braillards en promettant aux deux bandes une virée collective en autocar le lendemain, direction Coney Island, payée par la municipalité, avec un soda et un hot-dog gratuits pour chacun, et peut-être même davantage s'il restait assez d'argent.

Je jetai un coup d'œil aux deux flics de la vedette, qui fit demi-tour et s'éloigna majestueusement dans l'obscurité. Ils n'appréciaient pas que Riccio détienne une autorité qui avait autrefois été exclusivement la leur. Ils avaient l'habitude de rôder dans le voisinage et, dès qu'ils repéraient un rassemblement de garçons, ils jaillissaient de leur véhicule et se mettaient à leur taper dessus jusqu'à ce que, l'affaire de quelques minutes bien senties, ils parviennent à « disperser un rassemblement illégal ».

C'est à peu près à la même époque que de drôles de types se mirent à apparaître dans ces coins-là, des hommes que la police ne molestait pas et qui entraînaient un garçon curieux dans une ruelle, pour lui offrir un peu d'une poudre qu'il avait peut-être envie de goûter. Vu ce qu'il y avait dans ces pochettes de papier cristal, cette époque des gangs allait bientôt apparaître comme le comble de la bonne santé, la dernière période de dignité que connaîtraient jamais de tels quartiers.

Il y avait des garçons dont personne ne voulait, cela en tout cas était aussi clair pour eux que pour n'importe quel observateur. Ils étaient en trop, et une fois sortis de prison, ils paradaient dans les bars, déployant orgueilleusement les coupures de journaux relatant leur arrestation et leur procès, coupures qu'ils gardaient soigneusement pliées dans une enveloppe, comme font les acteurs avec leurs critiques. Tout était affaire de publicité : si votre nom apparaissait dans les journaux, vous existiez, et s'il y avait votre photo par-dessus le marché, c'était l'immortalité. Vous étiez enfin sorti de cet anonymat écrasant, ce néant.

Comme j'étais marié et que Marilyn ne pouvait guère mettre le nez dehors sans être photographiée, nous passions beaucoup de temps seuls, plongés dans des conversations beaucoup plus longues que si nous avions été libres de profiter des distractions habituelles. Le lien des silences partagés, aussi mystérieux que la sexualité et aussi difficile à rompre, commençait à se former entre nous. En contemplant la cité étincelante, le soir, nous étions tous deux, je crois, en train de découvrir que la présence de l'autre appartenait en quelque sorte au domaine du rêve. Notre relation semblait sur le point de s'évaporer, c'était visiblement un mauvais assemblage, comme si nous venions de deux climats opposés. Mais au-delà des dissemblances semblait s'étendre un sombre tapis de non-dit sur lequel nous pouvions facilement marcher ensemble. Chacun de nous avait au fond de lui-même une image qu'il n'osait pas encore retourner et regarder ouvertement, mais seulement secrètement, selon un angle dessiné d'abord par la curiosité, puis, peu à peu, par l'espoir d'être transformé par son contraire, de même que la lumière aspire à l'ombre et l'ombre à la lumière. Quelques années plus tard, dans les temples cambodgiens d'Angkor Vat, les sculptures en relief de déesses couronnées aux corps épanouis, avec leurs regards de pierre et leurs pâles sourires qui enferment toute la sagesse du monde, me ramèneraient au tumulte silencieux de ces soirées, quand l'immédiateté de la vie paraissait nous cerner et qu'il n'y avait ni avenir ni passé.

A l'issue d'un de ces silences, je lui dis : « Tu es la femme la plus triste que j'aie jamais rencontrée. »

Elle pensa d'abord que c'était un reproche. Les hommes, avait-elle dit un jour, n'aimaient que les filles gaies. Puis un sourire effleura ses lèvres quand elle comprit que dans mon esprit, c'était un compliment. « Tu es le seul qui m'ait jamais dit cela. »

Nous expérimentions de nouveaux rôles, l'un et l'autre, comme font les gens quand ils s'aiment, renouvelant le monde parce que nous regardions tout d'un regard neuf, comme des ressuscités. De ces fenêtres, la ville qui s'étendait à nos pieds semblait être récemment sortie du rêve de quelqu'un. Dans les rues, j'en étais venu à éprouver une curieuse tendresse pour les autres, qui me rappelait ce que j'avais ressenti à la naissance de mes enfants, quand je les avais ramenés de l'hôpital, conduisant ma voiture avec une précaution inquiète au milieu d'une circulation qui me semblait tout à coup dangereusement insouciante.

Je ne cessais en pensée de m'éloigner puis de me précipiter pour aller la rechercher, fuyant la femme brutalisée qui était, je le savais maintenant, en elle, et retournant vers l'enfant.

Les deux étaient souvent inextricablement mélangés. « Je n'ai jamais voulu tirer tellement parti du fait que j'étais orpheline. C'est simplement qu'on a engagé Ben Hecht pour écrire un scénario sur moi et qu'il a dit : " Bon, asseyons-nous et essayons de trouver quelque chose d'intéressant à votre sujet. " Donc, j'étais ennuyeuse, alors j'ai pensé que je devrais peut-être lui raconter qu'ils m'avaient placée dans un orphelinat, et il a dit que c'était formidable, et il l'a écrit, et soudain c'est devenu l'élément le plus important. »

Evidemment, elle n'avait pas été orpheline, pas vraiment, pas avec une mère, et peut-être même un père, quelque part, comme un tas d'autres gosses qu'on n'a jamais traités d'orphelins. Mais ils l'avaient casée dans un orphelinat quand sa mère avait été envoyée en institution psychiatrique, et qu'elle n'avait aucun autre endroit où aller. Progressivement, son statut d'orpheline s'était imposé, et Hecht l'avait confirmé. En fait, elle avait éprouvé un véritable choc en arrivant à l'orphelinat et en comprenant ce que c'était. Elle avait résisté de toutes ses forces et hurlé « Mais je ne suis pas orpheline, je ne suis pas orpheline ! » – la terreur d'être rejetée par sa propre mère et livrée à des étrangers. Avec le temps, je la verrais rechercher des femmes plus âgées et instables, et retirer une sorte de plaisir profond et pervers du fait d'être exploitée par elles, et cela ne serait qu'une pierre inévitable de plus à ajouter à son monument. Mais nous n'en étions pas encore là.

Pour le moment, elle me paraissait porteuse des nouvelles de ce demi-univers pourri et byzantin, la Californie du Sud, dont elle avait fui le paysage lunaire et décomposé, mais inondé de soleil. Pendant les répétitions de *Vu du pont* – qui avaient lieu, comme celles du *Commis voyageur*, dans la salle poussiéreuse et délabrée du New Amsterdam sur la 42e Rue – je passais tous les jours devant sa silhouette grandeur nature affichée dans le hall, ce célèbre plan de *Sept Ans de réflexion* où elle rit, la jupe de sa robe blanche soulevée en corolle par l'air qui passe à travers une grille d'aération du métro. Puis j'allais m'asseoir six heures d'affilée devant Van Heflin-Eddie Carbone qui se débattait contre une force qu'il était incapable d'appréhender et de détruire. Comment monter sur la scène et expliquer à Van ce sentiment d'être balayé, ce besoin de devenir un être sans volonté tout en le redoutant ? Car c'était cela qui faisait défaut à la mise en scène, et peut-être également à la pièce, à ce stade de l'écriture. Comment pouvait-on marcher vers la chose même que l'on était en train de fuir ?

Je ne comprenais pas comment Marilyn était arrivée à symboliser une sorte d'authenticité. Peut-être était-ce simplement qu'en la voyant, les hommes devenaient infidèles et les femmes folles de jalousie, et qu'alors les compromis ordinaires de la vie paraissaient terriblement hypocrites, et que son corps, seul, était un blanc faisceau de vérité. Elle savait qu'elle pouvait arriver dans une soirée et faire le même effet qu'une grenade, détruire d'un sourire des couples jusqu'alors en bonne harmonie, et elle appréciait ce pouvoir, bien qu'il lui rappelât cette vieille et lugubre vérité que rien ne dure dans la vie. C'est ce pouvoir-là, justement, qui l'anéantirait un jour, mais pas encore, pas à cette époque-là.

Il était impossible de deviner ce qu'elle recherchait dans la mesure où elle ne le savait pas elle-même, ne songeant qu'à vivre tranquillement chaque journée. Dès qu'elle apparaissait, l'avenir s'évanouissait. Elle semblait ne rien attendre, et cela ressemblait à la liberté. En même temps, un mystère pesait sur nous, le poids de l'inconnu.

Un soir où nous étions assis à contempler la ville à nos pieds, elle raconta, sans raison particulière, que lorsqu'elle avait quatorze ou quinze ans, sa vieille « tante » Ana, une adepte de la Christian Science, la seule femme intelligente et bonne qu'elle eût jamais connue, tomba malade et mourut. Ana, qui l'aimait beaucoup, avait pendant quelque temps joué le rôle de sa tutrice, et Marilyn avait pris l'habitude de compter sur elle. Bien qu'elle n'eût pas vécu très longtemps avec Ana, le choc de la mort de celle-ci avait été terrible. « Le lendemain de sa mort, je suis allée m'allonger sur son lit... juste me coucher là une heure ou deux, la tête sur son oreiller. Puis je suis allée au cimetière et ces hommes étaient en train de creuser une tombe, et il y avait une échelle qui descendait au fond. Je leur ai demandé si je pouvais descendre et ils ont dit bien sûr, alors j'y suis allée et je me suis allongée par terre, regardant le ciel d'en bas. C'est un spectacle étonnant, et le sol est froid dans ton dos. Les hommes se mirent à faire les idiots, mais je réussis à sortir avant qu'ils ne m'attrapent. Ils ont été très gentils, d'ailleurs, et se sont moqués de moi. Et puis je suis partie. »

Curieusement, elle ne paraissait pas effrayée à l'idée de changer de vie. C'était lorsqu'elle essayait de s'affirmer et d'agir que ses terreurs innées resurgissaient. Strasberg lui avait suggéré d'étudier le rôle d'Anna dans *Anna Christie* de O'Neill, et un soir, elle m'en lut quelques pages. C'était là le premier indice de sa vie intérieure. Au début, elle pouvait à peine lire, elle priait plus qu'elle ne jouait. « Je n'arrive pas à croire que je suis en train de faire ça », me dit-elle soudain en riant. Son passé ne la lâchait pas, même dans cette occasion qui lui était donnée d'exprimer en privé sa valeur, et ce passé était meurtrier. Il y avait là une sorte de culpabilité, qui paraissait étouffer sa voix.

Il ne s'agissait pas uniquement de l'influence pernicieuse de sa mère – cette femme avait toujours été folle, une schizophrène, qui avait essayé de l'étouffer dans son berceau lorsqu'elle était petite; il avait fallu aussi qu'elle se défende contre la condamnation de la religion. Et la tache ne cessait de réapparaître comme une malédiction.

Elle n'avait que cinq ou six ans lorsque l'église pentecôtiste à laquelle appartenait ses parents d'adoption organisa un gigantesque service religieux en plein air, avec des centaines d'enfants vêtus de la même façon – les filles en robe blanche et les garçons en pantalon bleu et chemise blanche – alignés debout de chaque côté d'un formidable amphithéâtre naturel, quelque part dans les montagnes de la région de Los Angeles. Chaque petite fille avait une cape, rouge d'un côté, blanche de l'autre, le côté rouge apparent au début de la cérémonie. A un signal donné, pendant un hymne glorifiant le renouveau de la foi, elles devaient toutes retourner leur cape, le rouge des pécheurs cédant la place au blanc immaculé des élus. Comme par magie, le flanc de la montagne vira au blanc quand résonna le verset adéquat, tout le flanc de la montagne sauf une petite tache rouge au beau milieu. Elle riait encore avec tendresse, au souvenir de cette petite fille, elle-même, prise en défaut à ce moment précis. « J'avais tout simplement oublié. C'était tellement intéressant, tout ça, tout le monde qui retournait sa cape, et j'étais si heureuse qu'ils aient tous pensé à le faire au signal, que j'ai juste oublié de retourner la mienne! » Et elle était pliée en deux de rire comme si cela s'était produit la veille et non vingt-cinq ans plus tôt. Elle n'en fut pas moins battue, condamnée par Jésus lui-même, lui affirma-t-on, et ce n'était qu'une manifestation de l'irrémédiable colère de Dieu.« On dit que Jésus n'est que pardon, mais ils ne m'en ont jamais parlé; il était essentiellement là pour vous donner une calotte si vous faisiez quelque chose de mal. » Bien entendu, elle était capable d'en rire, mais il y avait au fond de ses yeux quelque chose qui ne riait pas, encore maintenant.

Tout alla très vite. A Boston, la pièce me parut plus émouvante que je ne m'y attendais, mais je n'étais pas encore sûr que nous avions trouvé le ton. Je relus le premier acte d'*Hamlet* dans ma chambre d'hôtel, et dans l'expression de son apparente folie, je vis soudain autre chose, de l'absurdité plutôt, l'état dans lequel on se trouve quand un dilemme est à la fois évident et complètement insoluble. Il doit venger son père, et en même temps il se réjouit à l'idée de prendre sa place. Que faire, sinon rire? Il est persuadé que tous, autour de lui, mentent, mais lui-même se sent fourbe. Il n'a aucun moyen d'exprimer proprement et naturellement son affection sans risquer en même temps de trahir – quoi, il ne le sait même plus. Tout ce qu'il sait, c'est qu'il est plus sincère que n'importe qui, mais une fois seul, il reconnaît sa propre duplicité. De plus en plus éloigné de ma famille, j'approuvais qu'il se condamne lui-même et se méprise, qu'il haïsse cruellement sa culpabilité, qu'il échoue régulièrement à s'en défaire.

Marty Ritt m'emmena plusieurs après-midi de suite aux courses, m'expliquant les bulletins de paris, et nous gagnâmes quelques dollars. Sa mère avait été une joueuse professionnelle. Il s'en sortait toujours avec quelques gains, même minimes. Je ne savais pas jusqu'alors à quel point les courses sont futiles, presque comme un jouet.

C'était un metteur en scène modeste, ressemblant en cela à Kazan, complètement à l'opposé de Jed et de ses braillements. Marty, me semblait-il, considérait le metteur en scène comme une force essentielle, mais au fond davantage comme un assistant de Dieu que comme le Maître tout-puissant. La première tâche, disait-il, était de découvrir ce que signifiait le texte, pas ce qu'il vous rappelait. Il avait peu de prétentions culturelles – pas assez, à mon sens, car il lisait énormément – et il faisait son travail avec ses épaules autant qu'avec sa cervelle : il craignait de forcer les acteurs à trop penser au lieu de renifler instinctivement le rôle et la situation. Une fois encore, cela ressemblait beaucoup à la conception de Kazan. Je pensais que s'ils étaient si près des choses, c'était parce qu'ils avaient eux-mêmes été acteurs.

Trente ans plus tard, Dustin Hoffman dirait : « On gagne toujours d'un cheveu », mais lors de cette première production de *Vu du pont*, nous étions incapables de solliciter cet ultime effort sur nous-mêmes et nous contentions de faire « pas mal ». En 1965, la mise en scène d'Ulu Grosbard dans un théâtre hors Broadway devait capter magiquement l'esprit de cette pièce, grâce à un mélange de bon choix des acteurs et de chance exceptionnelle. Deux jeunes débutants, Robert Duvall et Jon Voight, étaient Eddie et Rodolpho. Je n'arrivais pas à comprendre comment un type aussi étranger aux quais de Brooklyn que l'était Duvall pouvait donner une interprétation aussi pénétrante. Dans les coulisses, après la représentation, il me présenta à ses parents, le père amiral tout raide dans son uniforme blanc et Duvall, lui, parlant, un anglais parfaitement élégant. Il y avait également un jeune assistant régisseur, au nez bouché par les végétations, qui n'arrêtait pas d'entrer et de sortir et dont Grosbard me dit, chose incroyable, que je devrais penser à lui pour jouer Willy Loman d'ici quelques années. Toute l'estime que je portais à Grosbard faillit s'effondrer tandis que j'observais la maladresse et le gros nez toujours bouché de Dustin Hoffman, me demandant comment ce pauvre garçon pouvait bien imaginer qu'il avait un avenir d'acteur, quel qu'il fût. Grosbard, lui, ne voyait pas l'homme Hoffman, mais l'acteur, et cette sorte de contact nu et direct avec les choses essentielles était ce qui ressortait de sa mise en scène.

Au bout de quelques représentations, les acteurs repérèrent un homme qui revenait tous les soirs, assis dans les premiers rangs à quelques mètres de la scène. Il était toujours extrêmement ému, et l'un des derniers spectateurs à quitter la salle. Un soir, un acteur vint le trouver et lui parla. « J'ai connu cette famille, dit-il en s'essuyant les yeux. Ils habitaient dans le Bronx. Toute cette histoire est vraie, à part la fin qui a été changée. » Comment cela s'était-il terminé, dans la réalité ? « La fille est entrée pendant qu'Eddie faisait la sieste, et lui a planté un couteau dans le cœur. » Bien entendu, je ne connaissais absolument pas cette famille du Bronx, mais quelle chute !

Marilyn vint à Boston pour une journée. Personne ne la reconnut avec son gros chandail, son bonnet de tricot blanc qui lui couvrait le front, une jupe de lainage à carreaux noirs et blancs et des mocassins. A vingt-neuf ans, elle avait l'air d'une collégienne. Seules ses lunettes de soleil lui valurent quelques regards dans la rue, car le temps était sombre et brumeux. Nous fîmes une longue promenade, allâmes voir un nouveau film, *Marty*, dans un cinéma du quartier et mangeâmes dans un *diner*[1] où la serveuse, mystérieusement attirée, ne cessa de lui parler, percevant quelque chose d'unique en elle malgré son accoutrement très ordinaire.

Elle me raconta qu'une association de pédicures voulait faire un moulage de ses pieds parce que leur forme

1. Restaurant en longueur dont la forme évoque un wagon de chemin de fer. (*N.d.T.*)

était parfaite et qu'une école dentaire souhaitait faire de même avec sa bouche et ses dents, également sans défaut. Nous restâmes assis à nous regarder, non sans appréhension, attendant que l'avenir se rapproche.

– J'essaie sans arrêt, lui dis-je, d'apprendre à te perdre, mais je n'en suis pas encore capable.

Son visage prit un air angoissé.

– Pourquoi dois-tu me perdre ?

Elle ôta alors ses lunettes avec un sourire chargé de compassion.

La serveuse, une femme d'une quarantaine d'années aux cheveux teints, passa près de notre table juste à ce moment-là et entendit ce que disait Marilyn. Elle ouvrit la bouche de stupeur en la reconnaissant, puis se tourna franchement vers moi, exprimant un mélange d'étonnement profond et de ressentiment, de stupéfaction outragée peut-être même, à l'idée que je puisse être assez stupide, ou cruel, pour causer la plus infime tristesse à son idole. A cette seconde même, son instinct de protection possessive à l'égard de Marilyn, qu'elle connaissait à peine, se déclara. L'instant suivant, elle était de retour avec un bout de papier, sollicitant un autographe.

En rentrant à l'hôtel Marilyn perçut une pesanteur informe en moi.

– Que se passe-t-il ?

– C'est comme si tu lui appartenais.

Je n'en dis pas plus.

– Cela n'a aucun sens.

Mais sur ce trottoir désert, nous n'étions déjà plus seuls.

VI

PYRAMID LAKE, dans le Nevada, était en 1956 un territoire lunaire, bien avant que les marinas, les marchands de hot-dogs et le rugissement des hors-bords ne détruisent son charme énigmatique et désolé. C'était un lac gris et salé, long de plusieurs kilomètres, entouré d'une réserve d'Indiens Piautes, un lieu sinistre mais superbe, que les cinéastes choisissaient parfois pour y tourner des scènes de cosmos avec des monstres étranges. J'étais venu m'y installer pendant les six semaines de résidence requises pour obtenir un divorce dans l'Etat du Nevada, procédure d'ailleurs fort simple alors que la législation de l'Etat de New York exigeait encore que soit faite la preuve de l'adultère. Saul Bellow, qui avait le même éditeur que moi chez Viking Press, Pascal Covici, se trouvait au Nevada pour la même raison, et Covici lui avait demandé un coup de main pour me trouver un logement. Bellow avait choisi un des deux cottages donnant sur le lac. Je pris l'autre. Il travaillait alors à son roman *le Faiseur de pluie*. J'essayais pour ma part d'établir une sorte de contact personnel avec le terrain où je m'étais posé après l'explosion de ma vie.

Il était tout à fait dans l'ordre des choses qu'au Nevada, patrie des sans-racines, des vagabonds et des désaxés, le seul téléphone existant entre nos maisons et Reno, à quelque soixante kilomètres de là, se trouvât dans une cabine solitaire plantée au bord de la grand-route, une voie qu'empruntaient au mieux trois véhicules le jour, et aucun la nuit. Tout près, il y avait des bungalows désertés d'un motel qui avait naguère accueilli des gens en attente de divorce. Seuls les propriétaires l'habitaient encore, un couple perturbé, le mari un assez honnête éleveur de chevaux, dont la demi-douzaine de pur-sang paissaient en liberté au bord du lac. Lui, sa femme ou leur homme de peine venaient parfois nous chercher en camionnette pour nous emmener, Bellow ou moi, à la cabine où nous parvenait un des rares appels émanant de ce que nous en étions venus à considérer comme un pays de plus en plus éloigné, les Etats-Unis. Nous étions cernés par une chaîne de basses montagnes tachées de gris anthracite, dont la couleur pourpre se modifiait continuellement, dans le silence inentamé des jours. Saul allait parfois passer une demi-heure là-haut, derrière une colline distante d'un peu moins d'un kilomètre de nos cottages, où il vidait ses poumons en rugissant contre l'immobilité du paysage, ce que je considérais comme un exercice de prise de contact avec soi-même et qui était aussi le grand événement de la journée. Il avait déjà accumulé sur place une bibliothèque digne d'une petite université.

L'air était si transparent que l'on pouvait voir, à plus d'un kilomètre de la rive, une île au milieu du lac dont on nous avait dit qu'elle était pleine de crotales et qui semblait distante d'à peine deux ou trois cents mètres. Les Indiens ne cessaient d'enlever les panneaux placés par l'Etat pour annoncer une zone de sables mouvants près de la rive, espérant y voir s'enfoncer les pêcheurs de Reno qui se risqueraient trop loin du bord avec leurs cuissardes, mais les visiteurs étaient rares et seuls quelques-uns, si l'on en croit la rumeur, avaient été aspirés par le fond, leurs corps entraînés sur des kilomètres dans la gorge que le lac avait comblée, pour resurgir périodiquement après des mois ou des années et sombrer à nouveau, emportés par un courant circulaire. D'étranges poissons à la large gueule vivaient dans ce lac, moustachus et inquiétants, appartenant à une espèce préhistorique que l'on ne pouvait trouver que là, disait-on, et dans un lac en Inde. J'eus la vision d'un aigle venu des Indes, survolant l'océan et laissant choir en cet endroit un de ses œufs uniques. Une fois par semaine, nous allions jusqu'à Reno dans la Chevrolet de Saul pour acheter de l'épicerie et faire laver nos vêtements. Aucune voiture ne nous croisait jamais pendant ce voyage de soixante kilomètres, et nous n'en doublions aucune. C'était un endroit idéal pour penser, si on l'osait, suffisamment d'espace pour espérer et d'isolement pour désespérer. J'avais déménagé dans l'inconnu, physiquement autant que spirituellement, et la couleur de l'inconnu est l'obscurité, jusqu'au moment où il s'ouvre à la lumière.

Mais pour l'instant il n'y avait que des lueurs. Il me semble que le divorce témoigne, jusqu'à un certain degré, d'une volonté d'accéder à l'authenticité, d'une rébellion contre le gaspillage. Nous n'en demeurons pas moins essentiellement ce que nous avons été, et la tortue qui s'étire pour attraper quelque délicieux bouton de fleur au-dessus de sa tête ne parvient pas à alléger le poids de sa carapace par sa seule détermination. Je me demandais parfois si tout cela n'était pas une fuite, plutôt qu'une tentative réelle de me retrouver face à moi-même. Marilyn était en train de tourner *Arrêt d'autobus* sous la direction de Joshua Logan, et une égale inquiétude transparaissait dans les mots qu'elle me griffonnait. La pièce avait été un très grand succès, et le rôle semblait fait sur mesures pour elle. En dépit de son anxiété habituelle, elle avait été ravie à la perspective de tourner avec Logan, le metteur en scène respecté de plusieurs succès de Broadway, dont *South Pacific* et *Mister Roberts*. Rien de ce que je pouvais lui dire ne paraissait capable de la réjouir, et cela me laissait perplexe, même si la promesse de notre prochaine vie commune lui permettait, disait-elle, de regarder l'avenir avec une sorte d'espoir qu'elle n'avait jamais connu auparavant.

Le propriétaire du motel me réveilla une nuit pour me dire que l'on me demandait au téléphone. Il était plus de onze heures, bien au-delà de l'heure où Marilyn se couchait quand elle tournait. Le camion sursautait sur le chemin sableux et cahoteux qui menait à la cabine, dont l'intérieur n'était éclairé que par la lueur verdâtre de la lune. Toutes les étoiles paraissaient emplir le ciel de la grande voûte occidentale. Je sentais sur mes chevilles nues le souffle de l'air froid qui filtrait sous la porte de la cabine.

Sa voix, d'ordinaire fraîche et claire, était à peine audible. « Je ne peux pas y arriver, je ne peux pas travailler comme ça. Oh, Papa, je n'y arrive pas... » Elle s'était mise à m'appeler ainsi, au début pour plaisanter, puis c'était devenu une habitude, mais en cet instant, elle ne plaisantait pas. Elle était désespérée et au bord des larmes. Sa voix sonnait bizarrement, presque comme si elle parlait pour elle toute seule, sans songer à mentionner les prénoms. « Dit que j'ai joué cette scène avec vulgarité. Qu'est-ce que c'est, une infirmière diplômée ? Ne peut pas supporter les femmes, aucun d'eux ne peut, ils ont peur des femmes, toute la bande. Vulgaire ! Censé arracher ma queue, cette chose qui sort de mon costume, derrière, mais avec colère, comme ça il se moque de moi et je peux *réagir*, au lieu de simplement l'ôter, sans que je sache même qu'il l'a fait. Alors j'ai dit arrachez-la, soyez en colère contre moi pour que je puisse être vraie quand je réagis, mais ils ont peur de jouer méchamment parce que cela pourrait déplaire au public, tu vois ce que je veux dire ? Je ne suis pas une actrice accomplie, je ne peux pas faire semblant de faire quelque chose si je ne le fais pas vraiment. Tout ce que je connais, c'est le vrai ! Je ne peux pas le faire si ce n'est pas vrai ! Et il dit que je suis vulgaire parce que j'ai dit ça ! Me déteste ! Me déteste ! Devais partir en courant du rodéo et puis ma chaussure est tombée et j'ai vu qu'il était sur le point de crier " Coupez ! " mais alors il a vu que la foule riait, ravie, alors il m'a laissée revenir en courant sur mes pas, récupérer ma chaussure et poursuivre la scène, mais il était prêt à couper si je n'avais pas continué! Parce que moi, je savais que ce serait bon, à la minute où c'est arrivé, et c'était bon, mais il ne le sait pas! »

Mais tout ceci lui pesait trop, il y avait une forte mer de chagrin qui bouillonnait en dessous, et voilà qu'elle se mettait à parler d'une voix exaltée : « Je ne veux pas de tout ça, je veux vivre tranquillement, je déteste ça, je n'en veux plus, je veux vivre tranquillement, à la campagne et rester simplement là, pour quand tu as besoin de moi. Je ne peux plus lutter pour moi-même... »

Je lui demandai si son associé, Milton Greene, ne pouvait être de quelque secours et sa voix devint encore plus intérieure. Il était là, dans la pièce, avec d'autres gens. Mais il avait peur d'affronter Logan pour la défendre.

De toute manière, ses récriminations envers Logan – qui avaient un côté tirade d'acteur – m'importaient moins que cette nouvelle terreur que je percevais en elle, un être abandonné criant vers un ciel sourd, et j'étouffais d'impuissance devant les kilomètres de désert qui nous séparaient. Quelle que fût la vérité concernant Logan, elle était sans le moindre doute complètement sincère, car elle dansait sur une corde raide, et si elle tombait, c'en serait fini. C'était la première fois que je la sentais aussi totalement terrifiée, et je percevais tout le poids de la confiance qu'elle mettait en moi. Elle avait jusqu'alors caché qu'elle dépendait de moi et je voyais maintenant qu'elle n'avait que moi. Je me souvins que plusieurs mois plus tôt, elle m'avait raconté qu'elle hésitait à signer un contrat pour fonder sa nouvelle société de production, malgré la pression de Greene et de son avocat. Ce contrat prévoyait que Greene possédait cinquante et un pour cent des actions, et elle, quarante-neuf pour cent seulement. En échange, Greene devait apporter de nouveaux projets d'enregistrements et de films n'impliquant pas la participation de Marilyn, mais pour le moment, le capital de la nouvelle société était constitué par elle et son salaire. Elle n'avait pas voulu s'attarder là-dessus, elle avait essayé d'ignorer la trahison implicite, et maintenant encore, malgré sa déception devant l'impuissance de Greene à la protéger contre Logan, elle paraissait hésiter à l'affronter ouvertement. Pour ma part, j'aurais aimé qu'elle puisse lui faire confiance. Je m'intéressais aussi peu que possible à mes propres affaires, laissant les avocats et les comptables prendre la plupart des décisions, afin de pouvoir travailler tranquillement. Je connaissais à peine Greene. Mon instinct me disait que ce qu'elle ne devait pas perdre, c'était la foi.

Je tentai de la rassurer, mais elle semblait sombrer dans des profondeurs que je ne pouvais atteindre, sa voix devenant de plus en plus faible. J'étais en train de la perdre, elle glissait loin de moi, là-bas auprès de son associé et de ses amis. « Oh, Papa, je ne peux pas y arriver. » Brusquement, je pensai au suicide, un acte que je n'avais jamais rattaché à elle, jusqu'alors. Je cherchai qui, de mes connaissances à Hollywood, pourrait aller la voir, mais il n'y avait personne, et puis soudain je m'aperçus que j'avais le souffle coupé, qu'un vertige s'emparait de ma tête, que mes genoux lâchaient, et je me sentis glisser par terre, dans la cabine, le récepteur m'échappant des mains. Je repris connaissance au bout de quelques secondes, probablement, avec le murmure de sa voix qui continuait de sortir du récepteur, au-dessus de ma tête. Je finis par me relever et lui parlai raisonnablement, et ce fut terminé. Elle essaierait de se ressaisir le lendemain, juste faire son travail et voilà. J'avais encore des lumières qui dansaient sous mes paupières. Nous allions nous marier et commencer une nouvelle vie, une vraie vie, quand ce film serait terminé. « Je ne veux plus de tout ça, Papa, je ne peux pas me battre toute seule contre eux, je veux vivre avec toi à la campagne et être une bonne épouse, et si quelqu'un me veut pour un film merveilleux... » Oui, oui et oui, puis cela prit fin, et le silence bienfaiteur du désert me reprit et recouvrit le tout.

Je laissai la grand-route derrière moi et marchai en direction des deux cottages et de la lune basse dans le ciel. Jamais auparavant je ne m'étais évanoui. Un poids m'était tombé dessus et j'avais l'impression qu'on avait tailladé mes poumons comme lorsqu'on a longtemps pleuré. Je me sentais soulagé, comme si j'avais franchi un fossé intérieur et étais retombé en un endroit paisible où des morceaux de moi s'étaient recollés. Il me semblait l'avoir aimée toute ma vie. Sa douleur était mienne. J'avais l'impression que mon sang avait parlé. Les basses montagnes lunaires, de l'autre côté de ma fenêtre, le silence dominant de ce territoire désolé éternel, le lac sinistre et ses poissons préhistoriques, figés dans leur évolution, qui nageaient perpétuellement en direction de l'Inde – je percevais mon bonheur comme une lueur vivante au cœur de cet espace mort et figé. J'essayai de me rappeler une pièce au sujet de gens qui souffrent mais ne cèdent pas, et compris brusquement l'inexprimable bonheur que révèle la tragédie. L'ordre caché, la continuité ricanante de la vie. Tel que je l'avais ressenti ce soir, comme si son être n'avait fait que mûrir en moi depuis ma propre naissance. L'angoisse de cette dernière année, la culpabilité que je ressentais en me séparant des enfants, le déracinement m'apparaissaient maintenant comme le prix qu'il fallait obligatoirement payer pour ce qui m'attendait réellement un peu plus loin, une vie de créativité avec un esprit unifié. Pour la première fois depuis des mois, ou peut-être même des années, un farouche sentiment de puissance intellectuelle s'empara de moi, m'intimant l'ordre d'écrire, mais seulement quelque chose d'aussi simple et authentique que cette nuit. N'être qu'un, sexualité et esprit, désir et justice, un. Tout notre théâtre – le mien mais aussi celui des maîtres – paraissait si misérable maintenant, comparé à l'immensité des possibilités humaines. Il avait été écrit par des hommes malheureux – Ibsen, un paranoïaque attiré par les jeunes femmes mais n'osant pas le reconnaître; Tchekhov, gravement malade et pour ainsi dire abandonné par une épouse infidèle; Strindberg, obsédé par la castration. Où était le vaste front de marbre de la vision grecque, la plénitude lumineuse d'une confrontation saine et généreuse avec la catastrophe? Dans sa quête brumeuse et tâtonnante, Marilyn en était l'archétype inconscient. Cela faisait des années qu'elle avait accepté le rôle de hors-la-loi, elle l'avait même endossé avec ostentation, d'abord comme une victime du rejet puritain, ensuite avec un laisser-aller triomphant. De son refus de porter un soutien-gorge à son rire, quand elle admit avoir posé pour les photos du calendrier, elle avait la vigoureuse candeur – si peu américaine, surtout maintenant que le nouvel empire se préparait à diriger l'Occident rendu infirme par la guerre –, la santé, la force de qui a perdu toute illusion de mener une vie convenable. Malgré toute la douleur que cela dissimulait, elle devenait digne d'envie, stupéfiant symbole de la libération et de ses joies. La fleur issue du fumier. Et bientôt, une vie incroyable...

Le Nevada était aisé à définir, mais difficile à saisir. A gauche de la grande route menant à Reno se dressait une boîte de papier goudronné noir de six mètres de côté, perchée sur pilotis, avec une échelle de fabrication rustique qui partait du milieu du plancher et disparaissait dans un trou creusé dans le sol. Une Cadillac poussiéreuse mais neuve était garée à côté. Le propriétaire en était un homme de petite taille, portant bottes, jeans et chapeau graisseux à large bord, d'un caractère joyeux et amical. Lorsqu'il avait besoin d'un peu de monnaie, il descendait de son salon par l'échelle et plongeait dans le trou, dans sa mine d'argent. C'était simple, mais difficile à avaler quand même. Surtout lorsque j'appris qu'il conservait un piano à queue dans sa maison sur pilotis, sur lequel il jouait des rengaines avec un seul doigt. Rien de tout cela ne paraissait particulièrement remarquable pour les gens du Nevada.

Au bout d'une semaine environ passée dans le désert avec des marqueurs de bétail rencontrés à Reno, chasseurs de chevaux sauvages quand ils avaient du temps libre, nous trouvâmes une cabane abandonnée au milieu de nulle part, un abri élevé par quelque propriétaire de ranch disparu depuis longtemps et qui servait dorénavant de refuge à qui passait par là. L'unique fenêtre avait perdu ses vitres et la porte ouverte ne tenait qu'à un gond. Plusieurs centaines de magazines y étaient éparpillés, de deux catégories : *Playboy* et imitateurs, ou histoires de l'Ouest. Dans les coins, les piles mesuraient bien trente centimètres, ce qui signifiait que des centaines de cow-boys avaient dû passer par là pendant des années, venus se reposer, lire et rêver. Mes deux copains ne comprenaient pas que je trouve bizarre que des hommes ayant passé des années à cheval cherchent leur modèle dans les films et n'imaginent pas de meilleur sort que d'être choisis pour un rôle au cinéma. Le cow-boy de cinéma était authentique, eux n'en étaient que des imitations. Le triomphe final de l'art, du moins cette sorte d'art, était de faire en sorte qu'un homme trouve davantage de réalité dans une image que dans lui-même.

Quatre ans plus tard, un de ces types apparut sur le tournage des *Désaxés*, et après une longue conversation pleine de souvenirs, il se plaça près de la caméra pour regarder Clark Gable raconter à Marilyn certains détails concernant le passé de son personnage, détails que j'avais empruntés à la vie de ce cow-boy. Lorsque la scène fut terminée, il se tourna vers moi en secouant la tête et dit, à la fois ravi et excité : « C'est fou ce que ça a l'air vrai. » Apparemment, il ne se rendait pas compte que sa propre vie était à l'origine de cette scène et n'envisageait même pas la possibilité d'une telle métamorphose. Le Nevada devint ainsi un miroir pour moi, mais un miroir qui ne renvoyait rien d'autre qu'un vaste ciel.

Loin dans le désert, à des kilomètres du moindre véhicule, on rencontrait parfois des signes de vie clandestine : en pleine étendue de sable et de sauge sauvage, un short accroché à un bâton séchait au soleil, quand ce n'était pas un T-shirt. Mes amis ne s'approchaient jamais très près, bien qu'à les entendre, ils connussent certains habitants de ces trous dans la terre. Il s'agissait d'hommes recherchés par la police, la plupart du temps pour meurtre. Les policiers de l'Etat savaient qu'ils étaient cachés là et personne ne demandait jamais pourquoi on n'allait pas les y chercher, mais on soupçonnait inévitablement que cela s'arrangeait avec de l'argent.

Lorsque nous allions à Reno pour nos courses hebdomadaires et nos expéditions à la blanchisserie, nous voyions la ville d'un autre œil que les touristes venus pour se distraire. Au bout de quelques semaines, le caractère clinquant de ce marché du jeu nous parut déprimant. Dans les supermarchés, on voyait des femmes portant des bébés insérer les pièces qu'on leur avait rendues dans les machines à sous placées à côté des caisses, mais à l'expression vide et indifférente de leur visage, on savait qu'elles ne s'attendaient pas à gagner. C'était un geste mécanique, aussi dépourvu de joie que le fait de jeter un mouchoir en papier par la fenêtre, un geste fatigué, aveugle et inconscient. Simplement un tas de femmes en jeans et chaussures de tennis usagées qui gaspillaient de l'argent.

A l'approche du crépuscule, un soir dans un petit village d'environ huit ou dix maisons bordant une unique rue sinueuse, les deux cow-boys et moi achetâmes des steaks filandreux dans une petite épicerie à la lisière du désert. L'épicier se contenta de lever la main pour attraper un quart de bœuf accroché au-dessus de sa caisse enregistreuse et se mit à le découper. Nous fîmes aussi l'acquisition d'un long pain blanc et spongieux et d'un peu de sel, puis sortîmes et allumâmes un feu de buissons de sauge desséchés, pour griller la viande piquée sur des bâtons. Le jus, parfumé à la sauge, tombait sur le pain. Nous avons dû manger chacun plusieurs livres de bœuf, et ce fut un des meilleurs repas de ma vie. La lune se leva pendant que nous digérions auprès du feu, et les deux hommes admirèrent son apparition comme s'il s'agissait d'une femme, avec un de ces sourires légers qui indiquent qu'un homme se laisse aller à son imagination.

De temps en temps, ils prenaient une semaine pour faire une virée, visitant deux ou trois femmes qui les attendaient dans divers lits du coin, mais ils en parlaient presque toujours avec respect. Il y avait généralement un flux de futures divorcées, qui débarquaient de tous les Etats, et la variété de leurs personnalités fascinait mes compagnons. Divorcés eux-mêmes, ils comprenaient qu'il est difficile de rester marié. Sous ce ciel immense, au cœur de ces montagnes éternelles, ils comprenaient le temps et les animaux, et ils se comprenaient entre eux, mais les femmes restaient à jamais le grand mystère. Le plus âgé des deux, Bill Bingham, un lanceur de lasso d'un peu plus de quarante ans, avait quitté sa femme et sa fille de six ans, qu'il passait voir quand l'occasion s'en présentait, dans une petite ville du nord de l'Etat. Il menait une vie solitaire et autarcique qu'il paraissait juger inévitable, sinon idéale, mais il se sentait toujours coupable d'avoir laissé son enfant. La sensibilité de certains de ces costauds de l'Ouest était d'une certaine façon rassurante, quelque chose que je ne me souvenais pas d'avoir trouvé dans mes lectures, sinon par allusions dans ce chef-d'œuvre oublié de Frank Norris, *McTeague*.

Me trouvant un jour à court d'agrafes, et ne voulant pas faire le long trajet jusqu'à Reno, je préférai essayer de trouver un magasin indien un peu plus loin à l'intérieur de la réserve. Je le découvris caché dans une vallée à plusieurs kilomètres du lac, un bazar érigé face à un groupe de cabanes de guingois entourées de détritus rouillés, bicyclettes cassées, lave-vaisselle hors d'usage et pièces d'automobiles appartenant à l'autre civilisation. Au bord du chemin de terre, il y avait une pompe à essence solitaire. A l'intérieur du magasin désolé, une Indienne d'âge moyen était en train de disposer des mocassins d'artisanat local dans la caisse destinée aux aliments, à côté du beurre, du fromage et du lait. Je demandai si je pouvais acheter du lait, du pain et du beurre. Elle allait saisir mes acquisitions de ses sombres mains de paysanne quand un Indien du même âge, avec un gros ventre et un vieux Stetson relevé sur le front, sortit de l'arrière-boutique et demanda si l'on s'occupait de moi. En entendant ma réponse, il haussa les sourcils : « De quel coin de Brooklyn êtes-vous ? » demanda-t-il avec un sourire rayonnant. Il avait habité vingt ans Atlantic Avenue, travaillé comme peintre spécialisé dans les travaux à grande hauteur sur le pont George-Washington et d'autres ponts de New York, avait mis de l'argent de côté et il était revenu acheter ce magasin. Mais il se sentait curieusement déraciné maintenant, et il ne tenait pas en place. « Ces gens sont très découragés. Ils ont abandonné toute idée de s'améliorer », me confia-t-il avec dépit quand nous fûmes dehors et que je regagnai ma voiture. Je lui demandai son nom en lui disant au revoir.

– Moe.

– Ce n'est pas un nom indien, n'est-ce pas ?

– Non, mais personne ne peut prononcer mon nom indien, alors tout le monde à Brooklyn a commencé à m'appeler Moe, si bien que maintenant, ceci est le Bazar de Moe. Je vais mettre une enseigne.

En m'éloignant, je vis dans le rétroviseur que la femme était sortie du magasin et qu'il me montrait du doigt sur le chemin de terre, moi, l'autre homme de Brooklyn. Il avait l'air animé mais il est probable qu'il regrettait, en rentrant chez lui, d'avoir quitté l'excitation d'Atlantic Avenue. Le Nevada donnait l'impression de n'être la patrie de personne, et c'était assez beau, peut-être parce que cela tendait à donner aux gens un air inquisiteur très différent de l'expression satisfaite qu'on rencontre habituellement dans les endroits tranquilles. J'aurais bien aimé écrire là-dessus.

Une fois par semaine, je prenais l'avion pour Los Angeles, en quelque sorte illégalement puisque mon temps de résidence dans le Nevada devait être continu, mais le risque me paraissait minime dans la mesure où toute cette histoire n'était qu'une formalité fantaisiste, simplement conçue pour attirer les visiteurs pressés de divorcer et pour procurer des honoraires aux avocats.

La nervosité de Marilyn concernant *Arrêt d'autobus* ne s'était pas atténuée, mais elle paraissait moins hostile à Logan et un peu plus disposée à accepter l'idée qu'elle pouvait être bonne dans le film. Il me semblait impensable qu'elle pût être autre chose que fantastique à l'écran, et je jugeais son inquiétude excessive. Son professeur, la femme de Lee Strasberg, Paula, occupait la chambre voisine de la sienne à l'hôtel Château Marmont et agissait pour le compte de Lee, l'appelant chaque jour à New York pour lui parler des problèmes de Marilyn.

Je trouvais Paula plutôt comique, quoique vaguement menaçante sur les bords, sorte de personnage de Molière, apparemment persuadée qu'un acteur, qu'il ait assisté par pure curiosité à un ou deux cours de Lee, ou qu'il se soit engagé dans une formation de plusieurs années, appartenait en quelque sorte aux Strasberg tout comme un étudiant de Cambridge appartient à jamais à son collège. « Nos élèves sont maintenant dans le monde entier », me confia-t-elle un jour, faisant référence à des acteurs de cinéma de différentes nationalités dont certains, je le savais, n'avaient transité que de façon fort éphémère par le Studio. Elle parla même une fois de Jean Louis, célèbre créateur de costumes de films, comme d'« un de nos meilleurs stylistes », laissant entendre qu'il aurait appris à coudre auprès de Lee.

Lors d'une de mes visites, elle m'agrippa par le bras et m'intima l'ordre de m'asseoir sur-le-champ et d'écouter un enregistrement de la conférence que Lee venait de donner à l'occasion de l'anniversaire de la naissance, ou de la mort, d'Eleonora Duse, la légendaire actrice italienne. Paula resta debout, les mains jointes dans une attitude de diva, le menton relevé et le regard lointain, pendant que la voix de Lee sortait du magnétophone.

« Aujourd'hui, la plupart des gens croient que nous adorons la Duse parce qu'elle était une grande actrice, commença-t-il, ménageant son effet. Eh bien, ce n'est pas pour cela que nous l'admirons. » Pause prolongée. Pourquoi commençai-je à me demander, *admirons*-nous la Duse? « Cela n'a rien à voir, poursuivit-il. Il y a beaucoup de grandes actrices, en vie ou décédées, américaines ou étrangères. Beaucoup qui ont créé des personnages spectaculaires au théâtre pendant des générations. Certaines sont anglaises, d'autres suédoises, ou allemandes, italiennes, hollandaises, espagnoles, françaises, femmes de tous les pays, chacune à son époque. » Mon esprit se mit à vagabonder, en attendant qu'il dise pourquoi il admirait la Duse. Mais la parenthèse se prolongea, prit de l'ampleur, partit dans plusieurs directions, la question d'origine commença à reculer à l'arrière-plan, et je dus fournir un effort musculaire considérable pour me rappeler que la Duse était le sujet qui nous occupait. Cela continua pendant au moins vingt minutes.

Marilyn était assise avec nous, pathétiquement attentive, le regard empreint d'un mélange d'admiration et de perplexité. Comment pouvais-je lui expliquer que je soupçonnais fortement son admirable mentor d'avoir tendance à interpréter les faits et à détourner la trajectoire de la balle? Mais elle dépendait bien trop profondément de lui pour que je puisse mettre son autorité en question aussi directement. Si je donnais un coup de pied dans sa béquille maintenant, elle risquait de tomber. Et qui étais-je d'ailleurs, pour porter un tel jugement alors que beaucoup de bons acteurs, doués d'intelligence, avaient foi en lui ? Je ne pouvais que rester assis là, à écouter grossir la bulle sur la bande magnétique et à me retenir de railler Paula, quasiment au garde-à-vous pendant tout le temps où l'on ne nous disait pas pourquoi nous admirions la Duse. Et puisqu'à cette époque, j'étais également idéalisé, même si c'était complètement irréaliste et souvent inconfortable, je me tus, du moins pour l'instant. En tout cas, je croyais encore, et Marilyn aussi, que je ne devais pas m'immiscer dans sa carrière – ce qui aurait été parfaitement inutile, pensions-nous, puisque Greene s'occupait de l'aspect matériel de ses affaires tandis que Lee l'aidait à avoir une plus grande confiance en ses talents d'actrice. Ses relations avec Greene étaient maintenant régularisées, leurs pourcentages respectifs dans la Marilyn Monroe Productions avaient été fixés à cinquante et un pour elle, quarante-neuf pour lui, si bien qu'elle contrôlait la situation. En attendant, il mettrait en route de nouveaux projets pour la société de production, qui seraient distincts du travail de Marilyn, précaution nécessaire au regard de la Direction des impôts dans la mesure où elle espérait pouvoir économiser davantage en payant des impôts sur la société et non sur son revenu. Car elle nourrissait plus de doutes que de certitudes quant à la survie de sa popularité à long terme.

Pour sa première production, la nouvelle société venait d'engager Laurence Olivier comme metteur en scène et partenaire de Marilyn dans *le Prince et la Danseuse* de Terence Rattigan, une comédie très boulevardière adaptée de sa pièce *The Sleeping Prince*. Le tournage devait débuter en Angleterre peu après notre mariage en juin. De plus, excellente nouvelle, le producteur le plus lancé du florissant quoique très commercial théâtre anglais, Binkie Beaumont, avait décidé de monter *Vu du pont* dans une mise en scène de Peter Brook, et les répétitions devaient avoir lieu à la même époque. J'envisageais de donner une longueur normale à la pièce. J'avais rêvé de nous voir travailler l'un à côté de l'autre, avec un apport de forces réciproque, et cela semblait sur le point de se réaliser.

Leur collaboration fut annoncée à New York, à l'occasion d'une conférence de presse qui attira un monde fou, Olivier debout aux côtés de Marilyn, ce qui constituait pour la plupart des journalistes l'association la plus improbable de l'histoire du cinéma, puisqu'il représentait le sommet de l'art et elle, à peine mieux qu'une photogénie quasi pornographique, surtout de dos. Et voilà que la bretelle de sa robe se rompit, provoquant des exclamations fébriles dans les rangs où l'on espérait des révélations supplémentaires. Mais elle demanda calmement si quelqu'un avait une épingle de sûreté, au lieu de rougir sottement et de quitter l'estrade en courant. *Time*, selon sa bonne habitude, ne laissa planer aucun doute, cette scène avait été préparée. C'est alors qu'on lui demanda si elle avait vraiment l'intention de tourner *les Frères Karamazov* et, si oui, dans quel rôle. Provocation aisée qui fit crouler la salle prête à s'entendre dire qu'elle envisageait de porter une barbe et d'interpréter l'un des frères. Elle répondit qu'elle voulait jouer Grouchenka, ajoutant : « C'est une fille », et s'en tint là plutôt que de suggérer ouvertement que bon nombre de journalistes, parmi les plus gros rieurs, avaient probablement été trop occupés à l'école de journalisme pour avoir eu le temps de lire le livre. L'un des génies présents dans la salle demanda comment elle épelait « Grouchenka », et bien entendu, Marilyn comprit parfaitement l'allusion. Même à côté de Sir Laurence, qui avait traversé l'Atlantique pour assister avec elle à la conférence de presse, elle n'avait pas droit à la dignité élémentaire qu'on accorde aux acteurs annonçant un nouveau film. Il était évident que le sexe et le sérieux ne pouvaient cohabiter dans la même femme, et cette maladie typiquement américaine n'était pas près de disparaître, semblait-il. A la vérité, c'était elle qui avait eu l'idée de travailler avec Olivier, mais pas du tout dans l'intention d'en retirer une nouvelle image publique. Celle qu'elle avait était bien assez bonne. C'était l'absurdité même de leur couple qui lui était apparue amusante, voire distrayante, à condition d'avoir un bon scénario. Et si cela pouvait lui valoir un peu plus de respect dans la presse, ce n'était pas plus mal.

Maintenant que ma période de résidence forcée dans le Nevada touchait à sa fin, je commençais à redouter la publicité que notre mariage ferait tomber sur nos têtes, et compris un matin à quel point je l'avais sous-estimée quand un camion de la télévision apparut sur la route du lac et vint s'immobiliser devant mon cottage : une équipe en sortit, avec un journaliste prêt à balancer une douzaine de questions concernant nos projets. Il ne m'était pas encore venu à l'esprit qu'on pouvait devenir la propriété du public, au sens le plus littéral, dans des circonstances de ce genre. Ma seule excuse, quand j'y pense aujourd'hui, est que j'avais dû voir cinq ou six émissions de télévision dans ma vie – je ne possédais même pas de récepteur, et beaucoup de gens pouvaient en dire autant en 1956. Ce fut une expérience douloureuse, et pas simplement en raison de l'intrusion physique évidente. Je compris assez vite qu'il y avait une partie de moi qui s'enorgueillissait d'être identifiée à Marilyn, et qui savait, également, que nous étions spectaculaires parce que nous étions apparemment si mal assortis.

Mais j'étais persuadé que les médias se lasseraient de nous et se brancheraient sur quelque chose de neuf au bout d'un certain temps. Tôt dans la matinée de mon quarante-deuxième jour de résidence, j'emballai les quelques effets que j'avais apportés dans une valise, replaçai ma machine à écrire dans son coffret, dis au revoir à Saul puis, à dix heures, pénétrai dans le bureau d'un avocat de Reno, Edwin Hills, que John Wharton avait choisi depuis New York pour me guider dans les procédures du tribunal. Tandis que nous roulions vers Reno dans la fourgonnette du propriétaire du motel, je contemplai les collines décharnées que j'étais certain de ne jamais revoir et éprouvai au fond de moi une sorte de nostalgie de ce silence sur lequel je comptais chaque matin en m'éveillant, et des couleurs changeantes de l'aube et du crépuscule. Le bruit m'attendait. Commettais-je une erreur? Je chassai cette pensée, me reprochant ce vice particulier, ce besoin de se suffire à soi-même.

La grande salle d'attente de l'avocat était banale et rassurante, sans aucune des prétentions habituelles. Ses fenêtres donnaient sur l'hôtel Mapes, de l'autre côté de la rue, ses murs en médiocre imitation de placage d'acajou résonnaient en harmonieuse complicité avec le conditionneur d'air. La bouteille renversée du distributeur d'eau fraîche était encore pleine à cette heure matinale. Un homme, un client probablement, était assis sur un divan recouvert de plastique noir luisant, regardant dans le vide et fumant. J'avais à peine posé ma valise et ma machine à écrire que Hills sortit précipitamment de son bureau, me demanda d'attendre quelques minutes et repartit aussitôt, claquant la porte avant même que j'aie eu le temps de le regarder en face.

Une tête de taureau dominait le chambranle de cette porte, arborant des cornes grosses comme des tuyaux d'orgue et d'une envergure d'au moins deux mètres, et dont les extrémités pointaient vers le bas en direction de mon visage. Une vingtaine de plaques, diplômes et citations couvraient une partie du mur. M. Hills avait été récompensé non seulement par la Légion américaine, par les Anciens Combattants de guerres à l'étranger et par les Anciens Combattants catholiques mais aussi par la National Rifle Association (l'association nationale des tireurs au fusil) et une organisation d'amateurs d'armes à feu, la Grange, par les Rotariens, les Chevaliers de Christophe Colomb, l'Ordre des armes à feu et les Fils de la Rose blanche. Il avait une citation des Cutting Horse Breeders et plusieurs lettres de félicitations pour services rendus à la patrie émanant du sénateur du Nevada, Pat McCarran (coresponsable, avec l'actuel président de la Commission des Activités antiaméricaines, de la loi McCarran-Walter visant à maintenir les « subversifs » hors du pays), du sénateur Joseph McCarthy et du député Richard M. Nixon, tous admiratifs de la ferveur avec laquelle M. Hills avait défendu les valeurs américains en divers lieux et dates. J'avais trouvé l'endroit exact qui convenait à une tranquille matinée de divorce. Je retirai une sorte de satisfaction perverse de ce qu'une ou deux des organisations qui félicitaient mon nouvel avocat avaient manifesté à plusieurs reprises contre des pièces écrites par moi. Mais l'ironie était maintenant comme le pain et le vin, le régime quotidien à l'heure américaine.

Prenant un siège à quelques mètres de l'autre client solitaire, je me demandai si l'expression préoccupée de Hills n'était qu'une façon de manifester son dégoût patriotique à l'idée de devoir me représenter. D'un autre côté, John Wharton l'avait certainement choisi pour son expérience efficace dans ce genre d'affaires, et il n'était probablement rien d'autre que surchargé de travail. D'ailleurs, il faisait également attendre l'autre client, et ce type n'avait pas l'air de se trouver de mon côté de la barrière politique, mais plutôt d'être un riche cow-boy.

En vérité, maintenant que je l'observais avec davantage d'attention, il ressemblait étonnamment à John Wayne, avec la même moue dense et agressive. Dans son costume de cow-boy gris tourterelle, il paraissait bien mesurer plus d'un mètre quatre-vingt-dix, et ses muscles étaient gros comme un cobra sous l'étoffe fine et bien repassée de sa chemise et de son pantalon. A mon avis, ses bottes devaient coûter au moins cinq cents dollars, et le Stetson gris posé sur la banquette à côté de lui semblait me dévisager avec désapprobation. De manière très inattendue, je crus voir un radoucissement plaisant dans son regard quand il croisa le mien par hasard, mais il n'était pas question que je baisse la garde dans ce bastion du nationalisme aveugle.

Hills apparut à nouveau, toujours pressé, et du doigt me fit signe d'approcher. Nous nous retrouvâmes devant une fenêtre qui donnait sur une rue de Reno aussi déserte que dans un rêve, rôtissant sous les trente-deux degrés d'un soleil féroce. C'était un homme d'une soixantaine d'années, dont je perçus l'évidente nervosité quand il se rapprocha de moi; son crâne rose conservait quelques rares mèches de cheveux de part et d'autre d'une raie à gauche et il portait d'épaisses lunettes sans monture, un costume rayé bleu et une cravate étroite et brillante, taillée dans une espèce de tissu argenté, qu'il avait dû arborer dans un défilé patriotique. Ses yeux se levèrent vers moi avec l'innocence opaque d'un ange de mer passant devant le masque d'un plongeur sous-marin. Serrant avec force mon coude entre le pouce et l'index, il me demanda si discrètement que je l'entendis à peine :

– Vous a-t-il trouvé?

– Qui?

– Il ne vous a pas trouvé? s'étonna-t-il, plein d'espoir.

– Que voulez-vous dire?

Ses yeux lançaient des éclairs à travers ses verres épais pendant qu'il me pinçait le coude. « Un enquêteur de la Commission des activités antiaméricaines est venu ici avec un mandat de comparution. Il est à votre recherche. » Il attendit, immobile, la bouche légèrement ouverte, me regardant, flottant à côté de moi dans la mer silencieuse.

La chute soudaine fit disparaître toute tension en moi, cette irruption du destin, enfin, la hache qui s'abattait finalement.

– Est-ce qu'il y a une raison? demanda-t-il avec une naïveté touchante.

Le cow-boy gris tourterelle avait tourné la tête vers

nous. Le problème avait changé : il n'était plus question de divorcer, mais de se faire lyncher. « Je ne vois pas pourquoi ils m'en voudraient maintenant », commençai-je, mais je m'interrompis, confronté à un embrouillamini historique auquel il ne pourrait rien comprendre. La Commission était sur son déclin depuis quelque temps, et s'ils ne s'étaient pas souciés de moi ces dernières années, alors que j'étais beaucoup plus voyant, politiquement, pourquoi le feraient-ils aujourd'hui, alors même que j'éprouvais des difficultés à m'intéresser à la politique ? Nous nous trouvions, historiquement, dans ce défilé étroit qui sépara la grandiose croisade domestique contre le communisme de la noble cause suivante, la guerre du Vietnam, qui allait éclater environ sept ans plus tard.

– Il a dit qu'il reviendrait plus tard dans la matinée. Il savait que vous deviez venir ici aujourd'hui.

– Bon, j'imagine que je n'y peux rien.

– Avez-vous l'intention d'accepter ce mandat de comparution ?

– Que voulez-vous dire ?

Je compris avec un léger choc que pour Hills, ce pays était tellement sa propriété qu'il ne se jugeait pas nécessairement obligé de se soumettre à son autorité.

– Bon, il y a une issue de secours dans ce bâtiment. Vous pouvez rester dans mon bureau, et je peux demander au juge de venir ici pour que vous n'ayez pas à vous montrer au tribunal. Parce que je pense que ce type va probablement rester à vous attendre par ici.

Cette conspiration inattendue provoqua un flot de gratitude en moi, et j'eus la fulgurante révélation que toutes ces citations, sur son mur, n'étaient en réalité que les témoignages de son profond anarchisme américain, ce pour quoi je nourrissais un respect considérable depuis quelques années, car c'était notre dernier bastion contre le décorum fasciste.

Pour l'instant, cependant, je ne savais que décider, et me voyant patauger, Hills déclara qu'il devait passer un coup de téléphone dans son bureau et qu'il revenait tout de suite.

Je restai debout, contemplant par la fenêtre la rue déserte. Mon cerveau était vide. L'épuisement gagna soudain mes jambes et je m'assis, m'apercevant trop tard que j'avais pris un siège juste en face du cow-boy tourterelle. Ses mâchoires saillaient comme des équerres de fer. Et voici qu'il me regardait droit dans les yeux. « Je suis Carl Royce. Je sais qui vous êtes. » Surpris, je répondis que j'étais enchanté de le rencontrer, et il se pencha d'un mouvement puissant vers l'avant pour me serrer la main. Sa paume calleuse était suffisamment dure pour enfoncer un clou dans une planche. Pour la première fois, je remarquai dans un coin de la salle un grand drapeau américain aux couleurs menaçantes sur un poteau surmonté d'un aigle. J'attendis dans le silence que le vide de ma tête se remplisse.

– Qu'est-ce que vous allez faire?

Son ton était d'une absolue neutralité. Il fallait que je me méfie.

– Je n'ai pas eu l'occasion d'y penser, répondis-je d'un ton évasif. Mais que voulait-il, qui était-il?

– J'espère que vous n'allez rien dire à ces salauds.

Les choses devenaient sérieuses, maintenant. Il y avait de la colère dans ses yeux bleu ciel.

Mon étonnement devait être visible. Encore prudent, je ne m'engageai pas vraiment, car une confiance mal placée aurait pu être désastreuse :

– J'ai toujours été contre la Commission.

– Vous connaissez Dashiell Hammett?

– Evidemment. Bien sûr.

Mais au nom du Ciel, qu'est-ce qu'un radical comme Hammett pouvait bien avoir de commun avec John Wayne?

– C'était mon sergent, aux Aléoutiennes. Nous avons passé deux ans sous la même tente. Il m'a enseigné tout ce que je sais.

J'étais ébahi. Quelques années plus tôt, Hammett avait

fait de la prison pour avoir refusé de livrer aux enquêteurs les noms des donateurs du fonds de cautionnement du Civil Rights Congress.

Je n'avais jamais été proche de Hammett, ne serait-ce que parce qu'il parlait si rarement – une réserve que je prenais parfois pour une stratégie, tout le monde se trouvant sur la défensive devant son silence et ses sourcils relevés. Mais c'était un être rare, un homme avec un code que l'on était obligé de respecter et, bien entendu, il avait écrit des choses merveilleuses. Malgré sa réputation d'homme d'action, je me suis souvent demandé s'il n'était pas en réalité douloureusement renfermé en lui-même. Il paraissait accueillir toutes les nouveautés de l'après-guerre avec un rictus méfiant, comme si le passé se trouvait encore au coin de la rue et que le présent ne fût pas encore une affaire sérieuse. Tout comme sa compagne Lillian Hellman, il était un artistocrate en puissance malgré ses opinions égalitaristes, et même s'il affectait de dénigrer l'immaturité politique et les dérèglements personnels de Hemingway et de Fitzgerald, il se sentait évidemment plus proche d'eux que des écrivains de gauche. Son système de références était rattaché aux années vingt, avec leur respect allègre du talent et des gens riches et intéressants, et ce qui le mettait le plus hors de lui, actuellement, était l'indifférence à la qualité dans les relations humaines.

Je commençai à me sentir plus désinvolte quand Royce décida de prendre part à la conspiration.

– Je ne suis venu que pour la journée, afin d'acheter du bétail. Chez moi, c'est au Texas. Je pourrais vous y emmener dans une heure et demie environ. Mon avion et le pilote attendent à l'aéroport. Je possède deux ou trois centaines d'hectares, avec une maison vide, au beau milieu. Jamais ils n'iront vous y chercher. Vous n'aurez qu'à attendre là-bas que cela se tasse. D'ailleurs, Dash a habité cette maison quand ils le poursuivaient, mais il a perdu la tête et est parti, et c'est alors qu'ils l'ont coincé. Il ne serait jamais allé en prison s'il était resté là. Vous pouvez vous installer le temps que vous voulez, vous pourriez même en profiter pour écrire quelque chose pendant un mois ou deux. Vous les oublierez complètement.

– Je me demande si je ne vais pas avoir l'air de me soustraire à un mandat de comparaître. Ils pourraient s'en servir pour me reprocher quelque chose de plus grave.

Royce écarta cette objection comme un vulgaire détail – avec ses centaines d'hectares, c'était ridicule de se soucier de ce qu'on pouvait penser de lui : « Je ne m'inquiéterais pas de ça, si j'étais vous. L'essentiel, c'est qu'ils ne vous mettent pas la main dessus. De toute façon, c'est un bon coup de publicité pour eux, rien d'autre. »

Hill sortit de son bureau pour dire à Royce qu'il pouvait se rendre chez l'autre avocat, en bas de le rue, pour signer la vente de bétail. Nous nous dirigeâmes ensemble vers la porte d'entrée.

– C'est un Cessna Barron, rouge avec des ailes blanches. Demandez le Cessna de Royce. Le pilote s'appelle Bill Sisley. Je vais l'appeler pour lui annoncer votre arrivée. Pensez-y. J'espère que vous viendrez. Je serai là d'ici une heure, une heure et demie. Attendez à l'intérieur de l'avion si vous voulez, ils ne viendront pas vous chercher.

– Vous pouvez partir par l'issue de secours, ajouta Hills. J'ai une voiture et un chauffeur qui attendent derrière l'immeuble. Je vais lui dire que vous allez peut-être venir, et il pourra vous conduire à l'aéroport. Le juge va arriver ici dans une vingtaine de minutes, comme ça vous n'aurez pas besoin d'aller jusqu'au tribunal.

– Je ne sais pas, murmurai-je.

Royce me saisit la main, m'encouragea superbement du regard, tourna les talons et sortit.

– Tenez-moi au courant, dit Hills avant de retourner dans son bureau.

Je me postai encore une fois devant la fenêtre pour essayer de réfléchir. Ma disparition ferait grand bruit, maintenant que tout le monde savait que je devais épouser Marilyn très prochainement, et c'est elle qui prendrait tout le choc. Un nouveau chapitre sinistre de sa vie, avec une touche de déloyauté cette fois. Et je ne pourrais pas l'expliquer à mes enfants. Par ailleurs, l'image de cette maison solitaire au milieu de centaines d'hectares me faisait rêver de paix. Là, peut-être, je pourrais me remettre à écrire...

Il fallait que je me dégourdisse les jambes. Je sortis et allai appuyer sur le bouton de l'ascenseur. Je voyais la cabine grillagée monter vers moi. Il y avait un homme à l'intérieur. La grille s'ouvrit. Il me jeta un coup d'œil et avança vers la porte de Hills. Les mots sortirent de ma bouche avant que j'aie eu le temps de réfléchir :

– C'est moi que vous cherchez ?

Il se retourna et vint vers moi. Un banlieusard aisé, la quarantaine avancée, presque aussi grand que moi, peu porté aux émotions violentes, vêtu d'une veste de sport à carreaux dans les tons roses, les cheveux coupés bien net. Je crus discerner dans son regard la surprise, et le désavantage qu'il y avait à être pris au dépourvu. C'était peut-être pour cela que j'avais parlé, alors que j'aurais aussi bien pu prendre l'ascenseur et filer au Texas. Je pense que je ne voulais pas me fuir moi-même, ni qui que ce soit, et que je détestais avoir peur.

Il sortit le mandat en papier pelure rose de sa poche de poitrine en me demandant si j'étais Miller, et en effleura les revers de ma veste, ce qui signifiait techniquement qu'il me l'avait remis. Je regardai le document, ne voyant rien. Puis il adopta une attitude plus décontractée et me demanda si je voulais boire un café avec lui. Nous étions redevenus deux citoyens ordinaires. J'acceptai par curiosité, et nous nous dirigeâmes vers le café du Mapes, au rez-de-chaussée, de l'autre côté de la rue.

Son nom, William Wheeler, ne m'était pas inconnu. J'avais lu des articles sur cet enquêteur d'une intelligence diabolique, qui avait si bien réussi à aider les gens de cinéma à voir la lumière. J'avais envie de savoir ce que l'on ressentait quand un tel talent s'occupait de vous. Et puis, j'avais soif de réalité dans cette histoire trop abstraite, et je souhaitais obtenir davantage, comme manifestation de la loi, qu'un simple bout de papier.

Après quelques remarques préliminaires et un peu crispées sur le temps et l'ambiance du Nevada, dominée par le jeu, et qu'il désapprouvait avec humour, il déclara :

– J'aimerais vous parler de ceci. Ce n'est pas vraiment utile de rendre la chose trop publique.

Je hochai la tête mais ne dis rien.

– Au fait, lança-t-il avec maladresse, comme s'il venait juste d'y penser, mais on sentait la préméditation, je suis très lié à Lee Cobb. Vous le voyez, de temps en temps ?

– Non, mais il habite la Californie, n'est-ce pas ?

– Oui. Je me demandais, simplement... Il vous tient en grande estime.

Ceci était apparemment une de ses manœuvres habiles pour me faire dire ce que je pensais de Cobb, qui avait parlé devant la Commission trois ans plus tôt, comportement que je pourrais lui reprocher maintenant, à moins que, d'un air sombre, je refuse de parler de sa trahison. Bien entendu, le cas de Lee était accessoire. La véritable question était de savoir comment je réagirais devant la Commission, gentil matou ou serpent à sonnettes, et cela me plaisait de ne rien laisser paraître. En fait, je ne pouvais pas m'empêcher de voir en Lee, mon premier Willy Loman, une victime pathétique davantage qu'un salaud, un gros acteur maladroit qui voulait seulement jouer, n'avait jamais prétendu être un héros et restait à ma connaissance, une des meilleures preuves de l'inutile brutalité de la Commission à l'égard des artistes. Lee Cobb, qui n'était absolument pas politisé, n'était qu'un de ces grains de poussière de plus qu'avait soulevé l'idéalisation des Soviets dans les années trente, propagée dans le monde occidental par les désillusions de la Dépression.

– Que pensez-vous de lui comme acteur ?

– Ça, il a certainement été mon Willy préféré.

Ma louange parut le surprendre. Il s'attendait sans doute à davantage de courroux contre un « donneur ». Je choisis d'être aussi suave que lui, et révélai : « En fait, je lui ai proposé le rôle d'Eddie Carbone dans *Vu du pont.* Il était mon premier choix. »

Le visage de Wheeler exprima une véritable perplexité, et mon admiration pour son flegme professionnel diminua devant ce manque de dissimulation. Etait-ce donc là ce génie subtil, ce sorcier qui avait converti tant d'acteurs et de metteurs en scène à sa religion ?

– Je n'en ai jamais entendu parler, dit-il d'un ton sceptique.

– Pourquoi ne demandez-vous pas à son agent ?

– Une véritable proposition ?

– Oh, oui !

– Vous lui avez parlé vous-même ?

– Non, Bloomgarden a parlé à son agent. Voyez-vous, ajoutai-je, j'étais absolument persuadé que Lee serait le meilleur Eddie Carbone qu'on puisse imaginer, et comme je n'admets pas qu'on inscrive les acteurs sur une liste noire en raison de leurs opinions politiques, même si je suis en complet désaccord avec eux, j'ai demandé à Bloomgarden de lui faire cette proposition. Marty Ritt n'avait rien contre lui non plus, ajoutai-je, car il devait être informé de la piètre opinion que Ritt avait de son vieux copain après qu'il s'était dégonflé devant la Commission.

Wheeler garda le silence, paraissant ne pas savoir où il devait mettre le pied.

– Vous n'êtes pas comme je m'y attendais, finit-il par dire.

– Vous devriez vérifier auprès de l'agent de Lee.

– Il aurait été bon dans ce rôle.

– Oh, oui. Et il avait envie de le faire. Mais l'agent a dit à Bloomgarden que Lee avait peur de jouer dans une de mes pièces parce qu'il craignait que la Légion lui fasse encore des difficultés.

Car *Vu du pont* parlait, entre autres choses, d'un homme qui dénonce des membres de sa famille aux services d'immigration, et cela il n'était pas nécessaire que je le rappelle à Wheeler. Etait-ce par cynisme ou non, je m'étais dit que vu les circonstances, Lee pourrait assumer la douleur du docker tourmenté beaucoup mieux qu'un acteur de composition.

– Peut-être aimeriez-vous me parler une autre fois, dit Wheeler. Je pourrais vous revoir à New York ou à Los Angeles, l'un ou l'autre.

– Ce que j'ai à dire, je le dirai à mes avocats.

– Je vois. Il parut vouloir insister, mais abandonna assez vite : Bon, d'accord.

En résumé, j'allais avoir droit à la procédure complète de la Commission.

Nous nous levâmes de table, et je le saluai sans un sourire. Il alla traîner dans le hall, où même le matin les machines à sous crépitaient. Je ne pus m'empêcher de me demander, au moment où la foule de joueurs l'engloutissait, si cet événement avait eu un certain sens pour lui, ou s'il s'agissait simplement d'une petite excursion de L A à Reno, aux frais du gouvernement, pour une petite conversation qui ferait l'objet d'un beau rapport avant qu'il reprenne sa partie de golf. Mais peu de gens sont aussi blasés que ça. Nous croyons tous en quelque chose, j'imagine. Bien entendu, lors de notre brève conversation, il ne m'avait jamais dit que j'avais enfreint la loi. Il s'agissait plutôt de voir si j'allais me soumettre à un rite de repentir public, baiser le sol devant l'Etat, le seul dieu véritablement crédible de ce siècle, simplement pour avoir eu dans le passé certaines pensées – que j'avais effectivement nourries – et pour avoir rencontré – ce qui était également un fait – d'autres écrivains d'opinion identique, dans l'espoir de promouvoir l'idée de socialisme ou d'une fraternité plus spécifiquement humaine, même si les moyens envisagés étaient confus et particulièrement mal étudiés. Que tout ceci eût depuis longtemps été emporté par le vent n'avait rien à voir avec l'affaire, d'autant qu'il ne restait plus trace d'une gauche américaine, ni de quoi que ce soit, dans la réalité, qui justifiât notre loyauté ou notre trahison. Rien, il est vrai, sauf ces pensées pleines de générosité que l'on a dans sa jeunesse et qui avaient certainement été mal mises en pratique, bien que l'élan qui les sous-tendait eût été empreint d'une certaine noblesse. C'était le vaste cœur de la jeunesse qui allait maintenant faire les frais de la trahison, du désaveu ou de la moquerie. De ce que j'avais pu admettre du marxisme autrefois, rien n'était destiné à mon usage personnel, voilà une certitude; il s'agissait d'un acte de solidarité bien moins politique que moral, dirigé vers tous ceux qui avaient échoué dans la vie, un renoncement au pouvoir sous l'apparence d'un appétit matérialiste de pouvoir, une rédemption du moi. De même que j'étais allé, une semaine après le succès de *Ils étaient tous mes fils*, proposer mes services au bureau de l'emploi pour un boulot subalterne, que j'avais supporté une semaine, mais pas davantage, de même je m'étais précipité, de temps à autre, vers une permanence ou une autre du Parti et y étais resté suffisamment longtemps pour ressentir une fois de plus l'ennui et la frustration qu'engendrait sa mécanique. Cependant, en 1956, j'avais appris enfin à identifier l'origine de la pulsion égalitaire, et à en situer la source dans des zones moins exaltantes que la morale et la réforme publique, revenant aux anciens conflits avec mon frère et mon père illettré; j'avais évité qu'ils me fassent payer moralement mes succès en affirmant mon égalité avec les citoyens les plus défavorisés et en travaillant nuit et jour pour obtenir la gloire et la supériorité que pouvait m'apporter mon art.

Vingt-deux ans plus tard, j'allais entendre ma propre histoire, mais racontée par des écrivains chinois rentrant d'exil après la Révolution culturelle. Leur châtiment avait assurément été infiniment plus terrible, mais mon expérience me permettait de comprendre, avec une facilité désagréable, leurs sentiments.

L'avion pour New York étant à moitié vide, je pus m'étendre sur deux sièges. Le moment était venu d'avoir peur, pas tant de ce qu'il adviendrait de moi que de me découvrir incapable de répondre à l'obligation qui m'était faite d'expliquer ma vie et de prouver qu'elle était authentiquement américaine, alors qu'en fait, je ne la comprenais pas. C'était un de ces instants où les réminiscences laissées en suspens réapparaissent accompagnées de questions embarrassantes et non résolues. Peut-être n'avais-je été qu'un conformiste, et pas du tout un radical, redoutant l'opprobre que la gauche jette sur ceux qui ne réussissent pas à échouer, et prouvent ainsi quel sang vivace court dans les veines de l'Amérique. Ainsi, il y avait longtemps que j'avais repéré pourquoi les communistes désapprouvaient *le Commis voyageur* et *Ils étaient tous mes fils* : le succès public et l'accueil de la critique avaient jeté le doute sur cette vérité acquise : le théâtre américain ne pouvait pas, et ne devait théoriquement pas soutenir des pièces authentiquement sociales. Une œuvre qui décrivait comment les choses se passaient réellement ne pouvait pas avoir de succès. La gauche avait vécu les Derniers Jours avant l'Avènement, un environnement fort agréable pour un moraliste passif qui a seulement besoin de connaître la Vérité pour faire l'expérience du Salut, un truc aussi vieux que la théologie de saint Paul et aussi tentant que la justification par la foi seule. Mais je savais en tant qu'artiste que la création exigeait un mouvement en avant, une agression contre la sensibilité endormie du monde. Toute ma vie avait été une lutte entre l'action et la passivité, la création et l'observation détachée. Dans le vol de New York, je me souvins d'un rêve que j'avais fait des années auparavant et en notai les détails. Je me trouvais dans un théâtre et assistais à la représentation d'une de mes pièces au milieu d'un public dont je sentis soudain qu'il était immobile comme la mort. D'un seul coup d'œil, je vis les visages de mes parents, de mes amis, de tous les gens que j'avais connus dans ma vie et m'écriai : « Mon Dieu! Je les ai tous tués! » comme si le fait de créer des ressemblances équivalait à voler l'âme des gens que l'on a décrits; et pourtant, je ressentais aussi une joie profonde et illicite pour avoir enfreint le commandement, car j'avais créé la vie, comme Dieu.

Je me souvins également des six mois que j'avais passés avec le WPA Theatre Project, à l'issue de mes études universitaires. Il y avait en 1939 une quarantaine ou une cinquantaine d'auteurs dramatiques qui touchaient 22,77 dollars par semaine pour écrire des pièces, que je lus pour la plupart et trouvai exécrables, absolument impossibles – et d'ailleurs, on n'entendit plus jamais parler de ces gens du jour où le Theatre Project ferma ses portes, à l'approche de la guerre. Souhaitant me dissocier de cette troupe de tâcherons, je m'étais posé en victime du mépris que Broadway affichait pour l'art authentique, tout en étant persuadé que ceux qui jouissaient d'un talent minimum étaient trop paresseux pour l'exploiter à fond et préféraient rendre le système responsable du manque de rigueur de leurs pièces. En vérité, j'étais convaincu qu'un type bien pouvait ouours s'en sortir, capitalisme ou pas capitalisme.

Mais le mandat que j'avais enfoui dans ma poche était une arme bien usée, et ne me permettait guère d'user de finasseries : pour défendre mon honneur, je devais non seulement confondre la Commission, ce qui allait inévitablement me forcer à paraître prosoviétique alors que j'avais depuis longtemps perdu la moindre étincelle de foi en la valeur de ce système, mais de surcroît – chose infiniment plus douloureuse – à prétendre approuver l'intégration et la promotion par la communauté des bons à rien et des artistes ratés, des parasites sentimentaux de la gauche littéraire dont je m'étais définitivement écarté. Cependant, il n'en restait pas moins évident dans mon esprit, que je ne dénoncerais jamais à la Commission ceux, tous des écrivains, dont j'avais su qu'ils étaient communistes, et que cela ne regardait que moi. J'avais mille bonnes raisons de me conformer à la mode de l'époque, seulement voilà! je ne pouvais tout simplement pas croire que ce que je savais, ou les individus que je connaissais, risquait de présenter le moindre danger pour la démocratie américaine. Je considérais en fait les communistes américains comme une secte qui aurait pu tout aussi bien prier quelque part dans l'Himalaya tant ils avaient peu de chose à voir avec ce qui faisait bouger le monde américain. Je ne pouvais pas non plus leur reprocher de m'avoir porté un tort particulier, et je n'éprouvais aucun besoin de vengeance, ni même de rupture passionnée puisqu'ils étaient simplement des traînards sans importance, attendant sur le quai l'arrivée du train de la Rédemption.

Restait à faire comprendre cela, peu ou prou, notamment à un pays en plein essor et de plus en plus content de lui, et je n'en voyais pas le moyen. En fait, j'étais certain que l'échec de *A Memory of Two Mondays* et de *Vu du pont* était dû en partie au fait qu'elles parlaient de privation et même de désespoir. Comme toujours, l'Amérique niait sa souffrance, et il était démodé d'avoir de la mémoire. Ma difficulté à exprimer les choses se répéterait dans les années soixante, quand la génération de la guerre du Vietnam découvrirait l'impossibilité de transmettre ses visions cataclysmiques à des jeunes gens indifférents. MacLeish avait raison : l'Amérique n'était que promesses – et ne trouvait aucun intérêt à perpétuer le souvenir de ceux qui avaient échoué.

Pour comble, la nouvelle de mon prochain mariage

avait éclaté. Il était clair que Wheeler n'aurait pas fait le voyage du Nevada s'il n'avait voulu s'assurer que la publicité que cette histoire allait immanquablement déclencher s'étendrait aussi à la Commission, qui en avait grandement besoin ces temps-ci, l'heure de son déclin ayant sonné.

Il y a des situations où l'on a tellement peur que l'on devient calme. Puisque j'étais perdu, je m'inquiétais davantage pour Marilyn que pour moi. Par ailleurs, tout ceci était complètement irréel, avec un côté amusant qui chassait la panique. J'imaginais Carl Royce et son magnifique costume de cow-boy tourterelle assis à côté de moi. Il devait être de retour sur ses terres du Texas, à l'heure qu'il était, mais son scepticisme simple et viril, son anarchisme généreux si merveilleusement américain, m'accompagnaient dans mon voyage. Je tenais de je ne sais où, peut-être de deux milliers d'années que nous avions passées à camper au bord de l'abîme, une tendance à ne pas céder à la menace, aussi inclinai-je mon siège vers l'arrière, laissant l'inertie de la Terre s'emparer de moi. J'étais un Américain, après tout, un citoyen de l'île inattendue, de la société des autos tamponneuses. Qui sait ? Peut-être quelque chose de bon allait-il m'arriver. Ou bien aurais-je dû défier la réalité en m'enfuyant au Texas ?

Pour paraphraser ce que Winston Churchill disait des Allemands, les journalistes, devant Marilyn, soit se couchaient à ses pieds, soit lui sautaient à la gorge. Des journaux comme le *Daily News* de New York, qui était alors dans sa phase la plus extrême droite, devaient nécessairement déplorer mon entrée en scène, mais cette regrettable erreur mise à part, sa rupture avec Joe DiMaggio – avec qui, selon eux, elle formait le couple américain idéal – avait été jugée tout simplement impardonnable. Aussi, quand elle revint du tournage d'*Arrêt d'autobus*, jugèrent-ils essentiel non seulement de détruire son image, mais aussi de nier sa beauté, et ceci d'autant plus que son rêve, jouer avec Olivier, était sur le point de se réaliser. Au lieu de rejoindre dans les limbes les innombrables starlettes aux prétentions artistiques démesurées, elle devait partir pour l'Angleterre peu de temps après notre mariage, tourner *le Prince et la Danseuse.* Cela ne pouvait pas se passer comme ça.

Nous nous étions passagèrement installés dans un immeuble de Sutton Place dont l'entrée était envahie chaque matin dès huit heures par une foule de photographes. Hommage à sa formidable popularité, avais-je d'abord cru. Pourtant, après que nous leur eûmes accordé une conférence de presse impromptue sur le trottoir, dans l'espoir de les voir enfin partir, les chasseurs d'images du *News* et du *Post* (qui était alors dans sa phase libérale) continuèrent d'apparaître tous les jours aux premières lueurs de l'aube. Pourquoi? nous demandions-nous. La réponse nous fut donnée un matin où Marilyn, les ayant repérés du hall, battit en retraite et descendit au sous-sol pour tenter de passer par la porte de service. Elle n'était pas maquillée, portait un chandail avachi et trop grand, et avait couvert ses cheveux d'un foulard noué sous le menton, comme si elle avait mal aux dents, déguisement qu'elle adoptait souvent pour aller rejoindre son analyste de l'autre côté de la ville sans attirer l'attention.

Les journalistes déferlèrent dans la ruelle, la débusquant au milieu des poubelles, et prirent la photo qu'ils convoitaient depuis plusieurs jours, et que le *News* reproduisit en première page. La voici, cette prétendue beauté, la fiancée de l'Amérique, ricanante, les yeux bouffis, levant la main sur le lecteur comme une ménagère hystérique menaçant un passant innocent, entourée d'ordures. Les mêmes journaux devaient bien entendu consacrer des numéros presque entiers aux intolérables manifestations de douleur de leurs chroniqueurs à l'occasion de sa mort, à peine six ans plus tard.

Une fois encore, la Twentieth-Century Fox fit mystérieusement intrusion dans ma vie : Spyros Skouras nous rendit une visite surprise la veille de mon départ pour Washington, avec l'intention de me convaincre qu'il fallait coopérer avec la Commission. Il avait téléphoné de Hollywood pour demander à Marilyn s'il pouvait passer chez nous dès son arrivée à New York. Je savais ce que cela signifiait, bien entendu, puisque le président de la Twentieth-Century Fox n'avait pas pour habitude de prendre l'avion et d'aller voir les gens ainsi, et surtout pas Marilyn en tout cas, vu que le studio était toujours en désaccord avec elle. Il voulait me convaincre d'éviter une possible peine de prison pour outrage au Congrès. Non que j'eusse la moindre importance à ses yeux, mais si les rumeurs concernant notre mariage étaient fondées, les organisations patriotiques seraient capables de boycotter ses films. Ainsi le voulait l'époque. S'il y avait quelque chose de surprenant dans son appel, c'était qu'il ne l'eût pas fait plus tôt. Il était connu pour avoir retourné plus d'un acteur et d'une actrice par un mélange de conviction sincère et de paternalisme brandissant la menace d'une mauvaise publicité, redoutée dans ce milieu.

Quand Marilyn revint auprès de moi après avoir raccroché et m'apprit que c'était Skouras qui appelait, je dus avoir l'air déconcerté, car elle me demanda aussitôt de ne pas refuser de le voir. Et ça, c'était bizarre.

Selon les occasions, elle le rejetait, le haïssait ou en parlait comme de l'ami sur lequel elle pouvait le plus compter au studio. Et même si elle était furieuse qu'il lui refuse les privilèges habituels d'une grande star, ce qu'elle était indubitablement devenue à cette époque – la meilleure loge, le choix de l'opérateur et du metteur en scène, et le respect qui lui était dû en tant qu'actrice préférée du public – elle finissait par se laisser attendrir chaque fois qu'il lui jurait, authentiques larmes à l'appui, qu'elle lui était plus chère que sa fille adorée. En même temps, elle était certaine qu'elle devait à l'entêtement de Skouras de ne pas être reconnue comme la vedette numéro un de la Fox.

Le studio voulait absolument la maintenir dans les termes de son ancien contrat, qui lui consentait cent cinquante mille dollars par film, soit une fraction seulement de sa valeur commerciale à l'époque. Ce chiffre avait été fixé avant que ne se développe le culte étonnant dont elle faisait l'objet, et avant que les studios ne commencent à accumuler des bénéfices avec ses films. Malgré cela, sa rancune retombait dès que Skouras la prenait par le bras, lui disant : « Vous êtes ma fille. » J'étais rassuré lorsqu'elle se montrait chaleureuse à son égard. Nous devions nous marier bientôt et j'accueillais avec joie ses sentiments quels qu'ils fussent, du moment qu'ils étaient positifs ou insouciants. De toute manière, ce serait à moi d'affronter Skouras, et je savais très bien comment je le ferais, bien que sa venue renforçât mon sentiment que la carrière de Marilyn risquait de souffrir de ma condamnation publique.

Spyros Skouras, me disais-je, était peut-être une anguille, mais sûrement pas un mauvais type parce que sa perversité était suffisamment évidente pour sembler presque rassurante. On ne pouvait jamais avoir le moindre doute sur l'endroit où il se tenait – juste à droite du Pouvoir. S'il se laissait aller à prononcer des discours passionnés et valorisants sur l'honneur, la compassion et la vérité, c'était bien dans la tradition méditerranéenne, et plus spécifiquement achiléenne, des excès rhétoriques qui accompagnent tous les grands changements de la vie tels que mariages et naissances – en particulier celle des garçons – ainsi que les brutales trahisons qu'impose nécessairement le Pouvoir à certaines périodes. J'avais rencontré Skouras à plusieurs reprises, mais une seule occasion m'avait été donnée de le surprendre en pleine envolée rhétorique, et je ne l'avais jamais oublié.

Environ cinq ans plus tôt, j'avais rencontré Kazan, un après-midi, à quelques mètres de l'immeuble de la Fox sur la 46e Rue, où il avait rendez-vous avec Skouras. Il me proposa de l'accompagner et j'acceptai, n'ayant rien de mieux à faire. Kazan en était au tout début de sa carrière de réalisateur de cinéma et trouvait cette activité très excitante. Son compatriote Skouras était son ami, son patron et son parrain.

Le bureau de Skouras avait les dimensions approximatives d'un court de squash, avec le mur du fond entièrement recouvert d'une carte du monde, et juste devant, son bureau directorial de la taille d'un cercueil. Sur cette carte, l'Amérique latine semblait mesurer trois mètres de long et les autres continents paraissaient immenses en proportion, tous marqués de grandes étoiles rouges là où il y avait un bureau de la Fox. Sur le plateau de marbre beige du bureau, une statuette baroque servait de support à un stylo et un porte-mine en or.

George Jessel, qui avait alors une cinquantaine d'années, était assis sur un pouf, au pied de ce bureau. Il nous accueillit, Kazan et moi, en nous enveloppant passionnément la main de ses deux paumes jointes. Sur un signe de Skouras, nous nous assîmes sur des canapés beiges dont les coussins étaient si profonds et moelleux qu'il semblait impossible de pouvoir s'en extraire.

Sans raison apparente, Skouras se leva brusquement derrière son bureau et se lança d'une voix rauque et tonitruante, qui semblait destinée à un auditoire de plusieurs milliers de personnes, dans une tirade contre Franklin Roosevelt, mort à l'époque depuis six ans. Frappant le dessus de marbre du plat de la main pour souligner son propos, rejetant de temps en temps la tête en arrière avec un air de défi ou agitant l'index en direction de Kazan, apparemment pour le réprimander, il décrivit l'ancien président comme un homme sans honneur, décence ni courage.

– Il était terrible ! glapit soudain Jessel, toujours assis sur son pouf.

– Il n'était pas terrible, c'était un putain de salaud !

– L'ordure, renchérit Jessel en secouant la tête avec

colère, tout en nous regardant comme s'il fallait immédiatement faire quelque chose à propos de cet ignoble personnage. Je pourrais vous dire des choses telles, Spyros, que...

– Vous savez rien! Moi, je sais!

– Je sais que vous savez, Spyros, mais j'étais à Des Moines, une fois, quand il...

– Me parlez pas de Des Moines! ordonna Skouras, outragé. Cet homme a abandonné des millions de gens à Staline! Il était agent de Staline! C'était définitivement un agent!

Là, il donna un grand coup sur le bureau.

– Il était pire qu'un agent! aboya Jessel, visiblement excité.

Et soudain, sans que rien dans son ton ou son emphase n'eût annoncé ce qui venait, Skouras déclara, la tête fièrement rejetée en arrière :

– Sans Franklin Roosevelt, les Etats-Unis auraient connu une révolution au printemps de 1935. Il a sauvé l'Amérique!

– C'est bien vrai! s'écria Jessel sans ciller devant ce renversement abrupt de la situation. Seigneur Dieu, poursuivit-il d'un ton larmoyant, les gens crevaient de faim, mouraient dans la rue...

Skouras se lança alors dans un éloge de Roosevelt d'un lyrisme digne d'une cérémonie funèbre, tandis que des larmes de deuil dégoulinaient des paupières inférieures de Jessel puis, secouant la tête, exhuma avec attendrissement des souvenirs prouvant la grandeur de caractère, l'humour et la générosité du défunt président. Je mis plusieurs semaines avant de comprendre que Skouras s'était livré à ce numéro pour prévenir Kazan, et moi aussi peut-être, qu'il possédait un pouvoir tel qu'il lui était loisible de se contredire de manière flagrante sans perdre un gramme de sa supériorité. Il était comme un morse sur la plage, criant simplement sa joie de vivre au soleil.

Lorsque j'ouvris la porte de notre appartement à

Skouras, je vis qu'il était fatigué, un vieil homme las en smoking. Peut-être aussi avait-il un peu trop bu. Sa poignée de main était molle et son regard glissa sur mon visage sans l'habituelle étincelle de reconnaissance, comme s'il n'attendait pas grand-chose de la soirée. Un homme chauve avec un torse épais et un cou de taureau, qui se tenait légèrement basculé en arrière, le dos bien droit et le menton rentré comme un boxeur. Il était capable de sourire chaleureusement tandis que ses yeux bougeaient dans tous les sens, cherchant l'ennemi. Marilyn arriva aussitôt et ils s'embrassèrent, Skouras presque en larmes en raison, probablement, de toutes les faveurs qu'il avait dû lui refuser. « Merv'leux, merv'leux », dit-il à plusieurs reprises, les yeux fermés et le nez enfoui dans ses cheveux.

Et, curieusement, elle aussi était émue. Mais je ne savais pas encore que chaque fois qu'elle se trouvait en présence d'hommes âgés elle avait une telle conscience du pouvoir qu'elle exerçait sur eux qu'elle en éprouvait souvent de la pitié, et parfois de l'amour. La sentir près d'eux pouvait les faire réellement trembler, et elle en retirait plus de sécurité que d'un coffre rempli d'argent ou d'une salle de théâtre croulant sous les applaudissements. Portant la main de Marilyn à ses lèvres, Skouras l'entraîna vers le canapé et s'assit à côté d'elle, mais elle se releva aussitôt et voulut absolument lui servir un cognac, qu'il accepta avec des protestations étouffées, et finit par boire. Revenue à côté de lui sur le canapé, les genoux relevés, elle le regardait avec sa lèvre supérieure légèrement frémissante, telle celle d'un cheval à qui l'on aurait passé la bride, tic orgueilleux de quelqu'un qui se domine. Il ne pouvait qu'être frappé par la beauté de Marilyn, vêtue d'un chemisier de satin beige au col relevé à la lord Byron, d'une jupe blanche serrée et d'étincelantes chaussures vernies blanches à talons aiguilles. Cela faisait des mois qu'il ne l'avait pas vue, suffisamment longtemps en tout cas pour avoir oublié l'impact du flux puissant que sa beauté paraissait déclencher.

Assis sur une fesse, tel un ours de cirque pataud, il n'arrêtait pas de glisser du canapé tout en évoquant, de sa voix rauque au charme adolescent, les maladies et les décès de leurs amis hollywoodiens communs, les difficultés qu'il avait avec sa propriété de Rye, et ce qui arrivait à sa fille. Marilyn était séduite et heureuse, de ce bonheur que seule l'émotion pouvait lui donner, qu'elle eût pour origine l'hostilité ou la bienveillance, car il n'y avait de vérité que dans l'émotion. Puis, sans transition, il la pria de renoncer à sa propre société de production et de revenir au studio, alors que tout avait été réglé par contrat depuis presque un an, mais elle comprit ce qu'avait signifié cette longue digression – ce qu'il était venu lui demander était difficile à dire, et cette façon de tourner autour du pot, si absurde fût-elle, témoignait d'un certain respect à son égard qui l'incita à l'écouter et à réagir comme s'il parlait de quelque chose de réel.

« Le Seigneur m'est témoin, mon chou, je me préoccupe de vous personnellement. Je peux rien contre ce que certains de ces gens là-bas vous ont fait ces dernières années, je suis pas la Fox. J' n'en suis que le président. J' vous parle du fond de mon cœur, j' vous promets que vous allez être de nouveau heureuse avec nous. J' suis tout à fait sérieux, Marilyn chérie, vous avez fait une telle erreur, revenez parmi nous, nous sommes votre véritable famille, votre père et votre mère. » Et il poursuivit ainsi, semblable à certains poissons qui sécrètent un alcali avant de déposer leurs œufs dans une eau acide. Ensuite, il parla de sa cathédrale, qu'il avait fait construire à Los Angeles pour l'Eglise orthodoxe grecque – la fierté de son existence. On pouvait détester Spyros, mais s'il y avait une raison de l'aimer, c'était pour la naïveté avec laquelle il méprisait la vérité, une naïveté ni froide ni cynique, mais en quelque sorte ardente : il était toujours convaincu de ce qu'il disait au moment où il le disait.

Tout à coup, il s'empara de la main de Marilyn et lui susurra, comme s'ils étaient seuls au monde : « Vous êtes amoureuse, mon petit? » Elle parut sur le point d'éclater, inspira à fond, et d'un signe de tête, indiqua que c'était le cas. « Vous êtes sûre? »

Se sentant légèrement coupable, elle le regarda droit dans les yeux, lui qui connaissait toute l'histoire, et hocha à nouveau la tête.

« Le Seigneu' vous bénisse, merv'leux », dit-il en lui tapotant la main avec une approbation toute paternelle. S'il s'agissait vraiment d'amour et de mariage – surtout le mariage – c'est que Dieu était dans le coup et que toutes les bêtises d'antan étaient terminées. Skouras resta quelques secondes à réfléchir à toute allure en hochant la tête, les yeux rivés sur sa petite chaussure noire posée sur le tapis. Se tournant vers moi, il déclara : « Le Seigneu' vous bénisse, Artr, merv'leux. Je connais, qu' vous êtes un type bien, vous irez prendre grand soin de cette petite, elle est comme ma propre fille, le Seigneu' m'est témoin. »

Bien obligé d'admettre maintenant qu'il ne s'agissait pas d'un simple coup de tête, il savait que la Fox allait être impliquée, inévitablement et dangereusement. Etant donné les deux films que Marilyn leur devait encore avant d'être complètement libre, son mariage en soi était déjà une mauvaise chose pour l'image de l'être sexuellement disponible qu'elle représentait, mais son mariage avec moi, dans la situation où je me trouvais, était une vraie catastrophe.

Il soupira. « Artr, j'espère sincèrement que vous commettrez pas une terrible erreur devant la Commission. »

J'avais toutes les raisons de croire qu'il soutiendrait la Commission, quoi que je puisse dire, aussi ne me restait-il qu'à hausser les épaules, en marmonnant que j'allais faire ce que j'estimais devoir faire.

Soudain, il fut parfaitement éveillé, guettant ma réaction : « Je connais très bien ces gens du Congrès Artr, nous sommes bons amis. Ils ne sont pas méchants, ils peuvent être raisonnables. Je suis persuadé, Artr, que dans votre cas, ils pourraient vous interroger en privé, vous comprenez ? Pas la peine d'organiser une séance publique. Je peux arranger ça, si vous voulez. »

Selon le code en vigueur à l'époque, cela signifiait que si je me « blanchissais » en donnant des noms et en prononçant les formules d'obéissance à la Commission, c'est-à-dire, par exemple, en remerciant publiquement ses membres pour m'avoir aidé à retrouver mes vrais liens avec l'Amérique, je pourrais être interrogé *in camera*, et échapper à l'audition publique.

– Je suis contre la Commission, Spyros. Comment pourrais-je les remercier de quoi que ce soit ?

Au milieu de ma réponse, j'entendis le nom de Socrate, et lorsque j'eus fini, il me dit :

– Vous devez lire le livre de cet homme.

– Socrate ! Spyros, Socrate a été condamné par le même genre de commission !

– Oui, mais il a eu le courage de dire ce qu'il pense, Artr.

Je restai interloqué pendant une ou deux secondes, puis je compris ce qu'il voulait dire : je devrais profiter de mon interrogatoire pour expliquer ce qui me séparait de la gauche et des libéraux, mener une « attaque » qui me dédouanerait face à la Commission. C'était plus ou moins ce qu'Odets avait été entraîné à faire malgré lui, et qu'il ne cesserait jamais de regretter jusqu'à son dernier jour.

– Je n'ai pas besoin d'une commission du Congrès pour avoir l'occasion d'attaquer la gauche, Spyros, je peux le faire quand je veux.

En mon for intérieur, je remerciai ma bonne étoile de m'avoir fait travailler pour le théâtre, où il n'y avait pas de liste noire. Si j'avais été scénariste, je serais maintenant en train de dire adieu à ma carrière.

Se levant en agitant l'index vers le plafond, il essaya de se montrer animé d'une conviction brûlante, mais la répétition, selon moi, vidait son discours de toute sincérité. « Staline, commença-t-il, a crucifié le piple gric Artr. Je sais d' quoi je parle. Le parti communiste gric a fait la guerre civile, la torture, fisillé des gens... » Il nous déversa ensuite une histoire tout emballée de la catastrophe politique de la Grèce d'après-guerre, droite contre gauche, tout le blâme rejaillissant bien entendu sur celle-ci, et les bienfaits n'étant imputables qu'à celle-là. Pourtant, même si j'avais connu, ou été en mesure d'admettre, l'authenticité des brutalités de la gauche à l'époque, cela n'aurait rien changé à ce que je considérais comme le problème de 1956, c'est-à-dire ce mépris nettement antidémocratique à l'égard des droits américains essentiels que manifestait la Commission, et que je trouvais insupportable.

– C'est hors de question, Spyros. Je ne peux pas faire cela. Je n'aime pas ces gens-là.

Comment la colère m'a envahi, ou ce qui l'a déclenchée, je n'ai jamais pu le déterminer par la suite, mais toujours est-il que je me suis senti coincé parce qu'il insistait. C'était comme s'il essayait d'exercer une pression sur mon travail et je ne pouvais le tolérer. Je ne prononçai qu'une phrase ou deux, mais il comprit vite ce que cela signifiait, leva les mains et alla chercher son manteau posé sur le dossier d'une chaise et, si incroyable que cela puisse paraître, je suis sûr que je l'entendis murmurer : « Vous êtes un Socrate. » Il embrassa Marilyn, cette fois avec une réelle tristesse, et je l'accompagnai jusqu'à l'ascenseur. Lorsque celui-ci arriva, il était retombé dans sa torpeur, comme au début, et le dernier regard qu'il me lança en disparaissant derrière la porte de la cabine était absent, comme si j'étais un parfait étranger rencontré dans le couloir d'un immeuble, car il n'était pas de ces hommes qui gaspillent leurs émotions.

Marilyn était en train de boire un whisky lorsque je rentrai et elle ne paraissait pas très sûre d'elle. Je sentis qu'il avait su l'émouvoir, non par son discours mais par ses sentiments car il se souciait réellement d'elle, à sa façon aberrante. Quelques années plus tard, Skouras devait l'inviter à la table d'honneur lors de la visite de Nikita Khrouchtchev au studio de la Fox, et la présenter comme une grande star. Le leader soviétique avait de toute évidence été très séduit par elle, et en retour elle avait aimé sa simplicité. Spyros avait alors fait pour la mille et unième fois le récit épique de son arrivée en Amérique avec ses frères, quelques tapis sur leur dos représentant leur unique fortune, et comment il était maintenant le président de le Twentieth-Century Fox, voilà ce qu'était l'égalité des chances en Amérique. Khrouchtchev s'était levé à son tour pour rétorquer que, lui, le fils d'un pauvre mineur, se trouvait maintenant à la tête de l'URSS. Marilyn avait trouvé sa repartie formidable. Tout comme elle, Khrouchtchev était quelqu'un de différent.

Nous étions assis, ma mère, Marilyn et moi, sur un banc de Penn Station, attendant l'annonce du train pour Washington. Je ne pouvais penser qu'à une seule chose, le gâchis que mon voyage impliquait. Tout cela pour absolument rien, sinon que cela allait coûter des dizaines de milliers de dollars d'honoraires d'avocats, malgré la forte réduction accordée par mes conseils et amis du cabinet Paul, Weiss, Wharton et Garrison. Marilyn essayait vaillamment de ne pas paraître trop malheureuse et comme je m'efforçais, pour elle, de maintenir une humeur plaisante, aucun de nous ne put exprimer ce qu'il ressentait véritablement, en particulier devant le fait que nous n'avions pas trouvé une heure de paix depuis que nous avions décidé de vivre ensemble. Pour l'instant, je détestais l'idée de lui causer ce tourment. Ma mère parvint à se comporter comme si rien de menaçant ne se préparait et parla des vêtements de Marilyn, ce qui, selon moi, dut la faire passer pour insensible aux yeux de celle-ci. Marilyn avait une relation compliquée et instable avec les femmes plus âgées, allant de l'idéalisation sentimentale à l'angoisse de ne pas être approuvée par elles. Elle avait eu une réaction purement sentimentale face à ma mère, mais on sentait maintenant comme une trace de reflux, de sombre retrait. Pourtant, quand je me retournai, arrivé à l'escalier menant au quai, pour leur faire un dernier signe d'adieu, elles se tenaient par le bras comme une paire d'amies. En levant la main pour me répondre, Marilyn dut maintenir le col de son manteau de vison contre sa joue pour ne pas être reconnue et risquer un de ces attroupements spontanés que sa présence provoquait en général. Ce geste indiquait le caractère irréel des deux mondes distincts dans lesquels nous essayions de vivre – ici, elle se montrait grave dans une circonstance grave, mais si on la reconnaissait, il lui faudrait éclater de rire et redevenir la joyeuse blonde insouciante.

Nous prenions l'apéritif dans le salon des Rauh à Washington quand Joe fut appelé au téléphone dans le vestibule par sa femme, Olie. En revenant, il se mit à rire d'une manière encore plus enfantine que d'habitude.

Joe Rauh, un géant qui semble encore plus grand et large parce qu'il porte des nœuds papillons, est un avocat combatif, ancien président des *Americans for Democratic Action*, groupe de pression libéral qui comptait parmi ses membres des hommes tels que Hubert Humphrey et Adlai Stevenson. Joe est anticommuniste pour la simple raison qu'il aime passionnément la démocratie; il ne s'intéresse à l'idéologie et même à la philosophie que dans la mesure où elles conduisent à respecter ou à mépriser les droits de l'homme. Il ne rejette pas la puissance américaine à l'étranger, mais sans appliquer le double système de valeurs qui consiste à fermer les yeux sur les crimes de « nos » dictateurs tout en hurlant de vibrantes menaces à l'adresse de ceux qui suivent l'exemple soviétique. Il voue une foi inébranlable aux droits constitutionnels de l'homme, garantie de la vie démocratique en Amérique. Son cabinet, spécialisé dans les questions de droit public, lui a rapporté une fraction seulement de ce que ses talents lui auraient valu dans un cabinet d'affaires.

Pour l'heure, il s'assit dans un des fauteuils recouverts de chintz et, arborant une expression solennelle, me demanda : « Que penseriez-vous de *ne pas* être obligé de comparaître devant la Commission demain ? » Il me raconta qu'il venait à l'instant de parler à quelqu'un qui représentait le député Francis E. Walter, de l'Etat de Pennsylvanie, président de la Commission, qui avait proposé l'annulation de l'audience à condition que Marilyn accepte d'être photographiée en train de lui serrer la main.

J'éclatai de rire. Pourquoi je ne fus même pas tenté d'accepter, je ne saurais le dire. Cela nous aurait certainement évité bien des chagrins. Nous restâmes assis, hochant la tête devant la simplicité fondamentale de la politique – comme dans le monde du spectacle, il suffisait d'avoir son nom dans le journal, peu importait comment et pourquoi.

Mes souvenirs de l'audience proprement dite sont fragmentaires, comme ceux que suscite la violence.

Je me souviens du drapeau enroulé, derrière la tribune où siégeaient les membres de la Commission, les yeux baissés vers Joe et moi, et vers son collègue Lloyd Garrison, assis derrière nous, le regard patricien de Joe n'échappant pas au président Walter. Dans ce contexte, le drapeau me paraissait plus rassurant que menaçant, au contraire de ce que j'avais ressenti dans le Nevada. Dans d'autres lieux et sous d'autres drapeaux, j'aurais risqué une condamnation à mort pour exactement les mêmes motifs qui m'étaient reprochés aujourd'hui.

Je me souviens d'une pile de papiers sur une table, d'où l'interrogateur, Richard Arens, retirait une feuille après l'autre, lisant à voix haute les pétitions que j'avais signées il y avait tant, tant d'années, pour ainsi dire dans un autre pays – des protestations, des requêtes pour la libération d'un prisonnier, des appels à l'amitié avec la Russie (que Joe voulut absolument voir pour lire à voix haute certains des autres noms de signataires, parmi lesquels Mme Roosevelt) – et je me rappelle m'être demandé s'il avait l'intention d'éplucher toute la pile, répétant à chaque fois : « Avez-vous signé ceci ? » Oui, bien entendu, j'avais tout signé, et au bout d'une douzaine environ, je me mis à répondre systématiquement *oui* avant même qu'il eût identifié le document.

J'ai lu quelques années plus tard qu'Arens avait été écarté de cette fonction quand il fut établi qu'il touchait des émoluments d'une « fondation » raciste en tant que conseiller, rédacteur de pamphlets et expert sur l'infériorité raciale des Noirs. Je n'en fus pas autrement surpris. C'était un type de petite taille, avec un crâne rasé et un visage carré, aplati, qui avait l'air d'avoir été méchamment déçu par la vie, de toutes les manières possibles. Célibataire, il avait la réputation de faire pousser des fleurs magnifiques dans l'arrière-cour de sa maison de Washington.

Je me souviens d'avoir pensé, en regardant l'un après l'autre les documents qu'il me donnait à identifier, combien tout ceci avait été vain. Je me rappelle m'être dit que mon influence sur ma propre histoire avait été nulle. En vérité, j'avais tout simplement du mal à identifier nombre d'organismes ou de causes auxquels j'avais apporté mon soutien. Le pire de tout, sans doute, était que, si Arens établissait ces « faits » pour apporter la preuve de ma vie de sympathisant, il eût été impossible, dans de telles circonstances, de raconter toute la vérité, même si j'avais eu la liberté de le faire. J'avais effectivement cru à une époque, avec une certitude morale passionnée, que l'espoir de l'humanité et la survie de la raison même résidaient dans le marxisme, mais j'avais dû m'incliner devant les preuves irritantes de la perversité humaine, y compris la mienne. Comment expliquer alors que, même s'il avait sorti de sa poche une carte du parti communiste portant ma signature, j'aurais seulement pu dire : oui, c'est probablement ce que j'ai pensé à l'époque, ayant décidé ce jour-là, ou cette semaine-là, que la seule manière de se dresser contre le fascisme, chez nous comme à l'étranger, était d'agir comme tant d'autres personnes de ma génération. Dans les pièces et les romans consacrés aux héros de la guerre civile espagnole et de la Résistance, aujourd'hui largement oubliées, des Allemands au mouvement hitlérien – dans toute la liturgie gauchiste – être Rouge, c'était embrasser l'espoir, l'espoir qui repose sur l'action. Cela avait paru vrai pendant un certain temps. Mais j'en suis venu à constater une réalité toute différente en voyageant en Union soviétique, plus particulièrement, ainsi qu'en Europe de l'Est et en Chine. Au plus profond du marxisme il y a, quelle ironie, une passivité désespérée devant l'Histoire, et le pouvoir est réellement interdit à l'individu tandis qu'il appartient en droit uniquement à la collectivité. Aussi l'individu ne demande-t-il aucun droit, au titre de protection contre l'Etat, de même qu'une personne croyante n'a pas besoin de droits pour se protéger des pouvoirs de son dieu. La passivité, avant une révolution, vient de la croyance en la fin du monde, dont aucun homme ne peut ralentir ni empêcher l'avènement. Et après la révolution, elle procède de la Nouvelle Loi même, qui absorbe fondamentalement l'individu dans le collectif.

L'Histoire s'infléchit. La facilité avec laquelle j'ai pu, dans les années soixante, comprendre la peur et la frustration des dissidents du monde soviétique venait en grande partie de mon expérience face à la Commission des activités antiaméricaines dans les années cinquante.

Je me souviens des chaussures marron et blanc à bout perforé du président Walter, et de son blazer bleu, un costume parfait pour une noce à Scranton, Pennsylvanie, et du signe de tête aimable dont il me gratifia en faisant son entrée au milieu des visages sévères de sa Commission. Il n'essaya pas de cacher son étonnement, ni son intérêt, à la vue du grand nombre de journalistes présents (parmi lesquels, bien entendu, I.F. Stone, peut-être le plus acharné au travail, et le meilleur à Washington) et notamment, fait sans précédent, de plus d'une vingtaine de correspondants étrangers, tous assis devant une longue table pas très loin de moi. Cela ne s'était jamais produit auparavant. Il n'était pas encore courant que des pièces de théâtre américaines soient publiées et jouées en Europe, comme cela avait été le cas pour les miennes, et je remerciai ma main droite pour le travail qu'elle avait accompli au cours des années. Je savais bien entendu que dans leur esprit, le quasi-meurtre de la culture européenne était dû aux gens assis là, dans cette salle, sous l'autorité presque palpable du drapeau américain, et je voulais lui montrer que cela ne se produirait pas ici, du moins pas aujourd'hui.

Je n'ai gardé le souvenir que de deux ou trois échanges décevants avec la Commission. Arens sortit un commentaire que j'avais rédigé peu après la fin de la guerre en réponse à un questionnaire établi par le magazine *New Masses* concernant l'arrestation d'Ezra Pound, où l'on demandait à plusieurs écrivains leur opinion sur ce qu'il fallait faire de lui. Je répondis qu'il avait nettement commis un acte de trahison en parlant à la radio et en écrivant pour Mussolini dans le but de démoraliser les troupes américaines combattant en Allemagne et en Italie, et qu'il devait être traité comme on traiterait n'importe qui ayant commis le même crime.

Arens présenta cela comme une étrange contradiction avec ma position en faveur de la liberté d'expression, sujet qui fut également évoqué lors d'une conversation avec un député de Cincinnati, Gordon Scherer. Scherer demanda très sérieusement, parlant de Pound, si « un communiste qui serait aussi un poète aurait le droit de recommander l'élimination de ce gouvernement par la force et la violence? Dans sa littérature, dans sa poésie »?

Je répondis qu'un homme devrait avoir « le droit

d'écrire un poème sur n'importe quoi », et m'étonnai de sa naïveté provinciale, qui lui faisait choisir la poésie comme fauteur de guerre. Il ne savait probablement pas que personne ne lit de poèmes en Amérique, à part les poètes, ou les étudiants concernés, et qu'il aurait marqué un point beaucoup plus définitif en prenant le roman ou le cinéma pour exemple.

Lorsque je confirmai qu'à mon avis, un poète pouvait effectivement écrire un poème subversif, M. Scherer baissa carrément les bras et demanda : « Avons-nous besoin d'en entendre davantage? »

Je fus scandalisé lorsque Arens, individu beaucoup plus évolué, me demanda d'expliquer comment j'osais refuser à Pound le droit de s'exprimer. Il était incroyablement effronté de comparer un poète écrivant un texte subversif dans une Amérique pacifique et un homme qui, en période de guerre, avait parlé des mois durant à la radio aux troupes américaines, pour saper leur moral. Peu importaient d'ailleurs les considérations théoriques, car les miennes étaient beaucoup plus profondes.

Je dois être l'un des rares Américains qui aient réellement entendu une émission d'Ezra Pound retransmise d'Italie, du temps de l'Axe, et je pouvais encore éprouver la sensation glaciale qui avait envahi mon cœur en l'écoutant. Pendant la guerre, j'avais acheté une nouvelle radio, une superbe Scott que mon ami Irving Aranoff, alors acheteur pour A&S, un grand magasin de Brooklyn, m'avait obtenue au prix de gros – au demeurant une somme considérable. Elle permettait de capter un nombre impressionnant d'émissions en ondes courtes, et un soir, dans notre maison de Willow Street, je l'allumai et entendis une voix qui venait indubitablement du Middlewest. Je crus que j'étais tombé sur une station américaine. C'était tellement immonde et en même temps énoncé avec un tel calme que je pensai d'abord avoir affaire à quelque satire d'un goût douteux, émanant d'un comique désespéré. Mais peu à peu l'entrain et la verve spontanée du speaker me convainquirent que j'avais tort, et j'en fus terrifié. S'il n'avait tenu qu'à elle, expliquait-il gaiement, l'Europe, composée de peuples étroitement liés, aurait pu facilement résoudre ces problèmes. C'était entièrement à cause des Juifs que cette guerre avait éclaté, car ils avaient juré de se venger des Gentils en montant ce complot destiné à s'emparer du monde entier. La seule solution, que grâce au ciel Hitler avait eu l'intelligence de comprendre, était de détruire complètement et une bonne fois pour toutes ce peuple errant.

Lorsque Arens me regarda, avec sa petite gueule écrasée et fermée, me demandant si je ne trouvais pas bizarre que dans le cas précis de Pound je sois prêt à faire table rase de mes principes fondamentaux concernant la liberté d'expression, je vis le visage même que j'avais combattu toute ma vie et le sang me monta à la tête. Je le regrettai aussitôt, et luttai pour dominer ma colère, mais il remarqua ce qui se passait et comprit qu'il était allé trop loin, vu que j'appartenais de toute évidence à cette catégorie de Juifs qui ne se laissaient pas mener sans rechigner à la chambre à gaz. Pound avait réclamé le massacre racial et, à en juger d'après l'émission radiophonique que j'avais entendue, m'aurait joyeusement exterminé en tant que Juif, s'il l'avait pu. L'interrogatoire tomba à l'eau avant que la question hypocrite d'Arens ait pu être appréciée à sa juste valeur, mais d'une certaine manière j'étais content de cette petite scène. Cela avait apuré l'atmosphère. Je m'étais dressé contre des hommes comme Pound, qui prêchaient le mal, et j'en étais fier.

En quittant la salle avec Joe, je sentis néanmoins le vide qui suit la retombée de l'excitation. Si la Commission s'intéressait à moi essentiellement pour des raisons publicitaires plutôt que pour défendre sérieusement la république, je n'en avais pas moins l'impression d'avoir montré bien plus d'assurance que je n'en avais réellement, et en même temps une grande distance par rapport à ces lointaines années trente et quarante où j'assimilais encore Soviétiques et socialisme, socialisme et rédemption de l'homme. De tels sentiments, toutefois, n'avaient pas leur place dans une session conduite comme un match de tennis politique dont les règles étroites exigeaient que la balle rebondisse à l'intérieur de certains carrés. Pour l'emporter, la Commission devait démontrer que j'étais dominé par le Parti, et je devais prouver le contraire pour établir que je n'avais jamais frôlé ce qui était taxé aujourd'hui de trahison.

Suffisait-il vraiment de paraître profondément égoïste, comme test suprême d'américanisme ? Tolstoï, qui était chrétien, avait un jour déclaré qu'il préférerait croire au communisme plutôt que d'être un homme sans croyance. Au fur et à mesure qu'Arens sortait l'une après l'autre ces pétitions, protestations, déclarations – j'avais dû en signer une par jour – il me vint à l'esprit que j'étais vraiment plein d'espoir, en ces temps lointains ! Si je n'avais rien signé, et avais moins pris les choses à cœur, je n'en serais pas là. Mais il y avait un autre aspect de la question. Cette pile de pétitions haute d'une quinzaine de centimètres, me dis-je, était autant un refus de la réalité qu'un engagement envers l'avenir. En vérité, j'avais soutenu ces différentes causes pour exprimer ma crainte de voir le fascisme l'emporter et ma réprobation devant le gâchis dans lequel on entraînait le potentiel américain, alors que je ne savais rien de la vie en régime socialiste. Tout ce dont j'étais sûr, en 1956, c'était de mon désir de me reconnaître dans le présent, peut-être en cessant de réprimer ce qu'il y avait d'ambitieux et de sensuel en moi et, avouons-le, d'égoïste, afin d'être pleinement responsable de mon influence et de ma présence dans le monde.

Dans les années à venir, mon esprit allait reprendre certains thèmes de cette symphonie et en retrouver un ou deux que j'étais capable de siffloter, mais il apparut qu'il ne s'agissait que de variations engendrées par une mémoire bouleversée. « Pourquoi écrivez-vous des choses si tragiques sur l'Amérique ? » est ce que j'ai gardé en mémoire pendant des années, la dernière remarque que m'ait faite le président. Mais en fouillant dans les minutes, je constate que c'est le député Doyle qui a demandé : « Pourquoi n'utilisez-vous pas certains de vos superbes talents pour lutter contre... les complots communistes ?... Pourquoi n'utilisez-vous pas vos remarquables possibilités dans cette direction ?... » On ne pouvait pas se tromper sur ce qu'ils attendaient de moi : c'était que je les rassure, et non pas que je fasse étalage de tout ce pessimisme. L'idée n'a d'ailleurs effleuré aucune des personnes présentes qu'un député n'avait peut-être pas le droit de poser une telle question à un écrivain, en Amérique, et tous gardèrent un air placide quand il la posa. C'est pourquoi pendant des années l'écho de sa voix porterait bien au-delà de lui-même ou de ses homologues soviétiques. C'était la voix du pouvoir étatique en tous lieux, la voix du club, de la tribu, de l'esprit de la non-liberté partout où se trouvait une société organisée. Walter et la Commission étaient simplement un peu moins évolués, peut-être un peu moins intelligents que d'autres théologiens de l'idolâtrie d'Etat, et découvraient leurs atouts quand ce n'était pas nécessaire. Walter ne put résister à la tentation de démontrer son optimisme – à la fin de l'interrogatoire, il prit le temps de me remercier et d'espérer qu'à l'avenir j'écrirais des choses plus gaies sur l'Amérique.

Sur quoi l'idée me vint que j'avais bien de la chance : la chance d'être né dans un pays dont les fondateurs avaient prévu que le Pouvoir était fondamentalement un imbécile qu'il fallait à tout prix contrôler par un réseau de règles si élémentaires et si claires que même lui pouvait apprendre à les connaître avant d'avoir l'occasion, dans un de ses accès de rage, de mettre la maison à sac.

Mais avant la fin de la séance, il avait bien fallu que l'on me demandât si un certain écrivain s'était trouvé dans la pièce lorsque j'étais arrivé à une réunion d'auteurs communistes, dix ans plus tôt, et, comme Arens s'y attendait probablement, j'avais bien entendu demandé que l'on ne me pose pas cette question, vu que je refusais de violer ce que j'appelai, sous l'inspiration du moment, mon sens de moi-même. Je n'eus pas la présence d'esprit de demander à quel type d'enquête cette question pouvait bien servir, alors qu'en la posant il avait cité le nom de l'homme et que de toute manière, il s'était agi d'une réunion parfaitement légale d'un groupe autorisé. Mais tout ceci n'était qu'un jeu de pouvoir : ils avaient le pouvoir et pour me faire admettre que moi, je ne l'avais pas, il leur fallait me forcer à enfreindre cet accord implicite entre êtres humains, qui veut que l'on ne se serve pas du nom d'autrui pour lui causer des ennuis, et qu'on ne coopère pas avec ceux qui cherchent à contourner le principe démocratique du caractère sacré des associations pacifiques. On m'avertit que j'allais être accusé d'outrage à une commission du Congrès – puisque j'avais choisi de ne pas invoquer le 5e Amendement[1], estimant n'avoir rien fait qui justifiât ce recours. Ayant demandé à nouveau que l'on ne me pose pas cette question, qui n'avait aucune raison d'être, législative ou policière, je fus encore une fois mis en garde contre le danger que j'encourrais en n'y répondant pas. Enfin nous y étions : ne m'étant retranché derrière aucune protection constitutionnelle, je pouvais maintenant être envoyé en prison.

Marilyn était venue m'apporter son soutien moral pendant les derniers jours de l'interrogatoire, et passait son temps cachée dans la maison des Rauh, pour échapper à la presse. Il ne m'avait jamais été facile de partager mes difficultés – mes faiblesses – avec une femme, de même que mon père avait toujours gardé pour lui les mauvaises nouvelles, stoïcisme que je consi-

1. Le principe essentiel du 5e Amendement est que personne ne peut être obligé, quel que soit le crime qu'il a commis, de témoigner contre lui-même. *(N.d.T.)*

dérais déjà comme de la force alors même que mes yeux arrivaient tout juste à la hauteur du mouchoir qui dépassait de sa poche arrière. Quelque chose ressemblant à de la peur s'emparait de Marilyn lorsque je m'enfermais en moi-même. Je protégeais une blessure, réaction purement défensive, mais elle se prenait pour une épouse rejetée, cloîtrée pendant des jours dans une maison étrangère. Je tentai de voir un aspect positif dans sa revendication, même s'il était inquiétant. Pour la première fois, je dus m'excuser. Semblable à un enfant – et à moi – elle voulait fondre son esprit et son corps dans un autre être, dans le monde, et voilà que je paraissais la renvoyer à elle-même.

Mais nous devions bientôt partir pour l'Angleterre, où l'attendait un style de film nouveau pour elle, avec pour partenaire l'acteur probablement le plus estimé du monde, et où une nouvelle chance allait être donnée à *Vu du pont*, avec un extraordinaire jeune metteur en scène. Il fallait que je m'attaque immédiatement à la version longue de la pièce, un test fascinant pour éprouver sa structure. A l'origine, je l'avais conçue aussi dépouillée qu'un télégramme, avec l'histoire au premier plan, sa séduction venant essentiellement de la stupeur éprouvée par l'esprit devant ses implacables enchaînements. Mais je pensais différemment, maintenant, estimant que le public pouvait également se laisser émouvoir par le côté pitoyable du personnage, peut-être même s'identifier à lui, cet homme qui fait tant de choses viles. Peut-être aussi avais-je appris, au cours des deux années qui s'étaient écoulées depuis que j'avais écrit la pièce, à réserver mon jugement et à ne plus m'extraire du rang de ceux qui se laissent mener – non plus par principe, mais pour de bon.

Sommeil cahotique dans un lit inconnu après douze heures au-dessus de l'Atlantique dans un avion à hélices, puis confrontation à l'aéroport avec ce que Laurence Olivier, gloussant quasiment d'excitation, a qualifié de plus grande conférence de presse de l'histoire d'Angleterre. Il devait y avoir au moins quatre cents journalistes venus de tous les coins de Grande-Bretagne, même des brouillards les plus reculés d'Ecosse, ainsi qu'un contingent débarqué du continent, y compris deux sinistres Basques avec leur béret, la foule étant contenue par un cordon d'agents de police. A un moment, les flashes des appareils photographiques formèrent un véritable mur de lumière blanche qui parut bien durer trente secondes, une authentique auréole, et c'était tellement insensé que même les photographes éclatèrent de rire. Naturellement, je n'ai gardé souvenir d'aucune des questions posées ou des réponses données, mais cela avait et eut peu d'importance, tellement ils étaient éberlués de voir Marilyn en chair et en os, déesse sortie de leur mer froide. Lorsqu'elle sourit, ils en firent autant, ils froncèrent les sourcils dès qu'elle fronça les siens, et quand elle laissa filtrer un gloussement ils éclatèrent d'un rire ravi, et se figèrent dans un silence religieux quand elle marqua une pause et puis *parla*! de sa voix si suave et apaisante que des hommes adultes pouvaient devenir flasques comme du lichen rien qu'à l'entendre.

Elle n'avait encore jamais rencontré ce mélange d'adulation et de respect, sans le moindre ricanement ni sous-entendu puritain. Quels que fussent les problèmes sexuels de ces journalistes, du moins n'essayaient-ils pas de prétendre qu'ils n'auraient pas risqué l'emprisonnement à vie en échange de ses faveurs, ou qu'ils n'auraient pas été cueillir une rose pour elle sur la paroi abrupte de la falaise qui surplombe les flammes de l'enfer. On ne parla pas de grand-chose d'autre dans la presse du lendemain et il en fut ainsi à plusieurs reprises pendant les mois qu'elle passa en Angleterre. Certains jours, il suffisait qu'elle visite quelques boutiques ou prononce une remarque vaguement digne d'être citée pour que l'on passe encore une fois une photo d'elle en première page et le pays aurait pu être remorqué dans l'océan Indien sans que personne y prenne garde. La reine et le parlement dirigeaient peut-être le pays mais elle, elle tenait son cœur. Lorsqu'elle se rendit chez Marks & Spencer quelques semaines après son arrivée, on évacua les clients du magasin de peur de ne pouvoir contrôler l'hystérie de la foule avide de la voir de près. Elle avait fait voler en éclats mille ans d'impassibilité britannique.

Dans les vertes collines du Surrey, une maison de campagne pleine de désordre et d'une humidité relativement acceptable nous fut louée par le vicomte Moore, directeur du *Financial Times*, quadragénaire très grand et très mince, au visage étroit, qui semblait très capable de la dévorer des yeux dans le salon de musique (car il avait réservé sa matinée pour nous montrer la maison) d'où il nous désignait une pièce du doigt en disant : « Et voici cette assommante salle à manger. A laquelle on accède par cet assommant couloir, après avoir traversé cet assommant salon » et faisant durer l'intermède aussi longtemps que possible. Il y avait un couple de domestiques, des réfugiés hongrois qui s'étaient enfuis de Budapest peu de temps auparavant, et qui retenaient leur souffle lorsqu'on les appelait, tels deux pigeons saisis d'effroi. Je trouvai dans le salon de musique un bureau où je pourrais travailler, juste derrière les portes-fenêtres qui ouvraient sur ces centaines de mètres de tapis que l'on appelait pelouse et qui aboutissaient à un mur de brique marquant la limite de Windsor Great Park, immense propriété entourant le château où la reine venait parfois séjourner.

Titubant d'épuisement pour notre première nuit anglaise, nous nous endormîmes comme si l'on nous avait assommés, et je rêvai que j'entendais un chœur angélique, des voix masculines couvrant toutes les octaves et toutes les tonalités et s'unissant dans un murmure épanoui de sonorités pures et célestes. J'avais l'impression de flotter dessus, complètement bouleversé comme on peut l'être lorsqu'on a conscience de faire un superbe rêve. Mais la persistance de ce son sublime commença à m'inquiéter, et comme mon cerveau revenait doucement à la réalité et que le son continuait de se déverser dans l'air si calme, j'ouvris les yeux en pensant que j'étais devenu fou, car même en ce moment où j'étais parfaitement éveillé, il envahissait la chambre. M'asseyant dans l'obscurité, horrifié d'avoir perdu ma santé mentale, je constatai que ces refrains venaient du voisinage des lourds rideaux occultant la fenêtre, je sortis du lit, écartai précautionneusement les pans et, par-dessus la balustrade d'un petit balcon, vis, répartis sur plusieurs rangées, une centaine de garçons à l'air grave et de jeunes gens en blazer, au garde-à-vous sous la lumière du clair de lune et qui chantaient pieusement en direction de notre fenêtre. J'allai réveiller Marilyn qui vint, à peine consciente, regarder avec moi.

Les lumières étant éteintes dans notre dos, personne ne pouvait nous voir de l'extérieur, et nous restâmes à écouter, la peau anesthésiée par la fraîcheur de l'air nocturne. La musique et les paroles chevaleresques ruisselaient de candeur enfantine.

« Qu'allons-nous faire ? » demanda-t-elle. Encore empêtré dans une toile d'araignée où le rêve le disputait à la réalité, mon esprit refusa de fonctionner. Nous pouvions sortir sur le balcon et agiter la main, mais sans vêtements, cela risquait d'être gênant. Devions-nous nous habiller ? C'était trop demander. De surcroît, ne serait-ce pas quelque peu absurde de saluer du haut d'un balcon, comme un couple royal ? Mais n'était-ce pas mesquin de renoncer à le faire ?

– Tu pourrais enfiler une robe de chambre et aller les saluer.

– Moi ?

– Chérie, ce n'est pas pour moi qu'ils chantent.

Elle laissa échapper un soupir d'épuisement, et je me sentis sans défense, maintenant que la réalité nous envahissait. Un officier en civil de Scotland Yard qui nous avait accompagnés depuis l'aéroport nous avait avertis qu'il existait toute sorte de dingues en Angleterre, et qu'elle ne devait en aucun cas affronter une foule sans être protégée. Une centaine de choristes en folie pouvait provoquer des drames.

« Pourquoi ne pas rester en position de pat[1]? » proposai-je, m'apercevant au même moment que je n'avais jamais utilisé cette expression de ma vie, ce qui m'amena immanquablement à penser à la boutade de Groucho Marx. Ainsi nous restâmes là, n'ayant pris aucune décision, elle titubant dans son demi-sommeil tandis que la centaine de voix dévotes atteignait un sommet de glorification divine et continuait de flotter jusqu'à nous dans la fraîcheur humide de la nuit anglaise.

Avant que nous ayons pu décider quoi que ce soit, l'accord final du chœur s'éteignit doucement et, regardant subrepticement entre les deux pans de rideaux, je vis les choristes, dans un respect et un silence absolus, franchir avec précaution la haie et la barrière pour s'évanouir dans la nuit tels les sept nains regagnant l'ombre de leurs champignons, apparemment satisfaits d'avoir pénétré dans les rêves de Marilyn Monroe. Mais quelque chose m'avait fait peur en eux – si délicieux, si sincères et pleins d'adoration fussent-ils – car ils formaient une foule.

J'ai rêvé un jour d'une gigantesque machine chromée, sur un terrain de foire, cernée par une foule de gens qui attendaient qu'on leur donne les hamburgers qui en sortaient par un bout, et voilà que Marilyn était happée soudain, et entraînée dans les engrenages de la machine, et que je courais comme un fou de l'autre côté pour aller la sauver, et que je voyais un hamburger sortir par l'orifice tandis que la foule se battait pour l'avoir, et qu'un homme s'en emparait et le mangeait, le sang

1. Il y a ici un jeu de mots intraduisible. « *To stand pat* » veut dire : « Ne pas bouger ». Mais « *to stand somebody* » signifie : « supporter quelqu'un ». D'où la boutade de Groucho Marx qui, répondant à la même proposition, avait dit « *I can't stand Pat, never could* », soit « Je ne peux pas supporter Pat, je n'ai jamais pu. » *(N.d.T.)*

dégoulinant de ses lèvres. J'allais pour toujours la protéger des foules, ces foules qu'elle était capable de contrôler aussi facilement et gaiement qu'un pasteur contrôle ses ouailles. Parfois, on avait l'impression que c'était la foule qui l'avait mise au monde. Jamais je ne l'ai vue malheureuse au milieu de la foule, même quand certains arrachaient des morceaux de ses vêtements pour les garder en souvenir.

Olivier vint nous rendre visite dès le premier matin, une visite de courtoisie par une belle journée anglaise qui paraissait riche d'espoir, avec le soleil se déversant par les fenêtres et dans l'air, une grande douceur. Il était de toute évidence enchanté par Marilyn, et avait hâte de lui montrer les costumes édouardiens dessinés spécialement pour elle par Edith Head, la meilleure spécialiste de l'époque, ainsi que des photos des décors. Mais elle préféra s'en remettre complètement à lui, souhaitant surtout se reposer tranquillement avant le début du tournage, d'ici une semaine ou deux. Elle semblait préoccupée, et plus sérieusement fatiguée que je ne l'avais cru.

Il demanda quelles pièces j'aimerais voir, proposant de nous obtenir des billets, et il me tendit le journal du matin qui était resté plié dans la poche de sa veste. Il devait bien y avoir soixante ou soixante-dix pièces à l'affiche, quantité stupéfiante si l'on pensait à la vingtaine environ que l'on pouvait voir à New York, mais en parcourant la page des yeux je ne pus rien trouver dont j'eusse déjà entendu parler, pas même les auteurs. Beaucoup de titres avaient l'air plutôt idiots.

– Qu'est-ce qui est bien? demandai-je.

– Non, non, à vous de choisir, je ne veux pas vous influencer.

– Mais je n'en connais pas une seule, objectai-je.

Il refusa néanmoins de me donner un conseil. Il y avait un titre qui retenait l'attention, simplement comme titre.

– Que pensez-vous de ça, *Look back in Anger* (*la Paix du dimanche*) ?

Sa réaction fut vive et étonnamment négative, à la limite de la colère :

– Non, non, ne vous occupez pas de ça, trouvez autre chose.

– Pourquoi ? Qu'est-ce qui ne va pas dans cette pièce ?

– Oh, c'est uniquement une caricature de l'Angleterre, un tas de bavardages amers sur nos conditions de vie, mais il y a des gens qui trouvent que c'est une assez bonne satire.

Il semblait avoir été offensé par la pièce, son patriotisme avait été apparemment touché.

– Cela a l'air intéressant. Honnêtement, je n'ai pas eu de contact avec le théâtre anglais depuis Shaw et Wilde, et ils étaient tous les deux irlandais.

Il n'insista pas davantage. « D'accord, je vous trouverai une place pour demain soir. » Marilyn avait décidé de rester à la maison pour se reposer.

Le lendemain soir, après une heure de route jusqu'à Londres dans la Jaguar de location conduite par le chauffeur du studio, j'eus la surprise de tomber sur Larry Olivier en sortant de voiture. « J'ai décidé de revoir le spectacle ! », dit-il en riant. En pénétrant dans le hall, je vis pour la première fois que les Anglais savaient admirablement reconnaître la présence d'une vedette telle que Laurence Olivier sans pour autant l'importuner par des regards trop insistants. Dans les lieux publics les gens étaient devenus à cette époque – les Américains du moins – un mélange très ambigu de menace et de promesse qui me laissait très incertain quant à la manière de me comporter en leur présence. Il y avait quelque chose en moi qui grondait à leur approche, même si, contre mon gré, je ne pouvais nier le plaisir animal que l'on éprouve à être reconnu. Les Anglais accueillaient Olivier avec une sorte de fierté chaleureuse, qui n'impliquait pas qu'il était leur propriété. C'était là quelque chose de plaisant et de civilisé que je voyais pour la première fois, et qui différait fondamentalement de l'agressivité de la foule américaine, et de tout ce que cela recelait d'humiliant.

J'ai aimé la rudesse et les complaisances de la pièce, sa façon de faire voltiger toutes les enflures pompeuses du style anglais, son irritation débridée devant la vie et son énergie verbale. Kenneth Haigh, Mary Ure, Alan Bates, Helena Hughes et John Welsh se déplaçaient dans les décors avec une absence de narcissisme qui semblait très proche du réalisme américain et me fit voir Londres sous un nouveau jour, comme un endroit plus familier. L'écriture me rappela Clifford Odets dans sa jeunesse, quand il exprimait dans un lyrisme échevelé son amertume devant le New York de la Dépression et la vie d'échecs à laquelle cela semblait l'avoir condamné. *Look back in Anger* me donna le premier aperçu d'une Angleterre peuplée de marginaux semblables à moi, qui repassaient eux-mêmes leurs chemises et ne connaissaient les grands de ce monde que par la lecture des journaux.

A l'entracte, Olivier me demanda ce que j'en pensais et je lui répondis que c'était merveilleux. A la fin du spectacle, il me posa à nouveau la question et je dis qu'il y avait pas mal de pistes qui restaient en suspens, mais quelle importance ? C'était la vie, et cela arrive si rarement.

George Devine, le personnage modeste, joyeux et passionné qui dirigeait le Royal Court Theatre, vint aussitôt nous trouver pour nous demander si nous voyions un inconvénient à rencontrer l'auteur, qui nous attendait à l'étage supérieur avec impatience. Un instant plus tard, nous étions tous assis autour de deux minuscules tables, à côté d'un bar, moi face à Devine tandis qu'Olivier, l'institution vivante, faisait face à Osborne le rebelle qui était certainement, me dis-je, son adversaire idéologique et artistique. Devine était alors entiché du mouvement moderniste du théâtre anglais, encore désorganisé et incertain, pour lequel il s'efforçait de bâtir un foyer au Royal Court. Il venait de monter *les Sorcières de Salem* et je l'écoutai avec plaisir me raconter l'accueil silencieux et fasciné du public de jeunes, tout en entendant avec une certaine incrédulité, sur ma droite, Olivier demander au sombre Osborne – qui était à l'époque un jeune homme à la crinière mal peignée, paraissant s'être réveillé seulement vingt minutes plus tôt : « Pensez-vous que vous pourriez écrire quelque chose pour moi ? » de sa voix la plus séduisante, celle qui pouvait vous convaincre d'acheter vingt mille dollars une voiture dépourvue de roues.

J'étais persuadé qu'Osborne voyait en Olivier la décadence bourgeoise du théâtre anglais, mais ses yeux se mirent à briller et effectivement, il allait peu après écrire quelque chose pour Olivier – *The Entertainer.* Comme l'a dit Olivier par la suite, cette soirée a marqué la fin d'un chapitre long et douloureusement stérile de sa carrière. Dès lors il a commencé à se détourner d'un théâtre facile et à la mode, conçu pour satisfaire la haute bourgeoisie, et s'est lancé dans le grand courant de l'évolution théâtrale de son pays. Plus tard, à la tête du nouveau National Theatre, il s'est efforcé d'en faire le reflet non pas d'une société confortable mais de l'aliénation et de la recherche tâtonnante d'un avenir qui commençaient à s'exprimer en Grande-Bretagne. Olivier a connu plusieurs avatars, et celui-ci a peut-être été le plus important. Au moment où il était sur le point de disparaître comme artiste il s'est ressaisi et s'est miraculeusement battu pour atteindre sa maturité.

Le Prince et la Danseuse, cependant, appartenait encore à son passé et Marilyn en vint assez vite à soupçonner qu'il l'avait choisie pour partenaire uniquement parce qu'il avait besoin de l'argent que sa présence attirerait. J'avais envie de croire que c'était seulement en partie vrai. J'étais persuadé qu'il voyait le ressort dramatique que recelait le contraste entre leurs comportements social et culturel, et si ses motivations étaient pour moitié cyniques, cela n'effaçait pas la valeur du jugement artistique dont il avait fait preuve en la choisissant. Le théâtre a toujours quelque chose de féroce. Mais comme elle l'avait fait avec tant d'autres gens, Marilyn avait idéalisé Olivier, l'artiste si grand, si sérieux, qui se situait forcément au-dessus des contingences triviales, seules préoccupations des trafiquants de chair hollywoodiens auxquels elle croyait avoir échappé grâce à cela : la première participation de sa propre société à la production d'un film. Hollywood tel qu'elle le connaissait était tellement vil que le véritable théâtre était obligatoirement d'une sublime pureté. Inévitablement, le moment arriva bientôt où, afin d'empêcher la réalité de nous échapper, je dus quelquefois défendre Olivier et d'autres fois renforcer la naïveté de ses illusions. Si bien qu'elle commença à douter de l'intégrité de mon soutien dans cette lutte de plus en plus intense.

Paula Strasberg venait tous les jours la soutenir sur le plateau. Pendant les premières semaines du tournage, elle essaya, pensai-je, de rassurer Marilyn qui percevait de plus en plus Olivier comme une menace. Elle finit par croire qu'il essayait de rivaliser avec elle comme une autre femme, une coquette cherchant à détourner de sa partenaire l'intérêt sexuel du public. Rien ne pouvait la dissuader de considérer sous cet angle son metteur en scène et partenaire. Dans quelle mesure cela était-il vrai, je n'en savais rien, car chaque fois que je venais sur le plateau de Shepperton, chacun donnait le meilleur de soi-même. Et je devais admettre qu'il m'était impossible d'oublier la grandeur d'Olivier. J'avais vu à New York son *Œdipe Roi*, qui avait partagé l'affiche avec *le Critique* de Sheridan, un des moments de théâtre les plus inspirés que j'aie connus. Il était tout simplement impossible d'admettre qu'il fût le minable voleur de scènes dont parlait Marilyn.

Je dus admettre qu'elle avait raison sur un point : je

me sentais un lien culturel avec lui, mais elle avait tort d'imaginer qu'il la méprisait du haut de quelque sommet esthétique. Il me vint peu à peu à l'esprit, au cours de cet affrontement, qu'elle redoutait à nouveau d'être abandonnée. C'était le flux de cette terreur en elle qui intensifiait ce qui aurait dû n'être qu'un simple conflit d'opinions. Nous tentions de nous entendre, au-delà des échos que se renvoyaient deux discussions : l'une concernait Olivier, l'autre une lutte souterraine profonde contre ce qu'elle considérait être son destin. Je ne le compris pas tout de suite. Elle ne supportait pas la moindre contradiction sur cette question de la trahison délibérée d'Olivier, et pire encore, elle essayait de comprendre comment je m'insérais dans ce schéma trompeur. Il me fallait bien protester, pour mon propre bien et pour celui de la vérité, telle que je la voyais. Elle était anéantie par mon obstination, tout était terminé. Si je me dressais ainsi contre elle, c'est que je ne l'aimais pas. Il était bien trop tard lorsque je fus enfin capable de comprendre l'humiliation qu'implique la situation de l'acteur vis-à-vis du metteur en scène, de l'auteur, de l'opérateur. Il diffère d'eux en ce qu'il ne possède pas de métier technique derrière lequel se retrancher. Il reste nu, proie facile des moqueries, du moins dans son imagination, et Marilyn n'était certainement pas la seule à se voir dans cette position.

Pourtant, les après-midi où j'arrivais au studio, son visage s'éclairait comme d'habitude. C'était donc un défi, me dis-je, pour elle comme pour moi. Nous devions apprendre à vivre tout près de nos véritables sentiments sans nous y brûler. Trop de vérité peut tuer. Mais y avait-il un moyen plus exaltant de risquer sa vie lorsque la victoire signifiait, telle que je la voyais, une réunion presque miraculeuse du corps, de l'esprit et du sentiment ? Au bout de quelques jours, nous nous retrouvions plus proches l'un de l'autre que jamais, mais également plus prudents. Et il y avait des moments où elle paraissait avoir surmonté son appréhension à l'égard d'Olivier, et effacé ses soupçons. Peut-être, en insistant, lui avais-je ouvert les yeux. Il y avait des périodes où elle travaillait plus facilement et osait se réjouir de tel passage, ici ou là, dont elle ne pouvait nier qu'elle l'avait brillamment joué. M'emparant de tout ce qui semblait positif, j'ai probablement été trop laudatif, provoquant l'apparition fugitive de nouvelles incertitudes dans son regard. La vérité absolue, pure comme la lumière, voilà quel était l'objectif, rien de moins. Mais en dessous, béante, gisait la vieille terreur de l'abandon, du désert dans le regard d'un étranger...

Par ailleurs, il fallait que je poursuive mon travail, et j'étais sûr que tout finirait par s'arranger avec un metteur en scène aussi expérimenté qu'Olivier. Fidèle à la promesse que j'avais faite à Peter Brook, j'étais en train de réviser *Vu du Pont* pour lui donner une longueur normale, essentiellement en élargissant le point de vue de Béatrice, la femme d'Eddie Carbone, sur la tragédie qui s'apprêtait à fondre sur lui. Je devais également passer quelques journées à Londres pour trouver les interprètes des rôles secondaires, et j'avais de quoi pleinement m'occuper. Mais la situation s'aggrava. Paula, sans le vouloir au départ, s'était trouvée forcée de jouer un double jeu, devant à la fois maintenir son autorité vis-à-vis de Marilyn sans la contredire trop souvent ni trop ouvertement et rester en bons termes avec Olivier. Elle devint ainsi une sorte d'intermédiaire, expliquant à Olivier la façon dont Marilyn avait l'intention de jouer, et à celle-ci les indications de son metteur en scène. Dans le meilleur des cas, c'est-à-dire avec une personne généreuse, cela aurait déjà été quasi irréalisable, mais avec une femme aussi vaniteuse et ambitieuse que Paula, cela tourna vite au cauchemar, comme un mariage à trois. A quel moment convient-il de laisser deux des protagonistes en tête-à-tête, et comment le troisième va-t-il le supporter ? La perfidie était inévitable, et elle commença à pourrir tout ce qui l'entourait.

Découvrant qu'il n'était autorisé à diriger Marilyn que

par le truchement humiliant d'une répétitrice, Olivier fut bientôt à deux doigts d'assassiner Paula, et il m'arrivait souvent d'en avoir également envie, car Marilyn, qui était une actrice instinctive, était perturbée par tout ce fatras mal digéré et biaisé, ainsi que par ces comparaisons à la Stanislavsky qui la laissaient incapable de libérer sa gaieté spontanée. Elle suffoquait sous cet intellectualisme bidon qui ne lui était d'aucune utilité dans son travail, semblable à un joueur de jazz à qui l'on apprendrait à rationaliser ce qu'il connaît d'instinct. Paula savait que ce dont Marilyn avait besoin pour jouer cette danseuse était ce qu'elle possédait déjà en débarquant à l'aéroport de Croydon. Mais pour masquer son inaptitude à fournir la recette magique, la lumière interne susceptible de dissiper tous les doutes que réclamait Marilyn, il ne restait à Paula qu'une solution : ne pas s'arrêter de parler. Et plus elle parlait, plus le rôle de la danseuse devenait impénétrable. De plus, Olivier, comme tous les acteurs anglais, supportait mal les systèmes d'interprétation même s'il avait une façon de préparer ses rôles qui ressemblait assez à la méthode des disciples de Stanislavsky. Mais dans son esprit, cette préparation procédait du simple bon sens, de l'imitation de la vie, et n'avait rien à voir avec ce sinistre bavardage introspectif.

Appliquée à Marilyn, la Méthode de Paula – et de Lee – commençait à paraître redoutable, un circuit de raisonnement dangereusement fermé. Si vous n'aviez pas été l'élève de Strasberg ou ne faisiez pas partie de ses adeptes, vous n'étiez pas en position d'émettre des critiques, et comme nous n'entrions dans cette catégorie, ni Olivier ni moi, il nous était interdit d'appliquer l'expérience et le bon sens à une situation qui se dégradait progressivement, et dont les profondeurs insondables étaient par définition hors de notre portée. Si Paula n'était pas en mesure d'aider Marilyn, personne d'autre n'était autorisé à le faire. Pour compliquer un peu plus la situation, Marilyn n'avait pas entièrement confiance en Paula : elle la considérait comme une simple représentante de Lee, qui pouvait fort bien lui donner de mauvais conseils, même involontairement. Paula, en tout cas, s'en tenait à la Méthode, et savait hocher la tête d'un air entendu pour faire croire qu'elle avait compris. Dans cette phrase que Paula ne cessait de répéter – « je ne suis que la représentante de Lee » – je voyais aussi un signal codé : elle ne devait pas être tenue pour directement responsable de la confusion de Marilyn. Pas plus que Lee, puisqu'il n'était même pas là. Qui alors était responsable? J'en vins peu à peu à m'insérer dans ce vide – grave erreur, puisque je n'avais pas le pouvoir de changer quoi que ce soit.

Seul Lee était capable de remettre Marilyn sur ses rails. Sans lui, elle n'était sûre de rien. Mais les longues conversations téléphoniques qu'ils avaient ensemble quotidiennement ne paraissaient pas lui être d'un grand secours. Je commençai inévitablement à me sentir exclu, observateur impuissant. Et la sincérité devint de plus en plus difficile à pratiquer. Marilyn voulait être rassurée par une sorte de magie qui n'existe pas en ce monde.

Où était la réalité? J'étais prêt à croire qu'Olivier pouvait, consciemment ou non, en faire une victime, mais elle avait eu le même genre de crises avec Joshua Logan, autre réalisateur confirmé. On pouvait aussi écarter tout cela, en se disant que c'était sa façon à elle d'accumuler de l'énergie, mais la douleur qu'elle ressentait était réelle et débilitante. Le pire était que toute tentative de rationalisation du problème débouchait sur un constat de caprice. Et alors la grande roue des émotions se mettait en branle, tournant autour d'un axe qui était la question de la bonne foi. Dire la vérité, la seule chose qui aurait pu nous sauver l'un et l'autre, pouvait aussi s'avérer dangereux alors qu'elle avait besoin de la moindre brindille d'encouragement pour arriver au bout d'une journée de tournage.

Où trouver un soutien, alors que je parvenais mal à dissimuler mon mécontentement de la voir se cramponner aux instructions stériles de Paula et se dresser contre Olivier comme s'il était un rival ou un ennemi ? Olivier semblait également de plus en plus mécontent. Seule Paula ne manifestait aucune insatisfaction, pourquoi d'ailleurs l'aurait-elle fait ? Elle était devenue l'autorité suprême, déplorant de plus en plus ouvertement la perfidie d'Olivier tout en racontant en privé à qui voulait l'entendre – sauf Marilyn – qu'elle n'en pensait pas un mot mais était obligée de faire comme si, de peur de perdre la confiance de Marilyn, ce qui laisserait la pauvre fille sans le moindre allié, perspective dont aucun de nous ne supportait l'idée.

Quant à Olivier, peu fait pour diriger Marilyn – une langue acérée trop prompte à décocher une plaisanterie mordante, une précision mécanique et irritante pour la mettre en place et lui imposer les idées préconçues qu'il se faisait d'elle – il aurait néanmoins pu l'aider bien davantage que Paula avec ses pièces montées de philosophie de l'art dramatique et son stock d'anecdotes sur les coulisses du théâtre et les plus grands noms de la profession qui, désespérés, venaient les trouver, Lee ou elle, pour qu'ils les aident à interpréter leur rôle face à un metteur en scène totalement incompétent. Il n'empêche que le destin de Marilyn, et celui du film, se retrouvèrent finalement entre les mains de Paula, et que ce pouvoir non reconnu fit d'elle un inquiétant adversaire pour Olivier.

A mon avis, le conflit existait réellement et sa source en était deux styles de jeu, et de vie différents. Le ressort comique de ce scénario reposait sur le thème éculé du prince, puissant représentant de la société, réduit à merci par l'innocente fille du peuple qui ne connaît rien à rien, sinon le sexe, et se retrouve à la fin détentrice du pouvoir. Marilyn en savait plus que quiconque sur ce genre de situation. Mais sa formation inexistante en matière de comédie sophistiquée – c'est du moins ce qu'elle ressentait – et son manque d'assurance permanent la poussaient à vouloir creuser trop profondément un rôle qui consistait essentiellement en une série de répliques écrites en fonction d'une situation, une enveloppe sans contenu. Olivier, qui avait interprété la plupart des grands rôles du répertoire, savait à quel point celui-ci était chargé de peu de chose, mais lui déclarer franchement qu'elle n'avait besoin de rien d'autre que d'elle-même pour le jouer aurait été humiliant pour elle. Et pour Paula, admettre une telle évidence aurait signifié que dans ce cas la Méthode ne servait à rien. Ainsi, le cœur du problème était que personne ne pouvait dire la vérité, et que Marilyn n'aurait pas été en mesure de l'accepter, si on la lui avait dite.

Je ne savais pas comment l'aider, d'autant que sur les *rushes* elle paraissait absolument délicieuse, et qu'elle apportait même au film une profondeur dont il était en fait dépourvu. Je commis l'erreur de croire qu'au bout du compte, cela se solderait par un grand succès pour elle, même si le film ne pouvait apparaître que comme un divertissement insignifiant.

Pour comble, Marilyn soupçonnait Milton Greene d'acheter des meubles anglais anciens, de les renvoyer aux Etats-Unis et de se faire régler les factures par la Marilyn Monroe Productions, alors que ses gains représentaient l'unique source de revenus de la société. C'était une trahison supplémentaire, qui la mettait d'autant plus en colère que Greene, à son avis, manquait de courage face à Olivier.

Elle devait bien savoir, quelque part, que tout finirait par se calmer, mais cela n'encombrait pas moins son existence de quelque chose d'énervant et d'inquiétant qu'elle était de moins en moins capable de contrôler. Elle avait cru que Greene saurait régler l'aspect financier de sa vie, et elle était déçue. Elle avait vu en Olivier un grand artiste incapable de tout sentiment égoïste à son égard, une sorte de père-acteur-protecteur uniquement soucieux de la sauvegarder. Même moi, je m'effondrais, et ne réussissais pas à écraser ses ennemis d'un coup de baguette magique. Sa frustration était intolérable : elle ne pouvait faire aucun reproche à Greene avant de rentrer aux Etats-Unis parce qu'elle avait besoin de son aide pendant le tournage, et elle ne pouvait s'emporter contre Olivier puisqu'il était son metteur en scène. Son ressentiment à mon égard pouvait en revanche s'exprimer, car elle savait probablement que je le supporterais et lui reviendrais, mais il n'en reste pas moins qu'elle mettait à rude épreuve ma loyauté à son égard.

Quant à Paula, Marilyn supportait sa stupidité et ses conseils perturbants parce qu'avant tout, elle était son lien avec Lee, envers qui elle manifestait une soumission presque religieuse, d'autant plus, sans doute, qu'il n'était pas là et que ses solutions – hors de portée et par conséquent échappant à l'épreuve de la réalité – restaient du domaine de l'idéal. Mais il y avait autre chose. « Paula ne compte absolument pas pour moi », me répondait Marilyn lorsque j'osais suggérer que ses instructions étaient contradictoires et embrouillées, et pourtant, sans Paula, elle était perdue. Cette femme instable était la dernière d'une série de matrones conseillères qui s'étaient succédé dans la vie de Marilyn. Celle qui l'avait précédée, Natacha Lytess, un autre professeur que je n'avais pas rencontré, avait dû se retirer, selon Marilyn, en emportant ses hallucinations folles et dangereuses. Paula, évidente mythomane qui savait tisser des contes triomphants, quoique improbables, à sa propre gloire et à celle de son légendaire époux, était effectivement une nouvelle version de la mère folle, à qui Marilyn ne pouvait résister, même si elle discernait son ambition et son intolérable orgueil. Elle était la mère imaginaire qui confirmait tout ce que Marilyn avait envie d'entendre, y compris ce que sa vulnérabilité et son manque de sophistication dramatique la portaient à croire – dans ce cas précis, qu'Olivier était son rival à un point tel qu'il n'hésiterait peut-être pas à donner d'elle une image grotesque dans le film, pour mieux faire valoir sa propre interprétation. Pourquoi risquerait-il de gâcher un film sur lequel il comptait pour se remettre financièrement, cela, bien entendu, personne n'était capable de l'expliquer, mais le simple fait de mentionner cette contradiction suffisait pour se faire accuser de passage à l'ennemi. Le cercle était pour ainsi dire vicieux, comme c'est souvent le cas dans ces situations étouffantes, et la véritable mère de Marilyn, une folle dangereuse, déclencha alors son action de là où elle se trouvait, à près de quinze mille kilomètres de distance.

Les choses alors se précipitèrent. Un matin, Paula annonça qu'elle devait retourner en Amérique pour une semaine ou deux. Aux frais de la société de Marilyn, bien entendu, ce qui consterna Greene et me stupéfia, vu que son salaire était déjà scandaleusement élevé. (Sur un film ultérieur, *Let's Make Love* [*le Milliardaire*], elle toucha réellement plus que Marilyn.) Apparemment, elle était assez sûre de son influence sur Marilyn pour prendre le risque de l'abandonner aux mains d'Olivier, qui n'en conçut aucune affliction.

Je n'ai jamais vraiment su ce qui s'était passé, mais quand Paula voulut revenir, une semaine ou deux plus tard, les autorités britanniques refusèrent de renouveler son permis de travail sous un prétexte quelconque, l'empêchant ainsi d'entrer en Grande-Bretagne. Marilyn en déduisit aussitôt que Milton et Olivier avaient conspiré pour tenir Paula à l'écart de la fin du tournage – point de vue qui n'était pas complètement déraisonnable, étant donné la haine que l'un et l'autre lui portaient, pour des raisons différentes. Furieuse, Marilyn menaça alors de laisser tomber le film si Paula n'obtenait pas son permis de travail, elle en faisait une question d'honneur, et refusa d'écouter les protestations d'innocence de Greene et d'Olivier. Elle était prête à prendre l'avion pour rentrer aux Etats-Unis. L'autorisation arriva bientôt, Olivier affirmant qu'il avait dû s'adresser directement au gouvernement pour l'obtenir. Marilyn continua néanmoins à soupçonner les deux hommes, et l'événement lui confirma qu'elle était entourée d'ennemis. Notre relation s'en trouva également aggravée; à la vérité, personne, pas plus moi qu'un autre, n'était capable alors de la réconforter. Elle ne pouvait s'empêcher de perdre totalement confiance en quelqu'un à partir du moment où un seul fil était rompu, et si ce comportement pouvait s'expliquer par son enfance, cela ne rendait les choses plus faciles ni pour elle ni pour son entourage.

Néanmoins, il y eut quand même de « belles journées », comme disent les Anglais, quand la pluie n'était pas trop forte et que nous faisions de la bicyclette dans le silence brumeux de Windsor Great Park, avec ses arbres énormes, ou que nous allions en voiture jusqu'à Brighton, cette station que nous jugions à la fois pittoresque et démodée, pour nous promener le long des rues désertes, au bord de la mer. Elle s'efforçait de ne pas avoir l'air d'une malade qu'il faut ménager, et nous parlions de choses positives et réelles, telles qu'acheter une maison de campagne en remplacement de celle que j'avais vendue. Elle n'aspirait qu'à devenir une épouse tranquille une fois ce film terminé. Pendant un tournage, elle avait l'impression d'être assiégée, et il lui fallait se garder de tous côtés. Non qu'elle fût la première actrice à s'imaginer que tout le monde la trahissait. Ce soupçon permanent me paraissait néanmoins usant et stérile, alors que j'avais tendance à jeter mon travail comme une bouteille à la mer, et s'il devait sombrer, tant pis, j'avais fait de mon mieux. Elle ne pouvait comprendre qu'on s'abandonne ainsi au destin, à ses yeux, cela ressemblait à de l'inertie et elle se débattait jusque dans son sommeil, qu'elle ne pouvait d'ailleurs obtenir sans une abondance de comprimés, de barbituriques bien plus dangereux que je ne le croyais alors. J'en avais parfois pris dans le passé, mais j'en sortais abruti pour la moitié de la journée, tout comme elle, qui devait lutter pour rester éveillée le lendemain. Mais cela n'allait pas durer. C'était une parenthèse, jusqu'à la fin du film, et la vraie vie commencerait ensuite.

Pendant les rares heures de détente où ses pensées

pouvaient se tourner vers l'extérieur, vers la société, la politique ou un roman dans lequel elle s'était plongée, dans ces moments où elle n'était plus une actrice et n'avait rien à conquérir, le prix de sa célébrité paraissait terrible. Il pleuvait presque chaque jour, mais il y eut quelques dimanches où nous pûmes nous asseoir sur la pelouse drue, et dans ces moments de vacance inhabituelle, elle m'apparut comme une créature pourchassée, blessée, aux prises avec une souffrance intérieure. Elle parlait d'aller à l'école à New York pour apprendre l'histoire et la littérature. « J'aimerais savoir comment les choses en sont venues à être ce qu'elles sont. » On avait alors la vision fugitive d'une autre femme, une femme cultivée, efficace au sens traditionnel, élevée pour surmonter les petits défis de l'existence. Elle semblait dotée d'un esprit d'une grande envergure et que la vie aurait entamé, qui aurait été matraqué par une société qui n'exigeait d'elle rien d'autre que de la séduction. Elle avait joué ce rôle mais réclamait maintenant la permission de prouver qu'elle était d'une autre dimension, et curieusement elle ne parvenait pas à se faire entendre, ce qui la blessait d'autant plus que comme tous les acteurs elle était presque entièrement définie par ce que l'on disait et écrivait à son sujet. Elle acceptait cette séduction qui la caractérisait à l'écran et aux yeux de la plupart des témoins, mais elle se voulait également riche de promesses. Le secret de son esprit délicieux tenait à ce qu'elle pouvait voir beaucoup plus loin, dépasser ceux qui riaient avec elle, ou d'elle. Comme la plupart des bons acteurs comiques, elle se lamentait sur elle-même et sur ses prétentions à être autre chose qu'un petit animal sexuel plutôt stupide. Comme la plupart des acteurs comiques, elle glosait sur sa dignité, si bien que ses remarques et sa bizarrerie même étaient l'oxygène qu'elle s'auto-insufflait pour pouvoir respirer. Les comiques sont dans l'ensemble plus profonds, d'une certaine façon plus proches de la maladie de la vie, ils souffrent davantage que les tragédiens, que l'on prend, en tout cas professionnellement, pour des gens sérieux.

Cette fois, la fin du film approchant, il y avait beaucoup plus en jeu que sa carrière. Il était clair qu'elle se sentait coupable de n'avoir pas su m'être utile, et je ressentais la même chose à son égard, pour la même raison : je n'avais pas été capable de changer grand-chose pour elle, même si parfois elle affirmait que j'avais tout changé.

Notre seul secours venait d'une de mes vieilles amies de l'université, Hedda Rosten, la femme de Norman, un poète et auteur dramatique qui avait aussi étudié à Michigan. Elle servait de secrétaire à Marilyn, et même si parfois elle était encline à une certaine imprécision poétique, elle rattrapait tout par son amour inconditionnel. Pour Hedda, celle dont elle s'occupait était – bien avant la flambée du féminisme – la victime par excellence du mâle, mais aussi de ses perversités autodestructrices. Hedda avait été une épouse à demi consentante, qui avait aimé son homme alors qu'elle aurait réellement préféré une existence solitaire à base de café et de cigarettes, à regarder le temps couler comme de la soie sur la paume de sa main, aussi tranquillement que l'aube et le coucher du soleil. « Oh, ma chère, est-ce que tout ceci en vaut bien la peine? » Alors Marilyn se mettait à rire, désemparée, triste, et elles partageaient avec délices leur condition féminine dépourvue d'espoir. Quand elle était seule avec moi, Hedda, qui avait été assistante sociale en psychiatrie à l'asile de Hartford, doutait que Marilyn pût jamais réussir à soigner ses vieilles blessures par le biais du cinéma. « Elle est constamment obligée de mettre à l'épreuve ce qu'elle n'a pas encore été capable de rassembler. » Nous avions toujours partagé cette sorte de compréhension des choses qui unit les gens dotés de traits de caractère identiques, une même tendance à la solitude, à remplir l'espace par le silence; nous pouvions rester ensemble sans beaucoup parler, et pourtant nous communiquions.

– Vous êtes tous les deux très coupables, me dit-elle un après-midi où nous prenions le thé dans le salon de musique.

– Je ne comprends pas pourquoi.

– Vous avez tous les deux la même conscience.

– Qu'est-ce que cela signifie exactement ?

– Vous ne pouvez pas accepter ce que vous ne pensez pas mériter. Vous vous faites l'un à l'autre des reproches quand vous n'avez pas obtenu la perfection. Ainsi, vous vous punissez vous-mêmes.

Puis elle soupira, car elle était de ceux qui excellent à se punir eux-mêmes, secoua sa tête blonde et éclata de rire. C'était une belle femme qui avait conservé son innocence bien au-delà de ses vingt ans, et je lui avais amèrement reproché cette naïveté que je rencontrais tel un obstacle, devant moi, chaque fois que j'essayais de la raisonner et de la faire triompher de l'échec. « Oh, mon Dieu, Arthur, qu'est-ce qui nous rend tous si inaptes à vivre ? » Hedda, née Hedwiga Rowinski, ressemblait souvent à un personnage de Tchekhov. Elle était d'une compagnie agréable, mais on savait qu'elle ne pouvait supporter qu'une quantité limitée de difficultés. Elle devait mourir un peu plus tard de la fumée qu'elle inhalait avec tant de plaisir et dont elle comprenait, tout en refusant de le croire, qu'elle causerait sa mort.

Il y avait des moments où, soudain, il était à nouveau complètement impossible de savoir jusqu'à quel point Marilyn avait conscience de ce qui se passait. Un jour, sur le plateau, dans le silence qui s'était exceptionnellement installé pendant que l'on préparait la prise suivante, la voix de la vénérable Dame Sybil Thorndike, une des très grandes actrices de ces dernières décennies, retentit distinctement : « Cette petite fille est la seule personne ici qui sache comment se comporter devant une caméra. » En un éclair, tous les soupçons de Marilyn semblèrent se vérifier, ses efforts pour approfondir un rôle futile devinrent louables et justes, il parut évident que tous ses ennuis tenaient au fait qu'elle était entourée de médiocres, de jalousies mesquines, et que ce n'étaient pas des phrases du genre « Ça ira comme ça » qui pouvaient la réconforter. Dans de tels instants, je me revoyais face à un acteur paraphrasant un de mes textes au lieu de le dire correctement et me rappelais ma fureur devant tant de stupidité, mon sentiment d'être piétiné et méprisé, l'impression que des imbéciles se moquaient de mon imagination. Dès que je m'étais ainsi identifié à elle, je pouvais m'asseoir et, plein de remords, la prendre dans mes bras, à nouveau assuré que nous saurions atteindre ensemble quelque zone de paix. On pouvait devenir fou, à patauger ainsi dans l'obscurité à la recherche de quelque chose de réel. Mais la réalité apparaît comme l'oiseau qui se pose sur une branche après un long vol d'errance, sans raison apparente.

Par-dessus tout, pour rendre la situation encore plus encourageante, une troupe de journalistes se relayaient en permanence à la grille d'entrée devant la maison, formant une colonne régulière sur le chemin du charmant pub campagnard qui se dressait quelques centaines de mètres plus haut sur la route. Alors que la créativité technologique des Anglais a reculé devant l'originalité des Américains, puis des Allemands et des Japonais, l'imagination des journalistes britanniques a augmenté de manière inversement proportionnelle. Sur leurs machines à écrire, nous étions devenus deux personnages d'un roman de mœurs, dont les petits dialogues domestiques paraissaient au moins deux fois par semaine dans un journal ou un autre, des fragments de conversation sans importance, un peu idiots bien entendu, mais jamais déplaisants et toujours intégralement inventés. Je lui avais évité, apparemment, une vilaine chute de bicyclette, ou bien la domestique hongroise avait fait brûler les toasts et Marilyn lui avait patiemment expliqué comment les griller à point – sur une demi-colonne – tout en lui suggérant par la même occasion de changer de coiffure.

Un matin, cependant, un journal reproduisit une conversation que nous avions effectivement eue quelques jours auparavant, et pour ainsi dire mot pour mot. Cela me fit une curieuse impression – il s'agissait d'un échange de propos sans gravité et tout à fait anodins, certes, mais qui avait effectivement eu lieu à l'intérieur de la maison. Y avait-il des micros ? Etait-il possible que quelqu'un à l'extérieur, au pub peut-être, écoute nos conversations ?

Un imposant inspecteur de la sécurité avec moustache, imperméable et solides chaussures lacées, et qui roulait les *r*, arriva au studio peu de temps après que j'eus confié nos problèmes à Larry. Il convoqua aussitôt le couple de Hongrois qui se présentèrent devant lui dans le salon. Sans même ôter son imperméable ni leur dire qui il était, il les fixa d'un regard glacial. Mon cœur se figea dès que les premiers sons de sa voix grondante franchirent ses dents serrées, accompagnés d'un sourire qui accentuait le côté menaçant du plaisir qu'on lisait dans ses yeux.

Il leur déclara sans le moindre préliminaire « Il y a jeudi un avion pour Budapest. Vous n'avez que des permis de séjour temporaires dans ce pays, alors vous le prendrez, et ne serez jamais autorisés à revenir de toute votre vie. » Le couple resta les yeux écarquillés, terrifié, blanc d'horreur. Se tournant vers l'homme, qui s'était toujours montré très affable avec nous, voire timoré, il demanda : « Combien avez-vous touché pour trahir monsieur et madame Miller ? » Sa férocité fit l'effet d'un vent brûlant sur le visage du Hongrois.

– Nous ne savions pas...

– Ne me mentez pas, espèce de petite crapule !

Je voulus m'interposer, vu qu'il n'y avait aucune preuve, pas de droit de réponse, rien d'autre que cette tactique terroriste, mais l'homme de la sécurité se leva vivement, m'adressa un sourire courtois et chaleureux et affirma :

– Je ne pense pas que vous ayez d'autres problèmes avec ces gens-là.

Puis, se tournant vers eux :

– N'est-ce pas?

– Non, monsieur, répondirent l'homme et la femme à l'unisson, paraissant délicieusement soulagés d'avoir fait cette confession indirecte.

– Combien était-ce?

– Cinq livres, monsieur, répondit l'homme d'un ton éteint, le tissu de son pantalon semblant affecté d'un fort tremblement.

– Et que leur avez-vous raconté?

La femme voulut temporiser :

– C'était seulement...

– N'employez pas ce mot avec moi! *Seulement* n'est pas un mot pour vous, en aucun cas!

Elle baissa vers le tapis ses yeux gonflés.

– Et que direz-vous encore?

– Rien de plus, affirma l'homme, d'un ton maintenant désespéré.

– Excellent. Allez tout de suite les trouver à la grille et expliquez-leur que si un seul mot de ce que vous leur avez dit est imprimé, vous prendrez tous les deux l'avion de Budapest, c'est bien compris?

– Oui, monsieur. Je vais le leur dire à l'instant.

Rien ne fut plus jamais imprimé. La transformation instantanée de cet officier de sécurité, qui était passé de la férocité la plus absolue à la courtoisie britannique la plus raffinée, me stupéfia. Il faut être un bien vieil Empire pour fabriquer de tels personnages capables d'en assurer la police.

Chaque jour arrivaient des sacs de courrier, offrant une image probablement unique de la société anglaise. Une vedette de cinéma de la dimension de Marilyn n'est apparemment plus un être humain, et ce qu'elle devient à la place ne peut être défini sans avoir recours au surnaturel. Elle incarne le désir dans l'imagination du public, et en cela elle est divine. Le public la place devant le soleil pour en recueillir les rayons, jusqu'au moment où leur brûlure en quelque sorte arrête le temps et leur permet de sentir sa vie sur leur chair. Certaines des lettres s'adressaient à elle comme à une institution, réclamant tranquillement de l'argent pour une opération, un règlement d'hypothèque, des frais de scolarité. Parfois, un sac d'ordures arrivait, ou bien un vieux chapeau de jardinier, offert en souvenir par un vieil amateur de roses moribond. Et toujours, ces étonnantes questions sur le sexe et le mariage, dont quinze pour cent au moins étaient carrément folles. Plusieurs proposaient de la tirer de son malheur, gratuitement dans certains cas, moyennant des honoraires dans d'autres. Un homme l'invita à le retrouver « avec les garçons » dans une mine de charbon, un autre lui proposa d'aller pêcher sur un lac écossais. Les plus pathétiques, sans doute, émanaient de femmes bafouées voulant savoir comment elles pourraient devenir merveilleuses « comme vous », comme si elle était une fée qui allait les toucher du bout de sa baguette magique, étincelante et bienfaisante, telle Billie Burke dans *The Wizard of Oz (le Magicien d'Oz).* Bien que Marilyn eût rarement l'esprit assez tranquille pour regarder les sacs de courrier, Hedda lui montrait cependant les lettres qu'elle pensait susceptibles de la toucher et de l'encourager, et rédigeait les réponses que Marilyn insistait pour signer personnellement.

Mais Hedda finit par se lasser, autant parce qu'elle trouvait trop pénible d'affronter l'éternelle angoisse de son amie que parce que Marilyn faisait montre de plus en plus d'impatience à son égard. Hedda paraissait ne plus lui apporter le soutien inconditionnel des débuts et lâchait parfois, à propos d'une vétille qui avait provoqué la colère de Marilyn : « Es-tu *sûre* que c'est ce que Larry voulait dire ? » Hedda sentait un piège se refermer sur elle. En refusant de soutenir tout ce que Marilyn croyait, elle risquait d'être accusée de déloyauté, mais par ailleurs, elle se refusait par principe à renforcer les illusions malsaines de son amie. Elle rentra chez elle avant la fin du film, mais Marilyn resterait toujours pour elle la petite fille poétique, l'incarnation précieuse de l'éternel féminin dont le pouvoir sur l'imagination masculine signifiait, pour Hedda, une sorte de revanche sur toutes les injustices que la vie inflige aux femmes. « Oh, chérie ! » lui disait-elle d'un air pensif, voyant Marilyn dans une robe neuve, ou la surprenant dans une attitude d'une beauté parfaite et lumineuse, « tu as tout ! » Mais elle laissait en suspens la question essentielle : pourquoi Marilyn ne pouvait-elle pas être heureuse ? Marilyn comprenait très bien, et cela se terminait dans les rires, toutes deux secouant leurs têtes blondes d'un air impuissant avant de se jeter dans les bras l'une de l'autre.

Il semblait que je ne pouvais pas faire un pas sans me heurter à un gouvernement. Voilà maintenant que les services du lord chambellan de la Maison du roi[1] interdisaient les représentations de *Vu du pont* dans les théâtres anglais parce que Eddie Carbone accusait Rodolpho, le cousin de sa femme, d'homosexualité et, pour le prouver, l'enlaçait et l'embrassait sur les lèvres. Probablement parce qu'elle était tellement répandue, sinon communément admise, l'homosexualité ne pouvait pas, en 1956, être désignée ouvertement sur une scène.

Binkie Beaumont, le directeur du H.M. Tennent, l'institution théâtrale la plus vénérable et la plus active de Londres, inventa aussitôt une solution qui avait le double avantage d'être élégante et lucrative, du moins pour lui. Selon la loi, les clubs de théâtres privés jouissaient d'une liberté quasi totale. Le Comedy Theatre, qui était à tous égards une entreprise commerciale traditionnelle, fut alors transformé en Comedy Theatre Club, et le prix du billet fut augmenté d'environ dix pence pour couvrir l'adhésion au club, dont il fallait être membre pour voir

1. Responsable, entre autres, de la censure. *(N.d.T.)*

le spectacle. Bob Whitehead, l'un des coproducteurs américains de la pièce, ne pensa qu'après coup à réclamer un pourcentage sur cette augmentation du tarif. Lorsqu'il le fit enfin, Binkie eut un de ses fameux sourires – qui pour moi représentait « l'espièglerie britannique » et dont il possédait un stock considérable – qui eut raison des prétentions de Bob, mais aussi de celles de mon agent, venu réclamer mon pourcentage. J'aimais Beaumont parce qu'il ambitionnait tout simplement le succès, même avec un spectacle littéraire ou artistique. Pour lui, il y avait un seul public, et non plusieurs de sensibilités diverses, et comme à l'époque élisabéthaine, l'objectif était de le conquérir. Négociateur retors, il paraissait aimer le théâtre et les bonnes pièces, savait ce qu'était une bonne interprétation, et faisait tout pour l'obtenir. Certains mois, il mettait une nouvelle pièce en chantier chaque lundi matin, avec des troupes qui répétaient dans toute la ville. Lorsque je le complimentai sur sa superbe Rolls, dans laquelle nous fîmes le trajet pour aller assister à la première de ma pièce, il répondit laconiquement : « en location », sans doute pour couper court à toute nouvelle discussion sur les pourcentages. C'était un producteur qui pouvait simplement dire oui, et entreprendre de monter une pièce sans consulter qui que ce soit, l'un des derniers de sa race à avoir non seulement de l'argent mais aussi confiance en son propre jugement. Par ailleurs, les Anglais formaient sans doute le meilleur public du monde, ce qui aidait considérablement.

Les auditions pour *Vu du pont* avaient lieu dans un théâtre dont l'arrière donnait sur les étals de légumes de Covent Garden. J'étais assis à côté de Peter Brook et nous écoutions dans la douleur une succession d'acteurs répéter les phrases en italo-américain des docks de Brooklyn avec un accent tout droit sorti d'Oxford. Un jour, désespéré, je demandai à Peter si l'on ne pourrait pas entendre quelques-uns de ces vendeurs de rues cockney qui abondaient dans la ruche populaire en activité derrière le théâtre, et représentaient exactement le genre d'hommes dont la pièce avait besoin.

– Est-ce qu'un fils d'épicier ne rêve jamais de devenir acteur ? demandai-je.

– Ceux-si sont tous des fils d'épiciers, répondit Peter en désignant le groupe de jeunes gens qui attendaient leur tour à l'orchestre, mais ils ont travaillé pour acquérir ce langage de classe. La plupart des pièces sont écrites dans cette langue et parlent de ce genre de gens.

Je devais me rappeler cet épisode, presque trente ans plus tard en Chine, lorsque j'insistai pour que les acteurs de mon *Commis voyageur* n'essaient pas de déguiser leur identité chinoise en portant des perruques et un maquillage occidentaux. Ils furent d'abord très choqués de cette rupture avec les conventions traditionnelles d'un théâtre qui avait très peu de liens avec la vie réelle. En Chine, les gens allaient au théâtre dans l'espoir de s'évader grâce à la poésie, la musique et l'interprétation, pas pour retrouver une imitation de la réalité.

Comme il leur était impossible d'attraper un véritable accent américano-sicilien, Anthony Quayle, Mary Ure et les autres acteurs élaborèrent entre eux un accent que l'on n'avait jamais entendu sur cette terre, mais dont il s'avéra qu'il avait convaincu le public anglais, persuadé d'entendre du brooklynais. Les acteurs étaient également convaincus de le parler correctement et je ne fis rien pour les détromper, car l'association de leur façon de jouer et de ce nouveau langage donna un univers entièrement fictif doué d'une grande cohérence interne et parfaitement convaincant, même si sa ressemblance avec les docks de Brooklyn était très lointaine, sinon inexistante. *Vu du pont* devint, sous la direction de Peter Brook, une pièce héroïque d'une grande force émotionnelle, avec des personnages d'ouvriers plus vrais que nature, imposants et assez étranges. La pièce commençait dans une rue de Red Hook avec un misérable petit immeuble dont le mur extérieur de brique s'ouvrait peu après en deux, révélant un appartement en sous-sol surmonté d'un labyrinthe d'échelles d'incendie qui se croisaient sur la façade, à l'arrière-plan. A la fin, les voisins se rassemblaient sur l'un de ces escaliers, comme dans un chœur, et Eddie s'adressait à eux, à sa société et à sa conscience, implorant que l'on soutienne sa cause. En fait, cette séparation en deux de l'immeuble de trois étages créa une impression terrible et fit mieux comprendre l'ampleur mythique de cette histoire.

Il y eut une autre nouveauté dans ce spectacle. Le jour où le décor fut monté, une bonne douzaine d'épouses et d'enfants de machinistes, invités par Peter, s'assirent pour regarder leurs époux et pères décrire et démonter fièrement les mécanismes des changements de décor. Les deux moitiés de l'immeuble qui s'écartaient paraissaient particulièrement impressionnantes. Les familles poussèrent des *ah* et des *oh*. Jamais à New York je n'avais remarqué le moindre intérêt de cet ordre chez les machinistes, et je trouvai cette constatation attristante. Chez nous, c'était uniquement une question d'argent.

La pièce parut exotique aux yeux des Anglais de l'époque, d'autant que leur propre théâtre était tellement bourgeois et convenable. L'accueil de la presse fut très favorable et l'ensemble de la profession y vit un défi suffisant pour organiser quelques semaines plus tard une réunion au Royal Court Theatre, où l'on discuta ce qu'il conviendrait de faire pour aider le théâtre anglais.

Je ne m'attendais pas à ce que la plupart des questions du public me soient adressées, car il y avait parmi les personnes présentes sur scène d'éminents comédiens et metteurs en scène, ainsi que des célébrités locales telles que Colin Wilson, intéressant rebelle, avec sac à dos et autres pièces d'équipement, ou Kenneth Tynan, le meilleur critique de cette période, sinon de tout l'après-guerre. Mais dans les années cinquante et soixante, c'est vers l'Amérique que l'Angleterre se tournait pour trouver la vitalité théâtrale, petite vérité historique que les critiques américains, en particulier ceux de l'espèce savante et académique, ont presque réussi à étouffer.

La même question fondamentale fut posée à plusieurs reprises par le public – pourquoi le théâtre anglais est-il tellement inintéressant ? A peine remis que j'étais de nos exaspérantes séances d'auditions, je pensai pouvoir répondre que non seulement il trouvait ses thèmes et sa matière dans une fraction restreinte de la bourgeoisie, mais encore que ces thèmes, du moins à mes yeux d'étranger, paraissaient avoir été passés au crible des convenances. Nous avions là le bon goût regardant sans cesse par-dessus son épaule. L'accueil de *Look back in Anger* avait bien montré que quelque chose était en train de bouger, et bien que l'œuvre fût réellement originale, elle n'en était pas moins apparue en Angleterre près de vingt ans après que des rebelles se furent emparés des scènes américaines, brisant un cordon assez semblable de préjugés bourgeois. En réalité, la mise en question des valeurs et de la société américaines avait été la marque de nos plus importants auteurs dramatiques depuis bien plus longtemps, dès O'Neill, même si on ne le considérait généralement pas comme un critique de la société. En un mot, je me demandais si le théâtre anglais ne continuait pas à se prélasser dans sa propre mythologie sociale.

Mais en y repensant plus tard, le problème me parut plus compliqué. C'était le système des classes, ou des castes, qu'il fallait mettre en cause. Je me souvins d'avoir visité la Chambre des Communes en 1950, alors que Paul Muni jouait le *Commis voyageur*, et de m'être tenu dans la galerie, déserte, réservée au public. Winston Churchill et Anthony Eden, alors dans l'opposition, étaient assis sur le premier banc, levant les yeux avec une condescendance aristocratique vers l'unique communiste de la Chambre, Willie Gallacher, député de Clyde, qui s'adressait aux membres présents, les pouces accrochés aux poches de son pantalon mal repassé. Au moment même où Gallacher atteignait le point culminant de son discours, j'entendis Churchill gronder *sotto voce,* mais suffisamment fort pour être entendu et sans remuer sa bouche déformée à force de fumer le cigare, « Enlevez les mains de vos poches, mon vieux! » Et Gallacher fit immédiatement jaillir ses pouces de ses poches – ce qu'il s'est sans doute reproché pendant des semaines et des semaines. Il avait obéi à une injonction qui symbolisait tout le discours de classes, et c'était une chose dont je n'avais jamais été le témoin en Amérique, et que je n'aurais pas crue possible, ni cet ordre incroyable ni la façon d'y réagir.

La réunion des gens de théâtre eut lieu, je m'en souviens, un dimanche soir. Marilyn était assise au premier rang. C'était la première fois que je la voyais traitée comme un être humain, une actrice plus ou moins semblable à toutes les autres, parmi des gens réfléchissant à une question importante, dont aucun ne la dévisageait ni n'émettait des sons étranges en la voyant. Je ne savais pas comment elle percevait cette acceptation naturelle de sa présence, mais je me dis, sur le chemin du retour, que le simple fait de survivre dans ce genre d'atmosphère normale prouvait que nous pourrions avoir une excellente vie ensemble. Elle était paisible dans la voiture, s'autorisant un merveilleux silence. Une grande star isolée par l'indifférence des gens ordinaires doit en ressentir une certaine blessure. Mais chez nous, à Roxbury, il était peu probable qu'au bout d'un certain temps, les habitants la traitent comme n'importe laquelle d'entre eux.

Invités – ou convoqués – à assister à un spectacle de charité que la Reine et son entourage honoreraient de leur présence, nous fûmes encadrés par deux voitures banalisées de la police londonienne lors de notre trajet vers le théâtre, avec un homme de Scotland Yard en civil assis près de notre chauffeur. Marilyn avait revêtu une robe de velours rouge tout à fait spectaculaire, style

Belle Epoque, mais qui rendait la position assise très délicate. Un peu plus tôt, dans l'appartement d'Olivier, elle s'était montrée chaleureuse et drôle avec lui, si bien qu'il était stimulé par sa présence, malgré tous ces mois de conflit. Une cinquantaine d'huîtres avaient été disposées sur un plat posé sur la cheminée, et je les dévorais debout, espérant que nous n'aurions pas à partir tout de suite pour le théâtre.

Dans le hall, une vingtaine de personnalités furent présentées à la Reine, au prince Philip et à la princesse Margaret. Il y avait parmi elles une jeune fille assez petite et timide, avec une masse de cheveux ramenés en chignon sur la tête. Elle se tenait juste derrière moi, et j'entendis son nom, Brigitte Bardot. La reine était arrivée illuminée par l'éclat des diamants de sa couronne, théâtre politique au sein du théâtre. Mais nous étions tous en représentation, elle avec sa main tendue et nous avec nos sourires reconnaissants, nos saluts et nos révérences. Le monde en tant que théâtre n'est pas une métaphore mais une description naturaliste, dans ce cas précis, d'un rituel formel, dont chaque pas est réglé par la tradition et la répétition. Près de trente ans plus tard, l'histoire se répéterait mais d'une manière différente, le jour où j'attendrais au Kennedy Center l'heure d'apparaître au balcon pour la cérémonie des honneurs. Arrivèrent le président, avec un large sourire, et Mme Reagan, qui nous serrèrent la main, à nous autres invités d'honneur – Isaac Stern, Danny Kaye, Lena Horne, Gian Carlo Menotti – et à nos conjoints. Reagan entreprit aussitôt de nous donner des conseils sur la façon de survivre en serrant des centaines de mains en très peu de temps, ce qu'il venait justement de faire. Il arrivait d'une autre réunion qui s'était tenue ailleurs et continuait simplement de faire la même chose avec nous, et il me fit tendre la main de manière à pouvoir appuyer son index contre l'intérieur de mon poignet tout en la serrant, ce qui lui permettait de donner une impulsion et de se dégager quand il le voulait. « C'est épouvantable quand ils se cramponnent, en particulier certaines vieilles dames, dit-il en riant. Elles sont capables de vous mettre à genoux. » Un théâtre entièrement différent, celui-là, mais qui n'en était pas moins une représentation, un style de jeu à l'américaine, décontracté et naturel par opposition à celui de la Reine. Elle était beaucoup plus intimidante – mais l'intimidation fait partie de son personnage, ce qui est un véritable triomphe quand on pense à la maigre quantité de navires de guerre opérationnels dont elle dispose encore.

Le tournage avait quand même de bons moments. Je franchissais quelquefois à bicyclette la quinzaine de kilomètres qui nous séparaient des studios de Shepperton pour assister à la fin d'un après-midi de tournage, et trouvais Marilyn en train de rire et de plaisanter avec les autres acteurs. A ce moment, c'était Larry qui paraissait préoccupé et plutôt malheureux. J'avais cessé de marquer les points, à ce stade des événements, persuadé qu'une fois le film en boîte, nous commencerions à vivre. Je fis même un voyage aux Etats-Unis pour passer les vacances scolaires auprès de mes enfants, certain en rentrant en Angleterre que nous avions franchi l'obstacle. Mais tout allait de nouveau au plus mal, et Larry décida de nous inviter au théâtre, sans aucun doute pour alléger la tension.

Sortir à Londres avec Marilyn exigeait toujours une sérieuse préparation logistique. Dans cette circonstance précise, nous fûmes accompagnés en voiture jusqu'à l'entrée des artistes et conduits furtivement à nos sièges dans l'obscurité, au moment même où le rideau se levait, pour que le spectacle ne soit pas perturbé. Ou bien je n'avais pas fait attention ou, plus probablement, Larry n'avait daigné mentionner ni le titre de la pièce ni le nom des acteurs et du metteur en scène, et comme je ne possédais pas de programme et n'avais pas eu l'occasion de regarder les affiches à l'entrée du théâtre, j'ignorais complètement ce que j'allais voir au lever du rideau. Le décor représentait la véranda d'une maison élégante dans un paysage évoquant vaguement celui des Caraïbes. Je tentai de saisir ce que disaient les acteurs, mais entre leur discours extrêmement anglais et une intrigue qui comportait beaucoup de paroles et très peu d'action, je me trouvai vite incapable de maintenir mon cerveau en activité. Pourquoi Larry nous avait-il emmenés voir cela?

De temps à autre, une réplique étonnamment brillante émergeait, et soudain je m'aperçus que le premier rôle féminin était tenu par l'épouse de Larry, Vivien Leigh. C'était donc ça! Je me mis à écouter avec une attention accrue, mais sans beaucoup plus de résultat qu'auparavant. C'était apparemment aussi inanimé et artificiel qu'une fleur de cristal. A l'entracte, je me penchai par-dessus Marilyn pour demander à Larry : « Qui a écrit cette pièce? » Un sourire infime raidit ses lèvres mais il ne répondit pas.

– De loin en loin, il y a une réplique dans le genre de Noël Coward, pas très souvent. Qui est l'auteur?

– C'est *South Sea Bubble* de Noël Coward.

– Vraiment!

– Absolument.

Il éclata de rire.

– Juste ciel, que puis-je dire d'autre?

– Vous l'avez déjà dit!

Nous étions pliés en deux de rire. Puis je lui demandai : « Et qui l'a mise en scène? » Je fus incapable de retenir une nuance de critique dans ma voix, la mise en scène m'ayant paru plutôt figée, avec Vivien qui courait de droite à gauche de la scène, et inversement.

Là encore, Larry ne répondit pas immédiatement, arborant le même sourire pincé et désabusé.

– Allons, qui l'a mise en scène?

– C'est moi.

J'empoignai mon idiote de tête et lui fis heurter le siège devant moi. Mais notre amitié y survécut. Cela aussi appartenait à son passé défunt, une pièce sans importance, sinon comme reflet d'une époque aujourd'hui disparue.

C'était terrible de voir sa colère resurgir, non seulement contre Olivier, dont elle était absolument convaincue qu'il la méprisait, mais aussi contre Milton Greene, à qui elle ne pouvait pour ainsi dire plus adresser la parole, et enfin contre elle-même. Je finissais par partager sa déception, ne serait-ce que parce que j'étais impuissant à changer quoi que ce fût pour elle et qu'elle ne pouvait tout simplement pas laisser tomber le film. Alors que je m'efforçais d'adoucir son tourment, elle croyait que son cas était réduit à une vétille. D'ailleurs, j'estimais qu'aucun film ne justifiait cette sorte d'autodestruction, tandis qu'à ses yeux, une interprétation valait autant qu'une vie. Dans un certain sens, pensai-je par la suite, c'était là la différence entre l'art du comédien et celui de l'écrivain. Le comédien *est* son art, l'auteur peut s'en détourner et laisser le monde en faire ce qu'il voudra. J'étais alors persuadé que son interprétation dans ce film était merveilleusement spirituelle et que son anxiété l'empêchait de s'en rendre compte, mais elle ne parvenait ni à se reposer ni à vraiment dormir, et les barbituriques faussaient tout.

Dans cet état de frustration impitoyable, la culpabilité devenait un élément vital auquel ni l'un ni l'autre ne pouvions échapper. Chacun avait échoué dans son numéro de magie pour transformer la vie de l'autre, et nous nous retrouvions comme au départ, mais pire. C'était comme si nous nous étions mutuellement induits en erreur. Elle n'avait aucune ressource à quoi se raccrocher pour contrer notre échec, et vivait, comme toujours, en se donnant à fond, n'épargnant rien, ni ses espoirs ni ses désespoirs, ni aucun de ses soupçons à l'égard de ceux qui l'entouraient, à l'exception de Hedda et de Paula qui ne la contredisaient jamais, l'une parce qu'elle l'aimait, l'autre par calcul ambitieux.

Cela faisait maintenant plus d'un an qu'elle suivait une

analyse avec une femme médecin de New York, et elle aurait par la suite deux autres analystes, d'abord Marianne Kris, puis Ralph Greenson, tous deux des médecins intègres dont on ne pouvait mettre en doute la loyauté. Pourtant quels que fussent les brillants résultats, les multiples racines de la catastrophe plongeaient au plus profond d'elle-même, condamnée qu'elle était dès sa naissance – *maudite* serait peut-être un mot plus adapté - en dépit de tout ce qu'elle savait et espérait. Son expérience elle l'avait acquise soit innocemment, soit sous l'effet d'une menace. Elle adorait les enfants et les personnes âgées qui étaient comme elle, complètement vulnérables et incapables de faire le mal. Mais le reste de l'humanité était fondamentalement dangereux et devait être détruit, désarmé par une sexualité généreuse, en quelque sorte transcendée, en une féminité de pure offrande. Mais cela non plus ne pouvait durer éternellement, car elle voulait toujours vivre au plus haut. Il n'y avait de sécurité, ou en tout cas d'oubli, que dans un crescendo permanent, et lorsque la vague refluait, elle se retournait avec cruauté contre elle-même, la femme indigne, la lie de la terre, et sa bassesse lui ôtait le sommeil, et alors commençaient les pilules et les petits suicides, chaque nuit. Pourtant, au milieu de tout cela, elle était capable de se dresser vers l'espoir comme un poisson qui remonte vers le soleil en traversant une mer noire, avant de retomber à nouveau. Ces tentatives étaient peut-être – quand on connaissait la tristesse qui l'habitait – ce qu'il y avait de plus glorieux pour elle.

Nouveau heurt avec le gouvernement. J'étais assis dans le salon de musique, un matin, travaillant à la première version des *Misfits (les Désaxés)*, lorsque je vis, comme dans un rêve, un policier casqué pousser sa bicyclette vers la maison, longeant le sentier en bordure de la pelouse. Il s'arrêta devant la porte-fenêtre, jeta un coup d'œil à l'intérieur et fut aveuglé par l'obscurité brutale de la pièce. Je me levai et le saluai.

– Etes-vous monsïeur Arthur Miller?
– Oui.
La peur me frappa en plein cœur – quelque chose de grave était arrivé à mes enfants, ou à Marilyn!
– Je dois vous accompagner au Foreign Office, monsieur.
– Vous devez m'accompagner au Foreign Office.
– C'est exact, monsieur.
– Où se trouve le Foreign Office?
– Le Foreign Office est à Londres, monsieur.
– Et pourquoi devez-vous m'y conduire?
– Parce qu'on m'en a donné l'ordre, monsieur.
– Pourquoi? Quelle est la raison?
– Je n'en ai aucune idée, monsieur.
C'était tellement absurde que je me demandai si je devrais aller jusqu'à Londres assis sur son guidon, qu'il tenait toujours à la main.
– Mais je n'en ai pas été averti, dis-je.
– Ils aimeraient que vous veniez aujourd'hui, monsieur. Nous avons une voiture. Pouvez-vous venir maintenant? Ce sera réglé en quelques minutes.
Il était là, les mains posées sur son guidon, un gendarme campagnard tout droit sorti d'un roman d'Agatha Christie avec son grand casque noir et ses innocents yeux bleus, obéissant aveuglément à ses ordres. Je répondis que je me servirais de ma voiture et de mon chauffeur, et acceptai de partir rapidement.
Un homme attendait au bord du trottoir quand nous arrivâmes au Foreign Office, environ une heure plus tard, mais sa fonction consistait essentiellement à me guider le long d'un labyrinthe de corridors, en passant devant des dizaines de requérants de diverses races portant divers costumes, pour aboutir à un bureau doté d'une fenêtre à hauteur des yeux qui ouvrait sur la lumière grisâtre d'une colonne d'aération. C'était le pays de Dickens. L'officier qui m'accueillit avait une moustache de garde de la reine, un bandeau sur un œil et une jambe raide, et il se tenait très droit grâce à un corset

dont je pouvais discerner le contour sous sa luxueuse chemise de popeline. Un pilote de Spitfire abattu en vol, à n'en pas douter, aujourd'hui devenu un homme jovial – pour commencer.

« Alors, comment va le film? Vous vous plaisez dans le Surrey? J'ai vu une photo de vous deux à bicyclette, c'est un bon coin pour le vélo, n'est-ce pas? Il y a un pub tout à fait convenable au bout de la route, si je me rappelle. Etes-vous en train d'écrire en ce moment? Bon! J'espère que c'est quelque chose que nous pourrons voir ici. J'ai beaucoup aimé votre *Commis voyageur*, au Phoenix, avec Paul Muni, je crois? Extraordinaire, vraiment. » Quand il eut dévidé tout ça, il y eut une pause à la fois joyeuse et tendue, comme si nous attendions tous deux l'arrivée d'un faisan rôti sur un plat d'argent. Puis nos regards s'affrontèrent. Il avait des cheveux roux.

– Votre passeport expire le mois prochain, monsieur Miller.

– Oh? C'est bien possible. Cela fait quelque temps que je ne l'ai pas regardé.

C'était donc cela : on m'avait accordé un passeport d'une durée limitée à six mois parce que mon procès devant un tribunal fédéral pour outrage au Congrès allait s'ouvrir dans quelques mois. Le bras long du Département d'Etat, de la Commission et de tous mes admirateurs au sein du gouvernement américain me caressait le cou.

– Quel est le problème?

– Nous nous demandions quels étaient vos projets, une fois le film terminé.

– Mes projets? Nous rentrons en Amérique.

– Je vois. C'était ce que je voulais savoir.

– Je comprends. Je ne vois pas bien pourquoi il était si urgent que je me présente ici.

Il préféra ignorer ma discrète remontrance.

– Vous avez des enfants en Amérique, à ce que j'ai compris.

– Oui.

– Et vous avez des biens en Angleterre ?

– Non.

– Et bien entendu, pas de famille non plus.

– J'ai hâte de rentrer chez moi.

– C'est ce que je pensais. Eh bien, merci beaucoup d'être venu jusqu'ici.

Il se leva. Nous nous serrâmes la main.

– Franchement, je n'avais pas vraiment le choix.

Nous éclatâmes de rire ensemble. Il décida de s'expliquer, un peu :

– Il y a des gens qui ont choisi de ne pas rentrer chez eux, dans des cas semblables au vôtre, et nous préférerions éviter, si possible, quelque chose de ce genre en ce qui vous concerne...

En d'autres termes, la mortification de l'Amérique, au cas où je me lasserais d'être tourmenté et voudrais vivre en Angleterre, comme l'avaient fait Chaplin et Joseph Losey, Larry Adler et toute une liste d'autres artistes pendant les cinq dernières années de guerre froide. Un drôle de scandale international, quand on y pense, si Marilyn décidait aussi de s'installer ici. Ces pauvres garçons de Washington avaient dû passer plusieurs nuits blanches avant de décider de me récupérer.

Sur le chemin du retour, je me défendis contre tout sentiment de désillusion à l'égard de l'Angleterre, dont je m'étais mis à admirer sincèrement les libertés. Mais ils se retrouvaient tellement faibles sur le plan politique maintenant que leur indépendance économique s'effritait. Quel dommage. Une sécurité de moins dans le monde. Et, bien entendu, je ne perdais pas de vue cette réalité, qu'un chauffeur en livrée était en train de me conduire vers une délicieuse maison de campagne du Surrey. En 1956, le surréalisme était du naturalisme. A une autre époque, plus logique, je me serais trouvé en train de longer subrepticement les haies pour qu'on ne me remarque pas, un véritable paria politique. Pas étonnant qu'il fût si difficile de nommer la réalité, de la toucher, et de retrouver sa propre authenticité. John Proctor et même Eddie Carbone s'étaient entendu condamner sans la moindre équivoque par Dieu et la communauté. Mais maintenant ? Mon jumeau était dans la voiture avec moi, une incarnation dont je rasais le visage tous les matins, que j'envoyais parler aux journalistes lorsque c'était nécessaire, ou au Foreign Office s'il le fallait, mais qui n'avait apparemment qu'une infime ressemblance avec moi, sinon, comment était-il possible que l'on me croie capable de fuir les Etats-Unis, un pays que j'aimais tellement et que mon jumeau était réputé détester ?

Cet après-midi-là, je retournai à ma table de travail et aux *Misfits*, l'histoire de trois hommes qui ne parviennent pas à trouver un foyer sur cette terre et qui, pour faire quelque chose, capturent des chevaux sauvages destinés aux abattoirs et aux conserves d'aliments pour chiens; et d'une femme aussi perdue qu'eux, mais dont le sens intact du caractère sacré de la vie suggère que l'existence n'est pas vaine. C'était un sujet sur l'indifférence, celle que j'avais ressentie non seulement dans le Nevada, mais dans le monde actuel. Nous étions effarés par notre impuissance à contrôler nos existences et le Nevada représentait simplement le lieu parfait de notre perte collective.

Ce qui était certain, chez Marilyn, c'est qu'elle n'était pas indifférente. Sa douleur même exprimait la vie et la lutte contre l'ange de la mort. Elle était un reproche vivant pour les indifférents.

Et tout ceci se répercutait au niveau politique. Alors que la pire des guerres n'était terminée que depuis dix ans, les deux grandes puissances qui s'étaient alliées contre Hitler étaient maintenant prêtes à se sauter à la gorge, ou presque. L'absurdité était le principe de la vie, et sa tristesse s'étendait sans cesse.

Toute la gentillesse anglaise s'évanouirait si jamais je demandais asile ici. Je pensai à cet officier de la sécurité et à la manière brutale dont il avait interrogé le couple hongrois.

Le Surrey ressemble à certains des quartiers de Westchester, au nord de New York – la prospérité tranquille, les haies bien nettes, le confort. J'étais réellement un hors-la-loi, ou le serais bientôt, à l'expiration de mon passeport. Une fois rentré en Amérique, je comparaîtrais devant un tribunal fédéral et serais probablement déclaré coupable – c'était toujours le cas quand on était accusé d'outrage au Congrès –, avec le risque de me retrouver en prison. Je me demandai comment il se pouvait que tout cela me touche si peu, pas plus que ne l'aurait fait une simple information.

Une nuit, à Pyramid Lake, ne trouvant pas le sommeil, je m'étais allongé sur la rive. J'avais l'impression d'être couché dans un tableau du Douanier Rousseau, avec une lune immobile accrochée assez bas au-dessus d'une grande mer noire prisonnière des terres, sur les bords de laquelle se dressaient des montagnes fantomatiques. Tout au fond de l'eau nageaient d'immuables poissons préhistoriques. L'île abandonnée aux colonies de serpents à sonnettes s'étendait là derrière, dans l'obscurité. Rien ne bougeait. Je me trouvais peut-être dans le rêve de quelqu'un et j'allais en sortir, tomber dans le néant. Mes enfants se demanderaient ce que j'étais vraiment devenu. Qui pouvait expliquer ce monde ? Quelle était la bonne question ? La lune, elle, le savait, cet œil unique qui ne cillait jamais. Il y avait quelque chose qui ressemblait au Nevada dans l'Angleterre contemporaine. Mais n'avais-je pas décelé une infime pointe de regret dans l'attitude de ce pilote de Spitfire infirme, quand il s'était mis à m'interroger ? J'aurais aimé pouvoir le penser...

L'une des satisfactions mineures d'avoir survécu si longtemps est de constater que les noms de Hedda Hopper ou de Louella Parsons n'évoquent plus rien pour personne, sinon des reliques anciennes du monde du spectacle. Si Hollywood représentait, avant sa désintégration en particules plus modestes, la confédération impériale d'une demi-douzaine de puissants studios dont les tentacules enserraient le globe, ces deux commères en étaient les Furies gardiennes, les matrones policières postées à la grille pour interdire l'accès aux pécheurs, aux mauvais patriotes et aux contempteurs de la propriété privée indignes de respirer le même air pur que des modèles de sainteté tels que Louis B. Mayer, Harry Cohn, Jack Warner, Darryl Zanuck, Sam Goldwyn et une poignée d'autres. Des millions de lecteurs dévoraient chaque jour leurs articles, acceptant leurs opinions, apprenant par elles qui il fallait détester et qui il fallait applaudir. Ç'aurait pu être une plaisanterie, à ceci près qu'une vraie campagne contre quelqu'un, comme celle qu'elles avaient entreprise contre Chaplin à cause de ses liens avec les libéraux et les gauchistes, était capable de couler un film tel que *Monsieur Verdoux* et d'inciter son auteur à quitter le pays.

Le trésor gardé par ces deux dames possédait de multiples facettes, mais on pouvait le résumer en un seul mot : *divertissement*. Sans pousser jusqu'à la théorie, elles sentaient profondément que dans les décennies à venir, nous allions devenir une nation dont le problème essentiel serait, en fait, de se distraire. Hormis quelques rares et honorables exceptions, le cinéma américain avait tout simplement ignoré la montée du fascisme, la profondeur et l'intensité des souffrances de la Dépression, la guerre civile espagnole et l'ampleur de la corruption des citoyens de ce pays, ou en tout cas, ces sujets n'étaient mentionnés qu'enrobés d'un épais sirop de réconfort sentimental qui aplanissait les bosses et recouvrait les plaies.

La férocité de ces dames à l'égard du communisme n'avait d'égale que leur manière de reproduire certaines de ses pratiques – cela devait me revenir à l'esprit dix ans plus tard en Union soviétique en lisant les directives du Parti aux écrivains soviétiques, à qui l'on demandait de cesser de confondre sagesse et critique du pays, d'être laudatifs, ou alors de la boucler. Le cinéma américain était là pour glorifier les valeurs américaines, qui s'intégraient dans l'idée de divertissement. Je me suis d'ailleurs demandé au fil des années si la véritable, quoique à demi consciente, raison de l'acharnement de la Commission sur les gauchistes hollywoodiens n'était pas qu'ils représentaient une menace pour le divertissement, et non parce que leur politique mettait le pays en danger. Et en fait, certains scénaristes ont volontairement apporté des piles de manuscrits à l'audience pour bien prouver qu'ils n'avaient jamais introduit une seule idée politique et non distrayante dans un seul d'entre eux. Il était apparemment évident à leurs yeux que plus un écrit était vide, plus il était américain.

Terence Rattigan, l'auteur fort talentueux de comédies sophistiquées à succès, donna chez lui, à Londres, une soirée en l'honneur de Marilyn. A une extrémité d'un immense salon d'un style incroyablement guindé, tandis qu'un petit orchestre jouait suavement des airs à la mode en Amérique et que la crème du milieu théâtral britannique dansait ou bavardait debout, Louella Parsons, une imposante personne avec une mantille de dentelle noire, contemplait le spectacle assise dans un haut fauteuil sculpté, semblable à une prêtresse dans un tabernacle. Elle recevait, et ne se levait jamais. Je fus abasourdi, ayant appris qui elle était, de constater que son influence avait pu s'étendre jusqu'à cette île, mais l'un après l'autre, les acteurs, les metteurs en scène et les épouses venaient lui faire allégeance. De toute évidence, elle était enchantée. Ça, c'était la vraie classe anglaise, pas comme ces péquenots de Hollywood.

Fort curieusement, le plaisir s'inscrivit sur son gros visage lorsque je lui fus présenté. C'était un visage épuisé, las d'avoir cherché sur ceux des autres les échecs secrets dont la révélation avait constitué son activité quotidienne pendant des décennies. Elle se pencha vers moi en tendant la main et avec l'accent couinant de l'Américaine moyenne m'invita à m'asseoir auprès d'elle. « C'est vraiment formidable de vous rencontrer! Je vous en prie! Asseyez-vous! » Je pris la chaise beaucoup plus basse qui se trouvait à côté de la sienne et levai les yeux vers elle, comme vers le pape. « Comme c'est merveilleux que vous soyez venus tous les deux. Nous adorons tous Marilyn, et c'est tellement merveilleux de savoir qu'elle est enfin heureuse. Et elle a vraiment l'air, réellement l'air heureuse. » Je ne pouvais que hocher la tête, tout en me souvenant que ses articles n'avaient jamais été exempts d'un mépris ricanant à l'égard de Marilyn, et de son désir d'échapper à son destin de starlette – un risque dans l'ordre du divertissement.

Je contemplai cette étincelante société. J'avais l'impression, comme en un rêve, d'être coincé dans un théâtre fermé, avec une centaine d'acteurs jouant, dansant, s'interpellant à l'infini. Il y avait pourtant là des gens très talentueux qui étaient certainement sincères en fêtant Marilyn. Je trouvai soudain épuisant d'essayer de reconnaître la sincérité en chacun. Je voulais simplement sortir de là et rentrer à la maison.

VII

Un titre de pièce qui me vint à l'esprit à l'époque, *Music for the Deaf* (Musique pour les sourds), pourrait être le symbole de ce que j'ai ressenti à notre retour aux Etats-Unis et après. Beethoven dirigea la Neuvième Symphonie lors de sa création alors qu'il était devenu totalement sourd, et perdit le tempo pendant le concert. Il agitait donc les bras en dirigeant ce qu'il croyait entendre, tandis que le public entendait quelque chose de tout à fait différent.

Je ne pouvais plus percevoir le tempo de l'époque. Le théâtre et le pays paraissaient confondre art et auto-indulgence, comme si la naïveté seule fût empreinte de vérité. Certains jours, une bouffée de nihilisme parfumait l'air, mais qui étais-je pour en juger ainsi ? Porter un jugement devenait encore plus difficile qu'auparavant. Mais parfois, cette évolution me semblait plutôt bénéfique, car je n'étais désormais plus capable de trouver un air romantique au moralisme des années trente et quarante.

Nous découvrîmes un appartement étonnamment spacieux pour son prix, juste sur East River et nous nous installâmes bien vite dans une certaine routine, Marilyn partant voir son analyste le matin tandis que l'après-midi était réservé à ses leçons particulières avec Lee, qui duraient plusieurs heures. De temps en temps, nous allions à Brooklyn rendre visite à mes parents, qui conviaient les voisins à venir adorer leur idole. La rue était pleine de gamins qui lui faisaient une ovation quand elle sortait de la petite maison. Marilyn aimait beaucoup ces gens simples, en particulier mon père, qui s'illuminait purement et simplement dès qu'il la voyait. Il avait toujours été fou des gens au teint clair, et il appréciait les jolies femmes, mais c'était surtout son indulgence paternelle discrète qui rassurait Marilyn. Il portait toujours sur lui une vieille photo parue dans un journal, où on les voyait tous les deux côte à côte, et il la montrait à tout bout de champ. Il avait la vulnérabilité des gens âgés, ce qui touchait Marilyn et la faisait déborder de tendresse pour lui. Toute sa tension paraissait la quitter dès qu'elle était confortablement installée près de lui sur le canapé. A son contact, il retrouvait la vivacité de ses sentiments. Elle m'ouvrit les yeux sur sa sensibilité qui ne devait rien à l'instruction, sur la sûreté de son goût en matière de théâtre, sur la sagesse de ses jugements concernant les interprètes. Une fois de plus, je vis combien il était peu sentimental, par comparaison avec ma mère, et combien il était plus difficile de le berner avec des interprétations outrées et des textes stupides. Il me fallait bien reconnaître que j'avais toujours pu dire, en fonction de sa réaction à une histoire que je lui racontais, si elle aboutirait à une pièce de théâtre. Comme il savait à peine lire et écrire, il avait développé une intelligence auditive et écoutait avec avidité, comme un paysan. Sans prétention aucune en matière de goût et de connaissance, il réagissait simplement, humainement à ce qu'il avait entendu. Je découvris que si je ne pouvais pas rendre une chose claire pour lui, c'est qu'elle ne l'était pas vraiment pour moi, ou qu'elle était devenue trop intellectuelle et desséchée; mais quand je voyais ses yeux bleus *visualiser* ce que je décrivais, alors je savais que je tenais quelque chose de réel et de vivant.

Il était étrange de penser que j'allais bientôt comparaître devant un procureur et un juge fédéral à Washington, et que je risquais de me retrouver en prison. En attendant, j'essayais de démêler les fils embrouillés d'une nouvelle pièce. J'avais écrit toutes mes pièces à la campagne, à l'exception de *Vu du pont*, et je partis parfois en compagnie de mon jeune fils, Bob, à la recherche d'une maison que nous pourrions acheter.

Je bâtis une scène autour d'une jeune physicien, Carlo, lui-même fils d'un grand physicien, qui admire son père mais lui reproche le rôle de conseiller en matière de nouveaux armements qu'il occupe auprès de l'armée. Il a mis au point une théorie sur un rayon qui, dirigé depuis l'atmosphère, parviendrait à neutraliser toute activité électrique se trouvant sur son chemin, ce qui signifie qu'il pourrait arrêter un battement de cœur. Il est terrorisé par sa découverte et décide de demander conseil à son père. Mais alors qu'il commence à lui en parler, il se rend compte qu'il n'a plus confiance en lui et qu'il le croit tout à fait capable de livrer cette information à l'armée.

La scène était l'illustration parfaite d'une position de *mat* aux échecs. Carlo choisit de se retirer dans le silence, et devient ainsi son propre otage, se privant même de la satisfaction personnelle que devrait lui procurer la formidable victoire scientifique qu'il sait avoir remportée. Le secret commence inévitablement à le brûler, et il est tenté de révéler son incroyable découverte à un collègue qu'il soupçonne sérieusement d'être en contact avec les Russes. Il veut que cela lui soit volé, il veut que cela se matérialise, peu importe comment. Mais comme avec son père, il se ressaisit avant d'avoir confié son fardeau à cet homme.

Cette aliénation volontaire lui donne l'impression de se mouvoir dans un monde contrasté d'ombre et de lumière. Passant d'un sentiment d'omnipotence à celui d'une totale impuissance, il va parfois jusqu'à se demander si sous l'effet de quelque rage, enfouie et inconsciente au fond de lui, il n'a pas simplement produit une arme imaginaire de destruction totale qui n'existerait que comme projection de son propre désir de destruction. Mais il lui est impossible de vérifier la vérité objective sans révéler sa découverte, à un monde auquel justement il ne peut faire confiance. Le fait de garder ce secret le ronge et le possède, envahissant ses instants de veille comme ses rêves. Il devient littéralement son secret, jusqu'à ce qu'il ne reste de lui qu'une histoire inracontable.

Un après-midi d'orage, je proposai à Marilyn d'aller la chercher en voiture après sa leçon chez Strasberg, les taxis étant à peu près introuvables sous une telle pluie. En entrant dans le vestibule de l'immense appartement de Central Park West, j'entendis avec étonnement ce qui ressemblait à du Stravinsky joué au saxophone et à la trompette. Lee vint m'accueillir et je lui demandai aussitôt ce qu'était ce merveilleux disque. Il répondit par un sourire mystérieux et indéchiffrable, précisant qu'il s'agissait d'un enregistrement très spécial. « Mais qu'est-ce que c'est ? Qui joue ? » demandai-je. Une fois encore, pas de réponse, sinon ce sourire supérieur et entendu, avec réitération de sa première explication : ce disque était unique.

Dans la pièce voisine, Marilyn était en train de mettre son manteau, un poil de chameau beige que j'adorais, et le disque finissait juste de tourner sur la platine, à côté d'elle. Je m'avançai pour le prendre mais Lee me fit brusquement signe de n'y pas toucher et le souleva avec un soin infini. Le tenant à la verticale devant lui, il m'empêchait de lire l'étiquette, mais je pus voir qu'elle était grise, la couleur de Columbia.

– C'est Woody Herman, dit-il alors.

– Vraiment ! Je ne savais pas qu'il jouait du classique.

Marilyn le regardait avec un grand respect.

– Oh, si, bien sûr. C'est lui qui me l'a donné.

– Quel est le titre ? J'aimerais bien l'avoir.

– Non, non ! Vous voyez ce numéro ?

Il tenait maintenant le disque à plat, me montrant un

long numéro de série gravé, comme il y en a sur tous les disques classiques.

– C'est un numéro spécial. Cela signifie qu'on ne peut pas l'acheter normalement, en allant simplement chez le disquaire.

– Mais il y a une étiquette normale. Et je crois bien que tous mes disques portent un numéro gravé.

– Oh, non, insista-t-il, cette fois, me semble-t-il, avec une pointe d'embarras.

– Comment se le procurer, alors?

– Je vous l'ai dit, Woody me l'a donné.

Je le regardai bien en face. Marilyn se tenait debout, assez fière qu'il connaisse si bien un musicien célèbre. Une vague de désespoir m'envahit devant cette stupide comédie. Peut-être commençait-il à s'inquiéter d'avoir laissé les choses aller dangereusement trop loin, car il rompit le silence :

– Bien entendu, si vous voulez vraiment en acheter un, vous pouvez toujours recopier le numéro et le commander.

Ainsi donc, c'était à la fois une sorte de disque privé et une sorte de disque accessible au public. C'est reparti pour Willy Loman, me dis-je.

Tout ceci était très bizarre. Marilyn semblait de plus en plus entourée par quelque chose qui ressemblait fort à du mensonge, mais ni moi, ni personne d'autre, ne pouvait le lui révéler. Elle tissait une toile accrochée à des poutres provisoires, et il faudrait bien qu'un jour cette toile se déchire. Je pouvais seulement espérer que Marilyn, alors, serait moralement plus forte. Lee était tellement vital pour elle, et par conséquent pour moi, que je souhaitais vraiment m'être trompé à son sujet, qu'il ne fût pas le charlatan que je supposais. Je me rendais compte que je ne comprenais pas les acteurs. S'il était capable de leur insuffler la foi, c'était cela l'important, et je devais garder à l'esprit que je connaissais plusieurs grands et brillants acteurs qui ne juraient que par lui. D'un autre côté, des acteurs d'une envergure comparable le prenaient pour un escroc. Kazan avait un jour dit de lui que sa grande erreur était de rendre les acteurs de plus en plus, et non de moins en moins, dépendants de lui. Mais le capital de l'acteur est la confiance en soi, et si Lee parvenait à renforcer celle de Marilyn, béni soit-il, quels que fussent ses moyens.

Il était aussi curieux de constater comment chaque semaine elle semblait acquérir davantage de pouvoir sur le monde tandis que le marécage de doutes, au fond d'elle, ne montrait aucun signe d'assèchement. Elle ressemblait parfois à un de ces chefs que Tolstoï décrit dans *Guerre et Paix* – des gens qui reçoivent un pouvoir sur les autres, par quelque mystérieux consensus collectif, personne ne sait vraiment pourquoi, et qui finissent presque par y croire, tout en doutant que ce soit l'expression de leur véritable nature. Car tout au fond d'eux repose l'être humain banal, vulnérable et mystifié, dans son cas une simple enfant, une petite fille abusée. Elle ne cessait jamais de mettre à l'épreuve le monde et les gens autour d'elle, à l'affût du moindre signe d'hostilité, et tous sentaient qu'elle avait désespérément besoin d'être rassurée, si pleine d'esprit, de gaieté et d'énergie fût-elle, et tous la rassuraient, si bien que la vérité s'éloignait de plus en plus. Mais un jour, elle serait assez forte pour l'affronter, le jour où elle admettrait qu'elle était aimée...

Un jour, elle serait comme cette femme malheureuse et perturbée, dans le poème de Rilke, qui va à la fenêtre de sa chambre, regarde en bas dans la cour et voit un immense arbre qu'elle a déjà vu des centaines de fois – *Und plötzlich ist alles gut.* Cela finirait par arriver – l'équilibre, la guérison, le silence qui règne enfin –, peut-être à travers moi, peut-être pas, mais soudain, elle saurait que tout allait bien.

Il y avait eu des dizaines et des dizaines de procès de ce genre au cours des cinq ou six dernières années, pendant la grande chasse aux Rouges, et aucun d'eux n'avait duré plus d'une ou deux heures. La routine était simple : on lisait les questions auxquelles l'accusé avait refusé de répondre devant la commission du Congrès; un « expert en communisme » témoignait si, à son avis, l'accusé se trouvait « sous dépendance communiste »; un jugement et une sentence pour outrage au Congrès étaient rendus par le juge. Certains, comme les Dix de Hollywood – des scénaristes et des réalisateurs pris dix ans plus tôt dans la virulence des premiers interrogatoires de l'industrie du cinéma – avaient fait un an de prison, mais plus récemment, un certain ennui de la part du public avait eu un effet thérapeutique sur les ardeurs du tribunal, et la sentence avait des chances de se solder par une amende et une peine avec sursis, quoique ce ne fût pas systématiquement le cas. Etant donné la publicité considérable soulevée par mon propre cas, j'avais des raisons de redouter un traitement plutôt sévère que bénin, car la Commission voudrait probablement se justifier en me punissant.

Charles McLaughlin, un homme à l'impeccable chevelure argentée, juge du tribunal fédéral de district, était assis dans son fauteuil, sur l'estrade, ressemblant au président Warren Gamaliel Harding, dont le beau visage était entré dans ma mémoire il y avait si longtemps de cela, à Far Rockaway, quand son portrait drapé de noir avait été placé en vitrine de tous les magasins, la semaine de sa mort. McLaughlin baissa les yeux vers son compère démocrate, mon avocat Joe Rauh, et vers le procureur Hitz, et déclara avec courtoisie qu'à quelques minutes près, l'audience serait sans doute terminée vers midi, dans environ une heure et demie. Tout aussi courtoisement, Hitz lui assura que l'intervention du gouvernement ne serait pas longue, et avec une jovialité égale, Joe Rauh, poussant son petit gloussement de baryton caractéristique, toucha de l'index son nœud papillon à petits pois et déclara que pour sa part, il aurait besoin d'un minimum de quatre, sinon de cinq *jours* pour exposer *son* affaire.

J'ai gardé un souvenir plus auditif que visuel du choc qu'exprima le visage de Hitz, semblable au léger déclic que fait un jouet à remontage mécanique au moment où on le soulève du tapis et où le mécanisme tourne à vide. Le juge parut également tout à fait ébahi, ayant saisi comme Hitz ce que signifiait la déclaration de Rauh – pour la première fois, un avocat avait l'intention de gagner un procès de ce type, au lieu, découragé d'avance, de laisser tomber. Quant à moi, j'étais trop stupide pour comprendre ce qui se passait. Il fallut que Joe me l'explique plus tard. Tout ce que je sais, c'est qu'à partir de là, un courant d'électricité négatif se dirigea vers moi, provenant du tribunal et de la table des représentants du gouvernement, alors qu'on m'avait à peine regardé avant que cette incroyable déclaration fût prononcée. Un accusé envisageant réellement de remporter une telle affaire, c'était un affront évident et inconcevable fait à la décence et à la tradition.

L'une des raisons qui incitaient Rauh à penser qu'il pourrait sinon l'emporter, du moins obtenir un jugement susceptible d'être désavoué en appel, était l'affaire Watkins. Avec ce cas, il avait alors institué un précédent, selon lequel il était interdit à la Commission de poser des questions à un témoin si les réponses ne pouvaient être utilisées dans un but législatif. Une commission du Congrès, en d'autres termes, ne pouvait tout simplement plus ramasser des gens dans la rue, comme la HUAC ne s'était pas privée de le faire pendant des années, mais devait maintenant prouver que leur témoignage correspondait à quelque passage de la législation que la Commission envisageait effectivement de soumettre au Congrès. Lors de mon interrogatoire, la Commission avait posé deux ou trois questions concernant mon passeport afin de s'aligner, le procès en faisait maintenant largement la démonstration, sur la jurisprudence Watkins. Mon interrogatoire avait en effet été officiellement qualifié d'enquête sur « usage illégal de passeport américain ».

Il n'y avait naturellement pas le moindre lien entre mon refus de donner le nom d'un écrivain ayant assisté à une réunion des années plus tôt et mon passeport, que je m'en sois servi légalement ou non. Mais à ma stupeur croissante – et, au fur et à mesure que les jours passaient, à mon désespoir croissant – M. Hitz commençait chacune de ses oraisons par une variation ou une autre sur le thème : « Bien, lorsque M. Miller est allé en Tchécoslovaquie, il savait que le cachet figurant sur son passeport lui interdisait l'entrée dans ce pays... » Cela en effet aurait été un usage illégal de passeport, mais comme je n'avais jamais mis les pieds de près ou de loin en Tchécoslovaquie, il était difficile d'envisager comment ils espéraient prouver quoi que ce soit à partir de cette affirmation erronée. Chaque fois qu'il se levait, il remettait ça. Et, chaque fois, Rauh se dressait, prétextant un détail de procédure, pour répéter inlassablement que je n'étais jamais allé dans ce pays, sur quoi le juge se tournait simplement vers Hitz et lui enjoignait de poursuivre.

Après chaque rude journée devant le tribunal – où je dessinai quelques croquis assez réussis des personnes présentes afin de me tenir éveillé, excédé, comme tous les amateurs, par la lenteur de tortue de la procédure – nous rentrions généralement chez Joe où nous nous précipitions vers le bar et nous buvions, comme cela ne m'était personnellement jamais arrivé. Le troisième soir environ, nous avions déjà descendu quelques whiskies quand Rauh leva son large visage, pointa l'index sur moi et dit :

– Hé !

– Oui, m'sieur. Hé quoi ?

– Hitz n'arrête pas de te mettre en Tchécoslovaquie en 1947 – n'est-ce pas en 1947 ?

– Oui, 1947.

– Mais la Tchécoslovaquie était encore un pays démocratique en 1947 ! C'était Edouard Benès le président d'alors, non ? Ils n'étaient pas encore communistes !

– Mon Dieu ! J'ai failli visiter un pays libre et faire une bonne action ! Mais je n'y étais pas, de toute façon.

Le lendemain matin, Rauh attendit calmement que Hitz lance sa prière quotidienne demandant que je sois puni pour avoir mis les pieds en terre interdite. Et cela ne manqua pas d'arriver.

– Lorsque M. Miller est allé en Tchécoslovaquie, sachant que selon les indications de son passeport, il n'en avait pas le droit...

Rauh bondit sur ses pieds, le bras levé comme pour une passe de basket-ball :

– Votre Honneur...

Une fois repéré par Warren Gamaliel Harding qui commençait à s'ennuyer dans les hauteurs, Joe marqua une pause, comme s'il se trouvait devant une selle d'agneau posée au milieu de son assiette, flanquée d'une branche de persil d'un côté et d'une pomme au four nappée de crème fraîche de l'autre. Puis il répéta que jamais de sa vie M. Miller n'était allé en Tchécoslovaquie, ajoutant que quand bien même il y serait allé, la Tchécoslovaquie était à cette date un Etat démocratique dont le président, Edouard Benès, était notre ami. Ceci, dit-il, est un fait historique.

Silence. Warren Harding baissa les yeux vers Hitz, Hitz leva les yeux vers Warren Harding et Rauh s'assit, redressant son nœud papillon des deux mains et lui donnant même une petite tape supplémentaire.

Alors le juge prit la parole, déclarant :

– Je crois que ceci relève des quatre coins de l'accusation. Continuez, Monsieur Hitz.

Je me penchai vivement vers Rauh et murmurai : « Qu'est-ce que cela signifie, " les quatre coins de l'accusation " ? » J'imaginais une tente avec quatre piquets sous laquelle je suffoquais.

Rauh se pencha vers moi à son tour et me fit signe de me rapprocher encore plus près. « Rien », répondit-il en riant. Sa gaieté était si communicative que je me mis à rire également, mais de quoi, Dieu seul le sait.

Les fondus enchaînés et les fondus au noir du temps. Plus d'un quart de siècle après avoir comparu devant la Commission des activités antiaméricaines, je me trouvais assis à une table de banquet en compagnie de ma femme, Inge Morath, et de mes invités, Joe Rauh et sa femme Olie, dans une salle à manger de l'immeuble Cannon, réquisitionnée à l'occasion du banquet inaugural des Kennedy Honors parce que la salle à manger du Département d'Etat était en cours de réfection. Une bonne centaine de personnalités, dont certaines très éminentes, avaient été conviées, officiellement accueillies par le secrétaire d'Etat, George Shultz. Comme nous étions entrés avec la foule, je n'avais pas eu l'occasion d'observer le décor, mais je pouvais maintenant remarquer que les murs et le plafond avaient été fraîchement repeints de couleurs gaies, au lieu de l'habituel beige jaunasse fédéral. Joe Rauh se retourna soudain complètement sur sa chaise pour examiner la salle, puis se pencha par-dessus Olie et me dit que j'allais être honoré dans la salle même où mes interrogatoires devant la Commission des activités antiaméricaines avaient eu lieu tant d'années auparavant.

Bien entendu, cela n'avait plus du tout le même aspect avec une vingtaine de tables réparties sur le sol, et même en reconstituant mentalement l'ancien décor, je n'arrivais pas à reconnaître l'endroit. Tout ce que je paraissais capable d'éprouver était une sensation de dérision, un sentiment tellement froid et métallique, comparé aux effluves brûlants qui s'étaient déversés sur moi dans cette même pièce. Je regardai autour de moi les invités tout joyeux, et le ministre souriant, plein de santé, et les célèbres visages de mes co-honorés, et je me sentis à nouveau comme un observateur extérieur; et trouvai que tout ceci manquait de réalité. J'avais pensé qu'après l'impitoyable rejet que j'avais connu, il me serait difficile de supporter le doucereux climat de satisfaction collective des cérémonies de ce genre. Pourtant, je parvenais à apprécier un joyeux événement de cet ordre – enfin, presque. Peut-être avais-je l'illusion d'avoir perdu ma peur du pouvoir, de l'avoir approché d'assez près pour savoir que je ne souhaitais rien de ce qu'il détenait. Mais une grande partie de mon ancienne foi dans la valeur éternelle du système était également consumée. Ce qu'il y avait de commun aux deux circonstances était le drapeau, accroché à sa hampe, près du mur, comme autrefois. Le même peut-être que celui qui pendait au-dessus de la tête du député Walter, il y avait si longtemps, et qui m'avait tellement rassuré, même si je savais que pour beaucoup de gens dans le monde il symbolisait la prospérité cruelle et l'aveuglement arrogant. Mais comment harmoniser tout cela en une vision cohérente de mon existence ? Ou bien, peut-être devais-je décider que tout n'avait été qu'un rêve, un rêve de perpétuel exil et d'éternels retours.

La conversation la plus intéressante que je me rappelle avoir eue pendant la semaine où se déroula mon procès fut avec le sénateur Harry P. Cain, que Rauh avait arraché à sa demi-retraite en Floride pour le faire témoigner comme « expert en communisme ». Il avait lu mes pièces et ne croyait pas que j'étais « soumis à la discipline du parti communiste ». Dans de tels procès, c'était normalement le gouvernement seul qui se prévalait du « témoignage de l'expert », généralement un ancien dirigeant communiste, pour prouver que l'accusé présentait toutes les marques – y compris les pieds fourchus – du communiste Lucifer. Il se trouve que cette procédure était la réplique quasi parfaite de celle qui avait été utilisée dans les procès de Salem en 1692, où les prêtres jouaient les experts en sorcellerie. L'un d'entre eux, le révérend Hale de Beverly, est un personnage des *Sorcières de Salem*. Dans ma pièce, Hale, comme son véritable modèle historique, a abandonné le camp des accusateurs lorsqu'il a compris qu'il s'était laissé avoir par les « jeunes filles affligées » et, pris de remords, a essayé sans succès de sauver ceux que son « expertise » avait contribué à condamner à la pendaison. L'histoire de Harry Cain, venais-je d'apprendre, était étonnamment semblable.

Ancien *marine* aux nombreuses décorations, ancien combattant de la guerre de Corée, Cain était l'un des rares chasseurs de Rouges à avoir dénoncé toute l'opération, et dans son cas pour se venger. Il avait soutenu la marée anticommuniste dans son Etat natal de Washington puis, sans le moindre passé politique, avait été choisi par les républicains pour se présenter au Sénat. Le thème unique de sa campagne fut la menace communiste, qui le concernait si fortement qu'il alla jusqu'à exiger l'expulsion de Chaplin pour avoir demandé à « Picasso, un communiste avoué », de contribuer à réunir des pétitions contre la répression aux Etats-Unis.

Joe McCarthy vint à son aide et là, au comble de sa ferveur, Cain ne put s'empêcher de trouver quelque chose de déconcertant à la vindicte paranoïaque de Joe. Un soir qu'ils se trouvaient tous les deux sur le podium dans une salle de la Légion américaine, « un type se leva dans le fond et commença à. interrompre McCarthy. Les gars le jetèrent à la rue, mais on ne pouvait s'empêcher de remarquer à quel point McCarthy lui en voulait – je veux dire qu'il lui en voulait *personnellement*, il était complètement secoué. C'était bizarre.

« Toujours est-il, quelques années passèrent et nous étions en train de jouer au poker avec nos femmes, un soir, quand soudain Joe me regarde et dit : " Qu'est-ce que tu ferais au sujet de ce type ? "

« Je ne savais pas du tout de quoi il parlait. " Ce type dans la salle de la Légion, l'autre soir, qui n'arrêtait pas de faire de l'obstruction. "

« Je mis plusieurs minutes à me rappeler, cela faisait si longtemps. J'avais peine à croire qu'il s'en souvenait encore, mais cela le dérangeait vraiment que quelqu'un ait pu, il y avait si longtemps, là-bas à Tacoma, ne pas être d'accord avec lui. Et je répondis quelque chose dans le genre Je ne sais pas, j'imagine qu'ils l'ont simplement jeté dehors. Pourquoi?

« *Pourquoi*? Pour l'amour du ciel, ce salaud m'interrompait tout le temps! – et il se mit à nouveau dans un état épouvantable. Je n'en croyais pas mes yeux, car Joe n'était pas du tout un mauvais type, vous savez. Il pouvait se montrer terriblement gentil et charmant avec quelqu'un, s'il le voulait. Il s'est simplement braqué sur cette histoire de communisme et n'a pas lâché, et je crois qu'il avait toujours peur que tout ça s'effondre sous lui, alors il continuait à chercher des ennemis... A dire vrai, Arthur, celles qui en voulaient le plus, c'étaient les épouses. Nous nous réunissions pour jouer aux cartes avec ces femmes et leurs sénateurs de maris, et la plupart du temps, c'étaient elles qui disaient : " Quand allez-vous avoir la peau de celui-ci ou de celui-là? Pourquoi le laissez-vous continuer à dire ceci, ou cela? Allez le chercher, ce salopard! " C'est d'elles que venait la *haine*. »

Devant le jury, Cain déclara qu'il avait lu mes pièces, et les avait trouvées si contradictoires, politiquement, qu'elles ne pouvaient avoir été écrites sous le contrôle du Parti. C'était un témoignage agréable, mais de toute évidence les rails étaient en place et le train irait jusqu'à la gare choisie, quoi qu'il arrive.

La transformation de Cain s'était opérée pendant son dernier emploi, à la tête du Bureau de contrôle des activités subversives, où il avait été nommé par le président Eisenhower après n'avoir pas réussi à gagner un deuxième mandat sénatorial. La fonction du Bureau consistait à veiller à ce qu'aucun Rouge ne soit employé par le gouvernement ou n'exerce de fonctions gouvernementales. Il recevait chaque jour un boisseau de lettres de dénonciation accusant tel ou tel d'opinions subversives, réelles ou imaginaires, et une quantité petite mais régulière de plaintes d'accusés qui clamaient leur innocence, lettres que l'on classait sans y prêter attention.

Cain finit toutefois par remarquer un homme de

Baltimore particulièrement tenace qui lui adressait tous les trois jours des missives écrites dans un anglais approximatif, et dans lesquelles il se plaignait d'avoir été renvoyé, pour cause de prétendue subversion, de l'emploi qu'il occupait à la poste. Un Vrai Rouge, supputa Cain, devait avoir une meilleure orthographe que cela, et il lui répondit qu'il acceptait de le recevoir et de discuter de son affaire, s'imaginant que l'homme n'aurait probablement pas le courage de venir et d'affronter un interrogatoire.

Mais il se présenta un matin et convainquit Cain de son innocence. Il portait le même nom qu'un autre, connu pour avoir participé à des manifestations du Parti. Cain lui fit restituer son emploi mais se trouva ensuite confronté aux gigantesques dossiers contenant des centaines de dénis, ou de dénis partiels, les aveux pleins de remords, les dénonciations – tous ces détritus de milliers d'Américains qui avaient traversé les années du New Deal et avaient flirté avec ce qu'on appelait grossièrement la subversion. Essayant au début de dissocier les Rouges avérés des Rouges douteux, l'extrême gauche des gauchistes plus conservateurs, et des simples libéraux de gauche, il aboutit, au bout de quelques semaines, à la conclusion que le gouvernement n'avait pas à se mêler de police idéologique. Il obtint un rendez-vous avec Eisenhower, à qui il confia ses sombres pressentiments : ils étaient en train d'élaborer une structure gouvernementale de tendance totalitaire, entravant la liberté de l'esprit. Eisenhower l'écouta et Cain fut rapidement mis à la porte.

A l'époque de mon procès, il avait une émission politique régulière sur une chaîne de télévision de Floride. Pendant que je bavardais avec lui, assis dans le salon de Rauh, il m'apparut comme un homme doté de cette sorte particulière de sourire, figé et las, qu'affichent ceux qui ont été écartés du pouvoir et savent qu'ils ne le retrouveront jamais.

Lorsque le juge McLaughlin me regarda et me

demanda si j'avais quelque chose à ajouter avant que la sentence ne soit rendue, je crus déceler une expression de gêne sur son visage de brave provincial du Middle West. Je n'avais rien de particulier à dire, et il me condamna à payer une amende de cinq cents dollars assortie d'une peine d'emprisonnement d'un mois avec sursis. Le jugement fut annulé par la cour d'appel quelques mois plus tard, avec un commentaire technique extrêmement succinct. Spyros Skouras s'empressa d'envoyer un télégramme de félicitations hyperboliques.

Le jugement rendu, McLaughlin s'éclipsa aussitôt, expliquant à Rauh qu'il devait se rendre à un enterrement. Joe et moi rassemblâmes mes petits croquis et ses quelques documents et nous dirigeâmes d'un pas ferme vers les larges marches du tribunal et le brillant soleil de Washington. Soudain il me prit par le bras. « Attends ! Tu ne peux pas sortir d'ici, tu es un criminel condamné ! Il faut te faire officiellement libérer ! »

Sur quoi nous nous précipitâmes l'un derrière l'autre dans un couloir de marbre désert à la recherche d'un responsable susceptible de se porter caution et d'un huissier pour me mettre en liberté. Nous nagions maintenant en plein kafkaïsme car il était cinq heures et quelques minutes, heure à laquelle il était impossible de trouver le moindre employé, mort ou vif, entre les murs d'un tribunal fédéral. Que faire ? Partir risquait d'entraîner de nouvelles poursuites judiciaires, pour cause de fuite. Nous eûmes la chance de tomber sur un préposé égaré qui se préparait à rentrer chez lui et accepta de rouvrir son bureau pour me délivrer les tampons et documents nécessaires.

Au début des années quatre-vingt, quelque vingt-cinq ans plus tard, j'ai reçu une lettre d'un professeur de littérature d'une université du Middle West qui se présentait comme le neveu du juge McLaughlin, aujourd'hui décédé. Il le décrivait comme un homme ayant exercé une influence importante et bénéfique sur son évolution, qui avait de la sympathie pour les êtres humains et une certaine qualité intellectuelle. Verrais-je un inconvénient à lui dire ce que je pensais de son oncle, qui lui avait confié avoir été extrêmement perturbé par mon procès, auquel il regrettait en quelque sorte d'avoir participé ? En particulier, quelle idée m'étais-je faite de lui pendant le déroulement même du procès ?

J'écrivis au professeur que je n'éprouvais sincèrement aucune rancœur à l'égard du juge, le considérant maintenant comme un rouage inconscient parmi tant d'autres de la machine. Après tout, aucune organisation de défense des libertés civiques ne m'avait proposé son aide à l'époque, pas plus que deux ans auparavant, lorsqu'on m'avait empêché d'écrire mon scénario sur la délinquance et que le *World-Telegram*, avait suggéré que l'on m' « autorise » à le terminer, mais à condition que mon nom n'apparaisse pas au générique. Il n'y avait pas eu la moindre réaction publique à cet outrage, bénin certes, ni des milieux littéraires, ni des partisans des libertés civiques, ni de la gauche ressuscitée et des trotskistes libertaires qui consacraient maintenant toute leur force à combattre le totalitarisme soviétique et son mépris des écrivains. Cela voulait tout simplement dire qu'ayant été à mon heure prosoviétique, je n'avais pas su par la suite battre ma coulpe aussi bruyamment qu'il le fallait ni proférer des déclarations antisoviétiques suffisamment brûlantes. Et si je ne l'avais pas fait c'est que je redoutais qu'un anticommunisme aveugle se transforme en fascisme primaire et nous entraîne dans une guerre à l'étranger. J'avais oublié, en résumé, de fermer les yeux sur ce qui se passait dans mon propre pays, chose qui allait me coûter cher, au cours des années, dans certains cercles littéraires influents où cela comptait au moins autant que la littérature – et même bien davantage en réalité.

Il me parut impossible de qualifier sur le moment les interrogatoires et le procès d'expérience artistique – j'avais écrit *les Sorcières de Salem* cinq ans plus tôt, et la dynamique du phénomène était trop répétitive pour m'en apprendre vraiment plus. Pourtant, à long terme, ils ont eu un rôle éducateur. Dix ans plus tard, bien avant que de telles questions ne deviennent la propriété privée des intellectuels occidentaux – voire pour certains une activité du dernier chic – je devais accepter la présidence du PEN Club International, organisme composé de poètes, essayistes et romanciers, qui était à l'époque virtuellement moribond. Dans un sursaut désespéré ses dirigeants londoniens, menés par David Carver, vinrent me voir à Paris où j'effectuais un séjour prolongé, pensant que la présence à leur tête d'un écrivain célèbre en activité pourrait aider le PEN Club à survivre. Aucun écrivain dont la machine à écrire ronronne encore n'irait accepter une telle fonction, me dis-je alors, mais après avoir essayé de la refuser pendant des semaines, je m'aperçus finalement que c'était impossible. Mon expérience américaine ne m'avait que trop permis de comprendre ce qu'enduraient les écrivains d'Europe de l'Est et autres endroits du globe où régnaient l'obscurantisme, l'ignorance et la brutalité, et où trop peu nombreux étaient les gens capables de les écouter, ou de leur tendre une main secourable une fois que le gouvernement avait décidé de les réduire au silence. Je me dis, au milieu des années soixante, que je pourrais peut-être continuer à accélérer la venue du jour où l'on verrait réaffirmés avec vigueur un certain nombre de principes humains, qu'aucune guerre froide ne maintiendrait sous le boisseau. La Commission des Activités Antiaméricaines m'avait donné envie d'agir en sorte que rien de semblable n'existe jamais plus chez nous et, peut-être aussi dans un avenir lointain, nulle part dans le monde.

La maison que nous avions louée à l'est de Long Island donnait sur de vastes champs si verdoyants qu'on ne pouvait croire à la proximité de l'océan. Nos voisins étaient une femme peintre et son mari tellement jaloux de leur intimité que la nôtre s'en trouvait préservée d'autant. Nous pouvions maintenant respirer tranquillement selon un rythme de vie plus normal. Marilyn avait décidé d'apprendre à cuisiner et commencé par les pâtes fraîches, qu'elle étendait sur le dossier d'une chaise et séchait avec un sèche-cheveux; elle me coupait les cheveux dehors, au soleil, et nous nous promenions tranquillement le long de la plage déserte d'Amagansett, bavardant avec les pêcheurs que nous rencontrions parfois, qui relevaient leurs filets avec des treuils installés sur leurs camions rouillés. Ces gens l'accueillaient chaleureusement et avec respect, même si elle les déroutait en courant rejeter à la mer la « camelote », les poissons invendables qu'ils avaient sortis de leurs filets. Elle vivait avec une intensité touchante mais légèrement énervante, une sorte d'identification aux choses qui s'apparentait à sa peur de la mort. Un jour, après être allée rejeter une vingtaine de poissons un par un dans la mer, elle se mit à haleter et je dus finalement la tirer et l'éloigner de là pour l'empêcher de piétiner le rivage jusqu'à l'effondrement.

Le médecin, qui lui avait prescrit une série de traitements pendant plusieurs semaines, avait confirmé qu'elle était enceinte mais ne pouvait encore écarter l'éventualité d'une grossesse extra-utérine. Je compris en lui parlant qu'il redoutait réellement cette éventualité, au moins autant qu'il espérait une gestation normale. Mais elle restait sourde à ses conseils de prudence. Un enfant serait pour elle une couronne sertie de mille diamants. Je fis tout mon possible pour partager son espoir, tout en essayant de ne pas perdre la réalité de vue au cas où une catastrophe se produirait. Finalement, l'idée qu'elle pouvait être mère m'entraîna autant qu'elle, car elle faisait montre par moments d'une confiance en elle toute neuve, une tranquillité d'esprit que je ne lui avais jamais connue. Pour la première fois, elle était maîtresse chez elle, ne fuyant plus avec méfiance les gens qui nous rendaient de simples visites, et dont elle aurait normalement mis en doute les bonnes intentions. L'espace qui l'entourait commençait à lui paraître rassurant, du moins en avait-on l'impression. Il faudrait que je m'habitue à être père de nouveau, à plus de quarante ans, mais ce processus quasi visible de reconnaissance d'elle-même que la grossesse avait déclenché suffisait à me convaincre que, si un enfant risquait d'intensifier ses anxiétés, il lui donnerait également, ainsi qu'à moi, un nouvel espoir pour notre avenir.

Mais son répit ne dura pas longtemps. Bientôt on diagnostiqua effectivement une grossesse extra-utérine et il fallut l'opérer. Allongée, convalescente, sur son lit d'hôpital, on la devinait d'une vulnérabilité presque insoutenable, s'imaginant que j'allais me détourner d'elle, blessée comme elle l'était – une crainte qui me paraissait impensable. En regagnant notre appartement un soir, après lui avoir rendu visite, je compris que je tenais peut-être l'occasion de lui prouver ce qu'elle signifiait pour moi. Mais je n'arrivais pas à trouver avec quoi, et mes paroles de réconfort étaient clairement insuffisantes.

Le photographe Sam Shaw vint la voir à l'hôpital un après-midi, après quoi nous allâmes nous promener le long d'East River, nous asseyant sur un banc pour parler d'elle. Je connaissais à peine Sam. C'était un homme franc et sincère, qui n'avait jamais exploité leur amitié et admirait le courage avec lequel elle se battait dans la vie, avec si peu d'armes et de soutiens. Je dis qu'elle possédait une réelle grandeur d'âme, même une étrange sorte de noblesse qu'un bon rôle pourrait révéler, et qu'alors elle réussirait à sortir d'elle-même et à prendre conscience de ce qu'elle valait. La psychanalyse consistait à parler *de* quelque chose au lieu de le faire, alors que l'action était ce en quoi elle avait toujours cru malgré tout – toute sa vie elle s'était dit : fais-le ou tais-toi.

Sam se mit à parler de ma nouvelle *The Misfits* qu'il avait lue dans le magazine *Esquire*. « Cela ferait un grand film, dit-il, et c'est un rôle féminin auquel elle pourrait très bien se raccrocher. »

Le trajet en ambulance jusqu'à Amagansett prit trois interminables heures et il fut presque impossible de parler. Rien ne permettait d'avancer qu'une autre grossesse pourrait réussir. D'une certaine manière, le passé semblait une fois de plus l'enfermer dans ses rêts mortels et la tirer vers le bas. Il n'existait plus de mots capables de changer quoi que ce soit. Elle était allongée, d'une tristesse au-delà de la tristesse, regardant le flot de voitures dépasser l'ambulance qui roulait lentement. Il fallait que je trouve quoi faire pour elle, de toute urgence.

Au bout de quelques jours, je me mis à tracer les grandes lignes d'un scénario, travaillant du petit déjeuner au dîner pour la première fois depuis notre mariage. Il y avait un bureau séparé de la maison où je pouvais m'isoler. Ma mère vint nous rendre visite, mais une étrange méfiance s'installa bientôt entre elles et elle resta moins longtemps que prévu; elle reprit le train pour New York, perplexe et, pensais-je, effrayée. Marilyn, comme je l'appris ensuite, avait senti en elle quelque chose qui ressemblait à de la désapprobation – peut-être de la déception seulement, ce qui revenait au même – et en avait été bouleversée, comme si elle s'était sentie menacée. Tandis que j'essayais de lui prouver qu'il n'en était rien, je m'aperçus qu'elle n'avait pas complètement tort. Ma mère pouvait éprouver une aversion superstitieuse pour les gens malades. Elle voulait que Marilyn fût intacte et magnifique. Cela m'avait complètement échappé, mais Marilyn avait creusé pour s'en assurer, et fini par gâcher le temps qu'elles passaient ensemble. Elle avait un curieux instinct pour détecter les menaces et, n'ayant pas les moyens d'y résister, elle préférait qu'elles se concrétisent. Et bien entendu, avec une femme plus âgée, elle n'avait aucun moyen sexuel d'en venir à bout.

Pourtant, au bout de quelques jours, elle fut capable

d'en rire. Quelques jours encore, et je la conduisais jusqu'à des plages isolées, où nous nagions ensemble. Curieusement, elle n'avait jamais appris à nager correctement. C'était la seule chose qu'elle fît maladroitement, et ses tentatives pataudes se terminaient dans le fou rire. Emergeant de l'eau, son corps magnifique reflétait le soleil comme la Vénus de Botticelli, et elle avait parfois le même regard purifié par l'eau salée, naissant de la mer.

Life envoya un hélicoptère pour la transporter à New York, afin qu'elle pût assister, et être photographiée, à une fête promotionnelle organisée dans leurs bureaux. Elle revint quelques heures plus tard, descendit devant la fenêtre de mon bureau et se retrouva sur la pelouse. Je sortis et nous restâmes là côte à côte, agitant la main à l'intention du pilote et de l'escorte qui l'avait accompagnée. Elle portait une robe de coton jaune à ample jupe et des chaussures à hauts talons, et tenait encore à la main quelques roses remises par un inconnu. Son maquillage semblait d'un blanc trop artificiel sous le soleil, et quand l'hélicoptère fut reparti, nous échangeâmes un regard gêné. Quel mélange de sentiments! Existait-il une autre femme au monde pour laquelle on aurait ainsi dépêché un hélicoptère, aller et retour, le temps de prendre quelques photos? Il y avait de la démence dans ce besoin désespéré qu'ils avaient d'elle. Quel terrifiant pouvoir elle détenait! L'événement évoquait l'intrusion d'une énorme main de fer dans la chair vulnérable de notre existence, et pourtant il signifiait en même temps son triomphe, il était une preuve de la considérable importance qu'elle avait acquise. Elle semblait absente, tandis que nous traversions la pelouse pour regagner la maison silencieuse, comme si elle avait besoin de rester seule et tranquille un instant pour évacuer de ses os les vibrations de l'hélicoptère. Je décidai de considérer cette histoire de publicité comme inhérente à son travail, ce que c'était, mais il fallait bien tenir compte de la possible paranoïa que risquaient de déclencher ses contacts plus ou moins réussis avec son public. Comment remplir son rôle de femme publique tout en restant à la maison pour construire une vie commune ? La nécessité pour elle de se regarder avec deux paires d'yeux, les siens et ceux d'un public hypothétique, était aussi inévitable qu'irritante en fin de compte.

Elle lut quelques passages du scénario et rit délicieusement à certaines répliques des cow-boys, mais parut ne pas vouloir s'engager complètement à accepter le rôle de Roslyn. L'intérêt que je portais à ce projet était désormais aussi technique que sentimental : j'étais en train de construire une offrande qui lui était destinée. Ce serait finalement elle qui aurait à jouer ce rôle, et cela tendait inévitablement à déplacer le projet vers une autre sphère, d'une froideur professionnelle. Pourtant, si mon intention était aussi sincère que je voulais le croire, elle avait le droit de décider qu'elle ne jouerait pas ce rôle – après tout, je n'écrivais pas cette histoire pour l'enchaîner de force à quelque chose qu'elle n'avait pas envie de faire. Il n'empêche que sa réserve me blessa quelque peu.

En achevant la première version, je songeai à John Huston comme réalisateur. Il avait été le premier à détecter les possibilités de Marilyn quand il lui avait offert un rôle dans *The Asphalt Jungle (Quand la ville dort)* et elle n'avait jamais oublié les gentillesses brusques qu'il avait eues pour elle. Huston était un de ses rares bons souvenirs de Hollywood, ce qui m'encourageait à penser qu'un film pouvait se révéler une expérience aussi heureuse que l'avaient été certaines de mes pièces au théâtre. Je lui envoyai un manuscrit chez lui en Irlande, dès qu'il fut dactylographié. Tandis que nous attendions sa réponse, elle commença à laisser entendre que sans Huston, il se pourrait bien qu'elle ne joue pas le rôle, et je me demandais si elle se rendait bien compte de ce qu'elle disait...

Mais j'avais lié ma vie à la sienne et espérais encore

qu'elle finirait par le croire un jour – c'était inévitable. Vivre en permanence avec une autre personne était une expérience qu'elle n'avait jamais eue, mais on pouvait l'implanter en elle, et cela grandirait jusqu'à ce que nous devenions de véritables associés. Il était en même temps difficile de nier ce que ses nerfs lui signalaient : que même si, avec *The Misfits,* je me préparais à consacrer une année ou plus de ma vie à son épanouissement d'actrice – je n'aurais jamais envisagé d'écrire un film, autrement –, je me montrais parfois inquiet et peu spontané à son égard. Elle aurait pu y voir de la désapprobation, mais cela signifiait simplement que j'avais perdu mon équilibre et ne pouvais plus prévoir ses états d'âme avec certitude. Il semblait qu'en se fracturant, durant notre séjour en Angleterre, l'image idéale qu'elle avait de moi n'eût laissé aucun autre signe à quoi se raccrocher; s'il ne nous restait plus qu'à accepter humblement la réalité, cela revenait à sacrifier l'idéal, entreprise fort délicate puisque, paradoxalement, son énergie trouvait sa source dans la vision idéale qu'elle se forgeait des gens et des projets. L'espoir n'était pas pour autant en train de disparaître. La plupart des mariages, après tout, sont des conspirations pour nier l'obscurité et renforcer la lumière.

La source de tout cela se trouvait dans le passé – d'anciennes racines avaient produit ces étranges floraisons. J'avais joyeusement accepté le rôle qu'elle façonnait depuis longtemps à l'intention de celui qui viendrait la sauver et jusqu'ici, j'avais échoué, de même qu'elle m'était apparue comme la bien-aimée sensuelle et miséricordieuse à laquelle une vie de refoulement m'avait préparé bien avant son arrivée. Entre ces rêves et la réalité un vide s'était ouvert dans lequel s'était glissé le ver de la culpabilité – nous nous sentions l'un et l'autre coupables d'avoir été naïfs et imprudents ou, pire encore, de nous être mutuellement induits en erreur. Mais un engagement absolu pouvait encore nous guérir, pensais-je, et j'y étais disposé. Que j'aie toujours méprisé les scénarios et aie refusé une offre après l'autre d'écrire des films me confortait dans l'idée que quelque chose d'important allait être sacrifié dans cette entreprise, or le sacrifice est l'essence même de l'engagement. *The Misfits* était donc porteur d'un changement que seul un vaisseau très puissant pourrait assumer. Rien d'autre n'était possible, puisque j'avais autant besoin d'elle que de paix. Pour moi, elle pouvait encore occulter le soleil.

D'Irlande, Huston accepta sans tarder de diriger le film. Il allait bientôt falloir songer à la distribution, mais je voulais prendre le temps de revoir soigneusement le scénario. Nous devions nous rencontrer d'ici quelques mois pour mettre au point le découpage.

En attendant, elle devait encore deux films à la Twentieth-Century Fox, du moins insistaient-ils pour qu'elle en termine un avant de travailler indépendamment, comme ce serait le cas pour *The Misfits*. Ce délai me parut bienvenu. Avant peu, elle allait tourner un autre film non produit par la Fox, *Some Like It Hot (Certains l'aiment chaud)* de Billy Wilder. De toute façon, je n'étais pas pressé, souhaitant réunir la meilleure distribution possible autour d'elle, entreprise qui prenait toujours beaucoup plus de temps qu'on ne s'y était attendu. Dans l'intervalle, peut-être pourrais-je commencer une nouvelle pièce.

Assumant que Huston imposerait la plupart des composants techniques du film, je pensais que le producteur devrait avant tout être un homme désireux et capable d'emporter la confiance absolue de Marilyn. Je connaissais Frank Taylor depuis l'avant-guerre, alors qu'il travaillait chez le même éditeur que Mary. Plus tard, chez Reynal et Hitchcock – une nouvelle maison à qui il apporta bientôt plusieurs auteurs prestigieux – il avait été mon premier éditeur et avait publié *Situation normale,* le livre sur les camps de l'armée né de mes recherches pour le film de Ernie Pyle, et mon roman *Focus.* Je savais que depuis deux ans il s'était proposé comme producteur à la Fox, mais ses idées étaient trop ambitieuses pour pouvoir se concrétiser – entre autres un scénario de James Agee sur Gauguin, et une adaptation de *Tendre est la nuit* de Fitzgerald. Très grand, le visage émacié, c'était un homme raffiné, mélange explosif de l'homme d'affaires entreprenant et de l'amateur de littérature. Ma proposition le ravit effectivement, et quand il vint à la maison pour rencontrer Marilyn, il sut rapidement lui faire oublier la réticence que lui inspiraient habituellement les nouveaux visages. J'étais sûr de pouvoir compter sur lui, et elle ne mit pas longtemps à ressentir la même chose.

Un aigle rusé du nom de Lew Wasserman, numéro 1 de MCA, me soutint dans mon projet de distribution idéale et réussit à aligner Clark Gable, Montgomery Clift, Eli Wallach et Thelma Ritter. Wasserman était le seul homme de ma connaissance qui, pour vous serrer la main, présentait sa paume tournée vers le haut, le côté extérieur de la main restant pressé contre son estomac plat, mais il comprenait très bien ce que l'on attendait d'un agent et s'en acquittait sans effort apparent.

La première difficulté vint de ce que Gable, malgré son intérêt, ne parvenait pas à comprendre le scénario. Me trouvant face à lui à Hollywood quelques mois plus tard, je me dis qu'aucun autre acteur ne pouvait jouer Gay Langland : il était fait pour cela. Mais au bout de plusieurs lectures, l'histoire lui échappait toujours.

« C'est censé être un western, mais ça n'en est pas un, c'est bien ça ? » me demanda-t-il de sa voix nasillarde. Il avait l'air sérieux de l'artisan à son établi. Sa perplexité conférait à son visage légendairement confiant une séduisante vulnérabilité.

Je n'avais jamais été très bon pour expliquer mon travail, surtout à des acteurs qui attendaient des réponses toutes faites alors que j'extrapolais dans les nuages. Je n'arrivais pas à trouver de réponse qui n'eût pas l'air philosophique, et par conséquent affreusement anticommerciale. « C'est une sorte de western de l'Est », commençai-je d'un ton hésitant. Cela le fit rire et, mieux encore, éveilla sa curiosité.

« Ça parle de l'absence de signification de nos vies et peut-être aussi de la façon dont nous sommes arrivés où nous sommes. » Je n'avais jamais essayé d'expliquer sérieusement le sujet, dans mon esprit, mais ses yeux fascinés m'y encouragèrent. « Les westerns et l'Ouest ont toujours été construits sur un monde moralement équilibré où le mal a un signe de reconnaissance – les chapeaux noirs – et finit toujours par perdre. Nous sommes dans le même univers, mais il a été transposé aujourd'hui, ce n'est plus le XIXe siècle, et le type bien fait aussi partie du problème. Et si vous voulez que je continue à parler, je vais tellement nous embrouiller que je ne saurai plus ce que j'ai écrit. »

Il lut le scénario une nouvelle fois et accepta dès le lendemain de jouer dans le film. Sans le savoir, j'avais peut-être fait vibrer en lui une corde dont il n'avait que récemment pris conscience. Marié plusieurs fois et ayant mené une existence de play-boy jusqu'alors, Gable allait être pour la première fois père, à près de soixante ans, et cela l'enthousiasmait. Il était également devenu plus introspectif, à en croire ceux qui le connaissaient.

Monty Clift, c'était un autre problème. Ses pulsions audodestructrices l'avaient poussé à jeter sa voiture contre un poteau, une nuit, et il avait été à moitié défiguré. (Je fus bien entendu chargé par quelqu'un de son entourage de tirer parti de cette blessure en lui donnant le rôle de Perce, dont le visage a été abîmé dans un accident de rodéo, bien que la nouvelle originale et le scénario eussent été écrits bien avant la collision de Clift.) Les compagnies d'assurances ne voulaient plus couvrir la participation de Clift dans un film. Mais comme je me portais garant de lui et que Huston et Wasserman insistaient pour qu'il joue Perce, l'assurance finit par céder. Je n'ai d'ailleurs jamais abordé avec Monty la question de savoir si on pouvait compter sur lui. Je lui ai simplement proposé le rôle, qu'il a accepté avec enthousiasme. Il était tellement ravi de travailler avec moi, Huston et Marilyn sur ce tournage que je n'ai jamais envisagé qu'il pût trahir ses engagements. Et de fait, il n'a jamais manqué une heure de travail. Il connaissait parfaitement son texte avant que l'on commence à tourner et fut toujours à l'heure, malgré les retards qui s'accumulaient vers la fin.

Un homme est assis devant une machine à écrire et une feuille blanche, sur laquelle il tape des mots évocateurs d'images. A un certain moment, il dérape et se trouve confronté à une foule de quatre ou cinq personnes, des camions et des poids lourds transportant des produits alimentaires, des avions, des chevaux, des hôtels, des routes, des voitures, des lumières, autant de choses qu'il a, d'une manière si complexe qu'il en a perdu la trace, sorties de rien et de nulle part. Curieusement, il se retrouve sans grand pouvoir sur ces produits de son imagination. Ils poursuivent leur route, ne réalisant absolument pas qu'ils lui doivent leur incarnation.

Certains jours, au milieu de cette énorme production, je souriais intérieurement en pensant que j'avais voulu faire partager les impressions de quelques individus isolés, perdus et solitaires sur la vaste plaine mythique de l'existence. Maintenant, où que l'on pose les yeux, il y avait quelqu'un qui mordait dans un sandwich.

Tout de suite, dès le premier jour de tournage dans une rue de Reno, je me heurtai au côté littéral de la caméra. Je pouvais imaginer les rues de Reno, la caméra, elle, les voyait, en faisait une chose. Même des scènes ordinaires que j'avais tirées de ma période Nevada, quatre ans auparavant, devenaient théâtrales et peu naturelles dès que la caméra s'en occupait. C'est en partie pour éviter cela que Huston choisit de tourner en noir et blanc plutôt qu'en couleurs, mais pour moi, c'était toujours perceptible. La caméra avait une conscience à elle. A travers l'objectif, même les jardins de l'Eden risquaient de devenir un peu trop parfaits.

Dans ma naïveté, je continuais de comparer ce que nous tournions avec ma vision d'origine. L'œil doit toujours faire un effort, même si nous n'en avons pas conscience, pour englober en une seule image l'arrière-plan et le point de mire. Mais la caméra accentue ce qui se trouve au premier plan et, dans les gros plans, élimine complètement ce qui se trouve dans le fond. Ainsi l'essence d'une personne ou d'un objet est projetée en avant, et l'accentuation de ses détails la ou le sépare du contexte que l'œil, lui, perçoit. L'illusion d'un contexte qui n'est pas réellement là doit être créée par les coupures et le montage.

Dans la première scène, Marilyn se tient sur un pont qui enjambe le Truckee, à Reno, un cours d'eau où les femmes fraîchement divorcées avaient coutume de jeter leur alliance pour fêter leur liberté. Thelma Ritter, son imbécile et coriace propriétaire, essaie de lui remonter le moral. En regardant Marilyn, j'eus l'impression de ressentir sa déception, non seulement devant le mariage de son personnage mais aussi devant le sien, et probablement par rapport à elle-même. A la fin de la seconde prise, j'allai la trouver pour lui dire que cela avait l'air bon. Elle me lança un regard ironique, comme si je mentais. Lorsqu'elle faisait cela, elle réussissait à vous donner l'impression que vous mentiez vraiment. Et c'était vrai dans une certaine mesure : j'avais senti quelque chose se rétracter en elle, pas seulement dans le personnage qu'elle interprétait. Mais je voulais n'y voir que l'expression de son insécurité. Nous avions certainement encore un avenir ensemble, et faire ce film nous aiderait d'une manière ou d'une autre à le créer. Il n'y avait rien de fortuit dans le fait qu'à la fin du film Roslyn décide qu'il est possible de croire en un homme et en sa propre survie.

Huston, sincèrement satisfait et débordant de compliments, ne céda pas au désir de Marilyn de faire une troisième prise, et je compris qu'elle entendait déjà résonner dans sa tête la sonnerie l'avertissant qu'il allait peut-être se contenter du « ça ira comme ça » habituel. Les vapeurs empoisonnées allaient l'envahir à nouveau, j'en avais peur, mais il est vrai que dans ce cas j'étais de son avis, la scène manquait de vitalité. Encore que, je me demandais si Marilyn n'essayait pas de donner trop de sens à un épisode tout simple. Huston sentait probablement que plus il ferait de prises, plus la scène serait lourde, et plutôt que d'enregistrer un recul le premier jour, il choisit d'aller de l'avant. De son point de vue à elle, cependant, il ne l'*utilisait* pas au maximum de ses possibilités.

Implicitement, Huston imposait ses règles – à l'acteur de jouer, au réalisateur de juger de l'effet produit. Il n'allait pas chercher à la refabriquer, à susciter un dédoublement de sa personnalité. Il ne serait ni Lee ni aucun autre professeur. Il serait Huston, et elle, Marilyn. Aucune autre réalité n'existait à ses yeux. Lors du tournage de la deuxième scène, celle où elle rencontre Gable et Wallach dans un bar, le point de vue de Huston parut correct. Elle s'y montrait drôle et aguichante, tout en laissant percevoir la profonde inquiétude qui se dissimulait derrière ce comportement. Elle était professionnelle, précise, heureuse; elle allait rendre vivants les mots que je lui avais offerts en cadeau.

Et puis, jamais bien loin, il y avait Paula, revêtue sous la chaleur étouffante de Reno, d'une robe sac de couleur noire. Le noir, précisait-elle, était plus frais que le blanc, contrairement à ce que les lois de la physique auraient pu laisser croire. L'équipe la surnomma aussitôt le Baron noir, ou simplement Bart. Entre les prises, elle se retirait avec Marilyn dans sa caravane et, dès que j'entrais, elles se taisaient, comme avec Huston. Je comprenais cependant qu'un acteur, lorsqu'il construit son rôle, revive d'une certaine façon toutes les étapes par lesquelles l'auteur est passé pour le concevoir, tâtonnant dans différentes directions pour en découvrir les limites et la forme. Il n'était pas inconcevable, absorbée comme elle l'était, qu'elle ne pût pas me voir, ni personne d'autre d'ailleurs. Ce dont j'étais certain, c'est qu'elle était en train de devenir différente de celle que j'avais connue auparavant. Il y avait des moments où, brillante et vivante à l'écran, elle semblait, dans la vie, opaque comme si elle avait presque disparu en elle-même, processus qui ne m'était pas étranger quand je travaillais.

J'avais entendu parler du sadisme de Huston à l'égard des acteurs comme des scénaristes, mais à l'époque j'avais appris à ne pas accorder foi à des racontars de deuxième main. Comme la plupart de ceux que l'on photographie ou sur qui l'on écrit, j'avais rencontré trop de gens qui étaient sincèrement persuadés d'être de ma famille, d'avoir été mes copains de classe, de m'avoir aidé à écrire mes pièces, d'avoir été entraînés au lit par moi, d'avoir été très mal traités, ou très bien, d'avoir été ignorés, ou poursuivis et ainsi de suite. Une très importante proportion de l'humanité semble vivre dans l'intimité imaginaire des gens célèbres, partageant avec eux des relations complexes, des conversations illusoires, des scènes de dispute et des liaisons amoureuses qui comportent même des ruptures à vous briser le cœur et de joyeuses réconciliations. Les célébrités sont des ballons là-haut dans le ciel, dont on envie la paisible liberté, ou que l'on abat comme des ennemis. J'avais appris à prendre les gens de ce métier comme ils étaient et à ne rien leur demander de plus que de faire leur travail honnêtement. Huston, autant que je pouvais en juger, était presque l'homme idéal pour ce film et cette distribution. Il apprit très vite à se débarrasser de Paula en lui faisant des compliments grotesquement emphatiques – sur le fait de porter une robe noire par cette chaleur torride, par exemple – ou en écoutant tout ce qu'elle avait à lui dire avec un sérieux si total qu'on avait envie de rire. Elle mit du temps à s'en rendre compte et cela provoqua alors une des nombreuses crises qui nous attendaient en route. Dès le départ, Huston insista pour traiter Marilyn non comme une malade mais comme une actrice professionnelle qui n'avait besoin d'aucun encouragement condescendant de sa part. Cela parut lui donner des forces et raviva l'illusion à partir de laquelle j'avais commencé à écrire le film, à savoir qu'il nous donnerait l'occasion de vivre et de travailler en association. Le Huston que je voyais, en dépit des défauts qu'on lui prêtait, comptait sur un certain ressort, voire un courage ultime chez les gens probablement parce qu'il se considérait comme quelqu'un ayant combattu toute sa vie un sort impossible. Il allait offrir à Marilyn un défi stimulant : lutter contre ses propres problèmes en interprétant excellement un rôle à sa mesure.

Il devait savoir que dans son précédent film, *Certains l'aiment chaud*, réalisé par Billy Wilder, elle avait donné une merveilleuse interprétation comique, qui démentait ses souffrances pendant le tournage. Il partait du principe qu'elle avait décidé de progresser dans sa vie par la souffrance. Il ne reprochait jamais aux gens leur caractère – il n'avait rien à faire de l'inconscient, pas plus qu'il ne pouvait se permettre d'en tenir compte dans sa manière de diriger les acteurs. Le travail du comédien consistait à jouer, et la façon dont il s'y prenait pour y arriver était son affaire et celle de personne d'autre, surtout pas du réalisateur. C'était une bouffée d'air frais, pensais-je, destinée à forcer Marilyn à donner son meilleur, et elle réagit comme il l'avait espéré, du moins pendant les premiers jours. Mais bientôt les signes d'angoisse apparurent à nouveau, sauf qu'elle ne pouvait s'en prendre ni à Huston ni à ses partenaires.

J'avais espéré au départ avoir affaire à ce qu'elle appelait par dérision « la fille joyeuse dont tous les hommes étaient fous », et j'avais découvert une personne diamétralement opposée, une femme perturbée dont le désespoir s'aggravait quelle que fût l'issue vers laquelle elle se tournait. Dès le commencement des *Misfits* il me fut impossible de nier que s'il existait une clef pour le désespoir de Marilyn, ce n'était pas moi qui la possédais.

Durant le tournage de *Let's Make Love (le Milliardaire)* et de *Some Like It Hot (Certains l'aiment chaud),* j'avais pour ainsi dire abandonné tout espoir d'écrire. J'avais décidé de consacrer mes forces à lui apporter l'aide sentimentale qui la convaincrait qu'elle n'était plus seule au monde – le cœur du problème, présumais-je. J'allai même jusqu'à réécrire certains passages du *Milliardaire* pour tenter de la sauver d'une catastrophe totale, travail que je fis avec d'autant moins de plaisir que le scénario ne valait même pas le papier sur lequel il était tapé. Ce fut un mauvais calcul, qui ne nous rapprocha en rien. Elle semblait trouver tout à fait normal que je lui sacrifie ainsi une bonne partie de mon temps, et s'il était clair que son désespoir profond n'allait pas disparaître, il était tout aussi évident que littéralement rien de ce que j'étais prêt à faire ne saurait en ralentir le cours destructeur.

Quand on commença le tournage des *Misfits,* je me raccrochai à un espoir de changement, sans vraiment savoir pourquoi. Peut-être parce que le personnage de Roslyn, son premier rôle sérieux, présentait cette dignité féminine dont elle rêvait tellement. Et le dilemme de Roslyn était le sien, quoique dans le film, il fût résolu. J'espérais qu'à travers ce rôle, elle aussi parviendrait à retrouver un semblant de foi et de confiance, tout en doutant d'y parvenir moi-même tant les espoirs que nous avions mis dans notre mariage avaient été déçus.

Pourtant, malgré tout cela, je sentais que nous représentions encore un défi l'un pour l'autre, et je voulais croire que nous saurions l'affronter. Il faudrait peut-être un miracle, mais je n'avais pas complètement renoncé au sentiment qu'un lien profond m'unissait à une part de sa personnalité, et elle ressentait la même chose à mon égard. Pour chacun de nous, à l'intérieur de ce cadre limité, il n'existait personne qui pût remplacer l'autre, ce qui est vrai de toute personne ou cause idéalisée, même ternie par le temps. L'idéalisme de Marilyn avait un aspect révolutionnaire, malgré tous ses problèmes – ou probablement à cause d'eux. Nous nous étions unis à une époque où l'Amérique connaissait une autre de ses phases réactionnaires et où le sens social n'était plus qu'un souvenir moribond, et c'était un élément important de la déception qu'elle éprouvait envers son pays, envers elle-même et tout ce qu'elle affrontait. Les gens ne savaient pas grand-chose, ou rien, des forces qui manipulaient leur vie, et les films, les pièces de théâtre, les livres, ne faisaient rien pour les éduquer. Il y avait des moments où, quand nous parlions de cette indifférence, je croyais voir tapi au fond d'elle un Robespierre qui n'attendait qu'une opportunité pour se manifester. Où qu'elle se tournât, elle se heurtait à ce qu'elle appelait l'obstruction, le compromis; il n'y avait plus d'élans puissants et libérateurs. Elle avait besoin d'un héros et dans ces moments-là, rien de matériel ne lui importait, y compris elle-même.

A cette époque, en 1960, nous étions en train de retaper une vieille maison que nous avions achetée pas très loin de celle que j'avais habitée auparavant à Roxburry, dans le Connecticut. Elle s'était lancée dans cette entreprise de remodelage avec toute l'ampleur de son énergie visionnaire. Je faisais de mon mieux pour ne pas dramatiser le fait que nous ne pouvions nous permettre tout ce dont elle rêvait mais il était inévitable que mon inquiétude transparût quelquefois, de même que son sens de sa propre valeur l'empêchait de bien comprendre jusqu'où nous pouvions objectivement aller. L'argent était pour elle – il en est ainsi avec les gens très riches ou très pauvres – quelque chose que l'on ne devait pas retenir parcimonieusement en prévision d'un avenir problématique, mais au contraire dépenser comme il venait, et avec grandeur de surcroît. Pour moi, cela signifiait la liberté, la possibilité d'écrire à mon gré sans être obligé de me faire payer par un studio ou un producteur.

Nous avions commencé, environ un an plus tôt, par simplement réparer les plus graves imperfections de notre vieille maison tout en ayant à l'esprit d'en construire une neuve sur une crête boisée que l'on voyait non loin de là. Elle avait demandé à Frank Lloyd Wright d'en concevoir le plan, un geste royal, un cadeau qui m'était uniquement destiné. Il eût été par conséquent bien ingrat de ma part de demander si nous étions capables ne serait-ce que de payer le projet de Wright, d'autant que, comme elle, il s'intéressait peu au coût des choses. Je n'avais qu'à lui donner sa chance et la laisser juger si cela serait au-dessus de nos moyens ou pas.

Wright, qui avait alors près de quatre-vingt-dix ans, se lova avec agilité sur le siège arrière de la voiture, quand nous allâmes le chercher à Manhattan par une grise matinée d'automne et dormit à poings fermés pendant les deux heures que dura le trajet jusqu'à Roxbury. Il était grand et d'une beauté théâtrale, avec son chapeau de cow-boy à large bord et son vaste manteau à grands carreaux, et il déclamait, plutôt qu'il ne parlait, sur un ton qui rappelait la voix traînante et nasillarde de W.C. Fields. En entrant, il couvrit le salon d'un regard circulaire et dit avec une condescendance amusée : « Ah, oui, la vieille maison. Ne dépensez pas un centime là-dessus. » Nous partageâmes un peu de saumon fumé et du pain, mais il refusa les poivrons. « Ne mangez jamais de poivrons, ce truc-là vous fait mourir avant l'heure. N'y touchez pas. »

Laissant Marilyn à la maison, je le conduisis le long de la pente escarpée aboutissant sur la crête où la maison se dresserait, une marche de près d'un kilomètre. Pas une seule fois il ne demanda à s'arrêter. Au sommet, tourné vers le splendide paysage qui s'offrait à nos yeux, le vent dans le dos, il urina et dit : « Oui, oui, vraiment. » Puis, après un rapide regard alentour, il dévala la colline d'un pas vif, par-dessus rochers, bosses et trous. Quand nous atteignîmes enfin le terrain plat et ralentîmes l'allure pour traverser un champ de chaumes, j'estimai le moment venu de lui dire quelque chose dont il n'avait pas pris la peine de s'enquérir, que nous avions l'intention de vivre plutôt simplement et ne cherchions pas à épater le monde avec une maison trop élaborée. Je vis que cette information lui paraissait dénuée de tout intérêt.

Son plan, en fait une aquarelle de style plutôt impressionniste, n'était pas complètement une surprise : un salon circulaire dont le centre abaissé était entouré de colonnes de pierres meulières de forme ovoïde et d'un mètre et demi d'épaisseur, avec un plafond en coupole de dix-huit mètres au moins de diamètre, et qui donnait sur une piscine de vingt mètres de long dont les flancs faisaient saillie sur la pente de la colline. Les murs de soutènement de la piscine, à chaque bout, devraient bien atteindre six mètres de haut et si l'on voulait qu'en plus d'exister le bassin contienne également de l'eau, il y aurait lieu à mon avis d'effectuer des travaux de terrassement d'une importance comparable à ceux de la ligne Maginot. Lorsque je lui demandai combien la maison coûterait, Wright répondit que ce serait de l'ordre de deux cent cinquante mille dollars, ce qui me parut, fort de mon expérience en matière de bâtiment, pouvoir couvrir les frais de construction de la piscine, et encore. Il y avait deux détails exquis dans son aquarelle de rêve; une longue limousine genre années vingt garée dans l'allée incurvée, avec un chauffeur en livrée dans son habitacle à ciel ouvert, et une oriflamme gonflée par le vent au sommet du bâtiment, indubitablement destinée à signaler que les propriétaires étaient chez eux. L'idée fabuleuse qu'il se faisait de Marilyn l'avait incité à n'inclure qu'une seule chambre à coucher et une minuscule chambre d'amis dans cette monstrueuse structure, mais il avait prévu une vaste « salle de conférences » complètement équipée, avec longue table flanquée d'une douzaine de chaises à haut dossier, la plus haute étant placée en tête de table, là où il s'imaginait qu'elle siégerait, telle la souveraine d'un petit Etat, disons le Danemark, par exemple. Tout bien considéré, cela aurait fait une bonne planque pour des directeurs de sociétés voulant effectuer des transactions boursières illégales ou des fusions interdites.

Lorsqu'il me présenta son dessin, dans son bureau de l'hôtel Plaza, je lui dis que je le trouvais beaucoup trop élaboré par rapport à ce que nous avions en tête, autre information qui parut ne lui faire aucun effet. D'ailleurs, il se mit à me montrer d'immenses aquarelles représentant une ville nouvelle qu'il venait de concevoir, si j'ai bonne mémoire, soit pour le shah d'Iran soit pour le cheik de quelque émirat pétrolier, avec des dizaines de tours roses et de minarets complètement oniriques, et des routes, reliant les bâtiments entre eux, qui se croisaient dans le ciel. Naturellement, je cherchai ce qui pourrait soutenir ces rubans de béton, et ne découvris rien.

Alors que le tournage des *Misfits*, se poursuivait, mon souci essentiel tenait au fait que le contexte – ces immenses espaces morts du Nevada où l'homme semble perdu – était trop souvent effacé par les gros plans. D'un autre côté, le chef opérateur Russell Metty n'avait pas complètement tort d'affirmer qu'« ils n'allaient pas payer et choisir ce film pour voir du paysage ». Vieux routier coriace, il utilisait rarement plus de trois sources de lumière pour ses prises et les montait en quelques minutes. Méprisant l'éclairage « artistique » qui fait perdre un temps coûteux, il se fiait à son habileté pour donner à un film l'apparence d'un événement photographié plutôt que d'une fiction, ce qui était une bonne chose. J'abandonnai vite toute ambition de le mettre au courant des thèmes de l'histoire. Entre les prises, il allait généralement rôder près du téléphone, attendant des nouvelles d'un puits de pétrole dans lequel il avait investi de l'argent. Un film était un film, mais le jaillissement d'une source de pétrole était une véritable beauté. Les techniciens avaient l'air isolés, chacun enfermé dans le cercle étroit de sa spécialité où il visait la perfection, rien d'autre. Dédaignant les élaborations de théories à l'européenne, aussi fièrement pragmatiques qu'un Ford ou un

Edison et tout aussi peu intellectuels, ces hommes n'en avaient pas moins créé quelques-uns des films les plus originaux qui soient.

Ils me faisaient penser à un accessoiriste qui appartenait à l'équipe lorsqu'on avait monté le *Commis voyageur* pour la première fois, plus de dix ans plus tôt, un fumeur de cigares nommé Hymie. L'une de ses tâches consistait à vérifier avant chaque représentation que le cendrier posé sur le réfrigérateur était plein de cigarettes Chesterfield à moitié fumées : dans le rôle de Biff, le fils de Willy, Arthur Kennedy devait allumer une cigarette à la fin du premier acte et l'éteindre dans le cendrier, dont Hymie avait décidé qu'il devait être plein pour mieux renforcer l'impression que Biff fumait beaucoup parce qu'il s'inquiétait du sort de son père. Hymie assistait à chaque représentation et jugeait dans quelle mesure elle était bonne ou mauvaise. Chaque soir, il remplissait le cendrier de *nouveaux* mégots de cigarettes pour faire vrai. Telle était sa contribution à la tragédie. Les acteurs taquinaient bien Hymie pour ses petites manies, mais quand ils avaient raté un enchaînement ou une réplique, ils évitaient de le regarder en regagnant les coulisses.

Au bout d'un certain temps nous commençâmes à ne plus pouvoir maintenir le rythme de nos journées de travail car Marilyn était incapable d'arriver à l'heure le matin. Je n'avais pas la moindre idée de ce que je pouvais encore faire ou dire et sentais qu'elle était en colère contre moi, ou contre elle, ou contre sa façon de travailler. Elle paraissait douter non seulement de ce que je disais, mais aussi de ce que Huston pensait de sa manière de jouer. Cela dépassa peu à peu le stade de la colère ou du ressentiment, et elle se retrouva dans un état de stupeur voisin de celui que laisse une catastrophe naturelle. Il lui arrivait pourtant de faire un tour chez les antiquaires du coin, seule avec Paula, et d'acheter une ou deux bricoles pour la maison, chose surprenante puisqu'elle semblait à peine capable de m'adresser la parole. Nous étions comme deux personnes essayant d'occuper le même espace, comme le fournisseur incapable pour d'innombrables raisons d'accepter ce que l'autre lui propose. La frustration était donc mutuelle et creusait son sillon.

Chaque nouvelle journée apportait maintenant d'étranges événements, mais il y avait aussi de bonnes surprises, le fait que l'on pouvait parfaitement compter sur Clift, par exemple. Nous avions redouté, Huston et moi, qu'il recommence à boire, mais il était au contraire, avec Wallach, le pilier du film. Pour sa première journée de travail, environ une semaine après le début du tournage, il joua sa scène dans la cabine téléphonique au bord de la route, une longue page de texte, sans la moindre erreur ou hésitation, et la première prise fut la bonne. Huston et moi échangeâmes des félicitations pour avoir persisté à lui faire confiance en dépit des pressentiments de la compagnie d'assurances. Je voulus y voir la preuve que Monty, lorsqu'il devait faire quelque chose qu'il respectait, et savait qu'on n'était pas simplement en train de l'exploiter, pouvait se ressaisir. C'était en grande partie l'inanité et la pure stupidité du travail qu'ils devaient faire qui entamaient l'équilibre de tant d'acteurs dont la confiance en soi n'était pas bien solide au départ.

La chaleur, au bord du lac salé, atteignait parfois plus de cinquante impitoyables degrés. Nous travaillions comme sur la surface de la lune, sous un éclairage aveuglant. Pour passer le temps, je m'amusais avec certains techniciens à lancer un ballon de football et à taper dedans avant qu'il ne retombe par terre. Paula restait dans sa Cadillac à air conditionné, à écrire des lettres. Elle venait de Reno tous les matins et faisait répéter son texte à Marilyn dans la limousine que la production avait mise à sa disposition, mais Paula tenait absolument, question d'honneur, à ce que sa limousine personnelle les suive, conduite par son chauffeur. En la regardant à travers la fenêtre de la voiture, je pensais au *Prince et la Danseuse.* Son obsession byzantine de l'étiquette et ses façons inutilement mystérieuses paraissaient maintenant moins comiques. Elle pouvait à peine vous donner l'heure sans paraître suggérer en même temps qu'il s'agissait d'un renseignement secret, et dans le but d'effarer l'observateur innocent, elle portait plusieurs montres sur elle – une accrochée à son cou par une chaîne, une autre au poignet, une troisième dans son sac pour savoir quelle heure il était à Londres, Tokyo, Mexico et Sydney, ce qui impliquait que Lee et elle avaient des affaires importantes dans le monde entier.

Lors de certaines pauses prolongées, je parlais avec Gable, qui aimait s'asseoir au soleil, devant sa caravane, au bord du lac. Il se comportait comme si Marilyn souffrait physiquement et bien qu'il dût passer ce qu'il aurait pu considérer comme des heures humiliantes, chaque jour, à attendre qu'elle soit prête à travailler, il ne laissa jamais rien paraître sur son visage, sous-entendu ou insulte. Ceux qui le connaissaient s'étonnaient de cette patience qui ne lui était pas coutumière. A une ou deux reprises, cependant, son agent nous rappela que son contrat prévoyait vingt-cinq mille dollars d'indemnités par journée de retard sur la durée prévue du tournage. Il était donc dès le départ équipé pour le pire. Je ne pouvais m'empêcher de me sentir responsable, d'une certaine manière, de son inactivité forcée, d'autant que c'était moi qui l'avais convaincu d'accepter ce rôle, mais il savait que personne n'y pouvait rien, y compris Marilyn, et que nous n'étions pas dans le simple cas d'une actrice soucieuse de prouver qui détient le pouvoir suprême. Peut-être était-il attendri, également, parce que Marilyn lui avait avoué qu'il avait été l'idole de sa jeunesse. De fait, sa photo encadrée reposait sur le bureau de la mère de Marilyn, qui l'adorait aussi, et quand elle était petite fille, Marilyn croyait qu'il était son père. Nous restions parfois assis tous les deux près de la caravane sans échanger un seul mot pendant une demiheure dans le silence du Nevada, comme si nous portions inconsciemment le deuil. Je percevais sa compassion de même qu'il était capable, j'en étais sûr, de sentir mes regrets.

Je lui posais des questions sur le cinéma d'autrefois, quand il travaillait pour la MGM. « La plupart du temps, nous terminions un film le vendredi, puis il y avait quelques fêtes pendant le week-end, et je revenais le lundi pour commencer un autre film – c'était tout à fait comparable à une troupe de théâtre qui joue le répertoire. Mon " répétiteur " ici présent – il désigna son valet de chambre, un homme d'une soixantaine d'années au long visage canin, qui aimait l'écouter, assis à la porte de la caravane et prêt à lui apporter un paquet de cigarettes, ou un filtre neuf pour son fume-cigarette ou encore une boisson fraîche, comme il l'avait fait pendant des dizaines d'années – mon répétiteur m'aidait à enlever ma veste de smoking et à passer sous la douche, puis, pendant que je me séchais, me lisait les premières lignes de mon texte, et enfin, sur le chemin du studio, je tentais de me réveiller et d'écouter ce qu'il me lisait. Mon costume était prêt à mon arrivée, je l'enfilais et je me rendais sur le plateau, disais bonjour au réalisateur et saluais celle qui tenait le rôle de la fille dans le film, puis j'essayais de deviner où cela pouvait bien se passer – vous savez, Hawaii, Nome, Saint Louis ou n'importe où. Ensuite nous avions une vingtaine de minutes pour nous préparer et faire la prise, pas davantage. A la fin de la semaine, vous aviez une idée assez précise du genre de personnage que vous interprétiez, après quoi il y avait encore deux semaines pour finir le film et quand vous compreniez enfin de quoi il s'agissait, c'était déjà terminé. Mais la plupart des films n'avaient aucun personnage dont on pût parler, de toute façon, si bien que vous essayiez simplement de faire quelque chose, au fur et à mesure, quoique parfois vous ne pouviez rien construire parce qu'il n'y avait rien à construire. Cette fois-ci, c'est tout à fait différent. »

Il était venu de Californie avec son coupé Mercedes

argenté à ailerons pointus, et il essayait d'améliorer ses temps sur la route de montagne qu'il prenait tous les matins pour venir de Reno. Son visage était certainement un des plus connus de l'histoire du monde, il valait des millions et pouvait s'offrir tout ce dont il avait envie, mais il n'était ni blasé ni dépourvu de curiosité, et me posait des questions sur ma vie, ma façon de travailler, et j'avais l'impression de retrouver dans cet intérêt quelque chose de la simplicité animale de mon père. S'il *existait* tellement à l'écran, c'était peut-être parce qu'il était fondamentalement vrai. Les grands acteurs à forte personnalité ressemblent aux ours savants dans la mesure où ils nous fascinent par leur talent tout en nous menaçant de leurs griffes puissantes. Une grande vedette a une forte personnalité, et elle peut être mesquine, voire dangereuse, comme un chef d'Etat.

La scène du rodéo, telle que je l'avais écrite, devait se passer dans une certaine ville – dont le nom m'échappe maintenant – au cœur du désert. J'y étais arrivé par hasard un jour, en compagnie de mes deux cow-boys qui poursuivaient des chevaux sauvages : une rangée de maisons délabrées, faites de planches de sapin brut, et une rangée d'une dizaine de bars environ, face à une aire de rodéo improvisée, avec quelques gradins rustiques pour les spectateurs.

Derrière le terrain de rodéo s'élevait une église surmontée d'un clocher avec une croix de bois penchée, prête à tomber dans la rue, excellent symbole de ce que je recherchais dans le film. La rangée de bars était marquée d'une longue entaille en façade, là où des ivrognes avaient embouti leur voiture ou leur camion, des hommes venus de l'usine de carreaux de plâtre toute proche, qui travaillaient toute la journée dans des nuages de poussière de gypse blanc. A l'intérieur, les balles de revolver avaient creusé des trous au plafond et sur les murs, et même des cratères dans certaines planches de bois, signes de tirs répétés. C'était la seule ville du Nevada où un homme avait légalement le droit de porter une arme à feu à sa ceinture, et ils étaient nombreux à le faire, avec de gros quarante-cinq attachés sur la hanche. Lorsque je séjournais dans le Nevada, j'y étais allé un samedi soir, moment où la furia des clients devenait une traînée de fièvre qui se répandait dans l'air, et je me demandais si c'était le vide écrasant de leurs existences qui les amenait à vouloir tuer, à menacer de tuer, ou à se faire tuer. Il ne s'agissait jamais de vol mais simplement de deux hommes entamant une discussion imbécile qui se terminait par des coups de feu, une sorte de sexualité de masse, apparemment, le sang versé représentant l'apogée du rodéo proprement dit.

Finalement, il ne nous fut pas possible de tourner dans cette ville parce qu'il n'y avait pas assez d'eau pour les acteurs et les techniciens et parce qu'elle était trop éloignée de Reno et de nos hôtels. Nous en découvrîmes une autre possédant les ingrédients nécessaires et des quantités de chambres pour nous : elle avait été abandonnée plusieurs dizaines d'années plus tôt par tous ses habitants, quand une mine du voisinage avait fermé. Des enseignes délavées étaient encore fixées aux fenêtres des magasins ou pendaient de travers au-dessus de la rue. Cela faisait un effet bizarre et terrible de travailler là où il y avait eu de vrais habitants, des gens qui avaient sans doute espéré mener une vie agréable et avaient maintenant disparu.

Un autre endroit où j'avais passé quelque temps avec mes amis cow-boys – une maison dont le propriétaire s'appelait Mme Styx – fut utilisé comme résidence temporaire de Roslyn au Nevada. Elle donnait sur l'une des rares vallées vertes de cette région desséchée, avec quelques arbres et suffisamment de pâturage pour élever un peu de bétail. Prévoyant qu'on aurait besoin de davantage d'espace pour faire bouger la caméra, les gens de la production avaient scié les angles de la maison, pour qu'on puisse les détacher d'un moment à l'autre simplement en dévissant quelques boulons. En une matinée, on créa un jardin potager devant la maison, et on planta des buissons selon les indications du scénario. On oublia vite que tout cela n'existait pas quelques jours auparavant. Le plus étrange dans cette histoire était que, pareils à des dieux insensés, nous étions partis d'une réalité pour créer une illusion.

J'avais du mal à me souvenir que Clark Gable n'était pas réellement le cow-boy qui avait inspiré le personnage de Gay Langland. C'est à ce moment du tournage que le cow-boy d'origine vint nous rendre visite pour quelques heures, et je ne pus m'empêcher d'être déçu par son manque d'épaisseur comparé à la densité et à la rondeur bien plus satisfaisantes de Gable. Bien entendu, je m'étais mis en partie dans le personnage de Gable, et non dans celui du cow-boy.

Il y avait également quelque chose de troublant dans le fait que les murs de cette maison, où je m'étais assis quelques années plus tôt avec le véritable cow-boy et sa petite amie, pouvaient maintenant être détachés et tout simplement déplacés, révélant le ciel au-dessus de nos têtes. Peut-être fallait-il voir là l'écho de notre intention de construire, mais aussi de détruire nos vies.

J'essayais encore de réécrire les dernières minutes du film, qui ne m'avaient jamais vraiment satisfait. Conscient des espérances qui avaient présidé à la rédaction de cette histoire, et de l'incertitude qui marquait maintenant mon avenir, je n'étais pourtant pas capable d'admettre que le dénouement devait nécessairement être nihiliste, des gens qui simplement s'éloignent l'un de l'autre. En même temps, et c'était contradictoire avec mon histoire, je ne pouvais nier qu'une certaine irrésolution quant à leur vie était réellement la seule chose sur laquelle mes personnages pouvaient compter. En fait, prendre l'incertitude au sérieux leur donnait l'impression d'être libres. La vie vous trahissait, on n'y pouvait rien, mais je voulais qu'il en soit autrement dans le film. D'ailleurs, ils auraient très bien pu se trouver et rester ensemble.

Un après-midi Marilyn déclara sans émotion apparente, presque comme s'il s'agissait d'un autre scénario : « Ce qu'ils devraient vraiment faire à la fin, c'est rompre. » Je m'y opposai immédiatement, si rapidement en réalité que je compris que je redoutais qu'elle eût raison. L'ironie était mordante : l'œuvre que j'avais conçue pour lui prouver qu'une femme comme elle pouvait trouver un foyer sur cette terre avait apparemment le résultat opposé.

Je me demandai un instant si cela pouvait être un appel à l'aide mais je ne détectai rien d'autre dans ses yeux qu'un regard froid et professionnel. Je ne voulais plus lui offrir ce qu'à mon sens elle ne pouvait plus accepter. Au fur et à mesure qu'elle avançait dans le tournage, elle passait d'un stade d'intériorisation complète, ne remarquant personne autour d'elle, à une phase de non moins totale extériorisation, communiquant avec tous ceux qu'elle croisait – comme si le flot de ses émotions s'était volatilisé en gouttelettes de colère qui traversaient indéfiniment son cœur. Il était impossible de deviner ce qu'elle éprouvait et quelle était son humeur tant qu'elle n'avait pas parlé.

Vint le jour où Huston commença à s'agiter, voyant augmenter le nombre des heures où Marilyn ne pouvait tout simplement pas se décider à travailler. Sa lutte éternelle contre la réalité du temps avait fini par la mettre au tapis, l'avait maintenant quasiment immobilisée. Elle avait toujours appartenu à cette race de gens pour qui le temps est un piège gluant qu'ils ne veulent pas toucher, peut-être pour nier l'existence du passé.

Au bout d'un mois environ de tournage, Huston paraissait s'être résigné mais un jour il prit Paula dans un coin, et lui demanda ce qu'elle envisageait de faire au sujet de sa protégée. Il s'était mis à passer des nuits entières à jouer au *craps*[1], perdant des sommes considérables qu'il regagnait ensuite, et il lui arrivait de s'endormir dans son fauteuil derrière la caméra, et ne plus savoir quelle scène nous étions en train de tourner. Le chaos régnait parmi nous. Il travaillait uniquement avec ses muscles, désormais, et se contrôlait de manière stupéfiante.

Je croyais qu'il avait simplement effacé la présence de Paula, ne tenant aucun compte de ses interventions qu'il jugeait minables et non professionnelles. Mais l'influence de Paula sur Marilyn était devenue si totale que celle-ci avait quitté l'appartement que nous occupions à l'hôtel pour s'installer avec elle. Paula avait fini par remporter notre longue guerre larvée. Tant pis, me dis-je, cela pourrait bien rendre l'atmosphère plus légère et libérer Marilyn, qui se concentrerait dorénavant uniquement sur son travail, puisque c'était son intention. Mais je n'avais aucune illusion. Une force purement destructrice opérait des ravages parmi nous, sans que personne n'y puisse rien. Je me contentai de faire attention au reste du film. Il m'apparaissait comme un objet haïssable qui m'avait beaucoup trop coûté, j'espérais simplement que cela ne se terminerait pas trop mal. Ma seule véritable inquiétude était que Paula obéisse trop facilement quand Marilyn lui demanderait encore et encore des somnifères, mais elle me promit de ne pas céder et j'eus envie de la croire car elle aussi, c'était évident, redoutait une catastrophe.

Un soir après le dîner, je traversai un petit parc proche de l'hôtel et allai m'asseoir sur un banc pour regarder huit jeunes filles jouer au tennis sur les courts voisins. Que des gens pussent encore se livrer à une activité aussi simple que de renvoyer une balle de part et d'autre d'un filet me semblait miraculeux. La bonne santé sans pro-

1. Jeu de dés. Si on obtient sept ou onze du premier coup avec deux dés, on a gagné; si on obtient deux, trois ou douze, on a perdu. *(N.d.T.)*

blème de ces filles m'ôta toute nervosité; il me suffisait de les regarder reprendre leur souffle, essuyer leur lèvre supérieure humide et crier de temps à autre. Eprouvant le besoin de m'allonger, je m'étendis sur l'herbe, appuyé sur un coude, et tombai vite endormi. Je m'éveillai dans le silence de la ville. Les filles étaient parties, il était trois heures du matin et l'air embaumait.

Au casino de l'hôtel, Huston était en train de lancer ses dés, un verre de whisky à la main, sa saharienne aussi fraîchement repassée que s'il l'avait enfilée dix minutes plus tôt. Il avait perdu vingt-cinq mille dollars. Il sourit, et je lui souris. Cela n'avait pas l'air de le troubler mais je savais qu'il aurait des difficultés à payer une telle somme. Je montai me coucher. Le lendemain matin vers sept heures, je descendis prendre mon petit déjeuner. Il était encore à la table de dés, son verre de whisky à la main. Il avait regagné ses vingt-cinq mille dollars et essayait d'en gagner davantage. Sa saharienne était aussi impeccable qu'au début. A la seule idée qu'il avait passé toute la nuit debout, je me sentis de nouveau épuisé.

Metty craignant que les gros plans ne révèlent l'état d'épuisement de Marilyn, les choses finirent par bouger. Paula, qui avait pris la situation en main et portait maintenant toute la responsabilité, annonça bientôt que Lee allait enfin arriver de New York. Huston était tellement désespéré qu'il ne fut pas loin d'accueillir cette nouvelle avec joie. Moi, j'étais enchanté, ne serait-ce que parce que Lee allait devoir assumer, du moins en partie, la charge directe du sentiment d'insécurité avec lequel Marilyn se débattait constamment. Alors qu'elle avait une confiance absolue dans la moindre de ses paroles, il était parvenu à se tenir prudemment à distance de toutes ses difficultés.

Il y avait une autre raison de se réjouir de cette arrivée : Marilyn s'était mise à paraphraser son texte et à oublier des mots et des phrases. Huston, qui était aussi un scénariste, refusait d'admettre ses fantaisies, et pour obtenir un texte correct il avait dû recommencer jusqu'à dix fois certaines prises. J'avais cru qu'il s'agissait de trous de mémoire mais un jour, elle expliqua que les mots en eux-mêmes n'avaient aucune importance, que seule comptait l'émotion qu'ils exprimaient. En bref, elle restituait l'enseignement de Strasberg tel qu'elle le comprenait, une attitude stérile que j'avais remarquée chez d'autres acteurs et qui me semblait contribuer à rendre son jeu tendu et peu précis. Ayant décidé que les mots étaient un obstacle, elle voulait atteindre à la spontanéité et à l'ingénuité malgré eux, et non grâce à eux. Si cette approche réussissait parfois à la libérer, elle la rendait la plupart du temps encore moins sûre d'elle, face à un acteur qui travaillait sur d'autres bases, celles de la fidélité au texte, tout comme, bien entendu, le réalisateur. Huston n'y voyait qu'une infâme complaisance. J'avais demandé comment elles envisageaient, Paula et elle, d'aborder les rôles classiques – ce qui lui arriverait un jour, selon les prédictions de Strasberg – où tout le monde connaissait le texte et où personne ne tolérerait qu'il fût altéré. Mais il était évident qu'elle ne faisait que répéter ce que lui avaient servi les autorités supérieures, et tout ce pathos vous brisait le cœur, même si ni moi ni personne d'autre n'y pouvions plus rien. La vérité était qu'elle avait donné le meilleur d'elle-même dans des scénarios tels que celui de Billy Wilder et I.A.L. Diamond pour *Certains l'aiment chaud*, où on ne lui avait pas laissé la moindre occasion de dévier de son texte parce que le dialogue comique devait être précis, faute de quoi cela ne marchait pas. Que la même précision fût nécessaire dans un rôle dramatique – le premier de sa carrière – semblait une évidence, mais encouragée par ses mentors, elle était en train de s'égarer dans un concept d'improvisation qui avait sa place au cours d'art dramatique mais pas sur le terrain.

Quoi qu'il en fût, l'arrivée imminente de Lee était au moins un événement nouveau, et comme il avait tâté autrefois de la mise en scène, il réaliserait certainement que si son enseignement était correctement perçu, il rendait l'acteur impuissant, et que s'il était mal perçu, c'est qu'il lui fallait le réviser.

Etant donné les lenteurs du tournage et mon incapacité à résoudre les difficultés, je n'avais plus grand-chose à faire, et je restais seul la plupart du temps. J'envisageai de partir mais Huston avait de temps en temps besoin de parler du scénario ou d'y apporter quelques modifications. Un jour, nous tournâmes deux scènes muettes à Pyramid Lake, l'une où Gable-Langland montre à Marilyn-Roslyn comment monter à cheval, l'autre où ils nagent ensemble. A l'époque où nous les avions habités, Bellow et moi – il y avait presque quatre ans de cela, était-ce possible, – les deux cottages dominaient la route déserte qui longeait la plage bordant le lac cambrien, mais c'était bien fini. On avait construit une marina et un établissement de fast-food et des canots à moteur filaient vers nulle part, pétaradant dans le silence divin qui, selon le scénario, était censé ressusciter l'espoir en Roslyn. Il fallut demander aux conducteurs de canots à moteur de couper le contact pendant que l'on tournait la scène dans ce décor autrefois enchanté, sous les yeux des clients mâcheurs de chewing-gum de la baraque à hot-dogs qui se dressait à une centaine de mètres. Je regardai la route, cherchant la cabine téléphonique où j'avais eu un évanouissement passager mais elle avait disparu. On avait dû installer le téléphone dans la marina.

Il était pénible de voir Marilyn jouer son rôle d'amoureuse – sortir de l'eau, tomber dans les bras de Gable – en sachant toute la tristesse qu'il y avait en elle. Malgré tous ses efforts, elle ne pouvait cacher que son esprit était ailleurs. Dès que je m'approchais, elle se raidissait. Une interprétation vivante se manifeste par des mouvements, des gestes surprenants, inattendus; la sienne me paraissait forcée, trop réfléchie, les éclats trop prémédités. J'étais maintenant presque complètement sorti de sa vie, mais de la position que j'occupais, je me rendais compte que le film était une véritable torture pour elle. Comme il l'était pour moi, lorsque j'évoquais ma promenade avec Sam Shaw le long de l'East River, où l'idée m'était venue de lui faire ce cadeau.

Toute cette entreprise de simulation paraissait maintenant détestable, une machine à détruire les gens, en particulier ces acteurs incapables de s'exprimer s'ils ne pouvaient donner la pleine mesure de la vérité. Quel que fût le contenu de l'enseignement dispensé par Paula et probablement par Lee, Marilyn semblait moins capable que jamais de *sentir* les choses, mais seulement de *penser à* ses sentiments, et il est très difficile de jouer des pensées. Pour être honnête, son travail dans ce film m'est apparu beaucoup plus authentique des années plus tard que durant cette affreuse période. Je suis aujourd'hui émerveillé qu'elle ait pu, dans ces circonstances, faire aussi bien que cela.

Mais sur le moment, je me demandais si jouer n'était pas devenu une simple justification, aux yeux de la société, du narcissisme, un moyen de s'absorber en soi-même plutôt que d'observer et de célébrer l'humanité, la seule chose qui donne sa noblesse à une interprétation. Au cours des heures trop nombreuses que je passais complètement seul, le pays tout entier me paraissait sombrer dans cette manie de la distraction que l'on appelait « loisirs », une perpétuelle imitation de l'art qui ne menaçait rien, ne rachetait rien et ne signifiait rien d'autre que l'oubli.

Un soir, j'allumai la télévision dans ma chambre d'hôtel et découvris Nixon et Kennedy sur le point de se livrer à un de leurs débats préliminaires aux élections présidentielles. Apparemment, le pays continuait de vivre malgré les *Misfits*. Je commandai de quoi dîner et une bouteille de whisky, et m'installai pour regarder. Ils étaient là, deux acteurs de plus, semblables à deux universitaires pinailleurs, Nixon paraissant, avec son col trop haut, avoir revêtu le costume de son grand frère. On sentait l'ambition les pousser, chaque artiste affichant une autorité sereine qu'il ne pouvait réellement avoir. A côté du téléviseur, la fenêtre ouvrait sur une nuit bleue, qui s'étendait sur ces montagnes éternelles, vers la Californie, bien plus plaisante à regarder que ces deux-là sur l'écran. Quelques semaines plus tôt, un feu allumé par un incendiaire avait obscurci le ciel de deux Etats, provoquant une coupure d'électricité à Reno, et nos électriciens avaient installé dans notre chambre du sixième étage un câble rattaché à un camion générateur parqué juste au-dessous dans la rue – la seule ampoule éclairée de la ville, rien que pour le confort de Marilyn. Les équipes de techniciens de cinéma adorent faire l'impossible, cela leur donne l'impression d'exister.

Seul face à l'écran, je devinais quelque chose de rance et d'arrangé à l'avance dans ce débat. Je n'arrivais pas à me soustraire à ce spectacle, à ce cinéma, à l'imposture de cette émission absurdement importante, grâce à laquelle les Américains allaient pouvoir choisir la vedette de leur éternel long métrage, essayant de découvrir dans quelles scènes celui-ci était bon, et celui-là pas très bon, puisqu'il n'existait pas de différence substantielle entre les candidats en dehors de quelques répliques liturgiques destinées à leurs partisans. Nixon avait l'air du renard qui s'attendrit sur lui-même, mais que l'on devine coriace, alors que le plus dangereux des deux, pour les autres nations en tout cas, était probablement Kennedy avec sa mâchoire carrée d'Irlandais et son costume de bonne coupe. L'essentiel de leur performance reposait néanmoins sur leur texte, que l'on ne cessait de remanier. J'espérais que le vainqueur serait Kennedy, bien sûr, mais surtout, je crois, parce que nous avions lu les mêmes livres.

Téléphone le matin. « Lee est arrivé. Il veut te voir tout de suite. »

Enfin. Nous allions enfin pouvoir définir la ligne que Marilyn devrait suivre pour terminer ce film.

– A-t-il déjà parlé à John ?

– Oh, non !

C'est le « oh » qui m'alerta. Pourquoi « *oh*, non » ? Lee avait-il déjà pris position contre Huston, alors qu'ils devraient inévitablement coopérer si l'on voulait que les choses changent ?

Dans l'ascenseur menant à l'appartement des Strasberg, je récapitulai mes doléances. Lee répondit à mon coup de sonnette. Son accoutrement était tellement absurde que tous mes plans me sortirent de la tête. Par cette chaleur de près de cinquante degrés, il portait une tenue de cow-boy bien raide et flambant neuve, bottes rutilantes, pantalon au pli impeccable, chemise bien repassée avec poches et manchettes lacées, mais il conservait son visage blanc d'intellectuel et son corps privé d'exercice.

– Ça, c'est une tenue, dis-je.

Il sourit hardiment.

– Oui, c'est très confortable.

– Les bottes aussi ?

Je doutais que des bottes de western pussent être confortables quand on les portait pour la première fois.

– Oh, elles sont merveilleuses, répondit-il en pliant les genoux.

Paula ne s'était pas levée du canapé où elle était allongée, vêtue d'un kimono à dragons, la tête appuyée sur la main, un sourire d'orgueilleuse sécurité éclairant son visage, maintenant que son champion était venu la relever de son fardeau, ses cheveux retombant en désordre sur son épaule, véritable odalisque dans l'arène.

L'expression de Lee se fit soucieuse :

– Il va falloir que nous parlions sérieusement, Arthur.

– Oui. Cela fait un bout de temps que j'attends ça.

– C'est vrai, la situation est devenue impossible.

– Je sais.

Il devait déjà avoir mis au point une nouvelle solution qui allait tout sauver, à en juger par l'énergie qui se dégageait de lui. L'espace d'un instant, je me réjouis à l'idée que je l'avais mal jugé et qu'il détenait réellement un secret capable de nous rendre une Marilyn dont l'âme était en train de se dissoudre dans l'espace, alors même que nous parlions d'elle.

– Effectivement, si l'on ne prend pas immédiatement des mesures, il faudra que je retire Paula du tournage.

Il me regarda bien en face, comme s'il attendait que je prononce une déclaration.

Paula ? Il s'agissait donc de Paula ? Je lui jetai un coup d'œil sur son canapé où elle souriait avec satisfaction, heureuse de ne plus être tenue à l'écart.

– Je ne vous suis pas bien, Lee.

– Huston a sans arrêt refusé de lui parler. C'est insultant ! Je ne l'autoriserai pas à continuer s'il n'est pas entendu qu'il lui doit du respect. Je ne tolérerai pas qu'on la traite ainsi. C'est une artiste ! Elle a travaillé avec les plus grandes vedettes ! Je ne la laisserai tout simplement pas se faire traiter ainsi !

Interloqué, je balbutiai, essayant de comprendre ce qu'il voulait dire. Paula ne lui avait-elle pas dit que Marilyn était au bout du rouleau, que sa vie même était peut-être en danger, et qu'en tout cas on doutait qu'elle pût terminer le film ? Comment, sinon, aurait-il osé rester là à geindre parce que sa femme n'était pas assez respectée par un réalisateur ? A moins que Paula ne fût si maladivement obsédée d'elle-même qu'elle ne lui eût même pas signalé que Marilyn était en très mauvais état ? Lee aurait décidé de prouver son autorité uniquement pour résoudre le problème de sa femme, ne se préoccupant par conséquent aucunement de savoir comment il allait aider Marilyn ?

Cette seule idée était intolérable. En le voyant ainsi dans son grotesque costume, tel un brave touriste en vacances, je me demandai soudain si je n'avais pas tout pris trop au sérieux et réagi trop personnellement à la colère de Marilyn, qui n'était peut-être que la frustration naturelle d'une actrice en train de créer un rôle. Confusion totale.

Et il continuait... comment Paula s'était sentie abandonnée et insultée, comment elle avait consacré sa vie à faire répéter de grands interprètes, comment il n'avait pas, lui, voulu s'en mêler mais le devait maintenant, « également pour le bien de Marilyn ». Il était impossible de lui parler, ç'eût été humiliant de lui parler sérieusement tant il était gonflé de sa propre importance et de celle de sa femme. La souffrance de Marilyn n'était qu'une étoile distante, à laquelle on pouvait de temps en temps jeter un coup d'œil alors qu'elle s'éloignait là-bas, de moins en moins lumineuse. Rien de plus.

– Je dois régler cela avant de m'occuper de quoi que ce soit d'autre, Arthur.

– Ne comptez pas sur moi pour intervenir. C'est une affaire entre John et Paula.

– C'est votre film. Vous devez agir.

– Mon scénario, pas mon film. Il n'y a rien que je puisse arranger, Lee. John n'est pas habitué à travailler avec un acteur par l'intermédiaire d'une tierce personne, et je ne crois pas qu'il puisse changer. Allez-vous parler à Marilyn ?

– Alors, il faudra que je reparte avec Paula.

– Cela signifiera probablement la fin du film – et de Marilyn, était-il nécessaire de le préciser, si elle ne parvenait pas à le terminer – mais j'imagine que vous ferez ce que vous croyez devoir faire. J'espère cependant que vous parlerez à Marilyn, elle a besoin d'aide maintenant. Vous le ferez ?

– Oui, je lui parlerai, admit-il.

Je compris les règles qu'il établissait : il ferait son possible, mais il n'allait d'aucune manière engager sa responsabilité sur elle, surtout si elle était au bord de l'effondrement. Et il était la seule personne en qui elle eût confiance. Ainsi le voulait son destin.

Le tournage en était arrivé au point mort. A quoi bon transporter des dizaines de techniciens à travers la montagne jusqu'au lac salé, alors qu'on ne savait absolument pas si l'on travaillerait ou non? Nous étions en pleine crise. Quoi que Lee ait pu lui dire, cela n'avait apparemment eu aucun effet sur Marilyn, et maintenant il était reparti pour New York. Craignant qu'avec son caractère égoïste et insouciant Paula ne juge même pas utile de surveiller Marilyn, je montai la voir. Avait-elle compris à quel point Marilyn était malade. Je ne savais jamais si elle écoutait vraiment.

Elle me fit entrer dans son salon, un doigt sur les lèvres, puis s'avança vers la chambre à coucher, où je la suivis. Marilyn était assise dans le lit. Un médecin palpait son poignet, cherchant sa veine pour lui faire une injection d'Amytal. Mon estomac se retourna. Elle me vit et me cria de sortir. Je parvins à demander au médecin s'il savait quelle quantité de barbituriques ou autres médicaments elle avait déjà ingurgités et il me regarda d'un air désemparé; il n'était qu'un jeune homme effrayé qui voulait seulement faire sa piqûre, partir et ne jamais revenir. Paula se tenait à côté du lit, vêtue de son sac noir, les cheveux bien brossés et ramenés en chignon, poudrée et maternelle, l'air en parfaite santé, mais vaguement coupable, me dis-je. C'était cela, elle savait désormais qu'elle avait fait une mauvaise affaire et ne contrôlait plus la situation, aussi demandait-elle de l'aide, et de la reconnaissance, pour tout l'amour qu'elle avait dépensé, même si une partie d'elle-même n'en avait cure, puisque tout ceci était désespérément incohérent. Je songeai à écarter le médecin du lit de Marilyn pour l'empêcher de lui faire sa piqûre, mais le cri qu'elle poussa était trop terrible, et la détresse que ma présence semblait lui causer m'empêcha d'essayer de l'aider. Je sortis de la chambre pour aller attendre le médecin dans le salon. Il était stupéfait qu'elle soit encore éveillée, avec une dose qui aurait suffi à assurer une longue intervention chirurgicale, mais elle était toujours assise et bavardait. Il estimait être le dernier des médecins de la région à qui l'on aurait dû s'adresser, mais il refusait de prescrire d'autres piqûres de quoi que ce fût, craignant pour sa vie maintenant qu'il avait vu ce qu'il avait vu. Je retournai dans la chambre et elle me regarda, ravagée mais sur le point de sombrer enfin dans le sommeil, ne cessant de répéter « Va-t'en », comme dans un rêve.

Paula se montrait chaleureuse envers moi, maintenant. « J'aimerais bien dîner... » J'eus à mon tour un élan d'affection pour elle, parce que j'avais tellement besoin d'aide, je suppose, et parce que je pouvais voir la peur au coin de ses yeux. Si elle avait peur, c'est qu'elle avait tous ses esprits, et si elle avait tous ses esprits mais se trouvait toujours là, c'est qu'elle était encore capable d'éprouver un sentiment pour quelqu'un d'autre qu'elle-même. Je la remerciai, pour rien de précis en particulier. Elle m'effleura la main et partit dîner avec un des acteurs.

Marilyn s'allongea et ferma les yeux. Je guettai des signes de respiration difficile, mais elle paraissait calme. Cette fleur était en fer, pour être capable de résister à une telle agression. J'abandonnai toute présomption, cette prétention stupide qui me faisait croire que moi seul pouvais la protéger, et cherchai à qui d'autre que moi, quelqu'un en qui Marilyn aurait confiance, confier la responsabilité de la situation. J'étais sans aucun doute demeuré trop longtemps, il ne me restait plus rien, sinon un sens obstiné de ma responsabilité, alors que ce qu'elle voulait, c'était chevaucher la prochaine vague déferlant vers le rivage, déesse mystique issue de la mer. Je pensai à son médecin de Los Angeles, mais il pouvait difficilement abandonner ses patients pour venir jusqu'ici, et décidai d'arrêter de chercher. Pourquoi ne s'assumait-elle pas toute seule? Bien entendu, elle le pouvait, et c'était en fait son seul espoir... mais en même temps elle ne le pouvait pas, en tout cas pas quand elle avait besoin de tant de somnifères, drogues chimiques dont j'avais été lent à comprendre qu'elles l'éloignaient complètement de moi... et la roue recommença de tourner et j'en vins à croire que personne d'autre ne pourrait vraiment la supporter. Mais j'étais bien plus qu'inutile pour elle, maintenant, une boîte de clous qu'on lui aurait jetée au visage, le rappel de son impuissance à s'arracher à son ancienne vie, alors même qu'elle avait aimé sincèrement quelqu'un.

C'était le premier moment de tranquillité que nous ayons eu ensemble depuis très longtemps, et dans ce silence, la seule idée qu'elle pût essayer de travailler dans l'état où elle se trouvait me parut simplement monstrueuse – nous étions tous fous, qu'est-ce qui pouvait justifier une chose pareille ? Il fallait que je trouve un moyen d'interrompre le film. Mais je voyais déjà sa fureur indignée, devant une décision qui, dans son esprit, signifierait qu'on lui reprochait d'être la cause de l'annulation du tournage, et qui de plus risquerait de briser sa carrière.

Je me surpris à imaginer des miracles. Elle allait peut-être se réveiller, et je lui dirais : « Dieu t'aime, ma chérie », et elle ne demanderait qu'à le croire... Comme j'aurais aimé être encore croyant, et qu'elle le fût également. Tout me parut soudain fort simple – nous avions inventé Dieu pour ne pas échapper à la réalité et pourtant l'amour était la réalité la plus réelle de toutes. J'imaginai ses yeux durs et douloureux recouvrant leur ancienne douceur frémissante, car ce serait ce regard-là, chez elle, que j'identifierais toujours à sa vraie personnalité, son signe distinctif. Sur l'autre face de l'amour, tout ce qui la concernait et concernait les gens, n'était que désir et peur.

Et si elle n'était plus obligée d'être cette star, me demandais-je, pourrions-nous vivre une existence tranquille et ordinaire dans la plaine, loin de ces sommets à l'air raréfié ? Cette idée fugitive me donna l'impression que l'on me retirait une béquille. Marilyn parut perdre son identité. Personne ordinaire, sachant à peine l'orthographe, – que pourrait-elle faire d'elle-même ? Pourtant je poursuivis cette vision et me pris à imaginer une Marilyn merveilleusement tranquille, que l'on ne poussait plus dans d'effroyables retranchements, une jeune femme naturellement intelligente, suivant paisiblement son chemin, du matin au soir, et allant ensuite se coucher sans autre fait notable. Etait-ce possible? Elle m'avait certainement été beaucoup plus chère quand elle était à peine connue.

L'effroyable égoïsme de ma pensée me frappa alors en plein visage – sa condition de star était son triomphe, rien de moins. C'était l'accomplissement de sa vie. Qu'éprouverais-je si mon mariage dépendait de ma soumission, de l'abandon de mon art? La réalité, terrible et mortelle, était qu'entre elle-même et la vedette, il n'y avait pas le moindre interstice. *Elle était « Marilyn Monroe » et c'était cela qui était en train de la tuer.* Et il ne pouvait en être autrement. Elle vivait du cinéma, et si elle rejetait cette gloire, elle disparaîtrait réellement. Si elle aimait s'occuper des fleurs dans le jardin et inlassablement déménager les meubles d'un bout à l'autre de la maison, acheter une lampe ou une cafetière, ce n'étaient que d'agréables passe-temps dans une vie qu'elle ne pouvait supporter bien longtemps sans prendre un nouvel envol pour la lune, vers un nouveau rôle et un nouveau film. Dès son adolescence elle avait commencé d'établir une relation avec le public, d'abord imaginaire et ensuite réelle, et l'on ne pouvait la lui arracher sans déchirer sa chair.

Tandis que j'attendais un miracle, je finis par comprendre qu'aucune psychanalyse ne pouvait la toucher. Seul peut-être le choc d'un souvenir, une vision fugitive mais convaincante de sa propre mort seraient capables de la pousser, tentative désespérée, à faire encore confiance à quelqu'un. Et d'une certaine façon elle le savait, accueillant ces morts chimiques et momentanées, qui finiraient par la délivrer.

Je n'avais aucun mystère salvateur à lui offrir. Pas plus que je ne pouvais prendre sa main si elle ne la tendait pas. J'avais perdu toute foi en une guérison durable venant de moi et je doutais qu'elle pût vraiment provenir d'un être humain, quel qu'il fût.

Une seule chose était certaine, elle devait terminer le film. Echouer confirmerait la pire de ses angoisses, la peur de perdre le contrôle de sa vie, de passer sous la vague de fond d'un terrible passé. Elle dormait. Une fois de plus, je regrettai de ne pas savoir prier et de ne pouvoir invoquer l'image de celui qui ne connaît que l'amour. Mais pour cela aussi, il était trop tard.

Un an plus tôt environ, pendant le tournage du *Milliardaire* à Hollywood, une comédie inepte que la Fox l'avait forcée à tourner, Walter Wanger était venu nous voir dans notre bungalow pour me demander d'écrire l'adaptation d'un roman d'Albert Camus, *la Chute*. Je l'avais relu à sa demande mais je n'avais pas la moindre envie d'écrire un scénario, aussi étions-nous restés un moment à parler du livre. Je savais que Wanger était le producteur de *Blockade* (*Blocus*) avec Henry Fonda et Madeleine Carroll, qui se passe pendant la guerre civile espagnole, l'un des rares films hollywoodiens consacrés à cette catastrophe où sombra la démocratie, et qui fut boycotté par les patriotes américains alors que sa défense du clan républicain était passablement équivoque. Wanger donnait l'image d'un homme sérieux et bien élevé, mais il était avant tout un producteur de cinéma, un homme qui avait connu le Hollywood d'autrefois et avait tué l'amant de sa femme d'un coup de feu, si je me souvenais bien de ce qu'on disait dans la presse.

Outre son côté philosophique, *la Chute* parle des difficultés avec les femmes, même si ce thème est occulté par les réflexions éthiques du narrateur masculin, qui se demande notamment si un homme a le droit d'en juger un autre alors qu'il a commis l'iniquité de ne pas répondre à l'appel à l'aide d'un étranger. L'antihéros, qui se présente comme un « juge-pénitent », est hanté par le souvenir d'une jeune fille qu'il a vue sauter du haut d'un pont dans la rivière, et qu'il n'a pas essayé de sauver.

C'est une histoire magnifiquement ciselée, mais je me demandais si la conclusion entendait vraiment dépasser ce constat d'indifférence à un appel au secours. Ne pouvait-on imaginer que l'homme, risquant sa propre vie, ait essayé de la sauver pour découvrir ensuite que la clef de son salut, à elle, ne se trouvait pas en lui, mais en elle-même ? Ou pire encore peut-être, qu'il entrait autant de vanité que d'amour dans sa tentative de sauvetage ? Est-ce qu'en se camouflant, l'amour de soi annulait l'acte moral ? Pouvait-on prétendre en toute sincérité sauver quelqu'un qui ne souhaitait pas l'être ? La question réelle n'était-elle pas, comment susciter ce souhait ? Et si la question n'était pas posée, où se situait l'échec ? Etait-il justifié, ou pouvait-il l'être ? *La Chute* se terminait trop tôt, à mon avis, le pire de la souffrance était encore à venir.

Finalement, le suicide pouvait ne pas exprimer uniquement la déception d'un être à l'égard de soi-même mais aussi la haine d'autrui. La coutume chinoise veut que le suicidé se pende dans l'embrasure de la porte de celui qui l'a offensé, acte évident de représailles contre les autres autant que d'autodestruction. La coutume chrétienne interdit que l'on enterre le suicidé en terre sanctifiée. Est-ce parce qu'il est mort dans la haine, non seulement de lui-même mais de Dieu et du don que Dieu lui a fait de la vie ?

Son sommeil n'était pas un sommeil mais la pulsation d'une créature épuisée luttant contre un démon. Quel était-il ? Elle ne pouvait, semble-t-il, comprendre qu'une chose : qu'elle avait été sacrifiée, trahie par les autres, qu'elle n'était qu'un simple passager dans sa propre vie. Mais elle en était aussi le conducteur, comme tout le monde, et comment aurait-il pu en être autrement ? Je la soupçonnais de le savoir mais de n'être pas capable de me l'avouer. C'est pourquoi je lui étais maintenant inutile, au mieux quelqu'un qui l'irritait. L'ironie voulait qu'en refusant d'admettre sa vie telle qu'elle était, en essayant de l'en guérir, je l'avais renforcée dans l'idée qu'elle était une victime innocente. J'avais rejeté les horreurs qu'elle avait vécues, nié le pouvoir qu'elles exerçaient sur elle, mais c'est elle qui se considérait comme rejetée. Seul un acte de grâce sublime serait capable de transcender cela. Et il n'y en avait pas. Tout ce qu'elle pouvait faire était de continuer à défendre son innocence en laquelle pourtant, au fond de son cœur, elle ne croyait pas. L'innocence tue.

Huston prit le taureau par les cornes, et organisa le transport de Marilyn dans un hôpital privé de Los Angeles où elle se déshabituerait des barbituriques avec le secours de son analyste. Dix jours après, elle était de retour – son incroyable résistance me paraissait maintenant presque héroïque – l'air merveilleusement maîtresse d'elle-même, quoique ses yeux n'eussent pas encore recouvré leur brillant. Cela aussi reviendrait sans doute, à condition qu'elle ne touche plus aux somnifères. Des journées de travail assidu se succédaient dorénavant, et nous nous parlions à nouveau. Si elle me considérait avec un certain éloignement, du moins n'était-ce plus avec une rancœur évidente. Sans le dire explicitement, nous savions tous deux que nous nous étions effectivement séparés, et je pensais qu'elle avait été libérée d'un poids, et de cela, en tout cas, je me réjouissais.

La dernière prise correspondait à la scène de dénouement du film. Langland arrête le camion de façon que Roslyn puisse détacher son chien que l'on avait tenu à l'écart pendant que les chevaux sauvages étaient rassemblés. On tournait en studio, à Los Angeles. Le film d'une piste dans le désert défilait derrière la vitre arrière du camion et s'arrêtait quand Marilyn sautait à terre pour aller vers le chien. Gable était supposé la regarder avec des yeux que l'amour envahissait de plus en plus, mais de là où je me trouvais, à trois mètres à peine de lui, je ne remarquai qu'une infime modification de son expression.

« Coupez ! Excellent ! Merci, Clark, merci, Marilyn ! » Huston parlait désormais sur le ton d'un homme d'affaires, repoussant tout coup d'œil sentimental en arrière. Sans s'attarder, il annonça qu'il devait partir travailler avec le monteur du film. Je demandai à Gable s'il pensait avoir mis suffisamment d'expression dans la dernière prise. Cela le surprit. « Il faut que vous regardiez les yeux. C'est là-haut que se passe le jeu, au cinéma – il dessina du doigt un rectangle autour de ses yeux. Vous ne pouvez pas en faire trop parce que c'est multiplié par plusieurs fois cent, sur l'écran. » Il s'avéra qu'il avait raison, comme je le constatai avec soulagement en regardant les *rushes* de la scène. Il avait simplement intensifié un regard affectueux, que l'on ne pouvait détecter à quelques mètres.

Ensuite, au moment de se dire au revoir, il m'avoua qu'il avait regardé un pré-montage la nuit précédente, et qu'il pensait avoir tourné, avec les *Misfits*, le meilleur film de sa vie. Il souriait comme un adolescent, me serrant la main et me prenant affectueusement par l'épaule, avec dans les yeux une excitation que je ne lui avais jamais connue. Un de ses amis l'attendait, qui devait le conduire dans le nord pour passer une semaine à pêcher et chasser. Nous nous regardâmes un instant avec un sentiment de soulagement, peut-être même d'absolue satisfaction, puis il se détourna et monta dans un gros break Chrysler. Il était parti. Quatre jours plus tard, il mourut brutalement d'une crise cardiaque.

Pendant que sa voiture s'éloignait, je cherchai Marilyn du regard et repérai une limousine marron, à l'intérieur de laquelle se tenait Paula, les yeux fixés droit devant elle et, à mon avis, cherchant à m'éviter. Une bienheureuse indifférence m'envahissait, me rendant insensible la séparation d'avec ce que j'avais perdu. Pour ce que j'en savais, Paula avait peut-être fait de son mieux pour empêcher que les choses n'empirent encore davantage.

Marilyn sortit de l'immeuble au moment où j'ouvrais la porte de ma voiture, d'une démarche si alerte, et avec une telle gaieté sur le visage et dans l'attitude que je me demandai une fois encore si je n'avais pas surestimé ses difficultés. Après tout, elle avait souffert de la même façon pour chacun de ses trois ou quatre derniers films. Peut-être avait-elle besoin de cette colère, de ces efforts terribles, et mon tort avait-il été, également, de m'en sentir coupable. « Les hommes aiment les filles gaies. » Toujours est-il que nous partions dans des voitures différentes, ce que je ne fus pas loin de trouver drôle.

Restait qu'à mon avis, elle ne pouvait se débarrasser de la malédiction maternelle. Maintenant qu'elle prenait au sérieux son métier d'actrice, elle affirmait sa valeur à travers son art, or cela était interdit, coupable. Seul un conflit de cet ordre avait pu la torturer à ce point dans ce rôle à travers lequel, elle s'affirmait enfin comme une femme pleine de dignité.

Je descendis Sunset Boulevard au volant du tas de ferraille verte et cliquetante que j'avais loué et qui me plaisait parce que personne ne se retournait jamais pour voir qui le conduisait. Je dépassai un restaurant et me souvins qu'à l'époque du *Milliardaire*, nous avions décidé d'y aller dîner, sur un coup de tête, plutôt que d'avaler encore la banale nourriture que l'on nous servait à l'hôtel. Nous étions arrivés camouflés – elle avec des lunettes noires et un foulard, moi sans lunettes – et, n'ayant pas réservé, nous n'avions pu obtenir une table. Indigné, j'avais envisagé un instant de remettre mes lunettes et de lui faire ôter les siennes. Cela nous fit beaucoup rire un peu plus tard mais il y avait quelque chose, dans cet incident, qui ne l'amusait pas. En passant à nouveau devant cet endroit je me souvins que j'avais éprouvé le sentiment d'un affront tout en me rendant compte que j'en étais arrivé insensiblement à compter sur le pouvoir que confère la notoriété pour parvenir à mes fins. Quel soulagement de me retrouver aujourd'hui au volant de cette petite voiture anonyme et misérable...

Quelques rues plus loin, je m'arrêtai à un feu rouge et la limousine marron vint à ma hauteur. Les deux femmes regardaient droit devant elles, Paula parlant comme toujours avec animation, et il me vint à l'esprit que ma vieille tendance à vouloir nouer des liens de camaraderie avait une fois de plus faussé mon point de vue. J'avais toujours senti un pincement au cœur lorsqu'on cessait de jouer une de mes pièces et que les acteurs partaient chacun de son côté.

Un long tournage comme celui des *Misfits* fait penser à une marche quotidienne dans une cour entre de hauts murs. Il m'était parfois difficile de me rappeler si cela faisait deux ou trois ans que j'avais commencé à écrire le scénario. Et puis soudain, la grande grille s'ouvre et dehors, il y a le monde, délicieux et lumineux. Je remontai jusqu'à San Francisco où je ne connaissais personne – sensation agréable, nouveau départ. Mais déroutant. C'était le début des années soixante. Au « hungry i », le premier cabaret politique où j'entrais depuis le *Café Society* à la fin des années trente, l'humour mordant de Mort Sahl appartenait à un monde que je n'avais jamais connu, et le public, des jeunes, était un rassemblement fortuit d'individus sans complexes et bien propres. J'avais l'impression que jadis, nous formions une sorte de communauté d'étrangers, probablement parce que alors nous étions unis contre la menace d'Hitler alors qu'eux, ils attendaient simplement Godot. Je suspectais néanmoins ces attitudes d'être des mythes inventés par la nouvelle génération pour nous rassurer sur notre époque, comme la pieuvre noircit de son encre l'eau environnante.

Eisenhower alors, Kennedy maintenant. Très étrange. J'allais d'un endroit à l'autre, ravi de n'être impliqué dans rien, me trouvant même sans maison pour la première fois depuis des années. C'était une bonne ville pour se promener, plus sécurisante que New York, mais les endroits inconnus, en Amérique, paraissent toujours plus sûrs que ceux que l'on connaît.

J'avais l'impression que j'allais m'en sortir, mais de temps en temps je m'inquiétais de ce qu'il adviendrait de Marilyn entre des mains étrangères. Je commençais à voir que, dans mon idée, tout le monde sauf moi avait été un étranger pour elle – elle était restée avec moi beaucoup plus longtemps qu'avec qui que ce soit d'autre, au cours de sa vie – et j'éprouvai quelque gêne d'avoir été si présomptueux et égoïste. Elle s'était tellement efforcée de donner mais avait trouvé si irréel de recevoir, tout comme moi. Comprenant lentement, au fil des jours, qu'elle avait toujours su comment survivre, je m'offris le luxe du détachement. J'envisageai d'aller vivre, peut-être même cultiver la terre, si je l'osais, dans la maison du Connecticut.

Il y avait des moments très sombres où soudain, je ne la croyais plus capable de survivre seule. Mais vingt fois par jour, la certitude de lui être inutile s'opposait à cette crainte et la dissipait. Voilà ce qu'il me fallait apprendre, admettre qu'elle remonterait à la surface et y resterait. J'évacuai tout ceci de mon esprit – ce n'étaient plus mes affaires, on se sauve tout seul, personne ne le fera pour vous, personne n'en est capable. Mais je ne pouvais m'empêcher d'y penser. Je me demandais encore si l'analyse était ce qu'il lui fallait. Son médecin était-il informé du danger mortel qu'elle courait avec les somnifères ? Peut-être était-il rassuré en la voyant arriver chez lui telle une collégienne bien nourrie, quelques heures après avoir échappé aux griffes de la mort ? Son incroyable résistance physique, la comprenait-il ? Même son énergie luttait contre elle.

Je redescendis en voiture jusqu'à Los Angeles, me demandant quel instinct avait poussé les premiers cinéastes à choisir cette région artificiellement verdoyante pour établir leur industrie, un désert qu'il avait fallu arroser, une imposture dès le départ, et cela me rappela la Fox demandant à mon père d'y investir des fonds. Cela n'avait jamais été autre chose qu'une machine à faire de l'argent. Qu'est-ce qui incitait les gens à espérer encore qu'il pouvait en sortir quelque chose de plus sublime ?

On frappa à ma porte dans mon hôtel de Hollywood. Une jeune femme d'une vingtaine d'années se tenait dans l'entrée, strictement vêtue d'une jupe écossaise et d'un chemisier, assez jolie imitation de collégienne à la bouche molle et affaissée.

– Vous auriez de l'encre ?

Le regard énergique qui plonge dans le mien. Quelle manière ingénieuse et touchante de me dire qu'elle m'a reconnu et sait que je suis seul.

– De l'encre ?

– Oui, je voudrais écrire quelque chose.

– En fait, non. Mais je peux vous prêter un stylo à bille.

– Non, je n'écris qu'avec un vrai stylo.

– Ah ! Vous êtes écrivain ?

La glace est mince. Ses joues ont rosi.

– A vrai dire, je commence. J'essaie d'apprendre.

Faible sourire.

– Bien. Je serais content de vous passer un stylo à bille.

– Merci. C'est vraiment de l'encre que je voulais.

– Désolé.

– Cela ne fait rien.

Elle s'en alla, un peu moins sûre d'elle qu'à son arrivée.

Par la fenêtre je regardai la piscine, huit étages plus bas. Une jeune femme nageait le crawl. Elle se glissa hors de l'eau et se sécha au soleil, se penchant vers l'avant pour tapoter ses cheveux. Elle avait de fortes cuisses et de larges fesses. La femme, cette espèce adulée, torturée. Quand j'étais jeune, j'avais toujours senti qu'on ne cessait de leur mentir, pourquoi ne le savaient-elles pas ?

Je me rendis jusqu'à la plage, mais une brise fraîche

soufflait et il n'y avait pas grand monde. Il se dégageait toujours un sentiment d'oisiveté, voire de désespoir, de ce Pacifique paresseux, très différent de l'Atlantique incisif, froid et plus salé, si coléreux et plein d'idées. Une fille sortit de la mer, tenant en laisse un terre-neuve. « Il y a un million de jolies filles », m'avait-elle dit un jour alors que je m'extasiais de la voir dans sa nouvelle jupe bleu marine. Elle voulait tout, mais chaque chose en contredisait une autre. L'admiration que l'on avait pour son physique lui semblait une dévalorisation de sa personnalité mais en même temps, elle s'inquiétait lorsqu'on ne la remarquait pas.

J'ôtai mes chaussures et marchai dans les ruisselets d'eau tiède qui lavaient doucement la plage. On ne m'attendait nulle part le lendemain, et quelque chose me poussait pourtant à me dépêcher et à rattraper le temps perdu. Mais perdu au détriment de quoi ? Qui retrouve le temps perdu ? Le temps n'est jamais perdu, nous l'abandonnons, nous nous en débarrassons, mais seul le caractère compte et je n'avais pas voulu me réprimer davantage, voilà tout. Je ne l'avais pas fait, point. Il me fallait dorénavant lutter contre une inertie interne, me ressaisir en laissant éclater mon énergie, en m'ouvrant à tout plutôt qu'en restant centré sur une cible qui n'était plus là.

Il n'était pas vraiment possible de se comprendre soi-même, encore moins un autre être humain. Seule l'ironie était sûre. Le soleil couchant et fraîchissant que je contemplais était en train de se lever ailleurs, tout chaud et nouveau.

Quelqu'un avait-il jamais eu l'impression d'appartenir à cet endroit ? Je me rappelais avec étonnement qu'elle était née ici. Ne serait-ce que pour cela, je ne la comprendrais jamais – elle estimait que cette ville était réelle, et non une apparition récemment matérialisée à partir de rien.

Par un soleil se couchant sur le même genre de soirée : « Ils ont dit que nous allions faire un tour en voiture, mais quand nous en sommes sortis et que j'ai vu que c'était l'orphelinat, je me suis cramponnée à la porte et j'ai répété en hurlant : " Je ne suis pas une orpheline, je ne suis pas une orpheline! " Ils ont dû m'ouvrir les doigts de force pour pouvoir me pousser à l'intérieur. Et m'y laisser. » Elle avait appris à se moquer des pauvres gens qui l'avaient abandonnée.

Je regagnai ma voiture et m'assis pour frotter le sable qui collait à mes pieds. Le refroidissement rapide des soirées californiennes, semblable à la porte d'un réfrigérateur que l'on ouvre dans une pièce chaude. Sa première nuit d'orphelinat avait dû tarir sa joie de vivre, c'est là qu'elle était morte au fond d'elle. Car elle avait une mère, et un père aussi, bien que ni l'un ni l'autre ne fussent à la maison. Elle avait des racines et une personnalité reconnaissable. Ainsi donc, peu importait ce que vous étiez réellement, vous pouviez être jetée à la poubelle dans l'arrière-cour, à cause de ce qu'un étranger avait dit de vous, vous pouviez vous perdre dans le regard mortel qu'il vous jetait. Aussi valait-il mieux être gentille avec lui, ou avoir l'air gentille et chanter l'hymne des orphelines, le charme c'est la vie.

Son cri de détresse signifiait-il qu'elle savait qu'elle avait un vrai père, et même qu'il était marié à sa mère, bien qu'ils se soient séparés? Etait-ce sa mère, lors d'un de ses terribles retours d'hôpital, qui avait lancé l'idée du père inconnu, beau et riche, qui avait refusé de la reconnaître? Accablée par le péché, écrasée par la religion, la pauvre femme avait-elle inventé cette histoire d'illégitimité, avec la malédiction pour conséquence, ce qui l'avait incitée à ce meurtre : arracher le fer de son propre cœur pour le planter dans les rêves de sa fille? Où il continuerait de vivre.

Ben Hecht avait été le premier à s'emparer de cette notion d'enfant abandonnée et à s'en servir, mais elle n'avait jamais su clairement préciser si elle souhaitait être considérée comme une véritable orpheline ou seulement comme une enfant momentanément confiée à un orphelinat. Peut-être y avait-il toujours eu la même confusion chez elle que chez sa mère, sur le point de savoir qui était, ou qui n'était pas le père; mais une seule chose en ressortait clairement, c'est que l'illégitimité, c'est le péché, et que le péché vous ôte toute valeur. Hecht devait avoir senti cette fascination, car si vous étiez à ce point sans valeur et si proche de l'innocence du nouveau-né, soit vous étiez un objet sexuel sans défense, soit, à vous de décider, un esprit libre qui ne doit rendre compte de ses actions à personne.

Il en résultait une contradiction : jusqu'à la fin, elle crierait qu'elle avait une adresse et des racines et une personnalité, qu'elle n'était absolument pas une orpheline sans défense et n'acceptait pas le mépris que les gens ainsi rejetés croient avoir reçu en héritage; et en même temps, elle était telle qu'on la désirait, une bombe sexuelle et charmeuse sans domicile fixe. Laquelle être? Le choix n'aurait pas été bien difficile, si une partie d'elle-même ne s'était pas souciée si désespérément de l'utilité de la vie.

Dans l'avion qui me ramenait à New York, ayant éliminé les *Misfits* de ma vie, je me raidis lorsqu'un gros homme d'une soixantaine d'années qui descendait l'allée vers les toilettes s'arrêta en me voyant et dit :

– Seriez pas...

– Je sais, mais ce n'est pas moi. Je lui ressemble, mais ce n'est pas moi.

– Morris Green?

– Non.

Mais je ne pus m'en empêcher.

– Qui est Morris Green?

– Qui est Morris Green! (Comme si c'était Bob Hope!) Morris *Green*, de Poughkeepsie. La quincaillerie Green!

– Ah, bon! Non, vraiment, ce n'est pas moi.

– Je l'aurais pourtant juré. Excusez-moi, dit-il en

poursuivant son chemin et en bousculant mon bras sur l'accoudoir.

Je faisais partie du décor, Dieu merci, me fondant rapidement dans le fleuve de visages qui se déverse dans l'étroite vallée américaine.

VIII

NOUS nous sommes rencontrés pour la première fois à Reno, où elle était venue avec Henri Cartier-Bresson pour prendre des photos du tournage. Il doit y avoir bien peu de films qui aient attiré autant de journalistes que les *Misfits*, et ils étaient les derniers d'une bande de photographes de Magnum qui s'étaient relayés au cours des mois de tournage. Marilyn l'avait tout de suite aimée, appréciant sa gentillesse respectueuse et son absence d'agressivité, fait remarquable chez une photographe. Elle avait un faible pour les photos qu'Inge avait prises d'elle, y percevant une affection authentique.

J'entrai au bar du Mapes et trouvai John Huston attablé et hurlant de rire avec une photographe, une jeune femme mince et d'allure aristocratique, aux cheveux coupés à la Jeanne d'Arc et à l'accent européen, qui paraissait tout à la fois forte et timide. Je remarquai la coupe de cheveux, les yeux bleus transparents qui me parurent dissimuler une sensibilité complexe, mais j'étais préoccupé par la fin du film, tout avait échappé à notre contrôle, et ce qui fut dit à cette table ne m'est resté que très vaguement en mémoire. Qu'Inge et moi soyons mariés depuis plus de vingt-cinq ans au moment où j'écris ces lignes est une chose que j'aurais été incapable de croire ce jour-là. Comment accorder notre quart de siècle ensemble, la meilleure partie de ma vie, avec ma ferme résolution de ne jamais me remarier, et sûrement pas une troisième fois ! On peut, la plupart du temps, se rappeler les convictions passées, mais elles sont aussi difficiles à revivre que l'avenir est difficile à connaître. J'étais persuadé que cela ne m'arriverait jamais plus, et pourtant c'est arrivé et cela a duré des jours, puis des semaines et des mois, ce besoin de tendre la main et de trouver la même personne, de s'appuyer sur quelqu'un qui s'appuie sur vous. Une cinquantaine d'années plus tôt, en Autriche catholique, ses parents s'étaient convertis au protestantisme afin de pouvoir divorcer légalement si la nécessité s'en présentait. Un mariage doit durer ce qu'il dure, estimait-elle. Aussi nous sommes-nous mariés sans grandes prétentions, voulant néanmoins croire en notre avenir. C'était du permanent-temporaire, et cela le resta, à notre surprise, un roseau qu'il fallait admirer et non courber avec insouciance. Le mariage est après tout une entreprise de pardon mutuel, or elle savait qu'il lui faudrait ne pas lésiner sur ce point.

Je n'eus cependant qu'un bref aperçu d'Inge Morath cette fois-là. Nous ne devions échanger que quelques mots jusqu'au jour où à New York, plusieurs mois après, nous devînmes amis. Bien que nettement plus jeune que Cartier-Bresson, elle avait été pour lui à Paris, pendant des années, une sorte de conscience éditoriale et venait d'accepter de sillonner le pays avec lui en voiture dans l'espoir de découvrir la véritable Amérique. Ils avaient cherché en vain quelque chose à manger entre New York et Reno. Elle, une Autrichienne ayant longtemps habité la France et lui, un Français, s'étaient lancés avec la certitude qu'ils trouveraient en route une merveilleuse cuisine provinciale et leurs chemins ne les avaient menés qu'à des hamburgers. Par chance, il avait emporté un petit serpentin électrique qui permettait de chauffer de l'eau dans une tasse et ils avaient pratiquement survécu avec du thé et quelques feuilles de salade.

Huston devait m'expliquer par la suite pourquoi ils s'amusaient tellement dans le bar, ce jour-là. Elle avait couvert le tournage de *The Unforgiven (le Vent de la plaine)*, un film qu'il avait réalisé dans l'arrière-pays mexicain juste avant de faire les *Misfits*. Elle travaillait à l'époque pour *Paris-Match* et pour *Life*. La vedette du film était Audie Murphy, ce soldat de la Seconde Guerre mondiale devenu acteur, le héros le plus décoré d'Amérique, qui avait tué à lui seul des quantités d'Allemands. Un matin où John et quelques amis tiraient des canards sur la rive d'un gigantesque lac, Inge, que Huston obligeait à s'asseoir juste derrière lui pour photographier ses victimes tombant du ciel, en eut assez du bruit et de recevoir des douilles sur son dos et sur son nouveau téléobjectif. Elle partit se promener de son côté. Deux taches minuscules, là-bas sur l'eau, qui paraissaient se débattre frénétiquement, l'incitèrent à regarder à travers son objectif et elle crut voir quelqu'un en difficulté près d'un bateau. Elle appela les chasseurs, qui refusèrent de s'inquiéter, sachant qu'il s'agissait d'Audie et du pilote de l'avion du studio, une paire de machos qui pouvaient survivre à n'importe quoi. Mais elle voyait deux hommes en détresse. Au bout de quelques minutes, elle enleva ses vêtements et se glissa dans le lac glacé en slip et soutien-gorge, nageant pendant près d'un kilomètre avant de trouver Murphy battant désespérément des bras, à la limite de l'épuisement total, trop affaibli pour monter à bord du bateau d'où il était tombé. Le pilote, qui ne savait pas davantage nager, était devenu hystérique et n'arrivait pas à le hisser à bord du bateau. Elle demanda à Murphy de se tenir à la bretelle de son soutien-gorge et le remorqua jusqu'au rivage. Cela dura longtemps, sans que pour autant les chasseurs cessent de tirer. Arrivée à bout de souffle, elle se tourna vers eux et les traita de salauds. Et à Reno, quelques mois plus tard, Huston éclata de rire, enchanté de la revoir, manifestant à cette belle jeune femme le respect particulier qu'il réservait aux gens qui ont regardé la mort en face. Pour exprimer sa reconnaissance, Murphy lui avait offert son bien le plus précieux, une montre qu'il n'avait pas quittée pendant toute la guerre, un chronomètre qu'elle portait toujours. L'autre objet bien-aimé de Murphy était un revolver qu'il gardait sous son oreiller et avec lequel il arrosait parfois sa toile de tente, quand il se réveillait d'un de ses cauchemars.

A New York, où elle résidait momentanément entre deux reportages, Cartier-Bresson et Gjon Mili – un autre très grand photographe, mais fort différent – se livraient une étonnante guerre d'endurance pour se prévaloir du titre de parrain d'Inge, en photographie tout au moins. La question principale du moment était de savoir si elle devait utiliser un trépied. Mili affirmait que c'était absolument indispensable, Cartier-Bresson jurait qu'elle ne le devait en aucun cas, tout ceci en français, sous la neige, montant et descendant la Sixième Avenue ou dans le grand studio que Mili occupait dans la 23e Rue; parfois, on croyait vraiment que l'affrontement allait devenir violent. Au milieu de quoi elle composait des variations sur le thème : « Oh, mon Dieu! Arrêtez, arrêtez, arrêtez! » mais ce qu'elle avait à dire était bien entendu d'une importance médiocre au regard de la domination qu'ils s'efforçaient d'acquérir sur elle. Ils étaient des professionnels, certes, mais pas du tout blasés. Une grande pureté se dégageait de leur fanatisme; malgré leur égocentrisme, ils étaient innocents parce que totalement concernés. J'aurais voulu pouvoir redevenir ainsi. « *Moi, je déteste... moi, j'adore... moi, je...*[1] » – ils ne cessaient de déplacer des morceaux du monde pour pouvoir y faire leur place, persuadés que leur opinion était d'une importance déterminante pour la condition humaine. Moi qui arrivais de Hollywood, je trouvais cela rafraîchissant, car rien n'y était à vendre, ce n'était que leur besoin de faire du zèle. Une fois, Cartier s'emporta tellement qu'il sortit son couteau de poche. Ils étaient insupportables, mais ils s'aimaient beaucoup, et elle était ravie d'être leur bon sens. Lorsqu'elle réussissait une photo magnifique, chacun s'en servait comme preuve de

1. En français dans le texte.

tout ce qu'il avait essayé de lui apprendre, en dépit de l'autre.

Gjon Mili était grand, avec une moustache tombante sous un long nez bulbeux d'Europe de l'Est, et il se faisait couper les cheveux par Sammy, un autre Albanais immariable qui s'occupait des affaires courantes de Mili et, à en juger par cette coupe de cheveux, avait souvent la tête ailleurs. En dehors du matériel photographique, Gjon n'achetait jamais rien et il pouvait grignoter toute la semaine le même morceau de fromage et de pain rassis. Une chèvre montagnarde. *Life* lui accorda un bureau d'une pièce dans son immeuble après l'incendie de son studio, catastrophe considérable quand on pense aux milliers de photos, aux cadeaux, vieux chapeaux et lettres de Picasso et autres personnalités des cinquante dernières années, qu'il abritait. Il adorait la danse folklorique et se rendait chaque semaine dans le bas de Broadway pour sautiller avec un tas d'autres Albanais dont la plupart lui arrivaient à peine à la poitrine. Tout lui était merveilleux. Il ressemblait un peu à Saroyan, avant tout homme sans attaches avec un grand appétit d'amitié et de solitude, qui ne savait pas ce que valait un dollar; bien qu'il prétendît être un habile négociateur, cela ne l'intéressait pas vraiment. A la fin de sa vie, une vingtaine d'années plus tard, il se mit à beaucoup parler de sa mère, dont l'approbation lui était encore nécessaire. A plus de soixante-dix ans, il recherchait encore le succès en Amérique pour qu'elle, à plus de quatre-vingt-dix ans, pût parader là-haut dans ces montagnes isolées d'Albanie.

Cartier-Bresson appartenait à une autre planète. Normand de bonne famille, il avait beaucoup lu, était toujours parfaitement rasé et s'habillait un peu à l'anglaise, avec de belles vestes de tweed aux couleurs passées. Il avait été prisonnier des Allemands pendant la guerre et avait réussi à s'évader à sa troisième tentative. Depuis, il n'avait pour ainsi dire cessé de voyager. La Chine, l'Union soviétique, l'Afrique, l'Inde, son Leica avait donné du piquant à ce monde silencieux. Comme Inge et Gjon, il aimait la peinture, mais aussi, contrairement à elle, la politique.

Ces trois-là ne pouvaient pas, ou ne voulaient pas être rattachés à la génération montante, incapables de comprendre que, d'une certaine et mystérieuse manière, la photographie est le prolongement dans la prophétie. L'ennemi, c'est toujours l'indifférence, et à travers elle tous les déguisements que prend la vulgarité. J'appréciais la vision à long terme qu'Inge avait sur toute chose, qui lui permettait d'être à la fois impliquée, mais pas engagée, dans les derniers événements.

Ce qui m'étonnait constamment c'était son quant-à-soi. « Je suis snob », me dit-elle un jour, signifiant par là qu'elle ne se tiendrait jamais au milieu d'une foule mais à sa circonférence, pour avoir une vue d'ensemble. Pour la remercier de ses photographies et parce qu'elle parlait l'espagnol comme une Espagnole et le contredisait quand elle en avait envie, Balenciaga lui avait offert un large chapeau gris et un ample manteau du même gris, ainsi qu'une flopée d'autres vêtements. Elevée comme elle l'avait été, en Allemagne nazie et son faux populisme, elle se méfiait des discours sentimentaux sur la générosité humaine. Ayant refusé d'adhérer à l'organisation des étudiants nazis, elle s'était retrouvée à l'assemblage des pièces détachées d'avion sur l'aéroport Tempelhof de Berlin, à une époque où il était la cible de bombardements quotidiens, travaillant aux côtés de femmes ukrainiennes dont personne ne regrettait la disparition.

Un an après notre rencontre, nous traversions le Rhin à bord d'un petit ferry quand elle fut soudain abordée par un homme courtois, élégant dans son manteau de tweed, et coiffé d'un chapeau de feutre. J'étais accoudé au bastingage, contemplant la côte, et en me retournant, je le vis s'incliner légèrement avec un sourire onctueux et figé. Dans la voiture, en sortant du bateau, Inge m'expliqua qu'il lui avait demandé si elle pouvait l'aider à trouver un éditeur pour un livre qu'il écrivait.

– C'est l'homme qui m'a envoyé à Tempelhof.

– Il a essayé de te tuer.

– Oui, tu peux dire les choses ainsi, dit-elle en blêmissant.

Nous prîmes une route de montagne et nous arrêtâmes devant un château dominant le Rhin. Majestueux. Un jour, Heine s'était tenu là. L'avant-garde avait sans doute raison : le passé avait peut-être été éradiqué. Pourtant, il me fallait chercher une continuité. Quelqu'un devait expliquer tout ceci de façon que les gens puissent comprendre, et ne pas recommencer, or, l'avant-garde s'adressait essentiellement à ses adeptes, me semblait-il. D'un autre côté, aucun réalisme traditionnel ne pouvait rendre compte de ce meurtre-au-nom-de-la-civilisation.

Cet homme d'apparence tout à fait ordinaire demandait poliment si elle pouvait l'aider à trouver un éditeur, tous deux se tenant face au vent sur le minuscule pont du ferry – il ne contenait que quatre voitures et quelques passagers, un petit ferry idyllique à l'ombre de cet orgueilleux château, avec son donjon crénelé du haut duquel un baron au ventre ballonné de bière avait autrefois donné l'ordre de canonner les bateaux qui refusaient de s'arrêter et de payer le droit de passage. C'était une manière normale de gagner sa vie, en ce temps-là, dit-on. Si vous étiez maître d'un château, c'était ce que vous faisiez, et vous apparteniez à l'aristocratie, vous aviez des armoiries et de la fierté.

J'aurais été un des types sur le bateau, ceux sur lesquels on tirait, pas un de ceux qui tiraient. La façon dont les juifs voient les choses est parfois irritante.

Nous redescendîmes de la montagne. Le Rhin peut être effrayant, si on veut bien y penser. Mais il en est ainsi de tout. « Ne pensez jamais trop longtemps à une même chose », disait en 1935 le vieux professeur Pillsbury, qui sous peu allait se trouver prisonnier à l'intérieur de son propre cerveau, essayant d'en sortir et de rejoindre le monde. Aussi, nous descendîmes de la montagne et parlâmes d'autre chose que de l'homme du ferry. Je commençais tout doucement à comprendre pourquoi elle se qualifiait de snob.

Johnny Langenegger, mon chauffeur et ingénieur du son, avait conduit avec précaution la fourgonnette Chevrolet verte toute neuve – année 1940 – le long de la piste que l'on devinait à peine entre les sapins dont les branches éraflaient le toit du véhicule gouvernemental. Soudain, nous nous trouvâmes au bord d'une falaise verticale de granit qui descendait jusqu'à une plate-forme de quinze cents mètres de large, dix étages plus bas. Nous pouvions voir de toutes petites taches mobiles, les hommes qui travaillaient à la carrière. L'air sentait la résine, une odeur d'oranges trop mûres.

Johnny avait le crâne rasé de près. Il essayait de se faire enrôler dans les marines pour la grande guerre qu'il affirmait imminente, pour 1941 au plus tard, et ne voulait pas être incorporé dans l'armée de terre. Nous étions assis dans la camionnette, nous demandant comment faire pour rejoindre les hommes dans la carrière, à qui je demanderais de parler dans le micro qui était relié à l'immense magnétophone installé à l'arrière. Mon travail consistait à recueillir des échantillons de dialecte pour B.A. Botkin, du département « folklore » de la bibliothèque du Congrès, et cela faisait dix jours que nous circulions à travers la Caroline du Nord, parlant avec toutes sortes de gens. Il était étonnant de voir à quel point les façons de s'exprimer pouvaient varier d'un kilomètre à l'autre, dans ces régions de forêt, et l'on m'avait dit que les gens des carrières avaient un langage tout à fait particulier. J'avais obtenu cet emploi grâce à mon ami Joe Liss, qui travaillait au département radio de la bibliothèque. Sorti de l'université depuis à peine deux ans, et le Congrès ayant dissous le WPA Theatre Project, je n'avais pas encore réussi à obtenir d'emploi régulier auprès d'une station de radio commerciale, et mes deux Hopwood Awards ne signifiaient plus rien, ni pour moi ni pour quiconque.

« Pourquoi n'essayons-nous pas de regagner la route normale et de voir si elle mène à un bureau, ou à quelque chose de ce genre. Il doit bien y avoir un moyen de descendre jusque-là », dis-je à Johnny. Il se tourna vers moi, les yeux écarquillés, la bouche ouverte. Je regardai à mon tour : derrière ma vitre, le canon octogonal d'un fusil oscillait de droite à gauche. A l'autre bout, il y avait le visage rougeaud d'un vieil homme en chemise de toile et salopette. Il était assis au volant d'un camion – comme c'était étrange et magique qu'il ait pu arriver là sans que nous l'entendions – avec à ses côtés, une femme osseuse qui lui tenait le bras droit en disant quelque chose, l'air à la fois furieuse et terrifiée.

Le vieil homme au visage rougeaud parlait en retroussant les lèvres au-dessus de gigantesques fausses dents chevalines. La femme continuait de le tirer par le bras, en criant son nom, quelque chose comme Martin, ou peut-être Carter.

« Sortez de là, espèces de salauds de juifs, ou je fais sauter vos sales têtes ! » Il ôta le cran de sécurité, et mon front alla heurter le pare-brise quand Johnny passa brusquement la marche arrière, s'engageant à reculons dans le sentier de terre à au moins trente à l'heure.

L'homme avait vu l'insigne fédéral doré indiquant « Gouvernement des Etats-Unis » sur la porte de la camionnette, autrement dit Roosevelt, nom qui devenait Rosenfeld dans certains lieux comme celui-ci, et nous étions tous des juifs qui allions mélanger les races, mettre les Noirs dans le lit des Blanches et ainsi de suite, car c'était bien cela qu'ils voulaient, les juifs, détruire les chrétiens, etc. Il se pouvait aussi qu'il eût entendu dire que j'étais allé en ville interviewer des Noirs qui ne savaient plus où aller, après leur licenciement du chantier naval dont ils venaient juste de terminer la construction.

Je gardai ancrée dans mon cerveau l'image de ce canon de fusil, comme si j'avais regardé en face une lumière si vive qu'elle pouvait vous aveugler. Je le revoyais encore, ce trou d'acier noir, en descendant de la montagne vers le Rhin. Ce n'était pas une bonne solution que de dire simplement, le passé n'existe plus. Mais pourquoi paraissait-il n'avoir aucun lien particulier avec le présent, et qui étais-je maintenant ? L'annulation du passé, c'est ce qui marqua pour moi le début des années soixante, cet immense et déconcertant lessivage de tout ce qui s'était produit auparavant.

Inge et moi marchions le long de Madison vers le Waldorf-Astoria. Elle était sur le point de partir pour quelque montagne d'Argentine, où elle devait couvrir le tournage d'un film de Yul Brynner. Elle avait photographié avec lui des réfugiés en Afrique du Nord, quelques années plus tôt, pour le compte des Nations unies.

Nous marchions vite. L'hiver soufflait sur New York, donnant aux boutiques un air douillet derrière les vitrines. Il arrive un moment où l'on comprend que l'on est amis et que l'on peut se séparer, se retrouver et se séparer à nouveau, presque joyeusement, sans se sentir dépendants. Un bon moment.

Cela faisait maintenant environ six ans que je m'étais glissé furtivement à l'intérieur du Waldorf après avoir passé mes journées dans les rues de Bay Ridge en compagnie des garçons révoltés, et près de douze années que s'y était tenue la conférence du même nom. Je revenais maintenant au Waldorf pour répondre à quelques questions, en même temps que le romancier James T. Farrell, dans le cadre d'une convention de l'American Psychological Association. Inge pensait que cela allait être intéressant. Son père avait été un professeur et un savant, les acamédies, c'était quelque chose de sérieux. Moi, en revanche, j'y voyais une nouvelle occasion de regarder par la fenêtre de l'époque, une époque que je n'arrivais toujours pas à percevoir comme mienne. On se sent bien dans son temps quand on tient les choses pour acquises sans plus y penser. Je semblais désormais incapable de tenir quoi que ce fût pour acquis, et je continuais à essayer de deviner d'où les autres tiraient leur assurance. Ce pays m'était devenu étranger et je ne comprenais ni pourquoi ni comment j'étais devenu, au plan culturel, cet individu partiellement sourd.

Des centaines de gens assistèrent au congrès, des femmes pour la plupart, curieusement. Le Vietnam n'avait pas commencé, et la Seconde Guerre mondiale était terminée depuis longtemps. Nous n'étions pas retombés dans la Dépression. Les voitures avaient encore des ailes immenses. C'était avant l'assassinat de Kennedy, mais Castro nous avait battus à la baie des Cochons et les hommes portaient toujours les cheveux courts. Sinatra était encore démocrate, comme la plupart des gens du spectacle. Le consensus libéral était en train de se désintégrer mais le processus n'avait pas encore de nom.

Farrell et moi étions assis côte à côte. Essayant de me concentrer sur ce qui se disait, je ne savais plus pourquoi j'étais venu là mais puisqu'il paraissait, lui le plus honnête et le plus fervent des hommes, passionné par ce qui se passait, je me dis que je devrais en faire autant. Peut-être espérais-je que quelqu'un allait dire une chose qui, accidentellement, me donnerait la mesure du temps.

Les deux exposés inauguraux terminés, quelqu'un me demanda ce que je pensais de la place de la morale dans la science. Nous avons tous notre image de marque et je demeurais le moraliste, même si c'était plus discutable maintenant que j'avais déjà divorcé une fois et que je m'apprêtais à recommencer.

La seule chose qui me vint à l'esprit fut qu'on ne saurait dissocier la morale de la science – réponse qui semblait nier l'évidence puisqu'il suffisait de se rappeler l'exemple des médecins nazis qui, sous prétexte d'étudier la physiologie de la noyade, faisaient attacher les mains et les pieds d'êtres humains que l'on jetait ensuite dans des piscines et repêchait pour pratiquer leur autopsie. Ce n'est pas simplement parce que vous avez construit une cathédrale ou une synagogue que vous avez une religion, et le fait de découper les gens en morceaux ne signifie pas que vous ayez une science. Je veillai à parler brièvement, espérant que nous pourrions passer à un sujet plus intéressant.

Pourtant, ma réponse parut susciter comme un malaise dans l'assistance. Cela me stupéfia. Et au moment où chacun se levait pour partir, un groupe – de femmes essentiellement – se forma autour de moi, voulant savoir en quoi le fait de jeter à l'eau ces individus entravés n'était pas de la science. Etaient-elles sérieuses ? Apparemment, oui. Je pus seulement répondre que si c'était cela, la science, je préférais le Moyen Age. Mais j'avais surtout le souffle coupé. Pour la première fois, je me trouvais confronté à l'Indifférence, à la vérité sans vérité, aux visages inexpressifs de l'ère post-humaniste. J'étais entouré d'une vingtaine ou d'une trentaine de femmes qui n'admettaient pas que le fait de noyer des gens ne soit pas scientifique et qui réclamaient des précisions supplémentaires. J'ai pu me tromper, mais l'idée m'effleura que cela n'aurait pas pu se produire avant la guerre, avant que cela fût devenu une pratique régulière dans les camps. Une fois de plus, j'étais perplexe. « Admettons que quelques médecins décident qu'il faut brûler plusieurs millions de personnes pour déterminer scientifiquement si la fumée humaine exerce un effet particulier sur l'atmosphère, puisque cela n'a jamais été fait auparavant, du moins à cette échelle. Est-ce que ce serait de la science ? » – mais mes paroles se perdirent dans les bavardages alentour, et en partant je n'étais plus tellement sûr, moi-même, qu'il y eût un moyen d'établir ce qu'était la science aujourd'hui.

La science est le triomphe de la raison, nous a-t-on enseigné avec fierté, la victoire sur la Bête. Mais que s'est-il passé lorsque la Bête a appris la science ? Je n'abordais plus le problème avec ma tête mais avec mon cœur. Installé à l'hôtel, sans distractions – ce qui était inhabituel pour moi – et disposant peut-être de trop d'heures solitaires, j'en étais arrivé à craindre quelque chose que je ne pouvais ni définir ni nommer.

Brooks Atkinson vint me voir un après-midi, sans mission particulière ou projet d'interview, et nous restâmes à bavarder pendant une heure environ. Je sentis que je le décevais. Je pouvais lire dans son esprit qu'il aurait espéré me voir revenir résolument au théâtre, après avoir vécu cinq ans sous le charme de Hollywood et de la célébrité. C'était gentil de sa part de penser que le théâtre avait besoin de moi, mais moi je me débattais dans l'embarras. Pourquoi, je n'en savais rien, mais ce n'était certainement pas le bon état d'esprit pour commencer une nouvelle pièce.

Partout où je posais les yeux, je constatais la mort du passé. Je ne connaissais presque plus personne de ma génération. A un peu plus de quarante ans, j'avais l'air d'être le plus vieux de la pièce. C'était très étrange que si peu de gens se souvinssent de ce que je me rappelais.

Je projetais ce décalage sur mes concitoyens : les gens occupaient un corps qui ne leur convenait pas avec des partenaires mal assortis, disant des choses qu'ils ne croyaient pas vraiment, ou ne comprenaient pas. Ils se déplaçaient à toute vitesse dans des bateaux à moteur, jetant par-dessus bord des choses qui continuaient à flotter dans le sillage – enfants, pots, poêles, chiens et chats, maisons, maris et femmes, tout ceci tourbillonnait dans l'écume avant de disparaître loin des yeux et de l'esprit.

Ce que l'on faisait de sérieux au théâtre, maintenant, traitait de la destruction, et non pas de la tragédie. Je ne l'admettais pas, même si je n'avais pas beaucoup d'arguments à leur opposer, étant donné ce qu'était devenue ma vie.

On proclama, au début des années soixante, que la nouvelle décennie verrait enfin l'homme reconnu et accepté pour ce qu'il était, dépouillé de ses illusions; pour moi, cela me parut annoncer une ère de négation. De négation de quoi, d'ailleurs? Qu'avions-nous fait que nous ne pouvions pas regarder en face?

Je me remis à penser à *la Chute* de Camus, au moraliste incapable d'oublier qu'il n'avait pas essayé d'empêcher la jeune fille d'effectuer son saut mortel dans la rivière. Je dirais cela différemment. La question n'était pas tant de savoir si on n'avait pas su être courageux. Il s'agissait d'autre chose. On ne peut obliger les gens à avoir du courage, ils en ont ou ils n'en ont pas. Que pouvait-on dire là-dessus?

Je passais de plus en plus de jours, chaque semaine, seul à Roxbury, et je finis par redouter de trop me complaire dans la solitude et le silence. Mes granges délabrées, et mes champs en friche, qui avaient nourri des familles pendant deux siècles, réclamaient d'être à nouveau utilisés, de même que mon âme semblait aujourd'hui avoir été abandonnée trop longtemps aux caprices du hasard.

Inge, pleine d'enthousiasme, était partie en reportage en France. Elle avait un sens de l'importance du moment, des opportunités qui s'offrent à nous chaque jour, dont j'étais totalement dépourvu. J'avais besoin d'un espace organisé autour de moi si je voulais me remettre au travail, et quand Inge s'absentait pour une de ses missions, j'avais tendance à errer entre mes quatre murs. Mais j'étais décidé à ne plus jamais m'engager, car, à l'image de ce qui se produit avec la musique, nous entendons résonner les illusions de l'espoir à la moindre pression de l'air sur notre oreille, et l'instant d'après elles ont disparu. Le désespoir que j'éprouvais était tout aussi impossible à affronter qu'à fuir et ma seule certitude était que j'avais besoin de longues plages de temps ininterrompues pour retrouver mon équilibre d'écrivain. Il ne faut jamais demander à un partenaire de partager votre silence. Au cours de cette année où nous avions appris à nous connaître Inge et moi, la plus simple des idées – que j'avais besoin d'aide pour vivre – était devenue non seulement évidente mais honorable et même réconfortante. Peut-être Ibsen avait-il tort : celui qui est le plus seul n'est pas le plus fort, il est simplement le plus isolé.

Les Calder, Sandy et Louisa, habitaient un peu plus bas sur la route. Je les connaissais depuis que je m'étais installé dans la région à la fin des années quarante. Leur présence m'avait toujours apporté une sorte de réconfort mais ils passaient de plus en plus de temps en France. J'aimais bien venir l'après-midi boire un verre de vin avec Louisa, ou bavarder de tout et n'importe quoi avec Sandy dans son atelier, pendant qu'il tordait du fil de fer et découpait de la tôle pour faire un mobile. Un jour, je le trouvai en train de dessiner des schémas de panneaux acoustiques qui devaient être accrochés au plafond de la grande salle de concert de Caracas – nous devions les voir, Inge et moi, vingt ans plus tard – il avait son diplôme d'ingénieur du Stevens Institute. Tout comme le peintre Peter Blume et sa femme Eby, qui habitaient à Sherman, près de Malcolm Cowley, les Calder s'étaient installés ici pendant la Dépression, à une époque où de petites fermes étiques parsemaient encore le paysage. Ils avaient tous appris à vivre heureux avec peu d'argent – la maison des Calder avait coûté trois mille cinq cents dollars et ils avaient emprunté les cent dollars d'escompte à Bob Josephy, l'un des meilleurs illustrateurs de livres de l'époque. Les fermes étaient déjà moribondes en ce temps-là, mais la région avait l'air décontracté et agréable que donne parfois le déclin. Je conservais dans ma grange la carriole dans laquelle le fermier se rendait autrefois à l'église.

Sandy ne voyait pas au-delà de ce qu'il faisait, car son esprit, comme son sérieux, étaient ceux d'un enfant. Il n'élaborait jamais de théories, que ce soit sur l'art ou sur la politique, et en regardant une toile qui ne lui plaisait pas, il disait simplement « Pouh », sans s'attarder sur le sujet. Pourtant il percevait tout ce qui se passait et il s'écarta un moment de son chemin pour me manifester son soutien à l'époque difficile où j'avais perdu mon passeport et où l'on m'attaquait de toutes parts. Louisa et lui avaient bien dix ans de plus que moi et j'éprouvais le plaisir de l'historien à les entendre raconter les années vingt et trente; elle était la petite-nièce de Henry James, et lui, le fils du sculpteur de la grande arche de Washington Square, et ils avaient connu un New York tellement différent du mien, une ville non pas d'immigrants laborieux mais de vieilles familles, et d'hommes tranquilles et puissants. Ils continuaient de vivre à leur façon, bohèmes et décontractés, ne jugeant personne, curieux de tout, mais ils gardaient en eux, pas si loin que ça de la surface, le sens de leur responsabilité à l'égard du pays, et de la décence qui, en ces années soixante où tout était permis, semblaient dans leur simplicité avoir disparu de l'histoire. Un quart de siècle plus tard, je tenterais d'exprimer l'affection que tous deux m'inspiraient dans une pièce en un acte, *I Can't Remember Anything.*

Le débit accéléré de Sandy était difficilement compréhensible mais aisément reconnaissable, et franchissant les vitres de ma chambre, un dimanche matin des années cinquante, il me réveilla en sursaut. Etait-il possible que Sandy fût sur la route en train de parler *français*? Je sortis et le trouvai, avec son pantalon trop court et ses vieilles sandales tout avachies qui marchait lentement en compagnie d'Oskar Nitschke, un architecte français frappé récemment de surdité. Sandy avait fixé un morceau de tuyau d'arrosage à un entonnoir métallique dans lequel il parlait, Nitschke tenant l'extrémité du tuyau contre son oreille, accusait Sandy de crier trop fort. Une pancarte était accrochée au cou de Nitschke, sur laquelle Calder avait inscrit de son inimitable écriture : JE SUIS SOURD. Ils tenaient chacun une bouteille de vin rouge. Ils s'étaient lancés dans une discussion très sérieuse dont j'ai oublié le propos, mais je me souviens d'avoir marché quelque temps avec eux, jusqu'au moment où ils firent demi-tour et repartirent chez Calder, à plus d'un kilomètre de là. C'était la fin d'une de leurs soirées qui duraient toute la nuit. Ils marchaient tous les deux au beau milieu de la route, sur laquelle il ne passait en ce temps-là pas plus de deux ou trois voitures par jour.

Maintenant les Calder ne venaient presque plus, et les hommes et femmes que j'avais connus cultivant la terre étaient partis pour la plupart. Toutefois, il arrivait encore par certaines matinées fraîches de printemps des bouffées exquises de l'air campagnard d'autrefois, cet air qui avait toujours déclenché en moi le besoin d'écrire. Mais je n'étais pas prêt à m'engager cette fois-ci et me sentais d'humeur à accepter toutes les échappatoires : il fallait que j'aille à Paris, où Sydney Lumet s'apprêtait à tourner *Vu du Pont* avec Raf Vallone et Maureen Stapleton. Vallone avait remporté un succès considérable là-bas avec la pièce, qui avait tenu deux saisons à l'affiche. Mieux encore, j'avais accumulé suffisamment de droits d'auteur à Londres pour pouvoir acheter une Land Rover et me rendre à Paris par la route. Que tout ceci ne fût qu'une ruse dans le but de retrouver Inge, j'en étais parfaitement conscient, mais il est parfois préférable de s'offrir de petites illusions que de ne pas en avoir du tout. En vérité, je voulais simplement profiter du jour présent et espérer qu'un autre suivrait, et Inge était une excellente partenaire pour cela. Bienheureux celui qui n'a jamais besoin d'affirmer plus qu'il n'en sait et moins qu'il ne croit. Je découvrais au fond de moi un respect tout neuf pour les simples faits, je voulais m'en tenir aux faits, un point c'est tout. Peut-être avais-je aussi envie de revoir Inge parce qu'elle respectait les esprits embrouillés, tout en sachant elle-même, dans son art, harmoniser confusion et détermination. De surcroît, elle me semblait de plus en plus belle, c'est-à-dire indéfinissable. Pour résumer, je comprenais que j'étais en difficulté.

Le Pont-Royal, où j'étais descendu après la guerre, était alors en cours de rénovation et son élégance patinée de vieil hôtel bourgeois resurgissait de la crasse des années de guerre. Disparu, le concierge aux manchettes élimées qui traversait chaque jour Paris en courant pour nourrir ses lapins. Disparue également, depuis le tout début des années soixante, la perspective des avenues et des rues : les voitures en stationnement empêchaient de voir les étages inférieurs et les porches monumentaux. Les voitures occupaient désormais le premier plan, l'architecture étant reléguée à l'arrière-plan, et les gens étaient de petites particules à l'air soucieux qui se frayaient un chemin au milieu des pare-chocs, des ailes de voitures et des gaz d'échappement. Mais les huîtres et la couleur du ciel parisien demeuraient somptueuses.

Inge goûtait la vie comme seuls savent le faire ceux qui ont frôlé la mort de près. En ce siècle, les survivants se comprennent entre eux. Cela lui paraissait tout simple : il n'y avait pas grand-chose à attendre des gens, mais ce qui existait, on avait le droit de le demander, et ils avaient l'obligation de le donner.

A Tempelhof, une grille ayant été arrachée par un bombardement, elle était tout simplement sortie, se dirigeant vers le sud, l'Autriche, davantage parce qu'il fallait bien avoir une destination que par espoir que sa famille eût survécu et qu'elle habitât encore Salzbourg. Cette même histoire, on l'entendait alors des centaines de fois : la fin du Reich dans le fracas des explosions, la fuite dans les camions, des marées d'êtres humains se pressant dans toutes les directions, les délicatesses inattendues et les trahisons habituelles. Jusqu'au moment où finalement, elle s'arrêta sur un petit pont et où, alors qu'elle s'apprêtait à enjamber le parapet pour se jeter à l'eau, un homme plus âgé, un soldat avec des béquilles, l'en empêcha, lui expliquant qu'il ne fallait jamais abandonner la partie et la persuadant de le suivre, où enfin, après des jours et des nuits de route, ils arrivèrent à Salzbourg.

Là, sa mémoire lui fit défaut : elle était incapable de reconnaître la maison où elle avait vécu, et il lui paraissait évident que ses parents ne devaient plus s'y trouver. Le soldat invalide l'accompagna dans toutes les rues, en vain, jusqu'à la lisière d'un quartier prospère de la ville qui évoqua en elle quelque chose de réconfortant et de familier. Mais il se moqua d'elle – seuls des gens riches habitaient là, qui ne pouvaient rien avoir de commun avec une fille en haillons, couverte de gale – et ils allaient repartir quand elle reconnut soudain un heurtoir de bronze et sut que c'était sa maison, et elle se précipita pour frapper à la porte, et sa mère se dressa devant elle, stupéfaite. Un miracle. Elles s'embrassèrent. Elle se retourna pour remercier le soldat et l'inviter à entrer, mais il était parti. Elle courut dans la rue, le cherchant dans toutes les directions, mais il n'y avait personne. Comme si elle avait rêvé d'un ange. Elle était pourtant sûre du contraire. Pourquoi était-il parti si vite ? Avait-il pensé qu'il ne pourrait s'entendre avec des gens aussi chics ? Peut-être détestait-il les riches, ou avait-il peur d'eux.

Elle ne refusait pas de se laisser aller à un certain attendrissement en me racontant tout ceci, mais elle paraissait considérer comme évident que l'on devait trouver en soi la force de se sauver. Elle n'était ni optimiste ni pessimiste. A chaque jour suffisait sa peine, et pourquoi chercher plus loin ? Elle accueillait ce qu'il y avait de bon chez les autres tout en s'attendant au pire. En vérité, une philosophie réaliste devait faire sa place au soldat, ou bien elle ne rendait pas correctement compte de la vie, et pleurer sur le monde dans sa totalité, c'était se soustraire à la terrifiante contemplation du bien. Une telle guerre n'aurait pas dû fortifier une telle femme, mais elle l'avait fait. Il m'était difficile d'imaginer une Américaine capable d'autant de gaieté qu'elle.

Ainsi, quatre ans environ après que Walter Wanger m'avait demandé d'écrire un scénario inspiré de *la Chute*, histoire d'un homme incapable d'empêcher une femme de se jeter du haut d'un pont, une femme me parlait d'un homme qui l'avait retenue de faire le même saut.

Comme c'était étrange, cependant, qu'il se fût volatilisé !

Un jour vers midi, Marilyn arriva à la campagne, accompagnée de sa demi-sœur Berneice Miracle et de Ralph Roberts, un ami acteur qui lui était profondément dévoué; officier des Carlson's Rangers pendant la guerre, devenu masseur, c'était un puissant et charmant géant métissé d'Indien, aux larges pommettes. Ils étaient venus en camionnette pour récupérer le gros téléviseur du premier étage, un cadeau que la RCA lui avait fait deux années plus tôt, ainsi que quelques effets personnels.

Marilyn voulut montrer la maison à Berneice, et tous les changements qu'elle y avait apportés. Elle la conduisit en haut, puis en bas et dehors sur la pelouse, pour contempler l'infini paysage. Elle lui décrivit comment elle avait fait percer des lucarnes et surélever le toit d'un côté, pour aménager une chambre au-dessus de la cuisine, et ainsi de suite. Pendant ce temps, Roberts transportait des choses dans la camionnette. Je leur offris du thé et les laissai seules, pensant qu'elle avait besoin d'être tranquille avec Berneice, jeune femme réservée qui vivait en Floride. Je supposais qu'elles venaient tout juste de se connaître, et Marilyn me l'avait présentée avec une certaine fierté. Je ne me souvenais pas avoir entendu Marilyn m'en parler auparavant, et si j'avais jamais su qu'elle était la fille d'un premier mariage de la mère de Marilyn, cela m'était sorti de l'esprit.

Au bout d'une demi-heure, j'entendis claquer la porte du hayon et descendis de mon bureau, pour dire au revoir à Roberts et à Berneice qui montaient dans la voiture. Debout seul devant le garage, je me trouvai face à Marilyn et nous échangeâmes un sourire, conscients de l'absurdité de la situation. Je me demandais ce qu'elle se rappelait de nos années communes, et ce qu'elle avait oublié. Plus tard, je cherchai à savoir ce que j'avais, moi aussi, été incapable de retenir maintenant que le rejet avait accompli son travail de gommage. Elle remarqua la nouvelle Land Rover que j'avais ramenée d'Europe un mois plus tôt, et en déduisit que j'avais décidé de m'installer là, ce qui l'intriguait. Elle voulut savoir ce que c'était que cette *chose* qui dépassait à l'arrière du châssis et je lui expliquai que c'était une barre de traction pour le matériel d'arrosage destiné aux arbres fruitiers que j'avais l'intention de planter. Elle me regarda d'un air surpris où je crus discerner du regret, étant donné tout l'espoir que nous avions investi dans cet endroit. Elle m'avait poussé à acquérir davantage, encore davantage de terrain et j'avais commencé par résister, affirmant que ce n'était pas nécessaire et ne servirait qu'à nous endetter, mais cela s'était révélé un investissement avisé autant que superbe. Je n'en avais pas moins été obligé de vendre certains de mes manuscrits pour pouvoir payer nos impôts. Cependant, j'étais là, apparemment installé, alors qu'elle se trouvait une fois de plus entre terre et ciel, comme elle l'avait toujours été et comme je ne pouvais pas me permettre de l'être si je voulais recommencer à travailler. Nous avions simplement dû reconnaître l'âpre persévérance du passé et je savais maintenant que l'on n'en était jamais débarrassé – à moins de se suicider ou de commettre un meurtre. Ce que nous sommes est ce que nous avons été, à quelques petites améliorations cruciales près, si nous avons eu de la chance, et Marilyn et moi, nous avions tiré sur la corde jusqu'au point de rupture.

Elle paraissait reculer le moment du départ. Le grand cornouiller perdait ses dernières feuilles desséchées, et la lumière qui tombait sur elle avait la même couleur grise que l'écorce de l'arbre et que l'automne. Elle portait des mocassins, ce qui lui avait toujours donné un air de collégienne, et un chandail brun qu'elle souleva brusquement pour me montrer un bandage qui enveloppait son torse.

– Tu vois mon pansement ?

Elle eut un sourire malicieux, comme si elle marquait ainsi un point auquel elle tenait particulièrement.

– Que s'est-il passé ?

– On m'a opérée du pancréas. C'est pour ça que j'avais tout le temps mal.

Je savais qu'elle ne disait pas cela comme une accusation, comme si elle me reprochait, et à Huston également, de n'avoir pas pris sa mauvaise santé suffisamment au sérieux, impatientés que nous étions par ses éternels retards sur le tournage. Elle essayait simplement d'expliquer que son comportement n'était dû ni à la perversité, ni au mauvais caractère, ni aux drogues. Je me demandai si elle se rendait compte à quel point elle s'était détruite. On avait l'impression, au son de sa voix et à la façon qu'elle avait de soulever son chandail, qu'elle considérait sa maladie comme un accident et non comme le résultat des quantités considérables de barbituriques ingérées. Elle ne savait pas qu'elle était encore menacée par elle-même et par sa colère, si justifiée fût-elle. Elle demeurait fondamentalement une enfant et une proie. Je sentis les vieux signaux se réveiller en moi, mais je me ressaisis et les laissai retomber. Et nous nous dîmes au revoir, agitant la main l'air un peu bête, pendant que la voiture s'engageait dans l'allée dont nous avions dessiné la courbe avec l'architecte, presque cinq ans plus tôt. Resté seul, je baissai les yeux vers les petits cailloux noirs incrustés dans l'asphalte et me rappelai son dépit lorsqu'on lui dit qu'elle n'entendrait pas cet élégant crissement que font les roues d'une voiture en écrasant les gravillons, comme cela se passe là-bas en Californie. Car il neige ici, et les chasse-neige les auraient repoussés sur la route chaque hiver. Evidemment, on pouvait toujours en faire venir d'autres. Et d'ailleurs elle avait raison – on pouvait en faire venir d'autres, si l'on se souciait peu de jeter l'argent par les fenêtres. Je rentrai dans la maison tout en continuant cette discussion en moi-même. Rien ne prend jamais fin.

Trop de récompenses sont conçues à la gloire du donateur pour qu'on ne les accepte pas sans une pointe de scepticisme, mais cette fois il n'était pas difficile de se réjouir d'être là. Parmi les nombreux invités attendant dans le Salon bleu le moment d'aller dîner, il y avait quelques-uns des meilleurs artistes et écrivains du pays ainsi que des savants, des compositeurs et des musiciens. Le dîner de la Maison-Blanche était donné en l'honneur d'André Malraux, alors ministre de la Culture du général de Gaulle et dont j'admirais l'œuvre depuis les années trente, mais c'était aussi à l'évidence une occasion pour les intellectuels américains de se manifester. A ma grande surprise, et pour mon plaisir, j'appris qu'on m'avait placé à la table de Jacqueline Kennedy et d'André Malraux. Des marins, en uniforme bleu, jouaient les appariteurs et drainaient la foule, excitée comme une troupe de collégiens, vers la salle à manger où chacun gagnait la table qui lui était assignée. Je me retrouvai tout au bout de la file, comme cela était mon lot depuis le cours élémentaire, en raison de ma taille, et comme je m'avançais lentement, je vis un homme seul, resté à l'écart. De très haute taille, portant une chemise bleu pâle mal repassée, l'air parfaitement dédaigneux, un pied appuyé contre la bordure de lambris immaculée, il nettoyait scrupuleusement ses ongles avec une lime, tel un oisif devant un bazar de village. Il semblait perdu, sans amis, et plutôt irrité. Je ne reconnus pas immédiatement son visage. C'était Lyndon B. Johnson, le vice-président des Etats-Unis, assurément peu dans son élément ce soir-là. Ce fut la seule fois où j'eus pitié d'un vice-président.

Malgré tout ce que j'avais dû subir, jadis, de la part du

pouvoir gouvernemental, j'étais touché par Kennedy : enfin un président qui comprenait qu'un pays a besoin non seulement de vedettes de variétés, mais aussi de cerveaux et de gens dotés d'imagination. Ma récente immersion dans l'univers hollywoodien m'incitait néanmoins à me méfier de l'activité fébrile et du caractère arriviste de Kennedy. Je trouvais mécanique et un peu inquiétant son regard dur et glacé. Il avait certainement l'esprit vif, mais je doutais de sa compassion. Néanmoins, son excitation et sa joie face aux invités qu'il avait réunis ce soir-là emportaient l'adhésion de tous.

Malraux parla par éclats passionnés, et avec un débit d'une rapidité telle que la femme du président n'y comprit à peu près rien et moi rien du tout. Il était un escrimeur sublime, tirant son épée avant même que vous ayez eu le temps de vous mettre en garde. Il fumait, je dirais avec violence, et était animé d'un tic à la fois fascinant et déconcertant, au point qu'on se demandait s'il se détendait jamais suffisamment pour dormir. L'ambassadeur de France, Hervé Alphand, réussit adroitement à me glisser des fragments de traduction. Deux ans plus tard, sa subtilité et la densité de Malraux devaient m'être rappelées par un autre Français, Cartier-Bresson. Assis sur le ponton de mon étang dans le Connecticut, Henri lisait à voix haute pendant une demi-heure d'affilée, à l'intention de Rebecca, la fille que j'avais eue avec Inge, des passages de son édition de poche des *Mémoires de Saint-Simon*, l'admirable chroniqueur des machinations de la cour de Louis XIV. C'était sa façon de s'amuser et d'amuser la fille de sa chère Inge, même si elle ne comprenait pas un mot de ce qu'il disait : non seulement c'était en français, mais elle avait à peine plus d'un an. En l'observant ainsi, au bord de l'eau tranquille, qui tournait patiemment les pages tandis que Rebecca roucoulait et battait des pieds vers le ciel, je songeais à l'expérience que nous venions de faire d'une cour royale à l'américaine, et à Kennedy lui-même, qui venait d'être assassiné.

Lorsque cela se passa, nous nous trouvions dans une grande quincaillerie du Connecticut. La radio était allumée. La voix traversa l'éclat et les reflets des articles ménagers : « On a tiré sur le président. » Pour commencer, aucun des deux ou trois clients présents ne parut entendre. J'eus envie de rire, peut-être parce que c'était absurde. Les deux employés continuèrent de servir leur clientèle. Pendant environ une minute, je fus incapable de repérer la radio dans ce fouillis de moulinettes, fers à repasser et instruments divers. Mon esprit répétait, *non, ils vont démentir, il y a eu erreur.* Enfin je trouvai la radio. Peu à peu, les autres se dirigeaient vers elle. Je savais ce que pensait Inge – que tout était en train de recommencer.

Comme pour la bombe d'Hiroshima, ils l'avaient fait, ils l'avaient vraiment fait. Un arbre frappé par la foudre dont les branches encore vivantes s'agitent sans but vers le ciel, et la question « Pourquoi ? » qui descend en voltigeant vers l'herbe noircie, puis le silence.

En rentrant à la maison avec Inge, je pensai à Roosevelt, qui était lui aussi mort de façon inattendue, mais le choc avait été d'un autre ordre. Roosevelt avait tellement dominé ma génération que nous nous demandions qui pourrait diriger la guerre à sa place. Les journalistes de la radio décrivant la marche du cortège funèbre le long de Pennsylvania Avenue avaient soudain éclaté en sanglots irrépressibles, comme si c'était leur père qui avait disparu. La perte semblait bien plus intime. Ou était-ce simplement parce que j'étais alors plus jeune ? Kennedy, en revanche, était mon contemporain et sa mort déchirait la délicate toile d'araignée de l'avenir. Dans les années trente, si mauvaise que fût la situation, l'avenir existait. Toute mon œuvre démontrait une confiance implicite en un futur rédempteur, le sentiment que le cosmos se souciait de l'homme, ne serait-ce que pour rire de lui. Avec la mort de Kennedy, le cosmos avait simplement raccroché le téléphone.

Une image me restait du bal donné le soir de son

intronisation, auquel j'avais assisté avec Joe et Olie Rauh, celle de Frank Sinatra et de sa bande, regardant les festivités du haut de leur loge. L'air détaché dans son superbe isolement, dominant la foule excitée, Sinatra ne semblait pas tant se montrer à la hauteur d'une exceptionnelle faveur présidentielle que daigner honorer l'occasion de sa présence. Chanteur tous terrains, il a agi de même avec Ronald Reagan, voulant prouver par là qu'il se situait bien au-delà de la politique, telle une personne de sang royal regardant se succéder des présidents éphémères. Cela pouvait-il signifier que les affaires de l'Amérique n'étaient pas de vraies affaires, comme l'avait dit l'innocent Calvin Coolidge, mais du spectacle, de la démonstration symbolique, le triomphe final de la métaphore sur la réalité, et de la domination de l'acteur, avec pour tout bagage son charme stupide?

Ma désinvolture provenait peut-être du fait que je me souvenais du Sinatra de la fin des années trente, gamin maigrichon doté d'un cou de poulet, que des filles hurlantes attendaient à la sortie des artistes du Paramount à l'issue de sa première représentation, un formidable spectacle. Nous aussi étions du même âge.

Je comprenais difficilement pourquoi, mais écrire une pièce me semblait maintenant une tâche futile. Je ne saurais dire si c'était dû à l'époque dans laquelle nous entrions ou à ma propre évolution, mais partout où mon regard se posait, je ne voyais que du théâtre et non une expérience authentique, régénérante. A peu près tout – pièces de théâtre, grands magasins, restaurants, marques de chaussures, voitures, salons de coiffure – avait droit à des articles dans la presse, comme si tout cela prétendait appartenir au domaine de l'art. Et comme pour l'art, c'était le style qui comptait, pas le contenu. Après tout, on ne choisissait pas un restaurant pour se nourrir, mais pour déguster et être servi, pas plus qu'on ne sélectionnait une marque de chaussures pour sa solidité ou même son confort, mais bien pour son élégance. La tradition selon laquelle une pièce d'une certaine importance devait concerner la destinée humaine paraissait maintenant d'une prétention ridicule, et disparaissait comme les valeurs elles-mêmes. Au théâtre, disait-on, on en était au règne du metteur en scène, l'auteur étant son assistant; mais cela ne dérivait-il pas de la fascination exercée, non par ce qui est dit, mais par la manière dont on le dit? C'était l'existence même de l'auteur dramatique que l'on mettait en cause, maintenant, comme s'il incarnait le concept de prévisibilité, avec ses discours préparés à l'avance et ses intrigues dont la fin était elle aussi prévisible. Un critique d'avant-garde affirma sous un tonnerre d'applaudissements qu'il était bien plus difficile d'écrire un bon article qu'une bonne pièce. La vérité ne pouvait naître que de la spontanéité, l'esprit étant un menteur congénital, et les mots rien d'autre que des leurres persuasifs. Le geste, de préférence sans parole, était l'ultime refuge de la vérité et guère plus qu'une suggestion ouverte à toutes sortes d'interprétations, plus il y en avait mieux c'était.

Il était également admis, désormais, que le public s'ennuyait à mourir, qu'il avait l'esprit ailleurs, que son attention se fixait sur n'importe quoi sauf la scène devant lui. Non que le phénomène fût spécifiquement américain, comme j'allais bientôt l'apprendre, car tous les théâtres d'Europe avaient les mêmes difficultés à capter l'intérêt des spectateurs. D'une part, personne ne semblait plus disposé à écouter des histoires. Ma théorie était qu'une histoire impliquait une continuité entre le passé et le présent, or au fond de nous-mêmes, nous savions qu'il n'existait pas de continuité dans une vie où absolument n'importe quoi pouvait arriver à n'importe quel type de personnage. Le seul élément permanent sur lequel on pût compter, dans l'existence, était la perversité et la seule façon saine d'y répondre était un rire amer, cousin du dégoût.

Un après-midi du milieu des années soixante, je regardai la troupe d'une vingtaine d'acteurs de Peter Brook jouer dans son studio parisien pour une classe d'écoliers sourds-muets. La troupe se mouvait avec réserve, dessinant une série de figures proches de la danse, chaque acteur portant un bâton pour créer des schémas de contact et de séparation, les intentions et la confusion se réorganisant en nouveaux projets. C'était agréable à regarder, traduisant une sorte de nostalgie, peut-être, mais je ne pouvais en être sûr.

Ensuite, les écoliers jouèrent à l'intention des acteurs. Incapables de parler ni d'entendre, ils étaient condamnés à l'état auquel aspiraient les acteurs, ne disposant d'autre moyen de communication que le geste. Ils entreprirent de mimer une histoire de détective à base de kidnapping d'enfant, reproduisant l'enquête policière, la restitution de l'enfant et le châtiment des criminels. Il y avait du suspense, un commencement et une fin et une gamme de personnages différents – le policier s'identifiait en saluant constamment, les parents couraient en tous sens en se frappant la poitrine, s'agenouillant pour prier que l'enfant leur soit rendue intacte, le chien policier reniflait partout à la recherche d'une piste et la gamine kidnappée se frottait en permanence les yeux comme si elle pleurait. Le plus saisissant tenait dans cette tentative que faisaient des enfants sans voix, angoissés, pour communiquer entre eux, les gestes exagérés qu'ils étaient obligés d'adopter parce qu'ils ne pouvaient parler – gestes qui ne semblaient ni davantage, ni moins chargés d'émotion que les paroles qu'ils auraient pu employer s'ils n'avaient été muets.

Je trouvais complètement erronée l'idée selon laquelle ceux qui disposent de tous leurs sens doivent s'efforcer d'en éliminer certains pour trouver un contact plus étroit avec une expression authentique. Cela signifiait, à mes yeux, que notre façon de nous comporter face à l'expression artistique n'était plus de mise. C'était admettre, en quelque sorte, que plus rien ne méritait d'être dit, et que seuls la mode ou le style valaient qu'on s'en occupe et qu'on les perfectionne. Les sourds et les muets avaient à cœur de transmettre une expérience, de raconter une histoire, même si elle était archi-rabâchée. Ceux qui pouvaient entendre et parler avaient à cœur de créer un climat, une *perception* pure et simple.

J'imagine que le théâtre me dégoûtait parce qu'il apparaissait comme un sordide exercice de l'ego, rien de plus, et je détestais l'égoïsme maintenant, le mien autant que celui des autres. Dire la vérité, avais-je pensé à une époque, était la seule chose capable de nous sauver, mais cela me semblait aujourd'hui un autre moyen de déguiser la brutalité générale. Sans pardon il n'y avait pas de vérité, et sans foi – en l'homme, sans parler de Dieu – le pardon n'était qu'une option parmi bien d'autres.

Vous laissiez votre œuvre aux pieds d'un dieu inconnu, sans la présence invisible duquel il était inutile de se surpasser. « Ne demandez pas ce que votre pays peut faire pour vous, demandez ce que vous pouvez faire pour votre pays, avait déclaré Kennedy le jour de son investiture, alors que la tempête soufflait et que Robert Frost essayait de rattraper les pages de son discours emportées par le vent. Le jeune président savait exactement ce que les gens voulaient car il savait que cela manquait. Pourquoi écrire?

Lors de ses nombreux séjours à New York, Inge avait l'habitude de descendre au vieil hôtel Chelsea, que lui avait recommandé son amie Mary McCarthy pour qui elle avait fait les photos du livre *Venice Observed.* C'était à son avis ce qui se rapprochait le plus d'un hôtel européen en Amérique. L'endroit n'était pas encore aussi célèbre pour sa spectaculaire clientèle d'artistes qu'il le deviendrait au milieu des années soixante, et j'y louais un appartement en grande partie parce que le propriétaire, M. Bard, m'avait assuré que personne n'en saurait rien. C'est avec le même visage imperturbable qu'il protesta de sa totale innocence lorsque, quelques semaines plus tard, la nouvelle commença à filtrer dans les journaux américains et étrangers, mais il était difficile d'en vouloir longtemps à M. Bard, qui était incapable de comprendre la moindre critique. Ce petit réfugié hongrois aux cheveux blonds, merveilleusement sûr de lui mais avec un cœur en mauvais état, pouvait disparaître pendant plusieurs jours pour des parties de pêche avec d'autres réfugiés hongrois, au cours desquelles il leur arrivait de jouer aux cartes, le plus sérieusement du monde, les hôtels dont ils étaient propriétaires, certains aussi grands que le New Yorker. Mais de toutes ses possessions, le Chelsea était celle qu'il préférait. « J'aime me trouver parmi des artistes, des gens créatifs », avait-il coutume de dire. Il n'était pas nécessaire de le croire pour l'aimer, ne serait-ce que parce que, comme son hôtel, il tolérait absolument tout sauf, bien entendu, un déficit.

Je me sentis chez moi presque tout de suite dans cet endroit, me laissant aller au contact de son charme, de l'ambiance incomparable de déclin irréversible qu'il dégageait. Le Chelsea n'appartenait pas à l'Amérique, n'avait pas d'aspirateurs, pas de règlements, pas de goût, pas de honte. Les deux associés de Bard, Krauss et Gross, se chargeaient de tous les travaux de plomberie, raison pour laquelle les robinets d'eau chaude se trouvaient à droite, comme en Hongrie, et si un bourgeois américain se risquait par inadvertance dans ces parages, il n'avait que ce qu'il méritait s'il se brûlait. Au neuvième étage, Virgil Thomson, signe rassurant qu'une vie intelligente existait toujours, servait des verres dans ses chambres lambrissées de chêne qui auraient dû donner sur la Cinquième Avenue – breuvages qui nous paralysèrent, Inge et moi, lors d'une soirée qu'il vaut mieux oublier. Au bout du couloir un autre compositeur, George Kleinsinger, mettait ses petites amies en condition en les terrifiant avec sa collection de pythons, lézards latino-américains et tortues qui rêvassaient tous dans de dégoûtants aquariums occupant toute la hauteur de la pièce. Un pasteur défroqué, de plus de deux mètres de haut, attendait impatiemment que le mauvais temps et le froid lui fournissent de nouveaux clients : l'administration des derniers sacrements lui permettrait de payer son loyer. Charles James, jadis couturier célèbre, errait dans les couloirs, paniqué à l'idée que la décrépitude antique de l'endroit pût être supplantée par une décrépitude moderne, avec des artistes abrutis de drogues, tous vulgaires, certains bidons, d'autres authentiques, qui empoisonneraient sans retenue l'atmosphère de leurs états dépressifs, et pas une seule vraie dame, pas un seul gentleman parmi eux. Et pour maintenir l'ordre au sein de ce cirque, l'hôtel disposait d'un minuscule détective privé, qui restait dans sa chambre, protégé par de quadruples verrous, entouré de téléviseurs, chaînes hi-fi, machines à écrire et manteaux de fourrure qu'il avait volés à des clients, comme on l'apprit par hasard le jour où les pompiers durent fracasser sa porte parce que la chambre voisine avait pris feu, son occupant ivre s'étant endormi en tenant à la main une cigarette allumée.

Le surréel avait pour citadelle le Chelsea bien avant que la guerre du Vietnam n'en élève l'esprit au rang de protestation radicale. Pour aller prendre mon petit déjeuner au vieil Automat, près de l'angle de la 23e Rue et de la Septième Avenue, je devais enjamber avec précaution les ivrognes affalés sur le trottoir, et je buvais une bière danoise avec Arthur Clarke, qui vivait la moitié de l'année au Sri Lanka, qu'il considérait comme le jardin du monde, et l'autre moitié au Chelsea, son réservoir d'engrais, dont les éléments nutritifs étaient loin d'être perdus, cependant, pour les créateurs résidant à plein temps. Entouré de pochardes au nez cassé qui se soignaient à coups de tasses de café, et de travailleurs de nuit aux yeux rivés sur des feuilles de paris, Clarke me confiait avec animation qu'à en croire les plus récentes statistiques, l'augmentation considérable de la pollution par le dioxyde de carbone risquait de faire arriver la fin du monde bien plus tôt qu'on ne l'avait jusqu'ici prédit. Dans l'ambiance de l'Automat, de telles nouvelles paraissaient absolument inévitables.

Le Chelsea si agaçant fût-il – la poussière sans âge sur

les rideaux et les tapis, les tuyaux rouillés, le réfrigérateur qui fuyait, le conditionneur d'air dans lequel il fallait sns cesse verser des pichets d'eau – était une ruine inattendue et curative qui me rappelait cette phrase superbement américaine de William Saroyan, prononcée par un Arabe dans un saloon, une phrase complètement oubliée par les révolutionnaires des années soixante trop occupés à inventer une nouvelle non-société qui mettrait à l'index le souvenir de tout ce qui s'était produit auparavant : « Pas la moindre fondation sur toute la longueur de la ligne. » Avec son goût tout arménien pour un aimable foutoir, Saroyan avait flairé l'avenir dès les années quarante et, jouant les artistes comiques mineurs et sans culture, avait annoncé l'avènement en Amérique d'un optimisme authentiquement absurde plutôt qu'une imitation du style morbide de l'Europe. Saroyan mêlait à ce sens de l'absurde l'espoir obscur et jamais assouvi des immigrants de trouver leur oreiller à eux, et de s'y adosser confortablement au milieu des paysages américains rocailleux et ensoleillés.

J'observai la nouvelle ère, les années soixante, qui entrait en titubant au Chelsea, avec ses jeunes yeux injectés de sang, et tentai à deux ou trois reprises de me joindre aux danses du Premier Mai, mais rien n'y faisait : à moi, tout cela paraissait nombriliste, complaisant et pas du tout libre. Ceci incluait les Beats, qui avaient l'air de reprendre à leur compte l'éternelle complainte des Générations Perdues. Il fallut attendre le jour où le Vietnam commença à les assassiner, pour que leurs lamentations prennent un caractère de nécessité. La drogue n'était que purement destructrice à mes yeux, rien à voir avec les revendications sociales, seulement un plaisir lugubre peu propice à la fondation de la nouvelle Eglise dont ils pleuraient l'absence. Si leurs attaques de la pruderie sexuelle méritaient le respect, pour le reste ils participaient au processus d'auto-destruction que je constatais partout, y compris en moi-même et dans ma vie. La religion non reconnue de l'Amérique était l'autodestruction, à la fois sur le plan politique et sur le plan personnel, et je passais mes jours au Chelsea, tâtonnant à la recherche d'un paradoxe concis qui permettrait d'accrocher une pièce à ce thème.

Il n'y avait pas que Marilyn qui m'occupait l'esprit. Dans ce même hôtel, au début des années cinquante, je m'étais assis dans une de ces grandes pièces grises, tentant de comprendre réellement Dylan Thomas, qui s'employait méthodiquement à sortir de ce monde; ce jeune homme à qui une semaine d'abstinence aurait rendu une santé de cochon. Bien plus tard, en lisant sa confession à propos de son père, il m'apparut qu'il s'était imposé le silence pour avoir conquis la célébrité par son talent alors que le père, merveilleux, écrivain-enseignant, demeurait un inconnu, un raté. Thomas manifestait son repentir en assassinant le don qu'il avait volé à l'homme qu'il aimait. Je connaissais bien cette transaction, la lutte pour repousser la culpabilité que l'on ressent à détenir du pouvoir face à un père qui en est privé. Le besoin de parricide vient avec le succès. La question est de savoir comment vivre avec lui. Ou comment ne pas vivre.

Par la suite, il y en eut un autre qui vint mourir au Chelsea, Brendan Behan lui-même, alors au bout du rouleau, qui me demanda de venir dans la chambre où Katherine Dunham l'avait installé pour deux nuits afin de l'aider à terminer la semaine. Il était assis là, ses cheveux humides plaqués en désordre sur sa tête, le visage blême, zézayant entre ses dents brisées, riant et mangeant des saucisses et des œufs tandis que des danseurs noirs entraient et sortaient de la pièce, ne sachant comment l'aider ni même s'ils devaient, par pure affection, essayer, et il me dit avec son éternel gloussement embarrassé : « Je ne suis pas vraiment un dramaturge vous savez, vous devez le savoir, bien entendu, je suis un bavard. J'ai une chambre à l'étage où je raconte un livre à une secrétaire que l'éditeur a lancée à mes trousses. J'en ai déjà fait un bon morceau dans l'espoir qu'ils renverseraient un autre porte-monnaie sur ma tête... Mais je voulais vous dire bonjour, Art'r... » Bonjour et au revoir, c'était clair. Il était en train de sortir.

Il haranguait la foule sur le trottoir, vomissant sur sa cravate tout en plaisantant, racontait des histoires et chantonnait quelques vieux airs, tout en fourrageant dans un exemplaire du *Post* pour voir si Leonard Lyons parlait encore de lui ce jour-là, les chroniqueurs raffolant de lui maintenant qu'il était sur le point de leur fournir généreusement l'histoire de la mort imminente du poète. Il y avait tellement de façons de les aider à vous tuer.

La plus sûre, c'était d'attaquer le système ou quelqu'un d'autre. Même si c'était vrai, vous n'osiez pas croire que vous n'y étiez pour rien, ou bien vous finissiez par accepter le rôle de la victime et mouriez trop jeune. Le rôle que chacun jouait dans sa propre destruction était le grand mystère caché sous la beauté du ciel américain.

Ces hommes avaient peur de détenir le pouvoir qu'ils avaient conquis et avaient trouvé le seul moyen de s'en débarrasser.

Charley Jackson, vagabond au crâne chauve nous accueillait d'un sourire affectueux chaque fois que nous traversions le hall – il s'était passé un bon bout de temps depuis que le succès du *Lost Week-end (le Poison)* l'avait entraîné tout en haut de la vague, d'où il avait pu jeter un bref coup d'œil sur ce qui se passait en bas. Ayant cessé de boire, il essayait apparemment de marcher au milieu du trottoir. Jusqu'au jour où cela lui parut tellement et horriblement étroit qu'il se laissa glisser dans un sommeil libérateur permanent, dans son lit du Chelsea, le flacon de comprimés à côté de lui. Il était essentiellement gentil, sauf pour lui-même.

Il y eut d'autres victimes de cette fête incessante donnée au Chelsea en l'honneur de quelque chose qui n'avait pas de nom. Une fois, une jeune femme s'était postée dans le hall pour distribuer des déclarations ronéotypées où elle annonçait son intention de tuer un homme, n'importe lequel, seulement un spécimen de l'espèce persécutrice qui avait gâché sa vie. Les gens acceptaient ses prospectus et lui parlaient gentiment. J'entendis un homme discuter un point de syntaxe avec elle. J'allai prévenir la direction que cette femme s'apprêtait à tuer quelqu'un et qu'il serait peut-être avisé d'intervenir avant qu'elle n'explose, mais apparemment, elle faisait partie de la bande, et cela ne servirait à rien de se montrer trop vieux jeu. Par la suite, elle rencontra Andy Warhol, sur qui elle tira, le touchant à l'aine, ai-je entendu dire. Cela ralentit momentanément les activités de la bande, mais la fête redémarra assez vite.

Depuis Hiroshima je pensais à une pièce qui traiterait de la bombe atomique. Maintenant, quinze ans après, c'était moins un sentiment de culpabilité que d'étonnement d'avoir accepté la catastrophe qui me poussait à enquêter directement sur la réaction des savants devant ce qu'ils avaient créé. Le compte rendu de leurs efforts pour convaincre le président Truman de commencer par faire un essai en pleine mer, loin du Japon, suggérait qu'ils avaient quelques scrupules à endosser la responsabilité de tant de morts. Par l'intermédiaire de Jim Proctor qui était lié avec un physicien de Cornell, j'obtins une introduction auprès de Hans Bethe, qui avait conçu les lentilles sans lesquelles la mise à feu eût été impossible. Je quittai la maison de Roxbury pour Ithaca par une journée brumeuse d'automne, ne m'imaginant pas que j'étais sur le point de me lancer dans la création d'une pièce tout à fait différente, *After the fall (Après la chute)*, mais dont le thème était voisin.

Les ironies meurtrières de l'histoire de la bombe atomique nous étaient désormais familières. Les savants réfugiés d'Allemagne qui avaient conçu le projet Manhattan avaient craint que leurs ex-collègues employés par Hitler, ne réussissent à mettre au point une arme atomique qui permettrait de prendre l'Amérique en otage et de changer le cours de l'histoire. Mais quand la bombe américaine fut prête, l'Allemagne était déjà vaincue et il apparut qu'aucun projet atomique important n'avait été développé sous le IIIe Reich. En ce sens, la bombe n'était pas nécessaire.

Beaucoup de ces savants étaient juifs, antifascistes, de gauche, certains étaient même d'authentiques marxistes, et quand la guerre fut terminée, ils virent que l'on brandissait leur arme contre l'Union soviétique, leur ancienne patrie spirituelle. Ironie suprême, J. Robert Oppenheimer, soupçonné d'être un radical, fit l'objet d'une enquête secrète des services de sécurité américains alors qu'il était l'âme de la nouvelle arme qui allait permettre la domination américaine sur le monde d'après guerre.

Une quinzaine d'années après l'explosion réussie de *Fat Man,* Hans Bethe portait allégrement ses cinquante-cinq ans. Homme bien charpenté, de type montagnard, il adorait entreprendre de longues randonnées, en knicker-bockers et solides chaussures de marche. Sa maison aurait convenu à un moine, avec un immense et sombre salon presque vide à l'exception de quelques meubles et d'un petit tapis d'Orient, et une véranda vitrée où seules une table et une chaise recevaient la lumière grise de l'après-midi.

Un avion de l'armée l'emmenait encore une fois par semaine à Washington pour des consultations. Il avait une sorte de curiosité austère, teintée de tristesse, et j'hésitais à le faire souffrir davantage en lui posant ma question essentielle. Il avait brusquement basculé dans un monde d'amertume, en grande partie à cause de ses inventions de Los Alamos. Comment s'en accommodait-il ? Je savais qu'il n'existait pas de réponse concise à une telle question, mais c'était toute l'émotion qu'elle impliquait qui m'intéressait, puisque je me la posais également. J'avais moi-même créé le dilemme de mon existence, cela en tout cas était clair. Comment poursuivre sans éprouver une amertume paralysante ?

Il paraissait être un type bien, sensible, et je savais qu'il s'était violemment opposé au largage de la bombe sur des secteurs habités, mais il n'avait pas réussi à en dissuader Truman. Il avait travaillé de toutes ses forces au projet Manhattan pour maintenir la vie face à la mort hitlérienne. Quelque part dans l'atmosphère, un rire irrépressible devait maintenant résonner. En tant que physicien, il s'était trouvé par accident à cet endroit brûlant où la pure quête de vérité est touchée par le fer rouge du pouvoir politique et étatique.

En Europe, m'expliqua-t-il, tout comme ici avant la guerre, un physicien était un homme solitaire. Quel individu raisonnable aurait choisi cette science qui n'avait pour ainsi dire pas d'applications pratiques et qui n'offrait par conséquent aucune perspective d'avancement, financier ou autre ? Le physicien était le prêtre de la science, un pur investigateur qui n'avait de chance d'être reconnu que par quelques pairs, pas davantage. Je lui demandai comment il travaillait.

– Eh bien, je descends le matin, je prends un crayon et j'essaie de réfléchir, d'assembler les choses d'une nouvelle façon. Parfois, quelque chose se produit, rien la plupart du temps. Cela peut durer ainsi pendant des mois, des années parfois. Et puis on va faire un tour sur le trottoir et quelque chose accroche dans le cerveau. Parfois, cependant, rien ne vient. C'est un travail très solitaire, marcher au bord du trou. Ou cela l'était, avant la bombe et tout ce qui a suivi.

Il était exactement en train de décrire le travail de l'écrivain – avant les films et les divertissements de masse, avant que la vérité ne soit obligatoirement « utile ». Je compris au bout de quelques heures que tout cela était aussi mystérieux pour lui que pour moi, que nous n'allions pas pouvoir dépasser l'ironie de la situation dans laquelle nous nous étions sciemment enfermés, face à notre époque. On faisait ce que l'on n'avait pas l'intention de faire, on n'avait pas l'intention de faire ce qu'on faisait. Et pourtant on était responsable, il fallait bien que quelqu'un le fût.

Pourquoi était-on responsable, si l'on n'avait pas de mauvaises intentions?

Mais si l'on n'avait pas de mauvaises intentions, alors, d'où venait le mal?

Etait-il possible qu'il y ait eu, profondément enfoui sous l'idéal monacal, un nerf qui avait tressauté au passage du Puissant? Etait-ce en cela qu'il était mortel, l'égal des plus infâmes d'entre nous, des plus stupides, des plus vils?

Où se trouvait le cœur du mal, si ce n'était au fond de nous?

Je me rendis à Princeton et découvris en Robert Oppenheimer un homme émacié, évidemment déprimé – d'ailleurs, il devait mourir quelques années plus tard et peut-être le savait-il déjà. Cela se passait bien entendu longtemps après que le gouvernement lui eut retiré tout travail officiel pour raison de sécurité, bien qu'il eût inventé la bombe atomique. Nous bavardâmes dans son bureau dépouillé de tout ornement, et ce détail me rappela, tout comme sa veste de tweed et sa pipe, qu'il était un universitaire, quoique je l'aie toujours associé au pouvoir et à la guerre. A l'encontre de l'intérieur spartiate de Bethe, celui d'Oppenheimer, tel que je m'en souviens aujourd'hui, aurait pu convenir à un chanteur célèbre ou à un artiste qui se serait entouré de souvenirs, photos, statuettes, tapis, décorations et cadeaux provenant du monde entier. La maison avait eu son heure confortable et décontractée, reflétant les années triomphantes où l'avenir s'ouvrait à lui et où les grands de ce monde venaient de partout pour lui rendre hommage, mais elle dégageait maintenant une aura de désolation. Kitty Dallet, sa femme, qui était en train de mourir, fragile et minuscule créature vêtue d'un tailleur de tweed trop grand pour son corps décharné, était encore remarquablement jolie, avec un visage qui n'avait pas vieilli. Mais son attitude anxieuse et vigilante rappelait qu'elle avait été soumise à d'épuisantes enquêtes gouvernementales en raison de ses anciens liens avec les radicaux. Et pourtant, bien que malade et effrayée, on se rendait compte qu'elle avait été très énergique, jadis. Au cours d'une petite réunion d'universitaires, elle ne cessa de me regarder avec ce que je pris pour de l'appréhension, et j'allai m'asseoir à côté d'elle pour lui promettre que je n'étais pas en train de chercher une nouvelle façon de les torturer une fois de plus dans un article ou une émission télévisée. Il y avait en elle une insolence qui évoquait Dorothy Parker et son humour désespéré. L'ambiance de la maison était assombrie par le souvenir des jours meilleurs.

Ce n'étaient certainement ni la responsabilité ni la culpabilité qui m'intéressaient, mais la relation, ou l'absence de relation entre le savant et sa propre vie. En regardant en arrière, je n'étais moi-même pas vraiment capable de me retrouver dans ma quête romantique d'une expression personnelle totale, ma détermination à découvrir la vérité absolue tout en fermant les yeux devant les faits. Ces savants idéalistes auraient-ils connu une contradiction similaire ? A un degré infiniment moindre, le même dilemme pouvait se présenter : j'avais changé la vie des autres, de mes épouses et de mes enfants certainement, et peut-être aussi des gens dans le monde entier qui avaient assisté à mes pièces, et pourtant je me retrouvais à peine dans mon œuvre, comme les physiciens pouvaient ne pas se reconnaître dans la leur. Il paraissait impossible d'évoluer sans posséder une vision plus complète, plus vivante de sa responsabilité à l'égard de soi-même, ce qui impliquait une enquête qui trancherait douloureusement dans le vif. Je ne l'envisageais pas comme un problème moral, mais presque comme une recherche biologique. Comme toujours, je commençai par le comportement, et il y avait quelque chose de spectral, de désincarné, de frustrant, dans la façon dont la plupart des gens réussissaient à vivre d'un seul côté de leur vie, comme s'ils étaient deux, celui qui agissait et celui qui était condamné (à moins que ce ne fût un privilège ?) à rester à l'écart et à observer, avide de participer à sa propre existence tout en le redoutant.

Je me suis même demandé si cette scission était à l'origine de notre fascination vulgaire pour la violence, de la commercialisation du sexe avec mise à l'écart du sentiment, de ce besoin illimité de divertissement – l'objectif du pays apparaissait quelquefois comme une quête massive de nouvelles distractions. Dans ce domaine, le passé ne pouvait plus servir de guide, maintenant que la star de cinéma, cette personnification des autres humains, était devenue l'être le plus envié, le plus adulé et le mieux payé du pays et que son triomphe, cette façon artificielle d'échapper à son ego, était élevé au rang d'idéal de vie. Il était désormais de plus en plus certain que les vertus largement admises d'une existence dominée par la drogue étaient un aspect du même besoin, le besoin de faire fusionner, même si c'était fallacieux, les deux faces de l'homme en une seule unité d'action et de conscience, sinon dans la réalité sociale, du moins à l'intérieur de la tête, en créant par la chimie une inconscience qui laissait le monde réel à l'extérieur et fabriquait une transcendance sans valeurs.

La recherche de l'ego absolu, telle semblait désormais la définition que l'on donnait de la quête de *Hamlet*, d'*Œdipe Roi*, d'*Othello* : rendre la vie réelle par le refus du donné, ressort secret de la tragédie.

En parlant avec ces savants, je pénétrai dans un obscur territoire inconnu sur lequel régnait ce cruel tyran, l'Ironie. Ayant libéré les forces les plus terrifiantes de la nature, ils étaient maintenant prisonniers de contradictions étroites, dont l'essentiel était qu'il ne leur appartenait pas de prendre les décisions fondamentales, qui étaient laissées aux politiciens dont l'esprit et les motivations étaient trop souvent triviaux et sans sagesse. Tout le bien que la science apportait à la médecine l'avait justifiée comme art capable de sauver des vies, mais elle pouvait également exterminer toute forme de vie. A quel terme de cette équation un savant inventeur se rattachait-il ?

Finalement, la méfiance derrière laquelle Oppenheimer se protégeait rendit toute discussion approfondie difficile. Je supposais qu'il avait de bonnes raisons de se défier des écrivains. Mes questions semblaient pourtant l'intéresser, même s'il ne se permettait d'y répondre qu'en surface, sauf pour la plus importante – étions-nous tous tentés de refuser intellectuellement, et par conséquent psychiquement, celles de nos actions que nous avions du mal à justifier ? Evidemment touché, il me regarda bien en face, ses yeux s'emplissaient de ce que je pris pour de la vulnérabilité, et me dit avec une insistance tranquille que cela n'était pas toujours vrai. En d'autres termes, il souffrait réellement, il n'était pas seulement un homme qui avait connu le pouvoir et pouvait se distraire en se remémorant ses exceptionnelles découvertes. A l'époque, cette réponse me parut suffisante.

Je repartis avec la croyance que poser la question, c'était y répondre. Les hommes avaient besoin de nier, et cette sinistre obscurité que l'on pouvait palper autour des chercheurs de vérité me semblait maintenant l'obscurité du refus. Ils devaient finalement croire que le grand souffle de l'histoire les avait simplement balayés vers le haut, de même qu'une immense force de gravitation aspire de nouvelles étoiles dans son somptueux sillage. On ne pouvait pourtant pas éliminer le fait que leur merveilleux talent avait mis entre les mains d'ignorants à peine sortis de leur trou le pouvoir destructeur des dieux.

De retour à Roxbury, j'écrivis des pages et des pages en vers libres, commençant une pièce où un personnage ressemblant à Oppenheimer se préparait à annoncer l'explosion test de *Fat Man*, la première bombe expérimentale. Les scènes n'étaient pas dépourvues d'élégance mais le sang ne coulait pas dans leurs veines, car j'étais trop éloigné de la vie quotidienne du personnage. Au fur et à mesure que j'écrivais, il me vint à l'esprit qu'une culpabilité de cette sorte pourrait bien être une pseudo-relation, sournoisement inventée, avec une personne ou un événement, quelque chose que nous fabriquons pour nier nos véritables responsabilités. La culpabilité permet une sorte de douleur sans nécessité d'agir ni l'humiliation de la contrition. Bref, en nous sentant coupables, nous diminuons la nécessité de changer notre vie.

Je comprenais mieux maintenant pourquoi *la Chute* de Camus m'avait laissé insatisfait. Il y apparaissait qu'après avoir entrevu l'atroce vérité de sa propre culpabilité, l'individu n'avait plus d'autre possibilité que de renoncer à toute forme de jugement; mais était-ce suffisant pour cesser de juger les autres? Pouvait-on vraiment vivre sans distinguer le bien et le mal? Avides que nous étions d'accepter les contradictions prolifiques de l'existence, devions-nous renoncer pour autant à éprouver du dégoût moral? Et si nous ne devions plus jamais porter de jugement, comment qualifier la main du meurtrier?

La pièce sur la bombe était intéressante alors qu'elle aurait dû être horrible. Je ne savais pas combien de temps il me restait à vivre et je désirais sincèrement laisser quelque chose d'absolument authentique. Cette pièce était peut-être capable d'éclairer le dilemme de la science, mais pas de me troubler par ses révélations, or je n'avais jamais rien écrit de bon qui ne m'eût fait rougir (c'est vrai pour tous, à mon avis).

Je commençai à rechercher une forme capable de déterrer la véritable dynamique du déni, ce qui me paraissait être l'énorme mensonge de notre époque – au moment où l'Amérique se préparait, ce que je ne pouvais pas encore savoir, à faire la guerre au Vietnam, à nier méthodiquement que ce fût une guerre et à refuser aux hommes qui combattaient la dignité élémentaire du soldat. Je considérais la culture américaine, la moins enchaînée du monde, comme la culture de la dénégation. Même la drogue, qui faisait exploser les limites de l'esprit, niait qu'elle fût en train de le détruire, et la nouvelle liberté sexuelle niait qu'elle fût en train de dissoudre cette retenue empreinte de pitié qui seule rend envisageable à long terme n'importe quelle relation humaine. Le costume et la mode permettaient à la conscience du cadre de nier l'existence de ceux qui portaient des bleus de travail ou des vêtements d'occasion, qui à leur tour, avec leurs cheveux flottant au vent, refusaient d'admettre l'absence d'engagement personnel, déguisée en libération du moi.

La nouvelle pièce prenait inévitablement la forme d'une confession, dans la mesure où le sujet était cette quête d'un lien avec sa propre vie qu'entreprend le personnage principal, et où son acceptation du déni était la voie qui lui permettait d'accéder à lui-même. Cela n'avait l'air ni plus ni moins autobiographique que tout ce que j'avais jusqu'alors écrit pour le théâtre. De la pièce que j'avais abandonnée une dizaine d'années plus tôt, dont le sujet était un groupe de chercheurs soumis à la volonté d'un riche propriétaire de laboratoire pharmaceutique, le personnage de Lorraine émergeait comme porteur de la véritable sensualité, par opposition au héros coincé, à l'esprit limité, qui compte sur elle pour régénérer sa vie alors que de plus en plus, elle incarne l'authenticité vigilante d'une force de la nature.

Quelques semaines après la fin des *Misfits*, Marilyn, de retour à New York, me téléphona à l'hôtel que j'habitais avant de déménager au Chelsea, pour me demander : « Tu ne rentres pas à la maison ? »

Il me fallut un long moment avant de pouvoir parler. Elle paraissait sincèrement surprise de ne pas me trouver dans notre appartement, bien que je lui aie annoncé ma décision de vivre ailleurs. Avait-elle oublié sa fureur à mon égard, ou bien cela n'avait-il pas eu le même sens pour elle que pour moi ? Sa voix avait maintenant recouvré son ancienne douceur, sa vulnérabilité, comme si rien de destructeur ne s'était produit au cours des quatre dernières années, des années qui semblaient s'effacer pendant qu'elle parlait, comme la photo en couleurs d'une scène de violence, restée trop longtemps au soleil. Soudain, le véritable passé me parut aussi sacré que la vie même. Cette amnésie ressemblait à une tentative de mourir à reculons. La question tacite que pose *la Chute* n'était plus : comment vivre avec une mauvaise conscience – ça, c'était simplement la culpabilité – mais comment découvrir pourquoi on s'est porté au secours de l'autre avec pour seul résultat de contribuer à son échec en aidant à lui cacher la réalité. *La Chute* est le livre d'un observateur. Je voulais écrire sur les participants d'une telle catastrophe, les accusés humiliés. Ce que nous sommes tous.

J'accumulais les pages avec rapidité, bien trop nombreuses pour une pièce normale. Je travaillais tantôt au Chelsea, tantôt à Roxbury, dans la maison dont Marilyn, à sa façon, avait voulu faire son foyer, pas très loin de ma première maison, celle où j'avais vécu avec Mary et les enfants pendant cinq ans. Mais la proximité ne rendait pas le passé moins mystérieux pour autant. A un virage de la route, près de cette première maison, se dressait un certain érable en train de mourir lentement d'une blessure infligée par une voiture qui l'avait embouti le jour où nous nous étions mariés, Marilyn et moi. Dans le souci d'échapper à la presse, nous avions organisé la cérémonie à Westchester, chez Kay Brown, mon agent et amie de longue date. Kay et son mari, Jim, mes parents, Joan et Kermit ainsi que leurs conjoints, les Rosten et Robert Goldberg, le joyeux rabbin, n'étaient pas parvenus à dissiper la nervosité de Marilyn, que j'avais fini par partager ne serait-ce que parce que le monde, littéralement, était à nos trousses. En rentrant chez nous en fin d'après-midi, nous tombâmes sur une Chevrolet en travers de la route, à cinq cents mètres de la maison, dont l'avant était encastré dans cet arbre. Nous nous arrêtâmes. Je sortis pour aller voir et découvris une femme affalée sur le siège avant, le cou de toute évidence brisé. Devant la maison, que nous rejoignîmes en quelques instants, une ambulance était arrêtée et une foule d'une cinquantaine de personnes, journalistes, photographes et badauds, indiquait au chauffeur le lieu de l'accident. La malheureuse victime, Mara Cherbatov, aristocrate russe responsable du bureau new-yorkais de *Paris-Match*, avait fait le trajet avec un photographe américain. S'étant arrêté pour demander le chemin de ma maison à un voisin, il avait vu passer une voiture qu'il avait prise pour la mienne, s'était engagé follement à sa poursuite, avait manqué le virage et était rentré dans l'arbre. C'était une mort tellement inutile, et une mission tellement dénuée d'intérêt au départ, que la catastrophe nous effara tous deux. L'arbre endommagé se mit à pourrir lentement, et finit par s'effondrer environ six ans plus tard, laissant une souche que je ne pouvais m'empêcher de chercher du regard, dans les herbes, chaque fois que je passais par là en voiture.

On apprend à écouter ce qu'une pièce en train de s'élaborer essaie de nous dire. Le thème de la culpabilité du survivant commençait à émerger de mon manuscrit gargantuesque. Des mois plus tôt, après notre périple autour du Rhin, Inge et moi étions allés à Linz, la ville autrichienne, encore célèbre pour son antisémitisme, où Hitler était né. Juste à la sortie de la ville, sur la crête d'une petite montagne boisée, s'étendait le camp de concentration de Mauthausen, et Inge pensait que j'aimerais le voir. Elle avait souffert sous les nazis, mais elle leur avait survécu et son esprit ne cessait de tenir à distance un passé avec lequel elle souhaitait faire la paix.

En passant en voiture devant les petites fermes, nous avions trouvé curieux que personne ne lève les yeux pour voir qui pouvait bien rouler sur cette route peu empruntée menant à un camp de concentration abandonné depuis longtemps. Bien entendu, je me dis qu'ils avaient dû réagir exactement de la même manière quand les camions bourrés de gens remontaient cette route à l'époque où le camp fonctionnait. Je ne pouvais d'ailleurs le leur reprocher, et c'était bien là le problème. Je ne pus m'empêcher de me demander ce que j'aurais fait à leur place, eux qui n'avaient aucun moyen d'intervenir – si d'aventure une telle idée leur était jamais venue.

Construit comme un château fortifié, le camp était entouré d'un solide mur de pierre de huit mètres de haut au lieu de l'habituelle barrière de piquets et fils de fer barbelés. Cet endroit était clairement destiné à devenir l'abattoir permanent d'un Reich installé pour mille ans. A côté des hautes grilles cadenassées s'ouvrait une petite porte en bois. Nous frappâmes et attendîmes dans la campagne silencieuse. La beauté du paysage, marquée par la douce ondulation du terrain couvert d'épaisses forêts, narguait tout ce que nous savions. La nature est aimable et seul l'homme est mauvais.

Puis un Autrichien à l'air inquisiteur apparut, bien en chair et fumant une longue pipe recourbée comme dans les bandes dessinées, accompagné d'un basset souriant et bien en chair, tout frétillant et aussi curieux que son maître. L'homme, probablement las de son emploi de gardien, fut ravi de nous laisser entrer. Non sans manifester un certain respect pour les milliers de gens qui avaient été assassinés là, il se montra néanmoins plein d'entrain en nous conduisant à travers les baraquements et les cours, s'arrêtant pour nous expliquer que c'était sur cette plaque de pierre – avec le creux aménagé pour recevoir la tête, et la rigole, à une extrémité, permettant l'évacuation du sang – que l'on rasait le crâne des cadavres et qu'on les dépouillait de leurs dents en or. On s'occupait également des vivants dans cet endroit. N'étant apparemment ni submergé par la sympathie et le remords ni glacé par l'indifférence, il se montrait tout aussi curieux des horreurs qu'il décrivait que déférent à l'égard des victimes, et de toute évidence sans culpabilité dans son cœur. (Et pourquoi aurait-il été différent ? Ne devait-il pas vivre ?) Dans une allée ouverte entre deux baraquements, il nous désigna un obélisque de pierre de forme pyramidale où on pouvait lire qu'à cet endroit, un général russe avait été forcé de rester debout, par un froid inférieur à zéro, tandis qu'on l'arrosait d'eau, et qu'il était mort gelé sous une colonne de glace.

Un peu plus bas, dans un petit bar au bord de la route où nous bûmes un café après cette visite, un solide ouvrier aux fortes mains, âgé d'une quarantaine d'années, vint s'asseoir à une table avec une petite fille de huit ou neuf ans et entreprit avec une grave sollicitude de corriger ses devoirs de calcul sur son cahier d'écolière. Il habitait probablement déjà là, vingt ans plus tôt seulement, à l'époque des massacres, et avait su ce que transportaient ces camions qui quotidiennement ne cessaient de gravir la colline. Pendant toute la scène, Inge resta assise bien droite, parlant peu, pâle et luttant contre sa peur. Les larmes étaient constamment sur le point de jaillir de ses yeux. Les gens qui avaient construit cet endroit et l'indifférence que nous voyions autour de nous – le moins qu'on puisse dire – avaient détruit sa jeunesse et lui avaient imposé pour le restant de ses jours une dette qui n'était pas la sienne, et qu'elle ne pourrait jamais rembourser, mais qu'elle subissait toujours en raison de son humanité. C'était un mystère. Tout en constatant que le monde, au-delà des terres germaniques, n'offrait plus de raisons de faire confiance à l'animal humain, elle était apparemment capable de tenir bon contre le pessimisme. Il y avait toujours, semblait-il, quelques individus que l'on pouvait appeler à l'aide...

Si j'admettais que j'aurais fait n'importe quoi pour ne pas être de ceux qui, à l'intérieur des camions, remontaient la colline, était-ce la raison pour laquelle j'éprouvais tout juste une communion douloureuse avec les morts ?

Peu après notre voyage à Linz, l'*International Herald Tribune* annonça dans un entrefilet de quatre lignes qu'un procès contre d'anciens gardiens d'Auschwitz se tenait à Francfort dans un tribunal spécialement construit pour l'occasion. Je n'avais jamais vu de nazi, et jugeai que cela valait la peine de conduire quelques heures de plus.

Nous nous assîmes au milieu d'une petite douzaine de spectateurs curieux, dans la toute nouvelle salle de tribunal en marbre brun, qui dégageait une atmosphère d'un calme impressionnant. Au bout de quelques minutes seulement, un journaliste de l'un des services télégraphiques vint me trouver pour me dire qu'il espérait me voir écrire quelque chose sur ce procès, car ils avaient des difficultés, ses collègues et lui, à faire passer leurs articles dans les journaux européens, américains et anglais, l'intérêt pour le problème nazi s'étant nettement évaporé maintenant, plus de quinze ans après la guerre. Je n'étais pas venu au procès avec l'intention d'écrire à ce sujet, mais à la demande du *Tribune*, je finis par rédiger un long article qui fut également publié dans le *New York Herald Tribune*.

Certains fragments de cette journée me restent en mémoire. Face à la haute tribune où siégeait le juge et à la barre des témoins, vingt-trois accusés, âgés de cinquante à soixante ans, étaient assis sur une estrade surélevée, derrière leur avocat, un homme de haute taille et de belle prestance nommé Laternser, qui représentait la General Motors en Allemagne – défenseur beaucoup trop onéreux, semblait-il, pour ces anciens gardiens qui n'étaient à l'évidence ni riches ni éduqués. Fritz Bauer, avocat de l'accusation, donna la raison de ce mystère : il avait appris que les accusés avaient menacé de révéler le rôle criminel joué par le pharmacien en chef dans les prétendues expériences médicales d'Auschwitz si ce dernier, rejeton d'une riche famille allemande, ne leur fournissait pas un avocat de premier ordre. D'ailleurs, le pharmacien était assis à côté de moi, petit homme myope d'une cinquantaine d'années à l'expression studieuse, vêtu d'un excellent costume de tweed verdasse, et qui suivait avec une attention extrême les moindres paroles du procès, ce que l'on peut facilement comprendre. Il n'était pas encore accusé et espérait évidemment ne pas l'être.

L'un des gardiens, répondant aux questions de Laternser qui visaient à le décrire comme un père de famille parfaitement respectable menant une vie irréprochable, raconta comment il avait élevé ses quatre enfants pour en faire des adultes responsables. Laternser, satisfait, allait passer à autre chose quand le gardien poursuivit : « sauf ma plus jeune fille. Je ne lui parle plus. » Cela parut réellement surprendre Laternser, qui essaya aussitôt de l'empêcher de continuer. Mais l'ancien garde d'Auschwitz, porté par une indignation naïve, voulut absolument montrer au tribunal quel Allemand loyal il était et se mit à expliquer comment il avait rompu toute relation avec sa fille du jour où elle avait décidé d'épouser un Italien. Ces traîtres d'Italiens, bien entendu, s'étaient repliés devant l'avance des Alliés, abandonnant le Reich, et c'étaient de toute façon des gens à la peau foncée en qui on ne pouvait avoir confiance.

Un autre gardien, réputé à Auschwitz pour son sadisme, s'était enfui à la fin de la guerre et avait été un des rares à choisir l'Est plutôt que l'Ouest. Il avait fait venir des employés d'hôpitaux polonais qui témoignèrent qu'au cours des dernières années, infirmier à Varsovie, il avait montré une telle tendresse à l'égard des malades qu'on l'appelait « Mère ». Sa spécialité à Auschwitz consistait à battre des individus attachés à un poteau dans la position dite « perchoir du perroquet ».

Bauer confirma en privé ce que tout le monde savait – que les autorités de police locales se faisaient tirer l'oreille pour rechercher les témoins appelés à déposer contre les crimes nazis alors que l'Allemagne de l'Ouest dépensait beaucoup d'argent pour organiser ces procès. Jusqu'à la prise du pouvoir par les nazis, Bauer avait été le plus jeune juge de la Cour suprême de l'Etat de Hesse. Il ne fut pas tout de suite démis de ses fonctions par le pouvoir judiciaire nazi, mais sa conscience lui interdisant d'appliquer des « lois » qui n'étaient rien d'autre que des condamnations *a priori*, il se réfugia en Suède et y passa la guerre. De retour, il fit vœu de pourchasser les nazis mais il était maintenant un homme sans illusions. Ce n'était pas tellement que l'idéal nazi eût survécu, pensait-il, mais surtout que les gens voulaient purement et simplement oublier ce qui s'était passé et en nier les horreurs. Il était considéré en général comme un ennemi de l'Allemagne, puisqu'il en était la conscience – situation qui, évidemment, n'est pas tout à fait inconnue dans d'autres pays.

Inge et moi déjeunâmes avec Laternser, un homme calme et raffiné à l'esprit extrêmement vif, inébranlable dans sa défense des gardiens. « Comme les Américains sont les premiers à le souligner, il ne peut y avoir de procès équitable quand les témoins de l'accusation sont tous morts ou tellement âgés qu'ils peuvent à peine se rappeler quoi que ce soit. » Que ses clients aient contribué à tuer ces éventuels témoins n'était certainement pas son problème, seule la preuve l'intéressait.

J'écrivis un long article sur le procès qui couvrit deux pages de l'*International Herald Tribune* et ne fit l'objet que de coupures minimes dans l'édition new-yorkaise. Pendant quelque temps, il y eut d'autres comptes rendus de procès de ce genre, mais les faits demeuraient aussi pesants qu'une pierre tombale – si important fût-il d'entretenir le souvenir de l'Holocauste de peur qu'il ne s'efface, ses causes humaines profondes demeuraient pour la plupart des gens terre inconnue, et ils continuaient d'entretenir comme un dépôt sacré leur propre peur des races et des croyances des autres. De toute manière, sans même tenir compte de ce qu'on avait pu lire ou écrire, le seul fait d'envisager l'extermination systématique de petits enfants dans une chambre à gaz équivalait à sentir le contact d'une main glacée sur sa propre bouche et l'on pouvait comprendre, jusqu'à un certain point, que les Allemands refusent d'y penser.

Mais la vertueuse imbécillité de ce gardien allemand qui croyait améliorer son cas en proclamant sa haine des Italiens est restée vivace dans mon esprit : cet homme avait eu le pouvoir absolu de diriger, et même de tuer, des milliers de gens – des gens de talent, voire de génie, des médecins, des artistes, de bons artisans, des philosophes, ou tout simplement des gens qui avaient aimé.

En y réfléchissant bien, la difficulté d'identifier ce qu'il y avait d'universel dans le nazisme venait peut-être bien de ce que, justement, le pouvoir et l'imbécillité étaient tellement liés dans le monde qu'il y avait là quelque chose d'extraordinaire, quelque chose qui ne frappait pas comme une révélation aveuglante.

C'est après mon retour d'Allemagne que je commençai à me sentir engagé dans la nouvelle pièce, peut-être parce que son thème – le paradoxe du déni – paraissait si éminemment être le thème de l'Allemagne, et que la brutalité de l'Allemagne, niée de façon si idéaliste, était symbolique du dilemme humain de notre époque. L'expression la plus poignante de ce thème se trouvait en Lorraine, le personnage de ma pièce inachevée sur le laboratoire pharmaceutique, en qui je voyais le symbole d'une ironie beaucoup plus générale. Car elle semblait si confiante, dans sa candeur, et aussi forte et tolérante qu'un bel animal, alors qu'en son for intérieur elle se sentait illicite, une sorte de monstre à qui sa candeur n'apportait que le mépris déguisé de ceux dont l'opinion comptait dans le monde. Et ainsi, perplexe et désemparée, elle en était secrètement venue à se dresser contre elle-même, se rangeant du côté du monde dont le cynisme finissait par écraser sa fragile confiance en elle, et le déni ayant commencé son œuvre, la laissant presque totalement incapable d'analyser sa propre collaboration et les coups vengeurs qu'elle portait aveuglément. Elle se sentait prise au piège, ne pouvant plus avoir confiance en personne. Le processus complexe du déni dans le monde en général, ainsi reflété dans un individu, semblait un thème central magnifiquement lumineux, et il s'empara si complètement de mon imagination, comme devait le remarquer par la suite Robert Whitehead, que je m'étonnai sincèrement de l'entendre dire que tout le monde verrait évidemment en Lorraine, rebaptisée Maggie, un portrait pur et simple de Marilyn. J'étais convaincu que la pièce serait perçue comme une tentative d'appréhender un monde de dilemmes politiques et éthiques, l'agonie de Maggie étant peut-être le symbole le plus évident, mais en tout cas pas la *raison d'être* de la pièce. Cette pièce racontait comment nous – nations et individus – nous détruisons, en niant que c'est précisément ce que nous sommes en train de faire. Si Maggie était véritablement un reflet de Marilyn, laquelle avait une dimension bien supérieure, l'agonie du personnage était un hommage que je lui rendais, car dans la vie, du moins dans l'esprit du public, Marilyn était pratiquement interdite de toute relation éventuelle avec la souffrance. Elle était la *golden girl*, l'éternelle jeune déesse de la sexualité, au-delà de la souffrance et de l'anxiété, une créature mythiquement anesthésiée, hors de portée de la condition mortelle commune, et par conséquent de la sympathie réelle. Bien entendu, elle avait contribué sans le savoir à créer ce mythe, qui apparut comme son triomphe une fois établi.

En y repensant, je voyais que j'avais occulté l'évidence en séparant le personnage fictif de tout être réel, mais il ne fallait sûrement pas en faire retomber le blâme sur la pièce. Le point essentiel était que Maggie pouvait être sauvée si seulement elle voulait bien s'arrêter de condamner, que ce soit elle-même ou les autres, et commencer à entrevoir qu'à l'égal de tout un chacun, c'était elle qui avait fait sa vie. Une terrible vérité devant laquelle il fallait éprouver humilité et stupeur plutôt que le remords absolu contenu dans son refus d'admettre qu'elle avait effectivement pris part à son malheur. C'est dans ce sens que l'innocence tue. Mais comme je devais le découvrir peu après, elle règne, et régnera indubitablement toujours.

Je n'étais pas parti avec l'idée que Maggie allait mourir, mais qu'elle se séparerait de Quentin, dénouement plus fort dans la mesure où il n'autoriserait pas le public à se satisfaire d'une mort rassurante. Mais au fur et à mesure que le personnage s'élaborait, elle me paraissait de plus en plus vouée à un destin inéluctable et je pouvais sentir s'infléchir cet arc qui mène à la mort. Cela aussi la rendait dans mon esprit distincte de Marilyn, laquelle, à ce que je savais, recommençait à tourner des films, s'était acheté une maison et menait probablement une aussi bonne carrière que l'industrie cinématographique le permettait.

Ayant acheté un journal dans un kiosque de New York, un jour, je tombai par hasard sur une photo d'elle – c'était peut-être dans *Life* – qui la montrait dans une piscine, son corps nu s'étirant dans l'eau, son visage tourné vers l'objectif. La légende de la photo précisait qu'elle n'avait pas voulu faire semblant d'être nue dans *Something's got to give*, une comédie qu'elle commençait à tourner avec Dean Martin. J'eus l'impression qu'elle souriait avec une insouciance délibérée très différente de la joie authentique qu'elle montrait en dévoilant son corps somptueux, quelques années plus tôt. Il était difficile d'échapper à l'impression qu'elle ne devrait plus faire des choses pareilles, qu'elle était au-delà de la nécessité de compter si manifestement sur son corps. Toutes ces années de travail n'avaient-elles que ceci pour résultat, nager nue dans une piscine ? Ce cliché, destiné à célébrer le retour de l'ancienne Marilyn, était à mes yeux assombri par une sorte de fatale froideur, comme si elle avait abandonné tout espoir d'être autre chose qu'une proie.

Un entrefilet du même journal annonçait que *Something's got to give* avait été arrêté parce que Marilyn était trop régulièrement en retard pour le tournage. Une pétition parue dans *Variety* et signée par les machinistes et autres techniciens employés sur le film la remerciait sarcastiquement de les avoir privés d'un emploi par ces temps difficiles. Rien n'aurait pu la blesser plus profondément.

Je savais que son analyste lui était réellement attaché et la laissait pratiquement se comporter comme un de ses enfants; elle rendait visite à sa famille et traînait dans la maison de la même façon que ses filles. Mais après ce dernier choc, j'espérai sincèrement qu'il allait prendre des précautions particulières, car c'était exactement le genre de situation qui pouvait l'inciter à chercher un secours dans l'inconscience. A Hollywood, pendant un autre film, j'avais été obligé de m'adresser au doyen de la faculté de médecine de l'université de Californie pour qu'il la persuade d'abandonner les barbituriques. Tous les autres médecins avaient cédé à sa demande de somnifères nouveaux, de plus en plus forts, alors qu'ils savaient parfaitement à quel point c'était dangereux pour elle. Son nom et sa puissance conspiraient aussi à menacer sa vie. Elle était alors complètement intoxiquée et le professeur avait balayé d'un geste tous les flacons qui encombraient sa table de nuit. Tant de fermeté l'avait suffisamment impressionnée pour qu'elle cesse de prendre des comprimés pendant quelques jours, mais pour continuer, elle aurait dû affronter cet enchaînement mortel d'idées qui la poussaient à croire qu'elle était destinée à finir en victime sacrifiée. Dans un moment de calme, le professeur réussit presque à la convaincre que c'était elle-même qui était en train de s'empoisonner, mais son autorité ne pouvait avoir raison de l'image d'elle-même qui l'accompagnait depuis toujours. D'ailleurs, il y avait toujours de nouveaux médecins disposés à l'aider à sombrer dans l'oubli.

Bob Whitehead arriva un jour au Chelsea avec des nouvelles excitantes. Il venait d'être nommé à la tête d'une nouvelle troupe permanente qui aurait ses locaux dans le complexe du Lincoln Center alors en cours de construction au-dessus de Columbus Circle, et qui devait être terminé d'ici deux ans. Bob avait été le coproducteur de *Vu du pont* et *A Memory of Two Mondays* avec Kermit Bloomgarden et il était encore le producteur le plus ambitieux de Broadway sur le plan artistique. Quels qu'aient été ses succès, il rêvait avant tout d'un théâtre permanent, comparable au National ou à l'Old Vic en Angleterre, où les artistes américains – dramaturges, acteurs, décorateurs, metteurs en scène – pourraient s'exprimer de manière cohérente, préservés de la dispersion inéluctable qui affecte les productions commerciales à la fin d'une saison. Pour assurer ce travail au Lincoln Center, il serait obligé d'abandonner la production à Broadway, sacrifice financier révélateur de son intérêt profond pour ce projet.

Accepterais-je d'écrire une pièce pour l'ouverture de ce théâtre ? La question qu'il voulait me poser franchement était si je pourrais travailler avec Kazan, qui devait être le directeur artistique avec Harold Clurman, dramaturge et conseiller général, et Bobby Lewis, qui dirigerait le cours d'art dramatique et mettrait en scène certaines pièces. De toute évidence, il s'agissait de l'ancien Group Theatre qui resurgissait une vingtaine d'années après sa disparition, cette fois avec un financement public et un lieu permanent. C'était une formidable perspective.

Pour ce qui est de Kazan, il allait falloir que je précise mes sentiments. Je ne savais pas si nous pourrions, en fait, travailler ensemble. Quant à moi, mon opinion n'avait pas changé, son témoignage devant la Commission des activités antiaméricaines l'avait desservi tout autant qu'il avait desservi la cause de la liberté, mais j'étais convaincu qu'il estimait toujours avoir bien agi. Dans l'intervalle, bien entendu, toute cette histoire de communisme s'était refroidie et la nouvelle génération comprenait à peine de quoi il s'était agi. La question était maintenant de savoir si sa prise de position politique et même sa défection morale, si l'on voulait, devaient l'empêcher définivitement de travailler pour le théâtre, en particulier ce genre précis de théâtre soutenu par des subsides publics. Pour ce qui est de la morale, il valait peut-être mieux ne pas jeter le filet trop loin. D'abord, combien de ceux qui savaient maintenant qu'ils avaient soutenu un régime stalinien paranoïaque et meurtrier avaient-ils été réellement confrontés à leurs convictions ? Si j'éprouvais un certain dégoût pour le fait que Kazan eût renoncé à son passé sous la contrainte, je n'étais pas du tout certain qu'il dût être écarté d'un poste pour lequel il était admirablement qualifié par son talent et son inestimable expérience au sein du Group. Je n'aurais pas non plus juré que je n'étais pas en train de rationaliser ma conviction qu'il n'y avait pas de meilleur metteur en scène pour cette pièce complexe. Mais le rejeter, à mon avis, était rejeter l'espoir d'un avenir possible pour un théâtre national à notre époque.

Mon souci immédiat à cette heure était de pouvoir finir la pièce à temps pour l'ouverture du Lincoln Center. J'étais encore en train de ramer au milieu de ces deux cents pages de dialogues sans apercevoir le rivage. Et pour ce qui est de l'aspect pratique, je pouvais difficilement me payer le luxe d'offrir une pièce à un théâtre subventionné qui n'allait la jouer qu'un nombre limité de fois par mois. Comme il me fallait toujours plusieurs années pour mettre une pièce en route et que, financièrement, je m'en sortais à peine, je ne pouvais me permettre d'être généreux. Mais au bout de quelques semaines et de nombreuses conversations avec Clurman et Whitehead, dont l'enthousiasme allait croissant, ainsi que plusieurs conférences avec Kazan sur sa conception de la mise en scène, je finis par donner mon accord. En résumé, malgré tous les arguments pesants qui m'indiquaient la porte de sortie, je cédai à mon enthousiasme et choisis de participer au projet.

Je n'avais d'autre position dans ce nouveau théâtre que celle d'auteur dramatique occasionnel, et aucune participation à sa politique interne d'administration. J'aimerais pouvoir dire que l'on a écrit trop de choses sur son histoire controversée pour qu'on doive y ajouter encore, mais la vérité demeure qu'en dépit de la quantité d'articles sur le théâtre qui paraissent à New York et ailleurs, un récit juste et précis de ce qui s'est passé au Lincoln Center Repertory Theatre du temps de Whitehead et Kazan reste à écrire.

Raconter dans son intégralité cette importante histoire dépasserait le propos de ce livre. Je peux seulement évoquer ce que je savais à l'époque et ce que j'ai appris de seconde main par la suite, ce qui n'est certainement pas suffisant. Il importe de donner à connaître les faits non seulement à cause des personnalités qui y participèrent, mais aussi en raison des fonds publics considérables qui furent engagés, sans parler des espoirs que les spectateurs et les artistes y avaient mis, et qui méritaient mieux que ce qu'ils ont obtenu. Finalement, si ce pays doit jamais créer un théâtre national digne de ce nom, il faudra que nous tirions la leçon de cette tentative ratée.

Pour être concis, le conseil d'administration du Lincoln Center était essentiellement composé des banquiers qui avaient assuré le financement de sa construction. Ils admettaient que l'opéra, le ballet et l'orchestre symphonique fussent chaque année en déficit mais – pour des raisons particulières à la culture américaine dont ils faisaient partie – ils estimaient que le théâtre devait être rentable ou du moins ne pas perdre d'argent. Pendant de longs mois de discussions et de démonstrations à base de statistiques, Whitehead, manifestant une patience et une compréhension considérables à l'égard de ces gens-là, expliqua ce paradoxe selon lequel plus un théâtre de ce type avait de succès, plus il devait perdre d'argent. Pour ces messieurs du conseil, ceci était dépourvu de tout sens financier. Après tout, Whitehead avait gagné de l'argent à Broadway en montant des pièces de Robinson Jeffers, Carson McCullers, Friedrich Dürrenmatt et Robert Bolt, alors pourquoi n'était-ce pas possible ici ? Seulement voilà, à Broadway, le producteur ne payait pas pour stocker les décors de deux ou trois pièces ou davantage, qui attendaient de prendre leur tour au répertoire sans cesse renouvelé de la troupe. Ni pour soutenir une troupe entière de comédiens dont beaucoup restaient inoccupés pendant des jours ou des semaines, et parfois plus longtemps. Ni pour fabriquer et engranger les costumes de plusieurs pièces, et ainsi de suite. Que des théâtres ayant un succès immense tels que l'Old Vic et, plus récemment, le Théâtre national de Grande-Bretagne reconduisent en permanence d'énormes déficits était un fait qui ne réussissait pas à prendre racine dans l'esprit de ces banquiers. Le président, George Woods, alors président de la Banque mondiale, était particulièrement imperméable à une situation à première vue si simple.

A l'époque, cependant, je ne savais rien de tout cela. Au moment où je terminais la rédaction de *Après la chute* éclata l'horrible nouvelle de la mort de Marilyn, apparemment causée par une absorption massive de somnifères.

Il y a des gens tellement présents de leur vivant qu'ils ne semblent pas disparaître à leur mort, et pendant plusieurs semaines je découvris que je devais me forcer pour admettre le fait que Marilyn n'était plus. Je m'aperçus que je m'attendais encore à la rencontrer, n'importe où, n'importe quand, et à parler raisonnablement avec elle, pourquoi pas, de toute cette folie que nous avions traversée ensemble – dans ce cas, je serais probablement à nouveau tombé amoureux d'elle. Et la logique de fer de sa mort n'y changeait pas grand-chose : je pouvais encore la voir traversant la pelouse, ou touchant quelque chose, ou riant, en même temps que j'affrontais sa disparition comme on regarde le soleil s'effacer derrière l'horizon. Lorsqu'un journaliste appela pour demander si j'assisterais à son enterrement en Californie, l'idée même d'un enterrement me parut absurde, et effaré comme je l'étais, je répondis sans réfléchir : « Elle ne sera pas là. » J'entendis sa stupéfaction, mais que faire sinon raccrocher puisque cela dépassait toute explication. De toute manière, me mêler à ce qui serait inévitablement un cirque d'appareils photographiques, de cris et d'exhibitionnisme était au-dessus de mes forces. J'avais fait tout ce que j'étais capable de faire et trouvais dépourvu de sens de poser pour des photographes devant une tombe. Pour une raison inconnue, ce que je lui avais dit autrefois me revenait sans cesse : « Tu es la fille la plus triste que j'aie connue », et elle avait répondu : « Personne ne m'a jamais dit ça ! » riant avec une surprise réfléchie qui me rappela la mienne lorsque le vendeur à la jambe de bois m'avait fait remarquer : « Tu es devenu sérieux », me forçant à me voir différemment. C'était tellement étrange qu'elle n'ait jamais eu vraiment le droit d'accéder à sa tristesse.

Et maintenant, naturellement, la presse faisait chorus pour se lamenter, cette même presse qui l'avait si longtemps tournée en dérision et dont elle avait pris trop au sérieux les louanges et la condescendance, voire le mépris pour son talent d'actrice. Pour survivre, il eût fallu qu'elle se montrât soit plus cynique, soit plus éloignée encore de la réalité. Alors qu'elle était un poète au coin d'une rue, essayant de réciter des vers à une foule qui arrachait ses vêtements.

Issue des années quarante et cinquante, elle était la preuve que le sérieux et la sexualité ne peuvent cohabiter dans la conscience américaine, qu'ils étaient antagonistes, des contraires se rejetant mutuellement, en fait. A la fin, elle avait dû céder et recommencer à nager nue dans une piscine pour pouvoir faire un autre film.

Quelques années plus tard, sa vie serait reprise par un écrivain dont la spécialité était le mélange de la sexualité et du sérieux mais qui, ouvertement avide d'argent parce qu'il devait payer plusieurs pensions alimentaires, ne fut capable de décrire qu'une jeune et joyeuse putain, capable de projeter des éclairs inattendus d'esprit raffiné. A y regarder de plus près, elle le traînait dans son ombre, traduisant tous les fantasmes hollywoodiens de célébrité, de sexe illimité et de puissance qu'il abritait en lui. Pour lui, toute allusion à de la souffrance aurait inutilement terni le portrait, même s'agissant d'une femme qui avait toujours vécu au bord de l'autodestruction.

J'en vins à me demander si la plume du grand auteur lui aurait réservé un meilleur sort, eût-elle accepté dans les années cinquante ma suggestion de l'inviter un soir à dîner. J'avais entendu dire que Norman Mailer avait acheté une maison à Roxbury, et d'après ce que chacun savait de lui, il se serait précipité pour la rencontrer. Bien que j'eusse en mémoire la brève conversation que nous avions eue longtemps auparavant devant la maison de Brooklyn Heights où nous habitions tous les deux – lorsqu'il m'avait annoncé, de façon stupéfiante, qu'il était capable d'écrire une pièce telle que *Ils étaient tous mes fils* quand il le voulait et le ferait d'ailleurs probablement le moment venu – je l'écartai comme un signe juvénile de jalousie, ce que tous les écrivains ressentent et se doivent de surmonter. Dix ans plus tard, il me semblait pouvoir être d'une compagnie agréable pour un dîner. J'estimais alors que nous étions trop isolés et que davantage de visiteurs pourraient aider Marilyn à dominer sa méfiance à l'égard des étrangers. Mais elle rejeta l'idée d'inviter Mailer, disant qu'elle « connaissait ce genre de types » et voulait les laisser derrière elle dans cette nouvelle vie qu'elle espérait créer parmi des êtres qui ne seraient pas obsédés d'images, la leur ou celle des autres. En lisant son livre débordant d'une rancœur grinçante qui nous visait tous deux – habilement camouflée derrière un aplomb magistral – je me demandais si cette agressivité aurait existé au cas où nous l'aurions nourri un soir, lui laissant le temps de percevoir l'humanité de Marilyn, et pas seulement son apparence publique.

Car en tant que sujet de ce roman-qui-n'était-pas-de-la-fiction et en même temps de ce non-roman-qui-n'était-pas-la-vérité, elle émergeait précisément telle qu'elle détestait paraître, comme une sorte de plaisanterie se prenant au sérieux. Mais c'était aussi un portrait qui permettait au lecteur de condescendre à se laisser charmer. Les éléments de base de sa carrière étaient fournis par ce témoin désintéressé, Milton Greene, qui avait été éjecté de sa vie financière par la force de la loi, alors que ses plus chers soutiens – son analyste, le Dr Ralph Greenson, qui s'était battu jusqu'au bout pour la sauver, et l'infirmière qui vivait auprès d'elle, une femme âgée – étaient présentés de façon caricaturale, comme peu soucieux de sa santé. D'ailleurs, interrogé à la télévision par Mike Wallace sur la raison qui lui avait permis d'avancer que l'infirmière avait peut-être fait preuve d'une négligence coupable le soir fatal, mettant gravement en cause son honneur et sa réputation professionnelle, alors qu'il eût été facile de vérifier ses faits et gestes au cours des dernières heures, l'auteur répondit qu'il n'avait pas réussi à joindre cette personne. Et quand Wallace, surpris, affirma qu'il n'avait eu aucun mal à la trouver dans l'annuaire téléphonique de Los Angeles, l'écrivain poursuivit sa dissertation littéraire sur la traditionnelle liberté de l'auteur de fiction, estimant qu'il était plus commode, dans cette situation précise, que « sa » Marilyn ne fût pas tout à fait un personnage réel entouré de personnes réelles, même si en d'autres occasions il souhaitait évidemment qu'on la considère comme telle, par exemple quand un lecteur potentiel en quête de vraie marchandise prenait le livre dans un magasin et envisageait de le payer avec de l'argent véritable. Et d'ailleurs, Wallace lui ayant demandé pourquoi, après tout, il avait écrit le livre, il lui répondit avec candeur qu'il avait besoin d'argent.

C'est elle qui avait eu raison dès le départ, et je m'étais montré beaucoup trop confiant, souvent bêtement, ce qui était irritant. Je n'étais pas habitué à la célébrité et à la foule de requins qu'elle attirait – mais sans le vouloir, je les avais regardés attaquer encore et encore, jusqu'au moment où toute cette célébrité était devenue une institution paranoïaque qui écrasait l'âme et vous tuait. Cependant, vivre jour après jour dans le brouillard d'une méfiance permanente m'avait paru sans intérêt et, comme nous l'avons vu, s'était finalement révélé impossible également pour elle.

La sortie d'*Après la chute* ayant eu lieu si vite après la mort de Marilyn, la pièce ne pouvait qu'échouer. A l'exception de quelques esprits obstinés, les critiques parlèrent d'un scandale et non d'une pièce, mentionnant à peine le thème, l'intention dramatique ou le style, comme s'il n'y avait eu là qu'une attaque contre une femme morte. On ignora dans l'ensemble cette évidence que les attaques dont je faisais l'objet étaient alimentées par la paraphrase, presque mot pour mot, des déclarations de Quentin concernant ses propres échecs – c'est-à-dire par la pièce elle-même. C'était comme si les critiques, témoins d'une véritable querelle domestique, avaient été invités à venir au secours de Maggie.

Je ne pouvais m'empêcher de penser que ce rejet aveugle, empressé et quasi total du thème de la pièce et de ses implications était une preuve supplémentaire qu'ils étaient difficiles à affronter, qu'il était impossible de considérer sérieusement que l'innocence fût meurtrière. C'était cette sorte même de refus qui avait provoqué le dénouement tragique de la pièce. Je fus bientôt l'objet d'une vaste haine, mais la pièce avait délivré sa vérité, comme elle était après tout obligée de le faire, et si cette vérité était drapée de douleur, il n'en était pas moins important pour le public de l'affronter, que ce fût avec gêne et même avec colère. Avec le temps, et beaucoup de difficulté, j'admis que cette hostilité à mon encontre était justifiée, car j'avais en réalité été un porteur de mauvaises nouvelles.

L'accueil réservé à *Après la chute* ne fut pas aussi uniformément négatif que je me l'étais imaginé dans la chaleur de l'action. En y repensant, il semblait évident qu'en dehors de *Mort d'un commis voyageur*, chacune de mes pièces avait connu au départ une majorité de critiques mauvaises, indifférentes ou ricanantes. A part Brooks Atkinson au début et Harold Clurman par la suite, je suis un auteur dramatique qui ne compte pas dans son camp de grands critiques de théâtre. Ce sont essentiellement les acteurs et les metteurs en scène qui ont soutenu mon œuvre devant le public, dont l'enthousiasme a d'ailleurs répondu au leur. Ce n'est qu'à l'étranger et dans quelques villes américaines autres que New York que la critique a loué mes pièces. J'ai souvent recouvré le sens de la réalité en évoquant la remarque de Tchekhov : « Si j'avais écouté les critiques, je serais mort ivre dans le caniveau. »

Un de mes vieux amis était en train de regarder Rebecca, alors âgée d'un an, dans sa poussette. Nous avions le même âge, près de cinquante ans, nous nous étions mariés vers vingt ans, en sortant de l'université, et avions eu nos enfants à peu près en même temps. Et moi j'étais là, de nouveau propriétaire d'un enfant dans une poussette... Il lui sourit, puis se retourna vers moi et dit : « Est-ce que nous n'avons pas déjà fait tout ceci ? »

Découvrant la paternité pour la seconde fois, je m'apercevais que c'était la même chose que la vieillesse, cela n'était d'aucun profit pour les jeunes. Avoir un enfant au berceau quand on a atteint l'âge mûr permettait de résister plus vaillamment au pessimisme général des années soixante si batailleuses. Car il y a quelque chose d'absurde dans cet état d'homme âgé-jeune père, une situation peu naturelle qui lui permet d'appréhender dans le regard clair et confiant de l'enfant ce besoin impératif de voir la vie retourner à la vie. Je découvrais en moi une sorte d'instinct protecteur à l'égard de ce qui me paraissait porteur d'espoir, et de la méfiance pour toute attitude négativiste. Je ne savais pas vraiment quelle était l'origine de ce sentiment, mais je redoutais que la vie soit facile à tuer. Il se pouvait simplement que cela vînt du fait que je me savais en train de vieillir.

Je savais également que l'époque changeait parce que ni Bob ni Jane n'avaient envie d'aller à l'université, qui ne leur semblait pas adaptée. Je me souvins que, pendant mes deux dernières années d'études universitaires, j'avais eu hâte de rejoindre le monde extérieur, bien plus intéressant, et que j'étais resté là parce que je n'avais pas vraiment le choix, puisqu'il était si difficile de trouver un emploi. Bien qu'ils me parussent en danger de se couper de la culture du passé par ce rejet absolu du travail universitaire, je manquais de conviction quand je m'opposais à eux, n'étant pas sûr de comprendre leur vision de la réalité. Même avant que la guerre du Vietnam n'eût entamé la foi que leur génération avait en l'Amérique, ils paraissaient avoir perdu un peu de cette obsession du succès dont j'avais autrefois déploré l'influence pesante et perverse sur ma génération. Et voici que je m'inquiétais qu'ils lui tournent le dos! Mais plus personne n'osait dire ces choses-là ouvertement. Je comptais sur ma confiance en eux. Ce qui devait arriver arriverait.

Marcello Mastroianni vint un après-midi au Chelsea parler de son interprétation de Quentin dans le *Après la chute* que préparait Franco Zeffirelli. Jamais je n'avais vu sur terre d'individu moins attaché à plaire. Il paraissait vraiment se considérer avec le même humour qu'il appliquait à tout le monde, comme si la vie en général n'était pour ainsi dire qu'un grand malentendu. Son premier rôle avait été celui de Biff dans le *Commis voyageur*, des années plus tôt. Je pensais qu'il ferait un merveilleux Quentin parce qu'il avait l'air de vouloir défricher ce qui lui arrivait tout en se regardant avec un certain recul. J'étais curieux de savoir comment il réagissait à la pièce, que je soupçonnais de lui être assez étrangère, étant donné ce que j'avais entendu dire de ses expériences avec les femmes.

– Comment vous sentez-vous avec Quentin? Eprouvez-vous de la sympathie pour ce qu'il fait dans la pièce ?

– Evidemment. La même chose nous arrive à tous, à un moment ou à un autre.

– Alors, vous le comprenez ?

– Oh, oui.

Je perçus une certaine réserve, et le poussai à me l'expliquer.

– Mais tant de difficultés à cause d'une femme...

– Comment ? Qu'est-ce que vous feriez ?

– Je – il agita la main comme pour indiquer le lointain – j'irais faire un tour.

En vérité, cette notion américaine qui voulait qu'on ajuste si précisément sa propre personnalité au rôle qu'on allait jouer était bien étrange. Il devait rentrer chez lui pour parler à Fellini, qui voulait l'engager pour un film, qu'il accepterait bien entendu les yeux fermés (et qui l'empêcherait de jouer Quentin sous la direction de Zeffirelli). Ce devait être *8 1/2*. Il n'avait pas la moindre idée du sujet et fut satisfait de recevoir le scénario le premier jour du tournage. « Un acteur est avant tout un animal. S'il ne possède pas cela, il n'a rien. Je suis content d'être ainsi. » Ce fut une sorte de soulagement de lui parler, comme si un poids avait été ôté de toute cette idée d'interprétation.

Les attaques que je subis pour *Après la chute* n'étaient pas faciles à accepter, mais je trouvai quelque consolation en me remémorant l'incroyable hostilité que la seule annonce d'une troupe permanente au Lincoln Center avait soulevée avant même qu'un programme fût choisi. J'avoue que je ne suis toujours pas sûr de l'avoir comprise. J'estimais que c'était tellement excitant que des gens de talent comme Whitehead, Kazan, Bobby Lewis et Harold Clurman apportent leur prestige et leur idéalisme à une entreprise sans précédent. Après tout, la plupart des confrères de leur génération avaient lâché le théâtre pour la télévision et le cinéma, et ils faisaient partie des rares personnes capables de transmettre une tradition théâtrale américaine. La presse, toutefois, en particulier certains commentateurs universitaires des journaux les plus intellectuels, manifesta une hostilité étrange et agressive, un peu comme si quelque chose se tramait en secret, tandis que les critiques dramatiques professionnels se tenaient à l'écart, neutres dans les meilleurs cas, parfois légèrement cyniques à l'égard de cette tentative de théâtre non commercial. Cette réaction négative a priori eut un effet si désastreux que Clurman ne reçut qu'un petit nombre de manuscrits à lire en vue de futures productions. Je me rendis dans plusieurs écoles pour encourager de jeunes auteurs à envoyer leurs pièces, mais la propagande se révéla aussi efficace qu'elle était incroyable.

Avec Jason Robards dans le rôle de Quentin et Barbara Loden dans celui de Maggie, Kazan réussit une mise en scène d'une grande maîtrise et d'une authentique sensibilité, certainement l'une des meilleures choses qu'il eût jamais faites. Je ne lui avais pas rendu la tâche facile. Avec ses soliloques traduisant les pensées des personnages, ses disparitions brutales et ses translations de temps et de lieu, la pièce confinait souvent au montage. Jamais il ne tenta de simplifier sa tâche en réduisant le matériau, et il essaya loyalement de faire ressortir les intentions du texte. Les spectateurs qui venaient remplir la salle temporaire de West Fourth Street avaient l'air profondément émus, malgré toute l'hostilité qui nous cernait. Mon seul regret fut de n'avoir su empêcher Loden de porter une perruque blonde, ce qui invitait forcément à penser à Marilyn. Par la suite, je me demandai si cet aveuglement de ma part avait été ma forme de refus, mais comme d'habitude j'étais trop profondément occupé par la structure de la pièce, et la ressemblance des personnages avec des modèles réels était loin d'occuper mon attention.

Quels que fussent ses défauts, le Lincoln Center était conçu comme un théâtre capable d'atteindre le grand public. En s'adressant aux non-initiés plutôt qu'à une élite culturelle, les auteurs dramatiques et les acteurs seraient appelés à étendre et approfondir leur art. Mais les critiques « révolutionnaires » et l'avant-garde de la profession se moquèrent du projet dans son ensemble, création de banquiers et de vieux routiers du théâtre. En réalité, la véritable bataille à l'intérieur de ce théâtre se jouait entre un banquier, George Woods, et les vieux routiers Whitehead-Kazan-Clurman, mais personne n'en dit mot, cela ne présentait aucun intérêt pour des journalistes et des universitaires qui voulaient justifier leur élégante compétence. Pas plus, il faut l'avouer, que Whitehead ne sortit des rangs pour aller exposer les faits à la presse, espérant au contraire obtenir un nouveau théâtre en se comportant comme un homme du monde parmi ses pairs.

Mais il se rendit enfin compte de la violente opposition du président Woods au théâtre qu'il était censé diriger quand, plutôt que d'attendre un an ou deux – le temps de terminer la construction du Vivian Beaumont Theatre – il alla demander au doyen de l'université de New York de lui louer pour un dollar l'an un terrain sur lequel on édifierait un théâtre temporaire, dans West Fourth Street. Terminé en un temps record par des constructeurs spécialisés dans les entrepôts industriels, ce bâtiment bon marché avait une acoustique excellente et la nudité du béton traduisait de façon étonnante la pauvreté réelle de cette malheureuse tentative, condamnée d'avance, de théâtre new-yorkais. Le jour de l'inauguration, le toit métallique laissait encore passer l'eau, et dans l'après-midi précédant la première de *Après la chute,* nous allâmes, Whitehead et moi, acheter dans la Sixième Avenue une paire de tournevis pour resserrer les boulons de six rangées de sièges.

La fureur déchaînée contre la tentative dans son ensemble finit par la détruire, d'autant que le conseil d'administration du Lincoln Center ne possédait aucune base solide lui permettant de résister à des critiques suffisamment imbéciles pour qualifier également d'inepte le choix des acteurs. Que cette liste comportât Jason Robards Jr., Faye Dunaway encore inconnue, David Wayne, Joseph Wiseman, Salome Jens et le jeune Hal Halbrook ne permit pas de les faire taire. Des erreurs furent certainement commises, dont certaines, graves, dans le choix de pièces qui n'étaient pas adaptées à la troupe, mais la plus grave fut certainement de laisser croire en des plans grandioses alors qu'il s'agissait en réalité d'une expérience qui aurait dû se dérouler le plus tranquillement et discrètement possible, jusqu'à ce que la troupe eût trouvé sa voie et une certaine confiance en elle.

En dépit de tout, *Après la chute* continua d'être jouée devant un public très nombreux. Whitehead et Clurman, assiégés, vinrent bientôt sonner à ma porte pour me demander une autre pièce, et vu mon penchant pour la solidarité, ainsi que la disponibilité tentante de ce qui était, je le savais, une troupe d'acteurs de première qualité, je commençai à écrire *Incident at Vichy*[1], que je terminai en peu de temps. Ceci tendant à prouver – tout comme lorsque j'avais écrit *Vu du pont* à l'invitation de Martin Ritt – que si j'avais eu la chance de vivre à une époque où il existait un théâtre, d'art ou permanent, de haut niveau, j'aurais certainement écrit un plus grand nombre de pièces. La seule perspective de devoir surmonter les difficultés de la distribution et de la production dans le théâtre commercial, sans compter parfois l'échec d'années de travail pour une seule critique superficielle, m'accablait du sentiment de la parfaite futilité de cette entreprise : écrire des pièces. Et je suis certain que je n'étais pas le seul.

Les sources historiques de *Vichy* m'ont été fournies par mon ami et ancien analyste, le Dr Rudolph Loewenstein, qui s'était caché à Vichy pendant la guerre avant que les nazis n'occupent toute la France. Je ne me

1. Incident à Vichy.

rappelais que les grandes lignes de son histoire : un analyste juif arrêté avec de faux papiers et sauvé par un homme qu'il n'avait jamais vu jusque-là. L'inconnu, un « Gentil », s'était substitué à lui dans la file de suspects attendant qu'on examine leurs papiers et leur sexe, un jour où l'on recherchait des Juifs se faisant passer pour des Français.

D'autres sources me furent apportées par un vieil ami d'Inge, le prince Josef von Schwarzenberg, l'aîné des survivants d'une très ancienne lignée d'aristocrates autrichiens, qui avait « décliné l'offre » de coopérer avec les nazis et en avait ensuite subi les conséquences pendant la guerre. Il était le modèle de Von Berg, le prince qui, dans ma pièce, intervient pour prendre la place d'un analyste condamné. Ce n'était pas tout à fait une idéalisation romantique, car d'une manière absurde quoique logique en même temps, Josef von Schwarzenberg personnifiait la résistance élémentaire à l'esprit fasciste, qui est fondamentalement celui de la vulgarité obligatoire sous toutes ses formes. Ce grand célibataire élégant, à qui le gouvernement autrichien avait, après la guerre, concédé une aile du palais Schwarzenberg pour y finir ses jours, regardait mélancoliquement de sa fenêtre l'énorme monument de cinq étages en marbre élevé par les Soviétiques à la mémoire du Soldat russe, tout en admonestant inutilement le dernier serviteur qui lui restât, lequel parcourait les couloirs les mains gantées de blanc pour servir des spaghetti totalement immangeables. Capable de financer des quatuors à cordes mais aussi de mendier de quoi mettre de l'essence dans sa Peugeot, il réussissait à créer une image d'intégrité culturelle qui était un témoignage touchant de résistance à l'humiliation par le pouvoir, quel qu'il soit. La respiration de Schwarzenberg s'accélérait et sa main frémissait d'excitation lorsqu'il écoutait une sonate de Mozart sur son vieux phonographe ou lisait les vers d'un nouveau poète. Il se précipitait à la messe, le ruban de la Toison d'or passé autour du cou, puis chez la mère d'Inge pour avaler un bol de riz qu'elle seule, selon lui, était capable de réussir ainsi, et enfin à une séance de méditation mystique avec Arnold Keyserling, dont les idées lui inspiraient une immense curiosité même si, étant catholique, il ne les adoptait pas. Ayant empêché le mouvement nazi de se prévaloir du prestige de son nom, il n'envisagea jamais de changer d'attitude. Il n'avait pas eu la moindre hésitation et n'imaginait pas pouvoir mériter de l'admiration pour ce refus dangereux. Qu'il eût passé la plus grande partie de la guerre en France à faire d'humbles travaux ne lui paraissait même pas un châtiment. Ce que je trouvais fascinant en Josef était ce mélange de perspicacité concernant les choses du monde et de code moral naïf, que seul peut-être un individu aussi protégé dans sa jeunesse pouvait avoir, et qui donnait la mesure de la corruption admise en ce monde.

Inge et moi avions décidé de profiter d'une de nos visites à ses parents en Autriche pour aller à Radomizl, le village polonais proche de Cracovie d'où mes grands-parents avaient émigré. Le père d'Inge sortit avec empressement toutes ses cartes d'état-major et découvrit, à l'aide d'une loupe, un Radomizl en Ukraine. Peu après, l'ambassadeur de Pologne en Autriche, grand amateur de théâtre, nous invita à déjeuner pour se répandre en louanges sur l'admirable mise en scène que l'on avait faite, selon lui, de *Après la chute* à Varsovie, et nous invita joyeusement à visiter un Radomizl en Pologne occidentale, pas du tout dans le voisinage de Cracovie. Et voici que Josef venait nous annoncer qu'il y avait dans une province de Bohême ayant autrefois appartenu aux Schwarzenberg un Radomizl dont il gardait un vif souvenir, à coup sûr la ville de mes origines. « Je suis certain que ce n'était pas en Bohême, dis-je. – Mais vous ne pouvez pas en être sûr, dit-il en riant, alors il faut que vous choisissiez votre Radomizl, et vous devez choisir le mien ! Vous voyez, nous avons des liens ! »

Nous ne fîmes jamais le voyage vers ce qui apparaissait maintenant comme un pays natal arbitraire, un nulle part. D'ailleurs, si je tombais par hasard sur le bon Radomizl, il y avait peu de chance que les gens de ma famille eussent survécu à la conquête nazie. Tous les Radomizl et toutes les villes du même acabit étaient désormais *judenfrei*.

La mise en scène d'*Incident à Vichy* par Harold Clurman, avec ce commissariat de police presque mythologique conçu par Boris Aronson, était tout à fait superbe, mais il y avait un tel mépris généralisé à l'encontre du Repertory Theatre du Lincoln Center que l'accueil fut plat, quoique respectueux. Moins d'un an plus tard, montée par Peter Wood dans le West End londonien avec Alec Guinness dans le rôle du prince, la pièce allait marcher infiniment mieux. J'avais estimé nécessaire, soit dit en passant, d'expliquer aux acteurs anglais – à peine vingt ans après la guerre qui avait menacé l'Angleterre plus que toutes les autres catastrophes survenues en mille ans – ce qu'avaient été les SS nazis, et ce qu'ils avaient fait. Le passé a simplement cessé d'exister de nos jours, peut-être parce que trop de choses changent trop vite.

Cette pièce devait avoir une curieuse histoire. Ce fut la première de mes œuvres à être interdite en Union soviétique, dans le cadre d'une des crises d'antisémitisme de la fin des années soixante. Puis trois producteurs français prirent une option sur les droits et chacun décida de laisser tomber, redoutant les réactions devant un texte suggérant que des Français avaient collaboré avec les nazis. Au début des années quatre-vingt, Pierre Cardin finit par la monter à Paris, mais on ne pouvait se tromper sur l'aigreur des critiques. Le spectacle monté par Norman Lloyd pour la télévision nationale et mis en scène par Stacy Keach est probablement le plus significatif qu'il m'ait été donné de voir.

Ce n'est qu'en 1987, avec la libéralisation entreprise par Gorbatchev, que *Vichy* a eu enfin accès à la scène soviétique, dans une mise en scène de cette même

Galina Voltchek dont le spectacle, en 1968 au théâtre Maly, avait été interdit la nuit précédant la première, après six représentations privées qui avaient connu un immense succès. Cette fois, un journaliste du *Moscou News* me téléphona et me posa d'une voix excitée et réjouie des questions du genre : « Que signifie, à votre avis, le fait que cette pièce soit montée à Moscou au bout de vingt ans ? Quel est le message de cette pièce ? » Et pour finir : « Nous vous promettons que vos réponses seront publiées mot pour mot intégralement, merci beaucoup. » Et elles le furent.

L'accueil reçu par mes pièces m'a souvent apporté d'intéressantes révélations sur l'état d'esprit du monde, tandis que mes voyages de ces trente dernières années m'ouvraient de nouvelles perspectives sur notre théâtre. En 1965, Laurence Olivier m'écouta d'un air sceptique quand je lui racontai la débâcle du Repertory Theatre du Lincoln Center. « Mais vous aviez à peine commencé ! Nous avons passé sept ans à élaborer la troupe à Chichester avant même de démarrer à Londres. Et nous passions au moins le quart de notre temps à nous faire éreinter. Et personne n'a jamais pensé à suggérer qu'il fallait tout abandonner. C'est incompréhensible ! » Mais il comptait sans le caractère « à consommer tout de suite » de la culture américaine.

Olivier était en train de monter *les Sorcières de Salem* à Londres, et cela faisait maintenant deux mois que nous échangions une correspondance au sujet du dialecte employé par les personnages. Sa mise en scène, avec Colin Blakely en Proctor et Joyce Redman en Elizabeth, était empreinte d'une noblesse à la fois touchante et austère. En voyant l'acteur qui jouait l'octogénaire Giles Corey, je fus émerveillé qu'un homme si âgé pût posséder encore tant d'énergie, mais j'appris qu'en fait il avait à peine plus de vingt ans. Ce que je n'oublierai jamais, c'est ce long silence, au début du deuxième acte, quand Proctor rentre dans sa ferme, se lave les mains et s'assoit pour dîner. Cela devait bien durer plusieurs minutes, pendant lesquelles Elizabeth le servait puis vaquait à ses occupations ménagères, l'absence de dialogue apportant la preuve de leur fierté blessée, de la colère qu'ils éprouvaient l'un contre l'autre, mais aussi, d'une certaine manière, de leur considération mutuelle. En même temps, ce silence véhiculait jusque dans leur maison la peur montante de ce qui se passait en ville. Quelle passion ressortait de tant de précision !

Pendant la traversée en avion, je lus dans le *Times* que Vincent Riccio, député de l'Etat de New York, était inculpé pour avoir fait émarger au budget une femme qui n'avait jamais accompli le moindre travail. Une peine de prison était à envisager.

Cela faisait maintenant plus de dix ans que Riccio et moi avions passé des nuits ensemble dans les rues de Bay Ridge. J'avais lu peu auparavant qu'il avait été élu membre de l'assemblée de cet Etat : à ma connaissance Riccio était le seul assistant social républicain à être devenu un politicien patenté et je trouvais cela bizarre. Il avait toujours violemment condamné l'ambition personnelle dans la hiérarchie des travailleurs des services sociaux. Etait-ce parce que, justement, il n'en était pas dépourvu ?

Je me souvenais maintenant de lui, assis sur le garde-boue de la voiture, dans la lumière violacée du soir, à Bay Ridge, ancien boxeur de la marine au tempérament combatif, avec ses cheveux noirs et lisses et ses fausses dents trop grandes remplaçant celles qu'il avait perdues dans des combats. Tout en enseignant aux voyous la manière de bloquer les coups de poing, il avait essayé avec une finesse que je lui enviais à l'époque de les faire sortir de leurs sentiers sauvages pour les amener à vivre au milieu de gens pacifiques. La justesse de ses analyses de l'hypocrisie morale des services sociaux me revint en mémoire pendant que je regardais ce journal. Pauvre cerveau ! Comme il se dissout inexorablement quand des regards déterminés se croisent et que le nez s'éveille aux vieilles senteurs de la jungle!

Peu après, je lus un entrefilet relatant qu'il avait été condamné et mis en prison. Puis un autre, quelques mois plus tard, qui annonçait sa mort, sans en préciser la cause. Je me demandai si ce n'était pas la perplexité qu'il avait ressentie devant la diversité des choix possibles. Qui aurait pensé que c'était autrefois, dans les années cinquante, lorsqu'il s'efforçait d'empêcher ces absurdes guerres de gangs, qu'il avait vécu la meilleure part de sa vie?

Vous savez que vous avez atteint un certain âge lorsque tout ce que vous voyez vous paraît dérisoire. Quand je parlais et écrivais contre la guerre du Vietnam, cela ressemblait à une répétition de la guerre civile espagnole, avec de nouveaux acteurs, le spectacle d'une défaite que j'avais déjà vue. Dans le militantisme des années soixante, l'éveil des Noirs, la terrible aliénation de l'époque, je voyais les graines de nouvelles désillusions à venir. Une fois de plus, nous étions en train de chercher à l'extérieur ce qui pouvait nous sauver de nous-mêmes. La rébellion, tout à fait juste et nécessaire, ne laissait qu'une toute petite place aux considérations d'éthique personnelle et à l'égoïsme privé. A cinquante ans et quelque, j'essayais de repousser les échos des croisades d'autrefois, mais c'était impossible.

Avec *The Price* j'essayai d'exorciser en partie cette vision paralysante d'une éternelle répétition. Deux frères, l'un policier, l'autre chirurgien en renom, se retrouvent plusieurs années après s'être violemment querellés. L'heure est venue de partager les biens familiaux, leur père étant mort. Désormais adultes, ils croient avoir acquis cette indifférence aux trahisons du passé qui serait le privilège de la maturité. Mais tout recommence. Les mêmes symboles de leurs rages passées font resurgir les mêmes sentiments d'injustice et ils se séparent sans s'être réconciliés. Ils ne sont capables ni l'un ni l'autre de comprendre que le monde a besoin des deux – l'homme d'ordre et de devoir, le créateur ambitieux et égoïste qui découvre de nouveaux traitements.

En dépit de mes vœux, je ne parvenais pas à me débarrasser de ce que la pièce et la vie paraissaient vouloir me dire : que nous sommes condamnés à perpétuer nos illusions parce qu'il nous en coûterait trop d'affronter la vérité. A la fin de la pièce, Gregory Solomon, l'antiquaire de quatre-vingt-neuf ans, reste avec les meubles de la famille qu'il a achetés aux deux frères. Il y trouve un vieux disque comique, l'écoute et se met à rire sans retenue, avec nostalgie et cynisme, plus proche d'accepter les sournoises déformations du temps que de les nier.

Il y a dans *The Price* des scènes que j'affectionne particulièrement parce qu'elles évoquent le souvenir de David Burns, un fou inspiré d'un sens biaisé du ridicule qui plaçait toute l'existence dans une unique perspective. Monter cette pièce n'allait pas sans difficulté, et les répétitions menacèrent de voler en éclats un après-midi, quand Arthur Kennedy, Kate Reid et Pat Hingle – les trois quarts de la distribution – se lancèrent dans une violente discussion avec le metteur en scène, Ulu Grosbard. Soudain, Davey apparut sur la scène, dominant les autres qui se trouvaient dans la salle. Il avait mis son chapeau, sa veste et sa cravate, mais portait son pantalon plié sur un bras et regardait sa montre avec inquiétude. « Oh, mon Dieu ! j'avais oublié, dit-il, ne s'adressant à personne en particulier, j'ai un bébé dans un incubateur à Philadelphie ! » Sur ce, il sortit de la scène en courant, tel le Lapin blanc. La discussion s'arrêta aussitôt, noyée par cette représentation merveilleuse de l'absurdité et de la folie humaine.

A Philadelphie, je dus reprendre la mise en scène en main, les divergences d'opinion les opposant les uns aux autres étant devenues inconciliables. A New York enfin, quarante-huit heures avant la première, je me trouvai assis au premier rang, faisant répéter Pat Hingle et Kate

Reid. Il était près de sept heures et quart, et l'on pouvait déjà entendre les spectateurs conviés à la représentation privée entrer dans le hall. Arthur Kennedy s'approcha de moi, se pencha et murmura : « Davey vient d'être emmené à l'hôpital avec une crise intestinale. Ils vont l'opérer ce soir. »

Je demandai au régisseur si sa doublure connaissait le rôle et fus rassuré : il était prêt et mettait son costume. Je fis un signe de tête à Kennedy, levai les yeux vers Hingle et Reid qui travaillaient sur la scène, et tombai délicieusement et profondément endormi. Lorsque je m'éveillai, revigoré, le public commençait déjà à se déverser dans la salle, le rideau descendait et Hingle et Reid étaient partis dans leur loge. La doublure, Harold Gary, était tout à fait remarquable. Cela faisait vingt ans qu'il occupait cette fonction auprès de Davey et c'était sa première occasion de tenir un rôle.

Même au seuil de la mort, Davey conserva son sens de la comédie. Whitehead et moi nous étions précipités à l'hôpital, où nous l'avions trouvé sur un brancard, attendant d'être opéré en urgence, la pâleur de la mort déjà sur son visage. Il nous vit et murmura : « Désolé, les gars », et nous lui jurâmes que son rôle l'attendrait, dès qu'il serait sur pied.

Un infirmier s'approcha de lui et dit : « On vous emmène là-haut, maintenant. »

Davey fronça les sourcils, comme s'il devait réfléchir à cette proposition, laissant filer quelques secondes hésitantes avant de faire un signe de tête à l'infirmier : « Je vais y aller. »

Il se remit, et peu de temps après fut la vedette de *70 Girls 70* avec Carol Channing. Alors que le public était gagné par une vague de rire, à l'une de ses répliques délicieusement grommelées, il s'effondra et mourut, les applaudissements retentissant à ses oreilles. On ne fit pas grand cas de sa disparition, mais nous avons été quelques-uns à penser qu'à une autre époque et en d'autres lieux, il aurait retenu l'attention d'écrivains et d'intellectuels amateurs de sublime.

The Price dura une saison et fut joué partout en Europe avec de bons acteurs, en particulier dans le rôle de Solomon. La dernière fois, c'était avec Raf Vallone, lors d'une longue tournée en Italie, de la Sardaigne à Milan. Une pièce, ce sont des morceaux de pain jetés à l'eau, surtout celle-ci. Lev Kopelev, auteur russe dissident, m'a raconté que Soljenitsyne était venu plusieurs fois quand on jouait la pièce à Moscou, regardant et communiquant ses réflexions aux acteurs, apparemment fasciné par un élément de l'œuvre que je n'ai jamais pu exactement déterminer.

Je croyais que cette femme, au téléphone, se moquait de moi : « Nous vous avons nommé délégué à la convention... »

Quelques jours plus tard, les démocrates de Roxbury, une cinquantaine de personnes dont je ne connaissais qu'une poignée, étaient assis avec une expression impassible dans la petite mairie de bois pendant que je leur expliquais que, n'ayant aucune expérience parlementaire, ils auraient avantage à élire mon voisin Birchall, propriétaire d'une laiterie et membre du parti, avec qui je n'avais aucun lien. Je ne pensais pas alors que ma participation pourrait réellement ralentir la guerre, mais à l'issue d'un autre tour de scrutin je l'emportai d'une voix. Cela me faisait plaisir d'avoir suscité une pareille confiance chez mes concitoyens, car je quittais rarement ma ferme pour me mêler aux affaires locales.

La convention de Chicago en 1968 a enterré le parti démocrate et les quarante ans, ou presque, de ce qu'on appelait, véritable euphémisme sa philosophie. Les images de ce qui s'est alors passé à Chicago resteront à jamais.

Je me tenais devant l'hôtel Hilton, à deux heures du matin, en compagnie de Douglas Kiker de la NBC. Nous bavardions librement, comme deux Américains dans un pays étranger. Des bataillons casqués, armés de fusils, formaient une longue ligne devant Grant Park, de l'autre côté de Michigan Avenue, où, dans l'obscurité, on pouvait distinguer la foule des jeunes qui y avaient établi leur campement, tranquilles maintenant après les coups et les arrestations de la journée.

Une jeep descendit lentement l'avenue. Un cadre de bois fixé à son pare-chocs avant supportait une masse de fils de fer barbelés capable de repousser une foule. Nous arrêtâmes notre bavardage, Kike et moi, devant la lenteur de cette jeep, qui pouvait à tout moment faire demi-tour, nous poursuivre dans la rue et nous broyer. Kike déclara : « J'étais à Berlin pendant le soulèvement de 1953 et à Budapest quand les Russes sont entrés, mais jamais je n'ai été témoin d'une violence aussi terrifiante que celle-ci. »

Moi, je n'avais jamais vu de visages aussi effroyablement blancs que ceux des policiers de Chicago. Le sang semblait s'être retiré dans leurs poings fermés. Un peu plus tôt, une bonne centaine de délégués avaient franchi la file de soldats prêts à combattre, chacun de nous portant une bougie allumée et un badge de la convention, mais les visages blêmes et figés des policiers nous regardant passer d'un air menaçant nous avaient avertis que nous n'étions pas à l'abri de leur furie.

Dans la salle la délégation du Connecticut était placée à côté de celle de l'Illinois. Assis au milieu d'une centaine de ses hommes, juste en dessous de l'estrade, se trouvait Richard Daley, maire de Chicago. Les délégués de l'Illinois ressemblaient à une équipe de football, des hommes à l'étroit dans leur chemise, aux visages également blancs de colère, dont les gros pieds tenaient difficilement dans leurs chaussures chics à bout pointu.

Le sénateur Abraham Ribicoff, ancien gouverneur du Connecticut, monta sur l'estrade et commença à parler. Je tenais à la main un morceau de papier que m'avait glissé un huissier, où l'on avait griffonné ceci : « Ils sont en train de nous tuer dans les rues, ils sont en train de nous assassiner dehors... » Je l'avais porté à chaque chef de délégation, essayant d'obtenir l'autorisation de me servir d'un micro, et voici que Ribicoff, cet homme si important pour le parti, fixait Daley dans les yeux, du haut de sa tribune, et qualifiait ce qui se passait dans la rue, derrière les murs de la salle, de « pratiques de la Gestapo ». Je regardai Daley, assis à cinq mètres à peine de moi, vêtu de son pardessus et entouré de sa considérable équipe qui ne cessait de couvrir leur délégation d'un regard de doberman, comme à l'affût du moindre signe permettant d'attaquer quiconque se dirigeait vers eux. Et alors je vis Daley lever les yeux vers la tribune, passer nettement son index en travers de sa gorge et je l'entendis clairement crier à Ribicoff : « Juif! Juif! » Daley paraissait littéralement convulsé par la rage, mais Ribicoff continua de parler malgré tout. Là, je devins sourd, sans doute parce que tout ce que j'avais redouté durant ma vie me tombait soudain sur la tête comme un chargement de charbon.

En dépit des rumeurs annonçant qu'il allait atterrir en hélicoptère sur le toit de l'immeuble abritant la réunion, le président des Etats-Unis n'avait pas osé assister à la convention de son parti.

Pendant une seconde de silence, au milieu de cette immense assemblée, un bruit étrangement doux attira mon attention vers la galerie des visiteurs, là-haut au-dessus de nous. C'était Allen Ginsberg, reconnaissable entre tous avec son épaisse barbe rigide, son crâne chauve et ses lunettes, les bras tendus dans un geste de bénédiction, émettant dans son registre de baryton un long *ummmmm* bourdonnant pour invoquer la voix de Dieu et la paix. Mais cela ne servit pas à grand-chose alors que les pierres de l'édifice s'effondraient autour de nous.

Je n'avais jamais vraiment espéré que la convention permettrait aux pacifistes d'empêcher le parti de soutenir la guerre au Vietnam, mais lorsqu'il devint évident que Humphrey serait le candidat du parti à la présidence bien qu'il n'eût pas véritablement promis de mettre fin au conflit, je me dis que l'heure était venue d'unir les partisans de Robert Kennedy et ceux d'Eugene McCarthy. La pression contre Humphrey qui en résulterait permettrait au moins d'exercer une action sur la politique à venir. Je rédigeai une déclaration autorisant les nombreux délégués liés à Gene McCarthy à voter comme ils le désiraient. Cela signifiait que certains pourraient rejoindre le camp du regretté Robert Kennedy, qui s'était hissé à bord du mouvement pacifiste et avait attendu, pour annoncer sa candidature, que McCarthy eût prouvé qu'elle avait un avenir. On espérait maintenant de toutes parts que Teddy se porterait volontaire pour remplacer son frère. McCarthy déclara d'un ton indigné qu'il libérerait ses partisans s'ils votaient pour George McGovern, mais jamais pour Ted Kennedy.

Je me sentais complètement déprimé devant le fait que pas un mot n'avait été dit pour saluer la longue lutte entreprise pour mettre fin à la guerre, et devant l'abdication de ces hommes qui avaient mené le combat au sein du parti démocrate et acceptaient maintenant que tout se termine ainsi, sans chants ni larmes. Quel moment idéal pour un meneur d'hommes qui saurait se lever et accrocher à la hampe le drapeau de la raison juste! Mais personne ne le fit, et tout sombra dans le néant.

Dans les années soixante, tout ce qu'on croyait savoir pouvait être ainsi balayé. Robert Lowell, sa femme, Elizabeth Hardwick, et leur fille de onze ans vinrent passer quelques heures avec nos voisins, Henry et Olga Carlisle, qu'ils connaissaient depuis très longtemps. C'était par une journée grise de novembre, toutes les feuilles étaient tombées. Encore à l'intérieur de la voiture, Robert fit semblant de ne pas me voir quand je sortis de la maison et continua de discuter avec sa fille pendant qu'elle ouvrait la portière. Finalement, nous échangeâmes une poignée de main. Ses cheveux, qui se raréfiaient, étaient plaqués sur son crâne. Il me dit aussitôt que mon discours au congrès international du PEN Club à Bled, en Yougoslavie, l'avait ému – j'avais salué son refus de se rendre à une invitation du président Johnson, à un festival des arts qui se tenait à la Maison-Blanche, manière pour lui de protester contre la guerre.

Il s'enquit des variétés d'arbres que je plantais et je montai sur le tracteur pour lui montrer comment j'arrachais les racines au moyen d'un système que j'avais bricolé et fixé à la barre de labour. Il se pencha vers sa fille et lui dit doucement : « Tu ne m'imagines pas en train d'arracher des racines d'arbres, n'est-ce pas ? » La petite fille secoua à peine la tête, l'air embarrassé.

Nous marchâmes côte à côte jusqu'à l'étang. Il tournait quand je tournais, et s'arrêtait quand je m'arrêtais, mais il ne cessait presque jamais de parler.

– J'aime Kazan, il a un charisme considérable, mais je ne voudrais pas qu'il mette ma trilogie grecque en scène. *The Changeling* est un chef-d'œuvre, et il l'a gâché pour des années.

– Je ne suis pas certain que ce soit un chef-d'œuvre.

– C'en est un. Eliot l'a dit.

J'aurais bien aimé discuter des compétences théâtrales de T.S. Eliot, mais Lowell poursuivait son idée et n'aurait pas écouté, il n'en était pas capable. Tout ce qui était chinois était stupéfiant, parfait même. Il avait envisagé d'assister à la réception de la Maison-Blanche pour tomber à genoux au moment approprié et prier que l'Amérique eût pitié du Vietnam. Roosevelt était un escroc et un menteur. Kennedy lisait beaucoup.

– Roosevelt, dis-je, a regretté de ne pas avoir aidé l'Espagne, vous savez.

– Vraiment ?

C'était la première chose qui réussissait à l'arrêter, et il avait l'air excité et ravi de l'entendre.

– Pourquoi dites-vous cela ?

– C'est dans le journal intime de Harold Ickes. Il a confié à Ickes que c'était une des grandes erreurs de sa vie de ne pas avoir soutenu les républicains contre Franco.

Lowell s'illumina. Il adorait les ragots, les faits tenus secrets et je crois que l'idée de Roosevelt saisi par le remords lui plaisait bien. Puis il repartit dans son discours, faisant assez calmement allusion à sa « phase démente de l'époque » – j'imagine qu'il s'agissait de l'affaire de la Maison-Blanche. Il doit être courageux, me dis-je, pour pouvoir endurer ainsi le naufrage de sa considération pour autrui. C'était comme si ce bavardage ininterrompu tenait la réalité à la fois présente et à distance.

Comme c'était douloureux de penser que si ses positions pacifistes courageuses avaient prévalu, nous ne serions pas entrés en guerre contre Hitler, à l'époque où il avait fait de la prison comme objecteur de conscience. Assis à ses côtés et observant l'étang tout en essayant de suivre le flot d'idées claires mais sans lien apparent qu'il déversait, je trouvais qu'il symbolisait notre époque, ses immensités, ses aspirations et sa raison assassinée. Il me vint soudain à l'esprit que nous nous ressemblions – nous étions à peu près du même âge et de la même taille, portions des lunettes à monture d'écaille à peu près similaires, et notre crâne se dégarnissait de la même manière, mais je n'abritais pas de démon qui se souciât si peu de survivre. Ses opinions, si opérantes dans son œuvre, étaient tellement absolues qu'elles devenaient à peu près inutilisables dans la réalité, tandis que je ne pouvais plus m'engager dans quoi que ce fût si je ne considérais pas que, d'une manière ou d'une autre, cela permettait de vivre. Il planait très haut à la poursuite de ses visions, je me sentais tenu de convaincre un public qui ne possédait rien, sinon, au mieux, du bon sens. Malgré tout cela, je croyais encore que l'écriture se devait d'essayer de sauver l'Amérique, ce qui signifiait mettre la main sur les gens et les secouer par la peau du cou.

La guerre non déclarée commençait à ressembler, comme dans le *1984* d'Orwell, à une émission de télévision permanente, mais elle frémissait, hoquetait, s'affaiblissait. Et cela modifiait étrangement la question dramatique : autrefois, vous deviez faire affleurer l'inconscient avant la fin du troisième acte, or nous étions déjà *dans* le troisième acte. Je commençais à douter sérieusement qu'une pièce dévoilant progressivement un thème enfoui pût encore être écrite de nos jours. Si la réponse était *non*, c'est que nous entrions réellement dans un nouveau type de culture. A la vérité, nous avions bien trop conscience d'être en train de nous mentir au sujet de cette guerre, nous savions que nous ne faisions que brader la réalité au lieu d'affronter l'imposture nationale. Que restait-il à révéler, sinon l'absence de courage à dénoncer les mensonges?

Je ne cessais d'évoquer mon ancien ami Sid Franks, le policier : « Je ne peux pas lire de fiction parce que je n'arrête pas de me demander comment l'auteur peut savoir ce que les personnages vont faire. N'importe qui est capable de faire n'importe quoi, et je dis bien *n'importe qui* et *n'importe quoi*. Et pour ce qui est des pièces de théâtre – comment se fait-il que cela devienne toujours vraiment intéressant au moment où le rideau tombe? » Il était en avance sur son temps. Les pièces « sérieuses » étaient maintenant à peu près inexistantes, et le style dominant était celui de la désinvolture et de l'ironie – on montrait effectivement que n'importe qui était capable de n'importe quoi; suggérer l'improbabilité suffisait, inutile d'en décrire davantage : c'est ainsi que les flics voyaient le monde, dans tous les commissariats de police du monde.

Je jouai avec l'idée d'un Œdipe comique : un de nos contemporains découvre que sa femme est sa mère, mais au lieu de s'arracher les yeux, il s'assoit et constate tristement : « Seigneur, quelle histoire! Nous ferions mieux de demander au médecin si c'est grave pour les enfants. » Quand on a dépouillé de toute sublimité l'ordre bafoué des choses, il ne peut rien rester d'autre que des pièces anecdotiques, car nous n'avons plus ce besoin pressant de transcender et d'entr'apercevoir Dieu.

Je fus réellement étonné, en voyant *Hair*, de constater que c'était une protestation contre la guerre du Vietnam, rien ne m'ayant préparé à cette révélation dans les articles et la publicité. Bien entendu, la guerre était ce qui rasait la chevelure flottante du gourou et symbolisait l'antivie, mais tout cela tellement noyé dans le chaos apparent de la mise en scène – des gens qui se masturbaient, copulaient, chantaient et dansaient avec un amateurisme délibérément écœurant – que la guerre en sortait désublimée et ridicule, et perdait son pouvoir de tuer. Chaque style d'art doit cependant payer un prix pour être ce qu'il est. Le public appréciait joyeusement la dérision sans complexes du sacré – le drapeau et tous les accessoires psychiques de la guerre – qui s'exprimait dans cette bonne humeur charmante plutôt que dans la haine.

Je me demandais si la séduction de *Hair* ne s'arrêtait pas au ventre, sans monter jusqu'au cerveau. D'un autre côté, quand la propagande théâtrale avait-elle réussi à ralentir, sans parler d'arrêter, une guerre, depuis l'échec de *Lysistrata* ?

Quelques étudiants du coin me téléphonèrent un soir pour me demander si je ferais don d'un arbre pour qu'ils le plantent sur la pelouse de leur collège en qualité d'« arbre de paix ». La voix de mon interlocuteur était feutrée comme celle d'un conspirateur. J'acceptai à condition qu'ils viennent m'aider à le déterrer de ma pépinière, et, tout en pensant que beaucoup de gens m'approuveraient sans doute, ou du moins ne diraient rien, je savais très bien que j'allais prêter le flanc à des attaques. Mon interlocuteur me rappela le lendemain pour m'annoncer que l'arbre de paix d'une autre école du voisinage avait été scié pendant la nuit, et que les étudiants redoutaient maintenant de provoquer la colère des patriotes du coin – beaucoup plus nombreux que la majorité craintive, à en croire la presse – s'ils plantaient le mien. J'en fus désolé et légèrement soulagé en même temps.

Il était difficile de savoir où se trouvait réellement la majorité. Un ami de la ville voisine de Torrington, responsable des relations avec les travailleurs dans une grande société de métallurgie, se présenta un matin à l'usine avec un brassard noir, symbole d'une campagne menée dans tout le pays pour que nos bombardements au Vietnam cessent momentanément – ce qu'on appelait le Moratoire. Les travailleurs de l'atelier lui demandèrent gravement qui était mort, et il leur expliqua ce qu'il en était. Lorsqu'il arriva le lendemain matin, chaque machine était agressivement couverte d'un drapeau américain. Je n'en continuais pas moins de penser qu'il devait exister un moyen d'ouvrir les yeux de ces ouvriers, de leur rappeler que c'étaient leurs fils qui se battaient là-bas.

Un garçon qui habitait plus bas sur la route, et venait souvent, enfant, s'asseoir et regarder en silence ma famille et mes invités bavarder, nager et jouer au ballon, et que j'avais ensuite aidé à entrer dans un cours d'art dramatique local, s'est un jour arrosé d'essence dans son arrière-cour, a craqué une allumette et est mort brûlé vif. Il y avait là, bien sûr, beaucoup plus qu'une protestation contre la guerre du Vietnam : il avait un jour avoué que les valeurs de son père étaient exactement les mêmes que celles de Willy Loman. Seulement, Biff aimait suffisamment son père pour le combattre, lui et ses croyances mortelles. Les professeurs d'art dramatique de ce garçon m'avaient confié qu'il avait beaucoup de talent.

Un autre garçon que je connaissais depuis l'enfance,

fils d'un commerçant du voisinage, âgé de dix-neuf ans, avait sonné à ma porte tard dans la nuit, complètement drogué, et m'avait proposé d'écrire sur-le-champ « un poème sur n'importe quel sujet ». Il était en âge d'être appelé sous les drapeaux, n'allait plus à l'école et n'avait aucune excuse pour ne pas faire la guerre qu'il haïssait. Avant la fin de l'année, il mourut d'une overdose. Il était devenu un excellent vendeur, ayant monté une affaire de vente de pierres locales à des collectionneurs, et son camion était toujours chargé de précieux échantillons qu'il avait dénichés dans les bois de son enfance aux joues roses.

J'avais pourtant l'impression que tout le monde savait que de telles choses arrivaient. Qu'est-ce qu'une pièce ou un roman auraient pu y ajouter? L'inconscient du pays avait réellement été balayé, sa culpabilité avait été effacée au fur et à mesure que nous apprenions à nous endurcir par une routine de déni extrêmement élaborée. Tout ceci était tellement conscient que même cette suite habituelle à toute guerre, le culte des anciens combattants, était inversée : on attendait d'eux qu'ils se fondent dans le monde invisible des civils. Je trouvais cela étrange et sinistre, et ne pouvais m'empêcher d'évoquer les gens qui travaillaient sur le flanc de la colline, en dessous de Mauthausen, et n'avaient pas levé les yeux quand nous étions passés devant eux pour monter vers ce camp de la mort.

Il y eut encore un autre jeune homme, le fils d'un de mes vieux amis, qui rentra du Vietnam, prit sa motocyclette et partit pour une ville distante de près de mille kilomètres avec l'intention de tuer un type de son unité qui avait crié et attiré sur eux le feu des Vietcongs. Mais le garçon n'était pas chez lui et le fils de mon ami dut rentrer. Il commença à faire des placements en Bourse, gagna assez vite pas mal d'argent, mais continua à suggérer gravement que certains anciens du Vietnam, des copains à lui, se préparaient à « nettoyer » la société.

L'atmosphère était complètement surréaliste. Un jour, je parlais contre la guerre sur le terrain de golf de New Haven – où j'eus la chance de rencontrer William Sloane Coffin Jr., l'aumônier de Yale, qui allait devenir un ami proche – et quelques jours plus tard, devant plusieurs centaines d'élèves de première année à West Point. J'avais été invité par un colonel du département d'anglais, et avais commencé par répondre qu'ils pensaient certainement à un autre Miller, puisque j'étais contre la guerre. « Nous savons très bien qui vous êtes, et c'est pourquoi l'on vous a invité », me répondit-il. Après cela, il était impossible de refuser.

West Point – comme j'avais rêvé, enfant, de pouvoir y être admis ! – se trouvait à une heure et demie de voiture de Roxbury. La grande salle de conférence était bourrée de monde et une douzaine de professeurs se tenaient debout contre le mur du fond, des officiers décorés qui me regardaient d'un air inexpressif pendant que je parlais de la guerre du Vietnam et plus particulièrement de ma certitude concernant notre défaite. J'avais l'impression qu'ils pouvaient tout aussi bien me dévorer entier qu'en petits morceaux.

Nous venions de commencer les bombardements du Cambodge. Inge, Rebecca et moi n'étions rentrés que depuis trois semaines d'un voyage là-bas. Inge avait voulu photographier Angkor Vat et les fabuleuses sculptures de ses temples. Il y avait quelque chose d'admirablement *enraciné* dans ces statues de dieux, comme si elles avaient grandi sur place plusieurs siècles auparavant. Et de-ci de-là, dans de petits kiosques à portiques, se dressaient les *lingams*, ces phallus de pierre brillant du contact de tant de femmes qui venaient s'y asseoir pour devenir fertiles – ou du moins était-ce ma théorie. Une douzaine de jeunes moines illuminés en robe couleur safran, le crâne rasé, flottaient d'une niche à l'autre en demandant l'aumône et paraissaient très charnels à mes yeux fatigués.

Ce que j'avais à dire aux cadets n'avait rien à voir avec l'esthétisme : à savoir que je doutais qu'il y eût six personnes au gouvernement capables de lire et de comprendre le cambodgien; que les bombardements ordonnés par M. Nixon allaient difficilement nous rendre sympathiques à un peuple de cultivateurs pour qui la vie consistait à regarder leurs buffles patauger dans l'eau, à se baigner ou à jouer avec leurs enfants, le cours de leur existence lié inexorablement à l'inondation et au drainage de leurs rizières. Je présumais que ma très profonde ignorance du peuple cambodgien devait être partagée par nos dirigeants, qui avaient décidé de les bombarder sans merci pour avoir passé un accord autorisant les Vietnamiens du Nord à emprunter un couloir du pays afin d'approvisionner les guérillas du Sud, chose que le prince Sihanouk du Cambodge n'aurait de toute manière pas pu empêcher.

Pour l'anecdote, je racontai comment Rebecca, alors âgée de neuf ans, était venue nous trouver un matin après le petit déjeuner pour annoncer que la piscine de l'hôtel avait été à moitié vidée et contenait maintenant des bulles de savon, et que l'on était en train d'évacuer l'hôtel; et comment, la direction ayant nié cette réalité et affirmé qu'on ne faisait que nettoyer la piscine, j'avais téléphoné à notre ambassade de Phnom Penh qui m'avait assuré qu'il ne se passait rien de spécial et que nous pouvions poursuivre nos vacances. A ce moment précis nous installions Lon Nol au pouvoir, après avoir renversé le prince Sihanouk, le Cambodge venait d'entrer en guerre et tous les aéroports étaient fermés. Pour sortir d'Angkor, les Foxton, un couple anglais dont la fille avait l'âge de Rebecca, et nous-mêmes dûmes pratiquement acheter un car afin de couvrir les quatre heures de route caillouteuse qui nous séparaient de la frontière thaïe, et bien sûr Angkor Vat fut pratiquement détruit en un rien de temps, et tant pis pour les dieux. L'essentiel de mes remarques restait que nous pouvions difficilement avoir les Cambodgiens de notre côté alors que nous ne les connaissions pas, ne nous intéressions pas à eux et nous moquions de toute façon complètement de ce qui pouvait leur arriver, et qu'un peuple était tout à fait capable de comprendre cela à un moment ou à un autre, comme les Vietnamiens l'avaient fait depuis longtemps.

Un cadet qui devait bien mesurer quarante-deux centimètres de tour de cou – j'appris ensuite qu'il était le fils du chef des Teamsters de Chicago – fut le premier à lever la main quand vint le moment de poser des questions. Il déclara être choqué que je sois autorisé à répandre ce genre de propagande défaitiste à l'Académie militaire. Je me raidis à la perspective du massacre. Un colonel chauve doté d'une moustache flamboyante de garde national, la poitrine couverte de décorations, leva ensuite la main au fond de la salle. Pendant mon intervention une certaine férocité émanant de son attitude rigide avait retenu mon attention.

« J'ai... – le premier son, émis d'une voix de basse rompue au commandement, fit remonter un frisson le long de mon dos jusqu'ici, au cœur de la guerre – été attaché militaire à Phnom Penh pendant douze ans. » Une pause, pour renforcer l'effet. Quel acteur, quel cabot même, vu la moustache. Nous y voici, me dis-je, ç'en est fini de moi. « Et je tiens à vous confirmer que tout ce que M. Miller a dit est vrai. » Sur quoi il tourna les talons et quitta la salle.

Pendant la soirée qui se prolongea jusqu'à deux heures du matin, chez un jeune colonel qui voulait absolument que je dîne avec lui, sa femme, et une demi-douzaine de ses camarades officiers, j'entendis l'autre face de la catastrophe, la version de ces jeunes officiers tourmentés. L'armée, disaient-ils chacun à sa manière, n'avait rien eu à voir avec le déclenchement de cette guerre. Ils avaient su dès le départ qu'elle ne pouvait être gagnée sur le terrain, et qu'il s'agissait d'un problème politique et non militaire. Dorénavant, il fallait qu'ils se mettent en civil lorsqu'ils descendaient à New York. Dans les rues, les gens les accusaient, les insultaient, parfois même les agressaient. Ils s'étaient tous battus au Vietnam, avaient reçu de nombreuses décorations, et ils me demandaient maintenant, avec une tension perplexe dans le regard, de dire au pays ce qu'ils ne pouvaient dire : d'arrêter cette guerre. Ils avaient une austérité – oui, et une sorte de pureté – qui me rappelait de jeunes prêtres. Et tous devaient repartir au combat, certains d'ici quelques semaines, pour mener d'autres hommes encore vers une mort dont ils savaient qu'elle ne servirait à rien et ne serait jamais rachetée.

Bientôt, pourtant, Ronald Reagan allait inventer la rédemption, il allait la mijoter comme un nouveau scénario de film à partir des désirs du public. Ce qui avait autrefois été tragiquement connu de tous à West Point serait soigneusement, méticuleusement réécrit par quelques spécialistes du déni, qui nous offriraient sous forme de mythe la victoire qui nous avait échappé dans la réalité. La douleur était apparemment trop grande à supporter si le plus infime des prétextes ne venait la tempérer, aussi ouvrit-on les portes à une orgie d'autosatisfaction sentimentale, et nous nous retrouvâmes « à nouveau tous debout » sur les mêmes sables mouvants de l'irréel que d'habitude. Ceux qui étaient morts, devenus des monuments, furent pleurés, mais l'esquive était le lot des survivants. C'était comme si les hommes avaient été témoins au Vietnam de quelque chose de si répugnant, de tellement injustifiable de la part d'Américains, qu'ils ne pouvaient accepter la perte de leurs cinquante-huit mille concitoyens, et trouvaient finalement un réconfort dans cette présidence de show biz, avec ses brûlantes promesses de grandeur retrouvée.

Les années soixante ont été pour moi le temps de l'échec et mat, peut-être parce que j'avais perdu mon ultime foi en toute vision prophétique de la société, que ce fût l'espoir commun que l'Amérique serait transformée par les mouvements de jeunes et de Noirs ou la croyance des orthodoxes en une croisade démocratique au Vietnam. Je n'ai pu y trouver aucun souffle historique revigorant, comme j'avais pensé en rencontrer dans les années trente et quarante, mais seulement une stagnation morale qui imitait la création. Le temps d'une pièce de deux heures, qu'espérais-je révéler qui fût à la hauteur de Lyndon Johnson hurlant gaiement (en faisant allusion aux Vietnamiens), face à un régiment de soldats dans une quelconque île du Pacifique : « Allez les gars, clouez-les au mur, ces sales Jaunes! » Jamais nous n'étions descendus aussi bas, même contre les nazis, mais cela paraissait recouvrir toute la toile, ne laissant rien à ajouter qui ne fût déjà implicitement dit. Pourtant, annoncer d'un air réjoui la mort de toutes les valeurs n'était qu'un subterfuge. Dans toutes les petites rues d'Amérique, les gens continuaient de vouloir de meilleures vies pour leurs enfants, des mariages durables, et ils se cramponnaient encore à une certaine décence biologique. Je ne pouvais oublier cela. Ils n'en avaient pas moins aucune place dans une œuvre d'art, sinon comme personnages vivant d'espoir, ennuyeux et sentimentaux.

La mode – j'hésite à la qualifier d'idée dominante – était de laisser aller les choses et de s'accorder à soi-même tous les droits. Je ne croyais cependant plus que la « vérité » consistât simplement à se déshabiller socialement et à défier les normes. Il y avait également des menteurs nus.

The Truth Drug, scénario de film, n'a été qu'une de mes dizaines de tentatives d'appréhension de la réalité dans les années soixante. Hogy, un jeune chercheur de Columbia également flûtiste de jazz et escrimeur et qui tombe amoureux d'une fille nouvelle toutes les deux ou trois semaines, découvre un composé chimique capable de transformer le glouton, l'un des animaux les plus agressifs qui soient, en une bête affectueuse, débordante de tendresse. Le produit stimule apparemment un secteur du cerveau qui n'est pas tant lié au sexe qu'à un fort besoin d'identification. Le glouton ne tente pas vraiment de monter sur tout ce qui bouge mais plutôt d'offrir son affection.

Un soir où il va retrouver sa petite amie, Hogy est attaqué par un couple de drogués. Après avoir avalé un flacon du produit en question, chacun se prend immédiatement d'affection pour lui, pour son conjoint et pour les enfants qu'ils ont négligés. Le produit se retrouve finalement entre les mains de Hock & Stutz, laboratoire pharmaceutique, et est commercialisé sous le label *Love*. Il se répand aussitôt dans tout le pays, le bruit ayant inévitablement couru qu'il agit comme aphrodisiaque.

Love transforme des êtres pleins de haine en individus mieux intentionnés, mais les complications ne tardent pas à surgir. Le football professionnel s'effondre car les joueurs, au lieu de plaquer celui qui tient le ballon courent à côté de lui, essayant de le persuader d'arrêter. Le réseau du métro cesse de fonctionner parce que les voyageurs refusent gentiment d'entrer de force dans les voitures bondées, et se retrouvent par milliers à attendre sur les quais. De surcroît, plus dangereux encore, les forces armées se mettent à avaler du *Love* et les sous-marins prennent l'habitude de faire surface pour que les hommes puissent se dorer au soleil, dévoilant ainsi leurs positions aux Russes, tandis que les équipages de l'armée de l'air se réfugient dans la jungle pour ne pas être obligés de bombarder des gens. L'agressif patron de l'agence publicitaire de Hock & Stutz en avale un verre entier et, au lieu de s'immiscer grossièrement dans les émissions de la télévision nationale, tombe amoureux de sa Rolls-Royce et va au lit avec deux enjoliveurs. Ayant perdu toute combativité, la société se met à vaciller et, de désespoir, Washington bombarde les Russes de milliers de tonnes de *Love* dans l'espoir que cela les immobilisera autant que nous. Bientôt les deux pays cessent presque complètement de fonctionner, tout le monde se prélassant dans l'oisiveté, faisant pousser une ou deux tomates à l'occasion – tout le monde, en fait, excepté les véritables fidèles de toutes les religions, qui ont évidemment interdit à leurs adeptes de boire ce qui est certainement une drogue sexuelle. Les juifs orthodoxes s'unissent aux catholiques, aux protestants et aux musulmans pratiquants du monde entier au sein d'une nouvelle Internationale dont le but est l'éradication et la destruction de *Love*, pure manifestation du Diable et de son éternelle campagne pour que l'homme parvienne à aimer son prochain sans le secours de Dieu.

J'interrompis la rédaction du scénario avant la fin. Le désir pressant de parler aux gens, sinon de les distraire et de les réjouir, ne m'habitait plus. Il se peut aussi que le rejet violent de *Après la chute* m'eût aidé à m'en débarrasser.

A la fin de l'automne 1973, la copie d'un article du magazine *New Times* arriva dans ma boîte à lettres, envoyée par son auteur, la journaliste Joan Barthel. Il contenait des passages de l'interrogatoire d'un garçon de dix-huit ans, Peter Reilly, par la police de l'Etat du Connecticut. Peter Reilly y avouait avoir brutalement assassiné sa mère, Barbara Gibbons. Il s'agissait d'une agression au couteau d'une violence exceptionnelle. La gorge de la femme avait été tranchée, son vagin forcé avec une bouteille. A l'issue du procès, le jeune homme avait été condamné, mais plusieurs habitants de la lointaine ville du Connecticut où il habitait s'étaient unis pour payer sa caution, les uns vidant leur compte d'épargne, d'autres allant jusqu'à hypothéquer leur maison, tant ils croyaient en son innocence. On me demandait maintenant, ainsi qu'à beaucoup d'autres, une contribution financière qui permettrait d'ouvrir un autre procès.

Peter n'était ni noir ni latino, ni juif ni radical. Il était une pure victime. Ne connaissant absolument rien des circonstances du meurtre, je plongeai dans l'affaire, à l'origine, en découvrant avec quelle horrible froideur l'enquêteur s'était livré à un détournement de psychologie freudienne d'un cynisme absolu. Pour moi, l'imposture était flagrante. Au bout de vingt-quatre heures sans assistance d'un avocat et de dix heures d'interrogatoire, Peter, qui n'avait jamais connu son père, en avait été réduit à demander si celui qui l'interrogeait avec tant de sollicitude paternelle était vraiment sûr qu'il eût tué sa mère, car il ne continuait d'éprouver que tristesse et amour à l'idée qu'elle était morte. A quoi l'interrogateur répondit avec désinvolture que le complexe d'Œpide était très répandu chez les hommes et que dans la mesure où elle avait eu pour habitude, pendant toute l'enfance de Peter, de faire l'amour avec d'innombrables partenaires dans le lit du bas pendant qu'il dormait, lui, dans celui du haut, les lois les plus élémentaires de la psychologie exigeaient qu'il ait nourri à son encontre une fureur monstrueuse, qui venait ainsi d'éclater. Naturellement, lui assura le sergent Kelly, cette hostilité était complètement inconsciente, mais un garçon dans le vent tel que Peter devait certainement avoir entendu parler de l'inconscient, et le mieux pour lui était certainement « de se débarrasser de ce poids. » Parvenu au-delà de la limite d'épuisement, Peter avait fini par signer ses aveux, qu'il rétracta après une nuit de repos. Mais il était trop tard.

Aussi effarantes que le reste de ce cauchemar furent l'acceptation de ces « aveux » par le juge, et l'absence, une fois la sentence rendue, de toute critique réelle de la procédure, dans la presse locale ou nationale, malgré l'évidence de cet atroce lavage de cerveau.

Finalement, j'ai passé des journées, puis des semaines d'affilée, au cours des cinq années suivantes, à essayer de contribuer à éclaircir cette affaire et à sauver Peter. Ce n'est que grâce aux efforts obstinés de deux hommes – James Conway, un détective privé qui travailla la plupart du temps sans rémunération ni remerciements, et T.F. Gilroy Daly, un avocat que je découvris avec l'aide du cabinet d'avocats qui me représentait depuis la fin des années quarante – qu'il fut enfin prouvé que

Peter s'était trouvé à une dizaine de kilomètres de chez lui au moment où l'on assassinait sa mère. Et de surcroît, les témoins qui l'avaient vu alors étaient un policier et sa femme. Leur témoignage sous serment, dont la police d'Etat aurait dû avoir connaissance, fut découvert dans les dossiers du procureur après sa mort inopinée, d'une crise cardiaque. Le nouveau procureur, en présentant le document au tribunal, fit éclater l'affaire et Peter fut lavé de tout soupçon.

En résumé, un procureur, parfaitement conscient de l'innocence de Peter, avait néanmoins poursuivi son accusation et l'avait fait condamner, et la police de l'Etat avait tout entériné. Le plus incroyable fut que la police de l'Etat, une fois apportée la preuve de l'innocence de Peter, essaya de sauver la face en avançant une nouvelle « théorie » tellement absurde que le tribunal ne put que l'écarter. Finalement, le chef de la police Fussenich, maintenant à la retraite, alla présenter personnellement ses excuses chez Peter, admettant qu'il y avait eu des erreurs.

Quelle que soit la réalité universelle du complexe d'Œpide, il n'en reste pas moins vrai que le réflexe purement animal de la bureaucratie, qui consiste à faire obstruction aux vérités embarrassantes, fonctionne à merveille, et tout autant ici qu'en Russie ou en Chine ou partout ailleurs. La différence fondamentale réside dans la possibilité que nous avons de faire appel, mais les appels coûtent de l'argent et dépendent trop souvent de la simple chance. Il y a un avocat dans presque toutes mes pièces, sans doute parce que l'homme est ce qu'il est, la machine à déni de la nature. Pendant tout le temps que dura l'affaire Reilly, j'en vins à chérir la loi comme notre dernière défense contre nous-mêmes.

L'histoire de Peter était réellement touchante, mais je jugeai impossible d'écrire sur elle, bien que je l'ai connue mieux que quiconque en dehors de Conway et Daly. J'envisageais difficilement d'utiliser à mon profit cette tentative de rectification d'une erreur, d'autant que

Peter risquait encore d'en souffrir. Le temps aidant, j'ai découvert une autre raison à mon absence d'enthousiasme créateur. Il m'est encore difficile de l'expliquer avec précision, mais je crois avoir été écrasé par le sentiment de déjà vu que me donnait l'histoire Reilly. Il était assez facile de comprendre que la police, une fois qu'elle tenait Peter, n'allait pas relâcher son étreinte de peur de mettre sa réputation professionnelle en danger. La question ne fut bientôt plus de savoir qui avait assassiné Barbara Gibbons, et se trouvait peut-être encore en liberté, mais qui défiait la police de l'Etat. Quelle que fût la simplicité de l'explication, elle n'en offrait pas moins une vision si affreusement désespérée de l'homme que le stylo vous tombait des mains. Sans l'intervention de quelques citoyens ordinaires, un adolescent physiquement fragile et à bien des égards immature sur le plan psychologique aurait été livré aux loups dans une prison d'Etat, et dévoré vivant. L'absence même de tout mobile raciste incitait à trouver une solution au-delà de la sociologie. D'ailleurs, Peter avait idolâtré la police depuis son enfance, ce qui le prédisposait à croire le policier qui lui affirmait qu'il avait tué sa mère, même s'il n'en avait aucun souvenir.

Le mystère n'était pas de savoir comment cela avait pu arriver, mais pourquoi une telle injustice pouvait avoir des motifs aussi minables. Qui se serait plaint, au cas où la police aurait avoué s'être trompée, après l'arrestation de Peter ? Tout ceci semblait révéler un mal qui dépassait tout profit ou mobile correspondant, profit ou mobile que nous aurions pu comprendre, et je ne pouvais m'empêcher de penser que je regardais un spectacle en ombres chinoises, avec des hommes dépourvus de pensée qui mimaient bêtement des rôles écrits très longtemps auparavant, plutôt qu'un événement nouveau et réel. Ce n'était pas une erreur commise de bonne foi, mais une erreur volontaire, et le travail d'Hercule consistait à percer l'armure d'une bureaucratie qui s'étendait jusqu'au bureau même du gouverneur libéral de l'Etat, Ella Grasso, qui avait si longtemps répugné à intervenir contre ses fonctionnaires. Tel était le mystère de tous les conflits dépourvus de sens et de profit que j'avais rencontrés, et il était au-dessus de mes forces d'écrire au sujet du dernier d'entre eux.

Si les interminables mois que dura l'affaire Reilly donnaient de l'homme une image assez noire, on avait aussi la surprise d'y découvrir d'incroyables exemples de courage et de bonté, de gens offrant de l'argent pour cette cause de façon absolument inattendue.

Une fois engagé dans la défense de Peter, j'eus rapidement la conviction qu'il allait avoir besoin d'un nouvel avocat. J'eus un entretien inoubliable avec T.F. Gilroy Daly dans la salle à manger d'un élégant country-club du Connecticut. A première vue, je doutai qu'il fût l'homme requis pour cette tâche, mais il parut intéressé par l'affaire bien que je l'aie averti qu'il y aurait peu d'argent à y gagner. Pour résumer, je nous ai persuadés, lui et moi, qu'il devrait s'en charger.

Mon hésitation concernant Daly venait de ma certitude que le premier avocat de Peter était du genre trop idéaliste, défenseur des libertés civiques, alors que ce dont nous avions besoin, c'était d'un avocat pénaliste coriace. Daly avait à ses débuts fait partie de l'équipe du procureur fédéral de New York, mais ma première impression fut celle d'un homme de haute taille, au regard bleu, amateur de chevaux, d'un homme à l'aspect campagnard, vêtu de tweed, qui paraissait nerveux et pas très content de lui. Il me vint même à l'esprit qu'il n'était sans doute pas surchargé de travail. Issu de Yale et d'un monde tolérant et prospère, il m'apparut peu adapté aux combats de rue, or je sentais que la rue était justement le terrain où cette affaire allait se régler en fin de compte. Ne sachant pas que la preuve de l'innocence de Peter était déjà dans le coffre-fort du procureur, je pensais que le nouvel avocat aurait à se colleter avec quelques vrais durs, en uniforme ou pas, avant que tout fût réglé.

J'observai la transformation remarquable de Daly au cours de ces mois, de ces années, que dura l'affaire, et qui ne lui rapportèrent pratiquement pas un sou. Sa patine d'élégance cavalière tomba; un sentiment d'offense personnelle prit racine en lui, inspiré par ce qui avait été fait à la justice de son Etat; une forme d'astuce intrépide aiguisa son esprit, et son caractère s'épanouit au contact tonifiant d'une tâche qui lui plaisait. Il gagna brillamment, et sa vie s'en trouva à mon avis modifiée, car il devint ensuite un éminent juge fédéral.

Daly, Jim Conway et moi avons passé de nombreuses soirées ensemble, chez moi ou près de chez Gibbons, un ancien bistrot à hamburgers transformé en pitoyable maison d'habitation, essayant tous les trois de reconstituer ce qui était arrivé lors de cette nuit tragique. Je demandai au Dr Milton Helpern, probablement le plus grand médecin légiste du pays, d'étudier les preuves, et il en conclut que Peter ne pouvait avoir commis ce crime et en être sorti sans une goutte de sang sur lui ou ses vêtements, absence qui avait été consignée par les policiers. Je découvris un médecin new-yorkais spécialiste de l'hypnose, le Dr Herbert Spiegel, qui examina Peter et apporta lors du deuxième procès un témoignage décisif pour l'obtention de l'acquittement. Je réussis également à convaincre le *New York Times* de s'intéresser aux étapes du procès, précédemment passées sous silence, ce qui incita le juge et le procureur à faire de leur mieux. Ce furent cependant la reconstitution de la nuit du meurtre, établie avec une incroyable subtilité par Daly et Conway, ainsi que la solide réfutation de la thèse du procureur par Daly, qui permirent finalement de libérer Reilly.

J'aurais dû me réjouir follement de cette victoire, et je le fis d'ailleurs, mais mon véritable sentiment apparut dans une pièce écrite pendant que nous luttions pour libérer Peter, *The Creation of the World and Other Business*. Tout comme *The Price,* écrit pendant la guerre, dans les années soixante, *la Création*, qui reconsidère la Genèse, porte essentiellement sur l'énigme du fratricide, mais en tant qu'inhérent à la nature humaine. Dans le cadre de la famille d'origine, dépouillée de toute influence de la société, la pièce recherche au fond du fratricide, premier dilemme et premier événement de la Bible, un signe d'espoir pour l'homme. La compétition fondamentale entre frères, dont l'enjeu est l'amour de la mère – et par conséquent de Dieu – est découverte pour la première fois avec une stupeur perplexe. Adam et Eve, des gens simples et aimants, considèrent avec horreur Abel, assassiné, et Caïn, sans repentir, craignant pour leurs vies soumises à un Dieu qui non seulement autorise des actes aussi monstrueux mais de surcroît semble avoir créé l'être humain pour qu'il les accomplisse. Dans cette pièce, la catastrophe est inscrite dans la nature primitive de l'homme; c'est dans la fraternité qu'il goûte pour la première fois le meurtre de sa propre espèce. Pour lutter contre cette bombe qui cliquette au fond de nous, la parade, s'il y en a une, ne peut être que cet ordre lancé par Adam à sa femme et à son fils survivant, à Eve remplie de haine pour Caïn qui la défie : « Demande-lui pardon, Caïn, nous sommes entourés de bêtes! Et Dieu nous a abandonnés! Mon fils, nous sommes les seuls responsables – demande-lui pardon! » Caïn, souriant, ignorant la culpabilité, part d'un pas ferme vers son exil, laissant son père lui crier, dans le désert personnel qui l'attend : « Pitié! » Mais le cri d'Adam fait aussi partie de l'homme, dès le départ.

Je n'avais pas lu la Bible avant l'université, et elle m'apparut alors comme un assemblage d'histoires fascinantes dues à différents auteurs. Je notai des questions finaudes dans la marge, du genre : « D'où venaient les gens auprès de qui Caïn s'est exilé? Est-ce un oubli? L'auteur de la Genèse ne savait-il pas que normalement, il n'y avait personne au Paradis, en dehors d'Adam et Eve? » Ou bien : « Dieu était-il si vieux, quand il a " écrit " la Bible, qu'il avait perdu l'esprit? »

Peu à peu, cependant, il me parut moins important

que des hommes eussent écrit la Bible, car ce qui restait était hypnotisant. Je me demandais pourquoi. Les histoires sont contées avec la sécheresse d'un graphique électrique, c'est peut-être de là que vient la fascination qu'elles exercent – au lecteur de remplir les blancs, de créer ce qui a été omis. Au cours des ans, la question de savoir si Dieu *existait* a laissé la place à un autre mystère – pourquoi les hommes, génération après génération, ont-ils tellement besoin de l'inventer à nouveau ? J'optai plus ou moins pour l'hypothèse que Dieu est certainement *toujours près d'exister*, ce qui autorise en quelque sorte à partir avant le signal et à dire qu'*Il* existe déjà. Il risque aussi bien d'arriver demain, pour autant que nous sachions. Entre-temps, les gens disposent d'un récipient où verser leurs désirs de sacré, de transcendance, de surveillance émanant d'un bon tuteur, de voix, qui vous met en garde et vous réprimande et, au mieux, leur besoin d'un concept selon lequel ils doivent faire les choix qui éloignent le mal, ce qui est la meilleure façon de garder le bien en vie. Pour l'inventeur de Dieu, il est aussi vivant que pour le croyant, peut-être davantage encore, puisqu'il ne peut arracher son invention de son cœur et faire de Lui une statue, dont on peut se détourner si nécessaire. C'est le caractère impérissable de ce processus qui entrait dans *The Creation of the World and Other Business*, pièce qui demande, entre autres questions, quelle sorte de situation psychologique a provoqué la création de Dieu en premier lieu. Et, en second lieu, ce qu'il en est maintenant.

Plusieurs formes d'ironie allaient se succéder tout au long des années soixante-dix et jusqu'à aujourd'hui. En 1968, je me suis retrouvé en compagnie d'une quinzaine d'écrivains et de savants venus d'Amérique, d'Europe et d'Asie dans les bureaux du Comité central du parti communiste de l'Union soviétique, affrontant le regard plein d'esprit de Mikhaïl Gorbatchev pendant qu'il me serrait la main et disait : « Je connais toutes vos pièces. »

Je fus tenté de répondre : « Pas toutes », car cela faisait maintenant dix-huit ans que j'avais été banni des scènes soviétiques, en partie à cause de l'interdiction absolue qui avait frappé *In Russia*, le premier des trois livres que nous avions faits ensemble avec Inge (ses photos, mon texte). Une photo de la camarade Ekaterina Fourtseva, alors ministre de la Culture, avait offensé cette dame, à cause des profondes rides de fatigue et d'inquiétude qui marquaient son visage, d'ailleurs impossibles à dissimuler à moins d'avoir recours à des retouches. (Elle avait eu la vie dure; ayant été mise à l'écart des années auparavant parce que très proche de Khrouchtchev, elle s'était ouvert les veines.) Mais sa vanité seule n'était pas en cause. A peu près à la même époque, étant le président du PEN Club international, je m'étais mis à harceler les Soviétiques de protestations contre la façon dont ils traitaient les écrivains et contre, bien entendu, leur antisémitisme. Ils avaient riposté en interdisant les représentations d'*Incident à Vichy* mis en scène par Galina Voltchek. J'étais certain que cette mesure n'était pas étrangère au fait que la pièce traite des rafles des Juifs par les nazis pendant la dernière guerre. Et cela n'a probablement rien arrangé que l'un des personnages soit un communiste aussi déçu par le rationalisme du marxisme que les victimes bourgeoises le sont par leurs propres idéologies.

J'avais parcouru un long chemin tortueux avant d'arriver ainsi à la cime du pouvoir soviétique, et les changements de direction que j'avais rencontrés m'avaient laissé souriant, quoique parfois douloureusement, plutôt que déçu. Car l'univers politique, fondamentalement, est au-delà du contrôle de quiconque, en suis-je venu à me dire, et nous continuons pourtant d'agir comme si c'était une sorte de véhicule qui a simplement besoin de changer de chauffeur pour le maintenir loin de ses fréquentes et terrifiantes incursions au bord de la falaise. Les circonstances immédiates qui avaient abouti à cette rencontre avec Gorbatchev étaient particulièrement curieuses, quoique non dépourvues de logique si on se place du point de vue de ma vie.

A peu près un an plus tôt, je m'étais rendu avec la plus grande réticence à une réunion d'écrivains américains et soviétiques organisée à Vilna, en Lituanie, cédant à la pression énergique de mon cher ami Harrison Salisbury, également chef de notre délégation, qui avait une profonde connaissance de l'Union soviétique. Notre groupe, fort varié, comprenait Louis Auchincloss, Allen Ginsberg, William Gaddis, William Gass et Charles Fuller. Ces conférences périodiques entre intellectuels des deux bords étaient à peu près tout ce qui restait des promesses de détente. Si de tels séminaires avaient jamais eu une signification politique, j'en étais tristement arrivé à les considérer comme de pure routine et j'avais fini par me lasser d'être assis là, en butte aux attaques des Soviétiques, tout en devant observer les contraintes de la politesse américaine. A Vilna en 1985, je finis par exploser quand les Américains présents, se pliant à un plan préalablement accepté par tous, parlèrent de leur vie et de leur travail alors que les Soviétiques, pour la plupart des critiques, des journalistes et des représentants officiels de l'Union des écrivains plutôt que de véritables écrivains, se mettaient à soulever le problème des Noirs en Amérique, le problème des Indiens d'Amérique, la pornographie dans la littérature américaine et ainsi de suite. Nous avions fait un trop long voyage pour nous laisser piéger ainsi. Irrité par une telle futilité, je sortis un dossier PEN sur la persécution de la poétesse Irina Ratouchinskaya, malade et emprisonnée pour avoir écrit quelques poèmes, et en fis la lecture. Comme je m'y attendais, les Soviétiques s'indignèrent de cette « ingérence dans leurs affaires privées », mais je conclus en suppliant les deux clans de se montrer sincères, ce qui était impossible puisque à toutes nos questions concernant la vie soviétique nous recevions les mêmes réponses préemballées, et que nous pouvions à peine distinguer un écrivain soviétique d'un autre.

Définitivement offensés, ils s'éparpillèrent comme des oiseaux au bruit d'un tambour, mais à ma grande surprise l'un d'eux avança calmement et sérieusement que j'avais peut-être raison. C'était Tchinguiz Aitmatov, un homme trapu qui avait largement dépassé la cinquantaine, sans doute le romancier et auteur dramatique le plus célèbre de son pays à cette époque. Il avait également été élu membre du Soviet suprême de Kirghizie, et devait avoir l'honneur de parler le lendemain devant cette assemblée, juste avant Gorbatchev en personne, élément prestigieux du programme. Il avait écrit des œuvres requérant un certain courage, dénonçant les changements que le stalinisme avait imposés à la minorité kirghize, sujet qui restait d'un maniement délicat en dépit des condamnations de pure forme, dans la presse, du dictateur défunt.

Près d'un an plus tard, Aitmatov me téléphona de sa Kirghizie natale pour m'inviter à participer à ce qui serait, il me le promettait, une réunion indépendante que ne patronnait ni l'Union des écrivains ni aucun autre organisme gouvernemental, et qui venait de sa seule initiative et responsabilité. Il s'agissait de parler de la façon dont le monde allait aborder le troisième millénaire, il avait demandé à Fellini, ainsi qu'à Dürrenmatt, de venir, et ils étaient tous deux intéressés. « Parlons librement de l'avenir », me dit-il avant d'annoncer les noms des autres participants : Peter Ustinov pour l'Angleterre, l'Américain Alvin Toffler et sa femme Heidi, le romancier français Claude Simon, lauréat du prix Nobel. James Baldwin avait également promis d'être présent, et il tint sa promesse, ainsi que des savants et des artistes venus d'Italie, d'Inde, d'Ethiopie, de Cuba, de Turquie et d'Espagne. Que nos frais de séjour et notre voyage fussent payés pouvait seulement signifier que le gouvernement était dans le coup, d'une manière ou d'une autre, mais étant donné la prise de position inattendue d'Aitmatov à Vilna et ses promesses concernant la réelle ouverture de cette réunion – sans parler des motivations d'Inge, impatiente de photographier la lointaine Kirghizie – j'acceptai. Si les intellectuels soviétiques devaient un jour rejoindre la communauté internationale – face à laquelle ils se trouvaient comme des étrangers, en grande partie à cause du contrôle paranoïaque de leur gouvernement – la moindre des choses était de les aider du mieux que l'on pouvait.

Ce n'est qu'au cours de la dernière heure de notre troisième et ultime journée de discussion dans une confortable station du bord du lac Issyk-kul, en Kirghizie, que nous fûmes invités à rencontrer Gorbatchev. Je pensais qu'il s'agirait de dix minutes de banalités, mais cela dura deux heures et quarante minutes.

A l'encontre de ses prédécesseurs, Gorbatchev n'avait pas l'air avachi et bouffi par l'alcool. Il portait un costume marron, une chemise beige et une cravate rayée, avait un sourire engageant et une lueur de modernisme dans le regard. Une sorte d'impatience dans son attitude me rappelait John Kennedy, qui voulait également être aimé des écrivains (de même Moshe Dayan, que j'avais rencontré quelques années plus tôt).

Après la cérémonie des poignées de main, il ouvrit le chemin jusqu'à une salle de conférence munie d'une longue table où l'on pouvait tenir à trente. Il s'assit en tête de table, sans conseillers ni assistants ni notes écrites. Plusieurs interprètes prirent place le long des murs, coiffés de casques reliés aux micros posés sur la table. Comme je l'avais déjà remarqué en pénétrant dans cet immeuble moderne qui faisait face à la place Rouge et à l'ancien Kremlin, la construction était remarquablement soignée pour la norme soviétique, et la qualité de l'acoustique soulignait sa solidité. Ainsi nous nous trouvions au cœur des ténèbres, ou dans le faisceau de la lumière et de l'espoir, c'était selon les goûts, et la simple humanité ordinaire de Gorbatchev ne faisait que renforcer le mystère du pouvoir, car je percevais en lui une détermination personnelle, derrière la force de l'autorité.

Nous ayant avoué avec un sourire ironique qu'il n'était jamais allé en Kirghizie, il demanda de quoi nous avions parlé là-bas au bord du lac, et chacun de nous, tour à tour, fit un bref commentaire, plutôt inexact, des débats. En vérité, ils n'étaient pas allés très loin, quoiqu'un aspect important fût apparu : pour la première fois, dans mon expérience du moins, les Soviétiques n'étaient pas sur la défensive à l'égard des Occidentaux. En fait, il était évident qu'ils se contrôlaient pour ne pas céder à cette vieille mauvaise habitude. Le Cubain Otero était certainement un romancier marxiste tandis que Afework, un immense Ethiopien, accomplissait son œuvre de peintre sous le régime marxiste et fort rigoureux d'une junte de militaires méfiants et mal à l'aise, mais à aucun moment Aitmatov ou ses deux assistants n'essayèrent de faire état de leur loyauté marxiste. Que nous parlions de la pollution ou de l'absence de valeurs dans le monde, du chômage technologique à l'Est comme à l'Ouest, de Tchernobyl ou d'autre chose, la discussion n'allait jamais au-delà des échanges un peu tendus qui caractérisent une conférence œcuménique entre catholiques, protestants et juifs. Ce qui revient à dire que le problème n'était plus de convertir son voisin : il n'y avait que des questions communes. Pour moi, la dissipation du brouillard paranoïaque habituel était presque palpable. Combien de temps cela allait-il durer, je n'en savais rien, mais le seul fait qu'il y eût cette ouverture constituait, à mon avis, une formidable source d'espoir.

Dans son discours, Gorbatchev mit l'accent sur une « nouvelle pensée » qui, selon lui, se répandait rapidement en Russie – un pragmatisme transidéologique, qu'il appelait toujours du marxisme, en remplacement du dogmatisme démodé. C'était à dessein qu'il cherchait son inspiration du côté de Lenine plutôt que de Staline. « Dans chaque pays, le politique doit être nourri par l'intellectuel, car il est plus à même de garder l'être humain au centre de ses préoccupations. Tout autre sujet de concentration est immoral. J'ai lu et relu Lenine, dit-il à un moment, et il a écrit en 1916 : " La priorité doit être accordée à l'intérêt général de l'humanité, avant même celui du prolétariat. " » Gorbatchev marqua alors une pause et sourit : « Et j'aimerais que " l'autre monde " comprenne aussi cela. » Il semblait suggérer que le bien-être général devait passer avant les besoins du parti. S'il était réellement en train de dire une chose pareille en public, il fallait le considérer comme une force nouvelle et digne d'intérêt, car mettre en question la priorité absolue du parti avait toujours été un sacrilège. Pourtant, en rentrant aux Etats-Unis, lorsque je rédigeai un compte rendu de la réunion qui apportait des informations toutes nouvelles à l'époque, aucun journal ou magazine dans le pays ne s'y intéressa, tant le scepticisme des journalistes à l'égard de tout changement éventuel du monde soviétique était absolu. Le fait que j'en fusse l'auteur n'avait rien à y voir. Alvin Toffler, auteur du *Choc du futur* et d'autres recherches sur le monde technologique de l'avenir, se heurta à la même censure dans la presse. Finalement, *Newsweek* publia une version édulcorée de mon texte dans la page « My Say », ouverte aux libres opinions. Les Soviétiques ne sont pas les seuls qui devraient écouter ce qu'ils préfèrent ne pas entendre. On en revenait à l'éternelle histoire du refus.

Quand mon tour vint, je répétai à Gorbatchev ce que j'avais dit à Issyk-kul, que nos idéologies nous empêchaient de prendre en compte les faits qui se permettent de les contredire. Marx gouvernait la Russie, et Adam Smith l'administration américaine, une philosophie était vieille d'un siècle, l'autre de deux, et ni l'un ni l'autre n'avaient imaginé le monde à base d'ordinateurs et de téléviseurs, dans lequel nous vivions maintenant, avec une moitié de l'humanité mourant de faim et l'autre pataugeant dans le luxe, un monde où le prolétariat diminuait et où la classe moyenne s'épanouissait (quoi qu'en dise Marx), et où une masse croissante d'affamés, de sous-alimentés et de malades mentaux errait dans les villes capitalistes (quoi qu'en dise Adam Smith). Si au moins on avait pu laisser les faits de la vie imposer leur loi, au lieu de se plier aux exigences idéologiques de chaque bord...

Nous sommes encombrés par notre passé et j'en ressassais une bonne partie en regardant le président. Cela remontait à la partie de handball dans East Fourth Street, à Brooklyn, quand ce jeune étudiant m'avait parlé pour la première fois du marxisme. Maintenant, alors que je venais de fêter mon soixante et onzième anniversaire en Kirghizie et que j'étais marié depuis bientôt vingt-cinq ans avec Inge, j'éprouvais un scepticisme de vieillard à l'égard de la sincérité de tout changement de convictions, tels ceux dont faisait état Mikhail Gorbatchev avec son esprit libéral. Mais je pensais savoir ce qu'il voulait et c'était encourageant, car cette nouvelle tolérance ne tenait pas seulement à sa personnalité, il y avait plus. Les dirigeants avaient dû comprendre que le progrès technologique était impossible si le gouvernement manifestait une méfiance et une peur paranoïaques envers son propre peuple comme envers des étrangers. Je ne cherchais pas à savoir s'il souhaitait libéraliser le régime mais si une telle entreprise était possible, sans légaliser une véritable opposition, que ce soit à l'intérieur ou en dehors du Parti. Il y avait l'exemple du dilemme chinois que j'avais constaté lors de mes deux séjours, en particulier lorsque j'avais mis le *Commis voyageur* en scène à Pékin, trois ans plus tôt, et qui se résumait à ceci : comment donner libre cours à la spontanéité d'une nation tout en la maintenant sous le contrôle d'un parti unique ?

Mais j'avais fréquenté d'autres Soviétiques qui « voulaient le changement » et j'avais appris de dures leçons en cours de route. Dans cette salle où nous nous trouvions en compagnie du président, mes pensées ne cessaient de revenir vers cette chambre d'hôtel de Moscou, en 1967, où j'étais venu négocier l'entrée des écrivains soviétiques au PEN Club international.

Tout avait commencé en 1965 par un grésillement sur la ligne téléphonique de l'appartement d'Inge à Paris, où nous étions venus voir la mise en scène de *Après la chute* par Luchino Visconti, avec Annie Girardot. Je l'avais trouvée mal orientée. En dépit de la finesse élaborée de ses films, Visconti semblait avoir raté l'essence de la pièce, la considérant comme une sorte d'exposé des complexités de la sexualité primitive américaine. Il devait y avoir un an plus tard à Rome une mise en scène beaucoup plus incisive de Franco Zeffirelli, avec Monica Vitti et Giorgio Albertazzi. Zeffirelli n'avait pas craint de laisser à Quentin l'angoisse totale d'un homme qui n'essaie pas du tout de s'expliquer, mais de se chercher, attitude complètement différente que je trouvai émouvante et convaincante. Le décor consistait en une série de six ou huit rectangles d'acier concentriques dont la taille diminuait au fur et à mesure que l'on remontait vers le fond de la scène – comme l'image que l'on obtient à travers l'objectif d'un appareil photographique à soufflets – et le velours noir disposé entre les rectangles permettait aux acteurs d'entrer et de sortir du plateau, tandis que des élévateurs silencieux, installés dans le sous-sol, montaient ou descendaient le mobilier de manière à créer ou à effacer instantanément les lieux qui hantaient l'esprit de Quentin, un peu comme dans un rêve ou une rêverie. Cette version de la pièce a fait le tour des plus grandes villes d'Italie et l'accueil qu'elle a reçu a confirmé le bien que j'en pensais.

Cramponné au téléphone d'Inge, j'avais du mal à comprendre que c'était « Keith appelant de Londres », qu'il devait absolument me voir le lendemain et qu'il allait prendre l'avion pour Paris avec un certain Carver qui m'expliquerait toute l'affaire. Keith Botsford, romancier et enseignant, avait été l'un des rédacteurs en chef –

avec Saul Bellow et Aaron Asher, mon éditeur chez Viking, à l'époque – du *Noble Savage*, revue vivante mais à la brève carrière, à laquelle j'avais donné deux nouvelles quelques années plus tôt. Il me disait maintenant quelque chose sur le PEN Club, dont je n'avais que vaguement entendu parler.

Le lendemain, Keith, que j'avais rencontré brièvement jusqu'alors, arriva à l'appartement d'Inge, rue de la Chaise, suivi d'un gigantesque Anglais : David Carver, espèce de Sydney Grennstreet qui n'aurait pas eu d'asthme. En fait, comme je l'appris bientôt, il avait été baryton d'opéra, et assez célèbre, jusqu'à la Seconde Guerre mondiale, époque à laquelle il devint l'aide de camp du duc de Windsor, et ainsi passa toute la guerre avec son royal patron aux Bahamas.

L'appartement d'Inge se trouvait dans une maison qui avait abrité l'ambassade d'Espagne au XVIe siècle. Les murs étaient épais, les plafonds très hauts et les fenêtres donnant sur cette rue ancienne et pas très longue étaient irréprochablement lavées par Florina, sa servante basque de longue date, qui nous servit le café avec un style qui eût convenu à trois barons bavardant futilement du commerce des épices. On lisait dans les yeux noirs de Florina la joie d'avoir enfin quelque chose d'important à faire, après avoir attendu pendant de longs mois le retour d'Amérique de sa chère maîtresse.

Keith ne tarda pas à céder la parole à Carver, un homme qui articulait avec distinction, avait d'excellentes manières et se lançait parfois brusquement dans des commentaires très réalistes d'authentique professionnel du théâtre. Il avait été pendant plusieurs années le secrétaire général du PEN Club, à qui il avait de toute évidence consacré beaucoup de temps et de conviction, quoique, « je dois vous le dire en toute honnêteté, M. Miller, nous avons aujourd'hui atteint un tel point que si vous n'acceptez pas la présidence, il n'y aura plus de PEN Club ».

La présidence du PEN Club ? Je savais à peine ce

qu'était cette organisation, ayant l'impression très floue qu'il s'agissait d'une sorte de club de rencontres littéraires.

Le PEN club, m'expliqua Carver, avait été créé après la guerre – la Première Guerre mondiale – par des hommes tels que John Galsworthy, Bernard Shaw, G.K. Chesterton, H.G. Wells, John Masefield, Arnold Bennett, Henri Barbusse et de nombreux esprits de même envergure en Angleterre et en Europe, avec l'idée qu'une organisation internationale d'écrivains pourrait contribuer à empêcher une autre guerre en combattant la censure et les pressions nationalistes qui s'exerçaient contre les auteurs. Bien entendu, cela ne fit pas obstacle à la Seconde Guerre mondiale, mais aida néanmoins dans les années trente à attirer l'attention du monde sur la menace nazie : la délégation allemande, qui avait refusé de condamner la censure et la brutalité de Hitler à l'encontre des écrivains, fut exclue. Le problème, aujourd'hui, était qu'ils arrivaient au bout du rouleau.

« Pourquoi moi ? » demandai-je. Je n'avais aucun lien avec le PEN Club, et pas le moindre désir de diriger une organisation. Honnêtement, je n'étais même pas sûr de croire encore à l'utilité des organisations d'écrivains.

En dépit de son excellent travail, le PEN Club n'avait pas réussi à établir un pont avec la génération qui avait maintenant entre vingt et trente ans, et on le considérait comme timoré et peu adapté aux réalités. Il avait été victime de la guerre froide, qui avait entamé, sinon détruit, le crédit dont il jouissait dans les petits pays qui échappaient à l'orbite du monde occidental. La récente politique de détente impliquait de nouvelles tentatives de tolérance à l'égard des différences entre l'Est et l'Ouest, ce que le PEN Club n'était pas encore capable de faire. Un nouveau départ était désormais indispensable, et c'était sur moi que l'on comptait pour ça.

Carver ouvrit son étui à cigarettes en or. J'avais beau être sûr de ne pas vouloir céder à cette proposition qui m'empêcherait d'écrire tranquillement, il n'y avait pas moyen d'interrompre ce grand Anglais aux cheveux blonds, aux yeux bleus, à la peau soyeuse aussi blanche que l'intérieur d'une écorce de pamplemousse, avec deux charmantes pastilles roses sur les joues et des épaules aussi larges qu'une solide armoire.

– Nous essayons de sauver des vies. Nous y sommes parvenus à plusieurs reprises. Pas suffisamment, mais quelquefois.

– Des vies?

Nous étions encore au milieu des années soixante, bien avant que l'Ouest eût commencé à s'inquiéter des droits de l'homme par l'intermédiaire d'organisations politiquement impartiales telles qu'Amnesty International, fondé quelques années plus tôt. A cette époque, les droits de l'homme étaient politisés, le clan communiste ne s'énervant que lorsqu'on tourmentait ses partisans dans les pays occidentaux, et l'Ouest n'élevant la voix que si les régimes de l'Est se refermaient sur *leurs* dissidents. Carver envisageait une perspective nouvelle, une entreprise humaine apolitique, qui permettrait de défendre tout le monde en même temps, et peut-être de réagir contre la stérilité de deux décennies de guerre froide. C'était une position séduisante, quoique assez peu crédible.

Ainsi, me dit Carver, le PEN Club avait réussi à convaincre le gouvernement hongrois de permettre à certains écrivains emprisonnés de quitter le pays après l'invasion des Russes en 1956. Ils avaient encore des sections en Pologne et en Tchécoslovaquie (qui seraient supprimées ou réduites par la suite), d'où l'on obtenait des renseignements et, qui de temps en temps rendaient publics des cas de persécutions. « C'est très irrégulier, admit-il, et pas toujours très efficace, mais c'est suffisant pour qu'il soit vraiment regrettable d'abandonner le travail maintenant. »

Mais quel était le moyen de pression du PEN Club? Pourquoi devrait-on y prêter attention?

– Ils détestent la mauvaise publicité, à l'Est, presque

autant sinon davantage que nous autres à l'Ouest. En fait, ils souhaitent qu'on les prenne pour des sociétés modernes, à la pointe du progrès, et pas pour des tyrannies, me dit-il en haussant les sourcils et en réprimant un sourire.

– Et pourquoi abandonneriez-vous maintenant ?

On l'imaginait tout à fait coiffant son chapeau melon noir de diplomate. Ces dernières années, ils se sont montrés incapables d'attirer suffisamment d'écrivains de renom, de réputation internationale. Je pourrais, moi, attirer des gens de ce calibre, pensait-il.

– Je serais incapable de diriger une...

– Je me charge de tout. Vous n'aurez besoin d'apparaître qu'aux congrès internationaux qui ont lieu périodiquement, une fois par an peut-être. Je vous promets que cela ne prendra pas beaucoup de votre temps.

– Vous avez besoin d'une potiche.

– Absolument pas. Le président détient un réel pouvoir s'il décide de prendre les choses en main.

Je soupçonnai pourtant que l'on se servait de moi et me demandai soudain si le Département d'Etat ou la CIA, ou une instance équivalente en Angleterre, n'était pas en train de mijoter ce plat très particulier. Je décidai de les faire sortir de leur trou.

– Et si je voulais inviter des écrivains soviétiques à s'affilier au PEN Club ?

Carver resta bouche bée.

– Mais comment ! Ce serait magnifique ! Bien sûr ! Oui ! En fait, voyez-vous, nous sommes toujours menacés d'être coupés en deux, pour nos bureaux de l'Est, c'est vraiment tangent. Et vous seriez très efficace auprès des gens de l'Est.

– Si l'idée de base est d'empêcher la guerre, la présence d'écrivains soviétiques serait...

– Oui, absolument. Ce serait sensationnel si nous pouvions nous unir aux écrivains soviétiques au sein d'une même organisation. Vous vous en chargeriez ?

Je tergiversai, j'allais y réfléchir. Mais il lui fallait ma réponse dans les jours prochains, « avant qu'on envoie les invitations pour le congrès de Bled. »

– Bled ? Où est Bled ?

– En Yougoslavie.

– Il y a une section en Yougoslavie ?

– Oh oui, excellente, même. Et ils ont terriblement besoin de nous. Ce sera notre premier congrès en Yougoslavie.

Au bout de deux jours, réticent mais piqué par la curiosité, je donnai mon accord, mais la raison pour laquelle on m'avait choisi resta un mystère total. Je ne pouvais que soupçonner la vérité probable, que j'appris vingt ans plus tard. Parmi les éléments de mon dossier, que je finis par faire sortir du FBI en 1986, il y avait un télégramme expédié en 1965 à Washington par l'ambassade américaine à Moscou, dans lequel on qualifiait l'accueil que j'avais reçu là-bas – à peine deux semaines avant la visite de Carver – de « semi-officiel » et chaleureux. En réalité, Botsford avait téléphoné à Paris le jour de notre retour de l'Est. La presse britannique avait peut-être rendu compte de mon accueil à la gare par une délégation assez importante de l'Union des écrivains soviétiques, mais il était également possible que Carver ait eu d'autres sources de renseignements concernant la faveur dont je jouissais auprès des Soviétiques. Il savait en tout cas que j'étais un candidat acceptable pour l'Ouest comme pour l'Est, le président idéal pour le PEN Club maintenant que l'existence même de l'organisation était menacée. Le PEN Club avait les pieds pris dans le béton de ses positions antisoviétiques traditionnelles, comme j'allais l'apprendre par la suite, mais comme les gouvernements occidentaux au même moment, il essayait maintenant de changer d'attitude et de reconnaître la présence en Europe de l'Est de sociétés stables, dont les écrivains devraient être autorisés à entrer à nouveau en contact avec l'Ouest, dont ils étaient coupés depuis longtemps. Ainsi, au bout de quarante ans, la mission pacifiste originelle du PEN Club pouvait avoir une occasion de s'exprimer dans le monde réel. Consentant ou pas, je fus propulsé dans le fatras encore mal débrouillé de la politique de détente pour entamer une étape nouvelle et complètement inattendue de cette succession d'apprentissages qu'était ma vie.

Pour Inge, la seule vue d'une valise signifiait que l'on partait en voyage. Douée comme elle l'était pour les langues, elle avait appris le russe avant notre départ. Elle parlait l'anglais, le français, l'espagnol et l'italien couramment, ainsi que le roumain avec quelques hésitations car elle l'avait étudié au début de la guerre et ne l'avait plus pratiqué depuis. Au bout de deux semaines en Grèce, je m'aperçus, lors d'une de nos dernières soirées, qu'Inge parlait la langue locale sans l'avoir jamais apprise. Je devais progressivement m'habituer à compter sur elle, dans n'importe quel pays étranger, pour traduire ce que les indigènes du coin essayaient de me dire, et en général, cela marchait. Cette capacité de concentration qui était la sienne, alliée à une vivacité d'esprit romanesque, savait désarmer les hommes au pouvoir. A la fin des années quarante, quand elle avait interviewé et photographié le chancelier Conrad Adenauer, il avait voulu qu'elle devienne sa secrétaire particulière. Lors d'un déjeuner en Chine dans les années quatre-vingt, elle s'était trouvée placée entre un dignitaire chinois qui parlait l'allemand, un écrivain chinois parlant le russe et un guide touristique chinois qui connaissait l'anglais. Ces hommes avaient rarement l'occasion de pratiquer leur seconde langue, aussi s'y risquèrent-ils joyeusement avec Inge, qui se retrouva soudain en train de traduire trois langues européennes du chinois et en chinois. Je crus voir de la fumée sortir de ses oreilles au fur et à mesure qu'elle pâlissait, mais elle refusa de lâcher prise jusqu'au moment où ils comprirent tous ce qui se passait et éclatèrent de rire.

Nous avions fait le voyage de Düsseldorf à Moscou en train, deux nuits et presque deux jours au milieu d'un océan de neige, une étendue sans limite ni définition. Cela vous permettait une fois de plus d'admettre que les hommes ont toujours adoré leurs chefs les plus fous. Que Napoléon eût pu demander à son armée de marcher, sans parler de combattre, dans la neige qui leur montait à hauteur de poitrine, et que Hitler eût réitéré la tentative, prouvait nécessairement qu'il s'agissait de fous conduisant des hordes de dévots crédules vers leur ultime rêve glacé. Le train avance à bonne allure, et vous prenez votre petit déjeuner en regardant la neige par la fenêtre, puis votre déjeuner en regardant la neige par la fenêtre, puis votre dîner en regardant la neige par la fenêtre; ensuite vous dormez, et rêvez de la fenêtre et de la neige, et quand vous vous réveillez le lendemain matin, vous regardez la neige par la fenêtre, et il n'y a rien d'autre pendant deux jours et demi.

Cela faisait vingt ans bientôt que l'on jouait mes pièces dans les théâtres soviétiques, et l'affection que le public éprouvait pour mon œuvre était sincère, comme je le découvris bientôt. Dans la mesure où la presse était si sévèrement contrôlée et où les auteurs de fiction devaient se battre pour chaque paragraphe, chaque mot, même, c'était au théatre que les gens pouvaient laisser leurs opinions et leurs émotions s'exprimer librement. Non qu'il fût possible de monter des pièces dont le thème n'était pas orthodoxe, mais on pouvait introduire l'ironie grâce à un haussement de sourcils, un geste, ou la simple présence de l'acteur. La vie perceptible qui se dégageait des représentations théâtrales, même pour des pièces classiques, insufflait une sorte d'énergie aux spectateurs.

En 1965, il se trouvait que l'on jouait *Vu du pont* et nous allâmes bien entendu le voir. Le vaste théâtre était plein de monde, et j'eus droit à la fin à dix minutes d'applaudissements. J'appris néanmoins assez rapidement un certain nombre de choses contradictoires.

Je ne parlais pas le russe mais j'avais eu l'impression, confirmée par mon interprète, que le texte avait été modifié, en tout cas dans la première scène. Dans *Vu du pont*, les sentiments du docker Eddie Carbone pour sa nièce Catherine l'incitent à dénoncer ses parents, entrés illégalement dans le pays, aux autorités, afin de se débarrasser du jeune homme que Catherine veut épouser. Son amour secret, à ses yeux complètement interdit – il a élevé Catherine comme sa propre fille – est progressivement révélé par les circonstances. Sur la scène soviétique cependant, la jeune fille l'avait à peine croisé une fois qu'il avouait à sa femme Béatrice, sur un ton d'une évidente sensualité : « Je l'aime. » C'était à peu près comme si Œdipe, se tournant vers Jocaste dès le début de la pièce, disait : « Il n'est pas bien que nous soyons mariés, Mère... »

Après la représentation, je me plaignis de cette interprétation stupide au directeur du théâtre Sobremenik Oleg Efremov, qui deviendrait ensuite directeur du théâtre d'Art de Moscou. Ce qui me frappa le plus ne fut pas la façon surprenante dont il justifia ce changement – « Toute cette psychologie ne nous intéresse pas » – mais le dédain sous-jacent qu'il exprima, équivalent à un mépris absolu du droit de l'auteur sur son œuvre. Non que ce type d'arrogance m'eût été épargné ailleurs, y compris à New York, mais au regard de l'adulation un peu fabriquée dont on m'entourait, cette sorte de dérision ajoutait une touche sinistre à l'accueil qui nous était réservé, un peu comme si ce qui était donné d'une main était aussitôt réduit en miettes par l'autre.

J'appris au cours des années suivantes que c'était pratique courante en Union soviétique de louer et de publier des écrivains tels que Twain et Hemingway, tout en expurgeant leur traduction des passages inopportuns, politiquement ou « moralement », voire d'y ajouter d'autres passages plus adaptés, surtout s'ils soulignaient les défauts de la société américaine. J'étais content d'apprendre que l'on avait monté *Mort d'un commis voyageur*, mais mon plaisir fut nettement tempéré par la révélation de l'importance des modifications : Willy était devenu un parfait imbécile, et le rôle de Charley, qui lui propose de l'aider financièrement, avait été réécrit, pour en faire une sorte de clown burlesque, puisqu'un homme d'affaires ne saurait raisonnablement se montrer altruiste, ou tant soit peu sincère.

D'un autre côté, il y avait ces spectateurs dont l'attention ressemblait presque à une prière, qui se concentraient avec tant d'intensité sur ce qui se passait sur scène et me saluaient avec une joie si spontanée. C'est à la faveur de la générosité innocente du public et d'un déjeuner offert par le président de l'Union des écrivains, Alexei Sourkov, que je commençai à entrevoir la complexité du paradoxe russe.

La réputation de Sourkov reposait sur quelques poèmes de guerre très populaires, mais il était surtout connu maintenant pour la manière impitoyable dont il avait mené la répression contre les écrivains sous Staline. Cet homme à la chevelure grise et aux allures de grand-père affectait ce genre de jovialité campagnarde à bras ouverts qui vous glace l'âme, et lors du grand déjeuner donné en mon honneur à l'Union des écrivains, il ne tarda pas à allonger subtilement un bras qui pesait deux tonnes. Pour animer la conversation avec un interlocuteur ne parlant pas le russe, le temps était inévitablement le meilleur sujet à aborder. Je déclarai qu'à mon avis, il faisait terriblement froid. Quelqu'un, au bout de la longue table, affirma sur un ton aimable et courtois que l'année précédente, il avait fait encore plus froid et un autre le contredit, se souvenant d'un temps plus doux. Il y eut diverses variations sur le thème puis Sourkov se redressa sur sa chaise et rugit : « Voyez-vous, Miller, nous autres écrivains ne sommes jamais d'accord sur rien ! » L'assistance approuva énergiquement, hochant la tête à en toucher la nappe, comme une mimique instantanée devant toute intervention autoritaire du Parti dans la vie de l'écrivain.

Le cœur vous manquait devant cet infantilisme et cette naïveté; en tout cas il était intéressant de voir qu'en présence d'un étranger, ils tenaient la liberté pour chose allant de soi. Pourquoi ne pas admettre simplement qu'ils trouvaient normal qu'un écrivain fît passer dans son œuvre la ligne prédigérée du Parti ? Pourquoi les écrivains ne pourraient-ils pas être d'accord avec le Parti omniscient, si cela devait aider la race humaine à progresser ? Mais ils persistaient à être attirés par la liberté et je choisissais de l'interpréter comme une perversité réjouissante.

Mais, quand il y eut la promenade dans la rue neigeuse, devant le Kremlin, en compagnie de notre guide-interprète, un jeune homme à l'air sérieux, et que je levai les yeux vers les fenêtres de ce que l'on m'avait dit être l'ancien appartement de Staline et dis en grimaçant : « Il a dû y avoir pas mal d'allées et venues là-haut, le soir où il est mort, vous ne croyez pas ? » il me dévisagea d'un air stupéfait.

– Pourquoi ? demanda-t-il.

– Eh bien, tous les autres types qui couraient partout en essayant de décider qui allait lui succéder.

– Ce qui se passe là-dedans ne nous regarde pas.

La rebuffade était sèche. Qui les gouvernait et comment n'entrait pas dans le cadre d'une curiosité légitime. En effet, ma question paraissait un peu blasphématoire. Comment comprendre cela ?

Quelques heures plus tard, nous regardions l'adaptation de *Dix Jours qui ébranlèrent le monde,* dans une mise en scène de Youri Lioubimov, et l'espoir jaillit à nouveau tant ce spectacle était subtil, plein de goût, habilement conçu et interprété, un des meilleurs que j'aie vus ou dont je me souvienne. Nous partagions à coup sûr une même humanité ! Dans vingt ans, Lioubimov irait bien entendu s'exiler en Italie, ayant abandonné tout espoir de pouvoir travailler face aux attaques et aux censures du Parti. La Russie ne cesserait jamais de gaspiller généreusement ses talents.

Au cours de nos deux semaines là-bas, nous avons été accueillis très chaleureusement par les artistes russes :

au Bolchoï, Maïa Plissetskaya interpréta en mon honneur une cadence spéciale de *Don Quichotte*, les yeux levés vers notre loge pendant qu'elle dansait; le romancier Constantin Simonov, dans sa maison de campagne, s'exprima avec franchise au sujet du terrible passé; Ilia Ehrenbourg nous raconta comment il avait découvert, à son retour d'un reportage sur la guerre civile espagnole, que tous les journalistes soviétiques rentrés d'Espagne avant lui avaient été fusillés de peur qu'ils ne transmettent la contagion occidentale, et comment malgré tout il avait survécu non seulement à cela mais aussi à la grande purge de l'époque, qu'il avait baptisée « la loterie ».

Nous ne trouvions rien de simple, de clair à dire sur la Russie en rentrant à Paris, sauf, et je le confiai à David Carver, que si le PEN Club parvenait à entamer l'isolement soviétique, ce serait positif. Arriver dans ce pays par le train m'avait aidé à comprendre en partie combien l'écrivain russe doit se sentir minuscule lorsqu'il essaie de communiquer sa seule petite vérité à cette terrible immensité, qui l'enveloppe en même temps dans une chaleur primitive et étouffante.

Je gardais également en tête, tandis que je regardais Gorbatchev en 1986, le souvenir de notre voyage en Tchécoslovaquie de 1969. On n'avait pas encore replâtré les trous creusés par les balles des fusils soviétiques dans les façades de Prague, et l'adolescent Jan Palach venait tout juste de s'immoler par le feu pour protester contre l'occupation soviétique qui avait mis fin au Printemps de Prague, cette tentative tchèque de « socialisme à visage humain ».

La monstruosité de tout ceci apparaissait sans fard à Prague, et nous la percevions probablement d'autant mieux que nous circulions dans la ville en compagnie d'auteurs dramatiques angoissés, Václav Havel qui n'était pas encore en prison alors, et Pavel Kohout, avant qu'il n'eût été obligé de se réfugier à Vienne, à la suite des sévices infligés à sa femme, une actrice, par la police qui lui avait presque cassé la jambe en refermant violemment sur elle une portière de voiture.

Pendant un dîner chez un romancier, son fils écarta le rideau pour regarder dehors et dit : « Papa? » en désignant une voiture de l'autre côté de la rue, à l'intérieur de laquelle des policiers attendaient, manœuvre destinée à nous prévenir que nous n'étions pas seuls. Comme eux, j'allais apprendre à accepter cette surveillance, en étouffant mes craintes et en nourrissant mon cerveau.

Dans les sordides bureaux du magazine littéraire *Listy*, face à une vingtaine d'écrivains, je m'assis pour une interview, la dernière publiée par cette revue qui fut ensuite définitivement interdite. Il ne m'était absolument pas venu à l'esprit jusqu'alors que Prague était « à l'Est », et n'était pas une ville européenne à l'ouest de Vienne, butin d'une agression non déguisée, ce qui sur le terrain apparaissait évident, compte tenu des centaines de chars soviétiques alignés à la sortie de la ville. J'éprouvais néanmoins une gratitude perverse pour mon attirance de jadis envers Moscou, car elle me permettait de mieux comprendre certains auteurs praguois qui eux aussi avaient attendu, pendant la guerre, une libération venant de l'Est, se berçant des illusions d'un « socialisme » sans conflits et porteur de la rédemption de l'humanité. Je connaissais tout cela, c'était un aspect du même pastiche surréaliste, et je m'en réjouissais.

Environ huit ans plus tard je devais écrire *The Archbishop's Ceiling* à partir de ce dédale de relations humaines que j'avais découvert à Prague, mais il fallut dix ans de plus pour monter correctement la pièce, en 1986, au Barbican, dans la mise en scène de la Royal Shakespeare Company. Cette pièce était un jeu d'ombre et de lumières, aux répercussions à double ou triple détente dont les milieux politiques de Washington, Paris et Londres ont conscience, et qui, quand on va vers l'Est, s'imposent aux écrivains avec une évidence de plus en plus brutale. Au départ, ce sont mes propres remaniements maladroits qui ont nui au spectacle, monté pour la première fois au Kennedy Center de Washington. Je m'étais laissé persuader que, dans sa forme d'origine, la pièce ne serait pas assez claire pour de naïfs Américains. C'était une erreur car cette version originale triompha à Londres, comme elle l'avait fait à l'Old Vic de Bristol, dans une précédente mise en scène. Le temps jouait pour elle, il est vrai. Les gens étaient capables de comprendre en 1986 qu'elle débordait de son sujet et ne concernait pas seulement « l'Est ». A l'Ouest, consciemment ou non, nous étions tous en conversation secrète avec le pouvoir, nous avions renoncé à la notion d'individu libre de toutes les déformations qu'entraîne la soumission intérieure au pouvoir et aux mots d'ordre. Il était de plus en plus difficile d'imaginer, dans ce dernier quart du siècle, l'identité nue d'un être humain libre parlant sans autre intérêt caché que celui de sa propre vérité.

Assis dans l'avion qui décollait de Paris à destination de Belgrade, je ne savais toujours pas vraiment pourquoi j'avais accepté la présidence du PEN Club. C'est l'instinct qui décide de ces choses-là, même s'il n'a pas toujours raison. L'homme qui choisit le fauteuil voisin du mien, en cet après-midi de juin 1965, avait un air familier, et pourtant j'étais certain de ne l'avoir jamais rencontré. « Norman Podhoretz », dit-il en me tendant la main. J'étais surpris que le rédacteur en chef de la revue *Commentary* veuille bien honorer le territoire ennemi en allant en Yougoslavie. Très vite, je le trouvai chaleureux et amusant quand il parlait du milieu littéraire new-yorkais. Toujours est-il que s'il allait à Bled pour juger de l'utilité du PEN Club, il devait être au départ sceptique et méfiant. Quant à moi, le président, je n'attendais rien de particulier de mon premier congrès. C'était rassurant de voir Podhoretz, un essayiste de vaste culture, estimer que l'organisation avait une raison d'être. Sa présence illustrait l'une des raisons qui m'avaient poussé à accepter la présidence du PEN Club : le réveil de la solidarité entre les hommes au moment même où un credo d'individualisme sans entraves et l'hégémonie du succès personnel entreprenaient de balayer le paysage politique américain.

Après un court trajet, l'avion se posa sur la piste en bordure d'un champ que l'on était en train de labourer. Podhoretz, dont le visage avait d'habitude l'expression d'un bébé réveillé en sursaut, ouvrit des yeux plus ronds encore en essayant de regarder par-dessus mon épaule ce qui se passait derrière le hublot. C'était la première fois qu'il voyait un pays communiste, un petit morceau de ce que son président américain préféré appellerait quelques années plus tard l'Empire du Mal. Deux tracteurs apparurent dans le champ pendant que l'avion virait pour rouler jusqu'à l'aéroport. « Ils ont des tracteurs ! » s'exclama-t-il. Croyant qu'il plaisantait, je me tournai vers lui et vis sur son visage un mélange de perplexité et d'excitation. L'avion s'arrêta et les tracteurs approchèrent. Il s'appuya contre le hublot pour les regarder. Quelle tourmente de sentiments se mélangeaient en lui ! Et quelle idéologie, capable de le laisser, lui un homme si cultivé, éberlué de voir qu'il y avait des tracteurs en Yougoslavie !

Les engins n'étaient qu'à quelques mètres de nous et je pouvais lire les lettres en cyrillique inscrites sur la grille de leur radiateur. « Je crois qu'ils sont fabriqués ici », dis-je très sérieusement, lui désignant les caractères cyrilliques. Le voyant absolument pétrifié, j'eus pitié de lui :

– Mais ils sont probablement russes.

– Sans doute d'après des plans américains.

– Oh, non, les nôtres sont mieux, d'après ce que je sais. Ceux-ci sont plutôt cliquetants et difficiles à manœuvrer.

Il avait l'air soulagé.

– Mais j'ai entendu dire qu'ils duraient longtemps.

Il comprit, et ne put s'empêcher de rire. Ayant été en Russie, j'étais à peu près sûr qu'il pourrait ici faire jouer toute la gamme de ses sentiments, de la condescendance à la peur.

Nous étions arrivés dans notre hôtel à Belgrade, j'avais à peine fini de défaire ma valise que l'on frappait à ma porte, et j'ouvrais au commentateur-critique-rédacteur en chef, curieux de savoir quelle chambre on m'avait donnée. C'était en fait, l'énorme suite que l'on attribuait à Tito quand il venait en ville, cinq ou six chambres et salles de bain puant le pouvoir et l'ennui, une vraie cuisine et un salon-salle de conférence avec trois canapés et une gigantesque table de salle à manger rutilante sur laquelle on avait posé un vase de cristal taillé et trois roses de bienvenue.

– Comment diable est-ce possible ! On m'a donné une chambre sordide !

– Je suis le président, Jack, et je vais peut-être devoir sortir pour prononcer un discours devant une foule considérable.

Je l'entraînai vers une fenêtre d'angle ouvrant sur un balcon, juste au-dessus de la grande place, où Tito avait probablement fait quelques discours. Norman rit, mais pas de très bon cœur. Il n'avait pas encore publié son livre *Making It,* mais en repensant à cette journée, je me demande s'il n'avait pas commencé d'y travailler, dans la capitale croate. Comme c'est également mon métier, je savais reconnaître les symptômes, et il était gravement atteint, il me l'avait presque avoué lui-même.

Bled se trouve dans la montagne, et à minuit, il faisait froid au restaurant. La femme qui se tenait sur la petite scène devant nous était apparemment sur le point d'ôter ses vêtements. Sur la trentaine de tables que contenait la salle, seules la nôtre et cinq ou six autres étaient occupées. Un peu plus tôt, je m'étais adjoint la compagnie d'un journaliste yougoslave nommé Bogdan, et deux autres nous avaient rejoints après l'une des « tables rondes » du PEN Club, dans cet hôtel qui donnait sur le lac, à l'autre bout de la ville. Nous regardions la strip-teaseuse en train de dégrafer sa jupe et d'onduler au rythme saccadé d'une petite formation de jazz pas très animée. A une table voisine, deux femmes boulottes en gros chandail sirotaient de la vodka avec leurs conjoints, contemplant la scène d'un air impassible, la Yougoslavie se modernisait, peu importait la manière.

Le congrès du PEN Club durait depuis deux jours, et je craignais de ne pas être à la hauteur de ma fonction, ne sachant hélas rien des auteurs qui ne venaient pas de New York, de Londres, de Paris et, tout récemment d'Amérique latine. De nombreux écrivains présents auraient pu être connus dans le monde entier s'ils avaient écrit dans une des langues dominantes. Comme nous étions provinciaux, nous les Américains mais aussi les Anglais et les Français !

Il n'en est pas moins vrai que la majorité des quelque cent cinquante délégués étaient des universitaires ou des journalistes, comme mes compagnons de table, et pas des créateurs. Et à ce niveau, le PEN Club ressemblait au mieux à un périlleux exercice de diplomatie que seuls un ou deux rares moments de franchise venaient éclairer. Je n'estimais pas que ce fût une victoire considérable de voir des Français, des Anglais et des Allemands de l'Ouest assis dans la même salle que des Allemands de l'Est, des Bulgares, des Hongrois et des Polonais, quand les véritables conflits moraux et politiques qui les divisaient n'étaient que rarement évoqués. Personne ne souhaitait qu'il y eût au Pen Club le même genre d'inefficacité qu'aux Nations unies, mais nous semblions nous complaire dans de stériles bavardages. Je commençais à regretter d'avoir accepté cette présidence. Je ne cherchais pas la difficulté, mais je voyais mal comment nous allions établir un pont entre des cultures hostiles. Bogdan affirmait néanmoins que le PEN Club était indispensable et qu'il était très important pour les Yougoslaves que j'en sois le président, parce que j'étais un Américain.

– Pour commencer, je ne suis pas un « Américain ». Mon gouvernement ne m'aime pas et ne m'a jamais aimé. Je ne représente pas non plus le peuple américain.

– Oui, nous sommes au courant, répondait-il, en s'en tenant mystérieusement là.

La vérité toute simple, voire absurde c'est qu'ils croyaient leur indépendance culturelle mieux protégée de l'Est soviétisé avec un président américain. Nous nous trouvions en plein univers symbolique, à tel point que je me demandais si toute leur vie était aussi une sorte de rêve.

La strip-teaseuse laissa tomber son chemisier, révélant deux surprises plutôt décevantes, mais elle avait de jolies jambes, et je demandai à mes nouveaux amis si rien qu'en la regardant ils pouvaient deviner à quelle ethnie elle appartenait. Bogdan était croate, les deux journalistes étaient l'un slovène, l'autre serbe, et ils entreprirent de se la renvoyer – elle était trop petite pour être slovène, ou trop blonde pour une Serbe et ainsi de suite. Quand elle eut terminé son numéro, elle descendit de scène et passa devant nous en robe de chambre de lainage bleu, ses vêtements repliés sur un bras. Je tendis la main et l'arrêtai pour lui demander d'où elle était.

– Düsseldorf, répondit-elle, et elle repartit sans s'attarder.

Les journalistes réprimèrent un éclat de rire et retinrent même leur sourire, par respect pour les divisions mortelles et sacrées du pays, qui ne donnaient pas matière à rire, si on voulait bien prendre la peine d'y réfléchir une minute. Et je me souvins alors que je m'étais demandé autrefois, dans le Brooklyn des années trente du matérialisme marxiste, qui resterait pour enterrer les Juifs décédés et entretenir les synagogues quand la génération de mes parents aurait disparu, puisqu'il était parfaitement évident que l'ère de la religion et des embêtantes petites nationalités était à jamais révolue. Eh, oui.

Ce que ma vie avait d'irréel ne s'améliorait pas en Yougoslavie. L'état d'esprit ambiant peut être illustré par cette anecdote : quelques jours plus tard au bord de l'Adriatique tout près de Dubrovnik, lorsque je sortis de mon bain, et m'assis sur un rocher à côté de mon ami Bogdan, il m'informa de l'abondante présence de requins dans ces eaux. Il n'avait pas voulu gâcher ma baignade en me le disant avant! De retour à Bled, je voulus absolument identifier les délégués et l'on me communiqua les noms obscurs de rédacteurs en chef de journaux et revues inconnus, ou de professeurs d'université dont je n'avais jamais entendu parler, si bien que la déprimante futilité d'une assemblée de gens à la fois si bavards et si impuissants réussit presque à me convaincre que j'avais été berné.

Pourtant, les choses s'arrangèrent peu à peu. Je découvris Stephen Spender, qui suggéra énergiquement dans son discours que les poètes présents lisent leurs poèmes à qui le souhaiterait, et cette idée simple quoique stupéfiante effaça un instant la couche de poussière qui nous recouvrait. Je remarquai qu'Ignazio Silone, romancier d'un anticommunisme farouche, était capable de s'asseoir tranquillement auprès du poète communiste chilien Pablo Neruda, juste pour bavarder. Et en cherchant bien, je trouvai d'autres véritables créateurs : Rosamond Lehmann, Richard Hughes, Charles Olson, Robie Macauley, Roger Shattuck et Susan Sontag parmi les écrivains de langue anglaise, et Ivo Andrič, lauréat yougoslave du prix Nobel. Il était clair que nous étions tous aussi sceptiques sur le fait d'être réunis là, mais nous espérions secrètement tous que quelque chose sortirait de cette réunion purement formelle. Malgré moi, j'éprouvais une sorte d'enthousiasme à l'idée d'une solidarité internationale entre les écrivains, quelle que fût la faiblesse actuelle de ce mouvement.

J'appris que A. den Doolaard, membre jovial et moustachu de la section néerlandaise, avait effectué pendant des années des voyages clandestins en Pologne pour distribuer de l'argent du PEN Club aux familles d'écrivains emprisonnés et sans moyens d'existence. A la suite du congrès de Bled, Mihajlo Mihajlov, qui avait été condamné à neuf mois de prison pour avoir écrit *Moscou, été 1964*, fut libéré, sinon complètement réhabilité, et les fonctionnaires yougoslaves présents exprimèrent ouvertement leur soulagement. Carver, découvris-je par la suite, avait discrètement négocié sa libération avec le directeur de la section slovène du PEN Club, Matej Bor.

Je n'oubliais cependant pas, tout en évoluant parmi les écrivains occidentaux et en partageant leurs conversations prudentes avec les écrivains du bloc Est, que le PEN Club américain avait gardé le silence lorsqu'on m'avait retiré mon passeport dans les années cinquante. Mais le passé appartient au passé et on pouvait peut-être maintenant exprimer la même indignation sans considérer l'origine de la répression. Je me fis avec Carver l'avocat d'une renaissance de l'influence du PEN Club en Amérique ainsi qu'en Afrique et en Asie. Il nous fallait nous organiser bientôt un congrès en Afrique. C'est en 1967 que la Côte-d'Ivoire accueillit le congrès.

L'ennemi commun était notre épouvantable provincialisme. Je pensai à ce dîner donné par Lillian Hellman en 1948 où deux délégués yougoslaves aux Nations unies avaient plaidé leur cause, et me sentis gêné au souvenir de notre discussion abstraite autour de cette table étincelante, comme si nous avions simplement une querelle idéologique ! Seulement voilà, les Yougoslaves avaient arraché leur pays aux Allemands, et à Belgrade, Bogdan m'avait désigné des immeubles où l'on avait aménagé des brèches dans le béton aux étages supérieurs, pour pouvoir ouvrir le feu sur les Russes s'ils débarquaient comme l'on s'y attendait, après que Tito eut défié Staline. « Les brèches sont orientées à l'est », m'avait-il dit. C'est sans aucun doute à cela que pensaient les deux jeunes délégués aux Nations unies.

La grande nouveauté, à Bled, fut la présence de sept « observateurs » soviétiques, et le fait qu'ils ne restaient pas en troupeau selon l'habitude de leurs délégations mais assistaient séparément, et sans surveillance, à des tables rondes. A l'exception du romancier Léonide Leonov, c'étaient des membres disciplinés de l'appareil soviétique, ce qui était à mes yeux moins important que leurs efforts pour se montrer aimables avec moi, le nouveau président – le PEN Club n'était donc plus aux yeux des dirigeants un instrument douteux des services secrets occidentaux.

Pour la soirée de clôture du congrès, organisée dans le vieux château fort de Bled dont les remparts avaient été illuminés à l'occasion de cette cérémonie de gala, je m'assis avec Alexei Sourkov et ses camarades soviétiques qui comparaient leur vodka au slivovitz de certains écrivains yougoslaves. Ils étaient tous très imbibés, bien slaves, entonnant de vieux chants patriotiques, et compte tenu des meurtrières orientées à l'est, en haut des immeubles de Belgrade, je trouvai que le PEN Club avait une certaine raison d'être, ou qu'il y avait là une dérision prometteuse.

Je savais d'ailleurs fort bien, à cette heure, que le PEN Club pouvait devenir bien plus qu'un simple geste de bonne volonté. Quels que fussent leurs talents, les écrivains présents avaient réagi avec un respect instinctif et prudent lorsque dans mon grand discours devant toute l'assistance, j'avais dit que nous devions maintenir nos critères apolitiques de libre expression, mais que cela ne signifiait pas que nous devions rester en dehors de la politique quand la répression devenait un phénomène politique. Si nous souhaitions devenir universels, nous devions en accepter les inconvénients politiques. « Il en va de même pour toutes choses, conclus-je, on ne fait jamais de bien sans difficultés. Je ne peux pas affirmer que les écrivains n'auront plus jamais de problèmes en

Amérique, et alors, nous aurons besoin de votre aide. Nous devons regarder toutes les cultures avec les mêmes yeux. » La délégation américaine applaudissait à tout rompre aux côtés des Russes, et je comprenais que le destin du monde – et le congrès le voyait aussi – se trouvait entre les mains de ces deux grandes nations.

Le PEN Club n'était pas pour autant à la hauteur de sa tâche universelle, nous le savions tous parfaitement bien. Tandis que des serveurs au visage impassible parcouraient en hâte la salle dallée de vieilles pierres pour apporter un solide vin blanc aux délégués de plus en plus ivres, l'assistance prenait l'allure d'une bande de survivants des deux grandes guerres européennes. D'être un Américain de fraîche date, puisque, issu de Radomizl et de Brooklyn, me donnait du poids, j'étais étranger à leurs anciennes querelles. Ils s'en étaient aperçus les premiers, mais je finis par les rejoindre, et quand les conflits idéologiques insolubles prenaient trop d'importance et que l'atmosphère devenait irrespirable, j'annonçais le déjeuner, ce qui les surprenait toujours, à onze heures ou onze heures et demie du matin. Mais ils avaient vite compris le subterfuge, et chaque fois que les propos s'emballaient de manière excessive, on se mettait à crier « Déjeuner ! » dans les rangs, même cette grosse dame bulgare qui ne s'était pas fait remarquer par son sens de l'humour et qui était capable de me réitérer deux ou trois fois par jour, mot pour mot, sa brûlante invitation à lui rendre visite à Sofia. Elle me montrerait les champs de roses d'où l'on extrayait ce grand produit d'exportation national, l'essence de rose.

Telle était donc ma fonction : être juste, maintenir la paix et continuer de promouvoir apolitiquement ces concepts politiques que sont la liberté d'expression et l'indépendance des écrivains. Le plus remarquable était que résidaient là les désirs inexprimés de la plupart des personnes présentes, quel que fût leur pays d'origine.

Il y avait cependant des moments où l'on s'épuisait à essayer de deviner pourquoi ils étaient en train de vous dire quelque chose. Un Hongrois – qui avait l'habitude, pendant les séances, de se lever pour défendre avec passion la manière dont son gouvernement traitait les écrivains et pour proclamer l'élégance de son comportement en général – m'avait entrepris en privé : « Le nouveau premier ministre a convoqué l'ancien premier ministre, un stalinien qui avait été son patron – c'était après la mort de Staline, bien entendu; le nouveau premier ministre est monté sur son bureau, a ordonné à l'ancien premier ministre de se tenir devant lui, la bouche ouverte, et le nouveau premier ministre a uriné dans la bouche de l'ancien premier ministre. » (Ils étaient tous les deux marxistes, bien sûr, me dis-je aussitôt.) Essayait-il d'avoir l'air branché, ou s'agissait-il d'un réel besoin de s'aligner sur le libéralisme anglo-américain, qu'il considérait sans doute comme un critère suprême de civilisation ?

A ma surprise, Sourkov, chef de l'Union des écrivains soviétiques, titubant légèrement, il avait bu, pourvu d'un torse aussi vaste que ses chers Steinbeck et Hemingway, m'annonça d'un ton solennel, à la limite du belliqueux : « Nous voulons entrer au PEN Club, nous sommes prêts à négocier. Nous demanderons quelques changements dans les règlements et la constitution, mais nous pouvons en discuter. Dès que je serai rentré en URSS, nous vous enverrons une invitation à nous rendre visite. »

Nous nous serrâmes la main. J'étais fier de moi. Dans un coin du champ de bataille mondial se préparait une sorte de trêve.

Lorsque je racontai cela à Carver, qui rougit de joie en apprenant qu'ainsi le PEN Club que l'on croyait moribond avait une utilité, nous pensâmes que les « changements » mentionnés par Sourkov devaient concerner la procédure de vote, dont il avait déjà dit à Carver qu'elle posait un problème. Il y avait en Union soviétique beaucoup d'œuvres écrites dans des langues différentes, et la question était de savoir de combien de voix ils pourraient disposer. Aux Nations unies, bien sûr, l'URSS avait son représentant, et l'Ukraine et la Biélorussie avaient leurs propres délégués. Dans la pire des hypothèses, nous pourrions toujours les contrer en instituant des scrutins séparés pour les centres du PEN Club de Los Angeles et de Chicago, mais d'une manière ou d'une autre, il faudrait éviter de se laisser submerger par des légions d'écrivains soviétiques dont les voix seraient plus nombreuses que les nôtres. En tout cas, même si des difficultés se présentaient, nous avions rapproché le PEN Club de son propos d'origine, préserver la paix. Ayant perdu toute modestie, je croyais que c'était la persuasion émanant de mes pièces, jouées sur des scènes de part et d'autre de la frontière idéologique, qui m'avait permis de construire ce pont. Si c'était vraiment cela que nous avions commencé de faire à Bled...

Il me fallut plus d'une année pour arriver à Moscou. J'étais maintenant devenu un excellent avocat pour mes convictions, ayant envoyé ce qui me semblait être un flot continu de télégrammes et de lettres à Sourkov pour protester contre des arrestations d'écrivains, non seulement en Russie mais aussi en Lituanie et en Estonie, réussissant quelquefois à obtenir un visa de sortie du pays pour quelqu'un, et insistant en même temps pour qu'on laisse les Juifs tranquilles. Aussi, quand il entra lourdement, avec son grand sourire, dans ma chambre d'hôtel de Moscou, en 1967, j'étais bien décidé à m'assurer que le jour – s'il y en avait un – où ils entreraient au PEN Club, nous serions tous bien d'accord sur ce qu'ils y feraient.

Grâce à mes relations amicales avec les écrivains soviétiques les moins satisfaits, je connaissais la situation : le PEN Club était pour eux une perspective excitante d'ouverture sur l'Ouest assortie de quelques avantages très pratiques, tels que la chance de se faire traduire dans les langues européennes, ce qui arrivait pour l'instant de manière irrégulière, ou d'obtenir protection et solidarité des écrivains occidentaux, ce qui élargirait la liberté d'expression – une fois que l'URSS serait membre du PEN Club, on aurait plus de mal à faire disparaître un écrivain soviétique. Pour Sourkov et le régime, l'appartenance au PEN Club leur vaudrait du prestige à l'Ouest, ce qui était peut-être la chose essentielle pour les Russes. Quels que fussent ses mobiles, Sourkov était assez évolué pour comprendre que le PEN Club ne s'écarterait pas de ses objectifs de base. S'il voulait malgré tout en faire partie, personne ne pouvait s'y opposer. J'allais enfin connaître les « changements » auxquels il avait mystérieusement fait allusion à Bled.

Sourkov était accompagné d'un gigantesque professeur de linguistique blond, ressemblant à un Viking obèse par la taille et la mine, un authentique briseur d'os russe sorti de sa caverne, et jovial de surcroît. J'ai oublié son nom, mais dans mon esprit, il a toujours été Nat. Il but quelques vodkas avec Sourkov, et ils s'affalèrent dans leurs fauteuils. Pendant plusieurs minutes, nous parlâmes du temps, une fois de plus, comparant les températures relativement clémentes, de Novossibirsk à Philadelphie. Enfin, Sourkov annonça fermement et sans détour : « Les écrivains soviétiques veulent entrer au PEN Club. »

Etais-je en train de rêver ? Etions-nous proches du jour où des écrivains originaires de soixante pays étrangers pourraient communiquer librement avec leurs collègues soviétiques, que ce soit à Moscou, à Léningrad ou à Yalta ? Cette perspective laissait entrevoir la possibilité d'écraser l'immobilisme politique et moral que notre époque a institué, appauvrissant tout le monde en tous lieux. Etait-il possible que soit arrivé le jour où nos *vraies* horreurs, de part et d'autre, pourraient librement être montrées au grand jour – où nous accepterions humblement de revenir en arrière et de tout reprendre à zéro, essayant de trouver un moyen de vivre malgré des changements incessants et un progrès meurtrier, de replacer l'homme au sommet de son fragile environnement, et pas tout en bas, où il se trouvait maintenant ?

– Rien ne saurait me réjouir davantage, dis-je. Nous serions tous heureux de vous accueillir au PEN Club.

La communauté littéraire serait enfin un phare pour les nations.

– Nous ne voyons qu'un seul problème, répondit Sourkov, mais il peut être facilement résolu.

– Quel est ce problème ?

– Les statuts du PEN CLub. Il faudrait y apporter des modifications. Mais ce ne sera pas difficile à faire.

Nat était un interprète extrêmement rapide, et j'oubliais presque sa présence, malgré son volume. Un peu plus tôt, lors de notre conversation préliminaire sur le temps, il s'était plaint que de jeunes scribouillards de rien du tout comme Evtouchenko et Voznesenski se contentent de jeter quelques vers idiots sur le papier pour se faire acclamer d'un bout à l'autre du pays, et dans le monde entier, qu'ils puissent prendre l'avion librement pour n'importe où, alors que des professeurs studieux qui avaient consacré une vie entière à leur spécialité demeuraient inconnus et ne pouvaient jamais aller nulle part – tout ceci après que je lui eus demandé s'il était déjà venu en Amérique. C'était le même ver qui creusait les mêmes trous dans le cœur universitaire du monde entier, autre élément universel dont j'espérais que le PEN Club serait le révélateur, soulignant ainsi nos points communs, et notre sens de l'humour. En cette période de détente, j'étais décidé à découvrir en chaque chose ce qu'il y avait de bon. Le Vietnam était en train de voler en éclats, nous allions nous tuer là-bas, et j'avais besoin de tout l'espoir qu'on puisse trouver.

« A quels changements pensez-vous ? » demandai-je, convaincu qu'il s'agissait du vote. Mais c'était autre chose, répondit-il en regardant le tapis. Mes illusions commencèrent à se recroqueviller comme un bout de papier dans le feu. Je me souvenais de la constitution du PEN Club comme d'un ensemble de quatre articles courts, quatre variations sur le même thème – que l'on devait protéger l'écrivain dans son droit de dire ce qu'il voulait, à l'abri de toute censure, gouvernementale ou autre; et aussi que son appartenance au PEN Club lui faisait un devoir de s'opposer à toute censure, dans son pays comme ailleurs. Qu'est-ce que Sourkov voulait donc changer à cette litanie cristalline ?

– Mais ne nous tracassons pas avec cela maintenant, me dit ce gros camion réchappé de la guerre. Nous viendrons au prochain congrès et nous en reparlerons.

– Attendez un moment, l'interrompis-je, m'efforçant de rester souriant.

Bien que ce fût incroyable, son attitude insinuait qu'il y aurait de ma part une sorte de collaboration, et que je deviendrais son instrument. Quelle autre raison – dans l'esprit d'un homme cynique, je le compris brutalement –, pouvais-je avoir de les inviter ? Ce n'était quand même pas parce que je voulais affaiblir la censure soviétique ! Tous mes espoirs à peu près envolés, je demandai, cette fois par pure curiosité :

– A quelle sorte de changements faites-vous allusion ?

– Nous pouvons très bien parler de tout cela au prochain congrès.

– Fort bien, mais vous devez comprendre qu'avant de changer la constitution, il faudrait...

– Oh, allons, Miller, vous pouvez la changer.

Il se pencha vers moi, par-dessus l'accoudoir de son fauteuil, en m'adressant un clin d'œil complice qui retomba comme le couperet d'une guillotine.

– Moi ?

– Si vous le vouliez, ils le feraient. Cela dépend de vous.

– Eh bien, ceci est très flatteur, mais vous ne comprenez pas exactement – ils devront voter le moindre changement.

– Pas si vous leur dites, Miller. Si vous leur dites ce que vous voulez qu'ils fassent...

– Il va falloir que vous soyez plus précis. De quels changements parlons-nous ?

– Il y a certaines choses que les écrivains soviétiques ne peuvent accepter. Ce serait impossible.

Bien sûr. C'était tout à fait simple : ils n'accepteraient jamais d'assouplir la censure en Russie, et encore moins de la mettre en question. J'exerçais sans le moindre doute un contrôle dictatorial sur le PEN Club, comme ce serait normalement le cas pour le dirigeant de n'importe quelle organisation soviétique, et ils étaient venus me trouver dans l'idée que je pouvais les aider à purger les statuts de leurs objectifs de liberté. Ce qu'ils recherchaient c'était essentiellement le prestige d'appartenir à une organisation occidentale dont le règlement, remanié, continuerait sans aucun doute d'invoquer la liberté mais leur permettrait toujours, sous un prétexte international cette fois, de contrôler leurs propres écrivains.

La scène entière me revint à l'esprit quand, dans les années quatre-vingt, l'UNESCO publia une nouvelle « charte » de la presse, selon laquelle les gouvernements ne pourraient être l'objet de critiques et les journalistes coupables d'offense seraient privés de leur droit de travailler. Bien entendu, dans les années soixante, je ne pouvais prévoir une telle horreur, mais mon instinct me disait que Sourkov proposait l'entrée de l'Union soviétique au PEN Club en échange de l'émasculation de ce dernier.

« Je ne veux pas vous entraîner dans un scandale », l'avertis-je alors. Je me sentais incapable de parler, furieux et surtout désireux de le voir partir. Son sourire de grand-père s'évanouit. « Ce sera un grand pas en arrière si vous proposez ce que vous semblez avoir à l'esprit. » Comme il ne me demanda pas ce que c'était, à mon avis, il n'y avait aucun doute. « Mieux vaut laisser les choses où elles en sont plutôt que de provoquer un nouveau conflit entre nous. Peut-être pourrons-nous dans l'avenir nous mettre d'accord sur des conditions acceptables de part et d'autre, mais les statuts tels qu'ils sont me conviennent, et je ne veux pas que vous imaginiez que je pourrais aider à les modifier. »

Le lait monta rapidement, puis refroidit aussitôt. Lorsque la porte se referma après leur départ et que je me retrouvai seul, la paranoïa me frappa de plein fouet. Avaient-ils l'intention de remplacer la charte du PEN Club par une sorte de code de « responsabilité » – je voyais ça d'ici – de « l'écrivain envers les forces éprises de paix », et de mettre ledit écrivain dehors s'il ne le signait pas ? Je ne pouvais pas m'empêcher d'aller plus loin : est-ce que Sourkov envisageait d'enfoncer à l'Ouest un coin de discipline soviétique, étendant aux nations de la Renaissance et du siècle des Lumières l'éternelle chape russe du contrôle étatique des écrivains ? Pour résumer, leur désir d'entrer au PEN Club n'était-il qu'une simple offensive camouflée ?

Sourkov m'avait enseigné beaucoup de choses en quelques minutes. Le plus triste, dans tout cela, était que je connaissais des écrivains soviétiques qui, malgré mes doutes, m'avaient pressé de poursuivre cette négociation, espérant un changement miraculeux de politique que je devais encourager, selon eux, en dépit des obstacles.

Mon inquiétude s'apaisa quand je compris que le monde était en réalité contre Sourkov. Le désir de liberté est inhérent à la nature humaine, et ceux de son espèce devaient perdre.

Mais j'avais à peine trouvé ce réconfort que je recommençais de m'inquiéter, et pas seulement à cause des Russes. Les interrogatoires incisifs de la Commission des activités antiaméricaines refaisaient surface. Bien entendu, il était envisageable que leurs auteurs ne soient pas réélus, ce qui ne risquait pas d'arriver à leurs homologues soviétiques, mais comment la démocratie américaine pouvait-elle continuer de produire des gens qui ne voyaient aucun mal à utiliser leurs formidables pouvoirs pour transformer des opposants politiques en hors-la-loi ?

Cette bataille n'allait-elle donc jamais, jamais cesser ?

Le rationalisme miraculeux du *Bill of Rights*[1] américain semblait soudain incroyable, issu comme il l'était de l'esprit fallacieux de l'homme. L'Amérique me bouleversait à nouveau complètement – c'était un endroit stupéfiant, dont l'idée même vous laissait éberlué.

J'ai déjà signalé qu'il y a un avocat dans à peu près toutes mes pièces – fait dont je n'ai pris conscience que lorsqu'un érudit me l'a révélé dans une lettre. Pendant les quatre ans où j'ai présidé le PEN Club international, et au cours des longs mois que dura l'affaire Reilly, j'ai commencé à voir que pour moi, l'idée de loi était la réalité sociale ultime, de même que les principes de la physique sont le territoire du savant – le dernier rappel à l'ordre, à la raison, à la justice. A je ne sais quel niveau primitif, la Loi est la pensée de Dieu.

L'influence qu'exerçait cette idée sur ma conscience la plus profonde me fut cependant révélée clairement bien après que j'eus terminé mon mandat de président, lorsque je suis allé pour la première fois en Chine avec Inge, en 1978. L'une des premières personnes que nous ayons rencontrées là-bas était un avocat américain gauchiste expatrié qui avait passé plus de vingt-cinq ans à Pékin comme interprète et essayait maintenant, devant la disparition récente de Mao et de la Révolution culturelle, de s'orienter non seulement en fonction du présent mystérieux et de l'avenir inconnu, mais aussi, par nécessité, en fonction du passé et de sa destruction presque totale de la notion même de loi.

Je croyais être raisonnablement informé sur la Chine, grâce à la presse américaine et à certains sinophiles américains, jusqu'au moment où il m'apparut que nous avions rencontré une succession d'écrivains qui m'avaient répondu à peu près la même chose quand je leur demandais à quoi ils travaillaient pour l'instant : « Je

1. Les dix premiers amendements de la Constitution américaine. *(N.d.T.)*

ne suis pas prêt à recommencer d'écrire tout de suite – cela a été si long. » Pourquoi avait-ce été si long, et pour tous ? Cela me laissait perplexe.

Evidemment, mon idée de la Chine avait été forgée à la fin des années trente par le récit qu'Edgar Snow avait fait de la Longue Marche et de l'héroïsme de la révolution, si bien que la véritable vie de l'époque qui avait suivi n'était jamais entrée dans mon rêve. Ce fut un choc terrible d'apprendre que chacun des vingt et quelques écrivains, metteurs en scène de théâtre et réalisateurs de films, acteurs et artistes que nous avions rencontrés au cours de la première semaine avait été soit jeté en prison soit expédié dans une lointaine province pour y nourrir des cochons ou y repiquer du riz, et ce pendant douze ans, dans certains cas. Les épouses de plusieurs d'entre eux avaient péri sous la torture pendant ces années-là, et eux-mêmes n'étaient qu'une poignée de survivants sur des milliers.

Tout cela nous fut raconté de manière succincte par un Chinois qui parlait l'anglais et était assis par hasard à côté de nous dans le train, un homme qui avait été surpris par la révolution de 1949 alors qu'il se trouvait dans le Connecticut et à qui le Département d'Etat avait interdit de rentrer chez lui jusqu'à cette date, près de trente ans plus tard. Professeur de physique, il était revenu avec l'intention de réorganiser le département de physique de l'université de Pékin. Nous n'arrivions pas à croire qu'il n'y eût pas de département de physique à l'université de Pékin, mais c'était pourtant vrai.

« Les Gardes rouges ont dispersé l'équipe il y a une dizaine d'années, dit-il tristement. Je voyage un peu partout pour retrouver certains des membres les plus âgés, qui ont été affectés à des emplois subalternes divers, et essayer de les réunir afin de commencer à recréer un département. » Seulement, ils étaient à peine deux cent cinquante étudiants dans tout le pays, désormais – moins que dans Manhattan, probablement –, et il faudrait du temps avant que tout ne redémarre à nouveau. « Bien entendu, ce qu'ils connaissent de physique est terriblement démodé. La Chine est dans certains domaines en retard de dix, vingt, trente ans sur son temps... »

C'était encore très peu convenable, pour des Occidentaux, de rendre compte de la catastrophe maoïste, et pourtant j'ai rapporté dans *Chinese Encounters* la conversation que j'avais eue avec l'avocat américain dans sa maison de Pékin. Je lui demandais si l'on envisageait de nouvelles mesures légales pour se protéger de futures explosions de fanatisme hypocrite (et ambitieux) déguisé en militantisme révolutionnaire. Il ne pensait pas que ce serait nécessaire, bien qu'il eût l'air un peu gêné en disant : « Le Parti sait ce qu'il a à faire et va faire en sorte que cela ne se reproduise jamais. »

Mais s'il y avait eu un système judiciaire indépendant du Parti, une cour d'appel non politique, n'aurait-elle pas pu épargner à la Chine, au cours de ces décennies, cette énorme perte de développement ?

J'éprouvais un mélange de compassion et de dégoût à son égard, vu sa situation. Nous protégeons tous nos investissements spirituels, or il avait passé toute sa vie dans une Chine où les classes avaient soi-disant été abolies et où régnait une égalité absolue, et tout ce qu'il était capable de dire maintenant, même maintenant, était : « L'existence d'un système judiciaire réputé indépendant impliquerait que le Parti peut commettre des injustices; cela impliquerait aussi une classe séparée, dotée d'un pouvoir, qui imposerait sa volonté au peuple. Or le Parti *est* le peuple, il ne peut s'opprimer lui-même, et il n'a par conséquent pas besoin d'avocats ni de l'idée occidentale d'un corps séparé de professionnels pour protéger les innocents. »

Ce bon marxiste rationaliste et matérialiste entonnait un hymne de poésie irréaliste qui paraissait incroyable alors que des millions de Chinois avaient été déplacés, « dégradés », assassinés ou emprisonnés dans l'arbitraire le plus complet par ce même parti sur lequel il comptait pour qu'une telle folie ne se reproduise jamais. Quelle idéologie, me demandais-je, ne s'appuie pas sur un refus des faits érigé en principe !

De retour en Chine en 1983 pour mettre le *Commis voyageur* en scène au Théâtre populaire de Pékin, je me tenais dans la cour du théâtre avec Ying Ruo-cheng, l'acteur-metteur en scène qui jouait mon Willy, et il me montrait l'endroit où, plus de dix ans auparavant, un bataillon de Gardes rouges avait un jour aligné tous les acteurs de la troupe pour qu'ils les regardent insulter Lao She, le célèbre auteur de nombreuses pièces et romans (dont « Le tireur de pousse-pousse[1] » qui avait eu beaucoup de succès en Amérique dans les années quarante), maintenant âgé de soixante ans; le giflant et le traitant de contre-révolutionnaire bourgeois, ils s'apprêtaient à le tabasser sérieusement lorsqu'un policier passant par-là s'était interposé, avait fait semblant d'arrêter l'immonde écrivain, l'avait emmené au coin de la rue et relâché. Le lendemain matin, on avait retrouvé le corps de Lao She au bord d'une mare peu profonde. Selon sa veuve, ils avaient maintenu sa tête de force sous l'eau, car ses chaussures n'étaient pas mouillées, mais d'autres pensaient que, complètement désespéré, il avait mis fin à ses jours.

La mémoire ne cesse de revenir sur elle-même, formant des replis semblables aux couches géologiques, les strates les plus profondément enfouies remontant parfois à la surface avant de glisser à nouveau vers les profondeurs.

Après la rencontre avec Gorbatchev, nous partîmes, Inge et moi, pour Londres où l'on jouait deux de mes pièces, *The Archbishop's Ceiling* au Barbican Pit, mis en scène par la Royal Shakespeare Company, et *The American Clock* au National Theatre's Cottesloe, dans une

1. Apparemment non traduit en français. Certaines œuvres de Lao She sont publiées aux éditions Gallimard. *(N.d.T.)*

mise en scène de Peter Wood. Malgré les restrictions budgétaires de Margaret Thatcher, ces théâtres subventionnés étaient animés d'un esprit de recherche et d'aventure qui changeait agréablement de l'ambiance quasi hystérique qui régnait à New York, où l'on était obsédé par l'argent. *The American Clock*, au National, montrait sur scène un véritable orchestre de jazz et une foule de figurants, quand c'était nécessaire (ce qui aurait déjà coûté un demi-million de dollars à Broadway), et dans la mesure où la quantité de représentations était limitée à l'avance, toute cette panique relative au succès ou à l'échec était muselée, ce qui permettait aux acteurs de laisser libre cours à leur imagination et de jouer devant un vaste public plutôt qu'un cercle étroit d'initiés. Comme c'est toujours le cas quand les acteurs se sentent libres, le public était entraîné dans les rêveries de la pièce. Et pouvoir sans problème s'offrir un billet n'a jamais gâché le plaisir esthétique.

Cela faisait maintenant plus de dix ans que j'avais écrit *The American Clock*, et en voyant la version de Wood, j'eus le bonheur mais aussi la tristesse de constater que mon impulsion d'origine avait été juste. Dans la mise en scène américaine, malheureusement, et comme cela s'était déjà produit plus d'une fois, je n'avais pas eu la chance de tomber sur des gens suffisamment familiarisés avec les thèmes psycho-politiques pour savoir les adapter au style théâtral, défi qui était plus facilement relevé par le théâtre anglais. J'avais écrit la pièce comme une fresque murale de la société américaine pendant la Dépression, mais le mot *société* est synonyme de mort à Broadway et de même qu'avec *The Archbishop's Ceiling*, j'avais cédé et remanié ma pièce en fonction de ce que j'en étais venu à considérer comme le « Théâtre Effrayé ». Au bout du compte, comme d'habitude, je n'avais qu'à m'en prendre à moi-même, mais je m'étais senti tragiquement seul à l'époque, et m'étais laissé convaincre de faire passer à travers des personnes ce qui aurait dû rester un élan, une concentration sur l'effondrement d'une société.

Les deux pièces furent montées en Angleterre dans leur version primitive, non contaminée, sortie pour ainsi dire toute fraîche de ma table de travail. Toutes deux étaient des tentatives farouches d'appréhender ce que selon moi la vie des années soixante-dix avait presque complètement perdu : une conception unifiée de l'être humain, l'aspect psychologique et intime étant lié à l'aspect sociopolitique. En d'autres termes, je voulais nous replacer dans notre histoire en découvrant une ligne à partir de laquelle on pouvait se mesurer. Dans *The American Clock,* c'étaient les faits objectifs de l'effondrement social; dans *The Archbishop,* c'étaient les conditions fondamentales de la véritable liberté. Presque toutes les formes d'art revendiquaient alors un surréalisme amusant, bouffon, sarcastique, dont la rébellion d'origine, remontant à l'entre-deux-guerres, était à la fois apprivoisée et plus chic, une sorte de joyeux reportage naturaliste sur les surfaces fissurées de l'existence, sans le moindre centre moral. Bref c'était un style conçu pour fuir la confrontation avec notre destinée, toujours tragique mais toujours sur le point de basculer dans le pathos si on l'arrache à son contexte social. Nous en étions arrivés à apprécier et célébrer dans notre art le détachement en tant que tel, sans pour autant nous servir de l'expérience pour recréer une œuvre spontanée qui nous aurait apporté de nouveaux renseignements sur notre vie. Notre surréalisme était du naturalisme camouflé, il ne débouchait sur rien et n'apportait quant au « pourquoi » de l'art pas plus de réponses que les naturalismes précédents.

L'unité que j'avais à l'esprit est mal vue dans notre théâtre, où, quand elle apparaît, on a plutôt tendance à la qualifier d'artistique, surtout si sa source est exotique. Ainsi, l'imagination farouchement partisane et l'engagement social d'Athol Fugard auraient certainement été moins bien accueillis à Broadway si le cadre en avait été le quartier noir de Newark, de Philadelphie, ou encore Harlem. Là, sans le romanesque de l'éloignement, la colère et les protestations antiracistes de l'auteur auraient été beaucoup plus évidentes – message que les Américains, comme tant d'autres, sont beaucoup plus disposés à admirer confortablement de loin que de près.

Peter Wood, encore tout jeune homme, avait mis en scène *Incident à Vichy* près de vingt ans plus tôt, à Londres; il avait maintenant sa propre troupe au sein du National, des artistes avec lesquels il entretenait des rapports de travail très intimes. Au lieu de plonger aveuglément dans *The American Clock*, il commença par me demander comment, à mon avis, il faudrait aborder ce texte qui, après tout, avait été un échec à Broadway. (Plus exactement, les représentations avaient été arrêtées quelques jours après la première, malgré des salles pleines, parce que le producteur n'avait plus un seul centime pour payer les affiches publicitaires : telle était, dans toute sa brutalité, la sottise de Broadway.)

La question de Wood me ramena à ma vision initiale de la pièce. Ce que j'avais voulu faire, lui dis-je, était une sorte d'épopée, comme une fresque murale. En peinture, je considérais la fresque comme une profusion d'images individuelles tissées autour d'un vaste thème social ou religieux – le *Guernica* de Picasso, l'œuvre de Rivera ou d'Orozco, ou encore, mais de façon plus subjective, celle de Jérôme Bosch, ainsi que d'innombrables peintures religieuses. Il s'y trouve, réunis dans une seule scène, la Vierge, le Christ et quelques apôtres, mêlés aux visages du protecteur de l'artiste, de ses amis et de ses ennemis, du sien parfois, tout cela organisé autour d'un thème sublime, résurrection ou salut. De tout près, on peut distinguer des portraits individuels, mais ils sont subordonnés à, ou balayés par, l'exposé du thème central, qui est évident et sans mystère. Pour ce qui était du jeu, la pièce devrait avoir le panache piquant du vaudeville, un style souriant et extraverti, ce qui était parfaitement ironique quand on savait que le thème était la question suivante : l'Amérique, comme toutes les civilisations, est-elle en train de courir contre la montre, est-elle menacée par l'heure inexorable de l'affaiblissement et de la mort ? Question que la Grande Dépression avait posée, jusqu'au jour où la Seconde Guerre mondiale avait résolu d'un coup le problème du chômage et de la consommation.

« A la fin de la pièce, dis-je, nous devrions avoir le sentiment que va resurgir, au milieu d'une tragédie humaine et sociale, la faculté d'improvisation de l'Américain, sa croyance presque inconsciente que les choses peuvent, et doivent marcher. En d'autres termes, il faut percevoir l'énergie d'une démocratie. La question de l'ultime survie doit cependant rester en suspens. »

Voilà donc deux de mes pièces qualifiées dans mon pays de nulles et non avenues, et qui à Londres remplissaient les théâtres – *The American Clock* dut être transférée à l'Olivier, le plus grand des trois théâtres nationaux, et fut retenue pour l'Olivier Award comme meilleure pièce de la saison. Il était révélateur que, même si la presse n'avait pas été unanime, aucun critique en Angleterre n'eût le pouvoir de faire baisser définitivement le rideau sur un spectacle. Quelques mois plus tard, le National Theatre allait monter *Vu du pont* dans une mise en scène d'Alan Ayckbourn, avec Michael Gambon en Eddie Carbone (la pièce fut ensuite reprise dans le West End), si bien qu'il y eut trois de mes pièces jouées en même temps sur des scènes londoniennes, qui toutes avaient été soit condamnées soit ignorées à New York au cours des trente dernières années.

Les journalistes, au lieu de se demander ce que j'ai fait dans les années soixante-dix devraient s'interroger et analyser pourquoi un nombre important de bonnes pièces américaines n'ont pas été digérées et recrachées par cette combinaison mortelle et typiquement new-yorkaise : un seul journal tout-puissant allié à des directeurs de théâtre dépourvus de perspicacité, sinon irresponsables. Certains secteurs de cette association ont à coup sûr prospéré, au point que l'ensemble de la profession théâtrale a fini par étouffer et s'est retrouvé quasiment moribond tandis qu'une poignée d'hommes avaient accumulé des fortunes.

De même que nous manquons d'une vraie conscience de nos liens avec le passé, nous sommes à mon avis un pays sans culture théâtrale. J'ai personnellement traversé – et je ne suis qu'un exemple – une suite d'années où mes pièces étaient jouées dans une demi-douzaine de pays, mais pas à New York. Aussi, lorsque George Scott joua le *Commis voyageur* à New York, Tony LoBianco *Vu du pont* à Broadway, puis Dustin Hoffman le *Commis voyageur* à nouveau, et enfin Richard Kiley *Ils étaient tous mes fils,* et qu'une vingtaine de théâtres importants montèrent mes pièces dans plusieurs grandes villes d'Amérique, on parla de « résurrection », alors qu'en réalité j'avais tout simplement été occulté dans mon propre pays.

Il y a des occasions qui nous rappellent parfois douloureusement notre condition. Pour jouer Adrian, l'un des quatre rôles d'importance à peu près égale dans *The Archbishop's Ceiling,* monté en 1986 par la Royal Shakespeare Company, Roger Allan renonça au rôle très important de Javert, dans ce monstrueux succès qu'étaient *les Misérables,* parce qu'il l'avait déjà joué plus de soixante fois et pensait que ma pièce était une expérience plus stimulante pour lui à ce stade de sa carrière. Jamais il n'a considéré qu'il prenait ainsi une décision particulièrement courageuse. C'est un exemple de ce que signifie une culture théâtrale, et c'est un acte que peu de comédiens new-yorkais auraient eu l'intelligence de faire. On peut probablement établir une comparaison avec le milieu de la médecine, où des dizaines de chercheurs et de praticiens travaillent simultanément à divers secteurs de recherche, luttant pour obtenir les meilleurs résultats et fertilisant réciproquement leurs idées. La plus grande part de leurs découvertes ne seront pas viables sur le plan commercial, cela va sans dire, mais il est évident que les quelques très grandes découvertes utilisables seraient impossibles sans ce flot continuel de recherches et de faux départs. Le problème n'est pas que le théâtre américain manque de place pour de grandes pièces mais plutôt qu'il ne soutient pas les bonnes pièces, ce terreau d'où jaillira l'extraordinaire.

Il me semble aujourd'hui que j'ai toujours été pris entre deux théâtres, celui qui existe et celui qui n'existe pas. Au début des années quatre-vingt, alors que je travaillais à une longue pièce, deux pièces en un acte émergèrent, destinées au deuxième théâtre, le théâtre idéal. Avec *Elegy for a Lady* j'essayai d'écrire une pièce où s'affrontaient plusieurs points de vue – un par personnage, plus un troisième, celui de la pièce elle-même – une œuvre où n'apparaissait pas de vision à la première personne, comme s'il n'y avait que la neutralité de l'expérience pure. Un homme entre dans un magasin, cherchant un cadeau pour sa maîtresse qui est en train de mourir. La propriétaire de la boutique est touchée par son incapacité à choisir ce qui convient. Il trouve que chaque objet qu'elle présente va soit rappeler douloureusement à sa maîtresse sa fin prochaine, soit lui attirer des reproches pour manque de cœur à son égard. A certains moments, la vendeuse semble devenir la mourante en personne. Un jeu d'ombres sous l'arbre de la mort. Je me dis que cela ressemblait à une gravure d'Escher, où l'eau remonte la pente de la colline, défiant les efforts des yeux habitués à suivre la force naturelle de la gravité, ce qui rappelle comment notre cerveau a créé la physique « objective » de nos vies.

Je mis *Elegy* en scène dans un tout petit endroit, au Long Wharf Theatre de New Haven; il y avait au même programme *Some Kind of Love Story*, l'histoire d'un détective privé vieillissant, dans une petite ville, entraîné dans une affaire par une femme qui semble à la fois engagée de façon désintéressée dans sa campagne pour disculper un innocent et bizarrement impliquée dans sa condamnation. Elle est en même temps une putain, un défi à sa vocation morale de justice, et, bien sûr, la régénératrice de sa sexualité déclinante. Dans ces deux pièces, le monde objectif devient de plus en plus distant et invisible, alors que la réalité semble entièrement, ou partiellement, faite de ce que les personnages veulent qu'elle soit, ce qui les laisse confrontés à l'angoisse de devoir prendre des décisions dont ils savent qu'elles reposent sur l'illusion et la force du désir.

Au cours des années suivantes, j'allais me laisser absorber de plus en plus profondément par une sorte d'implosion du temps – les moments où une strate d'expérience enfouie remonte brusquement vers le haut, devenant la nouvelle surface qui capte notre attention et envoie des informations venues des profondeurs. J'essayai d'analyser ce processus dans *Danger : Memory!*, deux pièces en un acte écrites à la fin des années quatre-vingt, en particulier dans celle intitulée *Clara*. Un choc violent laisse Albert Kroll, qui a découvert le cadavre de sa fille assassinée dans l'appartement qu'elle occupe à New York, complètement désarmé devant les questions du policier chargé d'enquêter sur l'affaire. La personnalité de Clara devient la principale source d'indices permettant d'identifier l'assassin. Kroll se trouve confronté à l'idéalisme de la jeune femme, qui apparaît maintenant comme la clef de sa mort, puisqu'elle a tenu à poursuivre son travail avec d'anciens prisonniers pour les aider à se réinsérer. L'assassin est selon toute vraisemblance un de ces hommes, plus particulièrement celui dont Kroll sait qu'elle était amoureuse – une liaison à laquelle il ne s'était pas opposé, bien que Clara lui eût avoué que cet homme avait fait de la prison pour le meurtre de sa petite amie.

Il apparaît alors que Kroll a transmis à Clara, quand elle était adolescente, une partie de son idéalisme d'autrefois. Il menait une vie décente, voire courageuse, avec un besoin instinctif de rendre service aux autres. Il était ce que Whitman aurait pu appeler un « homme démocratique ». Mais Kroll avait changé pendant ces vingt dernières années, il était devenu comme les autres, et en tant que modeste cadre d'une société de construction, il avait dû se cacher à lui-même la médiocrité de sa situation. Non qu'il fût devenu un méchant homme – mais son idéal s'était envolé en même temps que ses espoirs de jeunesse et que sa foi en l'humanité.

Dans la pièce ensanglantée où sa fille est morte, il se trouve de nouveau confronté à cet idéal. Doit-il le renier, se sentir coupable et plein de remords pour avoir montré la mauvaise voie à sa fille ? Ou doit-il plutôt, malgré tout, réaffirmer la validité de cet idéal et de son ancienne confiance en l'humanité, rester attaché à la meilleure partie de lui-même, accepter qu'elle se soit tragiquement sacrifiée pour ce qui comptait, et compte encore, il le voit maintenant, plus que tout ? La pièce se termine sur cette affirmation : à travers ce drame, Kroll s'est retrouvé, il a entrevu l'effondrement tragique des valeurs, et finalement, il ne peut se résoudre à renoncer.

Albert Kroll ne fut compris – ce qui ne pouvait m'étonner après quarante ans d'expérience du théâtre à New York et alentour – de personne, sinon de quelques-uns de ces critiques considérés comme d'importance mineure, quelques critiques de télévision, trois correspondants anglais de journaux londoniens et le public, qui continuait de remplir le Mitzi Newhouse Theatre du Lincoln Center bien que l'essentiel de la critique eût été incapable de comprendre même l'aspect le plus élémentaire de l'histoire. Que Kroll eût apporté sur la scène une partie de notre expérience historique des dernières décennies, depuis la Seconde Guerre mondiale, passa apparemment inaperçu. *Clara* n'en suscita pas moins un considérable courrier de la part de jeunes auteurs dramatiques. La pièce avait fait mouche, même si c'était sur une cible à peu près ignorée de la presse new-yorkaise. Jamais auparavant on ne m'avait exprimé un tel enthousiasme, et cela suffisait à justifier tous mes efforts. Ces écrivains avaient compris que j'avais rejeté absolument tous les instruments habituels du drame, en dehors des deux voix essentielles, celle du policier chargé de l'enquête et celle de Kroll – la voix du réalisme et de la chair opposée à l'esprit immortel qui transcende la réussite et l'échec; la mort dans la vie et la vie dans la mort.

Tout au fond de Son cœur, Dieu est un acteur comique qui aime nous faire rire.

En 1978, me sachant à Paris, le directeur du Théâtre national belge, Jacques Huismans, voulut que j'aille à Bruxelles à l'occasion du vingt-cinquième anniversaire de la création des *Sorcières de Salem*, puisque son théâtre avait été le premier à monter la pièce en Europe. En approchant de la frontière entre la France et la Belgique, je m'aperçus que j'avais oublié mon passeport à Paris, mais un douanier bienveillant et amateur de théâtre me laissa passer quand même. Inge, en bonne Européenne, ne pouvait pas concevoir qu'on fût capable d'oublier son passeport, et je m'étonnai du contraste qui régnait entre ma désinvolture de la veille et les émotions fort différentes que j'avais éprouvées vingt-cinq ans plus tôt, quand le Département d'Etat m'avait interdit de quitter mon pays.

Pendant la réception que le consul général des Etats-Unis donna en mon honneur, il s'offrit naturellement à me rendre tous les services possibles pendant notre séjour en Belgique, et je lui demandai s'il pourrait me faire établir un nouveau passeport en un jour, car nous partions le lendemain soir pour l'Allemagne. Il se déclara ravi de me faire cette faveur, pensant même qu'il pourrait être prêt pour le lendemain matin, ce qui était bien rapide pour une telle procédure.

Lorsque je franchis la porte, le jour suivant, pour entrer dans le hall d'accueil, la douzaine de personnes qui travaillaient à leur bureau se retournèrent et applaudirent. Stupéfait, je manquai éclater de rire et les remerciai, mais c'étaient les détours du temps qui m'avaient amusé, car je m'étais vu en une seconde reporté à 1954, le jour où Monty Clift m'avait accompagné en ville pour faire renouveler mon passeport, afin que je puisse arriver à Bruxelles à temps pour la première européenne des *Sorcières de Salem*. Je me rappelai le refus que j'avais essuyé à la fin de la semaine de la part de Mme Ruth Shipley, responsable du bureau des passeports. Où pouvait bien être Mme Shipley maintenant? Moi, en tout cas, j'étais bien là, les Américains de l'ambassade étaient en train de m'applaudir et les *Sorcières de Salem* remportaient toujours un succès.

Le consul général apparut et me demanda si nous pourrions parler dans son bureau pendant quelques minutes; un sourire attentif aux lèvres, il me dit qu'il voulait m'expliquer pourquoi il s'était arrangé pour m'obtenir un passeport aussi rapidement. Cet homme de haute taille, d'une cinquantaine d'années, s'assit derrière son vaste bureau, sous le drapeau américain, avec une grise lumière belge pénétrant par la fenêtre encadrée de rideaux, et me raconta son histoire.

Du temps de McCarthy, il avait eu quelques difficultés avec le Département d'Etat. En fait, il en avait été renvoyé et avait dû engager un procès pour se faire réintégrer dans son emploi, procédure judiciaire fort onéreuse qui l'avait forcé à hypothéquer la maison familiale et à vivre d'expédients pendant six ans, tant il était difficile de vivre décemment après avoir été mis à la porte par le gouvernement.

On refusait de lui expliquer pourquoi les Affaires étrangères l'avaient renvoyé, mais il avait fini par obtenir d'être entendu par un haut fonctionnaire, audition qui lui avait enfin appris le motif de son renvoi. Lors de son premier poste aux Affaires étrangères, au Caire, il avait partagé, étant célibataire, un appartement avec un autre jeune officier du ministère qui s'était révélé être un homosexuel. Cela signifiait évidemment qu'il était lui aussi homosexuel. Le fait que le ministère lui-même lui avait communiqué la liste des appartements à partager n'avait été d'aucune aide, car à cette époque Joe McCarthy et Roy Cohn, lui-même un homosexuel planqué, clamaient sur tous les tons qu'il y avait un danger de « perversion » au sein du Département d'Etat.

L'officier responsable de l'interrogatoire était Graham Martin, un pilier de la droite qui devait par la suite être notre dernier ambassadeur au Vietnam, l'homme qui supervisa l'évacuation hystérique de notre ambassade de Saigon. Il s'était tourné vers Scott McLeod, l'homme chargé d'assurer la sécurité du service, principal accusateur du consul général, et lui avait demandé si c'était là toute la preuve dont on disposait pour affirmer que le plaignant était dangereux. McLeod répondit avec assurance que c'était bien la preuve. Martin ordonna aussitôt que l'on réintègre le consul général dans son rang, avec paiement rétroactif de ses appointements, plus les intérêts.

Le consul général me sourit aimablement en me serrant la main : « Je pensais que vous aimeriez savoir pourquoi j'étais particulièrement heureux d'accélérer la procédure d'établissement de votre passeport », dit-il. C'était une bonne chose d'avoir vécu jusque-là.

On ne voit pas à quoi tient la séduction dans la jeunesse, c'est une lumière légère, indéfinissable. Comparable à l'arc-en-ciel, c'est une vision enchanteresse passagère, qui s'éloigne au fur et à mesure qu'on s'en approche.

Pourtant mon père dégageait d'autant plus de séduction qu'il vieillissait. Il aimait se tenir devant un théâtre où l'on jouait une de mes pièces et entrer de temps en temps pour bavarder affaires avec les employés du guichet. « Comment sais-tu qu'ils te donnent l'argent qu'ils te doivent ? » me demandait-il. C'est vrai, comment le savais-je ?

En 1962, après notre divorce, Marilyn lui demanda de l'accompagner à la fête donnée pour l'anniversaire de

John Kennedy à Madison Square Garden et le présenta au président. Mon père conserva précieusement une photo prise par un journaliste à cette occasion : Marilyn rit, la tête rejetée en arrière, tandis que Kennedy serre la main de mon père, éclatant d'un rire spontané et innocent à ce qui devait être une des remarques surprenantes qu'il avait coutume de faire. Je ne savais pas que pendant le reste de sa vie – près de quatre ans – il passerait un temps considérable à chercher son nom dans les pages de potins et de spectacles, jusqu'au jour où il me demanda très sérieusement – il avait alors près de quatre-vingts ans : « Est-ce toi qui me ressembles ou moi qui te ressemble ? »

C'était grave. « Je crois que je te ressemble », répondis-je. Il parut apprécier ma réponse.

Comme c'était étrange – non seulement j'avais été en concurrence avec lui, mais il l'avait été avec moi. Et le fait que cela m'ait vaguement déçu indiquait que maintenant encore, je le voyais à demi drapé dans son mythe.

C'était un Américain, qui considérait toutes choses sous l'angle de la concurrence. Un jour, notre vieux basset Hugo, un énorme chien dont l'incontinence n'avait d'égale que sa grande paresse, s'éveillant d'une sieste de sénateur, attaqua de manière imprévisible une poupée de chiffons, la lança en l'air, la regarda en grondant d'un air menaçant et l'agressa à plusieurs reprises avant de retomber dans sa torpeur habituelle, une oreille rabattue sur les yeux. Mon père avait observé avec étonnement cette agitation inaccoutumée. Quand ce fut terminé, il dit : « Eh bien... chacun doit toujours être meilleur qu'un autre. »

Pendant les dernières années de sa vie, mon père s'asseyait sous le porche de la maison de retraite de Long Island, coiffé d'une casquette de lin blanc froissé, et il regardait la mer. Entre deux longs silences, il prenait la parole : « Tu sais, quelquefois, je vois un tout petit point là-bas, et puis il devient plus gros, plus gros, et finalement il se transforme en navire. » Je lui expliquai que la terre était une sphère, et ainsi de suite. En quatre-vingts ans de vie, il n'avait jamais eu le temps de s'asseoir pour regarder la mer. Il avait employé des centaines de personnes, fabriqué des dizaines de milliers de manteaux, les avait expédiés dans des villes, petites et grandes, sur tout le territoire américain, et maintenant, près de la fin, il contemplait la mer et disait avec un air de surprise ravie : « Oh! ainsi, elle est ronde! »

Il mourut en 1966, le jour où je devais prononcer le discours inaugural du congrès du PEN Club à New York. Ma mère était morte cinq ans plus tôt, et je n'avais ressenti le choc de la douleur que soudainement, lorsqu'en regardant le cercueil, en entendant la voix du rabbin Miller – aucun lien de parenté, un vieil homme voûté que j'avais connu dans ma jeunesse mais n'avais jamais revu, sinon pour un autre enterrement une vingtaine d'années plus tôt –, j'avais été surpris par la tendresse simple et claire de sa voix, son calme presque joyeux alors qu'il semblait vraiment croire qu'il lui souhaitait un bon voyage. Des larmes inattendues apparurent dans mes yeux pendant que je l'imaginais jeune femme, dans ce cercueil – une vie d'espoirs, de fierté pour ses enfants mais pas pour elle-même. Je regrettais de ne pas avoir été assez libre pour reconnaître l'amour qu'elle m'inspirait, mais j'étais tellement l'incarnation de ses ambitions avortées que le seul fait de le savoir bloquait toute effusion de sentiments. Nos relations étaient inachevées, et sa mort était intervenue trop tôt.

Je décidai malgré la mort de mon père de prononcer mon discours au PEN Club, et je fus étonné d'en être capable, d'une certaine façon. Mais je me sentais encouragé par cette nouvelle vie qui émergeait autour de moi dans ce congrès, pendant une des semaines printanières les plus parfaites que j'aie jamais connues à New York. Plusieurs très grands écrivains du monde entier s'étaient déplacés et manifestaient avec sérieux leur désir de parler de vrais problèmes, avant tout de la défense de la culture. Pour la première fois dans mon expérience, ce n'était plus une simple question de droite et de gauche. La guerre froide était loin d'être terminée, mais avec une unanimité surprenante, des écrivains politiquement très éloignés refusaient de réduire à une polémique ce qui promettait d'être une discussion passionnante sur la condition des écrivains et de l'édition dans les différentes formes de société.

Le romancier Valeri Tarsis, qui avait peu auparavant quitté la Russie après avoir subi des tortures psychiques dans un asile, monta sur le podium, déclara que la guerre froide ne servait à rien et demanda un bombardement atomique de l'Union soviétique. L'assistance fut d'abord saisie, mais lorsqu'en ma qualité de président je qualifiai cette intervention de scandaleuse, tant par son contenu que parce qu'elle violait les objectifs du PEN Club, des applaudissements chaleureux éclatèrent de toutes parts, et même le Centre, anticommuniste, des écrivains en exil réprouva énergiquement l'intervention. Le pas que j'avais autrefois vaguement espéré franchir, du temps de ma première conversation avec Carver dans l'appartement d'Inge, était maintenant accompli, et la vraie vie était au programme, et non plus cette lutte idéologique stérile.

A mon avis, la session la plus utile et la plus encourageante fut celle qui réunit les écrivains d'Amérique latine, bien qu'elle n'eût pas été inscrite au programme. J'avais remarqué que de petits groupes se formaient dans les couloirs et au fond des salles, pendant les sessions officielles, chuchotant avec excitation en espagnol et échangeant des accolades, comme des amis de fraîche date. Ils vivaient souvent à quelques centaines de kilomètres seulement les uns des autres, mais n'avaient jamais d'argent pour voyager, et ils se rencontraient à New York pour la première fois, grâce à des fonds spécialement réunis à cet effet par le centre américain.

Louis Galantière, traducteur, et Jules Isaacs, avocat qui consacrait beaucoup de temps au PEN Club simplement parce que les folies des écrivains l'étonnaient et l'amusaient, avaient obtenu du Département d'Etat qu'il suspende son interdiction (qui ne concernait pas encore les anciens nazis) de laisser entrer dans le pays les « politiquement indésirables », si bien qu'une importante délégation d'écrivains d'Amérique latine étaient venus (sauf les Cubains, qui avaient prétendu que leur invitation était arrivée trop tard pour qu'ils pussent s'organiser, prétexte maladroit qui ne les empêcha pas par la suite de traiter Neruda de suppôt de l'impérialisme – véritable attaque contre son honneur qu'il ne leur a jamais pardonnée, comme en témoignent ses *Mémoires*).

Je suggérai que nous ouvrions immédiatement un mini-congrès latino-américain, et ils se rassemblèrent en un rien de temps, très joyeux, dans l'un des salons du Gramercy Park Hotel. La grande explosion du roman latino-américain n'avait pas encore eu d'écho dans la conscience des Américains et des Européens, mais l'on pouvait sentir chez eux une sorte d'appétit vorace pour l'avenir qui s'annonçait et que tous, bien qu'issus de pays et de conditions sociales divers, s'apprêtaient à partager. Du Péruvien Mario Vargas Llosa au centre, à l'Argentine Victoria Ocampo à droite et au Mexicain Carlos Fuentes à gauche, il y avait là un panorama ouvert sur une littérature, que je jugeai à la fois cohérente, vitale et prometteuse. En d'autres termes, la littérature devait s'adresser à la condition de vie actuelle de l'homme pour se dresser implicitement contre l'injustice, cette destructrice de vie. Le thème du congrès, « L'écrivain en tant qu'esprit indépendant », posait naturellement la question de l'écrivain « pur » face à l'écrivain « engagé », ou, selon la formule de Fuentes, Mallarmé contre Dickens. Mais cette distinction n'avait pas de sens en Amérique latine (pas plus, selon moi, qu'aux Etats-Unis), car un Neruda ou un Borges, un Carpentier ou un Asturias, un Octavio Paz ou un Cortazar contribuaient tous par leur engagement à la même défense de la vie de l'esprit et de sa libre évolution. Deux jours plus tôt, dans mon discours inaugural, j'avais par hasard buté sur une version différente de la même idée : que la base de notre tolérance mutuelle reposait sur cette « connaissance que les hommes d'un certain pays sont dans une situation différente de celle des hommes d'un autre pays », et que par conséquent, il fallait poser sur les écrivains et la littérature des questions beaucoup plus profondes et beaucoup plus larges que ce que les formules politiques pourraient jamais concevoir. Comme exemple, je repris une idée que j'avais abordée à Londres : que l'on consacre une journée internationale annuelle au souvenir des centaines d'écrivains emprisonnés dans le monde entier.

Car j'étais désormais certain que le PEN Club devait être la conscience de la communauté mondiale des écrivains. En réalité, il me fallut refréner la fierté que j'éprouvais à l'idée que les auteurs américains avaient mis le doigt sur cette idée, étaient capables, vu notre plus grande solvabilité et notre idéalisme incurable, de l'imposer à tous. Si le PEN Club avait jamais été un club littéraire sans consistance, c'était maintenant bien fini.

La présence en un seul endroit, dans la même réunion, d'une telle variété d'opinions, provoquait déjà de nouvelles lumières. Neruda, ce chêne de la poésie latino-américaine, qui m'avait initié à la littérature d'Amérique du Sud dans les années trente, était arrivé sur la défensive, sachant que nous avions dû intervenir pour qu'il soit autorisé à entrer aux Etats-Unis, mais il fut bientôt couvert d'invitations à lire son œuvre, ce qu'il fit à deux reprises au Ninety-Second Street Y[1], enregistrant un disque commercial par-dessus le marché. Dans la librairie Dauber & Pine, en bas de la Cinquième Avenue, il passa des heures à acheter tout ce qu'ils avaient de et sur Whitman, ainsi que les sonnets de Shakespeare. Lorsqu'il ouvrait un livre pour lire, ses sourcils se soulevaient et il ressemblait à un oiseau de la jungle, un immense perroquet à tête ronde. L'affection

1. Le Y.M.C.A. de la 92e Rue. *(N.d.T.)*

qu'il ressentait pour New York et l'Amérique était palpable, bien qu'il fût en désaccord avec notre politique en Amérique latine.

Tandis que nous écumions le Village, Inge, lui et moi, je me demandais comment un homme d'une intelligence aussi universelle pouvait continuer de soutenir le stalinisme. La seule explication était qu'une fois de plus, une haine profonde de la société bourgeoise avait pu enfermer un homme dans une loyauté erronée, quasi religieuse, à l'égard de la Russie idyllique de ces années trente si pleines de foi, un pays dont il aurait jugé malhonnête de reconnaître la simple réalité humaine. Bien entendu, c'était aussi parce que la politique étrangère américaine soutenait systématiquement les dictatures de droite qu'elle laissait les timides réformateurs étrangers sans modèle ni soutien, hormis ceux des Russes.

J'avais reçu à l'époque du congrès plusieurs télégrammes semblables à celui de Londres, annonçant que Wole Soyinka, écrivain nigérian dont je connaissais à peine le nom, risquait d'être exécuté. Il avait pris sur lui de servir de lien entre des Biafrais en fuite et certaines personnalités du gouvernement nigérian qui essayaient de négocier un règlement pacifique de l'épouvantable guerre civile. Pouvais-je au plus vite envoyer un message au général Gowon, qui menait l'armée bientôt victorieuse du gouvernement nigérian, afin de demander le pardon de Soyinka ?

David Carver connaissait à Londres un homme d'affaires anglais nommé Davies qui était sur le point de partir pour le Nigeria et pourrait transmettre mon message au général. Gowon, en voyant mon nom, demanda sans y croire à Davies si j'étais bien l'écrivain qui avait été marié à Marilyn Monroe et, quand cela lui fut confirmé, ordonna que l'on libère Soyinka. Voilà qui aurait bien plu à Marilyn !

Un autre écrivain, Fernando Arrabal, exilé de l'Espagne franquiste et réfugié à Paris, était retourné à Madrid pour voir une de ses pièces et avait commis l'erreur de signer un des livres en faisant un jeu de mots obscène sur le nom de Franco. Au moment où, si incroyable que cela puisse paraître, il allait être condamné à plusieurs années de prison pour cet affront au Caudillo, ses amis me télégraphièrent que le juge était un fanatique de théâtre et risquait d'être favorablement influencé par un message de ma part. *Mort d'un commis voyageur*, il est vrai, était resté longtemps à l'affiche à Madrid. Mon télégramme assurait au juge qu'Arrabal était un auteur dramatique de la plus grande importance et un de mes préférés de longue date, grâce à quoi Son Honneur décida qu'Arrabal, en raison d'un talent aussi remarquable, serait autorisé à sortir d'Espagne immédiatement, à condition qu'il promette de ne jamais y retourner.

C'est ainsi que je me mis à utiliser la réputation que j'avais acquise à ce genre de fins – en Lituanie, en Afrique du Sud, en Tchécoslovaquie, dans les pays d'Amérique latine, en Union soviétique, en Corée et, plus près, dans plus d'un conseil d'école abusant de la censure, dans l'Illinois, le Texas et quelques autres Etats. Le PEN Club était maintenant ce bras justicier dont avaient autrefois rêvé ses fondateurs.

Pendant trois jours, nous sommes sortis, avons gravi la colline et planté des centaines d'arbustes sortis de leur pot, et puis, avec un peu d'aide, il y en eut finalement six mille. Inge, enceinte, mais cela se voyait à peine – elle fit des photos du haut d'une grue, dans Brooklyn Navy Yard, quatre heures avant que les douleurs ne commencent – disposait soigneusement les racines dans les entailles que j'ouvrais avec ma bêche. Elle tenait de l'Europe centrale ce respect de la vie, où l'on a une conscience suprême du temps qui passe. Vingt-cinq ans plus tard, ces plants qui nous arrivaient à la cheville sont une forêt dense d'arbres de près de vingt mètres, dont le tronc est plus gros que des poteaux télégraphiques.

Rebecca est devenue une jeune femme, peintre et actrice, son frère Robert travaille dans le cinéma en Californie, sa sœur Jane est à la fois une tisserande et l'épouse très occupée d'un sculpteur, et j'ai déjà entendu le mot « Grand-père » prononcé par une petite fille de trois ans, un garçon de dix ans et une adolescente de quatorze ans, les enfants de Bob.

Inutile de nier que j'ai d'abord résisté à cette appellation – mon Dieu! Je viens à peine de commencer! Qu'est-ce que ces petites personnes font sur mes genoux, répétant affectueusement cette terrible accusation, avec ce qu'elle implique, au bout du compte? Avec quelle confiance ils s'imaginent que je suis Grand-père! Ce qui me pousse à me demander qui je crois être au juste.

C'est un plaisir de s'y accoutumer, et même d'attendre le moment où je pourrai le dire au téléphone – « Allô? Ici Grand-père! » – comme si je n'étais pas quelqu'un qui joue un rôle et essaie de trouver une sorte de réussite illusoire dans la procréation.

Les chocs demeurent, mais semblent plus amortis. Lors d'une récente réunion municipale sur la question du gel des armes nucléaires, les gens qui se levaient pour faire une remarque déclinaient leur nom et le nombre d'années qu'ils avaient passées ici : « John Smith. J'habite ici depuis sept ans », comme si cela conférait un surcroît d'autorité à leur opinion. Le record de durée de résidence était de douze ans, exception faite d'une jeune femme dont la famille s'était installée dans le comté en 1680. J'éprouvai quelque réticence à avouer que j'étais là depuis quarante ans. Les têtes se tournèrent vers moi. J'étais le vieil homme. D'accord, mais qui étais-je?

J'ai passé plus de la moitié de ma vie dans la campagne du Connecticut, espérant toujours terminer une pièce ou un livre de façon à pouvoir rester plus longtemps en ville, où tout arrive. Il y a dans cette résidence temporaire de quarante ans quelque chose qui me paraît cocasse. Si au moins nous étions capables de cesser de nous assassiner les uns les autres, nous serions une espèce délicieusement amusante. Je suis mécontent de ma propre satisfaction à constater que peu de chose arrive ici que je n'aie provoqué. En dehors du soleil qui se lève et se couche, des feuilles qui apparaissent et tombent et d'une surprise inattendue comme la récente arrivée de coyotes dans les bois. Les espaces couverts de forêts ininterrompues qui s'étendent du Canada jusqu'à nous sont plus vastes que du temps de la jeunesse de Lincoln, car les fermes se sont progressivement évanouies et il y a même un drôle d'ours, dit-on, un vagabond venu du Nord, et puis, ces coyotes. Je les ai vus. Ils ont un rire figé et satisfait, comme s'ils venaient juste de chaparder quelque chose. Et on ne peut pas les prendre pour des chiens, auxquels ils ressemblent par ailleurs, à cause de leurs yeux qui vous dévisagent, d'un bleu coupable mais sans conscience, un mélange de calcul et de méfiance dont les chiens ont été débarrassés quand on les a apprivoisés, il y a des milliers d'années de cela.

Ces coyotes sont là, essayant d'arranger leur vie de sorte qu'il y ait le plus grand nombre de coyotes possible, ne sachant évidemment pas que c'est ma forêt. Dans la pièce où je me tiens, je les cherche parfois du regard, au crépuscule, et les vois se déplacer avec précaution entre les arbres nus de l'hiver, et je suis, probablement, en train de faire comme eux, j'essaie de rendre ma vie possible, pour moi et pour ceux qui viendront après moi. Dans ces moments-là, je ne sais pas à qui est cette terre que je possède, à qui est ce lit dans lequel je dors. Des ténèbres, là dehors, ils aperçoivent ma lumière et marquent une pause, museau levé, se demandant qui je suis et ce que je fais là, dans ma cabane, sous ma lumière. Je reste un mystère pour eux jusqu'au moment où ils se lassent et poursuivent leur chemin, mais la vérité, la vérité première, est que nous sommes tous liés et nous surveillons les uns les autres. Même les arbres.

INDEX

Le Livre de Poche Biblio

Extrait du catalogue

Sherwood ANDERSON
Pauvre Blanc

Guillaume APOLLINAIRE
L'Hérésiarque et Cie

Miguel Angel ASTURIAS
Le Pape vert

James BALDWIN
Harlem Quartet

Adolfo BIOY CASARES
Journal de la guerre au cochon

Karen BLIXEN
Sept contes gothiques

Mikhail BOULGAKOV
La Garde Blanche
Le Maître et Marguerite

André BRETON
Anthologie de l'humour noir

Erskine CALDWELL
Les Braves Gens du Tennessee

Italo CALVINO
Le Vicomte pourfendu

Elias CANETTI
Histoire d'une jeunesse - *La langue sauvée*
Histoire d'une vie - *Le flambeau dans l'oreille*
Les Voix de Marrakech
Le Témoin auriculaire

Blaise CENDRARS
Rhum

Jacques CHARDONNE
Les Destinées sentimentales
L'Amour c'est beaucoup plus que l'amour

Joseph CONRAD et Ford MADOX FORD
L'Aventure

René CREVEL
La Mort difficile

Alfred DÖBLIN
Le Tigre bleu

Iouri DOMBROVSKI
La Faculté de l'inutile

Lawrence DURRELL
Cefalù

Friedrich DURRENMATT
La Panne
La Visite de la vieille dame

Jean GIONO
Mort d'un personnage
Le Serpent d'étoiles

Jean GUÉHENNO
Carnets du vieil écrivain

Lars GUSTAFSSON
La Mort d'un apiculteur

Henry JAMES
Roderick Hudson
La Coupe d'Or
Le Tour d'écrou

Ernst JÜNGER
Jardins et routes *(Journal I, 1939-1940)*
Premier journal parisien *(Journal II, 1941-1943)*
Second journal parisien *(Journal III, 1943-1945)*
La Cabane dans la vigne *(Journal IV, 1945-1948)*
Héliopolis
Abeilles de verre
Orages d'acier

Ismaïl KADARÉ
Avril brisé
Qui a ramené Doruntine ?

Franz KAFKA
Journal

Yasunari KAWABATA
Les Belles Endormies
Pays de neige
La Danseuse d'Izu
Le Lac
Kyôto
Le Grondement de la montagne
Tristesse et Beauté
Le Maître ou le tournoi de go

Andrzeij KUSNIEWICZ
L'État d'apesanteur

Pär LAGERKVIST
Barabbas

D.H. LAWRENCE
L'Amazone fugitive
Le Serpent à plumes

Sinclair LEWIS
Babbitt

Carson McCULLERS
Le Cœur est un chasseur solitaire
Reflets dans un œil d'or
La Ballade du café triste
L'Horloge sans aiguilles

Thomas MANN
Le Docteur Faustus

Henry MILLER
Un diable au paradis
Le Colosse de Maroussi
Max et les phagocytes

Vladimir NABOKOV
Ada ou l'ardeur

Anaïs NIN
Journal 1 - *1931-1934*
Journal 2 - *1934-1939*
Journal 3 - *1939-1944*

Joyce Carol OATES
Le Pays des merveilles

Edna O'BRIEN
Un cœur fanatique
Une rose dans le cœur

Liam O'FLAHERTY
Famine

Mervyn PEAKE
Titus d'Enfer

Augusto ROA BASTOS
Moi, le Suprême

Joseph ROTH
Le Poids de la grâce

Raymond ROUSSEL
Impressions d'Afrique

Arthur SCHNITZLER
Vienne au crépuscule
Une jeunesse viennoise

Isaac Bashevis SINGER
Shosha
Le Blasphémateur
Le Manoir
Le Domaine

Robert Penn WARREN
Les Fous du roi

Virginia WOOLF
Orlando
Les Vagues
Mrs. Dalloway
La Promenade au phare
La Chambre de Jacob
Années
Entre les actes
Flush
Instants de vie

IMPRIMÉ EN FRANCE PAR BRODARD ET TAUPIN
Usine de La Flèche (Sarthe).
LIBRAIRIE GÉNÉRALE FRANÇAISE - 6, rue Pierre-Sarrazin - 75006 Paris.
ISBN : 2 - 253 - 04946 - 8
30/6620/6